böhlau

Stefan Frey

Franz Lehár
Der letzte Operettenkönig

Eine Biographie

BÖHLAU VERLAG WIEN KÖLN WEIMAR

Gedruckt mit Unterstützung durch das
Kulturamt der Stadt Wien

Bibliografische Information der Deutschen Nationalbibliothek:
Die Deutsche Nationalbibliothek verzeichnet diese Publikation in der
Deutschen Nationalbibliografie; detaillierte bibliografische Daten sind
im Internet über https://portal.dnb.de abrufbar.

© 2020 by Böhlau Verlag GmbH & Co. KG, Kölblgasse 8–10, A-1030 Wien
Alle Rechte vorbehalten. Das Werk und seine Teile sind urheberrechtlich geschützt.
Jede Verwertung in anderen als den gesetzlich zugelassenen Fällen bedarf der vorherigen
schriftlichen Einwilligung des Verlages.

Umschlagabbildung: Der Komponist Franz Lehár studiert mit Emmy Kossáry die
Hauptrolle in seiner Operette „Paganini". Johann Strauß Theater. Wien.
Photographie 1925. © Wilhelm Willinger / Imagno / picturedesk.com

Einbandgestaltung: Michael Haderer, Wien
Satz: Bettina Waringer, Wien
Druck und Bindung: Hubert & Co. BuchPartner, Göttingen
Gedruckt auf chlor- und säurefreiem Papier
Printed in the EU

Vandenhoeck & Ruprecht Verlage | www.vandenhoeck-ruprecht-verlage.com

ISBN 978-3-205-21005-4

Für Susan, mein „lachendes Glück"

Inhalt

Der letzte Operettenkönig 11

Vom Wunderkind zum Militärkapellmeister 17

Das Rätsel Franz Lehár 17 • Lehár-Familien-Geschichten 18 • Der Vater 19 • Die Mutter 21 • Tornisterkind 23 • Wunderkind 24 • Ungeliebte Violine 25 • Primgeiger in Elberfeld 28 • Jüngster Militärkapellmeister der Monarchie 29 • „Wie empfunden, so geschrieben" 32 • Marinekapellmeister 34 • „Franz ist nicht ganz gesund" 36 • „Was sagt Ihr zu diesem Erfolg?" 38 • Belagerung der Wiener Oper 42 • „Jetzt geht's los" 45

Blindlings in die Wiener Operette hineingeraten 49

„Ich bin nicht Dein Kolumbus" 49 • Der Rastelbinder 52 • „A einfache Rechnung" 54 • Louis Treumann 56 • Wiener Frauen 59 • „In die erste Reihe der Wiener Operettenkomponisten gestellt" 61 • Wiener Walzer Vakuum 62 • „Drei Achtel Künstler, fünf Achtel Allrightman" 65 • Der Göttergatte 68 • „Kein Offenbach" 69 • Die Juxheirat – oder: Wiener Operette am Wendepunkt 71

Die Jahrhundert-Operette: *Die Lustige Witwe* 75

Die Zukunft der Operette 75 • L'Attaché d'ambassade 77 • Wahre Dichtungen und falsche Wahrheiten 79 • „Das is ka Musik …" 82 • Denkwürdige Premiere 85 • „Alles vibriert von Wirklichkeit" 87 • Die Lustige Witwe steht auf der Grenze 89 • Getanzte Sexualtheorie 91 • „Lippen schweigen" 93 • Das Traumpaar Mizzi Günther und Louis Treumann 96 • Operettenkult 99 • Der Danilo, der nicht singen konnte 102 • „Sucess of the biggest and brightest kind" 104 • Going global 107 • The Merry Widow Craze 108 • The battle of the hats 110 • Marktlücke Lustige Witwe 113

Der Zeit ihre Kunst! Operettenmoderne 117

„Von modernem Geist beseelt" 117 • „Eine tiefe Tantiemeneinsicht" 119 • Hölle und Schlaraffenland 121 • „Sei modern" 123 • Der Mann mit den drei Frauen 124 • „Unbewußt mit Opernmitteln kommen" 126 • Die Treumann-Affäre 129 • Die versuchte Verhaftung des Schauspielers Treumann 131 • Das Fürstenkind 133 • „Waghalsige Experimente" 134 • Zigeunerliebe 137 • Zwischen Oper und Operette 139 • „Man greift nicht nach den Sternen" 141 • Der Graf von Luxemburg 143 • „Wie's nur ein Luxemburger kann" 145 • The Count of Luxembourg 147 • Calais – Dover 149 • „Nacht für Nacht bis zum Morgengrauen am Schreibtisch" 151 • Wie eine Märchenkönigin – Eva 152 • Die soziale Frage im Dreivierteltakt 155 • Eva in Tripolis 157 • Ischler Villa und Wiener Mietshaus 158 • Jodeln und Jüdeln 160 • Die ideale Gattin 162 • „Der Mann, der Die lustige Witwe nicht kennt" 165 • Endlich allein – eine erotische Phantasie 166 • Der Wagner der Operette 168

Operettenfiguren spielen Tragödie 171

„Aus eiserner Zeit" 171 • Bruder Franz und keuscher Joseph 173 • Der Sterngucker 175 • „Und der Herrgott lacht" – Operette im Ersten Weltkrieg 177 • Wo die Lerche singt 180 • „Mit dem nächsten Werk künstlerisch um eine Stufe höher" 183 • „Wo die Leiche singt" 185 • „Mein Leben steht noch vor mir" 188 • „Ehrgeizmusik": Die blaue Mazur 190 • Kokettieren mit der Oper 193 • „Menschliche Güte und die Melodien welterobernder Musik" 194 • Tangokönigin und Operettenputsch 196 • Frühling 199 • „Von klingender Geilheit" – Frasquita 201 • „Tiefkolletierter Höhepunkt" 203 • *La danza delle libellule* 205 • Chinesische Schallplatten 207 • Die gelbe Jacke 209 • „Monsieur Butterfly" 211 • „In memoria della grande amicizia" 213

Das wahre Zeittheater 233

„Geburtstagsgeschenk vom lieben Gott" 233 • Karczags Tod und Marischkas Erbe 235 • Cloclo 237 • „Rückkehr zur typischen, lustigen Operette" 241 • Richard Tauber 243 • „Clewing in Wien, Tauber in Berlin!

Mehr kann man nicht wünschen." 245 • „Das Beste, was Lehár bisher geschrieben" – Paganini 250 • „Der Knopf aufgegangen" 252 • „Verhemmter Frauenfeind" sucht Komponisten 253 • Russisches Alt-Heidelberg - *Der Zarewitsch* 255; „Zu Füßen des Schmalztenors" 258 • „Die beiden Meister" 260 • Goethe als Librettist 262 • Die Partitur seiner schönsten Ekstase - *Friederike* 265; „Die negative Ewigkeit der Operette" 266 • „Pardon, mein Name ist Goethe" 267 • Die verwitwete Operette: Charells Lustige Witwe 269 • Dramatische Musik der dritten Art? 272 • Fleischtöpfe der Operette 274 • „Was tut sich in Ischl?" 276 • Gelb und Weiß 278 • Das Land des Lächelns 280 • „Tauber or not Tauber, that is the question" 282 • Vergebliches Happy End – Schön ist die Welt 284 • „Die Liebe ist der größte Bolschewik!" 287 • „Das Buch der Bücher" 289

Lehár unterm Hakenkreuz 293

„Es wird auch ohne Lehár gehen" 293 • „Gesinnungsgenosse und Rassekollege" 295 • Giulietta – Giuditta 297 • Ein Spiel von Liebe und Leid 299 • Operettenheld im Schatten des Faschismus 302 • „Aus meinem tiefsten Innern geschöpft" 303 • „Es war ein Märchen" 305 • Die Sensationspremiere 306 • „Für die Kulturpolitik des Dritten Reiches ein strittiges Problem" 309 • Was die Glocken läuten ... 311 • Tonfilm und Hollywood 314 • „Haben die Amerikaner andere Ohren?" 316 • Komponistenstreik und Menageriedirektor 317 • Schmalz für Auge und Ohr 319 • Deutsches Urhebergesetz à la Richard Strauss 321 • „Wenn Lehár doch die Musik zum Rosenkavalier gemacht hätte." 323 • Was sich an den Anschluß anschloß ... 324 • Hitler zur Operette 327 • Hitlers Lustige Witwe 329 • Fritz Fischers „jazz-zeitige" Witwen-Revue 330 • „Ehrlich, deutsch empfunden" 332 • „Schleierlos kommt Lehár Franz" 335 • Die Ehrenarierin 337 • Dr. Fritz Löhner-Beda 341 • „Marsch der Kanoniere" 343 • Garabonciás Diák 345 • „Politik ist schmutzig" 347 • Schatten der Vergangenheit 348 • „Dort und dort ein bißchen gepatzt" 350

Anmerkungen 355

Literaturverzeichnis 399

Werkverzeichnis 408

 Bühnenwerke 408 • Walzer 413 • Märsche 414 • Tänze 415 • Orchesterwerke 416 • Kammermusik 416 • Liederzyklen 417 • Lieder 417

Bildnachweise 421

Personenregister 424

Der letzte Operettenkönig

Vorwort

> Später mache ich eine Lehár-Renaissance mit.
> Karl Kraus [1]

„Ah, lassen Sie sich umarmen, Freund Neddar, genialer Komponist, musikalischer Hexenmeister, Mann mit dem betränten Humor im Auge – –, lassen Sie sich an meine Brust drücken, denn was wir beiden mit unserer Operette … erreicht haben, das hat noch kein Komponist und kein Librettist erlebt."[2] Mit diesen Worten feiert Alfons Bonné anlässlich der 200. Aufführung ihrer gemeinsamen Operette *Die lustigen Weiber von Wien* seinen Kompagnon Hans Neddar. Hinter diesen beiden Figuren aus dem „Wiener Theaterroman" *Operettenkönige* von 1911 waren für die Zeitgenossen unschwer Victor Léon und Franz Lehár zu erkennen, seit der *Lustigen Witwe* die unbestrittenen Operettenkönige ihrer Zeit. Hatte der pseudonyme Autor Franz von Hohenegg den Titel seines Schlüsselromans noch polemisch gemeint, erlebte dieser Titel nach dem Ende der Monarchie einen Bedeutungswandel. Nun nämlich nahmen Operettenkönige die Stelle der realen ein. Und vor allem Lehár war nach dem Tod des alten Kaisers dazu ausersehen, zumindest symbolisch seine Nachfolge anzutreten, zumal beide ihre Sommerresidenz in Bad Ischl hatten. Nicht umsonst gab es schon damals einen Stummfilm mit dem Titel *Franz Lehár, der Operettenkönig*. Und der amerikanische Reporter Karl K. Kitchen nannte Lehár 1920 gar „the only undethroned King in Central Europe."[3]

Wie er diesen Thron bestieg und als Letzter seiner Art behauptete, ist das Thema der vorliegenden Biographie zu Lehárs 150. Geburtstag. Geplant war sie ursprünglich als überarbeitete Neuauflage meines 1999 erschienenen Lehár-Buchs *Was sagt Ihr zu diesem Erfolg*. Durch den Abstand von zwanzig Jahren und nicht zuletzt durch die vielen erst seitdem zugänglichen neuen Quellen ergab sich jedoch bald die Notwendigkeit, seine Biographie aus einer anderen Perspektive zu erzählen. Der Fokus liegt daher nicht mehr wie 1999 auf Rezeptionsgeschichte und Werkanalyse, sondern auf der immer noch schwer zu fassenden Person des Operettenkönigs selbst. Denn sein Leben war auf sein Werk ausgerichtet und so ist es auch seine hier ausgebreitete Lebensgeschichte.

Sie folgt fast immer der Chronologie seiner 30 Bühnenwerke, die sich von 1896 bis 1934 wie ein roter Faden durch seine Biographie zieht. Dokumentarisches Material dazu gibt es inzwischen in Fülle, wenn das bis jetzt zugängliche auch nur die Spitze eines Eisbergs ist. Immerhin hatte Lehár an seinen langjährigen Direktorenfreud Wilhelm Karczag 1916 geschrieben: „Du weißt, dass ich ein Tagebuch führe und dass ich jede Episode meines Lebens darin festgehalten habe und ich glaube, Du hast es nicht notwendig, darin die Rolle eines ‚Schikander' zu spielen … wenn ich auch kein Mozart bin!"[4]

Tagebuch führte Lehár in speziellen Kalendern, von denen bislang freilich nur die der Jahre 1911, 1928, 1934, 1937, 1939, 1940 und 1941 aufgetaucht sind. Ähnlich verhält es sich mit den Korrespondenzbüchern, die der Komponist ebenso regelmäßig wie penibel führte. Bis jetzt sind an seinen beiden Wohnsitzen, der Lehár-Villa in Bad Ischl und dem Lehár-Schlössl im Wiener Stadtteil Nussdorf nur die Jahrgänge 1924–1926 und 1931–1934 aufgetaucht. Ob die fehlenden Bände der Plünderung des Nussdorfer Schlössls nach Kriegsende zum Opfer fielen, wird sich wohl erst bei einer systematischen Erfassung aller vorhandenen Zeugnisse herausstellen. Schließlich sind alle übrigen Lehariana über diverse Wiener Archive sowie private Sammlungen verstreut. Besonders der umfangreiche Nachlass Hubert Marischkas im Österreichischen Theatermuseum ist bis auf die Korrespondenz noch immer nicht aufgearbeitet und wird erst in einigen Jahren zugänglich sein.

Dass ein geschlossener Nachlass mustergültig aufgearbeitet vorliegt, wie im Fall von Barbara Denschers 2017 erschienener Werkbiographie *Der Operettenlibrettist Victor Léon*, ist eine rühmliche Ausnahme. Überhaupt sind seit 1999 einige grundlegende Publikationen zum Thema Operette erschienen, die auch für Lehár und das vorliegende Buch relevant sind. Gerade die neuere Forschungsliteratur zeigt aber auch, dass es nicht mehr wie noch in den 1990er Jahren darum geht, das Genre Operette grundsätzlich zu rehabilitieren oder Lehárs umstrittene Ästhetik wissenschaftlich zu legitimieren. Die gängigen Antinomien von Kitsch und Kunst, goldener und silberner Ära oder guter und schlechter Operette, wie sie besonders Volker Klotz in seiner damals bahnbrechenden Enzyklopädie betrieben hatte, haben sich überholt und greifen hier zu kurz. Denn verstehen lässt sich die Operette nur aus ihrer Zeit heraus. Als ehemals aktuelle Theatergattung bedarf sie mehr als jede andere der Kontextualisierung. Schließlich galten gerade Lehárs Werke einmal als modern In ihrer wilden Mischung von Stilgebärden spiegeln sie die Widersprüchlichkeiten einer turbulenten Umbruchepoche, in der Neues und Altes unvermittelt aufeinanderstieß. Die Wiener Operette und mit ihr Lehár als ihr letzter legitimer Regent stellt inmitten von Veränderungen bisher nicht gekannten Ausmaßes eine ästhetische Konstante dar, an die sich das Publikum gerne klammerte, egal ob im Habsburger Vielvölker-Imperium, in Revolution und Republik oder im Dritten Reich. Und dennoch kann man an Lehárs Operetten „wie an einem Präzisionsinstrument die feinsten gesellschaftlichen Veränderungen ablesen."[5] Diese seismographische Fähigkeit, die Siegfried Kracauer im Vorwort zu seinem Buch über Jacques Offenbach seinem Protagonisten zuschrieb, besaß auch Franz Lehár. Doch während Kracauer damit noch den Anspruch einer „Gesellschaftsbiographie" verbinden konnte, ist dies bei Lehár kaum mehr möglich. Eine Gesellschaft, der er so eindeutig zuzuordnen wäre wie Offenbach der des Zweiten Kaiserreichs, gab es im 20. Jahrhundert nicht mehr. Dass Lehár auf gesellschaftliche Veränderungen ähnlich präzise reagierte wie vor ihm Offenbach, hat als einer der Ersten der Schriftsteller Felix Salten in einer Besprechung der *Lustigen Witwe* bemerkt und 1934 noch einmal zusammengefasst:

„Die Operette ist die Frohlaune der Epoche, der sie entwuchs, ist das Echo ihrer Lebensfreude, die spielerische Kunst, die jedes Zeitalter nach seinem Ebenbild genau so formt wie den Roman oder die Tragödie. Seit dem sentimentalen Finale des zweiten Aktes in der *Lustigen Witwe* ist Lehar nur selten, nur ausnahmsweise, beinahe widerwillig bloß lustig geworden. So wenig wie seine Librettisten, so wenig wie das Publikum dürfte er selbst gewußt haben, warum eigentlich das fröhliche Antlitz der Operette sich zu Anfang des Jahrhunderts mit grauen Schleiern verhängte. ... Heute erkennen wir, nach Krieg, Revolution und inmitten chaotischer Wirrnisse, daß jene üppige, glückselige Zeit von damals wohl üppig, jedoch wohl keineswegs ungetrübt glückselig war ... Der Himmel, der voller Geigen hing, erglühte in Abendröte. Man war freilich ahnungslos, aber daß in der Operette Tränen vergossen wurden, entsprach irgendwie den witternden Instinkten der breiten Menge. Eine Regung, die ... instinktivem Wittern glich, dürfte Lehar zum Ernst und zum Pathos getrieben haben. Er ist ein vollständig einfacher Mann, das bare Gegenteil von intellektuell. Eine echte Künstlernatur, also geheimnisvoll seherischen Gaben verwandt."[6]

Dass Lehárs Musik mehr weiß als ihr Schöpfer, ist ihre große Qualität und lag gewiss auch daran, dass er eben kein Intellektueller war, wie Salten zu Recht feststellte. In seiner Polemik gegen den „Operettenmoloch" ging der Musikwissenschaftler Alfred Wolf 1909 sogar so weit, zu raunen: „Er wäre zu Großem prädestiniert gewesen, wenn ihm nicht die selbst dem musikalischen Genie unerlässliche Intelligenz fehlte."[7] Lehárs naiv raffinierte Musik provoziert aber nicht nur Musikwissenschaftler. Ihre Diskrepanz zwischen Opernanspruch und Schlagerform wäre durchaus auch ironisch zu lesen, als das nämlich, was Susan

Sontag als „Camp" bezeichnet hat – also als „Kunst, die sich ernst gibt, aber durchaus nicht ernst genommen werden kann, weil sie ‚zuviel' gibt."[8]

Die Wirkung solcher Kunst aber zielt auf das Unterbewusstsein. Lockenden Weisen wie „Dein ist mein ganzes Herz" konnten sich nur wenige Zeitgenossen entziehen, nicht einmal Theodor W. Adorno, der bekannte: „Wir kommen unter Autos, weil wir's unachtsam summen, beim Einschlafen verwirrt es sich mit den Bildern unserer Begierde."[9] An Lehár kam keiner ungestraft vorbei, war er doch der „innerhalb seiner Lebensgrenzen am meisten aufgeführte Komponist aller Zeiten"[10], wie seine Hofbiographin Maria von Peteani errechnet hat. Bei Karl Kraus wuchs sich das zu einer wahren Verfolgungsmanie aus. Einem bösen Schatten gleich folgte er Lehárs Spuren durch die Geschichte und traf ihn damit besser als die jubelnde Mitwelt, die fast ein halbes Jahrhundert der „Lehárgie"[11] verfiel. Eine Würdigung Franz Lehárs aus dem kulturellen Kontext seiner Zeit heraus bewegt sich zwischen Polemik und Glorifizierung, zwischen Hass und Verehrung – und damit dialektisch zwischen den Zeilen. Ist nach Adorno „leichte Kunst … das gesellschaftlich schlechte Gewissen der ernsten"[12], so wäre Lehárs Operette das schlechte Gewissen der leichten Musik.

„Lolo, Dodo, Jou-Jou, Clo-Clo, Margot, Frou-Frou" in Erich von Stroheims *Merry Widow*-Verfilmung, 1925

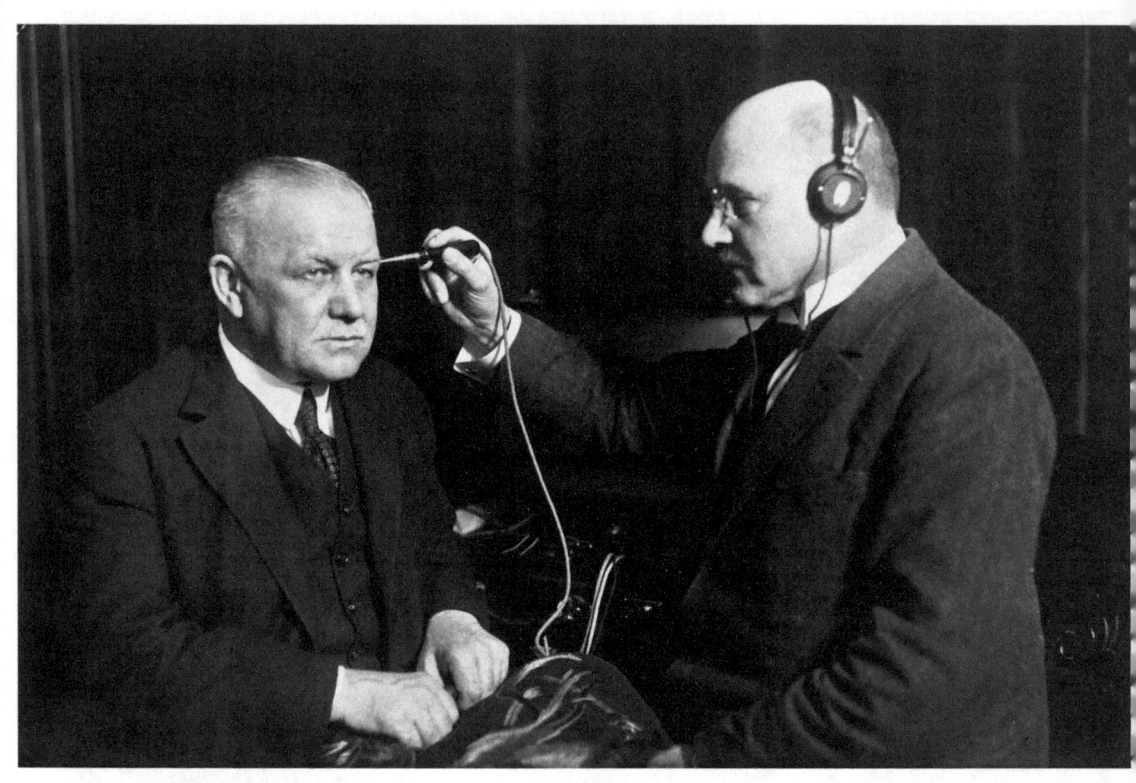

01   „Wie's da drin aussieht, geht niemand was an"
     Franz Lehár bei Dr. Zachar Bißky, 1929

Vom Wunderkind zum Militärkapellmeister

1870–1901

> Wie viele Flammen, wie viel Asche ...
> Franz Lehár[13]

Das Rätsel Franz Lehár

1929 versuchte der ukrainische Arzt Zachar Bißky mithilfe des von ihm entwickelten Diagnoskops, das Innere Franz Lehárs zu ergründen - ohne Ergebnis. Sein Proband hielt es lieber mit dem Helden seiner im selben Jahr uraufgeführten Operette *Das Land des Lächelns*: „Wie's da drin aussieht, geht niemand was an." Nicht anders als Zachar Bißky ergeht es jedem Lehár-Biographen. Schon das erste Zeitungsporträt des Komponisten, das Alfred Deutsch-German 1903 auf Wunsch der „vielen jungen Mädchen" verfasst hatte, „die brieflich ersuchten, ihnen von Franz Lehar etwas zu erzählen"[14], beginnt mit der Frage: „Wer ist Lehar?"

Sein „Militär-Paß" von 1889 hält folgende Antworten parat: 1,65 Meter Körpergröße, blaue Augen, blondes Haar und als Sprachen „deutsch, ungarisch, böhmisch"[15] – mithin die drei Hauptsprachen der Monarchie. Deutsch-German beschreibt den jungen Lehár als „eine gewinnend sympathische Persönlichkeit, klein, zart und erfüllt von ungeheurer Gutmüthigkeit. Er spricht mit leisem, angenehmem Organ" und ist ein Mann, „der sich nicht verstimmen läßt ... das breite, zufriedene Lächeln wird nicht eine Secunde von seinem Gesichte weichen."[16] Es wurde sein Markenzeichen. Hinter diesem Lächeln verbarg der Komponist alles Private so geschickt, dass es nicht einmal mithilfe des Diagnoskops gelang, hinter sein Geheimnis zu kommen. Auch sein erster Biograph, der Musikkritiker Ernst Decsey, musste vor Lehárs berühmtem Lächeln kapitulieren: „ein scharmantes Weltmannslächeln ... Oder es ist Nachklang des verbindlichen Berufslächelns ... das Erfolgslächeln des Meisters ... ein dreifaches und dennoch unergründliches Lächeln."[17]

Nicht minder rätselhaft ist die Aussprache seines Namens. Während seine dritte Biographin Maria von Peteani berichtet, „der junge Franz" habe bei seiner Ankunft in Wien allen „mit beflissener Eindringlichkeit" erklärt, die Betonung liege, wie am Akzent ersichtlich, „nicht auf der ersten, sondern auf der zweiten Silbe", hatten „seine Bemühungen ... freilich nach dieser Richtung wenig Erfolg."[18] Seine Zeitgenossen betonten den Namen umgekehrt: auf der ersten Silbe, so wie im Ungarischen. Denn da bezeichnet der Akzent nicht die Betonung, sondern die Aussprache, in diesem Fall also ein langes, offenes „a". Und so wird auch in fast allen zeitgenössischen Tondokumenten der Name „Le-haar" ausgesprochen[19] – für Peteani „das einzige kleine Missverständnis, das zwischen Publikum und Meister je in Erscheinung trat."[20]

Grund für diese Sprachverwirrung ist die ungeklärte Herkunft des Namens. Als Erster versuchte in den 1930er Jahren Franz Lehárs jüngerer Bruder Anton der Sache auf den Grund zu gehen. Zusammen mit dem Heimatforscher Otto Kühnert kam er zu folgendem Schluss: „in den 3 üblichen Schreibweisen: Lehar – deutsch, Léhar – tschechisch, Lehár – magyarisch ... steckt ein Wort, das aus keiner dieser Sprachen erklärt werden kann. Wohl aber aus dem Französischen, wo ‚le harde' der Kühne heißt."[21] Nur zu gern hat Anton Lehár deshalb die damals kursierende Geschichte vom französischen Offizier Marquis Le Harde aufgegriffen, der in den Napoleonischen Kriegswirren aus russischer Gefangenschaft nach Brünnles (heute: Brníčko) in Nordmähren floh und dort von einer Bauerntochter verköstigt und schließlich geheiratet wurde. Obwohl selbst durchaus skeptisch hat Anton Lehár „die Franzosenlegende" an Ernst Decsey weitergegeben, der sie in seinem Buch augenzwinkernd erwähnt. Seitdem geistert sie, entsprechend ausgeschmückt, durch sämtliche späteren Biographien und wurde vom Komponisten selbst als Argument für die Betonung auf der zweiten Silbe ins Feld geführt.

Lehár-Familien-Geschichten

Der wirkliche Urgroßvater Franz Lehárs war allerdings kein Marquis, sondern laut Sterbematrikel „Häusler, Glaser und Händler"[22], wie der Genealoge Wolfgang Huschke 1970 herausfand. Er hieß Johannes Lehar, geboren 1782 in Brünnles, wohin sein Vater, ebenfalls ein Johannes, zugewandert war. Schon Anton Lehár und Otto Kühnert wussten das, denn dieser Urururgroßvater ist der erste nachweisbare Vorfahr. Woher er kam, ist nicht überliefert. Da er aber, wie ein Großteil der damaligen Bevölkerung Mährens, nicht frei war, sondern erbuntertänig, durfte er das Gebiet seiner Herrschaft nicht verlassen, in seinem Fall das der Fürsten von Lichtenstein. Der Urururgroßvater konnte also nur aus deren Besitzungen stammen. Namensvorkommen weisen auf die Dörfer Rowenz (Rovensko), Lesnitz (Lesnice), Hochberg (Vyšehoří) und Kolleschau (Kolšov), wo der Name 1767 auch in der Form „Lechar" vorkommt. Da all diese Orte noch bei der Volkszählung 1900 eine fast rein tschechische Bevölkerung hatten, liegt es Huschke zufolge nahe, dass „der Name ursprünglich offenbar tschechisch oder slowakisch war."[23]

Auch Schönwald (Šumvald), wo sich der Großvater Josef Lehar niedergelassen hatte, war ein tschechischsprachiges Dorf und auch er selbst „sprach nur tschechisch"[24], wie Anton Lehár überliefert hat. Wie all seine Vorfahren war auch er Häusler und Glaser und heiratete im Jahre 1829 neunzehnjährig die sechs Jahre ältere Bauerntochter Anna Polach. Sie brachte, wie Lehárs vierter Biograph Bernard Grun spekulierte, „Wohlstand und Musikalität"[25] in die Familie und ein Haus, das dem Ausseer Rentamt zins- und robotpflichtig war. Sie muss „eine recht energische Frau gewesen sein", schreibt Anton Lehár, „hatte die ganze Wirtschaft für den viel abwesenden Gatten zu führen und 8 Kinder aufzuziehen und zu betreuen". Denn Josef Lehár betrieb „einen lebhaften Glashandel, d. h. er zog von Haus zu Haus, von Dorf zu Dorf mit einer ‚Kraxe' am Rücken, auf der Fensterglas und allerlei sonstige Glaswaren verstaut waren. Er spürte zerbrochene Fensterscheiben auf und schnitt neue ein, reparierte Laternen und Spiegel ... Auch unser Vater hat noch als Kind seinen Vater mehrmals begleitet. Er trug selbst voll Stolz seine kleine ‚Kraxe'." Gemeint ist Franz Lehar sen., der Vater des Komponisten und einer der drei Söhne, die aus dieser Ehe hervorgegangen waren.

Der Vater

Geboren am 31. Januar 1838 in Schönwald, wurde er bereits im Alter von 10 Jahren in die nächstgrößere Stadt, ins deutschsprachige Sternberg (Šternberk) „zum Stadtkapellmeister ... Heydenreich in die Lehre gegeben[,] um dort in der Musik unterwiesen zu werden." Anton Lehár vermutet, dass er „wahrscheinlich nur notdürftig des Lesens und Schreibens kundig" war und dort auch erst Deutsch gelernt hat. Als „Lehrbub der Kapelle" musste er „Glockenstrang ziehen, Blasebalg treten" und die „kleinen Kinder seines Meisters" herumtragen. „Nach und nach erlernte er aber doch auch jedes Instrument der Kapelle zu spielen", besonders Violine und Waldhorn. Nach sechs Jahren hatte er ausgelernt und zog weiter nach Wien. Mit 17 Jahren saß er bereits als Hornist im Orchestergraben des Theaters an der Wien, wo damals Franz von Suppè am Pult stand. Nach zwei Jahren wurde Franz Lehar sen. zum Militär eingezogen und leistete seinen Dienst in der Musikkapelle des 5. Infanterieregiments ab. „Der Militärdienst, in dem [er] es bald zum Feldwebel brachte", hatte, wie Anton Lehár meinte, „einen großen Einfluss auf den allgemeinen Bildungsstand des jungen Mannes … [der] sich fast ohne Schulbildung eine so schön gleichmäßige Handschrift, ein so gutes allgemeines Wissen aneignen konnte, dass er zweifellos an jenes der Durchschnittsoffiziere heranreichte." Da Deutsch die Armeesprache war, „wurzelte seine für einen Autodidakten geradezu erstaunliche … Bildung" nach Einschätzung des Sohnes „in der deutschen Sprache. Trotz des Tschechischen seiner Kindheit" fühlte er „sich ganz als Deutscher" und wäre „dem damaligen Zeitgeiste entsprechend am ehesten als Deutschliberaler anzusprechen gewesen."[26]

1859 machte er dann den für Österreich desaströsen ersten italienischen Feldzug mit. Die Niederlagen bei Solferino und Magenta kosteten das Kaiserreich die Lombardei. Lehar sen. blieb auch danach in Italien und wurde mit 25 Jahren vom „Offizierskorps des k. k. Infanterieregiments Friedrich Wilhelm Ludwig Großherzog von Baden Nr. 50" zum jüngsten Militärkapellmeister der Monarchie gewählt. Zuerst in Verona, dann in Treviso stationiert, machte er 1866 auch den zweiten italienischen Feldzug mit. Vor der siegreichen Schlacht bei Custozza verfasste er den *Oliosi-Sturmmarsch*, der später unter die historischen Märsche Österreich-Ungarns aufgenommen wurde. Über dessen Entstehung verfasste der einstige Kommandant des Regiments ein Gedicht, in dem Kapellmeister Lehár in der Nacht vor der Schlacht von seinem Oberst Karl Schwaiger beim Komponieren überrascht wird:

„Kommt's zum Sturm, soll die Kapelle, / Dacht ich, eine Weise spielen,
Die so recht zum Kämpfen klingt / Und dem Feinde baß mißfallet …
Meine wack'ren Leute blasen, / Flöten, trommeln und posaunen
Wenn's zum Kämpfen kommt, ganz tüchtig …
‚Bravo Lehar', sprach der Oberst, / ‚Das habt herrlich ihr ersonnen!
Laßt Euch danken. Dieses Gläschen / Weih' ich Euch und Eurer Weise.'"[27]

Die österreichischen Militärmusiken genossen weltweit einen besonderen Ruf, verfügten sie doch, wie der Historiker Simon Kotter ausführt, seit Philipp Fahrbachs Zeiten bei den Hoch- und Deutschmeistern (1841–1845) über eine Streicherbesetzung: „Die meisten Musiker hatten nun zwei Instrumente zu beherrschen, ein Blasinstrument für dienstliche Auftritte und zusätzlich ein Streichinstrument."[28] So wurden die k. u. k. Militärkapellen zu veritablen kleinen Symphonieorchestern, die zeitgenössische Musik bis in die entlegensten Provinzen verbreiteten. Die gesellschaftliche „Stellung der Militärkapellmeister war hingegen ein Beispiel für die zahlreichen Halbheiten, mit denen man sich in der Donaumonarchie so oft und gerne behalf", fand Anton Lehár. Denn „im Budget des Heeres war für den Militärkapellmeister überhaupt kein Posten vorgesehen ... Er war nicht vom Staate, sondern von den Offizieren des Regiments mit Kündigungsmöglichkeit angestellt ... Der gänzlich dem freien Übereinkommen überlassene Gehalt wurde durch den Beitrag bestritten, den jeder Offizier perzentuell aus seiner Gage für die Erhaltung der Musik zahlen musste ... Zwar glich die Uniform jener der Offiziere. Nur trug der Kapellmeister am Kragen statt der Distinktionssterne eine von einem Schwert durchkreuzte Lyra ...,ein uniformierter Zivilist', wie sich mein Vater einmal bitter äußerte".

Dennoch haderte Franz Lehár sen. nur selten mit seinem Schicksal, genoss er durch seine hervorragende Arbeit doch großes Ansehen im Offizierskorps, mit dem er meist „auf kameradschaftlichem, seinem Alter entsprechend, meist auf dem Armee üblichen ‚Du'-Fuße stand"[29]. Wie auch Franz Lehár später anerkannte, gehörte der Vater zu jener „alten Garde von Militärkapellmeistern, die bewußt Musikkulturarbeit leisteten in einer Zeit, da gute Zivilorchester noch zu den Seltenheiten gehörten und die österreichischen Militärmusiker Weltruf genossen. Die Hingabe, mit der mein Vater nach vielen umständlichen Proben etwa eine Schubert-Sinfonie herausbrachte, hatte für mich immer etwas Rührendes."[30]

Die Mutter

Die Niederlage Österreichs im Krieg mit Preußen führte 1867 zum Ausgleich mit Ungarn, in dessen Folge das 50. Infanterieregiment ein Jahr später nach Komorn versetzt wurde (ungarisch Komárom, slowakisch Komárno). In der kleinen Garnisonsstadt an der Mündung der Waag war Ungarns bedeutendster Romancier Mór Jókay geboren worden, dessen Erzählung *Saffi* dem *Zigeunerbaron* von Johann Strauß zugrunde lag. In seinem Roman *Ein Goldmensch* (*Az arany ember*) von 1872 schildert er eindrücklich das bunte Völkergemisch der Stadt: „die Nachkommen der reichen ‚racischen' (serbischen) Handelsleute; das ungarisch gutsbesitzende Herrenelement, die fleißigen ‚Schwaben'"[31], wie die deutschen Kolonisten genannt wurden, und einfache slowakische Handwerker. Außerdem befand sich in Komorn eine bedeutende Festung, die im ungarischen Aufstand von 1849 trotz massiven österreichischen Bombardements bis zuletzt gehalten werden konnte. Die schmachvolle Kapitulation hatte man nicht vergessen, als Franz Lehár sen. in die Stadt kam. Ein österreichischer, deutschsprachiger Militärkapellmeister hatte hier keinen leichten Stand.

Trotzdem gelang es ihm durch seine Promenadenkonzerte, nicht nur die Sympathie der Stadt, sondern auch die der zwanzigjährigen Christine Neubrandt zu gewinnen. Sie war „ein liebes, frisches Mädel, aber nach den Bildern jener Zeit, keine auffallende Schönheit", urteilte Anton in seinem der Mutter gewidmeten Buch. Nach nur vierwöchiger Bekanntschaft wurde am 4. Mai 1869 geheiratet: „Es war ... unbedingt eines Liebesheirat und es muß dabei romantisch zugegangen sein, denn die damalige ungarische Gesellschaft war scharf gegen alles K. K. eingestellt, die Neubrandts aber waren schon völlig magyarisiert; trug doch der Großvater ausschließlich die ungarische Nationaltracht jener Zeit ... als die Mutter ... heiratete, konnte sie sich in der deutschen Sprache, die ihre Eltern noch vollständig beherrschten, kaum ausdrücken. Mein Vater sprach dagegen fast gar nicht Ungarisch."[32] Immerhin hatte er sich seit der Hochzeit den ungarischen Akzent auf dem „a" zugelegt.

Die Familie der Mutter selbst war sowohl väterlicher- als auch mütterlicherseits deutscher Herkunft und soll ursprünglich „Neubrandenburger" geheißen haben und aus Brandenburg stammen. Dafür gibt es allerdings, wie Anton Lehár recherchierte, „keinerlei Anhaltspunkte", vielmehr weisen die Kirchenmatriken Christine Lehárs Vorfahren als Neubrandts (auch: Neubrands) und Handwerker aus. Nur Christines Großvater Georg wird als „Magister Notarius" geführt. „Grund genug zur Annahme, dass Georg Neubrandt, wie man damals sagte, zur ‚Lateiner Klasse' gehörte, also akademisch gebildet war"[33]. Auch die Mutter Christine Neubrandts entstammte einer wohlhabenden Familie von Großbauern und Wirten, den Gogers aus dem benachbarten Igmánd. Sie hieß ebenfalls Christine und war das strenge und gefürchtete Oberhaupt und die Ernährerin der Familie. Durch ihre kaufmännische Geschicklichkeit brachte sie es zu einigem Wohlstand. Ihr Mann Franz Neubrandt, laut Traumatrikel „smigmator magister"[34] (Seifensieder und Kerzenmacher), handelte aber vor allem mit Mehl und Hülsenfrüchten und soll in seinen letzten Lebensjahren das Geschäft seiner Frau überlassen haben. Wie Anton Lehár überliefert, führte er „ein echt ungarisches Herrenleben. Seine Pfeife, lustige Gesellschaft guter Freunde beim Glase Wein, Spiel und Spaß mit den Kindern und ewiger Kleinkrieg mit der geschäftstüchtigen und strengen Hausfrau, so etwa ließe sich aus Äußerungen meiner Mutter, die ihren Vater über alles liebte, seine Einstellung zum Leben schildern."[35] Besonders eng war sein Verhältnis tatsächlich zu Christine, die gerade einmal siebzehn war, als er starb. Drei Jahre später lernte sie Franz Lehar kennen und übertrug, schenkt man ihrem Sohn Glauben, „die kindlichen Gefühle vom Vater auf den Gatten. Obzwar nur neun Jahre jünger ... blickte sie doch stets mit einer stillen Verehrung auf ihn ... Ich habe nie gehört, dass die Mutter ihren Gatten anders als ‚Vater' genannt hätte."[36]

Tornisterkind

So wurde am 30. April 1870 gegen 22 Uhr Franz Christian Lehár als Sohn eines tschechischstämmigen, „deutsch fühlenden" Mährers und einer deutschstämmigen, magyarisch fühlenden Ungarin in der Nádorgasse, im heute slowakischen Teil Komorns, geboren. Noch prägender als seine Genealogie dürfte jedoch, wie er selbst schrieb, sein Schicksal als ‚Tornisterkind' gewesen sein: „So bezeichnet ja der Armeewitz in Österreich-Ungarn jene Soldatenkinder, die ihren Eltern bei den zahlreichen Transferierungen von Garnison zu Garnison folgen, also gleichsam im Tornister überall mitgeschleppt werden und eigentlich nur diesen als ihre Heimat anerkennen."[37] Die Familie Lehár hatte in der Folge nicht weniger als 22 Garnisonswechsel mitzumachen, so bereits 1872 von Komorn nach Preßburg, drei Jahre später von Preßburg nach Oedenburg, wo sich der Vater mithilfe der Schwiegermutter ein Haus kaufte. Von dort ging es 1877 nach Klausenburg, dann ins siebenbürgische Karlsburg und schließlich nach Budapest, der letzten Station, die Franz junior mitmachte. Bruder Anton fand später, dass sie „unter ganz abnormalen Verhältnissen" heranwachsen mussten: „Schule – wie soll diese die leicht empfängliche Seele des Kindes formen, wenn der Schüler in jedem 2ten Jahr in einer andern Stadt, mit andern Umgangssprachen, nach völlig verschiedenen Lehrplänen und unter ganz anders gelagerten Verhältnissen unterrichtet wird?"[38]

Sein Bruder Franz hingegen konnte diesem Wanderleben – vor allem musikalisch – durchaus einiges abgewinnen. So bekannte er nach dem Zusammenbruch des Habsburgerreichs, „daß ich die ungarische, die slawische und die Wiener Musik so intensiv in mir aufgenommen habe, daß ich unbewußt in meiner Musik eine Mischung all dieser Nationen wiedergebe. Dies ist eben meine Marke ... denn die moderne Wiener Operette hat ihre Kraft aus allen Völkern der einstigen österreichisch-ungarischen Monarchie gesogen und was durch die politischen Umwälzungen getrennt wurde, bleibt durch die Künstler der jetzigen Generation absolut und untrennbar verbunden."[39] Privat sollte das Thema der nationalen Identität dennoch bis zum Ende seines Lebens eine Rolle spielen. So wurde er im Wien der Jahrhundertwende wegen seines Geburtsorts und des Lokalkolorits seiner ersten Operette, *Der Rastelbinder*, sofort mit dem wenig schmeichelhaften Etikett „der Slowak"[40] versehen. Er selbst gestand zwar, wie Karl Kraus überlieferte, gern ein, „slawischen Ursprungs ... zu sein", legte „zugleich aber" besonderen Wert auf die Feststellung, auch „das Feuer der ungarischen Rasse, der ... er gleichfalls angehöre"[41], zu besitzen. In diesem Kontext ist auch Lehárs Behauptung zu sehen, er habe bis zum Alter von zwölf Jahren kein Wort Deutsch, „nur Ungarisch gesprochen"[42], was wiederum geheißen hätte, dass er sich mit seinem Vater nur unzureichend hätte verständigen können. Doch schon sein Spitzname „Lanzi", nach Peteani aus den ersten Sprechversuchen seines deutschen Vornamens Franz entstanden, widerspricht dieser Behauptung - ebenso die von ihm selbst überlieferte Legende um die Entstehung seines ersten Lieds. Inspiriert dazu habe ihn nämlich eines der Gedichte, die seine Mutter zur Vervollkommnung ihrer Deutschkenntnisse oft laut deklamiert habe. „Es begann mit den Worten: ‚Ich fühl's, daß ich tief innen kranke, und Trauer zieht in mein Gemüt …' … Ich fand zu den Worten eine Melodie, die in G-Dur begann, um nach drei Takten ganz sinngemäß in Moll überzuleiten. Das war meine erste Komposition!"[43]

Wunderkind

Der junge ‚Lanzi' zeigte jedenfalls beachtliche Ansätze zum Wunderkind, obwohl man „von einem Wunderkind … in der Familie nur dann gesprochen hätte, wenn ich nicht Musiker geworden wäre. Der Musikunterricht, den mir mein Vater gab, hat allem Anschein nach nicht lange nach meinen ersten Gehversuchen begonnen. Er war aber von Haus aus sehr streng und auf Systematik abgestellt. So forderte mein Vater schon bei den ersten Klavierstücken mit starrer Pedanterie das genaue Einhalten der Tempi. Zu schnelles Spiel bei leichten Stellen nannte er ‚hudeln'. Hudeln war ihm ein Greuel".[44] Wie Lehárs späterer militärisch-straffer Dirigierstil zeigt, hatte die strenge väterliche Schule durchaus Spuren hinterlassen. „Ich konnte als vierjähriger Knabe am Klavier zu jeder Melodie die richtige Begleitung, selbst in schwierigen Tonarten, finden, konnte auf verdeckten Tasten und im finsteren Zimmer spielen; ich wußte auch ein gegebenes Thema kunstvoll zu variieren."[45] Dem Zehnjährigen schenkte der Vater zu Weihnachten die Klavierauszüge von *Carmen*, *Faust* und *Lohengrin*, was diesen zu weiteren Kompositionsversuchen animierte. In diese Zeit dirigierte Franz Liszt ein Domkonzert in Klausenburg, bei dem der Militärkapellmeister Lehár freiwillig als Geiger mitwirkte. Sein Sohn saß neben ihm in einer Ecke. „Als Liszt nach Beendigung des Konzerts meinen Vater verabschiedete, beugte sich dieser über die Hand des Meisters, um sie zu küssen. Da erwachte in meiner kindlichen Seele zum erstenmal das Bewußtsein, daß Musik, ‚die Urform aller Künste', mehr ist als bloße Unterhaltung oder Broterwerb."[46]

Den Ausgleich zum strengen Regiment des Vaters bildete die Mutter, die ihren Erstgeborenen verhätschelte, hatte sie doch die beiden nächsten Kinder früh verloren. Erst im Alter von fünf und sechs Jahren bekam „Lanzi" Geschwister: Maria Anna, genannt Marischka, und Anton, den späteren Familienchronisten.

Der berichtete, wie seine Mutter unter den oft nächtlichen Dienstzeiten ihres Mannes zu leiden hatte, nicht weniger unter den häufigen Umzügen und der geringen Gage. „Das Wirtschaftsgeld wurde am ersten jedes Monates in ‚Sackerln' tagweise verteilt. Vorzeitiges Entleeren eines ‚Sackerls' war ausgeschlossen. Mutter war eine seltene Sparmeisterin. Sie gab aber das Ersparte gern und ohne Zögern wieder aus, wenn es sich um ihre Kinder handelte."[47] Diese Sparsamkeit hat ihren Sohn geprägt, der auch später im Gegensatz zu seinen Kollegen sein vieles Geld nie zum Fenster hinausgeworfen hat.

Unter dem Wanderleben der Familie hatten allerdings auch die schulischen Leistungen gelitten, so dass es 1880 beim Übertritt ins Budapester Piaristengymnasium für Franz Lehár zum bösen Erwachen kam. „Wer weiß, wie es mir ergangen wäre, wenn ich nicht in der Gesangsstunde das Harmoniumspiel übernommen hätte?"[48] Da „Lanzi" überdies ein fauler Schüler war, beschloss sein Vater, er solle die für ihn seit langem vorgesehene Musikerlaufbahn sofort einschlagen. „Als elfjähriger Knabe mußte ich, so wie einst mein Vater, das Elternhaus verlassen und an das deutsche Gymnasium in Sternberg in Mähren gehen. Damit hat meine glückliche Kinderzeit wohl zu rasch ein Ende gefunden".[49] Als weiteren Grund gibt Anton Lehár an, dass sein Bruder „zwar deutsch mit seinem Vater sprach, aber durch den Besuch magyarischer Schulen die deutsche Schriftsprache immer mehr und mehr vernachlässigt"[50] hatte. Aus diesem Grund musste er in Sternberg dann auch das Gymnasium verlassen und noch einmal zurück in die Volksschule. Dafür lernte er dort als Musiker umso mehr. Schließlich war inzwischen Anton Lehar, der Bruder des Vaters, Stadtkapellmeister. Wie einst sein Vater bei dessen Vorgänger Heydenreich erhielt nun der Sohn systematischen Musikunterricht und geigte mit in der Stadtpfeiferei. Der Vater war derweil nicht müßig. Wegen der beschränkten finanziellen Möglichkeiten sah er sich nach kostenlosen Freiplätzen an den Musikhochschulen der Monarchie um. In Budapest, wo „Lanzi" 1880 bei Professor István Tomka extern studiert hatte, waren sie bereits vergeben, in Wien erst für Vierzehnjährige zugelassen, in Prag aber nur durch eine äußerst schwierige Aufnahmeprüfung zu erlangen. Franz Lehár jun. bestand sie mit Bravour. So wurde er 1882 mit zwölf Jahren Instrumentalzögling am Prager Konservatorium.

Ungeliebte Violine

Am Konservatorium geriet er gleich zwischen die Fronten der „zwei scharf getrennten Lager der tschechischen und deutschen Mitschüler. In beiden hatte ich gute Freunde. Beide suchten mich für ihre nationalen Ideen zu gewinnen. Ich hatte aber wenig Verständnis für derartige Streitigkeiten. Musik soll die Völker einigen, nicht trennen. So fand ich leicht den Ausweg aus dem Dilemma. Als Ungar konnte ich, ohne anzustoßen, die kollegialen Beziehungen zu beiden Teilen aufrecht erhalten. Indem ich mein Ungarntum durch die Schreibweise Lehár betonte, führte ich auch die paar witzig sein wollenden Buben in unserer Schule ad absurdum, die meinen Namen gern als Lehař [ř=rsch] aussprachen. So kam es, dass ich ausgerechnet gerade in Prag in meinem ungarischen Bewusstsein gefestigt wurde."[51]

In seinem Hauptfach Violine wurde er vom Direktor des Instituts, Anton Bennewitz, unterrichtet, in Musiktheorie von Josef Förster. Komposition stand nicht auf dem Lehrplan. Nach dem Willen des Vaters sollte er ausschließlich zum Geigenvirtuosen ausgebildet werden. Als Koststudent lebte er von 10 Kreuzern täglich in wechselnden, nicht gerade ansprechenden Quartieren. „Das Kostgeld, das meine Eltern schickten, kam mir nur zum geringen Teil zugute, und so geschah es, daß ich einmal auf der Gasse vor Hunger zusammenstürzte. Als mich einmal meine Mutter in Prag besuchte, hatte ich doch die Kraft, nicht zu klagen. Erst als sie wieder wegreiste und der Zug sich in Bewegung setzte, brach sich das trotzig bekämpfte Leid gewaltsam Bahn. Ich schrie: ‚Mutter! Mutter!' und lief dem Zug eine Strecke weit nach. Nur schwer konnten die Mitreisenden die arme Frau daran hindern, aus dem Coupé zu springen."[52]

Nach zwei Jahren hatte das Elend ein Ende. Das Regiment des Vaters, mittlerweile das 102. der Infanterie, wurde nach Prag versetzt. Der Vierzehnjährige kehrte in den Schoß der Familie zurück. Geblieben war der Groll gegen den Hauptgegenstand seines Studiums: „Die Violine ... war mir ob der stundenlangen Fingerübungen geradezu verhasst, nur Harmonielehre und Kontrapunkt war das einzige mich interessierende Fach"[53] - noch mehr freilich Komposition. Da dieses Fach aber für Instrumentalzöglinge nicht vorgesehen war, nahm er heimlich Privatunterricht bei Zdenko Fibich, damals Dirigent des Hochschulorchesters und selbst erst Mitte zwanzig. Als Bennewitz dies entdeckte, stellte er seinen Zögling vor die Wahl, entweder Fibich oder das Konservatorium aufzugeben. Lehár blieb nur ein Ausweg: Antonin Dvořák, „der Wilde, wie man ihn nannte"[54]. Er hatte die Gewohnheit, sich seine neuen Streichquartette, ehe sie veröffentlicht wurden, erst von Studenten vorspielen zu lassen, und war froh um einen guten Geiger. So lernte Lehár den Komponisten auch persönlich kennen. „1887 legte ich Dvořák zwei Kompositionen vor: eine Sonate ‚Al' Antique' in G-Dur und eine Sonate in d-Moll. Dvořák sah sich die Arbeiten an und sagte mir: ‚Hängen Sie die Geige an den Nagel und komponieren Sie lieber!' Das war mir aus der Seele gesprochen. Ich wollte sofort aus dem Konservatorium austreten und ausschließlich bei Fibich Unterricht nehmen. Aber dieser Plan scheiterte an dem festen Widerstande meines Vaters. Er beharrte darauf, daß ich als absolvierter Konservatorist ein Instrument, die Violine, vollkommen beherrsche. Wenn bei mir Talent zum Komponieren sei, so werde es sich später schon Bahn brechen. Von meinen zwei ... Sonaten schien mein Vater nicht gerade entzückt."[55]

Dennoch führte er ihn kurz vor Ablauf der Studienzeit zur nächsthöheren Instanz, Johannes Brahms. „Auch ihm habe ich meine Sonate vorgespielt. Brahms äußerte sich sehr wohlwollend über mich und gab mir eine Empfehlungskarte an Professor Mandyczewski; von der ich keinen Gebrauch machen konnte, denn ich mußte wieder nach Prag zurückkehren. Die Empfehlung hatte folgenden Wortlaut: ‚Herrn M.D. (Musikdirektor) Lehár empfehle angelegentlich und bitte wegen seines Sohnes freundliche Rücksprache zu nehmen – die Beilagen sprechen und empfehlen weiter'."[56] Lehár hat diese Empfehlung aufbewahrt und ihr im Museum seines Lebens einen Ehrenplatz hinter Glas zugewiesen.

Dass ihn die Prager Jahre musikalisch geprägt haben, ist Lehárs Kompositionen durchaus anzuhören, besonders seiner ersten aufgeführten Oper *Kukuška*, über die ein Wiener Kritiker schrieb, sie habe „das Richard Wagnersche Kunstprinzip ... so gut wie verschlafen."[57] Tatsächlich hat Lehár Wagner erst später für sich entdeckt, seine Vorbilder waren Smetana, Dvořák und Fibich. Außer den wenigen heimlichen Stunden bei letzterem hatte er keinen Kompositionsunterricht genossen und muss daher als Autodidakt bezeichnet werden, vor allem im Vergleich zu seinen Konkurrenten Oscar Straus und Eduard Künneke, die bei Max Bruch in Berlin studiert hatten, oder zu Emmerich Kálmán, dem Meisterschüler Hans Koesslers in Budapest.

Entsprechend ernüchternd fällt das Resümee des Komponisten über sein Studium aus: „Ich kann mir die Bemerkung nicht versagen, daß das künstlerische Resultat meiner Konservatoriumszeit kein überwältigendes war. Wirklich verwerten konnte ich später fast nur das, was ich außerhalb der Schule gegen den Wunsch meiner Lehrer und meines Vaters gelernt habe. Das Opfer unzähliger Übungsstunden, ja ganzer Nächte, habe ich vollkommen nutzlos gebracht."[58] Bezeichnenderweise unternahm Franz Lehár nach seiner Prager Studienzeit keine weiteren klassisch-akademischen Kompositionsversuche mehr. Abgesehen von den immerhin fünf Sonaten, einem Scherzo und der einem „Frl. Marie Prawender"[59] gewidmeten Fantasie für Klavier, die er alle im Alter von 16 und 17 Jahren schrieb, komponierte er auch später weder Sonaten noch überhaupt Klavierwerke, sieht man von den 1909 herausgegebenen Salonstücken *12 compositions pour piano* einmal ab.

Primgeiger in Elberfeld

Nachdem Lehár beim Abschlusskonzert der Instrumentalzöglinge am 12. Juli 1888 mit Max Bruchs Violinkonzert in d-Moll geglänzt hatte, empfahl ihn sein Diplom als „vorzüglichen Orchester- und Solo-Spieler."[60] Als solcher wurde er zwei Monate später an die ‚Vereinigten Stadttheater Barmen-Elberfeld' (heute Wuppertal) engagiert, der ersten Station seiner eigentlichen Lehr- und Wanderjahre. „Obwohl ich die Stelle ungern und nur aus materiellen Gründen antrat, hat mir dieses erste Jahr, in dessen Verlaufe ich zum Konzertmeister aufrückte, sehr genützt. Ich lernte das Orchester kennen und bekam vom Theater, namentlich von der Oper, deutlichere Begriffe"[61], insbesondere von Wagner, dessen *Rheingold* und *Walküre* damals auf dem Spielplan standen. Der achtzehnjährige Primgeiger verdiente 150 Mark im Monat und knüpfte erste zarte Bande zu einer „blonden sechsunddreißigjährigen Sängerin"[62]. Trotzdem fühlte er sich eingeengt. „Durch ein Telegramm meines Vaters wurde ich plötzlich nach Wien gerufen, er benötigte für seine Kapelle dringend einen Solisten. Direktor Gettke weigerte sich, mich freizugeben, außer wenn ich ihm einen genügenden Ersatz verschaffen würde. Da das so schnell nicht möglich war, bin ich einfach durchgegangen und kontraktbrüchig geworden"[63]. Ein Motiv, das Lehárs Leben und Werk durchzieht, angefangen bei der männlichen Hauptfigur seiner *Kukuška* bis hin zum Deserteur Octavio in *Giuditta*.

Um den gerichtlichen Folgen seines Kontraktbruchs zu entkommen, ließ er sich sofort zum Militär assentieren und übernahm die Konzertmeisterstelle im Orchester des IR 50 seines Vaters in Wien. Sein Pultnachbar war der sechzehnjährige Leo Fall, ebenfalls Sohn eines Militärkapellmeisters und damals Student am Wiener Konservatorium. Er war der einzige seiner späteren Konkurrenten, zu dem Lehár ein engeres Verhältnis hatte. „Freundschaften werden in der Jugend leichter geschlossen als im Alter, und so blieb er mir in allen weiteren Jahren stets der gleiche gute Kamerad, der zwar seinen Weg ging, aber immer wieder die alten Beziehungen erneuerte, wenn sich unsere Lebenswege kreuzten."[64]

Franz Lehár genoss die neue Freiheit, komponierte für die väterliche Kapelle den Marsch *Rex Gambrinus Ex*, den Walzer *Liebeszauber*, eine *Festhymne* zur Enthüllung des Grillparzer-Denkmals im Volksgarten sowie eine *Sérénade romantique* für Violine, in der, wie Lehár später feststellte, „merkwürdigerweise schon Santuzzas ‚Höre, Turriddu, reize mich nicht …' Note für Note vorkommt. Das war zu einer Zeit, da Mascagnis *Cavalleria Rusticana* kaum geschrieben war"[65]. Ansonsten tat er sich mit Violinsoli vor allem bei der Wiener Damenwelt hervor und vertrat den Vater gelegentlich wohl so gut am Pult, dass es, wie er selbst 1903 Deutsch-German berichtete, zu ersten Spannungen kam: „Er sah in mir eine Gefahr für sich und sagte mir eines Tages: ‚Schau, daß du weiterkommst, suche dir eine eigene Capelle'."[66]

Jüngster Militärkapellmeister der Monarchie

Auf Empfehlung von Karl Komzak[67] wurde Franz Lehár jun. schließlich mit 20 Jahren Militärkapellmeister beim Infanterieregiment Nr. 25, Freiherr von Pürcker, und damit der jüngste der gesamten Armee. Stationiert war das Regiment im oberungarischen Losoncz (Lučenec), einem jener berüchtigten Garnisonsstädtchen „mit zirka 8000, zum größeren Teil ungarischen, zum kleineren Teil slowakischen Einwohnern", dessen Tristesse Lehár eindrücklich schildert: „Der Ort selbst ist sehr arm. Er besteht im großen Ganzen aus einem Straßenzug und aus einem Marktplatz, an den sich einige Reihen von Bauernhäusern schließen. Die Beamten- und Kaufmannsfamilien sowie die – zum Teil adeligen – Gutsbesitzer der Umgebung bildeten im Verein mit dem Offizierskorps der Garnison die gesamte Intelligenz des Ortes. Hier sollte ich nun wirken". Dem jungen Dirigenten stand ein Orchester mit bescheidenen Mitteln und nur wenigen ausgebildeten Feldwebeln zur Verfügung. Es bestand zum Großteil „aus den einigermaßen musikkundigen Rekruten des Regiments". Und der junge Kapellmeister machte es sich „zur Aufgabe, die Soldaten zu Musikern zu erziehen. Ich hielt vormittags tüchtig Proben und gab nachmittags musiktheoretischen Unterricht und hatte bald die Freude, daß die Aufführungen eine achtenswerte Höhe erreichten. Ich gründete ein Quartett, Kammermusik wurde eifrig betrieben, musikalische Messen und Oratorien kamen in der Kirche zur Aufführung, kurz, der Betätigungsdrang der Jugend kannte keine Grenzen."[68]

An Grenzen stieß er jedoch, als ihm sein vorgesetzter Oberst, Baron Fries, auftrug, seiner Tochter Gesangsunterricht zu erteilen. Lehár, in völliger Unkenntnis der Gesangstechnik, wagte nicht abzulehnen. „Befehl ist Befehl ... Meine Verlegenheit war nicht gering, als ich dem hübschen siebzehnjährigen Mädchen gegenüberstand ... die junge Baronesse merkte sehr schnell, daß ich mich auf Gesangsunterricht nicht verstand ... Vilma Fries lernte bei mir zwar nicht singen, aber schon in der zweiten Stunde sang sie ein Lied, das ich für sie komponiert hatte. Ach, wie oft probierten wir dieses Lied: *Vorüber!*" Emanuel Geibels Text besang den flüchtigen „Traum, den erste Liebe webt" und Lehárs Komposition wob ihn melancholisch weiter. Mit Widmung an und Bild von „Baronesse Vilma Fries" erschien das Lied noch 1890 bei Hofbauer im Druck. Lehár „lebte in einer ständigen Todesangst", dass sein Vorgesetzter seine mangelnde gesangspädagogischen Fähigkeiten entdecken würde. „Um die

02 Franz Lehár (2. v. l. stehend) in „genießender Gesellschaft", Losoncz 1892

Oberstentochter zu versöhnen, komponierte ich Lieder, die ich ihr widmete. Sie verstand dies zu würdigen, verriet mich nicht bei ihrem Vater, sondern erschien pünktlich zu den Gesangsstunden, während ihre Stimme von Mal zu Mal heiserer wurde. Als sie schließlich keinen Ton aus der Kehle brachte ... verstand sie es, ein für mich glimpfliches Ende der Unterrichtsstunden herbeizuführen."[69] Ob dies auch das Ende ihrer Bekanntschaft war, ließ er offen. Jedenfalls vertonte er noch am 20. September 1891 eines ihrer Gedichte, das im Mazurka-Rhythmus viel über ihre Beziehung verrät:

„O schwöre nicht! Ich weiß es doch, daß nimmer, nimmer du mir treu,
denn leicht und flüchtig ist dein Sinn, wie duft'ger Windeshauch im Mai."

Im selben Jahr entstand auch *Aus längst vergangener Zeit*, ein weiteres Lied nach einem Gedichte der Baronesse und ein frühes Beispiel für Lehárs Drang zur

03 Lehárs Gesangsschülerin Vilma Fries auf dem Titelblatt seines ersten veröffentlichten und ihr gewidmeten Lieds, 1890.

Oper: eine fast dramatische Szene mit rhapsodisierender Klavierbegleitung und veristischen Ausbrüchen. Ungewohnt freizügig musste er über seine Losonczer Zeit später „mit einem kleinen Geständnis herausrücken. Ich war schon mit zwanzig kein Feind von Frauen." Und fährt fort: „Manches Lied aus jener Zeit … verdankt seine Entstehung meiner – ‚ersten Liebe'. Ich will darüber den

Schleier des Vergessens legen." Ein Kavalier nennt keine Namen, zumal in diesem Kontext eine weitere Musentochter auftaucht: Rosa Cebrian, eine Comtesse, der er sein erstes Walzerlied mit dem vielsagenden Titel *Möcht's jubelnd in die Welt verkünden* verdankte. „Mein leicht entzündliches Temperament, ein lustiges in den Tag hineinleben riß mich fort von der Seite meiner Angebeteten und mitten hinein in die – man verzeihe mir mit Rücksicht auf Losoncz diesen Ausdruck – genießende Gesellschaft. Daraus erwuchsen mir Verpflichtungen, mit denen meine geringe Gage nicht in Einklang stand ... Ein Gutes aber hatten die Schwierigkeiten. Sie wiesen mich gebieterisch auf das Feld der Arbeit zurück, auf dem allein ich eine Besserung erwarten konnte. Freilich, so ganz ohne Ulk ging auch das nicht ab. Ich wettete mit einer Tischgesellschaft von Offizieren um fünfzig Liter Wein, daß ich den ganzen Winter hindurch weder tanzen noch eislaufen werde. Im Anfang hatte es mich ... Überwindung gekostet ... aber schließlich gewann ich die Wette, und mehr als der Wein, den gute Freunde austranken, bedeuteten für mich die gewonnenen Stunden". Er nutzte sie zur Komposition von Märschen, Walzern und virtuosen Geigenstücken wie *Magyar dalok, Magyar ábránd, Magyar noták, Magyar egyveleg*. Aber sein stilles Verlangen galt der Oper. Sein erster Versuch auf musikdramatischem Gebiet war *Der Kürassier*, nach einem Libretto des Bahnbeamten Gustav Ruthner. „Aber die Arbeit gedieh über einige Szenen nicht hinaus"[70].

„Wie empfunden, so geschrieben"

Im Jahre 1893 schrieb der Herzog von Coburg-Gotha einen Wettbewerb für Operneinakter aus. Vorbild war der Concorso Sonzogno des gleichnamigen Mailänder Musik-Verlags, der auf diese Weise 1889 Pietro Mascagnis *Cavalleria Rusticana* entdeckt hatte. Gesucht wurde also der deutsche Mascagni. Franz Lehár fühlte sich berufen, bewarb sich und vertonte *Rodrigo*, eine echte Räuberpistole, deren Handlung Ernst Decsey folgendermaßen wiedergibt: „Räuber Fernando ... raubt einem Ritter Rodrigo die eben angetraute Angela. Angela willigt ein, Fernandos Geliebte zu werden, verlangt aber vorher noch einmal ihren Mann Rodrigo zu sehen. Der harmlose Räuber erlaubt es, worauf die weitaus raffiniertere Angela sich von Rodrigo erstechen lässt. ‚Tausend Dank' hauchen ihre hochgemuten Lippen ..."[71]

Lehár war Feuer und Flamme: „Ein Kamerad, Oberleutnant Mlcoch, ein etwas wirrer, aber genialer Kopf, schrieb den Text, eine romantische wahre Räubergeschichte. Ich war mit heller Begeisterung bei der Sache und arbeitete Tag und Nacht. Kaum war eine Szene fertig, wurden auch schon die Stimmen herausgeschrieben und jede Stelle vom Orchester probiert."[72] Dies wurde die wahre Schule des Autodidakten Lehár, der sich hier durch praktische Umsetzung seine vielgerühmten Instrumentationskünste erwarb: „Wenn andere am Klavier komponieren, komponiert Lehár am Orchester."[73] Angesichts der beschränkten Möglichkeiten seiner Militärkapelle lernte der Dreiundzwanzigjährige mit kleinen Mitteln große Wirkungen zu erzielen. Auf 118 Partiturseiten frönte er ungeniert einem Verismus à la Mascagni, dessen *Cavalleria* ihn bei einem Wienbesuch tief beeindruckt hatte, bis hin zu einem *Preludium religioso* in der Nachfolge des berüchtigten *Intermezzo sinfonico*: mit effektvollem Violinsolo, das unverkennbar bereits den typischen lyrischen Lehár-Ton verrät.

„Wie empfunden, so geschrieben"[74], notierte der junge Komponist aufs Titelblatt und formulierte damit gleich das Motto für sein gesamtes Werk. Dass es ihm bei seinen Libretti mehr auf den emotionalen als den intellektuellen Gehalt ankam, blieb eine Konstante seines Schaffens. Auch in dieser Beziehung hatte er mit *Rodrigo* seinen Weg als Komponist gefunden. Trotzdem war der Oper kein Preis beschieden, ein Schicksal, das sie mit *Le Vili* von Giacomo Puccini teilt. Der Erstling seines späteren Freundes war beim Concorso Sonzogno ebenfalls leer ausgegangen. Die während der Komposition gemachten Erfahrungen wollte Lehár freilich auch im Nachhinein nicht missen: „Ich glaube auch heute müßte mich jeder Konservatorist um die Gelegenheit beneiden, die ich hatte: ein gutes Orchester von 42 Musikern stand mir frei und ohne jede Beeinträchtigung zur Verfügung. Ich konnte mit ihnen experimentieren. Das habe ich auch gründlich getan und so manches gelernt, was ich später verwerten konnte."[75]

Es war ausgerechnet die Geige, die Lehárs produktiver Idylle in Losoncz ein Ende setzte. „Nie gewann ich die Herzen meines zumeist ungarischen Publikums so sehr, als wenn ich die Geige selbst zur Hand nahm und, von der Kapelle begleitet, die bald melancholischen, bald feurigen ungarischen Weisen ganz nach Zigeunerart zum Vortrag brachte. An einem Abend, es war im November oder Dezember 1893, setzte ich mich gegen 12 Uhr nachts, nach einem längeren Konzert ermüdet, an einen Tisch, um zu nachtmahlen, während die Musik noch einige Märsche als Schlußmusik spielte. Da ließ mich ein Stabsoffizier durch einen Kellner auffordern, ein Violinsolo, sein Lieblingslied, vorzutragen. Ich fühlte mich durch die Form und den Inhalt dieses Ansinnens in meinem Künstlerstolz tief verletzt. ‚Ich bin kein Zigeunerprimas, und wenn der Herr etwas haben will, dann möge er selbst kommen', so lautete meine heftige Antwort. Es kam zu einem Konflikt, und trotzdem die Sympathie des Offizierskorps auf meiner Seite war, wurde ich doch als der jüngere aufgefordert, dem Stabsoffizier Abbitte zu leisten. Ich beantwortete diese Zumutung mit der Kündigung meiner Stellung."[76]

Der zuständige Oberst war Baron Fries, Vilmas Vater, der die Affäre des jungen Kapellmeisters mit seiner Tochter offensichtlich nicht vergessen hatte. Der wiederum rächte sich auf seine Weise und entzog dem ihm gewidmeten Oberst-Baron-Fries-Marsch kurzerhand den Titel.[77] Dass sich Lehár dem militärischen Ehrenkodex überhaupt durch Kündigung entziehen konnte, lag an der erwähnten gesellschaftlichen Zwitterstellung der österreichischen Militärkapellmeister, die ihm als Zivilist innerhalb des Offizierskorps erlaubte, selbst zu kündigen, ein Vorrecht, von dem Kapellmeister Lehár reichlich – und meist zu seinem Vorteil – Gebrauch machen sollte. „Dieser Vorteil wurde für meine Karriere entscheidend, denn ich kam aus dem kleinen Ort heraus in ein neues Milieu"[78].

Marinekapellmeister

Kurz nach Lehárs Kündigung in Losonc wurde nämlich die begehrte, einzige Dirigentenstelle bei der Marine ausgeschrieben. Es gab über 120 Bewerber. Franz Lehár junior erhielt sie. Hauptkriegshafen der österreichischen Marine war Pola (heute: Pula) in Istrien damals eine Stadt von 40.000 Einwohnern, davon über ein Viertel Militärangehörige. Nach der Volkszählung von 1900 waren 59 % Italiener, 26 % Kroaten und 11 % Deutsche. Vor dem Ausbau des Hafens 1856 war Pola ein unbedeutendes Fischerdorf gewesen, im März 1894, als Franz Lehár seine neue Stelle antrat, war es eine moderne Stadt, malerisch an der Adria gelegen, mit eleganter Uferpromenade und Kasino. Ein anderes Milieu als das provinzielle Losoncz. Außerdem stand ihm hier das größte Militärorchester der Monarchie zur Verfügung. Zwar mussten immer kleine Abteilungen für die Kriegsschiffe bereitgestellt werden, doch bildeten die „110 Mann" in voller Besetzung ein veritables Sinfonieorchester, mit „mehr als 30 gut ausgebildeten Musikmeistern (mit Feldwebelrang)"[79]. Lehár war überwältigt von den Möglichkeiten, die sich hier boten. Kaum einen Monat nach seiner Ankunft konnte er sie auch schon bei einem Konzert vor dem deutschen Kaiser Wilhelm II. erproben. Der war von seinem, wie es sein Begleiter Fürst Philipp zu Eulenburg nannte, „merkwürdig begabten"[80] Dirigat derart beeindruckt, dass er sich noch vier Jahre später bei seinem nächsten Besuch nach dem jungen Kapellmeister von damals erkundigt haben soll.[81]

Wie damals stand auch beim „Großen Concert der k. u. k. Marine-Musik im Politeama Ciscutti am 5. Jänner 1895" der von Wilhelm II. komponierte *Sang an Ägir* auf dem Programm. Lehár selbst hat den Programmzettel aufbewahrt, stand doch bei diesem Konzert auch die Uraufführung seiner Symphonischen

Dichtung „für Pianoforte mit Orchesterbegleitung" *Il Guado (Die Furt)* auf dem Programm. Vorlage war Lorenzo Stecchettis gleichnamiges Gedicht, in dem das Durchschreiten eines Flusses als erotische Metapher dient – mithin der perfekte Stoff für den jungen Lehár, der hier zum einzigen Mal in seinem Schaffen Klavier und Orchester kombiniert. Fließend gehen der flirrende Klavierpart und die illustrativen Orchesterfluten ineinander über, bis nach deren langsamem Anschwellen und einer Kadenz des Klaviers alles wieder flirrend fließt wie zuvor. Die Musik kommt dabei so unschuldig naturhaft daher, dass deren erotischer Doppelsinn kaum auffallen würde, wäre der Text nicht so eindeutig: „Ich fühlte mir in die Lenden schießen / die Wollust wie ein eisiges Schwert … Ich fiel auf die Knie / küßte sie auf den Mund und schloß die Augen. / Was dann geschah? Das sah und verstand / das Wasser des Flusses, kristallen und klar."[82]

Auf dem Programm dieses Konzerts standen unter anderem auch die Vorspiele der Oper *Cornelius Schutt* von Antonio Smareglia, dem istrischen Meister des Verismo. Mit ihm hatte sich Lehár in Pola angefreundet. Noch wichtiger war freilich die Freundschaft zum dichtenden Korvettenkapitän Felix Falzari. „Der gebürtige Venezianer und um elf Jahre älter als Lehár, war ein poetischer Mann. Weite Seereisen hatten seine Phantasie beflügelt"[83], wie Maria von Peteani sich ausdrückte. Der perfekte Partner also für Lehárs große Ambitionen. Unverzüglich machten sie sich an seinen ersten und ambitioniertesten Liedzyklus, die *Karst-Lieder*, 1894 unter dem Titel *Weidmannsliebe* publiziert und dem selbst komponierenden Fürst Eulenburg gewidmet. Die sieben kurzen Lieder beschwören in zart hingetupften Akkorden eine „Welt der Träume". Auch wenn man den Zyklus nicht wie Bruder Anton gleich „neben die Mörikelieder Hugo Wolfs"[84] stellen muss, nehmen die *Karst-Lieder* doch unter allen Kunstliedern Lehárs eine Sonderstellung ein und zeigen erstmals seine lyrische Meisterschaft. Beglückt von dieser Zusammenarbeit, drängte er Felix Falzari, ihm das ersehnte Opernlibretto zu schreiben. Als Vorlage schlug Falzari George Kennans damals populäre Reiseschilderungen *Durch Sibirien* vor. Lehár war Feuer und Flamme. Und Falzari schrieb ihm das „Lyrische Drama in drei Aufzügen *Kukuška*". Lehár vertonte es „innerhalb zehn Monaten in einem wahren Begeisterungstaumel, in den mich Falzari zu versetzen und in dem er mich auch zu erhalten wußte."[85]

Kaum ist im Mai 1895 der Klavierauszug fertig, erfasste den Komponisten angesichts der täglich ein- und auslaufenden Schiffe das Fernweh. Als im Juni ein Geschwader zur Eröffnung des Nord-Ostseekanals von Pola abgehen sollte, entschloss er sich, „in die strahlende Welt hinauszuziehen". Obwohl er als Marinekapellmeister eigentlich im Hafen verbleiben musste, wenn seine Musiker auf See gingen, bekam er die Erlaubnis. Wieder war es seine Geige, die den Kommandanten des Geschwaders, Admiral Erzherzog Karl Stephan, bewog, ihn mitzunehmen. „Ich war damals ein flotter Geiger ... und hatte mir speziell ungarische Violinsoli zurechtgelegt, die ich nun täglich zu spielen hatte, ob schön, ob Regen, ja selbst bei Sturmgebraus ... Was ich auf der Reise sonst sah? Ich kann es nur in Schlagworten wiedergeben. Von Gibraltar ging's mit der Eisenbahn nach Ronda ... mit seinen schaurigen Schluchten, dann nach Linea zu einem Stiergefecht ... Auf der Seefahrt sahen wir fliegende Fische und einmal einen Haifisch ... Dann will ich noch die Luftspiegelungen erwähnen, wo wir am Horizont alle Schiffe verkehrt, mit deren Segeln und Rauchschloten nach unten gerichtet sahen. In Kiel waren ... Kriegsschiffe aller Nationen ... und auf Kommando begannen die Salutschüsse, die in einem das Gefühl erweckten, die ganze Welt müsse untergehen. Nach zweimonatiger Reise, reich an Erinnerung, kehrte ich wieder nach Pola zurück und kam mir nun wie umgewandelt – wie ein anderer Mensch vor."[86]

„Franz ist nicht ganz gesund"

Derart umgewandelt machte sich Lehár mit Feuereifer an die Instrumentation seiner zweiten Oper. Weit mehr als bei seinem Erstling *Rodrigo* versetzten ihn die Möglichkeiten seines Orchesters in die Lage, die Instrumentation original in der Praxis zu erproben, hatte er doch hier tatsächlich die große Besetzung eines Opernorchesters zu Verfügung. Hier erst eignete er sich jene Technik des „auf Zuruf Instrumentierens" an, für die er nachmals berühmt werden sollte und die darin bestand, einen notierten Orchesterklang auf der Probe zu überprüfen und gegebenenfalls „auf Zuruf" der entsprechenden Instrumentalisten zu korrigieren. Das nahm so viel Zeit in Anspruch, dass er deswegen seinen Dienst als Marinekapellmeister vernachlässigte. Zermürbt von den „andauernden Zwistigkeiten"[87], dachte er nur noch an die Vollendung seiner Oper. Der Wiener Verlag Hofbauer, bei dem bereits einige Lieder, Märsche und die Dvořák und Brahms vorgespielte Sonate erschienen waren, erklärte sich bereit, den Druck zu übernehmen und konnte *Kukuška* auch gleich beim Leipziger Stadttheater unterbringen. Kaum hatte Direktor Staegemann den Uraufführungstermin angesetzt, verabschiedete sich Lehár genialisch von Pola, der Marine und seinem bisherigen Dasein mit den prophetischen, an die Eltern gerichteten Worten: „Ich tauge nicht zum Militärkapellmeister, ich habe zuviel Ehrgefühl dazu! ... Wollt Ihr es Eurem Kinde nicht verzeihen, wenn es seine Knechtschaft endlich einmal abschüttelt! Ich kann nicht mehr dienen, ich will frei sein ... Ich fühle mich seit der Stunde, wo ich diesen Entschluß ausführte, wie neugeboren! Es kommt schon die Zeit, wo Ihr mich verstehen werdet!"[88]

Militärkapellmeister Franz Lehár sen. fiel aus allen Wolken. Nach aufreibenden 40 Dienstjahren kurz vor der Pensionierung stehend, war er entsetzt, dass sein Sohn die glänzendste Stellung in der gesamten k. u. k. Militärmusik aufgegeben hatt, zumal die finanzielle Situation der Familie noch immer keine großen Sprünge erlaubte. 1890 war Nachzüglerin Emmy in Wien geboren worden, wo der Vater etwa ein halbes Jahr vor ihrer Geburt ein denkwürdiges Konzert in den Harmonie-Sälen dirigiert hatte, bei dem auch Anton anwesend war. Wie der sich erinnerte, spielte er als Zugabe einen Marsch mit dem Refrain: „Wenn die Schwalben wieder kommen, die werden schaun, ja, die werden schaun!' – Vater lachte meine Mutter beim Dirigieren spitzbübisch an. Diese aber wusste nicht, ob sie lachen oder weinen sollte". Zwei Jahre zuvor war Vaters Liebling Marischka, gerade frisch verlobt, in Sarajevo an einem „tückischen Halsleiden" gestorben, „ein liebes stilles Mädchen", wie sich Anton erinnerte, deren „ruhige, jeden Effekt vermeidende, überlegene Art des Klavierspielens"[89] er bewunderte.

Anton selbst war noch auf der Kadettenschule in Kronstadt (Brasov). Er war der Vertraute seiner Mutter, die ihm besorgte Briefe über den nach Budapest heimgekehrten Bruder schrieb: „Franz ist nicht ganz gesund. Denn es ist undenkbar, daß ein gesunder Mensch nicht mehr Selbstbeherrschung haben sollte. Es ist dringende Arbeit gekommen. Die Aufführung in Leipzig hängt davon ab, ob die Stimmen rechtzeitig korrigiert und in Druck gegeben werden. Und was tut Franz? Er steht um 8 Uhr vormittag [!] auf. Badet. Liest die Zeitung. Dann frühstückt er. Arbeitet dann kaum eine halbe Stunde. Gabelfrühstück. Dann liest er wieder. Etwas Arbeit. Mittagessen. Dann schläft er bis 4 Uhr nachmittags. Tuschbad. Arbeit ganz ohne Animo. Einmal schreibt er die Nächte durch. Dann bekommt er einen Anfall von Starrkrampf in den Fingern und hat wüste Träume und wacht mit furchtbaren Kopfschmerzen auf. Dann kommen wieder Zeiten, wo er gar nicht arbeitet. Franz will weder dem Direktor der Budapester Oper, Kaldy, schreiben, noch nach Wien zum Verleger Hofbauer gehen. Es soll alles von selbst kommen. Er träumt von 100.000den, da wird er sich aber sehr täuschen. Daß er leichtsinnig gewirtschaftet hat, kannst Du Dir denken. Er hat sein Klavier und die Violine verkauft und Schulden! Alles ist darauf gegangen [!]. Nun ist Franz in Wien. Was wird er ausrichten? Der Verleger Hofbauer hat ihm noch nichts gegeben. Wir wissen nicht, ob er einen Kontrakt mit ihm abgeschlossen hat. Franz meint, das ist alles Nebensache. So steht es also mit ihm … Vater möchte am liebsten schon in Pension gehen. Er wartet nur, bis Franz ein sicheres Brot hat."[90]

Dieser Brief der Mutter gibt eines der wenigen ungeschminkten Porträts des jungen Lehár: ein Bohemien, der seine Habe verjuxt, Schulden hat, den Tag vertändelt und in der Nacht arbeitet – Letzteres eine Gewohnheit, die er sein

Leben lang beibehalten sollte. Ansonsten ist „Leichtsinn die Parole" des sechsundzwanzigjährigen angehenden Opernkomponisten. Das gilt auch für die Partitur von *Kukuška*, in der sich seine Leidenschaft ungebrochen austobt. Und so sind auch die Figuren: Da ist Alexis, ein russischer Soldat, der aus Liebe zum Wolgafischermädchen Anuška erst deren Vater gegen den aufgebrachten Mob verteidigt und dafür dann vom Statthalter des Zaren nach Sibirien verbannt wird. Und da ist Anuška, die ihm nach Sibirien folgt. Dort hat sich Alexis mit seinem kirgisischen Rivalen Saša versöhnt, der ihn eben noch erdolchen wollte und ihm jetzt zur Flucht in die Steppe verhilft, wo bereits Anuška herumirrt. Der trügerische Freiheitsruf „General Kukuškas", wie auf Russisch der Kuckuck heißt, führt Alexis zu seiner Geliebten. Statt in „Frühlingsblumen" findet er sie in schneebedeckter Taiga und mit ihr gemeinsam den Liebestod.

Dies Schlussbild getäuschter Frühlingshoffnung erinnert an jene „unermeßliche Ebene an der fernsten Grenze von New Orleans", in der Manon Lescaut „sola, perduta, abbandonata"[91] seit 1893 zu Tode kommt. Puccinis Oper hatte Lehár bei der Budapester Erstaufführung im Jahr darauf schwer beeindruckt. Wie bei *Manon Lescaut* bildet auch bei *Kukuška* der Schluss das heimliche Zentrum des Werks, auf das die übrigen Bilder episodisch vorbereiten. Überhaupt ist beiden Werken die episodisch-fragmentarische Dramaturgie gemeinsam, ebenso die rhapsodischen Lyrismen, die bei Lehár allerdings slawisch gefärbt sind. Es sind die Höhepunkte des „Lyrischen Dramas": die großen Abschiedsduette im ersten und letzten Bild oder der russisch gefärbte Strophenchor im ersten, Alexis' Kuckuckslied im zweiten und Raisas Klage im dritten Akt. Dazu kommen atmosphärisch eindringliche Momente wie die Gesänge der Verbannten, Sašas Kirgisenlied oder das Orchesterzwischenspiel, das den Schneesturm der Schlussszene mit brutal-veristischer Wucht einleitet.

„Was sagt Ihr zu diesem Erfolg?"

Auf die Frage nach seinem schönsten Theatererlebnis antwortete Lehár 1903 ohne Zögern: „Die Premiere in Leipzig! Denken Sie sich, ich komme als blutjunger Mensch in die große Stadt, sehe alles bei den Proben beschäftigt und höre meine Musik, sehe das Werk lebend, von dem ich bis dahin nur geträumt habe. Das war wohl meine glücklichste Stunde."[92] Zusammen mit Falzari hatte er den Vorbereitungen beigewohnt. Zur Uraufführung am 27. November 1896 kam sein Bruder nach 34-stündiger Bahnfahrt aus Kronstadt angereist. Um ihm zu imponieren, lud er ihn groß zum Essen ein, bezahlte ihm die Rückfahrt und versetzte dafür seinen Schmuck. Die Aufführung war ein unbestrittener Erfolg.

Nach anfänglicher Zurückhaltung ging das Publikum immer mehr mit. Textdichter und Komponist wurden etliche Male auf die Bühne gerufen. Die Kritiken entsprachen zunächst diesem Hochgefühl. Der *Berliner Börsen-Courier* war überzeugt: „der Lockruf des General Kukuška ... wird auch, so glauben wir, ein Lockruf für die Opernbesucher werden."[93] Und in den *Leipziger Neuesten Nachrichten* konstatierte Prof. Bernhard Vogel: „Auf den theatralischen-operistischen Effekt versteht sich Lehár bei diesem Erstling schon besser als mancher, der auf eine längere Praxis zurückzublicken vermag; das zeigt der wirksame Zuschnitt vieler Szenen ... Das Lokalkolorit ist von überraschender Treffsicherheit, die Orchesterbehandlung bisweilen zwar überladen, meist aber üppig farbenprangend im Sinne der modernsten Technik ... Am kräftigsten schlug der letzte Akt ein, der Komponist wurde fünfmal hervorgejubelt. Ohne Zweifel ein ansehnlicher Erfolg."[94]

Aber es gab auch Einwände. So diagnostizierte die *Leipziger Zeitung* schwere „Mascagnitis ... man wird erdrückt von jenen unmotivierten vulkanischen Wutausbrüchen des Orchesters, durch die sich die modernen Veristen feiner empfindenden musikalischen Gemütern so unbeliebt gemacht haben ... außerdem die Singstimme immer lustig mit den Orchesterinstrumenten unisono geführt"[95]. Der Puccini-Biograph Richard Specht präzisierte den Vorwurf später anlässlich einer Wiener Aufführung: „Und so kommt es, daß all diese Themen, deren musikalischer Reiz an sich ebenso wenig zu unterschätzen ist, als ihr quantitativer Reichtum, nur so wirken, als hätte der Komponist, ohne lange zu grübeln, die Blätter seines Skizzenbuchs der Reihe nach aneinandergefügt"[96]. Schrieb er vom „Mißverstehen Wagnerscher Intentionen", störte das in dessen Geburtsstadt niemanden. Die *Dresdner Zeitung* meinte vielmehr: „Lehárs Musik könnte an Adel und Empfindung *Tristan und Isolde* und alles Größeste [!] illustrieren und würde ein eminentes Talent beweisen. Entzückend ist das Vorspiel des dritten Actes, entzückend das melancholische Frühlings-Vögelgezwitscher ... Voll Reiz die kleinen humoristischen Liedansätze des armen Verbannten. Warum dies abbrechen? Warum das Volksgemäße so vermeiden? ... Dieses Manco abgerechnet, ist die erste Oper Lehár's eine stärkste Talentprobe ... Wie sehr das Werk ... fesselt, mag der fremde Leser daraus entnehmen, daß man die Oper am liebsten gleich noch einmal hören möchte, und bei dem hinreißend nervösen Liebesduo in der sibirischen Wüste vergessen, daß die Leute alle weit über ihren Stand gelehrt und nicht ukränisch [sic!], sondern meist westliche geistreiche Musik singen."[97]

Berauscht vom ersten Theatertriumph kehrte der Komponist nach Budapest zurück. Die Mutter berichtet dem Bruder noch am selben Abend von seiner Ankunft: „Als wir in der größten Sorge um ihn waren, da kam er auf einmal daher. Wie ein echter Künstler. Krawatte verdreht. In seinem Fledermausmantel. Ohne Ringe, ohne Uhrkette, ohne Busennadel. Wie gesagt, wie ein echter Künstler. ‚Was sagt Ihr zu diesem Erfolg', war sein erstes Wort. Zum Glück fand ich noch rechtzeitig das Wort ‚ich gratuliere', denn ich konnte den Blick von den zerknitterten Kleidern gar nicht abwenden. Und dann ging es los: ‚O, ihr werdet noch sehen', ‚Ihr habt es mir nie glauben wollen' und so dergleichen mehr. Seither geht alles wie früher. Franz macht eine Ballett-Einlage fertig, hofft und träumt.

Fortsetzung: Am 8ten kommt der Briefträger. Er bringt Franz 51 Gulden Tantiemen von den ersten 2 Vorstellungen. Nun muß er einen Monat bis zur nächsten Abrechnung warten. Das ist der erste große Erfolg! 41 hat sich Franz behalten. 10 Gulden gab er mir. Davon habe ich gleich Holz gekauft. Franz hat in Leipzig 170 Gulden ausgegeben und alles versetzt. Nun ist Prag in Aussicht. Franz will einen Monat dort bleiben und alles selbst einstudieren. Was wird das kosten? Wird es überall so sein, wo Franz aufgeführt wird, daß er dreimal so viel ausgibt als er einnimmt? Also das ist das beneidete Los eines Künstlers?"[98]

Die erhoffte Aufführung in Prag zerschlug sich. Nur Königsberg spielte *Kukuška* nach. Doch dort verschwand das Werk bereits nach vier Vorstellungen ebenso folgenlos wie zuvor nach sieben in Leipzig. Die Zweifel des Vaters, „ob aber der Franzl das Zeug hat, um seinen Erfolg auszunützen", scheinen sich zu bestätigen. Für ihn ist er als Geschäftsmann „der ungeschickteste Mensch, den ich kenne"[99]. Da der glücklich errungenen künstlerischen Autonomie also nicht die erhoffte wirtschaftliche folgte, sah sich der junge Tonsetzer gezwungen, den Rat seines Vaters zu beherzigen und den zerknitterten Fledermausmantel wieder mit der Uniform zu vertauschen. 1897 trat er seine Stelle beim 87. Infanterieregiment in Triest an, das zu Lehárs Entsetzen bald darauf nach Pola versetzt wurde. Was für eine Schmach: „Zuerst Marinekapellmeister mit 110 Musikern und jetzt Dirigent einer Kapelle von 42 Mann!"[100]

Aus dieser misslichen Lage rettete ihn der überraschende Tod des Vaters, dessen Stelle in Budapest er daraufhin sofort übernahm. Bevor Franz Lehár sen. am 7. Februar 1898 einer Lungenentzündung erlag, konnte sich der Sohn, aus Pola herbeigeeilt, noch mit ihm versöhnen. Wie sein Bruder schilderte, „hielten sie abwechselnd die Wache am Krankenbett ... Auf einmal höre ich Klänge aus dem Nebenzimmer, in dem der Flügel steht. Ganz sanft, wie aus einer andern Welt kommend ... Motive aus der Oper *Kukuschka*! Franz nimmt Abschied von seinem sterbenden Vater. Ich habe ihn nie wieder im Leben so spielen gehört. Ich sehe das totenbleiche Antlitz des Vaters. Er versucht sich aufzustützen. Die weitgeöffneten Augen sind dahin gerichtet, woher die Fantasien seines Kindes klingen ... Er, dessen Leben ausschließlich im Dienste der Musik stand, sieht im Sohne die Erfüllung all dessen, was er so heiß erstrebt hat ... Noch einmal will sich der Vater aufrichten. Dann sinkt er leblos zurück. Ich stürze zu Franz. Ich kann nur sagen: ‚Vater ...' Jäh brich Franz das Spiel ab"[101].

Am 1. April 1898 trat Lehár die freigehaltene Stelle des Vaters beim bosnisch-herzegowinischen Infanterieregiment Nr. 3 in Budapest vorzeitig an. Inzwischen war sein Verleger in finanzielle Bedrängnis geraten und verlangte die Erstattung der Druckkosten, war doch *Kukuška* in der Spielzeit 1897/98 von keiner Bühne angenommen worden. Lehár sah sich also gezwungen, sein Werk für 1500 Gulden von Hofbauer zurückzukaufen. Seine sparsame Mutter nahm dafür sogar eine Hypothek auf das Haus der Großmutter auf. Als sein eigener Verleger versuchte der Komponist nun, das um die erwähnte Balletteinlage ergänzte Werk an der Budapester Oper unterzubringen. Ein schwieriges Unterfangen, wie er berichtete: „Direktor Kaldy war mir persönlich sehr freundlich gesinnt, hielt aber nichts von dem Werk, glaubte überhaupt nicht an mein Talent und suchte mich mit Worten zu vertrösten. Aber Raoul Mader, damals erster Kapellmeister, hielt von mir etwas und schlug mir vor, kurzen Prozeß zu machen und einfach auf die Probentafel für den nächsten Tag eine Probe von *Kukuška* aufzuschreiben und derart den Direktor zu überrumpeln. Als ich dann mit Kaldy im Kaffeehaus zusammentraf, gratulierte er mir zur Annahme meiner Oper und teilte mir mit, die Proben hätten bereits begonnen. Die Budapester Aufführung brachte dem Werk einen starken Erfolg, so daß ich sofort wieder meine Kapellmeisterstelle aufgab."[102]

Noch in der Premierennacht hatte sich – frei nach *Kukuška* – „ein heißes Fieber nach Freiheit" seiner bemächtigt. Wäre da nur nicht die Frühjahrsparade gewesen, die am nächsten Morgen in Anwesenheit des Kaisers und mit ihm als Dirigenten stattfinden sollte. Doch auch die Premierenfeier forderte ihren Tribut. „Ich wollte mich also rechtzeitig verabschieden, aber gute Freunde meinten, es sei überflüssig, mich zu rackern, mit einer Tätigkeit als Capellmeister sei es zu Ende, ich sei ja nun Künstler, Componist. Meine Bequemlichkeit siegte" und die Frühjahrsparade fand ohne ihn statt. Dabei hatte ihm der Kaiser extra zum Erfolg seiner Oper gratulieren wollen. Als der Budapester Opernintendant Graf István Keglevich ein Jahr später von einer kaiserlichen Audienz zurückkehrte, berichtete er dem Komponisten: „Denken Sie sich, der Kaiser hat sich nach Ihnen erkundigt, und hat, als ich von Ihnen sprach, gesagt: ‚Aha, das ist ja der Lehár, der bei der Frühlingsparade im vorigen Jahr nicht ausgerückt ist'."[103]

Belagerung der Wiener Oper

Um den Erfolg von *Kukuška* am Königlichen Opernhaus Budapest auszunutzen, setzte Lehár alle Hebel in Bewegung und frischte den Kontakt zu Karl Muck auf, den er als Nachfolger Gustav Mahlers vom Ständetheater Prag kannte und der jetzt Kapellmeister der königlichen Oper Berlin war: „Euer Hochwohlgeboren werden sich vielleicht zu erinnern wissen, daß ich seinerzeit vor beiläufig 3 Jahren mir die Freiheit nahm in Ihrer Wohnung vorzusprechen und sie um das Urteil um meine Oper zu befragen. Euer Wohlgeboren äußerten sich sehr lobend über das Werk und hauptsächlich über die Instrumentierung … Ich ließ die Oper drucken, jedoch arbeitete ich die ganze Oper nochmals durch und sie wurde in Leipzig und Königsberg mit schönem Erfolg aufgeführt … Private Angelegenheiten mit meinem Verleger brachten es mit sich, daß die Oper sich keine weitere Bühne eroberte. Endlich entschloß ich mich, mein Werk vom Verleger zurückzukaufen … *Kukuška* wurde am 2. Mai hier in Budapest aufgeführt und ist seither 5 mal in Scene gegangen … Ich habe für die Budapester Aufführung ein Ballett ‚Russische Bauerntänze' in den 1. Akt eingelegt und ebenso den 3. Akt mit einer größeren Gesangsnummer verlängert (Raissa). Die Oper hat hier sehr gut gefallen und beabsichtigt Herr Direktor Mahler die Oper in Wien aufzuführen. Ich bitte Euer Hochwohlgeboren innigst, die Oper nochmals gütigst durchzusehen, um so mehr als Herr Direktor Pierson sich auch dafür interessiert und sich vom hiesigen Kapellmeister einen Bericht zukommen ließ."[104]

Die erhoffte Zusage Mahlers war freilich nur ein frommer Wunsch, dem Lehár aber von Budapest aus telegraphisch nachhalf: „Erbitte inständigst die Anwesenheit Euer Hochwohlgeboren bei der Aufführung meiner Oper, die ich selbst dirigieren werde. In der Hand Euer Hochwohlgeboren liegt das Schicksal meines Werkes."[105] Da der ehrfürchtig Titulierte nicht nach Budapest fuhr, kam der Komponist eben nach Wien – als Militärkapellmeister. Am 1. November 1899 trat er die Stelle beim 26. Infanterieregiment ‚Großfürst von Rußland' an, unter der Bedingung, einen Garnisonswechsel nicht mehr mitmachen zu müssen, und mit dem festen Vorsatz, sich in Wien einen Namen zu machen. Und tatsächlich: „hier entschied sich mein Schicksal."[106]

Doch um die k. u. k. Hofoper zu erobern, musste Lehár erst Gustav Mahler, „diesen genialen Vollbutmusiker", überzeugen. Er „galt als exaltiert, als Fanatiker. Erst kürzlich war eine Militärkapelle an der Oper vorübermarschiert und hatte dabei einen flotten Marsch mit Motiven aus den *Nibelungen* gespielt. Es wurde behauptet, Mahler hätte über diese Blasphemie an Wagner einen Wutanfall bekommen und geschworen, niemals einem Militärkapellmeister Zutritt zur Oper zu gewähren." Das also waren die Prämissen, unter denen die einzige Begegnung der beiden Komponisten stattfand. Zumindest hat Lehár eine solche überliefert. Stattgefunden haben soll sie auf der kurzen Bahnfahrt von Wien nach Baden, bei der ihm ein Herr vis-à-vis saß, der plötzlich von seiner Zeitung aufsah: „Durch scharfe Brillengläser mustern mich die forschenden Augen Gustav Mahlers ... Ich trug Uniform. Die goldene Lyra am Kragen sagte Mahler, daß ihm ein Musiker gegenübersitzt. Sein Blick, mit dem er mich fast ununterbrochen detaillierte, war – oder schien es mir nur so? – spöttisch, feindselig, herausfordernd. Sollte ich mich vorstellen ... Sollte ich Mahler direkt nach dem Schicksal meines Werkes fragen? und was dann, wenn er mir eine seiner bekannten sarkastischen Antworten gab ... Ich hatte mich damals noch nicht so in Gewalt wie heute! So schwankte ich zwischen Ansprechen und Verzichten ... Eben begann ich: ‚Gestatten Sie ...', da knirschten die Bremsen – Baden – ich mußte aufspringen, grüßte wie im Traum und verließ ganz benommen das Abteil – ohne Mahler gesprochen zu haben."[107]

Lehár schickte stattdessen den mit Mahler befreundeten Journalisten Ludwig Karpath ins Rennen. Der kannte Lehár aus Budapest und berichtete 1923, wie ihn Mahler eines Abends gefragt habe, „ob ich einen Herrn Franz Lehár kenne. Als ich die Frage bejahte, erzählte er mir, daß dieser Herr Lehár, von dem er noch nie etwas gehört habe, die Oper *Kukuška* bei ihm eingereicht hat und daß er das Textbuch auch schon gelesen habe. Wenn die Musik so gut ist, wie das Buch ... so wird er die Oper aufführen. Doch der vom Libretto sehr begeisterte Hofoperndirektor war enttäuscht, als er die Musik Lehárs kennenlernte, die ihm noch als eine Anfängerarbeit schien." Wenn man Herrn Karpath Glauben schenkt, war „Franz Lehár ... ein geknickter Mann. Noch war sein Ehrgeiz zu groß, als daß er daran gedacht hätte, in der Operette sein Heil zu suchen ... Er war trotz aller Volkstümlichkeit (als Wiener Militärkapellmeister) unbefriedigt und sehnte sich in eine künstlerische Atmosphäre."[108]

Als Lehár Jahre später sein Heil doch noch in der Operette gefunden hatte, besann sich der „exaltierte" Mahler nach dem Zeugnis Julius Sterns doch noch und soll seinem Ballettmeister Josef Haßreiter mitgeteilt haben, „er wolle den Operettenkomponisten Franz Lehár einladen, für die Hofoper ein Ballett zu komponieren; die heutige Operette und der Tanz seien ja geradezu innig miteinander verwandt. Er glaube, Lehár werde auch in der Oper Zugkraft üben, namentlich, wenn er feinere Musik und eigenartige Rhythmen biete."[109]

Ohne aufzuhören, „sich in eine künstlerische Atmosphäre" zu sehen, genoss Lehár im Jahr 1900 dennoch seine Volkstümlichkeit, die er sich als Militärkapellmeister in Wien rasch erworben hatte. Das war nicht so einfach gewesen, wie er sich erinnerte, denn das Wiener Publikum ist anspruchsvoll „und will alle seine gerade aktuellen Lieblingsmelodien. Und jedes Konzert muß auch etwas Neues bringen. Umstände, die den ohnehin überbürdeten Kapellmeister zu zahlreichen Proben zwingen, ihn aber auch zu Konzessionen an den Geschmack des Publikums bemüßigen, will er sich nicht in der kürzesten Zeit unmöglich machen. Dies Tag für Tag betreiben müssen und dabei nicht Handwerker werden, ist wahrhaftig keine geringe Zumutung"[110]

Dieser Kampf um die Gunst des Publikums wird zur zweiten Schule des Autodidakten Lehár. Schließlich konnten die Regimentsmusiker in Wien mit öffentlichen Konzerten außerhalb der Dienstzeit gutes Geld verdienen. Sie fanden in großen Wirtshäusern, im Volksgarten oder im 3. Kaffeehaus des Praters statt und waren für den ehrgeizigen Komponisten die beste Möglichkeit, sich einen Namen zu machen. Sein ehemaliger Konzertmeister erinnerte sich mit Grausen: „Wir wurden geschunden, daß Gott erbarm, Proben auf Proben, aber trotzdem gab es in diesem ganzen Orchesterkörper immer nur eine wahre Gier nach dieser Probenarbeit ... Lehár war rücksichtslos, wenn es um die Kunst ging ... die Musiker hingen in fanatischer Aufmerksamkeit an seinen subtilen Gesten, an den zierlich zuckenden Bewegungen seiner Hände, an dem beherrschten Spiel seiner Augen. Rauschte der Erfolg um sein Podium, dann vergaß er wohl auch mitunter auf unsere Nerven, so wie er ja gegen sich selbst unerbittlich war und ist, wenn er arbeitet. Er brachte es zuwege, auf die ‚glänzend' hingelegte *Tannhäuser*-Ouvertüre die *Preludes* von Liszt als kleine ‚Draufgabe' zu spielen ... Die ‚Sechsundzwanziger'-Musiker waren gar bald eine berühmte Angelegenheit, das Lehár-Orchester war in kurzer Zeit Stadtgespräch ... daß die Wiener Frauen und Mäderln das Ihrige dazu beitrugen ... weiß die Welt."[111]

Eine davon, die zwölfjährige Felicitas, Lizzy genannt und Tochter des renommierten Librettisten Victor Léon, gab den Ausschlag. Sie soll schon 1901 Schlittschuh fahrend auf dem Eislaufplatz am Stadtpark vom dazu aufspielenden feschen Militärkapellmeister so begeistert gewesen sein, dass sie ihrem Vater andauernd in den Ohren lag, ihm doch bitte eine Chance zu geben und eine Operette mit ihm zu schreiben. Besonders angetan hatte es ihr ein Marsch mit dem prophetischen Titel *Jetzt geht's los*, bereits 1894 in Sarajewo komponiert und Lehárs erster Wiener Schlager. Unvergessen blieben dem Vater ihre Worte: „Ich sag dir, Papa, der Marsch ... also der ist einfach gottvoll, himmlisch, totschick! Ich sag dir, die Leute sind wie verrückt auf den ... In allen deinen Operetten ist nicht ein Marsch, der so ... der so ... ich weiß gar nicht, was ... der so sagen wir, comme il faut wäre, wie der! Komm doch einmal auf den Eislaufplatz und hör ihn dir an."[112]

„Jetzt geht's los"

Victor Léon kam vorerst nicht zum Eislaufplatz und Lehár musste sich weiter gedulden, ein gutes Operettenlibretto zu finden. Denn ein solches suchte er mittlerweile verzweifelt. Die Unmöglichkeit, *Kukuška* in Wien unterzubringen, und sein gleichzeitiger Erfolg mit eigenen Tanzmusikkompositionen müssen ihn im Laufe des Jahres 1900 bewogen haben, sein Heil doch in der Operette zu suchen. Und das tat er, ohne „eine nähere Kenntnis des Genres zu haben … denn in den Städten, in denen ich als Kapellmeister gelebt habe, wurden hauptsächlich Opern und wenig Operetten gespielt." Seine ersten Versuche auf diesem Gebiete blieben Stückwerk: ein Duett aus einer von Gustav Schmidt textierten Operette namens *Die Kubanerin*, dessen Refrain Lehár später in der Ouvertüre seines Operettendebüts *Wiener Frauen* verwendet hat, dann Skizzen zur Operette *Die Spionin*, die immerhin bis zum Vorspiel des 3. Aktes gediehen waren. Dieses Vorspiel wiederum stammte aus seiner Jugendoper *Rodrigo*, während das Duett „Johannestrieb" aus den *Wiener Frauen* der *Spionin* entnommen ist. Das Libretto dieser Operette hatte er noch in Budapest „von einem Hausdichter des Etablissements Ronacher um 50 Gulden"[113] erworben. Kein gutes Geschäft, denn der lieferte ihm Coupletverse wie „Der Krieg, der ist kein Saufplaisier"[114].

Besser erging es Lehár bei der Zusammenarbeit mit dem Dichter Rudolf Hans Bartsch, nachmals bekannt als Verfasser des Schubert-Romans *Schwammerl*, Vorlage wiederum der Schubert-Operette *Das Dreimäderlhaus*. Lehár kannte ihn aus der Schlaraffia, einem hedonistischen Künstlerclub mit dem Motto „In arte voluptas" (In der Kunst liegt die Lust) und mit eigener Namensgebung. So hieß Lehár dort „Ritter Tonreich", Bartsch „Ritter Sonett". Kennengelernt hatten sie sich bereits 1892, dem Eintrittsjahr Lehárs. Nun verfassten sie zusammen das Duett *Der windige Schneider*, ein witziger Wechselgesang im Dreivierteltakt mit eingelegten Zwischentänzen. Anlass war das Gastspiel des Kabaretts „Zum lieben Augustin" am 16. November 1901 im Theater an der Wien, neben dem Carl-Theater Wiens zweite große Operettenbühne. Felix Salten, der Dichter von *Bambi* und mutmaßlicher Verfasser der pornographischen *Geheimen Memoiren der Therese Mutzenbacher*, hatte den „Augustin" als Wiener Version des Überbrettl konzipiert und ein wahrhaft buntes Programm auf die Beine gestellt. Lehárs Duett kam zwischen *Des Sängers Fluch* von Schumann und Frank Wedekind zur Aufführung. Während „Wedekind, der zum ersten Mal mit seinen Bänkeln vor ein Wiener Publikum trat", durchfiel und, wie Felix Salten meinte, „erst ein Dezennium später verstanden wurde", gefiel Lehárs etwas surrealer *Schneider* sofort. „Dieses Duett zwischen einem Landstreicher und seiner Gefährtin wurde von zwei jungen Künstlern in Kostümen, die Kolo Moser entworfen hatte, gesungen. Es hatte neben den alten Volksliedern und einem Couplet von Julius Bauer, die ich der Niese anvertraut hatte, den stärksten Beifall. So gelangte Franz Lehár zum erstenmal im Theater an der Wien zur Aufführung, das er dann von der *Lustigen Witwe* angefangen, lange Jahre beherrschen sollte."[115]

Aufgrund seiner Popularität als Kapellmeister wurden Franz Lehár und seine 26er-Kapelle im Fasching 1901 für die renommiertesten Bälle engagiert. So dirigierte er am 11. Februar 1901 beim Ball der Wiener Journalistenvereinigung Concordia in den Sophiensälen, über den die *Neue Freie Presse* auf mehr als einer ganzen Seite berichtete und zu dem auch Gustav Mahler erschienen war. Ob er zu Lehárs eigens für diesen Anlass komponierten *Concordia-Walzer* tanzte, ist nicht überliefert. Da es damals – um Tanzpausen zu vermeiden – bei Bällen üblich war, zwei Orchester zu engagieren, wechselte sich Lehárs Kapelle mit der von Johann Strauß jun. ab, dem Sohn von Eduard Strauß. Beide Orchester hatten auch sechs Tage zuvor bei der Redoute Weiß-Rot der Fürstin Pauline von Metternich-Sándor mitgewirkt. Und Lehár hatte einen der Patronesse gewidmeten *Paulinen-Walzer* beigesteuert. Die Fürstin war berühmt als Mäzenatin und hatte schon 1861 Richard Wagners *Tannhäuser* gegen heftige Widerstände in Paris zur Aufführung gebracht und damit einen der größten Skandale der Operngeschichte ausgelöst. Derlei war nicht zu befürchten, als sie Lehár den prestigeträchtigen Auftrag für den Titelwalzer ihrer nächsten Faschings-Redoute erteilte, die unter dem Motto *Gold und Silber* stand. Vielmehr verhalf sie Franz Lehár damit zu seinem ersten internationalen Erfolg, wenn auch in einem Genre, dessen große Zeit bereits der Vergangenheit angehörte: dem Tanzwalzer.

Seit Johann Strauß Vater gehörte der Tanzwalzer zum festen Repertoire der Ballorchester und bestand in seiner Konzertversion aus einer langsamen, stimmungsvollen Einleitung und einer Folge von meist fünf Walzerthemen mit einer großen Coda als krönendem Abschluss. Damit jedoch ließ sich getrost der Walzerbedarf einer ganzen Operette bestreiten. Das hatte schon Johann Strauß Sohn erkannt, der es seitdem vorzog, statt wie bisher seine Tanzkompositionen gegen ein einmaliges Honorar an einen Verlag zu verkaufen, für jede einzelne Operettenvorstellung Tantiemen zu beziehen. Damit aber war die von ihm selbst zur Vollendung gebrachte Form des Konzertwalzers unrentabel geworden, umgekehrt aber konnte die Musik einer Operette in diversen Tanz- und Konzertarrangements nochmals verwertet werden – allein bei seiner ersten Operette *Indigo und die vierzig Räuber* waren es neun.

Bevor auch Franz Lehár diesen Weg beschritt, hatte er ein knappes Dutzend Tanz- und Konzertwalzer komponiert. Schon in Losoncz waren *Elfentanz* und

Wiener Lebenslust entstanden, es folgten u. a. *Le belle Polesane (Klänge aus Pola)* und in Wien die *Stadtparkschönheiten* und der *Grützner-Walzer*, mit Zithersolo der Wienerischste all seiner Walzer. Besonders „viel Beifall" hatte laut *Neuer Freier Presse* auch „der Walzer *Jugend-Ideale* von Capellmeister Lehár"[116] gefunden. Übertroffen wurde dieser Erfolg jedoch von besagtem Titelwalzer für die Redoute der Fürstin Metternich, in dem sich der spezifisch lehársche Walzerton zum ersten Mal unverwechselbar entfalten konnte. Der Dirigent Max Schönherr, der noch selbst mit Lehár zusammengearbeitet hat, charakterisiert ihn folgendermaßen: „Vorherrschen der Legato-Modelle ... Anpassung an Puccini'sche ... gelegentlich auch Richard Strauss'sche Harmonik ... durchflochten mit dem Zauber östlich-slawischer Mollakkorde und in brillanter Instrumentation"[117]. Solche Feinheiten gingen am 27. Januar 1902 im Ballgetümmel unter, das, wie das neue *Wiener Tagblatt* berichtete, „in der Reihe der Wiener Faschingsveranstaltungen dieses Jahres einen bisher nicht erreichten Höhepunkt bezeichnet."[118] Der *Gold-und-Silber-Walzer* aber wurde in den nächsten Jahren zum letzten Wiener Konzertwalzer, der die Tanzsäle der Welt eroberte. Das hatte der Komponist freilich nicht ahnen können, als er ihn für 50 Gulden an den Verleger Julius Chmel verkaufte. Der gab ihn an den Londoner Verlag Bosworth weiter, der damit in England und Amerika ein Riesengeschäft machte. Dass nicht Wien, sondern Amerika für dessen neuartigen Klang Ohren hatte, ist symptomatisch.

Blindlings in die Wiener Operette hineingeraten

1901–1904

> „Ich bin sozusagen ganz ahnungslos und blindlings
> in die Wiener Operette hineingeraten."
> Franz Lehár[119]

„Ich bin nicht Dein Kolumbus"

„1901 ... In Unterach. Es regnete. Natürlich: Salzkammergut. Hausarrest. Ich höre Klavierspiel. Lizzy. Was spielt sie nur da? Smetana? Dworzak? Tschaikowsky? Das hört sich ja so slawisch an. Und unverfälscht ... Na, was kann denn das sein? Ich geh ins Klavierzimmer ... und frage:
,Von wem? Und woher?'
,Aus *Kukuska*, von Lehár.'
,Was ist *Kukuska*? Wer ist Lehár?'
,Aber, Papa, das ist doch der fesche Kapellmeister vom Eislaufplatz! Weißt du nicht mehr? ... ich hab' so die Impression: der kann viel. Mit dem solltest du etwas schreiben!'
,Eine Oper?'...
,Der kann doch auch Operette komponieren ... Oder glaubst du nicht, daß diese slawischen Gesänge auch in einer Operette große Wirkung machen würden? ... Und was Neues wär' es! ... Und dann, Papa, denk doch nur an den Marsch *Jetzt geht's los!* Das wär ja ein richtiger Operettenschlager!'"[120]

Schauplatz: das Klavierzimmer einer Villa in Unterach am Attersee. Auftretende Personen: die zwölfjährige Felicitas, genannt Lizzy, und ihr Vater, der berühmte Librettist Victor Léon. Mit dieser Szene beginnt Franz Lehárs Operettenlaufbahn. Überliefert hat sie Léon selbst anlässlich des 60. Geburtstags des Komponisten und in memoriam seiner Tochter Felicitas, „der Lizzy, die allzu früh hinübergeeilt ist in die Sphären, wo die Engel daheim sein sollen."[121] Sie war 1918 mit nur 30 Jahren an einer Blinddarmentzündung gestorben, für Victor Léon, wie seine Biographin Barbara Denscher meint, „ein überaus schmerzhafter Schlag, den er offenbar nie ganz überwunden hat."[122] Entsprechend verklärt fielen seine Erinnerungen aus. Dass ihm Lehár 1902 ein Porträt mit der Widmung „Meinem Entdecker" geschenkt hatte, nimmt er im selben Artikel 1930 zum Anlass, diese „bestrickend liebenswürdige Übertreibung" zu korrigieren: „Nein, lieber, guter Franz, ich bin nicht Dein Kolumbus. Sofern Du überhaupt einer Entdeckung bedurftest, ist Dir diese von jemand anderem geworden, von einem Wesen, von dem Du erst viel später erfuhrst, daß Du diesem Deinen Eintritt in die Phalanx der erfolgstürmenden Operettenkomponisten zuschreiben mußt. Und gerade der heutige Tag ... gibt mir Anlaß, es Dir in Erinnerung zu rufen. Meine Tochter Felicitas war Deine Entdeckerin."[123]

Von diesem, wie Denscher schreibt, „zentralen Narrativ der Lehár-Biografik"[124] konnte der Komponist 1912 also noch gar nichts wissen, als er seine erste Begegnung mit Léon entschieden nüchterner schilderte. Aber auch ohne Lizzy spielte der Marsch *Jetzt geht's los* eine entscheidende Rolle bei Lehárs damaliger Suche nach einem Libretto. „Unter anderen wendete ich mich an Viktor Léon, den damals erfolgreichsten Wiener Librettisten, und sandte ihm meine Oper *Kukuschka*. Er antwortete mir, dass er zu stark in Anspruch genommen sei. Nach einiger Zeit schrieb er mir jedoch, falls ich noch die Absicht habe, eine Operette zu schreiben, möge ich ihn besuchen. Als ich ihn fragte, wieso er jetzt auf mich gekommen sei, sagte er mir, er habe meinen Marsch *Jetzt geht's los* gehört, der ihm viel mehr für meine Eignung zum Operettenkomponisten zu sprechen scheine als *Kukuschka*. Er gab mir das Vorspiel zum *Rastelbinder*, und dies ist eigentlich meine erste Operette"[125].

Und diese Operette begründete einen neuen Stil. Schon das erwähnte Vorspiel mit der slowakischen Kinderverlobung und seiner Abschiedsmelancholie war für das Genre unkonventionell und lag Lehár – wie überhaupt das ganze Libretto, nicht zuletzt wegen seiner erstaunlichen biographischen Bezüge. Der Lebensweg der Titelfigur, eines armen Slowakenbuben, der, um seinen Lebensunterhalt zu verdienen, als Kind in die Fremde zieht, um schließlich in Wien sein Glück zu finden, entspricht jenem Franz Lehárs: von den bescheidenen Anfängen in der slowakisch-ungarischen Geburtsstadt Komorn, über die oft entbehrungsreichen Lehr- und Wanderjahre in Prag, Elberfeld, Losoncz und Pola – bis zur Karriere in Wien. Mit dem *Rastelbinder* hatte er nicht nur den passenden Stoff, sondern auch den adäquaten Librettisten gefunden, der viele seiner Vorstellungen teilte. Ohne Léon wäre Lehár nicht der Operettenkönig geworden, der er schließlich wurde. Das hat er Léon nicht vergessen. Auf dessen Geburtstagsartikel zum 60. antwortete er telegraphisch aus Baden-Baden: „dein artikel hat meine seele aufgewühlt und ich finde keine worte um dir so danken zu koennen wie ich es empfinde unsere herzen finden sich aber beim gedenken an unsere liebe gute lizzy und lass auch du dir sagen dasz du zu jenen seltenen menschen gehoerst die treue halten koennen wenn das schicksal zwei freunde auch fuer eine zeit trennte ich bin stolz darauf dich meinen freund nennen zu duerfen herzinnigst dein getreuer lehar"[126]

Dabei hatten Léon und Lehár sehr unterschiedliche Temperamente: hier der eher ruhige, zurückhaltende Komponist, der ganz in seiner Arbeit aufging, dort der impulsive, aufbrausende Librettist, Theatermensch durch und durch. Was sie verband, war das Bestreben, die Operette zu reformieren. Einig waren sie sich darin, dass „die wirklich moderne Operette", wie Léon formulierte, „eigentlich eine Form der Oper, ein Stück mit Musik darzustellen hat … [ein] Stück mit Menschen in menschlichen Konflikten … die den Komponisten auch zu echt künstlerischer Arbeit anregen."[127] Die später Lehár vorgeworfene „Veredelung der Operette" war also eigentlich bereits eine Idee Léons. Trotz der insgesamt überschaubaren gemeinsamen Opuszahl wurde er für den Komponisten zur prägenden Librettistenfigur.

Léons Geburtsort Senica, wo er am 4. Januar 1858 als Viktor Hirschfeld zur Welt kam, liegt wie der Lehárs in der Slowakei und auch seine Kindheit war geprägt vom unsteten Wanderleben der Familie. Sein Vater war nämlich Rabbiner und wurde noch im selben Jahr nach Pécs, fünf Jahre später nach Augsburg und dreizehn Jahre später nach München berufen, bis sich die Familie 1876 schließlich in Wien niederließ. Im Jahr darauf wurde Viktor Hirschfeld in die Schauspielschule des „Conservatoriums der Gesellschaft für Musikfreunde in Wien" aufgenommen, das er nach einem guten Jahr wieder verließ. Er betätigte sich als Journalist und Schriftsteller, schrieb Stücke, war als Dramaturg tätig und wurde 1897 schließlich Oberregisseur am Carl-Theater. Schon elf Jahre vorher hatte er sich zusammen mit dem Komponisten Alfred Zamara der Operette zugewandt: Ihr *Doppelgänger* erregte das Interesse des Walzerkönigs Johann Strauß. Für ihn schrieb Léon nach Grimmelshausens gleichnamigen Roman das Libretto zu *Simplicius*. Obwohl die Uraufführung ein glatter Misserfolg war, hatte sich Léon dank Strauß auch als Librettist etabliert. So schrieb er für Franz von Suppè das nicht mehr vollendete *Modell*, für den Brahms-Freund Richard Heuberger dessen erste Operette *Der Opernball* und zusammen mit Leo Stein das Strauß-Pasticcio *Wiener Blut*. Daneben hatte er sich vor allem mit modernen Volksstücken einen Namen gemacht, wie ein Tagebucheintrag Arthur Schnitzlers über Léons *Gebildete Menschen* verrät: „Überraschung, daß dieser fleißige Fabrizierer ein ganz tüchtiges Volksstück zustande brachte."[128] Wiens sarkastischer Satiriker Karl Kraus hatte Léon bereits zu Zeiten des „Jungen Wien" im Kreise der „demolirten Literatur" begeistert begrüßt: „Endlich einmal ein wirklich Nervöser! Das tut förmlich wohl in dieser Umgebung des posirten

Morphinismus. Er ist kein Künstler, nur ein schlichter Librettist, der hier den Anderen mit gutem Beispiel vorangeht. Abgehetzt, von den Aufregungen der Theaterproben durch und durch geschüttelt, nimmt er geschäftig Platz: Kellner, rasch alle Witzblätter! Ich bin nicht zu meinem Vergnügen da! … Seine Beziehungen zur Bühne sind die eines produktiven Theateragenten, und er entwickelt eine fabelhafte Fruchtbarkeit, die sich auf die meisten Bühnen Wiens erstreckt. Nach jeder einzelnen seiner Operetten glaubt man, jetzt müsse er sich ausgegeben haben. Doch ein wahrer Antäus der Unbegabung, empfängt er aus seinen Mißerfolgen immer neue Kräfte … Doch scheint das Geschäft seinen Mann zu nähren. Heute gehört ihm eine Villa, am Attersee herrlich gelegen – mit Aussicht auf den Waldberg."[129]

Der Rastelbinder

„Zeitbild" hatte Victor Léon sein erfolgreiches Volksstück *Gebildete Menschen* 1895 genannt, weil er darin soziale und kulturelle Probleme der Gegenwart thematisiert hatte. Er schrieb noch weitere „Zeitbilder", von denen das Stück *Die lieben Kinder* später zur Leo-Fall-Operette *Der fidele Bauer* umgearbeitet wurde. Auch *Der Rastelbinder* gehört in diese Reihe als erste tagesaktuelle Operette dieser Art. Schon der Titel verweist auf ein Gewerbe, das zum damaligen Wiener Straßenbild gehörte. Slowakische Drahtbinder und Wanderhändler, die Siebe, Mausefallen und Metallgestelle feilboten waren damals allgegenwärtig. Das Schicksal der Titelfigur Janku, der sich in einen feschen Wiener Schani verwandelt, erzählt die Geschichte einer geglückten Assimilation. Und genau davon träumte damals jene Hälfte der knapp zwei Millionen Einwohner Wiens, die nicht dort geboren, sondern aus allen Teilen des vielsprachigen Kaiserreichs zugewandert war. *Der Rastelbinder* war damit tatsächlich ein „Zeitbild", für dessen musikalisches Kolorit Franz Lehár als mit allen musikalischen Wassern der Donaumonarchie gewaschenes „Tornisterkind" geradezu prädestiniert war. Denn vor allem die slawische Lokalfarbe war – trotz *Bettelstudent* und *Jakuba* von Johann Strauß – auf der Palette der Operette bisher auffallend wenig vertreten gewesen.

Léon verzichtete auf die übliche dreiaktige Operettendramaturgie und begann die Handlung mit einem Vorspiel, das – bis auf das Couplet der zentralen Komikerrolle, des jüdischen Zwiebelhändlers Wolf Bär Pfefferkorn – mit den Konventionen des Genres nur mehr wenig zu tun hat. Vielmehr könnte dieses Vorspiel – getaucht in Moll-Melancholie und schwelgerische Holzbläserklänge – ebenso gut in einer slawischen Volksoper stehen. Nicht umsonst erinnert der Eingangschor im *Rastelbinder* „Der Slovak, der Slovak, rackert sich den ganzen

Tag" an die entsprechende große Chorszene aus *Kukuška*. Auch die Nummern der Kinder rund um die Verlobung Jankus mit Suza, der Tochter seiner Pflegeeltern, fallen aus dem Rahmen. In Suzas schlichter h-Moll-Phrase „O bože, o bože, o bože, mir thut das Herz so weh ..." klingt der ganze kindliche Abschiedsschmerz mit, den auch Lehár allzu gut kannte. Damit hatte Victor Léon den musikalischen Nerv seines Komponisten getroffen. Nicht dass er Lehár entdeckte, sondern dass er dessen Eigenart erkannte und zur Entfaltung brachte, bleibt sein großes Verdienst. Was das Libretto mit der slowakischen Kinderverlobung im Vorspiel verspricht, hält es in den folgenden Akten nicht ganz, so neu der dramaturgische Aufbau der Operette auch ist.

Der geschickt gebaute 1. Akt spielt zwölf Jahre später in Wien und frönt ungeniert dem Lokalpatriotismus der alten Wiener Operette, „so wie's im Bücherl steht". Ihm zollt Lehár mit dem Lied vom „Wiener Kind" gekonnt Tribut. Darin schildert Schani, alias Janku, seine gelungene Assimilation vom Slowaken zum Wiener und vom Rastelbinderbuben zum Spenglergesellen. Er führt seinem Lehrherren Glöppler nicht nur das Geschäft, sondern soll es bald auch übernehmen samt dazugehöriger Tochter Mizzi. Lehár widmet den beiden sein erstes lyrisches Walzer-Duett „Wenn zwei sich lieben". Doch da Mizzi ihm vertraut hat, „s'wär ein Slovak nicht ganz ihr Geschmack", versucht er seine Herkunft hinter sich zu lassen und hat seine Kinderbraut Suza völlig vergessen. Da platzt Pfefferkorn herein – an seiner Seite: Suza, deren slawisch gefärbte Auftrittspolka Janku an die verdrängte Heimat erinnert. Das von Pfefferkorn arrangierte Wiedersehen entspricht nicht ganz dessen Erwartungen. Die als Kinder Verlobten sind nämlich alles andere als begeistert, liebt doch auch Suza inzwischen einen andern, nämlich den Nachbarsjungen Milosch, der gerade in Wien seinen Militärdienst ableistet und noch dazu mit Janku befreundet ist. Da aber Pfefferkorn Suzas und Jankus Verlegenheit völlig falsch deutet, kommt es im zweiten Finale beim Verlobungsfest von Mizzi und Janku zu einem „Riesenscandal", als Pfefferkorn enthüllt, dass Janku bereits Suza versprochen ist. Mizzi und Glöppler sind entsetzt. Die „weanerische Hölzelweis'" schlägt in einen rasanten Galopp um, die „lieben Wiener Leut'" beklagen „die Blamage", jagen „die Bagage" hinaus und finden treffende Schlussworte: „Alles kommt so wie es kommen muss! Ach, das ist der Schluss! So hat's verlangt eisern das Muss! Schluss!"

Der anschließende 2. Akt hingegen verkommt etwas unmotiviert zur Verkleidungsorgie im Kasernenhof, mit dem einzigen, pikanten Vorwand, die Damen in Uniformen zu stecken, denn „Soldatenhosen haben Reiz gar großen" – damals vor allem für das männliche Publikum. Für Pfefferkorn haben die Soldatenhosen indessen andere Konsequenzen: Er wird für einen Reservisten gehalten, geschoren und muss schließlich ein Pferd besteigen, auf dem er nach vielen Verrenkungen verkehrt sitzt und das sich daraufhin auf eigene Weise rächt: „Der arrogante Krampen hat gewart', bis ich heruntergestiegen bin. E Schmiss hat es mir gegeben! E so e Antisemit!" Damit hat Pfefferkorn die Lacher auf seiner Seite, klärt nebenher auch noch alle Missverständnisse auf und bringt so die richtigen Paare zusammen. Die für die spätere moderne Operette charakteristischen Stilbrüche, stehen im *Rastelbinder* noch unvermittelt Akt für Akt nebeneinander, so dass sich eine Art dramaturgische Antiklimax ergibt – Vorspiel: Spieloper; 1. Akt: Wiener Operette; 2. Akt: Militärposse.

„A einfache Rechnung"

„Victor Léon, der unermüdliche Erfinder und Finder von Operettensujets, hat nun auch die Slovakei mit ihrer Rastelbinderindustrie und Zwiebelkultur für die leichtgeschürzte Muse entdeckt"[130], schrieb das *Fremdenblatt* und meinte damit vor allem die Figur des jüdischen Zwiebelhändlers Wolf Bär Pfefferkorn. Ihn ins Zentrum einer Operette zu stellen, war „zu einer Zeit, als antisemitische Attitüden zu den allgemeinen Umgangsformen der Wiener Gesellschaft zu zählen schienen"[131] und der antisemitische Bürgermeister Dr. Karl Lueger auf dem Gipfel seiner Popularität stand, durchaus ein Wagnis. Zumal Juden auf der Bühne bisher eher als Bösewichter oder Karikaturen aufgetreten waren und in der Operette so gut wie gar nicht. Dass Lehár im Refrain des Auftrittslieds: „Ich handel nur mit Ziefel [!], / es geht mir gor nix gut. / Zerrissen Rock und Stiefel, / ich bin ä armer Jud!" sogar orientalische Melismen benutzt hat, wurde ihm von Seiten seines Förderers, des Mahler-Freundes und Hofrats Ludwig Karpath, besonders angekreidet. Wie wohl viele assimilierte Juden fand er „die ganze Figur des von einer falschen Sentimentalität erfüllten Pfefferkorn ... direct widerwärtig ... Schon sein Auftrittslied, eine unerquickliche Imitation jener schwermütig-schönen Gesänge, deren Intervallverhältnis ein anderes ist, wie das der abendländischen Musik, löst in diesem Milieu in dem Hörer Empfindungen aus, die ungünstig auf das Kommende vorbereiten. Dies umso mehr, als in der Musik des Vorspiels auch noch das slawische Element vorwaltet."[132] Karpath verwies außerdem auf die 1859 ebenfalls am Carl-Theater uraufgeführte und äußerst populäre Posse *Einer von unsere Leut'* von O. F. Berg, in der der jüdische Händler Isaak Stern dramaturgisch eine ähnliche Rolle spielt wie Pfefferkorn im *Rastelbinder*. Selbst sein Entree-Lied beginnt ähnlich wie das Pfefferkorns („A jeder Mensch was handeln tut"): „Und handeln thut a jeder Mensch / auf dieser weiten Welt / Der Ane handelt groß, der klan', / und nicht allein um's Geld."[133]

Karpaths Vorbehalt gegenüber Pfefferkorn wurde von der fast gesamten liberalen Presse geteilt. Das war weniger ästhetischen Kriterien geschuldet als der Befürchtung, die Figur könne als Vorwand für antisemitische Reaktionen dienen. Kein Wunder, wenn dem jüdischen Schauspieler Louis Treumann laut Decsey geraten wurde, die Rolle abzugeben: „Wenn Sie den Juden singen, sind Sie in Wien erledigt. Sie können sich einen Revolver geben."[134] Der jüdische Darsteller und sein jüdischer Librettist ließen sich allerdings nicht beirren, so dass das *Fremdenblatt* – trotz des Einwands: „In der Operette wird übermäßig viel gepatscht, gepfiffen, gejodelt und – leider! – auch gejüdelt" – nicht umhin konnte, zu konstatieren: „Die Leopoldstädter Bühne kann mit ihrem neuesten Stück in der That jeder *Klabriaspartie* erfolgreich die Spitze bieten."[135]

Die Klabriaspartie war das 1902 bereits legendäre Zugstück der benachbarten Varietébühne „Budapester Orpheumsgesellschaft". Dort wurden für die überwiegend jüdische Bevölkerung der Leopoldstadt sogenannte Jargon-Stücke gespielt, in denen, wie Georg Wacks in seinem Buch über die „Budapester" ausführt, „jiddisches Vokabular in einem Wiener Dialekt mit westjiddischer Syntax"[136] verwendet wurde. Und deren mit Abstand erfolgreichstes war mit über 5000 Aufführungen zwischen 1890 und 1925 Adolf Bergmanns *Eine Partie Klabrias im Café Spitzer*. Indem er Pfefferkorn denselben Jargon sprechen ließ, verwies Léon bewusst auf diese jüdische Volkstheatertradition und seine Rechnung ging auf. Pfefferkorns Lied von der „einfachen Rechnung" wurde für viele Juden bald sprichwörtlich, unterlief es doch gängige antisemitische Klischees: „Das is' a einfache Rechnung mei Kind vergeß die nit, / auch Wohltun trägt dir Zinsen, / das is' der rechte Profit!"

Wie ein Ausgleich zum gewagten Hausierjuden und zum nicht minder ungewohnten slawischen Milieu mutet das betont Wienerische vieler Nummern an. Selbst Pfefferkorn wurde „in Wien gebor'n, das erkennt man mir doch am Gesicht!" So singt er auch „als echter Wiener den Jodler mit", wenn „'s picksüße Holz, / dieser Altwiener Stolz, / aufspielt so Liedeln / von echt Weaner Klang: Dui du, Dui du!" Die Tageszeitung *Die Zeit* klagte: „Diese ‚picksüßen' und ‚patzwachen' Melodien sind ja nicht mehr zum Anhören." Dem Komponisten wurde in dieser Hinsicht ausdrücklich zu Gute gehalten, dass er „leider der bekannten wienerischen Banalität schnöde Opfer bringen muß. Aber er nimmt es dann auch mit allen Rivalen auf. Der Fall Lehár kann ein Glücksfall für die Wiener Operette werden … Der Text von Viktor Léon, der relativ gut anfängt, entwickelt sich schlecht und endet miserabel."[137]

Da die meisten anderen Kritiken überwiegend positiv ausgefallen waren, muss es diese Kritik aus *Die Zeit* gewesen sein, die Victor Léon im „Morgengrauen" nach der Uraufführung „noch feucht von der Druckerschwärze" veranlasst hat, Lehár um Entschuldigung dafür zu bitten, dass er ihm „ein so schlechtes Buch geschrieben" habe. So zumindest hat es der Komponist später dargestellt, vor allem als Erklärung dafür, warum er damals dem Weinberger Verlag den „*Rastelbinder* um 2000 Kronen" verkauft hat. „Später sollte ich erfahren, ein wie schlechtes Geschäft ich und ein wie gutes Weinberger gemacht hatte ... Weinberger hat an den Musikalien mindestens 160.000 Kronen verdient."[138] Als der Komponist den Verleger bat, wenigstens für die ebenfalls bereits an ihn verkaufte „nächste Operette mehr zu bezahlen", habe er laut Protokoll eines später gegen ihn geführten Prozesses „mit den Worten ‚Geschäft ist Geschäft' abgelehnt."[139] Der eigentliche Grund für das geringe Honorar war, dass er zum einen in diesem Geschäft zu unerfahren war und zum andern noch keinen Namen hatte – im Gegensatz zu Victor Léon, der sich damals 60 % der Tantiemen zusichern ließ. Lehárs „Unzufriedenheit mit Weinberger" führte letztlich dazu, dass er bis auf die bereits vereinbarten beiden Operetten für lange Zeit keine Verträge mehr mit dem kaiserlichen Rat Joseph Weinberger abschloss, sondern bevorzugt mit seinem Konkurrenten Bernhard Herzmansky vom Musikverlag Doblinger, dem er 1904 all seine weiteren Werke überließ.

Louis Treumann

Die Premiere des *Rastelbinders* am 20. Dezember 1902 war beim Publikum sofort ein Erfolg – nicht nur wegen Lehárs neuartiger Musik, sondern auch wegen Louis Treumanns Verkörperung des Wolf Bär Pfefferkorn. Der als Alois Pollitzer 1872 in Wien geborene Komiker war 1899 vom Münchner Gärtnerplatztheater ans Carl-Theater gekommen und hatte sich dort vor allem als Grotesktänzer profiliert. Dieser Rollentyp war über englische Musical Comedies wie *The Geisha* und *San Toy* von Sidney Jones Anfang des 20. Jahrhunderts nach Wien importiert worden. Ohne falsche Bescheidenheit schildert Treumann seinen Anteil daran: „Ich hatte auf der Bühne unter anderem das gebracht, was man bis dahin in der Operette nicht so kannte, den exzentrischen Tanz, der ja heute allein die Operette beherrscht. Somit kann ich bescheidentlich sagen, daß ich der Grundsteinleger der exzentrischen Tänze auf der Bühne bin. Es kam sogar soweit, daß ich ... den San-Toi zusammen mit Mary Halton in Wien kreierte und weil, was Groteske anbelangt, ich mich soweit verstieg, auf der Bühne nach dem Couplet (Chinesischer Soldat) im Nachtanz einen ‚Salto mortadella' hinaus machte. Dies löste beim Publikum (die Kollegen sollen es mir heute nachmachen) einen derart frenetischen Beifall aus, so daß ich oftmals wiederholen mußte."[140]

04 „Das is' a einfache Rechnung mei Kind vergeß die nit,
auch Wohltun trägt dir Zinsen, das is' der rechte Profit!"
Louis Treumann als Wolf Bär Pfefferkorn mit den Kinderdarstellern Hanku und Babos im *Rastelbinder*, 1902
(Mit handschriftlicher Widmung: „Wenn ich dich frage: ‚Wie wird's heut' so sage niemals ‚leer' /
Dann lieb ich dich und schreib ... meinen Namen als Erinnerung her. ")

Die erste Wiener Operette, die solcher Fertigkeiten bedurfte, war 1901 Heinrich Reinhardts *Das süße Mädel*. Dieses Werk brachte nicht nur Arthur Schnitzlers Terminus einer prototypischen Wienerin des Fin de siècle in das Genre, sondern auch eine neue Musikdramaturgie, die nach Ludwig Karpath darin bestand, „alles auf den Tanzrhythmus zu stellen. Ein gelungener Einfall."[141] Treumann, der auch die gesamte Choreographie der Aufführung entworfen hatte, entwickelte daraus einen neuen Darstellungsstil. Doch diese „Neuformulierung der darstellerischen Mittel durch den Tanz" war nur die eine Seite von Treumanns Beitrag zur Wiener Operettengeschichte. Die andere Seite war, dass er, wie Marion Linhardt in ihrer Untersuchung zur „kulturellen Topographie des Wiener Unterhaltungstheaters" nachgewiesen hat, bereits damals „die ‚Psychologie' in die Operette"[142] eingeführt hat. Und beide Aspekte kamen in seiner Rollengestaltung des Wolf Bär Pfefferkorn zum Tragen. Vor allem bewährte sich Treumann „als Künstler selbst in einer so exponierten und vom Standpunkt des Geschmacks bedenklichen Rolle". Seine Charakterdarstellung war von „überwältigend komischer Wirkung, und sein Humor schlägt wiederholt auch die Saite der Rührung mit Glück an."[143] Die mit Mizzi Günther als Suza getanzte parodistische Quadrille brachte das Haus zum Toben und war eine Vorahnung ihrer späteren Karriere als Traumpaar der modernen Tanzoperette, vor allem in Lehárs *Lustiger Witwe*.

Das übrige Personal der *Rastelbinder*-Uraufführung gehörte hingegen zur alten Garde der klassischen Wiener Operette: Milosch wurde von Karl Streitmann gesungen, dem ersten Barinkay im *Zigeunerbaron*, Mizzi von Therese Biedermann, Soubrette vieler Werke Suppès. Den politisierenden Spengler Glöppler schließlich spielte der legendäre Komiker Karl Blasel. Dirigent der Uraufführung war der damals noch nicht als Komponist hervorgetretene Alexander von Zemlinsky, der gerade mit Hugo von Hofmannsthal am Ballett *Triumph der Zeit* arbeitete. Laut *Wiener Allgemeiner Zeitung* verstand er es, „alle Schönheiten der reizvoll instrumentierten Partitur richtig hervorzuheben"[144]. Damit ist der *Rastelbinder* neben dem *Zarewitsch* die einzige eigene Operette, deren Uraufführung Lehár nicht selbst dirigiert hat.

Als am 18. September 1903 „das ungewöhnliche und seit vielen Jahren keinem Operettenwerke beschiedene Jubiläum"[145] der 150. Vorstellung gefeiert wurde, hatte sich *Der Rastelbinder* bereits auf vielen Bühnen Mitteleuropas durchgesetzt. Bis zum Ende des Ersten Weltkriegs lassen sich laut Otto Kellers Aufführungsstatistik 2742 Aufführungen nachweisen.[146] In Wien wurde bis zur 225. Vorstellung en suite gespielt und am 27. Juni 1920 sogar das 500. Jubiläum gefeiert. Schon 1909 wurde *Der Rastelbinder* mit Henny Porten zum ersten Mal verfilmt. 1926 folgte ein abendfüllender Stummfilm mit Louis Treumann in seiner Lebensrolle.

Welche Wirkung die Operette damals vor allem auf ihr jüdisches Publikum hatte, belegt eindrücklich ein Leserbrief, den der Wiener Emigrant Ernest Herzog 1970 an die deutschsprachige New Yorker Exilzeitung *Aufbau* schrieb: „Ich war elf Jahre alt, als mich mein Vater zu einer Nachmittagsvorstellung des Rastelbinders mitnahm; auf dem Heimweg sagte er: ‚Weißt du –, der Sinn des Ganzen ist, dass Juden ein gutes Herz haben ...' Ein Satz, den ich in den fast 60 seit damals vergangenen Jahren nicht vergessen habe und auch niemals vergessen werde, da er zur Richtschnur meines Lebens geworden ist."[147]

Wiener Frauen

War der *Rastelbinder* Lehárs „eigentlich erste Operette", so hieß seine nach den Aufführungsdaten erste *Wiener Frauen*. Sie war ein Auftragswerk des Theaters an der Wien. Dort hatte der Komponist am 16. Februar 1902 aus Anlass der goldenen Hochzeit des Erzherzogspaars Rainer und Marie mit seiner Regimentskapelle gastiert[148] und war sofort vom neuen Direktor als Dirigent für die nächste Spielzeit verpflichtet worden. Es war Wilhelm Karczag, nach Victor Léon der zweite entscheidende Mann in Lehárs Leben. 1859 als Sohn des jüdischen Kaufmanns József Kramer in der ungarischen Kleinstadt Karcag geboren, war er anfangs Journalist im nahen Debrecen, wo er auch die Theaterschule besuchte, erste Erfolge als Dramatiker feierte und die wie Lehár in Komorn geborene Operettendiva Juliska Kopácsi kennenlernte. Nach der Heirat zog das Paar 1891 nach Budapest, wo sie am Népszínház engagiert war, und er versuchte, sich als Stückautor zu etablieren. 1894 folgte er ihr nach Wien. Im Carl-Theater machte sie sich als *Brillantenkönigin* von Edward Jakobowsky bald einen Namen. Ihr Mann gab indessen die Schriftstellerei auf und wurde ihr Manager. Nach erfolgreichen Gastspielen in Prag, Berlin, Russland und Amerika ergriff er bei seiner Rückkehr die Gelegenheit, das leerstehende Theater an der Wien zu übernehmen. Die neuen Besitzer um den Johann-Strauß-Schwager Joseph Simon suchten einen Pächter, der das Haus zum 100-jährigen Bestehen übernehmen würde. Am 12. Mai 1901 schlossen sie mit Wilhelm Karczag den Pachtvertrag ab. Sein Partner war erst der bayerische Intendanzrat Georg Lang, seit dem 15. März 1902 der Schauspieler Karl Wallner, der dank des Vermögens seiner Frau 30.000 Kronen in die Kompanie einbringen konnte. Er war fortan für die Inszenierungen zuständig, Karczag für das Geschäftliche. Ihm zur Seite stand als Theatersekretär an entscheidender Stelle der frühere Magistratsbeamte Emil Steininger, auch er eine für Lehár wichtige Figur und bald sein Vertrauensmann in der Direktion.

Nachdem Karczag seine erste Spielzeit mit Gastspielen überbrückt hatte, wollte er in seiner zweiten Saison das Theater wieder zur führenden Wiener Operettenbühne machen und hatte dafür deren unbestritten größten Star engagiert: Alexander Girardi, damals bereits ein Stück Operettengeschichte. 22 Jahre hatte er im Theater an der Wien die großen Komikerrollen kreiert, darunter Carl Millöckers *Bettelstudent*, Carl Zellers *Vogelhändler* oder den Schweinezüchter Zsupan im *Zigeunerbaron* von Johann Strauß. Und in dieser Rolle eröffnete er auch Karczags zweite Spielzeit. Als Novitäten waren folgende, sämtlich auf Girardi zugeschnittene Werke angekündigt: *Der Fremdenführer* vom bewährten, mit Lehár befreundeten Carl Michael Ziehrer, *Bruder Straubinger*, das Operettendebüt des jungen Edmund Eysler und besagte *Wiener Frauen*. Lehár, damals bereits mit dem *Rastelbinder* beschäftigt, hatte sich bei seinem Engagement als Dirigent im Frühjahr 1902 auch gleich für eine neue Operette verpflichtet. Die Sache hatte nur einen Haken: „Ich sollte für den großen berühmten Girardi eine Rolle schreiben und hatte ihn noch nie in meinem Leben gesehen! Wunderdinge wurden mir von diesem herrlichen Künstler erzählt. Ich aber durfte meine Unbildung – sie hatte ihren Grund in meiner ständigen dienstlichen Verwendung – um Gottes willen nicht merken lassen. Denn ich hatte ja so Angst, daß man mir das Buch wieder wegnehmen könnte."[149] Besagtes Buch hatte der Mit-Schlaraffe Emil Norini geschrieben, Vorlage war das französische Vaudeville *Der Schlüssel zum Paradies*. Wie sein späterer Co-Autor und Redakteur beim *Neuen Wiener Journal* Ottokar Tann-Bergler berichtete, war Girardi von den Gesangstexten, „die aus anderer Feder stammten, wenig begeistert", aber „von der Musik entzückt und unter der Bedingung bereit … in dem Stück zu spielen, daß der Schreiber dieser Zeilen eine bestimmte, nur rudimentär vorhandene Figur für ihn ausgestalte … So ist die Handlung verwienert worden und die sämtlichen Liedertexte sind von mir, bis auf zwei, deren Autor mein Compagnon Herr Emil Norini ist."[150]

Als Militärkapellmeister Lehár im März 1902 die Uniform endgültig ausgezogen hatte, fand er sich als doppelter Operettenkomponist wieder. Seinen neuen Direktoren gefiel dies gar nicht und so gab er die Kapellmeisterstelle auf, ehe er sie antreten konnte. Das *Wiener Morgenblatt* vermerkte dazu: „Kapellmeister Lehár hat auf gütlichem Wege seinen Vertrag … gelöst, sich aber auf fünf Jahre verpflichtet, seine Kompositionen dem Theater an der Wien zur Aufführung zu überlassen."[151] Das war, wie Lehár an seine Mutter schrieb, „die denkbar beste Lösung. Laut Vertrag bekomme ich jederzeit Vorschuß auf die Tantiemen. Contracte sind mit mehreren deutschen Bühnen schon abgeschlossen. Jetzt, liebe Mutter, bin ich glücklich und frei! Nun kommt die Talentprobe. Die muß ich bestehen. Gelingt sie, ist meine ganze Zukunft gesichert."[152]

Zur Komposition zog er sich erst ins bayerische Bad Hals bei Passau zurück, danach zum ersten Mal nach Bad Ischl. Als er zurückkam, hatte er endlich Gelegenheit, Alexander Girardi auf der Probe zu erleben – allerdings mit einer Nummer, die ursprünglich gar nicht für ihn vorgesehen war, sondern für den neu verpflichteten Oskar Sachs. „Aber da hatte man die Rechnung ohne Girardi gemacht", berichtete Emil Steininger. „Der gute Xandl hätte es keinesfalls mit seinem künstlerischen Gewissen vereinbar gefunden, eine Nummer, in der er den Schlager witterte, von einem anderen singen zu lassen. ‚Weißt du was', sagte er mit überströmender Herzlichkeit zum armen Sachs, ‚du setzt dich da in den schönen Fauteuil, ich komm herein und sing dir den Marsch vor!' Der Librettist murmelte zwar etwas von Logik, die da etwas zu kurz kommen würde. Aber vor Textdichtern hatte der große Girardi keinen übertriebenen Respekt. ‚Was brauchen wir a Logik', sprach er verachtungsvoll, ‚wenn ich einen Schlager hab!'"[153] Es war der Nechledil-Marsch, der dann tatsächlich zum Schlager werden sollte. Wie Lehár berichtet, war es bei jener Probe um ihn geschehen. „Girardi war so hinreißend, daß ich – heute kann ich es wohl sagen – zu Tränen gerührt war. Das war der Beginn meiner Laufbahn."[154]

„In die erste Reihe der Wiener Operettenkomponisten gestellt"

Der tränenreiche Beginn brachte bei der Premiere am 21. November 1902 einen vollen Girardi-Erfolg: „Er hat seit Jahren nichts Gleichwertiges geboten"[155], schrieb das *Neue Wiener Journal*. Das lag vor allem am Nechledil-Marsch, einem Schlager „von hinreißender Gemeinverständlichkeit, dem nur gichtige Beine zu widerstehen vermöchten."[156] Dass Lehár mehr war als bloß ein „fescher Militärkapellmeister", zeigte er im ersten Finale, dessen fast schon opernhafter Aufbau seine höheren Ambitionen andeutete. Das Titellied von den *Wiener Frauen* hingegen konnte trotz Girardi und „ekstatischer Bewegungen" des Komponisten, „beim besten Willen nicht zur Wiederholung"[157] gebracht werden, wie der Rezensent der *Arbeiter-Zeitung* spottete. Girardis Auftrittslied erzählt von Amerika, ein Topos, der seit Millöckers *Armem Jonathan* in der Luft lag, von Lehár aber musikalisch nicht aufgegriffen wird. Stattdessen gibt es ein „Böhmisches Lied" und im zweiten Finale eine „Spanische Romanze" von der „schönen Rose". Brandls Erkennungsmelodie wird hier mit Kastagnetten und Mandolinen dezent eingefärbt, passend zum südländischen Temperament der Uraufführungssängerin Lina Abarbanell. Sie war die Einzige auf der Bühne, die sich gegen Girardi behaupten konnte. Trotz der disparaten Dramaturgie bescheinigte *Die Zeit*: „nach so vielen Scheinerfolgen, Mißerfolgen und Achtungserfolgen in den letzten Jahren sah das Theater an der Wien ehrliche Begeisterung, wirkliches Entzücken."[158] Lehár wurde von Karl Schreder im *Deutschen Volksblatt* sogleich „in die erste Reihe der Wiener Operettenkomponisten gestellt"[159], vom gefürchteten Kritiker Julius Bauer gar zum kommenden Mann ausgerufen.

„Nach jedem der drei Aktschlüsse erneuerten sich dann die Ovationen und der hübsche blonde Componist durfte immer wieder in der Reihe der Darsteller erscheinen."[160] Der Autor dieser Zeilen war der spätere *Walzertraum*-Librettist Leopold Jacobson, der den „hübschen blonden Componisten" über den *Wiener Frauen*-Librettisten Ottokar Tann-Bergler kennengelernt hatte, seinen Redaktionskollegen beim *Neuen Wiener Journal*. Aber Jacobson hat auch einiges zu Lehárs Renommee beigetragen, „für Aufsitzer seiner Freunde eine sichere Sache zu sein", indem er Lehárs erstem Biographen Ernst Decsey folgende Anekdote über den Komponisten weitererzählt hat: „Nach der Premiere der *Wiener Frauen* beschloß er in Gesellschaft seiner Freunde die Morgenblätter in einem Kaffeehaus abzuwarten. Um vier Uhr früh meinte Jacobson, es werde spät, man könne an das Zeitungsbüro Goldtschmidt telephonieren, er sei mit dessen Direktor befreundet, der werde sicher gern aus den Kritiken einiges vorlesen. Natürlich! Einverstanden! Man geht in die Telephonzelle, ruft eine Nummer an, Lehár horcht mit, der Direktor bei Goldtschmidt meldet sich und erklärt sich bereit. ‚Also ... die *Neue Freie Presse* schreibt: ›Schon lange haben wir keine so langweilige und öde Musik gehabt wie gestern abend. Am besten, der Komponist gibt das Komponieren auf ...‹ Lehár erbleicht. ‚Das *Neue Wiener Tagblatt* schreibt: ›Schade, daß das ausgezeichnete Buch eine so miserable Vertonung gefunden hat.‹ Lehárs Gesicht spielt ins Grüne. ‚Das *Neue Wiener Journal* schreibt: ›Es steht nicht dafür, die aus allen möglichen fremden Melodien zusammengestoppelte Musik ausführlich zu würdigen.‹ Lehárs Grün ist inzwischen aschfahl geworden. ‚Das *Deutsche Volksblatt* – soll ichs vorlesen? – ist sehr antisemitisch: ›Ein neuer Zugereister, dessen Name übrigens gar nicht Lehár, sondern Levy ist – – –‹, ‚Das ist nicht wahr!' protestiert Lehár in den Hörer hinein. Die anderen können das Lachen nicht länger verbeißen. Es war wieder einmal ein Aufsitzer. Jacobson hatte nicht das Büro Goldtschmidt, sondern einen genau informierten Bekannten in einem benachbarten Kaffeehaus angerufen."[161]

Wiener Walzer Vakuum

Tatsächlich hatte die *Neue Freie Presse* geschrieben: „Wir begrüßen in dem Componisten wärmstens ein neues Talent, das, von echter musikalischer Empfindung geleitet, seine eigenen Bahnen geht und einen schönen Gewinn für die

Operette, vielleicht auch für Musikwerke höherer Gattung, bedeutet ... Es ist ein Vergnügen, dem Orchester zu lauschen; nach langer Pause wieder ein Musiker, der Operetten zu schreiben versteht."¹⁶² Schon die Ouvertüre lässt aufhorchen. Aus dem Potpourri von Walzern und Märschen erklingt sehnsüchtig eine Kantilene, jäh unterbrochen von Klavierakkorden, deren etwas ziellose Abfolge über eine Kadenz zum Titelwalzer überleitet. Damit markiert die *Wiener Frauen*-Ouvertüre nicht nur Franz Lehárs Einstieg in die Operettenwelt, sondern verrät bereits seine ganze Originalität, mit der er bald ihren Rahmen sprengen wird. Darüber hinaus zitiert besagte Passage die Schlüsselszene des Werks im Ersten Finale, wenn der Klavierlehrer Willibald Brandl, aus dem unfreiwilligen amerikanischen Exil zurückgekehrt, ausgerechnet in der Hochzeitsnacht seiner ehemaligen Schülerin Claire den ihr gewidmeten Walzer von der „schönen Rose" anstimmt. So lyrisch jene Hochzeitskantilene einerseits aufblüht, so sehr ist das Ganze andererseits eine szenische Parodie auf den 3. Akt von Wagners *Lohengrin*. Immerhin handelt es sich auch hier um eine gestörte Hochzeitsnacht, gestört allerdings durch ein kleines Klavierkonzert, gespielt von der verschollen geglaubten Jugendliebe der Braut. Claire wird so an alte Treueschwüre erinnert und will sie auch noch einhalten, wofür der Bräutigam naturgemäß wenig Verständnis hat. Philip Rosner, so heißt der Glückliche, sinnt daher zusammen mit Schwiegermutter Schwott auf Rache für die nicht vollzogene Hochzeitsnacht: Klavierlehrer Brandl muss schnellstmöglich mit einer anderen verkuppelt werden. Und wer käme dafür besser in Frage als eine der drei Töchter des böhmischen Musikschullehrers Johann Nepomuk Nechledil Fini, Lini, Tini, die sich mit einem pointiert-parodistischen, fast schon swingenden Terzett einführen: „Die Frauenfrage, wie ihr wisst, gar hochmodern und ‚brennend' ist" – auch wenn sie hier noch mit der „ersten Frauenfrag'" endet: „Wie krieg' ich einen Mann?" Als Claire Brandls dreifaches Gebandel entdeckt, treffen sich alle erwartungsgemäß beim Rechtsanwalt wieder. Der veranlasst Brandl zum Geständnis, er habe in Amerika bereits geheiratet – und zwar „eine alte reiche Kongonegerin". Alle sind entsetzt, nur nicht Jeannette, das Stubenmädel, in die sich Brandl inzwischen verliebt hat. Weiter enthüllt der Rechtsanwalt, dass Brandls ferne Gattin längst die Scheidung beantragt hat. Anstandslos willigt der in dieselbe ein, nimmt sein „Jeanetterl" und auch Claire übergibt nun ihrem Philip den „Schlüssel zum Brautgemach", sprich: Paradies.

Die turbulente Possenhaftigkeit dieser Geschichte ist symptomatisch für die Wiener Operette der Zeit. Nachdem 1899 mit Johann Strauß und Carl Millöcker die Giganten ihres so genannten „goldenen Zeitalters" gestorben waren, wurde das Vakuum vollends spürbar, das auszufüllen bereits im letzten Jahrzehnt des 19. Jahrhunderts vergeblich versucht wurde. Dazu diente vor allem jener Wiener Lokalpatriotismus, der schon in Heinrich Reinhards *Süßem Mädel* im Jahr zuvor fröhliche Urständ gefeiert hatte und bis in die Heurigenlieder späterer Zeiten als Gespenst der eigenen Gemütlichkeit umging und schon damals von der Kritik als „widerliches Verhimmeln des Wienertums in den Operettentexten neueren Datums"[163] gegeißelt wurde. Lehárs späterer Rivale Oscar Straus machte denn auch in der Rückschau „die falsche Sentimentalität, das Kokettieren mit dem ‚goldenen Wiener Herzen'... bei einer stereotyp gewordenen Verherrlichung der Wiener Nachtlokale" für den Niedergang der Gattung verantwortlich, nicht weniger jedoch „das Überhandnehmen des Starwesens ... Man fing an, für die ‚Lieblinge' ‚Rollen' zu schreiben. Das Werk wurde zur Nebensache. Um eine sogenannte ‚Bombenrolle' herum wurde alles gruppiert."[164]

Für beide Tendenzen stand Alexander Girardi. Wie kein anderer war er Repräsentant des „goldenen Wiener Herzens" und verkörperte die Kontinuität der alten, klassischen Wiener Operette. In ihm konnte sich Wien seiner selbst vergewissern, auch wenn sein Klavierlehrer Willibald Brandl in *Wiener Frauen*, zweifellos eine typische ‚Bombenrolle', durchaus ironisch konzipiert ist. Denn dieser echte Wiener hat sich im amerikanischen Exil bei Barnum als Abnormität durchschlagen müssen und findet bei seiner Rückkehr die Geliebte im Bett eines andern wieder. Damit geht es ihm nicht anders als Girardi nach seiner Rückkehr ans Theater an der Wien mit der Operette und Lehár, dem neuen Liebhaber der Gattung. Vor diesem Hintergrund nimmt sich die folgende Anekdote wie eine prophetische Eingebung des Schauspielers aus, der später einmal über Lehárs Operetten sagen wird, sie seien „gehupfte Seelendramen."[165] Auch sie stammt von Jacobson: „Girardi dirigirt ... zum Schlusse des zweiten Actes auf der Bühne als Tambourmajor eine Compagnie von Trommlerinnen. Das Orchester setzt zum Finale ein, da stürzt Girardi bis hart vor die Rampe, schwingt den Tambourstab über dem Haupt des erschreckten Dirigenten, daß dieser ängstlich unter den Sessel taucht – und ruft: ‚Aufhören, ich hab ja noch was zu reden. Erst muß ich ein' Abgang haben!' – Dann marschiert er weiter und nun erst durfte das Orchester einsetzen. Der Scherz, aus dem Moment heraus geboren, wirkte so heiter auf die Anwesenden, daß man sofort den Beschluß faßte, ihn in den Text aufzunehmen. Wenn also Girardi am Abend der Premiere Miene machen wird, Herrn Lehar zu hauen, darf Niemand erschrecken. Es kommt nicht soweit."[166]

„Drei Achtel Künstler, fünf Achtel Allrightman"

„Drei Achtel Künstler, fünf Achtel Allrightman. Gut angetan nach der Mode. Kragen und Krawatte nahezu einwandfrei. Der Rock von keinem ungeschickten Schneider. Das üppige Haar beinahe nicht frisiert. Ein genialischer Schopf neigt sich – man könnte glauben – mit Akzentuierung des Musikalismus über Deine heute so sehr belorberte [!] Stirn, die sich hoch wölbt von einem Gewimmel von ungeborenen Noten, die ungeduldig ihrer klangschönen Fügung harren. Der direkt zum Bestaunen haranguierende, äußerst verwogene [!] Schnurrbart hat die höchst – eigentlich allerhöchst – dahingeschiedene Fasson des neckisch-heroischen Es-ist-erreicht. Und – was die Eigentümlichkeit, die pikante Primeur dieses Konterfeis ausmacht – es ist das erste Zivilbild des ehemaligen Militärkapellmeisters."[167] So beschreibt Victor Léon das Bild des Komponisten aus der Zeit nach dem *Rastelbinder*-Erfolg. Und dieser Erfolg hat Lehárs Leben grundlegend verändert. „Erfolg – das ist unendlich viel für den schaffenden Künstler, das Movens, das zu immer neuen Leistungen anspornt"[168], wie Lehár später bekannte. Mit 32 Jahren hat er das erreicht, wofür er sein „bisheriges Leben geopfert" hatte: „Freiheit und Unabhängigkeit". Und die konnte er jetzt endlich in vollen Zügen genießen.

Den Sommer 1903 verbrachte er erstmals ganz in Bad Ischl. Zusammen mit Mutter und Schwester hatte er sich in der Wagner-Mühle an der Salzburger Straße eingemietet. Die nächsten Projekte sowohl mit dem Carl-Theater als auch mit dem Theater an der Wien waren unter Dach und Fach und er lernte seine spätere Frau kennen. Laut Maria von Peteani wohnte sie „im gegenüberliegenden Haus ... Eine junge Frau erschien öfters am Fenster. Sie hatte einen Pfirsichteint von seltener Frische ... und sie besaß prachtvolles Haar von tizianischer Farbe."[169] Am Ende des Sommers waren beide ein Paar: Franz Lehár und Sophie Meth, geboren am 5. Dezember 1878 in Wien als Tochter des jüdischen Kaufmanns Sigmund Paschkis und seiner in Sternberg geborenen Frau Ernestine, einer geborenen Kohn. Allerdings hatte die Sache einen Haken: Sophie war verheiratet mit dem 13 Jahre älteren Teppichhändler Heinrich Meth. Doch sie trennte sich von ihrem Mann, um fortan – zunächst in wilder Ehe – Lehárs Leben zu teilen, sofern das überhaupt möglich war, denn Lehár bestand zu lange auf getrennte Wohnungen. Er wohnte damals unweit des Theaters an der Wien in der Schleifmühlgasse 1a, sie bei den Eltern in der Parallelstraße Paulanergasse 8. Als Grund dafür geben die meisten Biographen Sophies Status als verheiratete Frau an, da sich Heinrich Meth einer Scheidung lange widersetzt habe. Tatsächlich aber wurden sie bereits am 8. Juli 1904 geschieden.[170]

05   Victor Léon und Franz Lehár, 1903
    (Mit handschriftlicher Widmung Léons für Gusti Hirsch, die Kassierin des Carl-Theaters:
    „Der lieben Gusti zu freundl. Gedenken!")

Dennoch sollte es noch zwanzig Jahre dauern, bis Franz Lehár seine Sophie heiratete.

Was hinter dieser Bindungsangst und der, wie Bernard Grun es nannte, „fixen Idee"[171] der getrennten Wohnungen steckte, ist schwer zu sagen. War es die Angst, in seiner schöpferischen Unabhängigkeit gestört zu werden, oder die vor unliebsamen Entdeckungen, wenn er diese Unabhängigkeit auch auf erotischem Gebiet auslebte? Für beides gibt es genügend Indizien. Beweise für seine amourösen Abenteuer aber hat der Komponist bis auf wenige Ausnahmen nicht hinterlassen und so kommen entsprechende Geschichten über Anekdotisches selten hinaus, auch nicht jene unerfüllte, fast schon groschenromanhafte Romanze, die Lehárs fünfter Biograph Otto Schneidereit, ohne Quellen zu nennen, in seinem posthum erschienenen Buch von 1984 erzählte. So habe sich Lehár als junger, armer Militärkapellmeister in die Tochter des reichen Hoteliers verliebt, der das Offizierskasino der Heumarktkaserne betrieb, wo er wegen der Nähe zu seinem Quartier in der Marokkanergasse 20 immer zu Mittag gegessen habe. Ihr Name: Ferdinande Alexandrine Weißberger, genannt Ferry. Unter dem Titel *Die andere Frau in Franz Lehárs Leben* erschienen ihre Erinnerungen an „die große Liebe, die der Operettenkönig verschweigen mußte", 1979 in der Zeitschrift *Aus 7 Tage-Österreich*. Wie der anonyme Autor verrät, habe Ferry „wenige Stunden vor ihrem Tod einer Mitarbeiterin … die Briefe von Franz Lehár" gegeben und sie gebeten, „diese wahre Geschichte nicht länger geheim zu halten."[172] Der Journalist entsprach der Bitte und so wissen wir, dass diese große Liebe an Standesgrenzen und Vermögensfragen zerbrach. Denn Ferrys Tante Anna Sacher, die legendäre Chefin des gleichnamigen Hotels, hielt die Verbindung mit dem jungen Komponisten trotz seines *Rastelbinder*-Erfolgs für eine Mesalliance. Der Vater verheiratete Ferry im Herbst 1904 mit Hans Trummer, dem 18 Jahre älteren „Sohn eines Bauunternehmers", der als „Theaterunternehmer an kleinen und kleinsten Bühnen" tätig war, also nicht unbedingt eine bessere Partie. Während Ferry ein unglückliches Schicksal erwartete, wurde Franz reich und berühmt. Als die Tante den Irrtum einsah, war es zu spät. Der verschmähte Musiker hatte sich mit Ferrys bester Freundin Sophie getröstet, „die oft als Ausrede oder Schutzengel hatte dienen müssen."[173] Die war zwar verheiratet, brachte aber den Mut auf, ihren Mann zu verlassen und mit ihrem Franz in wilder Künstlerehe und getrennten Wohnungen zu leben.

Der Göttergatte

Die erste Lehár-Premiere, die beide zusammen erlebten, war am 20. Januar 1904 die des *Göttergatten* von Victor Léon und Leo Stein im Carl-Theater. Als sich der Vorhang hob, hörte man keine Musik, sondern sah das Innere eines Tempels, einen Tempeldiener und den Dichter Mänandros. Der hat gerade „ein neues Genre entdeckt. Die Operette!" und „bereits mit einem Componisten abgeschlossen ...

Tempeldiener: Wer ist denn dieser Componist?

Mänandros: Ich höre ihn kommen! Er soll nur inzwischen mit der Ouvertüre beginnen. Bis er fertig ist, habe ich mit Jupiters Hilfe das Buch für ihn! (*Lehár tritt in's Orchester*) Aha, da ist er schon! Er kann ruhig sagen: ich bin an Ort und stehle. (*in's Orchester sprechend*) Beginnt nur mit der Ouvertüre (*zum Tempeldiener*) Servus, Schames!"[174]

Erst dann begann die Ouvertüre. Dieser szenische Prolog wurde zwar später gestrichen, das darin betriebene ironische Spiel mit der fiktionalen und der realen Ebene aber gehört zum Konzept des *Göttergatten*. Denn nach der Ouvertüre folgt noch ein Vorspiel auf dem Olymp, das die Entstehung des Genres in ein mythisch-parodistisches Griechenland verlegt und aus der für alle Zeiten aktuellen Suche nach einem „Kassa-Stück" erklärt. Denn ein solches erbittet der ebenso verzweifelte wie bankrotte Theaterdirektor Maenandros von den neun „armen, armen Musen". Die wiederum wenden sich an den „Generaldirektor der Olymp-Company of Limited", Göttervater „Herr von Jupiter". Da kommt Thalia, der Muse der Schauspielkunst, die rettende Idee, „für das Theater ein neues Kunstgenre zu ersinnen": die Operette. Und sie liefert auch gleich dessen schlüssige Definition: „Die Operette, das ist so eine Sache in drei Akten, wo die Damen in Musikbegleitung ihre Beine sehen lassen". Es ist die Geburt der Operette aus dem Geiste der Frivolität.

Doch eines fehlt noch für besagte drei Akte – die Sache selbst: „Irgendetwas Pikantes – gewürzt mit einem kleinen Ehebruch." Und genau das stellt Jupiter dem Maenandros in Aussicht, vorausgesetzt, er begleitet ihn als Librettist seiner Erlebnisse nach Theben. Dort will er nämlich das Flehen der treuen Alkmene erhören, „ihr den Herrn Gemahl Amphitryon zurückzuverschaffen", der gerade als General im mazedonischen Krieg beschäftigt ist. Ausgerechnet Göttergattin Juno hat in ihrer Funktion als „Protektorin der Civil- und Militärehen" ihren Göttergatten darum gebeten, in der falschen Annahme, er erteile „Mars den Auftrag, dass er endlich einmal Schluß macht mit dem mazedonischen Aufstand da unten." Das tut er zwar, doch verfolgt Jupiter darüber hinaus jenen bekannten mythologischen Plan, auf den ihn hier allerdings erst Thalia bringen muss, nämlich: „in der Gestalt Amphitryons die spröde Dame" zu besuchen. Maenandros ist entzückt und verspricht Thalia „eine Loge zur Première". Gesagt, getan – „vorwärts! Auf zur Erdenfahrt!" Während sich Theaterdirektor und Generaldirektor samt Mercur, „Bureauchef der Abtheilung für Lose und Schicksale", und Amor, „Referent für ,Neue freie Liebe'", reisefertig machen, erwacht in Juno ein Verdacht – mit einigen überraschenden Konsequenzen für den weiteren Verlauf. Doch die vier Herren, mittlerweile „in Automobildreß mit Brillen, tänzeln" nichts ahnend „nach vorne, eilen dann nach hinten, besteigen das Automobil – Amor steht hinten – und fahren ab."

Diesem olympischen Vorspiel lassen die Librettisten zwei Akte mit einer sehr freien Variante des alten, bereits von Molière und Heinrich von Kleist variierten Amphitryon-Stoffes folgen. Damit waren sie in der noch jungen Geschichte des Genres immerhin die ersten, was bei der offensichtlichen Operettentauglichkeit des Themas durchaus erstaunt. Der Clou ihrer Version besteht freilich darin, dass nicht nur Jupiter die Gestalt Amphitryons annimmt, sondern auch Juno die der Alkmene – der Ehebruch also gar nicht stattfindet. Dadurch wird die Geschichte zwar ihrer Kleist'schen Abgründe beraubt, entspricht aber umso mehr jenem ungeschriebenen Gesetz des Genres, wonach man „intim … anders nicht" werden könne als „legitim." Was lag also näher als der Seitensprung mit der eigenen Frau? Eine – nicht zuletzt seit der *Fledermaus* – beliebte Operettenlösung von für die Wiener Operette typischer Doppelmoral. Es ist kaum vorstellbar, dass Jacques Offenbach den Mythos so gutbürgerlich parodiert hätte. Und so stritten schon nach der Uraufführung die Kritiker, wie diese neue Variation eines alten Operettenthemas zu bewerten sei. Während der spätere Mahler-Biograph Richard Specht „die glückliche Idee" lobte, „auch Juno einzuführen"[175], mokierte sich Lehárs späterer *Juxheirat*-Librettist Julius Bauer: „Leon und Stein, die sittlicher als Molière sein wollen – der Casus macht nicht lachen."[176]

„Kein Offenbach"

Franz Lehár, befand Richard Specht, „ist alles weniger als ein neuer Offenbach … Alles Frivole, Leichtfüßige und Parodistisch-Freche fehlt ihm."[177] Er und Léon hatten andere Prioritäten. In ihrer mythologischen Götterparodie ging es weniger um satirische Entlarvung, sondern um eine Travestie der Wiener Gesellschaft in antiken Gewändern. Deren Reiz bestand in damals aktuellen Anachronismen wie dem Himmelslift zum Olymp, der Grammophon-Übertragung von Gebeten, dem Automobil und der Theaterkrise, also in der Konfrontation der technischen Errungenschaften der Neuzeit mit den Mustern der Antike – mehr „Überbrettlscherz" als Satire. Der Unterschied zur Offenbachiade liegt auf der Hand und erweist sich bereits beim göttlichen Donner. Wird er in der *Schönen Helena* von Kalchas als bloßer Theatereffekt entlarvt, sichtbar hergestellt mit einem Blech und mit entsprechender Wirkung auf das Volk, verharren bei Jupiters Gedonner im *Göttergatten* alle „in Verehrung" – nicht zufällig ist er Generaldirektor. Aber sollten deshalb alle antiken Sujets tabu sein, „weil Offenbach allein zu solchen Büchern Musik schrieb?" Eine Frage, die der spätere Oscar-Straus-Librettist Jacobson schon damals stellte. „Darf darum kein moderner Componist dem Stile folgen? Ja, und zehnmal Ja; mit der bekannten Einschränkung natürlich: Notabene, wenn man kann. Und Lehár kann. Er ist kein Offenbach, gewiß nicht. Aber er ist ein erfindungsreicher Musiker ..."[178]

Und das zeigt er auf seine Weise gerade in dieser Partitur, in der fast jede Nummer sich spielerisch aus der Situation entwickelt, das Orchester in allen Facetten schillert, jede Figur musikalisch charakterisiert wird. Sei es im mitreißend zuckenden Marsch zu Jupiters Abreise, sei es in seiner koketten Gavotte mit Juno, sei es im vom Kontrabass karikierten Ständchen des Sosias samt anschließendem Zankduett mit Charis oder in den beiden Romanzen des zweiten Akts: einmal im lyrischen Sehnsuchtston von Amphitryons Auftrittswalzer „Was ich längst erträumte", einmal in Jupiters schalkhaftem Cupidolied, den eigentlichen Schlagern der Operette. Wie dann in den Finali die verschiedenen Fäden wirkungsvoll zusammengeführt werden, verrät bereits den späteren Meister, ebenso die raffinierte, rhythmisch funkelnde Orchestrierung, „die dieser Musik einen Ehrenplatz in der Reihe der besten in Wien aufgeführten Operetten sichern wird"[179], wie das *Deutsches Volksblatt* prophezeite. Leopold Jacobson sah es realistischer „Der Weg zur lauten Popularität mag solchen Compositionen vielleicht nicht mühelos beschieden sein, darum bleiben sie dennoch das, als was sie dem Kenner scheinen: echtes Edelgestein." Zwar war die Uraufführung ein rauschender Erfolg – „ein Beifallsturm um den anderen tobte durch das Haus"[180] –, das lag aber auch an den Regiekünsten Victor Léons und nicht zuletzt an der erstklassigen Besetzung: Mizzi Günther „löste ihre Doppelrolle Juno-Alkmene ganz vortrefflich". Ihr zur Seite die Tenöre Willi Bauer und Julius Streitmann als Jupiter und Amphitryon, also nicht ihr bevorzugter Partner Louis Treumann. Der verkörperte den Sosias nach Richard Spechts Meinung „mit einer an ihm bisher nicht gekannten liebenswürdig-heiteren Delikatesse."[181]

Die Juxheirat – oder: Wiener Operette am Wendepunkt

Nach nur 37 En-suite-Vorstellungen verschwand *Der Göttergatte* vom Spielplan des Carl-Theaters, wo bisher *Der Rastelbinder* triumphiert hatte. Der stilistische Unterschied hätte nicht größer sein können. Der Komponist war offenbar auf der Suche. Seine Unkenntnis des Genres sah er dabei eher als „Vorteil, denn dadurch war es mir möglich, mir meinen eigenen Operettenstil zu bilden."[182] Als Parsifal der Operette fühlte er sich berufen, die seit Jahren siechende Gattung zu erlösen – durch Unkenntnis wissend, ein reiner Tor. Dass er es beim *Göttergatten* mit der Rückbesinnung auf Jacques Offenbach versuchte, lag 1904 durchaus in der Luft. Zehn Monate nach dem *Göttergatten* kamen ebenfalls im Carl-Theater *Die Lustigen Nibelungen* heraus, die erste Operette des bisher vor allem für das Berliner Überbrettl und andere Kabaretts tätigen Oscar Straus. Seine Travestie des Nibelungenlieds im wilhelminischen Gewande kam freilich ebenso wenig an wie Lehárs *Göttergatte*.

Der wiederum schloss die Rückbesinnung des Genres auf die eigenen Wurzeln im Jahre 1904 mit *Die Juxheirat* ab. In keinem anderen abendfüllenden Werk hat der Komponist so gezielt an die burlesken Traditionen der Operette angeknüpft. Die Verwechslungs- und Verkleidungs-Groteske um die amerikanische Milliardärstochter Selma – hauptberuflich Präsidentin der Anti-Männerliga „Los vom Mann" – ist voll aktueller Anspielungen und spielt in Amerika, dem Land des technischen und sozialen Fortschritts, in dem schon damals alle künftigen Tendenzen vorweggenommen wurden. Denn es geht um Frauenemanzipation, Geschlechtertausch, soziale Ungleichheit und es geht um Wagner (samt *Tristan*-, *Lohengrin*-Zitaten und einem *Meistersinger*-Walzer), um gerade diskutierte Philosophen wie Nietzsche und Darwin, dem zu Ehren Wiens Publikumsliebling Alexander Girardi einen wahren Affentanz vollführte. Er spielte einen Aristokraten, der sich in Amerika als Chauffeur verdingt und dessen Entréelied von der *Neuen Freien Presse* sogar komplett zitiert wurde: „Nur eines bereitet mir Verdruß, / Daß man manchmal bremsen muss … / Wer nie ein Automobil besaß, / Nie sein Brot im Staube aß, / Wer am Benzingestank sich nie erfreut, / Tut mir in der Seele leid."

Höhepunkt der Handlung aber ist die „Juxheirat", welche die Männerfeindin Selma nur eingeht, weil sie glaubt, der Bräutigam sei eine als Mann verkleidete Frau, nämlich die Schwester ihres schüchternen Verehrers Harold von Reckenburg. Diese gleichgeschlechtliche Ehe existiert nur in Selmas Phantasie, denn die als Mann verkleidete Frau ist ein Mann: der schüchterne Harold, den Selma bisher brüsk abgewiesen hat. Seine Schwester wiederum hat diese „Juxheirat" nicht nur eingefädelt, um ihren Bruder an die Frau zu bringen, sondern um sich an Selma dafür zu rächen, dass sie ihr einst den Geliebten weggeschnappt hat. Hinter dieser offensichtlich grotesken Schwankhandlung treibt die Operette für einen kurzen Moment ein raffiniertes Spiel mit den Möglichkeiten wechselnder Geschlechtsidentitäten, das freilich nur konventionell enden kann. „Los vom Mann" kommt auch Selma nicht. Im Gegenteil, beim schüchternen Harold kommt sie an den Mann.

Fast alle Wiener Journalisten besprachen die Uraufführung am 22. Dezember im Theater an der Wien euphorisch und bescheinigtem dem Libretto ihres Kollegen Julius Bauer, es sei „das witzigste und gehaltvollste Operettenbuch der letzten Jahre."[183] Schließlich war die ganze Gattung in den letzten Jahren „ein wenig verwildert", wie Hofrat Ludwig Karpath klagte: „Sie näherte sich … bedenklich dem Variétégenre, suchte ihr Heil im Cake-Walk und ähnlichen Chantantscherzen."[184] Für den Schriftsteller und Wagnerianer Theodor Antropp war diese „verwilderte" Tradition der Grund dafür, „daß wir uns verpflichtet fühlten, ein so durch und durch bühnenwidriges Werk wie die *Juxheirat* als eine Erlösung von ihr, als eine Reformtat zu begrüßen."[185] Immerhin galt Librettist Julius Bauer als „Wiener Aristophanes", war angesehener Redakteur des *Illustrierten Wiener Extrablatts* und wurde von den Kollegen entsprechend euphorisch besprochen. So schrieb die *Neue Freie Presse* über Bauers Texte: „Ein wahrer Pointen-Vanderbilt, garniert er die drei Akte mit einem Reichtum an Witzworten, der geradezu unerschöpflich scheint."[186] Was wiederum Karl Kraus, den eingeschworenen Feind der Wiener Journaille, zu der Bemerkung veranlasste: „Wenn ich noch einmal in einem Referat über ein Werk des Herrn Julius Bauer die Worte ‚Witzkrösus' oder ‚Pointen-Vanderbilt' lese, werde ich indiskret und plaudere die Witze aus, die darin vorkommen."[187] Nur das antisemitische *Deutsche Volksblatt* bezog aus ganz anderen Gründen Stellung gegen Bauers *Juxheirat*: „Ein öderes, humorloseres Textbuch ist kaum je geschrieben worden und das hat er nicht einmal allein fertig gebracht. Wie unter dem Siegel der Verschwiegenheit zu verbreiten gedacht wurde, hat ihm sogar ein Hofrat geholfen, dessen und Julius Bauers Ahnen einst zusammen das Rote Meer durchschritten haben."[188]

Dass sich diese *Juxheirat* operettengeschichtlich als Mesalliance erwies und nach 39 Aufführungen abgesetzt wurde, lag auch an Lehárs für diese possenhafte Form des Genres zu anspruchsvolle Musik. Statt einfacher Couplets lieferte er geschickt aufgebaute Ensemblenummern mit fast kammermusikalischer Instrumentation und ein groß angelegtes, dramatisch sich steigerndes zweites Finale. Dem späteren Librettisten Jacobson schienen solche Mittel für eine Operette fast zu raffiniert: „Was mit Vorbehalt vom Libretto gilt, dass es vielleicht manchen ‚zu hoch', nicht populär genug ist, kann auch von der Musik gesagt werden"[189]. Diesen Mangel an Volkstümlichkeit, der letztlich über das weitere Schicksal des Werks entschied, lastete Richard Specht freilich vor allem Bauers Buch an. Laut seiner Uraufführungskritik hätte *Die Juxheirat* durchaus „die ersehnte moderne Operette werden können, wenn nicht doch der Stoff zu wenig ergiebig wäre." Im Bewusstsein, sich an einem Wendepunkt des Genres zu befinden, hielt er sie trotzdem für „die beste Partitur, die diesem begabten und nach reinen Mitteln strebenden Komponisten bisher gelungen ist. Er ist jetzt auf der Stufe angelangt, wirklich lebendige und lustspielmäßige Musik zu erfinden und nicht nur in der Fülle der Motive, sondern in der Fügung heiterer Details der orchestralen Illustration steht er heute auf einem Niveau, das zu den stärksten Hoffnungen für die Zukunft der Operette berechtigt."[190]

Die Jahrhundert-Operette: Die Lustige Witwe

1905–1907

> „Welch ein eigenwilliger Moderner!"
> Karl Kraus [191]

Die Zukunft der Operette

Am 31. Mai 1905 verließ Alexander Girardi aus Ärger über Wilhelm Karczags Kompagnon, den Oberregisseur Karl Wallner, das Theater an der Wien und schloss einen Vertrag mit dem Carl-Theater ab. Ohne es zu wissen, leitete er damit jene vielbeschworene „Zukunft der Operette" ein, die damals nicht nur von Kritikern wie Richard Specht sehnlich erwartet wurde. Im Gegenzug verließen Louis Treumann und Mizzi Günther das Carl-Theater und wechselten zur damals einzigen Konkurrenzbühne, dem Theater an der Wien. Mit von der Partie war auch Victor Léon, der nicht nur als Librettist, sondern auch als Regisseur für diese Zukunft entscheidend werden sollte. Und in dieser Funktion alterierte er beim Theater an der Wien mit Karczags Kompagnon Wallner, einem früheren Chargenspieler, der, ebenfalls ohne es zu wissen, diese Entwicklung erst ausgelöst hatte, indem er durch sein „launenhaftes, cholerisches Temperament"[192] Girardi aus seinem Stammhaus vertrieben hatte. Dessen Name wiederum stand wie kein anderer für die Kontinuität jener mit Johann Strauß beginnenden Wiener Operettentradition, die sich seit dessen Tod überlebt hatte. Wie auf andere Bereiche des Wiener Kulturlebens um 1900 traf auch auf sie Gustav Mahlers zu jener Zeit geäußerter Spruch zu: „Was Ihr Theaterleute Eure Tradition nennt, das ist Eure Bequemlichkeit und Schlamperei."[193]

Es war eine Zeit des Umbruchs, des Übergangs zwischen Vergangenheit und Zukunft, um deren gegenwärtige Gestalt in Wien besonders heftig gerungen wurde, waren doch hier sowohl die Modernisierungsimpulse, verbunden mit Namen wie Mahler, Schönberg oder Loos, als auch die Traditionsbindungen besonders stark. Und für Letztere stand der Name Girardi. Nach dem Tod von Strauß und Millöcker musikalisch heimatlos geworden, hatte er 1903 in Edmund Eysler einen Komponisten gefunden, der dem traditionellen Operettenmodell ebenso die Treue hielt wie er selbst. So hatte Ludwig Karpath über die Musik von *Pufferl*, Eyslers letzter Girardi-Operette im Theater an der Wien, geschrieben: „Was wir zu hören bekommen, ist mit nicht zu verstehender Absicht in jenem gewissen ‚Heurigen'-Genre komponiert, in dem die picksüßen Hölzer dominieren und das nicht einmal einer originellen Note bedarf, um den trägen Instinkten des Publikums zu schmeicheln." Und Karpath, ein eifriger Parteigänger Mahlers, machte unmissverständlich deutlich, was er damit meinte: „Der sprichwörtliche gewordene Witz Hanslicks ‚Gestern war der Walzer noch von Johann Strauß!' läßt sich auf die gesamte Wiener Operettenproduktion der Gegenwart anwenden."[194]

Das sollte sich innerhalb nur weniger Monate ändern. Mit dem Abgang Girardis nämlich war beim Theater an der Wien ein radikaler Wandel des bisher auf ihn zugeschnittenen Programms verbunden. Die Spielzeit 1905/06 wurde entsprechend mit den Erstlingswerken gleich zweier Operetten-Debütanten eröffnet: *Vergelt's Gott* von Leo Ascher und *Der Rebell* von Leo Fall. Für Victor Léon war das die lange erwartete Gelegenheit, seine im Carl-Theater begonnene Reform der Operette zu vollenden. Und sein Protagonist war Louis Treumann, der sich unter seiner Führung vom Komiker zum Haupt- und Charakterdarsteller entwickelte. Und als solcher sollte sich Treumann in *Vergelt's Gott* dem Publikum des Theaters an der Wien präsentieren, einer unkonventionellen Geschichte um einen Grafen, der ein Doppelleben als Bettler führt. Als Librettist dieser Operette versuchte Léon den ohnehin nervösen Schauspieler zu beruhigen und ihn mit ersten Regieanweisungen auf sein neues Konzept einzustimmen: „Du darfst beim Debüt im Wiedener Theater nicht solche Nummern mit der Günther haben, wie Du sie fast in jeder Operette im Carl-Theater mit ihr hattest. Du mußt als ein ganz Anderer erscheinen, ein neuer, ein unerwarteter Treumann … Bitte, lieber Louis, bemühe Dich, in dieser Rolle alle Äußerlichkeit, wenn sie auch momentanen Effect verspricht, ganz beiseite zu lassen, bemühe Dich, durch Innerlichkeit zu wirken und durch Stimmung. Du triffst das ja ausgezeichnet. Alles Thränenselige, Weinerliche, Patzweiche muß … vermieden werden! Das ist ja auch Deine Ansicht, nicht wahr, daß der echte Effect in der Vertiefung des Charakters steckt, im Innerlichen." Léons Konzept ging auf und die *Neue Freie Presse* war erstaunt über den „Aufwand an ehrlicher schauspielerischer Arbeit und stellenweise geradezu verblüffendem Gelingen. Man darf auf die weitere Entwicklung dieses Darstellers, der allzu lange in den tiefsten Niederungen unwürdigen Clowntums hinuntergedrückt worden ist, aufrichtig gespannt sein."[195] In welche Richtung diese Entwicklung gehen sollte, deutete Léon im selben Brief an: „Bei Deinem Debüt darfst Du nicht die Ambition haben wollen, Girardi als Komiker zu übertrumpfen. Du weißt, wie viele eingefleischte Girardianer im Theater sitzen werden, bereit – nicht zu lachen. Kommst Du aber anders und zeigst von vorneherein, daß es gar nicht Dein Wille ist, das Erbteil Girardi's anzutasten, dann werden sie Alle, die Freunde und die Feinde, an Deinem Wagen ziehen. Später wirst Du ihnen auch zeigen – so ganz bestimmt in der *lustigen Witwe* – daß Du auch als Komiker berufen bist, in allererster Reihe zu stehen." [196]

L'Attaché d'ambassade

Die Lustige Witwe war die dritte Novität der Spielzeit. Als sie am 3. Juni 1905 als „neue Operette von Viktor Leon und Leo Stein, Musik von Franz Lehar"[197] angekündigt wurde, hatte sie schon eine bewegte, legendenumwobene Vorgeschichte hinter sich. Nur acht Tage nach dieser Ankündigung beantwortete einer der Librettisten die Umfrage „Wie eine Operette entsteht" folgendermaßen: „Man lese recht fleißig manch Büchelein / Dann fällt einem ‚plötzlich' die Idee schon ein / Dann nehm' einen Vorschuß man von der Direktion / Und alles andere, das findet sich schon …"[198] Der Verfasser war Leo Stein, seit *Wiener Blut* 1899 Léons bevorzugter Partner, vor allem seiner versierten Gesangstexte wegen. Denn die waren Léons Schwäche, worüber viele Komponisten klagten, am heftigsten Leo Fall, der monierte, Léons Verse seien „derart armselig, daß sie außerhalb jedes Disputes stehen." [199] Leo Stein, als Leo Rosenstein 1861 in Lemberg geboren, war studierter Jurist und Beamter der Südbahn und soll nach dem Bericht seines Adoptivsohnes tatsächlich das „Büchelein" aufgeschlagen haben, das als Vorlage der *Lustigen Witwe* diente: Band 124 der „Reihe Wiener-Theater-Repertoire"[200] – *Der Gesandtschafts-Attaché* von Henri Meilhac. Die Komödie des berühmten Offenbach-Librettisten und Dramatikers war 1861 unter dem Titel *L'Attaché d'ambassade* im Pariser Théâtre des Vaudeville uraufgeführt und bereits ein Jahr später vom Carl-Theater nachgespielt worden. Ab dem 18. April 1863 wurde sie in August Försters Übersetzung als *Ein Attaché* auch am Burgtheater insgesamt 111 Mal nachgespielt[201], zuletzt am 5. Juni 1905.

Da die Vorlage für die Zeitgenossen also ohne weiteres erkennbar war, die Librettisten aber ohne Erlaubnis der Erben des 1897 verstorbenen Meilhac zu Werke gingen, entschlossen sie sich, dem Titel den für Operetten eigentlich überflüssigen Hinweis „teilweise nach einer fremden Grundidee" hinzuzufügen. Diese Grundidee betraf vor allem die äußere Handlung des Librettos. Der Pariser Botschafter des deutschen Kleinstaates Birkenfeld, Baron Scarpa, soll verhindern, dass Baronin Madelaine Palmer, eine junge und reiche Bankierswitwe aus Birkenfeld, noch dazu gebürtige Pariserin, einem Pariser Mitgiftjäger in die Hände fällt. Da er sich das selber nicht zutraut, beauftragt er seinen Gesandtschafts-Attaché Graf Prachs mit der Aufgabe. Prachs ist ein notorischer Schwerenöter und macht der Witwe schon bei der ersten Begegnung klar, dass er sich nie in sie verlieben werde. Er tut es schließlich doch. Als sein skrupelloser Rivale Frondeville durch gezielte Verleumdung, sich das Vermögen der Baronin unter den Nagel reißen will, fordert er ihn zum Duell.[202] Von Madelaines Pariser Charme bezaubert, hat sich der grobe deutsche Wüstling, wie er abschließend selbst bekennt, in einen Menschen verwandelt.

Barbara Denscher hat in ihrer Léon-Biographie Meilhacs Lustspiel eingehend mit der *Lustigen Witwe* verglichen und kommt zu dem Schluss, Léon und Stein hätten „aus der Entwicklungsgeschichte des Attachés Prax die Emanzipations- und Beziehungsgeschichte von Hanna Glawari gemacht."[203] Diese Akzentverschiebung zeigt sich nicht nur im Titel, sondern auch in der Charakterisierung der Titelfigur als selbstbestimmte Frau, die ihr Leben selbst in die Hand nimmt und nicht passiv wie Madelaine abwartet, was die Männer tun. Mit ihr hat sie nur noch das Erbe von 20 Millionen gemeinsam. Zwischen ihr und Madelaine liegen 44 Jahre, in denen nicht mehr nur die Männer, sondern auch die Frauen den Eros entdeckt haben. Und hier kommt die zweite wesentliche Änderung der Operette zum Tragen: die gemeinsame Vorgeschichte von Hanna Glawari und Graf Danilo. Der ist zwar wie Prachs ein Schwerenöter, hat dafür aber einen gewichtigen psychologischen Grund: Er liebt Hanna noch immer. Durfte er sie früher wegen Standesgrenzen nicht heiraten, kann er es jetzt nicht, um nicht vor ihr als Mitgiftjäger dazustehen. Zwar hat er in der äußeren Handlung den gleichen Auftrag wie Prachs, nämlich die Verehrer der Witwe zu verjagen, die innere Handlung aber zeigt den Kampf, den es ihn kostet, seine Weigerung aufrechtzuhalten, ihr nie seine Liebe zu gestehen. Und Hanna will genau das erreichen, denn auch sie liebt ihn noch immer, ohne es allerdings nach außen zu zeigen. Das führt zu einem erotisch aufgeladenen Geschlechterkrieg, in dem sie die Initiative ergreift und den sie schließlich souverän gewinnt. Ein für die Operettengeschichte revolutionärer Moment.

Dagegen mutet Léons und Steins dritte wesentliche Änderung gegenüber dem *Attaché* eher äußerlich an: die Verlegung des Milieus von Birkenfeld nach Montenegro. Der erst seit 1878 selbständige Balkanstaat galt, wie Moritz Csáky in seiner *Ideologie der Operette* bemerkt, als „Synonym für ein rückständiges Land"[204] und erfüllte als solches für das zeitgenössische Wiener Publikum eine Doppelfunktion: zum einen als Ventil für Ressentiments wegen der damals schwelenden Konflikte auf dem Balkan, zum anderen als Travestie der Probleme des – im Vergleich zu den westlichen Nachbarn – als rückständig empfundenen eigenen Landes. Die in der *Lustigen Witwe* angeschlagenen Themen des „Wahlrechts", des „Dreibunds" oder des „europäischen Gleichgewichts" standen damals in der politischen Diskussion. Im Spott auf den balkanischen Kleinstaat war die aktuelle Satire auf Österreich gut erkennbar versteckt.

Diese Ambivalenz wiederum ging über den genreüblichen Exotismus weit hinaus, auch wenn die Zensurbehörde dies nicht erkannte und stattdessen Bedenken trug, dass „seitens der diplomatischen Vertretung Montenegro's Rekriminationen wegen der – übrigens harmlosen – Verspottung ihres Staates erhoben werden." Schließlich entschied das übergeordnete „k.k. n.ö. Statthalterei-Präsidium Wien", „dass die Bezeichnungen ‚Montenegro', ‚montenegrinisch', ‚Cetinje', dann der Name ‚Cyrill' (II. Akt, S. 27) durch andere unverfängliche Ausdrücke ersetzt werden."[205] So wurde zwar, wie die *Arbeiter-Zeitung* spottete, durch „die Albernheit unserer Zensur"[206] aus Montenegro Pontevedro. Das zeitgenössische Wiener Publikum aber erkannte im fiktiven Pontevedro des Librettos ohne Mühe das schlecht verborgene reale Montenegro. Ansonsten blieb es sowohl bei den entsprechenden Nationalkostümen als auch bei den entsprechenden Figurennamen.

Und es war genau dieser Aspekt, der den Librettisten später als Hauptargument im Plagiatsprozess diente, den die Erben Meilhacs schließlich doch anstrengten, als die Operette 1909 in Frankreich aufgeführt wurde. So riet Leo Stein seinem Partner Léon zu folgender Verteidigungsstrategie: „Wir haben uns an eine Operette gemacht und in einigen Konferenzen … die montenegrinischen Farben, die Rollen des Zeta, der Hanna, des Danilo und Njegus, das Kolorit mit den Nationaltänzen, das Milieu des 3. Aktes frei erfunden … Im Lauf der Arbeit kamen wir erst darauf, daß ein Stück existiere, das eine ganz kleine Ähnlichkeit mit unseren Grundideen besitzt. Wir sind der Sache nachgegangen: haben herausgefunden, daß dieses Stück der *Attaché* ist … Zur Bezeichnung ‚teilweise nach einer fremden Grundidee' haben wir uns entschlossen, um allen Verdächtigungen mit etwaigen Schicanierungen seitens der Presse von vorneherein die Spitze abzubrechen."[207]

Wahre Dichtungen und falsche Wahrheiten

Trotz der „montenegrinischen Farben" hatten Victor Léon und Leo Stein, als sie das Libretto zur *Lustigen Witwe* schrieben, als Komponisten nicht Lehár im Sinn, sondern Richard Heuberger, mit dem Léon seit ihrem Erfolg mit dem *Opernball* gern zusammenarbeite. Heuberger wiederum soll Lehár 1901 nach einem Probedirigat für den Konzertverein mit der Begründung abgelehnt haben, er sei „als Dirigent für leichte Musik, insbesondere Walzer völlig ungeeignet."[208] Nicht besser allerdings erging es Heuberger selbst, als er Victor Léon die ersten Kompositionsversuche zur *Lustigen Witwe* vorspielte. In seinen *Beiträgen zu einer Biographie Heubergers* beschreibt der Librettist seinen zwiespältigen Eindruck. Zwar sei Heuberger „wie geschaffen für die pariserische Art dieser Operette" gewesen, nicht aber für die „slavische Note." Als Louis Treumann darauf bestand, dass ihm Heuberger die Musik vorspiele, erklärte ihm Léon, dass dies zum jetzigen Zeitpunkt unmöglich sei.

„Treumann liess aber nicht nach und nach vielem Hin und Her platzte er heraus: ‚Muss es Meister Heuberger denn wissen, dass ich die Musik höre?'

‚Wie meinst Du das?'

‚Sehr einfach. Er kommt doch oft zu Dir. Ich werde in einem Zimmer nebenan sein, er wird keine Ahnung haben, dass ich zuhöre, und Du machst es so, dass Du mit ihm, wenn schon nicht das Ganze, wenigstens meine Hauptnummern spielst.'

Da konnte ich nicht Nein sagen. Dies geschah. Heuberger spielte – und zwar unter dem Vorwand, dass meine Frau, die mit ihm sehr gut war, die Musik hören wolle – die complete [!] Composition, ahnungslos, dass im Nebenzimmer Louis Treumann heimlicher Lauscher war.

Während man im Klavierzimmer die Jause servierte, begab ich mich zu Treumann hinein. Und was hörte ich …

‚Weisst Du, den grössten Respect vor Heuberger – mir gesagt, sein Talent als Componist möcht' ich haben als Schauspieler – die … so ein bisserl pariserisch angeschminkten Sachen gefallen mir ja ausgezeichnet … aber ich bitt' Dich, ich bitt' Dich sehr, red' mit Heuberger, er soll mir so ein paar russischserbischmontenegrinischbalcanischslowakische Schlagerl schreiben. Glaub' mir, das ist notwendig!'"[209]

Oder wie Treumann später selbst erzählte, „daß Heuberger bei aller Begabung und bei allem bedeutenden technischen Können gerade zwei Elemente, die für diese Komposition notwendig seien, vermissen lasse: die Exotik und die Erotik."[210]

Der beides besaß, soll dann auch von ihm vorgeschlagen worden sein: Franz Lehár – ein Verdienst, das nach Léons und Lehárs übereinstimmender Aussage Emil Steininger zustand, dem Sekretär des Theaters an der Wien.

Da Léon und Lehár, wie der sich erinnerte, „damals miteinander ein wenig auf gespanntem Fuß"[211] standen, versuchte Léon erst noch einmal, Heuberger zu Änderungen zu bewegen. Dass er dabei nicht unbedingt diplomatisch vorgegangen war, ist einem Brief zu entnehmen, den ihm Heuberger am nächsten Tag schrieb:

„Der bittere Eindruck, den mir Dein wildes Wesen u. deine wegwerfenden Worte machten, kostete mich eine schlaflose Nacht. Bös' war ich Dir nicht. Ich kann an Jemand, den ich kenne u. gern habe nie ernstlich irre werden.

Anders denke ich über deine verrückte Lösung des Kontraktes ohne meine formelle Einwilligung. Du hattest <u>kein</u> Recht mit dem Theater a. d. W. und mit Herzmansky zu sprechen im ersten Zorn – u. ohne von mir zu wissen, wie ich darüber denke. – Ich habe die feste Absicht die Operette zu machen u. will – um dir einen Beweis der Schätzung deines Urtheils zu geben den Anfang des Entrées des Grafen ändern. Ich bitte dich nur um eine Textänderung.

Ich glaube, Stein hat – <u>in bester Absicht</u> – dich so sehr verstimmt. Er hätte wahrscheinlich auch die *Opernball*-Musik verworfen. Du sahest damals tiefer!

Glaube mir, ich will ja populär schreiben u. ich werd's erreichen. Gemein kann u. will ich nicht sein."[212]

Doch Léon ließ sich offensichtlich nicht umstimmen, überließ Heuberger als Ersatz das Textbuch zur Oper *Die letzte Nacht* und behauptete später: „Wir schieden in Frieden und Freundschaft. Und nun ging ich in's Theater an der Wien, um der Direction Bericht zu erstatten und den Vertrag über *Die lustige Witwe* rückgängig zu machen"[213] Dieser Vertrag mit Heuberger ist bis heute unauffindbar, stattdessen existiert beim Musik-Verlag Doblinger ein von dessen damaligem Chef Bernhard Herzmansky sen. unterzeichneter Vertrag mit den Autoren Victor Léon, Leo Stein und Franz Lehár, datiert auf den 2. Januar 1905.[214]

Dass diese Datierung nicht stimmen kann, beweist auch ein Brief, den Lehár am 29. April an Julius Bauer schrieb, mit dem er damals an einer neuen Operette arbeitete, wahrscheinlich dem späteren *Mann mit den drei Frauen*: „Seit 4 Monaten gehe ich untätig herum ... und nun erhielt ich den ersten Gesangstext, der mitten im Akt vorkommt. Von Situation, ja von der Figur der Betroffenen habe ich keine blasse Ahnung ... Das war auch der Fehler bei der *Juxheirat* ... Ich brenne vor Begierde, endlich einmal etwas Großes zu vollbringen ... Die Sturm und Drang-Periode ist vorüber!"[215] Einen Monat später schrieb er begeistert an seinen Bruder: „Endlich habe ich das ersehnte glänzende Stück fürs Theater a. d. Wien. Arbeite also mit Léon und Stein. Stoff in Montenegro und Paris spielend."[216]

Kaum hatte Lehár das Buch erhalten, machte er sich ans Werk. Und nichts charakterisiert die Zeit der Entstehung dieser Operette besser, als die Art und Weise, wie der Komponist mit seinem Librettisten kommunizierte. „Bereits am Abend rief ich Léon zum Telephon, legte das Sprachrohr auf das Klavier und spielte ihm den eben fertig komponierten ‚Dummen Reitersmann' vor. Bald folgten die nächsten Nummern und Léon war gewonnen."[217] Am 3. Juni 1905 wurde *Die lustige Witwe* öffentlich angekündigt, am 4. Juni notierte Lehár das Maxim-Lied in sein Skizzenbuch, jenes „Entrée des Grafen", an dem Heuberger offensichtlich gescheitert war und das zu Lehárs musikalischer Visitenkarte wurde. „Ein sonderbares Denkmal aus der Liebeswelt des Frou-Frou", nannte es Theodor W. Adorno, „das treuer die Züge seiner Epoche bewahrt als irgend einer der gegenwärtigen Schlager."[218] Mit dem Maxim-Lied hatte Lehár den richtigen Ton getroffen: nonchalanter Rausch und lässige Erotik. Am 5. Juni folgte das nicht minder erotische Pavillonduett.

Den Sommer verbrachte Lehár wie schon seit drei Jahren in Ischl, bezog aber erstmals das sogenannte Rosenstöckl, auch „Meyerbeerstöckl" genannt, weil Giacomo Meyerbeer dort „seine Oper *Der Prophet* geschrieben"[219] haben soll. Jetzt schrieb dort Franz Lehár *Die lustige Witwe* und spielte Mitte Juli seinem Librettisten Victor Léon die bisher komponierten Nummern vor, darunter „Die anständige Frau" und den Weiber-Marsch. Léon schrieb einige Tage später aus seinem Sommersitz in Unterach: „Nach meiner Empfindung muß textlich einiges geändert werden. Aber auch – und jetzt erschrick nicht! – musikalisch. Soll ich ganz offen sein? Mir fehlt die starke und eigenartige Musik, das absolut Zwingende. Vertröste mich nicht auf Orchestrieren, das ist in dieser Beziehung Nebensache. Ich habe es mir lange überlegt, ehe ich Dir das schreibe ... Deine Walzer zum Beispiel gehen die allerbreiteste Heerstraße. Gerade bei Walzern muß man besonders auf neuartigen Rhythmus und neuere melodische Wendungen gehen, sonst lieber nicht! Ich bitte Dich inständig, nimm mir das nicht übel, ich bin eben keine Ja-Maschine."[220] Obwohl Lehár nach eigenem Bekunden keine Note mehr geändert haben will, zeigte Léons Brief Wirkung, besonders was die Walzer betraf. Denn beide Hauptwalzer der Operette sind erst danach entstanden. Am 17. August skizzierte er sowohl den „Walzer 1. Finale", die späteren „Ballsirenen", als auch „Lippen schweigen"[221], jenen epochemachenden langsamen Walzer, der als *Merry Widow*-Waltz um die Welt ging und im Libretto zunächst keinen Text hatte.

„Das is ka Musik ..."

Zurück in Wien fand im Oktober 1905 jenes legendäre Vorspiel der *Lustigen Witwe* in Lehárs neuer Wohnung in der Mariahilfer Straße 5 statt, zu dem erstmals die Direktoren Wilhelm Karczag und Karl Wallner geladen waren. Es sollte zur berühmtesten Lehár-Anekdote überhaupt führen und wurde in verschiedenen Varianten überliefert, die freilich alle den Anspruch erhoben, die einzig wahre zu sein. Als Wallner 1931 im *Neuen Wiener Journal* seine „Wahrheit über Lehárs *Lustige Witwe*" verkündete, die vor allem darin bestand, darauf hinzuweisen, dass er von Anfang an von der Musik begeistert gewesen sei, erinnerte ihn Victor Léon daran, er habe „gänzlich vergessen, daß er Lehar ruhig spielen und mich ruhig die Notenblätter umwenden ließ und im Nebenzimmer mit Karczag ruhig auf und ab spazierte. Als ich den Herren Vorstellungen machte, Lehar doch nicht derart zu verletzen, entgegnete Wallner in seiner temperamentvollen, die Worte übersprudelnden Art: ‚Das ist ein Vaudeville und keine Operette!' Nicht weniger temperamentvoll, aber mich im Sprechen weniger übersprudelnd, behauptete ich energisch das Gegenteil. Darauf sagte Karczag mit völliger Ruhe: ‚Regen Sie sich nicht auf, lieber Léon, das is ka Musik!' Dies ist eine der wahren Wahrheiten über *Die lustige Witwe*."[222] Die Wahrheit dieser Wahrheit wurde von Louis Treumann bestätigt und von Karczag niemals dementiert. Er ließ den Spruch anlässlich der 300. Aufführung der *Lustigen Witwe* vielmehr werbewirksam auf eine Gedenkmünze prägen.

Im Nachhinein stellte Wallner daher das Verhalten seines Kompagnons als reine Geschäftstüchtigkeit dar, um das Werk günstig für seinen Verlag zu erwerben.[223] Victor Léon widerlegte dieses Argument, indem er darauf hinwies, dass *Die lustige Witwe* bereits vor ihrer Entstehung von Bernhard Herzmansky für den Musikverlag Doblinger erworben worden war. Gemeint hatte Wallner freilich den Bühnenverlag, der den Vertrieb des Aufführungsmaterials an die Theater besorgte. Um von diesem im Vergleich zum Musikverlag weitaus risikoärmeren und lukrativeren Geschäft zu profitieren, hatte Karczag erst kurz vorher einen eigenen Bühnenvertrieb mit Emil Berté als Geschäftsführer gegründet. Damit wollte er Adolf Sliwinski Paroli bieten, dem geschickten Leiter des Berliner Bühnenverlags Felix Bloch Erben, der es verstanden hatte, durch großzügige Vorschüsse die führenden Autoren der Wiener Operette an sich zu binden. Der Schriftsteller Felix Salten hat Sliwinski und Karczag als „geniale Schrittmacher" bezeichnet, „schlau und listenreich wie Ulysses … zum Bersten voll von Energie, überschäumend vor Temperament. Sie kämpften gegeneinander wie wütende Berserker, sie fielen einander zärtlich um den Hals wie weinselige Zecher beim Heurigen … Aber während die zwei sich stritten, freute sich immer der dritte, der ein Operettenkomponist war."[224] So auch in diesem Fall. Wie Léon berichtete, verlangten er und Lehár von Karczag „einen Vorschuß von nur 600 Kronen. Dieses geringe Risiko wollte man aber nicht eingehen. Man hatte eben nicht das mindeste Vertrauen zur *Lustigen Witwe*. Und so bekam den Vertrieb die Firma Felix Bloch Erben, die damit Millionen vollwertiger Reichsmark verdiente. Dies ist wieder eine wahre Wahrheit über die *Lustigen Witwe*."[225]

Dass der entsprechende Vertrag erst am 30. November 1905 unterzeichnet wurde[226], spricht eher für das bis zuletzt geringe Vertrauen der Direktoren in das Stück. Das machte sich auch im geringen Ausstattungsetat bemerkbar, so dass man sich Treumann zufolge „größtenteils mit dem alten Fundus behelfen mußte." Auf der Hauptprobe kam es „wegen des Fehlens wichtiger Requisiten und weil den Grisetten nicht einmal die Goldlackstiefeletten zur Verfügung standen, von denen sie zu singen hatten, zu einem Riesenkrach zwischen Direktoren und Buchautoren."[227] Die Nerven lagen offensichtlich blank, was wegen des gewagten Spielplans durchaus verständlich war. Aschers *Vergelt's Gott* war zwar durchaus ein erster Teilerfolg auf dem Weg zur „neuen Operette", aber schon die nächste Novität, Leo Falls *Der Rebell*, ein beispielloser Durchfall gewesen. Dabei hatte sich die Direktion gerade von diesem Stück, wie eine dürre Presseerklärung verkündete, „außerordentliches" [!] versprochen „und es daher auch mit ungewöhnlichem Kostenaufwand in Szene gesetzt."[228] Und genau dieser Umstand erklärt die sparsame Ausstattung der *Lustigen Witwe*, zumal die des *Rebellen* wegen des gemeinsamen balkanischen Ambientes wieder verwendet worden sein dürfte. Am 3. Dezember wurde *Der Rebell* nach nur fünf Vorstellungen und auf Wunsch des Komponisten überraschend abgesetzt, der hoffte, nach „einer gründlichen Umarbeitung ... in einigen Wochen das geänderte Werk abliefern ... zu können."[229]

Als nächste Novität wurde indessen die noch nicht vollendete *Lustige Witwe* angekündigt, deren Partitur Lehár erst an Heiligabend fertigstellen konnte. Bis zur Premiere am 30. Dezember wurden *Vergelt's Gott* und *Die Geisha* von Sidney Jones wiederaufgenommen. Es blieben also 27 Tage Probenzeit für Neueinstudierung, Neuinszenierung und Neuausstattung. Kein Wunder, dass Direktoren und Autoren am Rande des Nervenzusammenbruchs standen. Noch war ungewiss, ob Léons Konzept einer neuen Operettenästhetik aufgehen würde. Das war vor allem für die neuen Hauptdarsteller Mizzi Günther und Louis Treumann die Frage, schließlich waren nach dem Abschied des Publikumslieblings Girardi die Erwartungen hoch. Und ausgerechnet die beiden waren es, die nach dem von Treumann erwähnten Probenkrach eine Lösung fanden. Denn nachdem die Direktion abgelehnt hatte, die angekündigte Vorstellung der *Geisha* zugunsten einer Bühnenprobe ausfallen zu lassen, und die Autoren daraufhin das Werk schon zurückziehen wollten, stellten sie sich „zu einer Nachtprobe (nach der *Geisha*) zur Verfügung, sie nahmen es auf sich, auch die übrigen Mitwirkenden, ja das ganze Personal dazu zu bewegen ... Die Probe dauerte von ½ 11 Uhr nachts bis nach 4 Uhr früh ... Lehár jammerte darüber, daß er nicht einmal Zeit gefunden hätte, sich die Stichworte in die Partitur zu schreiben. Und mit dem Tanzen ging es auch nicht zusammen trotz allen Fleißes. So fand am nächsten Morgen noch eine feste Tanzprobe mit Klavier statt bei heruntergelassenem eisernen Vorhang, damit wir nicht die gleichzeitig stattfindende Orchesterprobe störten ... anschließend fand noch eine ganze Probe mit Orchester statt und dann kam – die Generalprobe. Es war die vollendetste Generalprobe, die es je gegeben hat ... Dies ist die letzte wahre Wahrheit über die *Lustige Witwe*."[230]

Denkwürdige Premiere

Zeuge dieser „vollendetsten Generalprobe" war Ludwig Karpath, der *Kukuška*-Förderer und laut Decsey gegen den Willen der Direktoren als einziger Kritiker von Lehár dazu gebeten. Er wurde zum Propheten des Werks und schrieb im *Neuen Wiener Tagblatt* über die Premiere von einem „enthusiastischen Erfolge ... Endlich eine Operette, wie sie sein soll, ein feines, sauberes und doch ungemein amüsantes Buch, dazu eine geistreiche, entzückende Musik ... die in kürzester Zeit in ganz Wien populär sein wird."[231] Entgegen anders lautenden, auch von Lehár selbst verbreiteten Legenden hat dies auch die übrige Presse so gesehen. Übereinstimmend ist in den Kritiken von „animierter Stimmung" die Rede, „die sich immer mehr steigerte und der Novität zu einem Triumphe verhalf ... Die Aufführung gehört zu den besten, die seit langem in diesem Theater geboten wurden."[232] Und selbst im Polizeibericht der Zensurbehörde ist „der durchschlagende Erfolg" vermerkt: Er „kam in lebhaften Beifallskundgebungen und dem Verlangen nach Wiederholung zahlreicher Gesangsnummern zum Ausdrucke."[233]

Trotz des positiven Echos bei Presse und Publikum sollen sich die Vorstellungen anfangs nur schleppend verkauft haben, so dass sich die Direktion mit Ausgabe von Freikarten behelfen musste, wie Wallner in seiner in diesem Punkt nicht von Léon korrigierten „Wahrheit über die *Lustige Witwe*" schrieb: „Im Durchschnitt mußten wir damals 200 bis 300 Kronen als Freikarteneinnahmen bei etwa 2000 bis 3000 Kronen Gesamteinnahmen buchen."[234] Diese Praxis, nicht ausverkaufte Vorstellungen mit Freikarten zu „wattieren", wurde schon in Hoheneggs „Theaterroman" *Operettenkönige* aufs Korn genommen und dem Theatersekretär Emil Steininger zugeschrieben. Sie sollte ein neues Werk über die Durststrecke der ersten Vorstellungen retten, bis sich seine Qualitäten allmählich herumgesprochen hatten. Wenn eine Operette „ziehen soll", verriet Leo Stein, „muß es in den ersten 50 Aufführungen Leute geben, die sechs-, sieben- bis achtmal hineingehen."[235] Bei der *Lustigen Witwe* war das schon ab der 25. Vorstellung am 23. Januar 1906 der Fall, so dass am 7. April ohne weitere Werbemaßnahmen die 100. Vorstellung gefeiert werden konnte, bei der „alle

Darsteller, ja selbst die Billeteure ... Blumen mit Schleifen an der Brust"[236] hatten. Die Jubiläen überschlugen sich und Karczag spendierte der häuserfüllenden *Witwe* zu ihrem 300. Bühnenauftritt sogar eine neue, standesgemäße Dekoration, verbunden mit dem Bonmot, wonach eine wirklich gute Operette gar keine besondere Ausstattung benötige. Die Vorstellungen waren auf Wochen ausverkauft. Um überhaupt an Karten zu kommen, brauchte man besondere Beziehungen und der „Kassier des Theaters an der Wien bekam für Reservierungen von Karten so ansehnliche Trinkgelder, daß er sich zwei Jahre nach der Premiere ein Wiener Zinshaus kaufen konnte. Als man Karczag fragte, was er zu dieser Transaktion seines Kassiers sage, meinte er lächelnd: ‚Habe nichts dagegen. Ich habe mir in der Zeit zwei Häuser gekauft'."[237]

In der Sommerpause siedelte das Ensemble vom 1. Mai bis 30. Juni ins Jubiläums-Stadttheater, die spätere Volksoper, über und löste dort die glücklose Oper *Tatjana* ab, die nichts anderes war als die vom Brahms-Biographen Max Kalbeck überarbeitete *Kukuška*. Bruder Anton hatte aus Anlass der Wiener Erstaufführung eine „von rührender Liebe erfüllte Schrift" verfasst, wie Ludwig Karpath berichtete: „Franz Lehar hat seine Oper *Tatjana* mit seinem Herzblute geschrieben'– berichtet der getreue brüderliche Eckart, dessen inniger Wunsch es ist, daß Franz zu seiner ersten Liebe, zur Pflege der Oper, zurückkehre." Doch nicht einmal Freund Karpath mochte sich dem anschließen, sondern warf dem Komponisten „Stillosigkeit"[238] vor. Sämtliche Kritiker schlossen sich dem an, auch Julius Korngold, der Kritikerpapst der *Neuen Freien Presse*, der dem Werk zumindest einige lyrische Schönheiten zugestand: „Aber was vermögen angesichts der Grundgebrechen des Werkes vereinzelte Melodienblüten? ‚Die Blüten waren – Schnee', sagen wir, die Oper überschauend, mit der sterbenden Tatjana." [239] Diese Worte sollten zum Menetekel des Werkes werden und veranlassten schließlich auch den Komponisten, seine Opernpläne endgültig aufzugeben. Er sei seitdem „von dieser Leidenschaft geheilt", gestand er 1907: „Ich denke gar nicht daran, zu erzählen, eine Oper zu schreiben, die Operette genügt mir als Gebiet vortrefflich. Denn ich bin der Ansicht, daß jeder, der eine ordentliche Operette schafft, auch die Kraft für eine Oper haben muß."[240]

Den Sommer 1906 verbrachte Franz Lehár mit Schwester Emmy und der schwer kranken Mutter in Bad Ischl. Ungläubig und dankbar zugleich hatte sie den Triumph der *Lustigen Witwe* erlebt. Nach der 100. Vorstellung hatte sie Anton geschrieben: „In der Wohnung von Franz sieht es jetzt herrlich aus. Wo man hinsieht[,] findet man Kränze und Blumen mit sinnigen Widmungen. Ganze Bäume Flieder und Rosen. Als ich in den Salon trat, überwältigte mich der Anblick. Die Beleuchtung war wie im Feenland. Alles so wohlig durchwärmt. Franz war im Salonanzug, da er geladen ist. Wir gingen von einem

Zimmer ins andere. Franz zeigte mir alles. Mit seiner unnachahmbaren herzgewinnenden Liebenswürdigkeit. Da kam mir mein Kind wie ein König vor."[241] Wenige Monate später, am 8. August 1906, starb sie in Ischl, wo sie auch begraben liegt. Franz Lehár sorgte nun „in munifizenter Weise", wie Bruder Anton formulierte, für seine 16-jährige Schwester Emmy. „Er liess sie in einem Pensionat in Lausanne erziehen, wo sie, der deutschen und ungarischen Sprache mächtig, auch noch englisch und französisch erlernte, ohne ihre ausgezeichnete Ausbildung im Klavierspiel zu vernachlässigen. Franz nahm die Schwester mit nach London und vertrat wahrhaft die Eltern."[242]

„Alles vibriert von Wirklichkeit"

Als erste deutsche Bühne brachte das Hamburger Neue Operettentheater unter Max Montis Direktion *Die lustige Witwe* am 3. März 1906 heraus. Kaum zwei Monate später gastierte das Hamburger Ensemble in Berlin. Die Premiere im Berliner Theater am 1. Mai 1906 mit Gustav Matzner als Danilo, Marie Ottmann als Hanna und Lehár am Pult war ein lärmender Erfolg. Besonders der Walzer schlug zum Leidwesen des Kritikers des *Berliner Lokalanzeigers* derart ein, dass er „ungezählte Male gesungen und vom Orchester vorgetragen werden mußte. Das Publikum wollte sich nicht beruhigen und verlangte ihn immer wieder, bis das ganze Haus ihn mitsummen konnte. Es war das zuviel des Guten; zuletzt hatte man das leise Gefühl, als wäre die hübsche Melodie ein abgeleiertes Stück, das man wieder zu vergessen sich bemühen müßte ..."[243] Die Produktion siedelte später ins Theater des Westens über und brachte es in Berlin en suite auf über 600 Vorstellungen.

„Wer die Operette tot gesagt hatte, der der wird seine irrige Meinung gestern Abend berichtigt haben: sie lebt und wird auch weiterleben"[244], war nach der Berliner Premiere im *Börsen-Courier* zu lesen. Binnen eines Jahres stellte es Lehárs Operette als *Den Galde Enke* oder *La Vedova Allegra* in ganz Europa unter Beweis. Die lang ersehnte Zukunft der Operette hatte offenbar bereits begonnen. Nach langer Krise war endlich, wie Berlins führendes Theaterorgan *Die Schaubühne* meinte, „das gesuchte Rezept" gefunden. „Es hieß: Einführung eines ernsten, gefühlvollen Konflikts, ohne daß der Witz dabei zu Schaden kam."[245] Und selbst Paul Bekker, einer der wichtigsten Musikschriftsteller der Zeit, musste bewundernd feststellen, mit welch „beispiellos glücklichem Geschick" in der *Lustigen Witwe* „all die Motive zusammengetragen" waren, „welche Massentriebe zu reizen vermögen, Publikumsinstinkten schmeicheln. Hier sind Lolo, Dodo, Frou-Frou, dort ist eine ,anständige Frau', hier ist Maxim, dort der

‚Zauber stiller Häuslichkeit.' Ballsirenen, Pontevedriner, Grisetten, trottelhafte Gesandte, heiratslustige Männer und verschmitzte, gut pomadisierte Kanzlisten feiern einen bunten Karneval."[246] Das freilich waren nur die äußeren Zutaten. Neu war aber vor allem deren Gruppierung rund um die beiden zentralen Figuren Hanna Glawari und Danilo Danilowitsch.

Was aber machte deren Liebesgeschichte so epochal? Für Adorno waren es 1934 „herabgesunkene Motive des Jugendstils. Von dessen Pathos geistert manches in dem sonderbaren Text, der einmal – Rätsel des Vergangenseins – Sensation machte."[247] Die Sensation, die der Text der *Lustigen Witwe* bei ihrem Erscheinen tatsächlich machte, gab den Zeitgenossen allerdings keine Rätsel auf. „Man hat nach langer Zeit wieder natürliche Menschen auf der Bühne gesehen", meinte Lehár, „Menschen, mit denen wir täglich in Berührung kommen."[248] Nicht umsonst spielt die Handlung in der Gegenwart. Auch für Ernst Decsey traten in der *Lustigen Witwe* „zum ersten Mal auf Operettenboden moderne Menschen, kurzweg: Menschen auf ... alles vibriert von Wirklichkeit ... Der Naturalismus des neuen Dramas auf die Operette übertragen ... man wurde Intelligenzler genannt, wenn man sie besuchte."[249] Die intellektuellen Dimensionen dieses Phänomens lotete erstmals Felix Salten aus. Selbst Teil der Wiener literarischen Moderne, veröffentlichte er am 6. Dezember unter dem Titel *Die neue Operette* ein brillantes Feuilleton, in dem er diese und sich selbst emphatisch feierte: „Unsere Melodie. In der *Lustigen Witwe* wird sie angestimmt. Alles, was so in unseren Tagen mitschwingt und mitsummt, was wir lesen, schreiben, denken, plaudern und was für moderne Kleider unsere Empfindungen tragen, das tönt in dieser Operette, klingt in ihr an." – um sogleich bescheiden einzuschränken, es wäre „gar nicht notwendig, daß Lehár etwa wirklich gelesen hat, was wir schreiben, oder auf das, was wir denken, aufpaßt." Dennoch „schäumen und stäuben ... zehntausend kleine Echtheiten von heute ... Lehár ... gibt den Takt an zu unseren Schritten ... Lehárs Musik ist heiß von dieser offenen, verbrühenden Sinnlichkeit; ist wie erfüllt von geschlechtlicher Wollust ... man könnte moderne Verse zu ihr singen."[250]

Karl Kraus nahm Saltens Feuilleton als willkommenen Anlass zu seinen *Grimassen über Kultur und Bühne*, einer grundsätzlichen Abrechnung mit der modernen Operette im Allgemeinen und der *Lustigen Witwe* im Besonderen. Damit stand er nicht allein, sondern fand vor allem im rechten Lager Schützenhilfe. Wie Kraus trauerte auch der später beim *Völkischen Beobachter* tätige Musikschriftsteller Joseph Stolzing dem „leider allzu rasch wieder entschwundenen goldenen Zeitalter" der klassischen Operette nach und kritisierte die moderne „Operettenseuche, die von der *Lustigen Witwe* ausging" und ihm als Musterbeispiel galt für die „sklavische Abhängigkeit, in der sich heutzutage die Kunst vom Kapitalismus befindet." Noch verderblicher war freilich ihre moralische Wirkung, diente die Operette doch als bloßer Vorwand dafür, „Zoten zu hören, weibliche Unterwäsche oder mangelhaft angezogene Frauenzimmer zu sehen … Und, was das Schlimmste ist: sie erschüttert auch die Moral der deutschen Frauenwelt." Nicht zu Unrecht warf er der zeitgenössischen Operette „Schlüpfrigkeit und Frivolität" vor, besonders aber der „ganz auf das erotische Element gestimmten *Lustigen Witwe*."[251]

Von deren „sinnlich-schönem Vilja-Lied" hatte nämlich ein Wiener Kritiker behauptet, „es wäre sicherlich verboten worden, wenn es in Worten so geschrieben worden wäre, wie es in Musik gesetzt wurde."[252] Auch für *Die Schaubühne* war das vor allem ein Zeitphänomen: „Man will von Lehár seine Tanzwalzer, die mit ihrem Schuß sexueller Aufklärung (jede dieser Mollmelodien im Dreivierteltakt drückt irgend einen erotischen Vorgang aus) unserem Jahrzehnt mehr zu sagen haben, als die ursprüngliche, jauchzende Frische der Straußschen Weisen."[253] Tatsächlich war die selbstverständliche Verknüpfung von Modernität und Sinnlichkeit signifikant für die zeitgenössische Rezeption, der „die schwüle Erotik … Kennzeichen des zwanzigsten Jahrhunderts ist." In diesem Sinn hat Lehár „mit der *Lustigen Witwe* dem zwanzigsten Jahrhundert seine Operette gegeben."[254]

Die Lustige Witwe steht auf der Grenze

Modern war aber auch Lehárs Musikdramaturgie. In der *Lustigen Witwe* kommt die opernhaft aufgeladene Emotionalität in der Pavillonszene genauso zu ihrem Recht wie im Weibermarsch die banale Schlagerwirkung. Die musikalische Homogenität, wie sie noch in der klassischen Operette geherrscht hatte, war einem – zumindest von den Zeitgenossen als solches empfundenen – stilistischen Durcheinander gewichen, signifikant für eine Epoche, in der die endgültige Trennung von U- und E-Musik stattfand. Es war eine Zeit der beginnenden Moderne und des damit verbundenen Paradigmenwechsels. Und Wien wurde zu ihrem Experimentierfeld: Psychoanalyse, funktionale Architektur und Atonalität nahmen von hier ihren Ausgang. Und die moderne Operette. Denn auch *Die lustige Witwe* war ein Experiment. Zwischen großer Oper und schlichtem Schlager ist hier alles möglich. Ambivalent wie der ironisch-romantische Liebeshandel zwischen Hanna und Danilo, bei der Uraufführung „als köstliche Persiflage"[255] wahrgenommen, spielt auch die Musik zwischen Sentiment und Parodie. Weder die Csárdás-Attacke im Reiter-Duett, noch der naive Balladen-Gestus der „zwei Königskinder" sind gemeint, wie sie klingen. Es sind Stilzitate, die, musikdramaturgisch motiviert, dem Werk ein spielerisches Gepräge verleihen. Der Galopp „Das hat Rass", den Hanna in scheinbarem Triumph im zweiten Finale anstimmt, rast über ihre wahren Gefühle hinweg, wie der gewagte Septimsprung, ausgerechnet auf „so lalalalala-la", verrät. Und auch der opernhafte Gestus der Pavillonszene gilt keineswegs hehren, sondern höchst handgreiflichen Gefühlen, wenn die gestopften Hörner zum „Stelldichein" locken.

Modern war schließlich auch Lehárs Zitattechnik, die Wagners Leitmotive operettentauglich machte. Im zweiten Finale der *Lustigen Witwe* kommt sie gehäuft zur Anwendung, wenn etwa das Solocello zum bevorstehenden Abgang Danilos gleichsam als Wegweiser das Maxim-Lied intoniert oder Hannas Entréezeile „Hab in Paris ..." Danilo in den Mund gelegt wird und damit seine Worte entlarvt, für ihn sei die „Ehe ... ein Standpunkt, der längst überwunden." Das Orchester entfaltet so eine zweite Spielebene, wie sie in der Operette neu war. Das beschränkt sich freilich nicht auf melodische Versatzstücke, sondern Lehárs kommentierende Instrumentation setzt deren Text einen Subtext der Mittelstimmen entgegen. So wird die harmlose Phrase von der „anständigen Frau" durch die Triolentriller der Klarinette raffiniert hinterfragt oder das Weiberseptett mit seinem „so niederträchtigen Schmiß, daß man ihm nicht wiederstehen kann"[256], wird durch höhnische Holzbläserläufe ironisiert. Nicht nur Leopold Jacobson staunte: „Franz Lehár parodiert in diesem jüngsten Werk mit seiner ganzen bestechenden Eleganz."[257]

So ausgeklügelt dieser Subtext daherkommt, so schlicht und ergreifend ist der melodische Haupttext. Das Schlussduett „Lippen schweigen" ist in seiner verführerischen Eingängigkeit ein Muster für Lehárs Personalstil, dessen Wirkung der Walzertext am besten beschreibt: „bei jedem Walzerschritt / tanzt auch die Seele mit" – von einer bezaubernden Gegenmelodie in Schwingung versetzt. Die Melodik selbst, in ihrer stereotypen Gliederung vier- bzw. achttaktiger Phrasen Adornos „Zauberbann der Symmetrie"[258] verfallen, bleibt einerseits durch rhythmische, harmonische und instrumentale Pointen in der Schwebe, andererseits durch die stilistische Vielfalt abwechslungsreich. Unbekümmert um traditionelle Stilhöhe lebt *Die lustige Witwe* von solchen Kontrasten: vom buffonesken Couplet bis zur sentimentalen Romanze reicht das bunte Spektrum ihrer Stile. Auch darin ist *sie* ein treuer Spiegel ihrer Epoche – einer „Zeit in Bewegung: Anschwellen von Themen, Chaos von Stilgebärden."[259]

Und dieses Chaos wurde produktiv. So taucht zwischen all den Walzern, Mazurken und Can-Cans unvermittelt ein hochmoderner Cake-Walk auf, ein synkopierter Grotesktanz, den Felix Salten zufolge „die Nigger ersonnen haben, um die Weißen zu verhöhnen."[260] Und selbst das Maxim-Lied scheint bereits zu swingen. Nicht zufällig sind in der *Lustigen Witwe* fast allen Nummern Tanzrhythmen unterlegt. Wie die stilistische, steht auch die rhythmische Vielfalt im Kontrast zur stereotypen Form der meisten Nummern. Für Adorno steht *Die lustige Witwe* daher „auf der Grenze: eine der letzten Operetten, die noch etwas mit Kunst zu tun hat und eine der ersten, die sie unbedenklich verleugnet. Sie lebt noch nicht von Sequenzen, sondern von melodischen und auch rhythmischen Profilen ... sie hat eine gewisse individuelle Haltung und im leise angedeuteten südslawischen Ton sogar Geschmack; sie hat einen dramatischen Augenblick, wenn der enteilende Danilo das Maxim-Lied zitiert ... Auch die Romanze der Glawari, so sentimental sie ist, läßt sich hören und vor allem: nicht verwechseln; es ist noch nicht am laufenden Band gemacht, sondern von einem Menschen; mögen auch die menschlichen Gehalte nicht der erlesensten Art sein."[261]

Getanzte Sexualtheorie

Für Felix Salten war Lehárs Musik „in exotische, varietéhafte, dekolltierte [!] und heiße Sinnlichkeit getaucht. In jene Sinnlichkeit, wie wir sie heute darstellen: das volle Herausschlagen des Begehrens und der Begierde; bis an die Grenze des Taumels. Enthüllung des Triebhaften."[262] Wie Lehárs englischer Biograph Walter MacQueen-Pope schrieb, beginnt die Enthüllung schon bei der ersten Begegnung: „They met. And there was a thrill for everyone in that meeting ... Danilo covered his embarrassment – and the widow took the initiative ... it was now evident that something new in musical plays (if not in Shaw's) had arrived. In this one the women was to be the pursuer."[263] Die emanzipierte Hanna Glawari und der ihre Unabhängigkeit nur schwer ertragende Danilo, beide unfähig, ihre Gefühle zu zeigen, trafen die Gefühlslage ihrer Generation. Hier war eine moderne Frau, finanziell unabhängig und gesellschaftlich ungebunden, von Männern umschwärmt, dort ein leichtsinniger, nervöser, stolzer Mann, erschöpft von den Frauen im Maxim und unsicher, wie er sich dieser modernen Frau gegenüber verhalten soll. „Die Männer bemühen sich gar nicht mehr, wie in früheren Zeiten eine Idealgestalt zu sein", monierte die Uraufführungs-Witwe Mizzi Günther in einer 1913 durchgeführten Umfrage: „Sie sind feig und rücksichtslos, unberechenbar und egoistisch, unmanierlich, unaufmerksam, geziert und unnatürlich." Woran das lag, wusste ihre Kollegin Gerda Walde: „Die modernen Mädchen, die immer *Dollarprinzessin* oder *Lustige Witwe* spielen, das heißt eigentlich mit anderen Worten, die immer glauben, dem Manne nachlaufen zu müssen, die haben das ehemalige Männerideal ganz verdorben."[264]

Was im 19. Jahrhundert nahezu undenkbar war, dass nämlich eine Frau dem Mann, den sie begehrt, nachläuft und sogar um ihn wirbt, wird in Lehárs Operette exemplarisch vorgeführt. Schon bei der Uraufführung sprang der Funke über. Die Konstellation der werbenden Frau und des Mannes, der, „durch drei Akte in die kußlichsten Situationen gebracht[,] ... standhaft jede Zärtlichkeit" verweigert, traf den Nerv der Zuschauer, vor allem der Zuschauerinnen. „Sie redet ihm so nett mit den Augen, in der wilden Zärtlichkeit slawischer Tänze zu, daß er sie endlich küsse, das Haus applaudiert ermunternd"[265] – bis es ihr endlich gelingt. Als Prototyp einer Frau des 20. Jahrhunderts ist Hanna Glawari nicht nur ökonomisch, sondern auch erotisch selbstbestimmt und verkörperte damit all das, wovon ihr weibliches Publikum nur träumen konnte. Wie Valencienne, Hannas konventionelleres Pendant und die zweite große Frauenrolle in der *Lustigen Witwe*, lebten die meisten Frauen in arrangierten Ehen. Auch Sigmund Freuds damaligen Patientinnen erging es nicht anders. Für diese „unglücklichen Frauen, die zwischen Begierde und aufgedrängtem Gewissen kämpfen", gab es, wie sein erster Biograph Fritz Wittels 1908 ausführte, aus dieser Situation nur zwei Auswege: Untreue oder „Hysterie, die individuelle Lösung der Frauenfrage." Während deren Varianten auf der Opernbühne verhandelt wurden, hatte sich die Operette von jeher auf die Untreue verlegt. Offenbachs Heldinnen hatten dies virtuos vorgeführt und Valencienne, die französische Frau des ponteverdinischen Gesandten, ist deren späte Nachfahrin. Nach außen hin die „anständige Frau", ist sie einem Stelldichein im Pavillon keineswegs abgeneigt, da sie ja laut Psychoanalytiker Wittels „offenbar mit dem Manne nichts anderes gemein haben will als die Sexualfreiheit und die Sexualmacht."[266]

Dass *Die lustige Witwe* im selben Jahr erscheint wie Freuds für die Psychoanalyse grundlegende *Drei Abhandlungen zur Sexualtheorie* ist also kein Zufall. Für Karl Kraus, zeitlebens einer der schärfsten Kritiker sowohl der *Lustige Witwe* als auch der modernen Salonoperette, war damit endgültig der Punkt erreicht, „da man das kolossale Defizit an Humor, das die moderne Salonoperette belastet, als einen Überschuß an Psychologie zu deuten begann."[267] Was das im Wien Sigmund Freuds bedeutete, liegt auf der Hand. Die Durchkreuzung von Wiener Operette und Psychoanalyse ist nicht nur signifikant für die damalige „Gleichzeitigkeit des Ungleichen", sondern verdichtet sich auch thematisch im gemeinsamen Schwerpunkt: der tabuisierten Sexualität. Ein weites Feld, auf dem sich Psychoanalyse und Operette gute Nacht sagen, kennt doch „die Wirkung der Operette" wie die Traumarbeit „ohnehin keine Logik, sondern liegt einzig im unbewussten Assoziationsspiel."[268] Und so war bereits für Theodor

W. Adorno „der wahre Orpheus in die Operette abgewandert und hat unsere Unterwelt in Besitz genommen."²⁶⁹ Seitdem hat die Operette endgültig ihre Unschuld verloren. Und auch die Liebe ist nicht länger eine Himmelsmacht, sondern ein psychologisches Rätsel aus der Unterwelt der eigenen Triebe. Wie Eurydike findet sie ohne Orpheus nicht mehr den Weg zurück.

In der *Lustigen Witwe* erfährt dies Graf Danilo am eigenen Leib. Zwar kennt er noch „Lolo, Dodo, Joujou" und mit ihnen den Himmel käuflicher Liebe, doch er ist nur ein schwacher Trost. Als er – um vor der einst aus Standesdünkel verlassenen, aber noch immer geliebten reichen und lustigen Witwe Hanna Glawari nicht als Mitgiftjäger dazustehen – erstmals beschloss, ihr niemals seine Gefühle zu zeigen, hatte im Gefühlshaushalt der Operette ein neues Zeitalter begonnen. Die Konflikte kommen nicht mehr von außen, sondern von innen. Der größte Gegner sind die eigenen Gefühle. Selbst das Märchen, das fast jeder modernen Operette als Utopie schneller Wunscherfüllung zugrunde liegt, versagt seinen Zauber, wie Danilo am Ende des zweiten Akts selbst erfahren muss. Seine Ballade von den „zwei Königskinder[n,] ... die ... zusammen nicht kommen" können, wird zum Sinnbild dieser Konstellation. Statt seine Gefühle, wie beabsichtigt, zu verbergen, bringt sie die Ballade zum Vorschein und führt so zum Eklat des zweiten Finales, dessen tragische Wendung für die moderne Operette bald weitreichende Folgen haben sollte. Eifersüchtig und desillusioniert flüchtet das Königskind Danilo aus dem Märchen in die Unterwelt des Maxim.

„Lippen schweigen"

Dort findet im dritten Akt der *Lustigen Witwe* der finale Show-down des Liebespaares statt – in Form eines getanzten Duetts. In dieser ersten „zum dramatischen Moment arrangierten Tanzszene"²⁷⁰ gilt der Walzer nicht mehr – wie noch bei Johann Strauß – einem tanzenden Kollektiv, sondern der Zwiesprache zweier Menschen, die sich mit Worten nicht mehr verständigen können. Was „alle Schritte sagen", wird zum eigentlichen Dialog ihres Duetts, in dem die „Lippen schweigen". Es ist die Sprache des Unbewussten, der die Operette hier zum ersten Mal Ausdruck verleiht – im Tanz, im Gesang, im Rhythmus. So fand der Sprachskeptizismus der Epoche eine glücklichere Lösung, als sich Hugo von Hofmannsthal in seinem *Brief des Lord Chandos* 1902 träumen ließ, verzweifelt darüber, dass sich Gefühle nicht mehr adäquat in Worte fassen lassen. Mithilfe der Musik wird für Danilo, den *Schwierigen* der Operette, drei Jahre später die Körpersprache zur eigentlichen Sprache seiner Gefühle. Und diese Sprache wurde überall verstanden: „Bei jedem Walzerschritt tanzt auch die Seele mit!" Während aber die Seele nur nach falschen Worten sucht, spricht der Körper umso beredter, wenn er nur der unbewussten Sprache der Musik folgt. Und so enthüllt sich erst im Tanz das Triebhafte wirklich. Für den Musikwissenschaftler Carl Dahlhaus ist der Walzer „gerade darum beredt, weil er textlos bleibt; und der Text, den er als Duett im dritten Akt erhält (‚Lippen schweigen …'), besteht nicht aus Worten, die Hanna und Danilo sagen, sondern aus einem Kommentar über den Inhalt ihres Schweigens. Bereits mit seinen ersten Worten verleugnet der Text, paradox genug, sich selbst."[271]

Nicht einmal Gustav Mahler konnte sich dem unbewusst wirkenden Charme dieses Walzers entziehen, glaubt man seiner lustigen Witwe Alma, die in ihren *Erinnerungen* an seine „Heiterkeit und Lustigkeit" folgendes Beispiel anführte: „Einmal aber waren wir in der Operette *Die lustige Witwe*, die uns vergnügt machte. Mahler und ich haben nachher zu Hause getanzt und uns den Walzer von Lehár gleichsam nach dem Gedächtnis rekonstruiert. Ja, es geschah etwas Komisches. Eine Wendung konnten wir nicht finden, wie wir uns auch bemühten. Wir waren aber beide damals so ‚verschmockt', daß wir es nicht über uns brachten, den Walzer zu kaufen. So gingen wir beide zur Musikalienhandlung Doblinger. Mahler begann ein Gespräch mit dem Geschäftsführer über den Verkauf seiner Werke, und ich blätterte scheinbar achtlos in den vielen Klavierauszügen und Potpourris der *Lustigen Witwe*, bis ich den Walzer und die Wendung hatte. Dann trat ich zu ihm. Er verabschiedete sich schnell, und auf der Straße sang ich ihm die Wendung vor."[272]

Allerdings existierte diese wohl berühmteste Nummer der Partitur bei der Premiere noch gar nicht. An ihrer Stelle stand im dritten Akt ursprünglich „ein köstliches, lyrisch gehaltenes Duett zwischen Treumann und Frau Günther, die mit besonders gefälligen Akzenten den ‚Zauber der Häuslichkeit' besingen."[273] Das Duett, im später gedruckten Klavierauszug als Nr. 5 Valencienne und Camille zugeteilt, verlieh der Liebesgeschichte Hannas und Danilos ironisch einen bürgerlichen Abschluss. Denn tatsächlich sind es ja Hanna und Danilo, die davon träumen, und nicht Camille und Valencienne, bei denen es offensichtlich um nichts weniger geht als um Häuslichkeit. Auch im Zensurexemplar des Librettos war deren Zauber als Nr. 15 Thema des Schlussduetts von Hanna und Danilo, während als Nr. 5 das Reiterduett erscheint, das im späteren Klavierauszug dramaturgisch widersinnig in den zweiten Akt verschoben wurde. Dort wiederum war ursprünglich auch ein Buffo-Terzett Nr. 7 vorgesehen, das in zwei Varianten existiert. Zum einen in Lehárs Skizzenbuch als Polka, in der erst Valencienne verrät, wie sich frau 1905 gegen zudringliche Männer gewehrt hat: „Die einz'ge Waffe, die ich führte, so lang ich mich erinnern kann, das waren meine beiden Hände, zehn Finger und zehn Nägel dran." Was Hanna bestätigt: „Im Kampf mit den p. t. Männern genügt uns wohl dies Arsenal." Dazu kommt dann Danilo, der den Damen Fechtunterricht erteilt: „Riposieren, gut parieren, Klingen binden, Finten finden." Darauf blasen ihm Hanna und Valencienne in F-Dur den Marsch: „Husch, husch, husch!"²⁷⁴ Im Zensurexemplar hingegen findet sich eine Variante, in der Danilo mit Valencienne und Zeta darüber philosophiert, was passiert, wenn ein Mann eine Frau „der bloßen Mitgift wegen wählt. Der giftet sich mit der Mitgift mehr / Als die ganze Mitgift zählt."

Im eigentlichen Zentrum der Operette stand aber auch im Zensurexemplar die einzige gemeinsame Nummer des Hauptpaars im zweiten Akt, „Spielscene und Tanzduett." Das Besondere daran: Es wird nicht gesungen, sondern gesprochen und getanzt. Hier erklingt der Witwen-Walzer zum ersten Mal, noch ohne Text. Zuvor aber entspinnt sich als Melodram ein erotisch aufgeladener Dialog, in dem Hannah zu den Klängen des Maximlieds Danilo bittet, sie in die Geheimnisse der Halbwelt einzuweihen, um vor ihrem künftigen Gatten damit renommieren zu können: „Ich will so tun können, als hätte ich schon alles mitgemacht. Das gibt der modernen Frau einen gewissen Schliff." Und zu einer solchen passt es nicht, „steifbeinig den vaterländischen Heimathopser" zu tanzen, der im Orchester in Form eines Kolo erklingt. Lieber tanzt sie „einen süßen Walzer, wo man im Dreiviertel drei Viertel seiner Tugend vergisst." Soweit entspricht die Szene weitgehend dem Klavierauszug, doch den Abschluss bildet im Zensurexemplar ein „Niggertanz" des Danilo: „Sehen Sie so! O yes my little baby ... Gibt Ihnen so ein Neger seinen Kuss, so haben Sie wenigstens den Beweis seiner Liebe schwarz auf weiss!' – Hanna: ‚Das ist einmal was Neues?!' – Danilo: ‚Geht ins Blut! Was? Hallo!' – Hannah: ‚Hallo!' *Tanzen immer wilder, dann ab!*"²⁷⁵

Ob dazu der Cake-Walk erklang, den der Klavierauszug erst im dritten Akt verzeichnet, lässt sich aus dem Textbuch nicht erschließen. Entscheidend aber ist die fast varietéhafte Aufmachung der Szene als regelrechter Showact, dessen erotische Brisanz und dessen explizite Modernität seine besondere Qualität ausmachen. Nicht umsonst hinterließ sie bei der Uraufführung den tiefsten Eindruck und wurde dreimal zur Wiederholung verlangt: „Die Tanzszene mit dem Walzer, eigentlich ist es nur ein Walzerfragment, begleitete die Premierengäste nach Hause."²⁷⁶ Wenn Felix Salten den Autoren der *Lustigen Witwe* konzedierte, es sei ihre „biegsame anschmiegsame Mimikrynatur ... halt von der Epoche langsam gemodelt worden ... wie man einen Bleistift spitzt"²⁷⁷, so wird er durch die Entstehung von „Lippen schweigen" bestätigt. Überrascht vom Erfolg des Walzers ergriffen die Autoren den gespitzten Bleistift und gaben ihm nachträglich einen Text. Wie Lehár 1916 gestand, „wurden die Worte zu meinem

Hauptwalzer in der *Lustigen Witwe* ... erst nach der hundertsten Aufführung verfaßt."[278] Der Werkcharakter eines offenen Kunstwerks wie der Operette wird weit über die Intentionen der Autoren hinaus letztlich vom Rezeptionsverhalten des Publikums bestimmt. Das war Lehár durchaus bewusst. Auf die Zeitungsumfrage „Wie entsteht eine Operette?", antwortete er schon 1905: „Librettist und Komponist, Theater und Publikum haben hierbei die wichtigsten Rollen inne".[279]

Das Traumpaar Mizzi Günther und Louis Treumann

Ausschlaggebend für den Erfolg von „Lippen schweigen" aber waren zunächst die Darsteller Mizzi Günther und Louis Treumann. Ohne deren Tanzkünste wäre es nie zum dreimaligen Dacapo dieser Walzerszene gekommen. Dem trugen auch die Autoren Rechnung. So versicherte Lehár seinem ersten Danilo: „Du weißt es ganz gut, daß ich beim Schaffen eines neuen Werkes direkt einzig und allein nur an Dich gedacht habe. Schließlich mußt Du das aus jeder Note, die Du von mir gesungen hast, herausgehört haben."[280] Tatsächlich entspricht der Danilo nicht den üblichen Rollenfächern der Operette, die für das Hauptpaar einen Tenor vorsah und einen später als Buffo bezeichneten Komiker für das zweite Paar. Bei der *Lustigen Witwe* ist es umgekehrt: die klassische Tenorrolle mit dem Lehár-typischen pathetischen Lied „Wie eine Rosenknospe" ist Camille zugedacht, dem Partner der Soubrettenrolle der Valencienne. Die Diva aber hält es mit dem Komiker. Lehár selbst hat diese ungewöhnliche Konstellation verteidigt und dem damals erhobenen Einwand, „der Liebhaber wird den Danilo nicht spielen und der Komiker wird ihn nicht singen können", entgegnet: „Wenn es heute keinen Danilo gibt, so werden sie zu Dutzenden heranwachsen."[281] Und tatsächlich machte Treumanns Darstellung in ihrer Mischung aus beiden Fächern Schule. Das ging bis in Details, auf die er noch im hohen Alter stolz verwies: „Die Rolle des Danilo war in hochdeutscher Sprache geschrieben, den Dialekt habe ich mir selbst zurecht gelegt"[282] – und dieser war noch Jahrzehnte für alle Darsteller der Rolle verbindlich, selbst als das konkrete Vorbild längst vergessen war. So zum Beispiel hatte ein Danilo statt Hanna stets „Channa" zu radebrechen. Ähnlich verbindlich wurde Treumanns melodramatische Interpretation der „Königskinder", wie sie Felix Salten festhielt: „Er packt die ganze, schöne Einlage, die Ballade von der treulosen Prinzessin, und sprengt sie mit seiner Eifersucht auseinander, zerfetzt sie und wirft sie der Geliebten keuchend, stückweise abgerissen ins Gesicht. Er singt keine Ballade ... er macht seiner Channa eine Szene."[283]

Das Traumpaar Mizzi Günther und Louis Treumann 97

06 Louis Treumann und Mizzi Günther beim legendären *Lustige Witwen*-Walzer, 1906

Stilbildend wirkte auch sein leicht beschwipster Auftritt im Maxim-Lied, dessen Coupletstrophen eine Brück zum Alltag des Publikums schlugen, das ebenso wenig wie Graf Danilo „den lieben langen Tag … immer im Büro sein

98   Die Jahrhundert-Operette: Die Lustige Witwe

07   Franz Lehár in seiner Wohnung Mariahilfer Straße nach der 300. Aufführung der Lustigen Witwe,
      12. Januar 1907

mag." Hinter der tänzelnden Nonchalance, mit der Treumann die Zuschauer bezirzte, verbarg sich für Karl Kraus „der sieghafte Überkommis … der tanzende Prokurist … die Figur, die beim Bleigießen unserer Lebenswünsche zustande kam."[284] Schon in früheren Auftritten hatte Treumann, wie Linhardt ausführt, „bewiesen, dass Springen mehr gilt als Singen"[285], und so den Weg zur Tanzoperette geebnet. Dass er diese Fähigkeit mit einer neuartigen psychologisierenden Darstellung verband, machte seine Faszination aus. Für beide Aspekte aber war *Die lustige Witwe* das perfekte Vehikel und Mizzi Günther die perfekte Partnerin. Zum ersten Mal bildeten beide in dieser Operette das Hauptpaar. In Treumann fand die Sängerin mit der ausgebildeten Stimme den künstlerischen Gegenpol, der ihre andere, tänzerische Seite zum Vorschein brachte. Seine darstellerische Ekstase, „die ihn über das Wort, über den Gesang hinaus zum Tanz fortreißt", riss laut Felix Salten auch sie mit: „Er schleudert sich in den Tanz, wie einer, der von Gluthitze versengt ist, sich in ein kühlendes Bad wirft … Er scheint auch alles zu riskieren, Sturz oder Fall, oder jähen Verlust des Gleichgewichts … Charakteristisch wie die blonde Behaglichkeit der Günther an seiner Glut in Brand gerät."[286] Seitdem galten die beiden als Traumpaar der modernen Tanzoperette, vergleichbar mit Ginger Rogers und Fred Astaire im frühen Tonfilm. Ihr Walzerduett, diese „erste zum dramatischen Moment arrangierte Tanzszene", wäre ohne ihre performativen Qualitäten nicht denkbar gewesen. „Als zum ersten Mal Herr Treumann Frau Günther beim Halse faßte und so mit ihr freischwebend kreiselnd tanzte, da war das geradezu eine Operettentat."[287]

Operettenkult

Als Graf Danilo ließ Louis Treumann die Wunschträume seines Publikums Wirklichkeit werden, verkörperte er doch alles, schenkt man Felix Salten Glauben, was damals angesagt war: „Er ist fein, und schlank und biegsam und ein wenig feminin ... so lyrisch, daß sich alle Mädchen in ihn verlieben müssen ... so bis in die Fingerspitzen künstlerisch, daß er auch auf alle Männer wie ein Erquickung wirkt. Er ist mit dieser vibrierenden Nervosität, mit der karessanten Sinnlichkeit, mit diesem leichten Anhauch von Laster und Hysterie einfach der junge Mann up to day ... Er ist ein Menschendarsteller. Freilich, er ist nicht naturalistisch, Gott sei Dank. Er stilisiert das Menschliche, steigert es bis zu einem Grade, wo dann das Singen und Tanzen einfach natürlich, einfach notwendig wird ... Er gibt nur einen erhöhten Zustand des Menschlichen. Vom Psychologischen läßt er nicht ... dieser bewegliche, fieberhafte, vor Temperament in den Flanken bebende Mensch bohrt sich einem unvergeßlich ins Gedächtnis und in die Nerven ... Und hat man's nur einmal von ihm gehört, dann sagt man's ihm tagelang alle Augenblicke unwillkürlich nach: Njegus ... Ge...liebt...ter ..."[288]

Aber auch Treumann selbst konnte seiner Interpretation der Rolle nicht entkommen, wie nicht zuletzt eine Schellackplatte beweist, die der Schauspieler nach der 300. Aufführung aufgenommen hat: „Der Komiker hat sich zu den Leharschen Melodien aus der *Lustigen Witwe*, die ihm nach seiner eigenen Aussage bereits zum Hals heraustönen, einen sehr witzigen parodistischen Text geschrieben und singt dieses Potpourri zum Ergötzen seiner Hörer nun überall, wo Danilo Treumann als Mensch oder Künstler zu Gast geladen ist. Die Leute brüllen Beifall und das Ganze ist trotz seiner blutigen Ironie wieder eine neue Reklame für diese Operette."[289] Nicht zuletzt solche ersten Anzeichen eines lärmenden Starkults provozierten neben Saltens Essay Karl Kraus zu seinen *Grimassen über Kultur und Bühne*. Wenn er sarkastisch erklärte: „In Herrn Treumann gar tanzte Dionysos selbst über die Bretter"[290] – wird die Dimension solchen Kultes in einer Epoche erster Nietzsche-Rezeption und Sigmund Freuds deutlich, zumal Victor Léon selbst, wiederum Karl Kraus zufolge, versichert hatte, es sei den Autoren „nicht so sehr um die Tantiemen, als um die ‚Enthüllung des Triebhaften' zu tun gewesen."[291]

Und so erlebte Thomas Manns Schwager Klaus Pringsheim eine „Jubelfeier von wahrhaft heidnisch-religiösem Charakter"[292], als er am 24. April 1907 Zeuge des 400. Jubiläums der *Lustigen Witwe* im Theater an der Wien wurde, eine, wie sich dessen Sekretär Emil Steininger erinnerte, in der Wiener Theatergeschichte noch niemals zuvor erreichte „Aufführungsziffer, von der man in der großen klassischen Operettenzeit nicht zu träumen gewagt hätte."[293] Auch dass sie nahezu ohne Unterbrechung erreicht worden war, verbunden mit „gigantischen finanziellen Ergebnissen", gemahnte das *Neue Wiener Journal*, „an die Ziffern im Lande der unbegrenzten Möglichkeiten."[294] Alle Wiener Blätter berichteten ausführlich darüber. So auch die *Neue Freie Presse*: „Die 400. Aufführung der *Lustigen Witwe* hat in Bezug auf den Andrang zu den Theaterkassen und zur Galerie jeden bisher erzielten Rekord geschlagen. Schon zeitlich vormittags stellten sich Leute an die Kassen und warteten stundenlang, um Karten zu lösen. Die lebhafte Bewegung, die … rings um das Theatergebäude bemerkbar war, kam den ganzen Tag über nicht zum Stillstand und erreichte am Abend … ihren Höhepunkt … Je näher der Beginn der Vorstellung rückte, desto dichter wurde der Andrang, desto lauter und lebhafter ging es zu. Wachleute waren … postiert, um die ‚Drängerei' zu dem Stiegenaufgang zurückzuhalten; die Agiteure hatten am Abend schon alle ihre Sitze zu exorbitanten Preisen an den Mann gebracht; selbst schlechte Galeriesitze fanden reißenden Absatz. Nicht weniger lebhaft ging es im Foyer des Theaters zu … Der Toreingang war bald so dicht gefüllt, daß man nur mit Mühe durch das Gedränge durchkam. Die Besucherinnen der Festvorstellung erhielten an der Kasse gegen Vorweisung des Billets große Bonbonnieren und einen Klavierauszug aus der *Lustigen Witwe* als Andenken. Außerdem wurde das Theaterpublikum mit kunstvoll ausgeführten Theaterzetteln bedacht."[295]

Auch Lehár bedachte das animierte Publikum mit einem Geschenk: einer eigens komponierten Ouvertüre mit dem Titel *Eine Vision* und dem Untertitel *Meine Jugend*, deren ambitionierten Träumen er hier unüberhörbar nachhing. Direktor Karczag hatte ihm dafür ein auf hundert Mann vergrößertes Orchester auf die Bühne gestellt. Der Saal war fürs Jubiläum mit Girlanden festlich geschmückt und auch „im Zuschauerraum saß mancher Jubilar", wie das *Neue Wiener Journal* bemerkte: „Einige hatten die *Lustige Witwe* zehnmal, andere gar zwanzigmal und öfter – schier unglaublich klingt die Mär – eine Dame gar 372 mal angehört. So oft nämlich, als Treumann als Danilo aufgetreten ist … es war ein über drei Stunden währendes, ununterbrochenes Jubeln, Toben und rasendes Applaudieren. Alle Lieblinge, vor allen Treumann und Günther, wurden gleich beim Erscheinen mit Blumen überschüttet, aus den Logen und von der Galerie regnete es Rosen und Veilchen. Dazu Tücherschwenken, Zurufe und Akklamationen."[296] Selbst Pringsheim konnte sich dem allgemeinen „Lehártaumel" nicht entziehen: „Keiner, der nicht in spontanen Enthusiasmus ausbrach, und jeder, vom Schauspiel des allgemeinen Jubels gepackt, überwältigt, zu immer erneuten Kundgebungen hingerissen; und der schlichte, bescheidene Meister, umtost von so elementaren Beweisen des Dankes und Vertrauens: jedermann fühlte, dies waren seltene, unvergeßliche Stunden."[297]

Denn obwohl die Vorstellung, wie Ludwig Karpath berichtete, „erst um 11 Uhr Nachts beendet" war, „blieb noch die Mehrheit des Publikums im Hause zurück. Die Darsteller, der Komponist und die Verfasser des Librettos wurden immer wieder hervorgerufen und von den Soffitten ging ein Blumenregen auf sie nieder. Endlich senkte sich der eiserne Vorhang. Aber das Publikum blieb trotzdem im Saale. Sogar die Logen blieben noch besetzt. Auf den Galerien wurde gerufen: ‚Vorhang aufziehen!' Auf der Bühne zögerte man, diesem Verlangen zu entsprechen. Als aber die Rufe immer energischer wurden, gab man ihnen Folge. Nachdem der Vorhang wieder in die Höhe gegangen war, ertönt der Ruf: ‚Sirenenwalzer!' Herr Treumann wies auf den mit Blumen bedeckten Boden mit den Worten: ‚Es ist jetzt nicht mehr möglich, hier zu tanzen!' Da wurde gerufen: ‚Lehar soll spielen!' Lehar zögerte eine Weile, dann ließ er sich aus dem Orchester eine Geige reichen und spielte Herrn Treumann und der Frau Günther zum Tanze auf."[298]

„Als sich der Sturm auch dann noch nicht legen wollte ... entwickelte sich ein Dialog zwischen dem Publikum und den Künstlern:
Rufe von der Galerie: ‚Was ist's mit der fünfhundertsten?'
Frau Günther: ‚Das wäre doch ein bisserl zu viel!'
Treumann: ‚Mauer-Oehling!' [Ein psychiatrisches Krankenhaus] (Lachsturm.)
Frau Günther (lachend): ‚Also, auf Wiedersehen!'
Ruf aus einer Loge: ‚In Mauer-Oehling?'
Frau Günther: ‚Nein, beim halben Tausend!'
Das Publikum applaudiert unermüdlich weiter, den Referenten aber treibt die Pflicht und der Hunger aus dem noch immer übervollen Hause."[299]

Er verpasste dadurch einen Menschenandrang am Bühnentürl, Treumann auf den Schultern seiner Verehrer und ein Festessen im Hotel Sacher. Die Bilanz der Jubiläumsaufführung vervollständigten des Weiteren „eine prächtige Büste Meister Lehárs", riesige Lorbeerkränze und neun Ohnmachtsanfälle sowie Pringsheims prophetisches Resümee: „Damals als orgiastische Begeisterungswut sich aller Teilnehmer bemächtigt hatte ... war die künstlerische Herrschaft der Operette besiegelt."[300]

Der Danilo, der nicht singen konnte

Doch diese Herrschaft beschränkte sich damals noch auf Kontinentaleuropa. Der Welterfolg aber ging erst von der englischen Erstaufführung aus. Sie fand kurz darauf am 8. Juni 1907 im Daly's Theatre statt, Londons elegantester Bühne, die zum Theaterimperium des legendären Theatermanagers George Edwardes gehörte. Er galt als Trendsetter des populären Musiktheaters, seit er im letzten Jahrzehnt des 19. Jahrhunderts, den sogenannten „Naughty Nineties", die moderne Musical Comedy auf den Weg gebracht hatte. Wie die moderne Wiener Operette war sie in Abgrenzung zur klassischen Tradition entstanden, in diesem Fall zur Comic Opera von Gilbert & Sullivan. Die englischen Musical Comedies der Zeit waren Gegenwartsstücke mit aktueller Musik und grotesken Tanznummern wie sie Treumann dann in Sidney Jone's *Geisha* und *San Toy* kennengelernt hatte. Prototyp war *A Gaiety Girl* von 1893. Die Titelfigur war eine Tänzerin, benannt nach dem Theater, das Edwardes damals übernommen hatte. Wie viele ihrer Nachfolgerinnen heiratet sie zum Happy End einen Aristokraten. Das „Girl" wurde zum Idol der Epoche und fast alle Musical Comedies der Zeit führten es im Titel: *The Shop Girl, The Runaway Girl* oder *The Girl and the Earl.*

Anfang des 20. Jahrhunderts hatte sich dieses Rezept erschöpft und Edwardes war auf der Suche nach einem neuen Erfolgsmodell. „The Guv'nor", wie er genannt wurde, versuchte es am Daly's Theatre zuerst mit französischen Operetten wie Hugo Felix' *Les Merveilleuses*, wurde aber frühzeitig auf Wien und *Die lustige Witwe* durch seinen Verleger William Boosey aufmerksam gemacht. Der wiederum stand in Kontakt mit Adolf Sliwinski, der bereits am 27. Februar 1906, dem Tag der 60. Wiener Aufführung, mit Edwardes handelseinig wurde und ihm die Exklusivrechte für alle englischsprachigen Aufführungen übertrug.[301] Es wurde das Geschäft seines Lebens. Ob Edwardes selbst nach Wien gereist ist, lässt sich nicht nachweisen, ist jedoch wahrscheinlich, entsprach es doch den Gepflogenheiten damaliger Kulturtransfers, sich vor Ort selbst ein Bild zu machen, bevor man die Rechte an einem Stück erwarb. Unwahrscheinlich ist hingegen, wie oft zu lesen ist, dass Edwardes Mizzi Günther gleich mitverpflichten wollte. Weder konnte sie Englisch, noch entsprach sie dem Typus des „Girl", wie es von einer „leading lady" eines Musical Play erwartet wurde. Und als solches firmierte *The Merry Widow* alias *Die lustige Witwe* in London.

Allerdings bedurfte es dazu einiger dramaturgischer Korrekturen des Librettos, die Edwardes in die bewährten Hände Basil Hoods legte, Captain im Ruhestand und Librettist diverser Musical Comedies und von Arthur Sullivans letztem Werk *The Rose of Persia*. Warum das notwendig war, erläuterte er 1911 im Theatermagazin *Play Pictorial*: „For more than one reason a translation would not suit or satisfy the taste of our English audiences; not – as is often suggested to me – because native improprieties would prove too startling for our British Mrs. Grundy, but because our audiences desire different matters of construction and treatment from those which our Continental cousins consider sufficient in the ‚book' of a light opera … from the English point of view, the Viennese libretto generally lacks comic characters and situations, the construction and dialogue seem to us a little rough and crude, and the third act … is to our taste so trivial in subject and treatment that it is necessary to construct and write an entirely new act, or to cut it away altogether … This instances may serve to show how fare an adaptation may differ from its original."[302]

Im Fall der *Lustigen Witwe* sind die Unterschiede nicht so gravierend wie bei Hoods späteren meist zweiaktigen Adaptionen. So beließ er den seit der *Fledermaus* für seine musikalische Dürftigkeit berüchtigten dritten Akt in seiner dramaturgischen Struktur weitgehend unangetastet, verlegte ihn aber direkt ins Maxim, während im Original Hanna Glawari bei sich zuhause ein Pseudo-Maxim arrangiert, weil, wie Victor Léon einräumte, „wir in Wien damals noch nicht soweit waren, eine vornehme Gesellschaft mit Damen in ein ausgesprochenes Kokottenlokal kommen lassen zu dürfen."[303] Um die Kokotten-Atmosphäre zu betonen, verlangte man in London zwei Einlagen, die einzigen musikalischen Änderungen, auf die sich Lehár einließ. Für „Butterflies", eine Tanznummer für „Fifi and Chorus", verwendete er eine Polka aus dem gleichzeitig entstandenen *Mann mit den drei Frauen*[304], das mitreißende Couplet „Quite Parisian" komponierte er neu. Es beginnt mit den Worten: „I was born by cruel fate, / In a little Balkan state" und parodiert genüsslich den Zivilisationsunterschied von Paris und Marsovia, wie Pontevedro in Hoods Bearbeitung hieß. Gesungen wurde das Couplet von Nisch, dem Njegus der Vorlage, der dadurch als „comic character" aufgewertet und vom beliebten Komiker W. H. Berry gespielt wurde. Die große komische Rolle freilich fiel George Graves zu, der aus dem vertrottelten, aber soignierten Baron Zeta des Originals eine groteske Balkankarikatur namens Popoff machte. Seine Extempores über seine Lieblingshenne Hetty und ihre Neigung, gebogene Eier zu legen, gehörten zu den Höhepunkten der Londoner Aufführung.

Auch die meisten anderen Namen wurden geändert: Valencienne hieß Natalie, Rosillon hieß Jolidon, dem der „Zauber der Häuslichkeit" als Solonummer zufiel, und die Witwe hieß Sonia. Nur Danilo blieb Danilo, allerdings vom Grafen- in den Prinzenstand erhoben. Gespielt wurde er vom 40 Jahre alten amerikanischen Schauspieler Joseph Coyne, einem Treumann nicht unähnlichen Komiker, der allerdings weder singen konnte noch bisher als „romantic lead" aufgetreten war und das auch eigentlich nicht vorgehabt hatte. Doch George Edwardes gelang es, ihn davon zu überzeugen, dass er der perfekte Danilo sei. Die Frage war nur, ob ihm das auch bei Lehár gelingen würde. Als der mit seinen Librettisten, von Edwardes nur „the troupe" genannt, der ersten Bühnenprobe beiwohnte, war er vom nur 28 Mann starken Orchester wenig begeistert, noch weniger von George Graves, dessen ausufernde Späße er nicht verstand. Noch mehr befremdete ihn allerdings Joseph Coyne, der, wie Walter MacQueen-Pope berichtete, die Musiknummern übersprang, was Edwardes Lehár gegenüber mit einer Erkältung entschuldigte. Als bei der Kostümprobe Gesang nicht mehr zu vermeiden war, erhob Coyne die Stimme und – sprach seine Lieder. „When this happened Lehár was horrified. He stopped the rehearsal; he put down his baton. ‚What was this?' he demanded. No chance for pleas of a cold or other evasions now! Edwardes assured Lehár that Mr. Coyne was a very funny man. ‚But I have not written funny music,' retorted Lehár." Wie Coyne tatsächlich agierte, ist den Londoner Kritiken allerdings nicht zu entnehmen. Ob er rhythmisch sprach – „anticipating Rex Harrison's technique in *My Fair Lady*"[305], wie der Musikwissenschaftler Derek Scott vermutete – oder im melodramatischen Sprechgesang ist offen. Bereits Treumann hatte damit experimentiert, wie nicht zuletzt auf seiner Grammophonaufnahme der Ballade von den „Königskindern" zu hören ist.

„Sucess of the biggest and brightest kind"

„The fame of *Die lustige Witwe* must have preceded the coming of the opera, for the appearance of the composer was greeted with thunders of applause before ever a note had been heard. The applause seemed to increase in volume as the evening went on; we have hardly ever attended so uproarious a first night."[306] Mit diesen nüchternen Zeilen begann die *Times* ihre Kritik der Premiere am 8. Juni 1907 und MacQueen-Pope resümierte: „Success – success of the biggest and brightest kind – success one seldom sees in theatre. It was a triumph; it was more, it was the birth of a new era in musical plays."[307] Wie überall stand auch in London das Hauptpaar im Fokus. Aber nicht nur die Besetzung des Danilo mit Joseph Coyne war ungewöhnlich, noch mehr war es die der Titelrolle mit der erst 21 Jahre alten Lily Elsie. Die außergewöhnlich gut aussehende, schlanke Schauspielerin mit der kleinen, leichten Stimme war damit fast halb so alt wie Coyne und hatte bisher noch nie eine Hauptrolle übernommen. Nachdem sie die Berliner Aufführung gesehen hatte, wollte sie die Partie wegen deren sängerischen Ansprüchen zurückgeben, doch Edwardes konnte auch sie davon überzeugen, dass es darauf erst in zweiter Linie ankam. Er setzte ganz auf ihre Attraktivität und engagierte deshalb Lady Duff Gordon, Londons erfolgreichste Modeschöpferin, um sie richtig in Szene zu setzen. Unter dem Künstlernamen Lucile war sie berühmt für ihre poetischen Kreationen, die provokante Namen trugen wie „Passion's Thrall" oder „Do You Love Me?" Wie die kanadische Theaterhistorikerin Marlis Schweitzer in ihrem Essay *Darn That Merry Widow Hat* anschaulich beschreibt, sah sich Lady Duff Gordon also durchaus als „wohlwollender Pygmalion", der imstande war, „jede Frau mithilfe einiger Tricks und der richtigen Kleidung in eine Modeikone zu verwandeln."[308]

Dass dies auch bei Lily Elsie in *The Merry Widow* der Fall war, daran lässt sie in ihren Memoiren keinen Zweifel: „There was not a movement across the stage, not a single gesture of her part in *The Merry Widow* that we did not go through together … I realized that here was a girl who had both beauty and intelligence, but who had never learnt how to make the best of herself."[309] Und Lucile machte das Beste daraus und verlieh Lily Elsie jenen Glamour, der sie – über ihre Wirkung als Bühnenfigur hinaus – tatsächlich zur Modeikone ihrer Epoche machte. All ihre Kostüme in der Londoner *Lustigen Witwe* sorgten für Furore. Höhepunkt aber war zweifellos das des dritten Akts: ein eng anliegendes weißes Chiffonkleid mit einem spektakulären Hut: „an immense black crinoline hat, banded round the crown with silver and two huge pink silk roses nestling under the brim."[310] Der Gegensatz von Witwenschwarz und Rosa entsprach laut Schweitzer genau der emotionalen Situation, in der sich die Titelfigur befindet, wenn sie im dritten Akt das Maxim's betritt und ihren Danilo zum erotischen Walzer-Showdown erwartet: „Not only youthful, feminine, and innocent but also, paradoxically, mature, sophisticated, and sexually aware."[311]

Nicht zuletzt deswegen wirkte dieser „Merry Widow hat" stilbildend, auch wenn er noch nicht die Dimensionen hatte, die er später in den USA erreichen sollte. Ganz im Sinne Luciles war dieser Hut also mehr als eine Kopfbedeckung. „A hat? no, a HAT – the sight of which sent every woman into ecstasy and the quick resolve to have one just like that at the earliest possible moment"[312], schwärmte MacQueen-Pope. Der direkte Zusammenhang von Operette und Textilbranche, auf den bereits Theodor W. Adorno hingewiesen hatte, wird in dieser Verbindung von Walzer und Hut evident. „Der Walzer aus der *Lustigen Witwe* dürfte exemplarisch den neuen Stil statuiert haben und der Jubel, mit dem das Bürgertum Lehárs Operette begrüßte, ist dem Erfolg der ersten Warenhäuser zu vergleichen"[313]. Dass die moderne Operette im Gefolge der *Witwe* mit den ersten Warenhäusern aufkam, ist daher ebenso wenig Zufall wie beider Tendenz zur Konfektion. Mehr noch als in gesanglicher Perfektion lag nämlich im eleganten Vorführen des Kostüms, in der gekonnten Handhabung

106 Die Jahrhundert-Operette: Die Lustige Witwe

08 „Don't laugh in that silly way." - „It's the only way I know."
Joseph Coyne und Lily Elsie im Londoner Maxim's, 1907

09 Donald Brian als Danilo mit „Lolo, Dodo, Joujou. Cloclo, Margot, Froufrou" im New Yorker Maxim's, 1907

der Requisiten, kurz: der Fähigkeit, Waren zu beleben, die spezifische Qualität des Operettenstars. Nicht der Stock, sondern wie er gewirbelt wurde, machte Mode, nicht Luciles Hut, sondern die symbolische Bedeutung, die ihm Lily Elsie als lustige Witwe verlieh. Hut und Operette wurden zum Symbol eines neuen Lebensgefühls, dem in seinen säkularen Tempeln Warenhaus und Theater gehuldigt wurde. Beide Einrichtungen teilten sich denselben urbanen Raum und boten vor allem Frauen die Möglichkeit, ihn wirkungsvoll zu bespielen. Die Theater lieferten dafür das perfekte Rollenmodell, zu dessen Nachahmung wiederum die Warenhäuser einluden. Eine moderne Stadt wie London bot also die ideale Bühne für dieses Wechselspiel. Im Fall der *Lustigen Witwe* waren es über eine Million Mitspieler, bis ihre Vorbilder auf der Bühne nach der letzten und 778. Vorstellung am 31. Juli 1909 in Lehárs Worten erklärten, „sie seien schon zu müde und könnten nicht mehr weiter."[314]

Going global

Die Londoner *Merry Widow* war der Beginn eines Welterfolgs von bisher unbekanntem Ausmaß. George Edwardes hatte gleich mehrere Theater-Kompanien zusammengestellt, die auf Tournee durch das Vereinigte Königreich und seine Kolonien gingen. *The Merry Widow* war in Südafrika, Indien, Ceylon und Australien zu sehen, selbst in Fernost, in China, Japan und am Rande der damaligen Zivilisation, wo der italienische Afrikaforscher Kapitän D'Alberti eine, wie das *Berliner Tageblatt* berichtete, „epochemachende Entdeckung machte … Bei einer Expedition nach den Victoria Falls wunderte der Afrikareisende sich nicht wenig, als im Urwaldhotel nach aufgehobener Tafel eine Bühne improvisiert ward, auf der eine Afrika durchziehende europäische Operettengesellschaft die *Lustige Witwe* aufführte! Ein Extrazug brachte aus ganz Nord-Rhodesien die Farmer und ihre Damen herbei, die sich an dem lang entbehrten Kunstgenuß ungeheuer erbauten."[315]

Mochte Wien die Geburtsstätte dieses Erfolgs sein, so war London zweifellos sein Marktplatz. Bis zum Ersten Weltkrieg gingen von hier alle internationalen Erfolge der Wiener Operette aus und es war George Edwardes, der diesen expandierenden globalen Markt am effektivsten bediente, stand ihm doch das gesamte britische Empire offen. Wie bereits sein Vorgänger John Hollinghead formuliert hatte, galt auch für ihn: „The English stage… must stand behind its counter to serve the customers."[316] Wie sehr er dieses Geschäft beherrschte, bewies er nicht zuletzt dadurch, dass er auch die Rechte für die USA erworben hatte und deshalb an den amerikanischen Tantiemen fast so viel verdiente wie der Komponist selbst. Sein deutscher Rivale Adolf Sliwinski musste sich mit Lateinamerika begnügen, das Lehárs Operette 1907 als *La Viuda alegre* und *A Viúva Alegre* ebenfalls im Sturm eroberte – von Manaus, dem Opernhaus am Amazonas, bis Buenos Aires, wo sie in fünf Theatern in fünf verschiedenen Sprachen herauskam. Im selben Jahr folgte bis auf Frankreich auch das restliche Europa: Stockholm, Kopenhagen, Moskau, Mailand. Eine vergleichbare weltweite Verbreitung einer Operette hatte es seit Offenbach nicht mehr gegeben und auch da nicht in diesem Ausmaß.

Nicht zufällig war Paris die letzte Station des Triumphzugs der *Lustigen Witwe*. Das lag nicht allein am bereits erwähnten Urheberrechtsstreit mit den Erben des Offenbach-Librettisten Henri Meilhac, sondern auch daran, dass Frankreich als Mutterland des Genres ausländischen Werken bisher eher ablehnend gegenübergestanden war. Entsprechend frei verfuhren die französischen Übersetzer Gaston Arman de Caillavet und Robert de Flers mit dem Original und orientierten sich vor allem an der englischen Fassung. Bei ihnen kam die Titelheldin nicht vom Balkan, sondern war dort nur aufgewachsen und eigentlich Amerikanerin, weshalb sie mit der Engländerin Constance Drever besetzt wurde. Außerdem hieß die Rolle in Anlehnung an die Baronesse Palmer aus dem *Attaché* Missia Palmieri. Danilo war ein durch seine Spielleidenschaft hoch verschuldeter Graf, den es daher noch mehr Überwindung kosten musste, der reichen Witwe seine Liebe nicht zu gestehen. Verkörpert wurde er vom Bariton Henry Defreyn, dessen Maxim-Lied „C'est tout un demi-monde / Où jamais on n'dit non" ein großer Schallplattenerfolg war. Sliwinski hatte eigens das Théâtre Apollo gepachtet, wo sich *La Veuve Joyeuse* am 28. April 1909 schnell gegen die anfängliche Skepsis der Pariser durchsetzen konnte.

The Merry Widow Craze

Ihren größten Triumph aber feierte *Die Lustige Witwe* in den USA, wo sie lange schon erwartet worden war. Der *New York Dramatic Mirror* begrüßte sie entsprechend enthusiastisch: „The operetta is twice welcome, on account of its own excellence, and because it may start a new era in musical entertainment."[317] Produzent Henry W. Savage hatte das mit gut 1700 Sitzen damals größte Theater New Yorks gepachtet, das New Amsterdam Theatre in der 42nd street, die spätere Heimat der im selben Jahr gegründeten Ziegfeld Follies. Besitzer waren Marc Klaw und Abraham Lincoln Erlanger, deren „Theatrical Syndicate" damals den Broadway beherrschte. Die Premiere am 21. Oktober 1907 war ein großes Ereignis und das erst vier Jahre alte New Amsterdam mit seiner Jugendstil-Architektur der passende Rahmen dafür. Im Jugendstil waren auch Bühnenbild und Kostüme gehalten, vor allem Sonias Kleider und Hut. Letzterer hatte sich auf der Überfahrt von London sichtlich vergrößert und sorgte in Amerika bald für Furore. Ebenso war auch Lilly Elsies Ruhm über den Atlantik gedrungen und in Form von Postkarten auch in New York präsent. Die nicht ganz so junge und gutaussehende Ethel Jackson hatte in der Titelrolle also einen schweren Stand und war laut *New York Times* sichtlich nervös. Aber ihr Partner, der kanadische Sänger Donald Brian, riss sie und die anspruchsvollen Zuschauer mit, „the most brilliant audiences which has attended a New York first night in recent years ... The applause was almost terrifying in its intensity at times and there were as many shouts of ‚Bravo!' as at a performance of *Pagilacci* when Caruso sings."[318]

Die größte Überraschung für das Publikums aber war, wie der *New York Telegram* feststellte: „There are no gags ... If there is anything foreign to the average Broadway production it is this self same *Merry Widow*."[319] Stattdessen gab es im Gegensatz zu den meisten amerikanischen Musical Comedies „a real plot and captivating music". Wie beides in den Tanzszenen aufging, war für Frederic McKay, den Kritiker der *Evening Mail* das eigentlich Neue: „It seems strange, now that its discovery has been made, that it remains for the authors of *The Merry Widow* to realize the value of a waltz of lovers as a dramatic expedient. If the polka and the two-step have been shoving the waltz to one side of late, I have no doubt in the world, that the wonderfully contagious waltzes of *The Merry Widow* will revive the glories of that strictly Viennese dance."[320]

Und tatsächlich erlebte der Tanz nach seiner Blütezeit als kollektives Vergnügen im 19. Jahrhundert durch Lehárs Operette eine weltweite Renaissance. Inmitten einer sich rapid verändernden, schwankenden Welt bot er einen scheinbar sicheren Boden für das ebenfalls fragil gewordene Verhältnis der Geschlechter. Welche ungeheure Verführungskraft er dabei ausübte, hat George Edwardes dem Komponisten noch persönlich mitgeteilt, wie Lehár 1929 gestand: „This waltz represented all the wishes of the female mind, its longing for a companion and husband. And indeed, at the time when this operetta was performed in all parts of the world a tremendous number of people got married. This theatre manager knew his audience well and noticed, that young couples who saw this operetta over and over again finally send him an invitation to their wedding. This was not an individual case, but happened repeatedly."[321]

Dieser Einbruch einer Operette in den Alltag markierte einen Wendepunkt. Der Walzer und das Paar, das ihn tanzte, weckten ungeahnte Identifikationsbedürfnisse. In diesem Sinn wurden Hanna und Danilo zum mythischen Paar ihrer Epoche, zum Idol der zahlenden Darsteller, die das Publikum stellte.

Ob New York, London oder Kopenhagen, überall wurden sie zu Idealgestalten, deren Manier Mode machte. Es gab, wie sich der Wiener Kritiker Ludwig Hirschfeld erinnerte, „damals sehr viele, sonst normale Menschen, die ... in Zitaten und Melodien daraus sprachen, dachten und empfanden."[322] Die Operette wurde zum Vorbild der Realität. Tanzwettbewerbe fanden statt, um das beste Danilo-Sonia-Paar zu ermitteln und in Amerika konnte man sich von *Merry Widow*-Kuchen, -Schokolade oder -Likör ernähren. Es gab *Merry Widow*-Schuhe, -Korsagen, -Kosmetik und *Merry Widow*-Gedichte, die sich über den *Merry Widow Craze* lustig machten:

„It's the *Merry Widow* this, / And the *Merry Widow* that; / It's the *Merry Widow* kiss / And the *Merry Widow* hat. / It's the *Merry Widow* craze / And the *Merry Widow* dance; / It's the *Merry Widow* plays / And the *Merry Widow* glance. / It's the *Merry Widow* sinner, / With the *Merry Widow* faults. / I've a *Merry Widow* wife, / And a *Merry Widow* brat; / I've a *Merry Widow* knife, / And a *Merry Widow* cat. / I've a *Merry Widow* auto car, / With a *Merry Widow* toot, / And a friend's wife has sued him / 'Tis a *Merry Widow* suit. / And if I die tomorrow, / Why, let them play real loud / The *Merry Widow* waltz song / For the *Merry Widow* crowd."[323]

Das prägnanteste Beispiel für jenen Wahnsinn, Lehárs Operette im Alltag zu imitieren, war zweifellos der wagenradgroße *Merry Widow hat*, der schon bald von der Bühne auf die Straße gewandert war und dort als begehrtes Mode-Accessoire immer abenteuerlichere Dimensionen annahm.

The battle of the hats

Als am 13. Juni 1908 um halbsechs Uhr nachmittags Officer Sackett und Constable Lemmon das Schlachtfeld betraten, fanden sie es verlassen vor. Einige Haarnadeln, Stofffetzen und Hutfedern waren die einzigen Spuren des Tumults, der hier vor einer halben Stunde stattgefunden hatte und als „the battle of the hats" in die Annalen des Broadway einging. Schauplatz war das New Amsterdam Theatre, wo gerade die 275. Vorstellung der *Lustigen Witwe* stattgefunden hatte. Was war passiert?

Produzent Henry W. Savage hatte sich für dieses Jubiläum etwas Besonderes einfallen lassen und angekündigt, jeder weiblichen Besucherin auf einem Parkett- oder Balkonplatz ein besonderes Souvenir zu schenken: einen *Merry Widow hat*, wie ihn auch Ethel Jackson auf der Bühne trug. Der war mittlerweile zu einem begehrten Modeartikel geworden – mithin ein durchaus attraktives

10   „Women in Hard Battle for Free 'Merry Widows'"
     Karikatur von Marius de Zayas aus der New York World, 14. Juni 1908

Geschenk. Schon am 22. Mai hatte Savage reklamewirksam angekündigt, dass er die Hüte direkt aus Paris liefern lasse. Nicht zufällig war das weibliche Publikum Adressat seiner Großzügigkeit, hatte es doch maßgeblich zum Erfolg der Operette beigetragen. Obwohl er offensichtlich wusste, welche Bedeutung Mode für diese Klientel hatte, unterschätzte Savage die Attraktivität seines Geschenks und hatte nur 1.200 Exemplare für das 1.700 Zuschauer fassende Haus bestellt. Zum einen rechnete er mit zumindest einigen männlichen Begleitern,

zum anderen mit der Bedürfnislosigkeit der Galeriebesucherinnen. In beidem aber hatte er sich getäuscht.

Und so machte schon in der ersten Pause das Gerücht die Runde, es wären zu wenige Hüte vorhanden. Das fast ausschließlich weibliche Publikum wurde allmählich unruhig. Bereits in der Pause nach dem 2. Akt versuchten einzelne Damen, frühzeitig einen Hut zu ergattern, konnten aber noch auf das Ende der Vorstellung vertröstet werden. Doch schon bevor der Schlussvorhang fiel, brachen alle Dämme: „The minute the curtain began to come down, everybody who was not already there made a rush to the improvised bargain counter", wie die *New York Sun* berichtete. „They came from all directions and all wanted to get there first."[324] Mittlerweile hatten auch die Galeriebesucherinnen das Foyer erreicht und machten ihrem Unmut darüber Luft, dass sie von den Hutgeschenken ausgeschlossen waren. Die Glücklichen aber, die bereits ein solches ergattert hatten, konnten aufgrund der nachrückenden Zuschauerinnen den Raum nicht mehr verlassen. Als im immer größer werdenden Gedränge dann der erste Tisch mitsamt den darauf gestapelten Hüten umfiel, be-

11 „*My Word! How He Is Kissing Her.*"
Werbeflyer von Henry W. Savages USA-Tournee der *Lustigen Witwe*, 1908

gann, was die *New York Times* „Hot Skirmish over Merry Widow hats" nannte. „The field of battle was well chosen, but the defendants of the fort, consisting only of four negro maids were unable to cope successfully with the onslaught of the army of the amazons ... The throng of women, pressing hard against the tables, declared mob rule and began the attack ... One woman tackled a woman next to her with a vim that would have done credit to the world's champion female wrestler. Then the battle was on in earnest. The older women did themselves credit. The remarks which some of them exchanged and the ardor with which they threw themselves into the mêlée made their daughters look like the veriest mollycoddles."[325]

Schlagender konnte der Beweis nicht erbracht werden, wie sehr die Operette ein Bestandteil der urbanen Alltagskultur geworden war. Hinter dem militärischen Vokabular, das die *New York Times* gezielt benutzte, um den Vorfall als Bespiel ungehemmten weiblichen Konsumverhaltens lächerlich zu machen, steckt für Marlis Schweitzer hingegen die männliche Angst, die Kontrolle über die Frauen zu verlieren. Denn ganz ohne Scharmützel hatte der Hut den Frauen die Eroberung des öffentlichen Raums ermöglicht: „The Merry Widow hat further facilitated transgressive gender acts by disrupting the authority of the male gaze, enhancing the visibility of the public female body, and undermining assumptions about traditional feminine behavior, especially expressions of female sexuality."[326] Als Beispiel dient ihr eine 1908 von I. Grollman vertriebene Postkartenserie, die vor allem die Schwierigkeiten der Männer zeigt, mit der überdimensionalen Kopfbedeckung der umworbenen Frau zurechtzukommen. Dass Frauen dadurch an öffentlichen Orten wie Restaurants oder Straßenbahnen mehr Raum beanspruchten, als ihnen die Gesellschaft zugestehen wollte, wirkte provozierend. Dass sie dadurch die Männer auch noch auf Distanz halten konnten, ermöglichte den Frauen zum einen eine größere Kontrolle über ihren Körper, zum andern eine aktivere Rolle im Liebesspiel der Geschlechter. Schließlich erlaubte der Hut, als Schutz vor neugierigen Blicken, auch das Gegenteil: größere Nähe. Darüber wurde 1908 sogar ein Lied geschrieben: „Billy come and spoon with me, / Under my Merry Widow hat."[327]

Marktlücke Lustige Witwe

„Telling the modern story, was key to the marketing of musical comedy."[328] Was der Literaturwissenschaftler Len Platt hier für die Musical Comedy um 1900 reklamiert, gilt erst recht für die Operette nach der *Lustigen Witwe*. Für die sozial mobile, stetig wachsende neue Mittelschicht wurden sowohl bestimmte

Waren wie der *Merry Widow* als auch kulturelle Erlebnisse wie der Theaterbesuch von Lehárs Operette zu Symbolen der gesellschaftlichen Zugehörigkeit. Je internationaler deren Verbreitung war, desto mehr ähnelten sich ihre Konsumenten. Globale Übereinstimmungen überwogen lokale Unterschiede. Diese neue Mittelklasse war nicht nur die Voraussetzung für das weltweite Operettengeschäft, sondern auch ein Phänomen aller westlichen industrialisierten Länder und Resultat einer zunehmenden Globalisierung des Handels, des dadurch möglichen sozialen Aufstiegs und der seit Mitte des 19. Jahrhunderts stetig wachsenden Migrationsbewegungen in die Metropolen. Die Historikerin Kristin Hoganson interpretiert diese neu entstehende Schicht denn auch als „imaginäre transnationale Gemeinschaft", die sich über gemeinsame Erfahrungen als Konsumenten definierte.[329]

Und *Die lustige Witwe* war eines der ersten kulturellen Phänomene, die diese Gemeinschaft sichtbar machten. Den Zeitgenossen war das durchaus bewusst. So betonte Franz Lehár noch 1925 auf Englisch deren utopische Dimension: „I believe it is beginning to form a new human race, the ‚Operetta race', the race of people who are always happy, always in good humour."[330] Dieser neue Menschentyp war zwar glücklich, vor allem aber begeisterter Konsument, der eine Operette nicht nur einmal sah und so erst die mitunter jahrelangen Aufführungsserien ermöglichte. Lehárs *Lustige Witwe* profitierte als Erste von diesem veränderten Rezeptionsverhalten und löste damit eine der größten Theaterepidemien der Geschichte aus. Sowohl die geographische als auch die quantitative Ausbreitung innerhalb kurzer Zeit machte sie zur Vorläuferin von Massenmedien wie Schallplatte und Film, die damals noch in ihren Anfängen steckten.

Vor allem in Kontinentaleuropa hatte es vorher nichts Vergleichbares gegeben. Schon für 1906, also ein Jahr vor dem internationalen Durchbruch, meldete Sliwinski seinem Komponisten „3970 Vorstellungen allein in Österreich-Ungarn und Deutschland." Bis Mai 1909 hatte *Die lustige Witwe* „18 000 Aufführungen in 422 deutschen, 135 englischen und 154 amerikanischen Städten"[331] erlebt. Es ist kein Zufall, dass gerade der amerikanische Erfolg entscheidend für den internationalen wurde, machte doch *Die lustige Witwe* in ihrer bunten Stilmischung von der slawischen Folklore bis zum Cake Walk ihrem aus unterschiedlichen Kulturen stammenden Publikum viele Identifikationsangebote. Allein 1907 waren in die USA 1,2 Millionen Menschen hauptsächlich aus Süd- und Osteuropa eingewandert, denen Lehárs Marsovia den emotionalen Rückhalt bot, sich auf dem großstädtischen Parkett New Yorks zu bewähren - so wie Sonia und Danilo dies in Paris vorgeführt hatten. Denn noch waren viele Immigranten an Europa orientiert und hatten ein Jahrzehnt vor dem Aufkommen des Jazz in der Operette die adäquate, kulturell offene Theaterform gefunden.

Daher riss, wie Leonard Bernstein meinte, eine moderne „Operette wie die von Lehár das Broadway-Publikum zu Begeisterungsstürmen hin und war der Anfang einer ganzen Reihe ähnlicher Operetten."[332]

Nur zwei Monate nach der New Yorker, drei Wochen nach der Chicagoer und zwei Monate vor der Bostoner Premiere der *Lustigen Witwe* veröffentlichte die *New York Times* Voraussagen von Theaterexperten, die darüber spekulierten, wie groß der Profit der Operette ausfallen könnte: „By the end of the present theatrical season *The Merry widow*, in America alone, will have made a profit of about $ 1.000.000 ... such a record ... is without a parallel."[333] Dabei wurde mit Wocheneinnahmen von $ 21.000 bis 24.000 gerechnet. Davon gingen allein 10 % an Edwardes, der wiederum gut die Hälfte an die Autoren weitergab. Produzent Savage hatte in New York außerdem die Theaterbesitzer Klaw & Erlanger beteiligen müssen, ebenso wie die Theaterbesitzer in den amerikanischen Gastspielorten, die er mit drei Tourneetruppen bespielte. Das Jahr 1908 übertraf dann tatsächlich alle Erwartungen und brachte Lehár allein aus den USA $ 150.000 ein. Dennoch ist er nie dorthin gereist, trotz verlockender Angebote, wie dem einer Tournee – „hundert Konzerte in drei Monaten, für jedes Konzert ... tausend Dollar. In drei Monaten eine runde halbe Million Kronen – er mußte ablehnen. Er hatte einfach keine Zeit."[334]

Schließlich hatte es bereits 1907 mehr als 300 Produktionen der *Lustigen Witwe* in annähernd allen europäischen Sprachen gegeben. Noch verlief der transatlantische Kulturtransfer in eine Richtung, von Europa nach Amerika. Und so war die Operette, wie es der Librettist und Theaterunternehmer Rudolf Bernauer auf den Punkt brachte, „für Wien dasselbe, was heute der Film für Hollywood ist."[335] Dem entsprach auch ihre internationale Verbreitung. Konservative Kritiker wie Stolzing warfen ihr denn auch vor, „daß die Schlager darin mit einer Schnelligkeit Gemeingut werden, die dem Zeitalter der Kilometerfresserei alle Ehre macht."[336] Das Zeitalter der „Kilometerfresserei", als Bild der technisierten Welt, ist auch für Karl Kraus der Grund, weshalb Offenbachs Operette „nicht entfernt das Entzücken verbreitet hat, das heute ein bosniakischer Gassenhauer findet."[337] Allein das Vilja-Lied aus der *Lustigen Witwe* war bis 1909 über drei Millionen Mal verkauft worden, und hat, wieder Karl Kraus zufolge, „als Waldmägdelein des Okkupationsgebietes uns Erwachsenen fünf Jahre lang den Aufenthalt in jedem Nachtlokal verleidet."[338] Karl Kraus wurde zum geradezu manischen Chronisten der *Lustigen Witwe*. Allein anhand der in *Die Fackel* veröffentlichten Beiträge ließe sich ihre Rezeption beim Publikum seiner Zeit ablesen. So entging ihm auch nicht der Bericht eines Kapitäns Pontus aus Belgien, der in Peking auf verzweifelter Suche nach chinesischen Originalgerichten war, „hoping for bird's-nest soup, yellow fish brains or caterpillars au gratin", wie das Londoner *Penny Illustrated Paper* 1911 berichtete. Endlich meinte er, das richtige Lokal gefunden zu haben. „When he entered, ,an orchestra hidden behind a bank of palms turned up, and the captain thought that he was at last about to have something Chinese. But, to cap the climax of his disillusion, the orchestra broke forth into – *The Merry Widow* waltz!"[339]

Der Zeit ihre Kunst! Operettenmoderne

1907–1914

> Daß ich die seltene Gabe besitze, zugleich einen Fort-
> und einen Rückschritt zu machen.
>
> Franz Lehár[340]

„Von modernem Geist beseelt"

„Der Zeit ihre Kunst! Dies gilt auch auf dem Gebiete der leichtgeschürzten Muse. Bei aller hohen und aufrichtigen Verehrung für die alten Meister der Operette, welches Theater könnte heute sein Repertoire mit Offenbach, Strauß, Suppé und Millöcker bestreiten? … Neues muß geschaffen werden, von modernem Geist beseelt, schimmernd in den Farben der bunter gewordenen Welt, eindringlicher, nervöser, technisch vielgestalter. Das ist die Zukunft der Operette."[341] Mit der *Lustigen Witwe* hatte diese Zukunft bereits begonnen, auch wenn Lehárs Sätze aus dem Jahr 1911 stammen. Denn mit ihr hatte er seinen „Stil gefunden."[342] Und der unterschied sich grundlegend von dem der „alten Meister" der sogenannten goldenen Operettenära. Lehár fühlte sich explizit seiner Zeit verpflichtet, dem „modernen Geist" der aufstrebenden Metropole Wien, nicht deren Traditionen. Schließlich war Lehárs Wien längst nicht mehr das eines Johann Strauß oder Millöcker, mit denen es musikalisch nach wie vor identifiziert wurde. Zählte Wien im Jahre 1880 noch 704.760 Einwohner, war es 1910 mit 2.030.850 Einwohnern hinter London (4,8 Millionen), New York (4,3), Paris (2,7), Chicago (2,5) und Berlin (2,1) sechstgrößte Stadt der Welt. Dies war nicht nur Ergebnis umfangreicher Eingemeindungen, sondern vor allem großer Einwanderungsschübe, so dass bereits seit 1890 der Anteil der auswärts Geborenen den der in Wien Geborenen deutlich übertraf. Aus allen Teilen des Habsburgerreiches waren Tschechen, Ungarn, Slowaken, Kroaten und Juden in die Hauptstadt geströmt, um über möglichst rasche Assimilation an deren Glanz teilzuhaben. Und Lehár selbst war einer davon. Seine Biographie als Tornisterkind prädestinierte ihn geradezu zum musikalischen Sprachrohr dieses Völkergemischs. Das war ihm durchaus bewusst: „I admit my being the product of new circumstances and conditions in the musical world."³⁴³ Felix Salten, der schon früh das Phänomen erkannt hatte, verglich ihn denn auch mit Kindern, die zu sprechen beginnen: „Sie treffen den Zeitton von selbst. Lehár trifft ihn; bewußtlos … Lehár ist mehr allgemein modern als wienerisch, er ist mehr durch die Zeit als durch einen Ort zu bestimmen. Er ist von 1906, von jetzt, von heute …"³⁴⁴

Der im Gefolge der *Lustigen Witwe* neu entstandene internationale Markt hatte sich rasch organisiert. Traditionalisten wie Stolzing erschien er „amerikanisiert und kapitalisiert"³⁴⁵, ging doch mit ihm vor allem die lokale Eigenart verloren, um deren Repräsentant Girardi damals eine Art Gegenrepertoire entstand. Auch ideologisch formierte sich kulturpessimistischer Widerstand: „Die Operette, ursprünglich ein Wiener Kind … wächst sich auf einmal in eine moderne Kosmopolitin aus … aus Geschäftsinteresse … Also das Milieu möglichst international … England, Amerika und Frankreich bringen die großen Tantiemenziffern. Dort führt man die Stücke bis zum Weltuntergang en suite auf."³⁴⁶

Die Wiener Operette erlebte eine nie dagewesene Konjunktur und dominierte in der Dekade vor dem ersten Weltkrieg die Bühnen der Welt wie heute nur noch das Musical. Damit hatte die erste Globalisierungswelle vor dem Ersten Weltkrieg auch die Operette erfasst. Die plötzlich entstandene Nachfrage verhalf in Wien einer ganzen Komponistengeneration zum Durchbruch. 1907 gelang dies gleich zwei Komponisten: Leo Fall mit *Der fidele Bauer* und *Die Dollarprinzessin* und Oscar Straus mit *Ein Walzertraum* – geschrieben „in der bewußten Absicht, den Weltrekord der *Lustigen Witwe* zu erreichen, womöglich ihn zu übertreffen!"³⁴⁷ Weitere internationale Erfolge verbuchten 1908 Fall mit der *Geschiedenen Frau* und Oscar Straus mit dem *Tapferen Soldaten*, der erst als *Chocolate-Soldier* im anglo-amerikanischen Raum Karriere machte. Auch Emmerich Kálmán, damals noch Musikkritiker in Budapest, lockte der Triumph seines Landsmanns Lehár aufs Wiener Operettenparkett, wo er 1909 mit *Ein Herbstmanöver* im Theater an der Wien reüssierte. Lehár selbst, auf den Zusammenhang dieses neuen Wiener Operetten-Wunders mit seiner Person angesprochen, antwortete dem amerikanischen *Music Magazine* verwundert: „I deny that I had the intention of starting a new school, nor do I admit that such is the case. The old forms had to go. New forms had to be invented. I was simply the first to do it. The fact … that I have so many imitators … only implies the flooding of the market with sameness …"³⁴⁸

„Eine tiefe Tantiemeneinsicht"

Die lustige Witwe machte Schule: das widerspenstige Liebespaar, das sich tanzend anzieht und abstößt, sich im zweiten Finale dramatisch – und mit großem musikalischen Aufwand – überwirft, um sich im dritten Akt ganz unaufwändig doch noch zu finden, wurde über fast drei Jahrzehnte zum eisernen dramaturgischen Bestand der Operette. Noch 1929 beklagte der Berliner Operettenkomponist Jean Gilbert das Los seiner Kollegen, die „immer denselben Quatsch komponieren müssen! – Immer wieder die umgedrehte *Lustige Witwe*."[349] Der Wiener Kritiker Ludwig Hirschfeld sah darin die „tiefe Tantiemeneinsicht" bestätigt, „daß auf dem Theater nur der immer neue Erfolge hat, der nichts Neues bringt."[350] Diese offensichtliche Verflechtung von Kunst und Geschäft provozierte eine wütende Kampagne. Sowohl die kritische *Fackel* von Karl Kraus als auch die konservative *Neue Musik-Zeitung* waren sich einig, die Operette sei „Symptom wirtschaftlicher Hochkonjunktur"[351] und Lehár „zehnmal mehr Geschäftsmann als Musiker."[352] Und für Klaus Pringsheim sollte das Genre als „Industrie, die tausende von Menschen ernährt ... zu jenen Gebrauchsartikeln gerechnet werden, welche dem Bürger zur behaglicheren Ausstattung des täglichen Lebens dienen wie Warenhäuser, Automobile, sexuelle Aufklärung, wie all jene wohlfeilen Surrogate, welche in unseren Tagen die Illusion von Bildung und Luxus unter die Massen tragen"[353].

Als Musiker wehrte sich Lehár sein Leben lang dagegen, „die Operette immer als Prügelknaben der Kunst" zu benutzen, als Geschäftsmann musste er hingegen eingestehen: „Der vielgeschmähte Großbetrieb der Operette hat meiner Meinung nach auch seine guten Seiten – mit ihm rouliert das Geld."[354] Schließlich hatte ihm doch der Erfolg der *Lustigen Witwe* gebracht, wonach von Kindheit an sein „heißes Sehnen ging: die materielle Unabhängigkeit beim künstlerischen Schaffen, die Möglichkeit, dem inneren Drange und nur diesem folgen zu können."[355] Für die Zeitgenossen waren die äußeren Umstände interessanter. Die Spekulationen über Lehárs Reichtümer schossen damals ins Kraut. George Edwardes, sein englischer Impresario, schätzte laut *New Yorker Zeitung* vom 19. Dezember 1911 das Vermögen des Komponisten auf 500.000 Pfund, was 2,5 Millionen US-Dollar oder 10,5 Millionen Mark entsprach, davon nicht weniger als 300.000 Pfund aus dem Ertrag der *Lustigen Witwe*. Weiter führte er aus, „daß eine wohlbekannte Londoner Musikalien-Verlagsanstalt für das Recht der englischen Publikation der Lehár'schen Werke $ 40.000 gezahlt habe, und daß man sich daraus einen Begriff von der horrenden Summe machen könne, die er für das Aufführungsrecht habe einem Komponisten zahlen müssen, der vor dem Erfolg seiner *Lustigen Witwe* so arm war, daß er am Leben verzagte."[356]

Während in den USA solche Spekulationen Teil des Geschäfts waren, waren sie Lehár eher unangenehm: „Jeder, der vom Bau ist, bemüht sich, mir auf den Kreuzer genau meine Einnahmen nachzurechnen … sie haben alle meine Scheckbücher gesehen … Ich kann Ihnen gar nicht sagen, wie glücklich es mich macht, daß man sich so intensiv mit den Dingen meines Privatlebens befaßt, aber ich glaube nicht, daß man das den Herrschaften abgewöhnen kann. So sind sie nun einmal in Wien."[357]

Da die Scheckbücher bisher nicht aufgetaucht sind, lässt sich über deren Inhalt nach wie vor nur spekulieren. Wie sehr sich Lehárs Marktwert durch *Die lustige Witwe* gesteigert hatte, verrät der „Original-Bericht des *Neuen Wiener Journals*" über einen der seltenen Prozesse des Komponisten mit einem Verleger. Er fand am 5. Dezember 1907 vor dem Zivillandesgericht statt. Angestrengt hatte ihn der Musikverleger und kaiserliche Rat Josef Weinberger, weil ihm der Komponist am 27. April „nach dreistündiger Besprechung" versprochen habe, „seine zwei nächsten abendfüllenden Operettennovitäten … der Firma Weinberger zum Verlag und Bühnenvertrieb … gegen ein fixes Honorar von je 30.000 Kronen und 20 % vom Verlagserträgnis" zu überlassen. Laut Weinbergers Anwalt Otto Blau sei „der mündliche Vertrag … durch wiederholten Handschlag bekräftigt worden." Zum Vergleich: Bei Lehárs Erstling *Der Rastelbinder* hatte ihm Weinberger 2000 Kronen ohne Beteiligung gezahlt. Lehár hatte ihm diesen für ihn äußerst nachteiligen Handel nicht vergessen und widersprach Weinbergers Darstellung vehement. Sein Verteidiger führte gegen Weinberger an, dieser habe seinem Mandanten „ein Loch in den Bauch geredet. Lehár habe sich aber immer wieder darauf berufen, daß er bezüglich der nächsten drei … Operetten an die Firma Doblinger gebunden sei. Lehár habe nämlich im Jahre 1904 der Firma Doblinger das Verlagsrecht aller seine künftigen Werke überlassen, 1906 sei der Vertrag auf die drei nächsten abendfüllenden Werke eingeschränkt worden." Der Grund für diese Vertragsänderung war zweifellos das gemeinsame große Geschäft mit der *Lustigen Witwe*. Auf das gute Einvernehmen mit dem Komponisten wollte Verlagsleiter Bernhard Herzmansky ebenso wenig verzichten wie Adolf Sliwinski, der sich für Felix Bloch Erben den Bühnenvertrieb aller bei Doblinger verlegten Werke gesichert hatte. Da aber mittlerweile auch das Theater an der Wien und damit Wilhelm Karczag in das lukrative Verlagsgeschäft eingestiegen war, befand sich Lehár damals zwischen allen Fronten. Am 28. April, also am Tag nach der ersten Besprechung, soll er deshalb Weinberger aufgesucht haben, um ihm zu sagen: „Seit ich mit Ihnen abgeschlossen habe, kann ich Herzmansky nicht mehr ins Gesicht sehen.' Auf Weinbergers Frage: ‚Aber mir können Sie ins Gesicht sehen …' antwortete Lehar: Ja, Sie haben keinen so schönen weißen Bart.'" Der Prozess endete mit einem Vergleich. „Der

Beklagte erklärte, nicht behaupten zu wollen, daß kaiserlicher Rat Weinberger bei seiner Behauptung eines definitiven Vertragsschlusses mala fide war, sondern daß ein Mißverständnis vorliege. Lehar verzichtete auf Kostenersatz, worauf kaiserlicher Rat Weinberger die Klage zurückzog."[358]

Hölle und Schlaraffenland

Lehárs Privatleben hatte sich durch die *Lustige Witwe* kaum geändert, abgesehen von den vielen Jubiläumsdirigaten, zu denen er geladen war. Ansonsten wohnte er noch immer in der Mariahilferstraße, Sophie nach wie vor in der nahen Paulanergasse 8. Die neu gewonnene künstlerische Freiheit wollte oder besser konnte er allerdings noch nicht nutzen. Da war zum einen die erwähnte, bereits vor der *Lustigen Witwe* angefangene neue Operette mit Julius Bauer, zum anderen *Peter und Paul im Schlaraffenland*, eine „Operette für Kinder" der jungen Librettisten Robert Bodanzky und Fritz Grünbaum. An die Tradition des Zaubermärchens anknüpfend, bot *Peter und Paul* Lehár Gelegenheit zu „reizenden Gesangsnummern ... von denen ein flottes Soldatenduett, ein Schlummerlied und die niedliche Musik zum Blindekuh-Spiel gefielen", wie *Die Zeit* berichtete. So kam die „Eigenart des Komponisten in flotter Erfindung, rhythmischer Kraft und feinem Klangreiz"[359] zur Geltung – vor allem in der Ballettmusik, die zum Besten gehört, was Lehár für Orchester komponiert hat. Da gibt es einen Ferkel-Tanz, dessen harmlose Ländlerweise durch fahle Einwürfe des Blechs ins Gespenstische kippt – passend zum teils skurrilen Text: „Sind wir Ferkel modern, sapperlot / – diese Haltung, o Gott! / Dieser Wuchs, die Statur, / die moderne Frisur. Oeh, oeh, oeh ..." Oder das Hahnen-Rennen mit rasender Xylophonbegleitung: ein wahrer „danse macabre" künftiger Backhendln. Die zehn humoristischen Nummern, durchwegs markante Miniaturen über Viktualien, sind damit eine Vorwegnahme des Wiener Konditorei-Balletts *Schlagobers* von Richard Strauss, wenn auch bedeutend lustiger.

Fünf Wochen nach der Premiere am 1. Dezember 1906 folgte Lehárs zweite Zusammenarbeit mit den beiden Autoren, *Mitislaw der Moderne*. Komponiert für die „Hölle", das Kabarett im Souterrain des Theaters an der Wien, ist dieser Einakter einer der wenigen Ausflüge des Komponisten ins Kabarett. Der Copyrightvermerk 1905 legt nahe, dass er zugleich mit der *Lustigen Witwe* entstand, dessen Held Danilo für die Titelfigur unverkennbar Pate stand. Auch der ist Prinz eines fiktiven Balkanstaats, der hier deutlich satirisch Benzinien heißt. Premiere war am 5. Januar 1907, wenige Tage vor der 300. Aufführung der *Lustigen Witwe*. Direktor der „Hölle" war Siegmund Natzler, der in der *Witwe* den

Baron Zeta spielte und in *Mitislaw* den für alle Ressorts zuständigen Minister und Grafen Jerzabinka. Entnervt von den unentwegten „Heil"-Rufen seiner Diener, fällt er bei seinem Auftritt aus der Rolle: „Jetzt bitt'ich aber das Maul zu halten, bevor ich komm in Rag', hinaus, hinaus, hinaus mit Euch, Bagag'! (*schreiend*): Hinaus!' – ‚Heil, Heil, die Exzellenz!' – ‚Hinaus' – ‚Heil! Heil! Heil!'"

Diese gelungene Parodie deutschnationaler Heils-Besessenheit wechselt mit Nummern, die das *Neue Wiener Tagblatt* „mehr als frivol" fand. Schon der Auftritt Prinz Mitislaws gleicht dem seines Vorbilds Danilo. Wie jener singt er von „Lolo, Dodo, Jou-Jou, Frou-Frou, Clo-Clo und Margot" und lehnt als wahrhaft Moderner die Ehe ab. Aus Benzinien will er einen „Musterstaat" machen und „wer bei Hofe / bis zur Zofe / alle Frau'n liebt mit Elan, augenblicklich wird der /... Hofrat ... momentan!" Über solche „Schlüpfrigkeiten des Buchs" halfen laut *Tagblatt* „die sirenenhaft süßen, von sinnlichem Reiz erfüllten Melodien Lehárs" hinweg. So entlockt er im Auftrittslied von Mitislaws Braut Amaranthe dem Knistern ihres Unterrocks zarte Mazurkaklänge: „C'est le jupon, qui fait la musique!" Dieses Stück schlug in der „brillanten Darstellung des Fräulein Mela Mars ... derart ein, dass es dreimal wiederholt werden musste. Lehár musste schließlich den Kapellmeister Bela Laszky ablösen, um selbst die Künstlerin am Klavier zu akkompanieren." Es duftet hier bereits „nach Trèfle Incarnat, ja Trèfle Incarnat", also jenem Modeparfüm, an das sich Bodanzky zwei Jahre später beim *Graf von Luxemburg* erinnern sollte. Amaranthe, Prinzessin von Odolien, ist mindestens ebenso modern wie Prinz Mitislaw, der schließlich lieber „unmodern eine Moderne, als modern eine Unmoderne" heiratet. Konsequenterweise endet der Einakter mit einem Loblied auf die Moderne: „Sei modern, mein Sohn, modern, denn das hat man heute gern ... Sei modern auch von Moral, liebe dreizehn auf einmal!"

Das *Neue Wiener Tagblatt* befand abschließend: „Das unterhaltendste und vornehmste Programm, das in einem Cabaret geboten werden kann."[360] Und so musste *Mitislaw* bis zum 5. April 1907 in der Hölle schmoren. Anlässlich der 100. Vorstellung am Ostersonntag bekam nicht nur jeder Besucher „eine Lehár-Plakette und einen Mignon-Klavierauszug als Andenken"[361], sondern auch statt der bisherigen Klavierbegleitung ein achtköpfiges Begleitorchester zu hören. Diese Salonorchesterfassung ist inzwischen verschollen. Erhalten hat sich nur eine Fassung für großes Orchester mit doppelt besetzten Bläsern, die vermutlich 1909 für das Londoner Hippodrome entstand, dessen Direktor Edward Moss Lehár für *Mitislaw or the Love Match* 100.000 Mark geboten haben soll – „hunderttausend Mark für ein Stückchen, das dreißig bis vierzig Minuten dauert und fünf bis sechs Musiknummern enthält!"[362]

„Sei modern"

Dass sich Franz Lehár in *Mitislaw* tatsächlich dem Offenbach'schen Modell der satirisch frivolen Operette so sehr wie später nie wieder genähert hat, lag auch an seinen Librettisten Robert Bodanzky und Fritz Grünbaum. Letzterer war einer der Begründer jener besonderen Form des jüdischen Kabaretts, das er später in den Doppelconférencen mit Karl Farkas zur Vollendung brachte. Seine Karriere als Dichter und Conférencier aber begann der studierte Jurist mit 26 Jahren in der „Hölle" und wurde sofort als „neues vielversprechendes Talent" gefeiert.[363] Zwar betätigte er sich damals auch als Librettist, am erfolgreichsten bei der *Dollarprinzessin* von Leo Fall, aber er haderte schon früh mit diesem Gewerbe: „Überhaupt wir Librettisten! ... Einmal das Blödsinnige, einmal das Weinerliche ... Wie soll man da als Lieferant vorbereitet sein? Die Schneider wissen ganz genau, im Frühjahr kommt eine neue Mode. Die Librettisten wissen es aber nie ... Mich freut das ganze Geschäft nicht mehr ... Jahrelang bin ich ein reeller Geschäftsmann gewesen, der sich nach den vermeintlichen Wünschen der Kundschaft gerichtet hat ... Da mir alle Konzessionen an das Publikum den Erfolg nicht garantieren konnten, hab ich beschlossen ... ein wirklicher Dichter zu werden. Ich tu's nicht gern, aber vielleicht geht's so."[364]

Sein Mitarbeiter in der „Hölle" war der ein Jahr ältere Robert Bodanzky, als Isidor Bodanskie in eine jüdische Kaufmannsfamilie geboren. Sein Bruder Arthur war damals als Dirigent am Theater an der Wien engagiert und wurde später Mahlers Nachfolger an der Metropolitan Opera. Verheiratet mit Malva Goldschmied, einer Cousine Arnold Schönbergs, hatte sich Robert Bodanzky anfangs als Schauspieler durchgeschlagen, so auch als Pritschitsch in der *Lustigen Witwe*, ehe er einer der erfolgreichsten Librettisten der modernen Wiener Operette wurde, meist zusammen mit Arthur Maria Willner und für Franz Lehár. Diese für das assimilierte jüdische Milieu typische Karriere nahm nach dem Ausbruch des Ersten Weltkriegs eine ungewöhnliche Wendung. Bodanzky wurde zum überzeugten Kriegsgegner und zum Mitbegründer der anarchistischen Zeitschrift *Erkenntnis und Befreiung*. Vom Operettengeschäft zog er sich zunehmend zurück und starb 1923 verarmt in Berlin.[365]

Mitislaw, der Moderne war nicht der einzige Einakter, den Lehár 1905 für die „Hölle" komponiert hatte. Auch *Rosenstock und Edelweiß*, obwohl erst sieben Jahre später uraufgeführt, entstand damals. Autor war Julius Bauer, den Lehár am 29. Oktober 1905, mitten in der Arbeit an der *Lustigen Witwe*, wegen ihrer bereits begonnenen neuen Operette *Der Mann mit den drei Frauen* flehentlich gebeten hatte: „Ich möchte endlich einmal ein fertiges Buch haben[,] um endlich ein einheitliches Werk schaffen zu können. Wie kann ich in die Musik

Charakter, Stimmung legen, wenn ich wie ein Blinder herumtaggen muß? Wenigstens einen ganzen abgeschlossenen Act, damit ich mich in die Stimmung versetzen und dann aus der Stimmung schöpfend Neues schaffen kann." Dass ihm das mit der Operette gelungen war, die er gerade unter großem Termindruck fast fertiggestellt hatte, schien ihm nicht bewusst zu sein, schrieb er doch an Bauer weiter: „Man hält die Operette für eine verpönte Kunstgattung, etwas Minderwertiges. Warum? – Weil fähige Musiker ihr in weitem Bogen ausweichen und Dilettanten sich ihrer bemächtigen!"[366]

Im September 1906 nahm er die Arbeit wieder auf, erst im April 1907 begann er die Reinschrift des Particells, allerdings bereits unterbrochen von ersten umfangreichen Skizzen zu *Das Fürstenkind*, seiner nächsten Operette mit Victor Léon, mit dem er kurz darauf auch zur Londoner *Merry Widow* fuhr. Offensichtlich sah er im *Fürstenkind* die eigentliche Forstsetzung des mit der *Lustigen Witwe* eingeschlagenen neuen Wegs. Bauers Libretto hingegen wandelte noch auf den ausgetretenen Pfaden der possenhaften Girardi-Operette, für den *Der Mann mit den drei Frauen* ursprünglich geschrieben war. Das war auch Louis Treumann zu Ohren gekommen, der befürchtete, Girardi werde deshalb wieder ans Theater an der Wien zurückkehren. Victor Léon beruhigte ihn brieflich: „Ich glaube keinen Moment, daß es Deinen Direktoren mit G. Ernst ist. Das sind lauter Manöverchen, um Dich unterzukriegen. Und sollte es ihnen Ernst sein, was ich, wie gesagt, sehr bezweifle, so steckt nur Bauer dahinter. Ich bitte Dich, sei klug, wart's ab! Es ist ein Naturgesetz, daß der Starke siegen muß. Und Du bist heute der Starke, weil Du der Künstlerisch-Moderne bist."[367]

Der Mann mit den drei Frauen

Und dieser *Mann mit den drei Frauen* war alles andere als „künstlerisch-modern". Er heißt Hans Zipfer und ist, anders als der Titel vermuten lässt, kein wilder Erotomane, sondern ein Liebhaber der „stillen Häuslichkeit". Die will er auch nicht missen, wenn er geschäftlich unterwegs ist. Und das bringt sein Beruf mit sich, denn er ist Reiseführer. Deshalb hat er außer seiner Frau in Wien noch Freudinnen in London und Paris. Sein höchstes Glück ist es, sich von ihnen in den Schlaf singen zu lassen. Doch am Ende gibt es für den gemütlichen Wiener Trigamisten ein böses Erwachen: die drei Frauen tun sich zusammen und bestrafen ihn hart: Er muss zurück zu seiner Frau nach Wien.

Dass Louis Treumann „die Hauptrolle nach mehrwöchigem Studium ... zurückschickte", wie das *Neue Wiener Journal* meldete, lag aber nicht nur daran, „dass ihm die Rolle nicht liege" und er ein wirkungsvolleres Entreelied wünschte. Das soll ihm Bauer nämlich mit der Bemerkung verweigert haben, er gehöre in eine Kaltwasseranstalt. Es lag auch daran, dass Treumann kurz zuvor bereits seine Rolle in Leo Falls *Dollarprinzessin* vorzeitig abgegeben und sich mit der Direktion derart verkracht hatte, dass gegen ihn „Klage auf Vertragsbruch erhoben"[368] wurde. Es ist der erste einer ganzen Reihe von Skandalen, die Treumanns Karriere fortan begleiten sollten. Als Ersatz wurde aus Berlin der Schauspieler Rudolf Christians verpflichtet, den die Wiener vom Deutschen Volkstheater als Bonvivant kannten und der später nach Amerika emigrierte, wo er als letzte Rolle den Botschafter in Erich von Stroheims Film *Foolish Wives* spielte.

Obwohl die meisten Kritiken der Uraufführung am 21. Januar 1908 einen Erfolg verbuchten, dürfte angesichts der mageren 80 Folgevorstellungen David Bachs Urteil in der *Arbeiterzeitung* eher zutreffen, dass die Operette gemessen an den durch die *Lustige Witwe* geschürten Erwartungen „diesmal eine Niete ist … Soweit es Beifall gab, den nicht kräftiges Zischen störte, galt er dem Musiker Lehar, losgelöst von dieser Operette … Nur Herr Treumann vermag einen ungeahnten Erfolg zu erringen; er tritt nämlich, wie männiglich bekannt, gar nicht auf und macht durch seine Erinnerung dem ohnehin in einer undankbaren Rolle zappelnden Herrn Christians vollends den Garaus. Schade um diesen beliebten und begabten jungen Liebhaber; aber warum mußte er sich als Operettensänger versuchen? Als solcher ist er für den Wiener Geschmack nicht gut möglich; das Nichtsingenkönnen allein macht den Star schließlich denn doch noch nicht aus."[369]

Tanzen konnte Christians nämlich auch nicht – und das bei Partnerinnen wie Mizzi Günther oder Louise Kartousch, die bei ihrem Debüt am Theater an der Wien zur Entdeckung des Abends wurde. Ihr Walzerlied „Rosen ohne Zahl" war der einzige Schlager des Abends; erst acht Jahre später wurde eine andere Nummer populär, wenn auch mit neuem Text, und von einem anderen Komponisten etwas anders rhythmisiert: „Im Prater blüh'n wieder die Bäume" von Robert Stolz. Kurt Robitscheks Verse passten wesentlich besser zur Musik als die originalen: „Muß zwangsweise wieder nach London, / Wo meiner die Dritte schon harrt. / Ich frage, ob jemals ein Eh'mann / so unschuldig schuldig ward?"[370] Ursprünglich im zweiten Finale versteckt, hatte sich die Melodie offenbar tief ins Gedächtnis von Stolz eingegraben, der damals die meisten Vorstellungen des *Manns mit den drei Frauen* dirigierte.

„Beinahe könnte man sagen, diese Operette habe ein Leitmotiv. Es ist das ein unendlich süßes Schlummerlied, ‚Täubchen girrt nicht mehr, Mückchen schwirrt nicht mehr', das sich in allen drei Akten wiederholt." Während *Die Zeit* Lehárs „Meisterstück einer einheitlich durchkomponierten Operette"[371] lobte, nahm Karl Kraus die dort zitierten Verse zum Anlass, um mit der „Affenschande" des Librettos von Julius Bauer abzurechnen: „Die *Neue Freie Presse* hat Texte von ‚volksliedartiger Schlichtheit und lyrischer Liebenswürdigkeit' aus dem Werk zitiert. Mir klingts noch in den Ohren: ‚Lulu – lulu – lullt ihn ein, / Träumen laßt ihn süß und fein.' Eine ähnliche Stimmung hat Goethe in seinem ‚Über allen Gipfeln ist Ruh' nicht herausgebracht." Während die Mehrzahl der liberalen Presse den Kollegen lobte, passte für Kraus Bauers „Humorarmut" so wenig auf die Bühne „wie ein boxendes Känguruh auf einen Sportplatz."³⁷² Der Widerspruch zwischen der kruden Possenhandlung und Lehárs spielopernhafter Musik belastete das Werk auch nach der Umbesetzung der Titelrolle, die Christians schon nach drei Vorstellungen niederlegte. Dass Julius Bauer schon vorher mit dem Werk abgeschlossen hatte, verrät Karl Schreders Resümee im *Deutschen Volksblatt*: „Die Muse Franz Lehars ist schon einmal mit Julius Bauer eine *Juxheirat* eingegangen. Es war eine dem Jux entsprechende, kurzlebige Ehe, der bald die Scheidung von Bühne und Tantiemen folgte … Und diese zweite Ehe? … Der Autor war nicht anwesend. Er saß gestern im Theater in der Josefstadt und sah sich Hansi Niese an."³⁷³

„Unbewußt mit Opernmitteln kommen"

Der Mann mit den drei Frauen war Lehárs letzte Zusammenarbeit mit Julius Bauer, der trotz seines Fernbleibens bei der Premiere Lehár weiterhin Vorschläge machte, die dieser allerdings stets höflich ablehnte. So antwortete er ihm noch 1918, er könne sich bei *Guten Morgen, Frau Gräfin* „für den Stoff nicht erwärmen. Meine Musik ist dazu zu fern – zu warmblütig … Packen muß es mich, dann fällt mir die richtige Musik ein … Nicht wahr, Sie sind mir nicht böse?"³⁷⁴ Nach dem Misserfolg des *Manns mit den drei Frauen* war Lehár nicht mehr bereit, Libretti zu vertonen, die ihn nicht packten. „Ich kann mich nur für ein Libretto entscheiden, wenn ich mich in die Heroine verliebe, die Abenteuer des Helden wie meine eigenen miterlebe und alle tragischen Verwicklungen mir nahegehen, als würden sie mich selbst betreffen"³⁷⁵, äußerte er 1928, nachdem er seine lebenslange ästhetische Auseinandersetzung mit dem Genre abgeschlossen hatte. Denn was er vorhatte, war nichts anders, als es auf den Kopf zu stellen. Entzauberte Offenbachs Operette ihre Götter und Helden, indem sie sie in Zeitgenossen verwandelte, verwandelt Lehárs Operette Zeitgenossen in Götter einer säkularisierten Lebewelt: Prokuristen in Grafen, Prinzen oder zumindest Barone. Der Zuschauer konnte sich selbst auf der Bühne als eigenes Wunschbild erleben, genauso, wie es Hermann Broch für die Habsburgermonarchie diagnostiziert hatte: der „Bürger, der sich als König sehen will."³⁷⁶ Lehár selbst erklärte dem Journalisten Josef Sebastian den Unterschied zu Offenbach so: „Wie Sie wohl bemerkt haben dürften', sagte der Meister, ‚strebt die moderne Operette danach, Menschen auf die Bühne zu bringen. Die Helden der alten Operettenkomponisten waren Karikaturen von Göttern und Halbgöttern, die Helden der modernen Operette sind aber Menschen, welche ebenso lieben und hassen, essen und gehen, wie wir. Sie sind weder Uebermenschen noch Untergötter, sondern Menschen aus Fleisch und Blut."³⁷⁷ Dieser Ansatz entsprach dem Victor Léons, der genau in dieser Psychologisierung der Figuren den Fortschritt der modernen Operette sah. „Natürlich mußte ich diese Verinnerlichung in der Musik zum Ausdruck bringen", resümierte Lehár am Ende seines Lebens, „Ich mußte unbewußt, wenn es die Handlung forderte, mit Opernmitteln kommen."³⁷⁸

Die Gelegenheit, der Verinnerlichung mit Opernmitteln zu kommen, bot ihm Victor Léons nächstes Libretto *Das Fürstenkind* mit einem zweiten Finale, das mit einer Dauer von 23 Minuten in der Gattungsgeschichte einzig dastehen dürfte. Im Zentrum dieses Finales wiederum steht ein Arioso im schon für Beethoven schicksalhaft-tragischen c-Moll, dessen Grundmotiv mit dem langen Halbton und der aufsteigenden Triole in nuce bereits jenes Melos der Entsagung enthält, das den späten Lehár ausmachen sollte. Der Komponist hat es nicht umsonst „Resignation" überschrieben: „Schwieg, zagendes Herz, / zitternde Sehnsucht; schweig still! / O schweig, nagender Schmerz, / irrender Wünsche Spiel! ... Ich will entsagen, still klagen mein Leid." Das waren neue Operettentöne, die den Komponisten zu einer seiner betörendsten Kantilenen inspirierten.

Von Anfang an also war das Entsagungs- und Abschiedsmotiv eng mit Lehárs Veredelungsabsichten verbunden und im *Fürstenkind* wird es erstmals thematisiert. Léons Libretto basierte auf der 1856 erschienenen Novelle *Le Roi des Montagnes* des französischen Romanciers Edmond d'About, der „lange Jahre, bange Jahr" in Griechenland gelebt hatte. Dort ist auch die Handlung angesiedelt, in deren Zentrum besagter König der Berge steht: Hadschi Stavros: „Ein Pallikar wie je einer war!" Zugleich Fürst von Parnes und Räuberhauptmann, führt er ein Doppelleben, das durch Lösegeldzahlungen entführter Touristen unermessliche Rendite abwirft – aber nicht nur für ihn selbst, sondern für sein ganzes Fürstentum samt Räuberbande. Die wiederum wird als Kommanditgesellschaft geführt und hat ihr Geld bei der Bank von London angelegt.

Doch nicht dies beinahe Brecht'sche Beispiel geschickter griechischer Finanzpolitik interessierte Léon und Lehár, sondern die Liebesgeschichte zwischen Stavros und seiner Geisel Mary-Ann. Sie ist zufälligerweise die Tochter seines Londoner Bankiers und hat sich, lange vor Stockholm, prompt in ihren Kidnapper verliebt. Der stellt sich ihr in aller Bescheidenheit als „vielleicht der allerletzte Grieche" vor – „der letzte Held, der heut auf dieser Welt noch existiert!" Mary-Ann weiß es zu schätzen: „Das ist's ja, was der Damenwelt gewaltig imponiert!" Doch der verliebte Pallikar lässt Mary-Ann nach Zahlung des Lösegelds ziehen, ist sie doch die beste Freundin seiner auf einem Schweizer Pensionat erzogenen einzigen Tochter Photini. Das wohl behütete Fürstenkind soll um keinen Preis von der doppelten Identität des Vaters erfahren, auch wenn der amerikanische Marineoffizier, mit dem sie verlobt ist, gewettet hat, Hadschi Stavros zu fangen. Ein Stoff „im Grunde mehr für eine Oper als für eine Operette", wie der Berliner Kritiker Oscar Bie treffend bemerkte, der sonst für Lehár wenig übrig hatte – mithin ein „etwas unbestimmter Nachläufer der alten opéra comique im Räuberkleid."[379]

Lehár hingegen war hingerissen: „Lieber Léon! Soeben hab ich das *Fürstenkind* zu Ende gelesen. Ich freu' mich richtig auf die Arbeit. Du hast die Sache glänzend gemacht!"[380] Besonders beeindruckte ihn die opernhafte Musikdramaturgie, die ganz auf Genrekonventionen wie das Buffopaar mit seinen typischen Tanzeinlagen verzichtete, im Gegenzug die meisten Einzelnummern zu größeren Ensembles und Duette zu durchkomponierten Szenen erweiterte und im überproportionierten zweiten Finale kulminierte. Nie konnte der Komponist seine ästhetischen Vorstellungen konsequenter realisieren, die in den Worten seines Librettisten Victor Léon darauf zielten, „dass die wirklich moderne Operette eigentlich eine Form der Oper, ein Stück mit Musik darzustellen hat."[381] Damit sprach er Lehár aus dem Herzen, der ihm am 22. August 1908 aus Ischl schrieb: „Lieber Freund! Ich schreibe täglich 10–12 Stunden. Arbeite wie ein Hausknecht, vergönne mir gar nichts. Ja, es vergehen oft 3–4 Tage, wo ich nicht eine Minute das Haus verlassen habe. Ich reibe mich geradezu auf. Hinschmieren kann ich die Sache aber nicht. Dazu bin ich viel zu ehrlich. Lass mich also in Ruhe arbeiten und ich will trachten, dass *Das Fürstenkind* mein bestes Werk werden soll. Das verspreche ich, denn ich hänge an dem Buch mit Leib und Seele."[382] Am 5. Oktober schickte er Léon dann den Refrain des Pallikarenlieds zur Korrektur: „Heia und tausendmal Heia! Die 1. Strophe richte nach der 2. ein, denn die 2. Strophe stimmt genau mit der Musik überein; ich hab's danach komponiert." Und schon am 6. Januar 1909 konnte er aus Meran berichten: „Liebster Freund! Bleibe nur ruhig in Neapel. Ich arbeite noch immer sehr fleißig ausschließlich am *Fürstenkind*. Wenn Du in 14 Tagen nach Wien kommst, ist die Partitur fix und fertig. Dann packen wir aber energisch die Sache an. Vor allem müssten wir wissen, was mit dem Werk geschieht, wenn Treumann tatsächlich nicht mehr im Strausstheater auftreten darf."[383]

Die Treumann-Affäre

Die Rolle des Hadschi Stavros nämlich war Louis Treumann auf den Leib geschrieben. Das hatte ihm Léon schon im September 1907 zugesagt, als Lehár bereits große Teile der Operette – auch das auf Treumann zugeschnittene Pallikarenlied – skizziert hatte: „Was *Fürstenkind* betrifft, so frag' Stein, welche Bedingung ich stellte, als jetzt das Theater a./d. Wien Contract machen wollte, einen glänzenden Contract! Ich verlangte den Passus: ‚Der Vertrag ist jedoch aufgehoben, im Falle Louis Treumann nicht mehr am Th. a. d. W. sein sollte; ihm ist die männliche Hauptrolle (Hadschi-Stavros) zugesichert.' – Dieser Vertrag ist noch in Schwebe!"[384] Spätestens mit Treumanns fristloser Kündigung im Januar 1908 war dieser Vertrag mit dem Theater an der Wien gegenstandslos geworden. Hinter dieser Kündigung steckte freilich mehr als nur die Unzufriedenheit mit seiner Rolle im *Mann mit den drei Frauen*. Treumann hatte bereits am 26. November 1907 mit Adolf Sliwinski von Felix Bloch Erben einen Exklusivvertrag abgeschlossen, der ihn verpflichtete, in der kommenden Spielzeit nur mehr in Werken dieses Verlages aufzutreten. Die Satirezeitschrift der *Floh* spekulierte über die Gründe: „Zu unerhörten Dingen / Spornt ihn sein Größenwahn!; / – Das hat mit seinem Lobsingen / Das Publikum getan!"[385] Aber auch für die *Neue Freie Presse* war dieser Exklusivvertrag ein „schändliches Zeichen der Amerikanisierung des Bühnenbetriebs."[386] Für Sliwinski war er jedoch ein geschickter Schachzug. Denn er reagierte damit auf die sich verändernde Wiener Theaterlandschaft. Hatten vor der *Lustigen Witwe* Carl-Theater und Theater an der Wien als Operettenbühnen vollkommen genügt, war vor allem durch die langen Aufführungsserien der Erfolgsoperetten eine neue Situation entstanden. So waren im Frühjahr 1907 beide Bühnen mit *Walzertraum* und *Lustiger Witwe* belegt und damit für andere Werke blockiert. Um die neu entfachte Nachfrage nach neuen Operetten befriedigen zu können, öffneten andere Wiener Theater ihr Repertoire für das Genre, so die bisherigen Varieté-Bühnen Apollo und Ronacher, später auch die ursprünglichen Schauspielhäuser Raimund- und Bürgertheater. Und es wurde eigens ein neues nach Johann Strauß benanntes Theater gebaut, mit dem der Bühnen- und Musikverlag Joseph Weinberger den bisherigen Bühnen den Rang als relevante Uraufführungstheater streitig machen wollte.

Da auch das Theater an der Wien mittlerweile seinen eigenen Bühnenverlag gegründet hatte und Lehár aus „freundschaftlichem Gefühl" für Karczag „alle Brücken mit anderen Verlegern und Theaterdirektoren abgebrochen"[387] hatte, wie er ihm später vorhielt, blieb dem bisherigen Monopolisten Sliwinski von den nun drei großen Wiener Operettenhäusern nur mehr das Carl-Theater.

Treumann hätte also laut Vertrag mit Sliwinksi dorthin zurückkehren und in Leo Falls *Die geschiedene Frau* auftreten müssen. Die Direktion habe, wie ihm Sliwinski schrieb, die Operette „unter hoher Pönale mit der ausdrücklichen Verpflichtung erworben, daß Sie die Hauptrolle am Carl-Theater creieren. Leo Fall, der in Marienbad war, erklärte mir, daß er von dieser Bedingung nicht abgehen werde."[388] Treumann steckte also in der Klemme, war doch inzwischen das für ihn geschriebene *Fürstenkind* an das gerade eröffnete Johann-Strauß-Theater vergeben worden. Mit dessen Direktor Leopold Müller unterzeichnete er am 7. August 1908 einen Engagementsvertrag bis 1910, ein offensichtlicher Vertragsbruch gegenüber Sliwinski. „Die Perfektionierung dieses zweiten Vertrages geschah", wie der Schauspieler erklärte, „auf Betreiben eines bekannten Autors, in dessen Stücken ich spielen sollte, und der mir später schrieb, ich sei mit dem Auftreten in diesen Werken nicht an Sliwinski gebunden. Das habe ich schwarz auf weiß!" Gemeint war Victor Léon, Autor sowohl von Leo Falls *Die geschiedene Frau* als auch des *Fürstenkinds*. Offensichtlich war ihm die Mitwirkung Treumanns bei diesem Stück wichtiger als bei der *Geschiedenen Frau*, in der dann schließlich Léons frisch gebackener Schwiegersohn Hubert Marischka Treumanns Part übernahm.

Dass es für seinen Vertragsbruch auch finanzielle Gründe gegeben haben könnte, wies Treumann hingegen empört von sich: „Nie und nimmer haben bei meinen Abschlüssen Geldfragen eine Rolle gespielt. So habe ich beim Kontrakt mit Sliwinski keine 14.000 K. verlangt, sondern nur 10.000 K. zur Deckung dringender Verbindlichkeiten beansprucht und ich habe von dieser Summe keinen Heller gesehen. Und bei Direktor Müller habe ich[,] bei Antritt meines Engagements durch dringende Wirtschaftsbedürfnisse genötigt, 2.000 K. genommen. Das ist doch für einen Schauspieler, der 6.000 K. im Monat verdient, kein Vorschuß, sondern eine kleine a conto Zahlung. Und jetzt wird mir vorgeworfen, ich hätte auf zwei Seiten Vorschuß genommen. Jeder Einsichtige wird sagen, dass ich vielleicht rechtsirrtümlich, nicht aber unkorrekt oder gar gewinnsüchtig gehandelt habe."[389] Am 10. Oktober 1908, als Lehár in Ischl gerade den zweiten Akt des *Fürstenkinds* abgeschlossen hatte, meldete die *Neue Freie Presse* in Wien: „Der Oberste Gerichtshof sprach gestern Herrn Louis Treumann schuldig, den mit der Klägerin Felix Bloch Erben geschlossenen Vertrag einzuhalten und jedes Auftreten auf der Bühne des Johann Strauß-Theaters zu unterlassen."[390]

Die versuchte Verhaftung des Schauspielers Treumann

Doch weder Treumann noch das Johann-Strauß-Theater wollten sich damit abfinden. Erst nach dem Gang durch zwei weitere Instanzen wurde das Urteil am 6. Januar 1909 rechtskräftig. Treumann, der mittlerweile tatsächlich im Strauß-Theater als Fürst Fritz Ragan in Bruno Granichstaedtens *Bub oder Mädel* auftrat, musste seitdem jederzeit mit der Exekution des Urteils rechnen. Am 9. Januar war es dann soweit. Es kam zur denkwürdigen „versuchten Verhaftung des Schauspielers Treumann im Café Museum." Was wie der Titel eines Dramoletts von Thomas Bernhard klingt, war einer der größten Skandale der Wiener Operettengeschichte und fand, da der Schauspieler vom Exekutionsbeamten nicht zuhause aufgefunden wurde, in seinem Stammcafé statt. Die *Neue Freie Presse* protokollierte, wie folgt:

„Herr Treumann begab sich zu seinem ... Stammtisch ... dann begann er mit dem kaiserlichen Rat Jaray seine ständige Billardpartei. Um ½ 6 Uhr, Treumann pausierte eben vom Spiel, trat der Exekutionsbeamte ... auf ihn zu ... worauf sich ... folgender Dialog entspann:
- ‚Ich erkläre Sie für verhaftet. Ich bitte, mir zu folgen!'
- ‚Ich bin ein anständiger Mensch, ich bin kein Betrüger, kein Mörder oder Räuber; ich lasse mich nicht in einem öffentlichen Lokal verhaften.'
- ‚Dann müssen wir Gewalt anwenden.'
- ‚Ich bitte!'
- ‚Dann müssen wir die Wache holen.' ...
Unterdessen hatte der Gerichtsbeamte einen Wachmann geholt, dessen Erscheinen im Kaffeehause großes Aufsehen hervorrief ... Der Wachmann forderte den Schauspieler im Namen des Gesetzes auf, ihm ... zu folgen.
- ‚Ich gehe nicht mit', rief Herr Treumann, ‚ich gehe nicht fort. Sie müssen zehn Wachleute holen, dann können Sie mich wegtragen!'
Der Kaffeehausgäste, die anfangs nicht wussten, um was es sich handelt, bemächtigte sich jetzt große Aufregung ... aus dem Publikum wurde der Ruf laut: ‚Wachmann hinaus!' Dann hieß es aus zahlreichen Kehlen: ‚Abzug! Abzug Polizei!' ...
Treumann verfiel in einen Weinkrampf. Mehrere Damen drängten sich zu ihm, um ihn zu beruhigen."

Was Karl Kraus, der die ausführliche Berichterstattung der Wiener Presse über diesen Vorfall genüsslich glossierte, zur Erkenntnis brachte, „daß bei solchen Gelegenheiten Weiber zu Hyänen werden. Mehrere Damen benützten nämlich das Gedränge, das bei der versuchten Verhaftung entstanden war, um die Tränen des Herrn Treumann zu trocknen und für ihn zu weinen, und eine Meldung besagt sogar, daß sie sich zwischen den Liebling und die Staatsgewalt geworfen haben."391

„Der Cafetier Pretscher ersuchte nun den Wachmann das Lokal zu verlassen und während dieser sich angesichts der drohenden Haltung der Gäste entfernte ... legte sich nun ein wenig die Erregung, um sich aber sofort wieder zu steigern, als ein Gast mit den Worten eintrat: ‚Das Kaffeehaus ist von der Polizei besetzt!'"

Doch da traf Treumanns Rechtsanwalt Adolf Altmann wie der reitende Bote mit einem Eilbescheid ein, dass die Exekution vorerst aufzuschieben sei.

„Die Wachleute wurden entlassen und die Neugierigen vor dem Kaffeehaus zerstreuten sich. Als der Schauspieler das Kaffeehaus verließ, bereiteten ihm seine Verehrer Ovationen und gaben ihm bis zum Theater Geleit ... Kaum wurde er auf der Bühne sichtbar, empfing ihn das ganze Haus mit stürmischem Beifall und lebhaften Rufen: ‚Hoch Treumann!' Als er in die Mitte der Bühne kam, wurden ihm aus den Logen und von den ersten Parkettsitzen aus Blumen zugeworfen ... Beim Bühnenausgang erwarteten ihn zahlreiche Enthusiasten. Treumann kam in Begleitung des Verlegers kaiserlichen Rats Weinberger, der den Wartenden zurief: ‚Hier ist er! In Freiheit vorgeführt!' Unter Hoch-Rufen wurde Treumann zu seinem Wagen geleitet."392

„Unvergeßlich bleibt der Augenblick, da ein Tarockspieler die Meldung brachte: ‚Das Kaffeehaus ist von Polizei besetzt!'" – kommentierte Karl Kraus. „Warum stellt sich kein Erdstoß ein, der uns künftig eine Zeitungsnachricht ersparte wie die, ein Theateragent habe dem Volke zugerufen: ‚Hier ist er! In Freiheit vorgeführt!' Warum wurde uns nicht durch ein rechtzeitiges Elementarereignis der Anblick jenes Konterfeis entzogen, das einen kaiserlichen Rat und Hoflieferanten darstellt, wie er eben damit beschäftigt ist, bei der versuchten Verhaftung des Herrn Treumann dabei zu sein? Für die versuchte Verhaftung wird sich die Polizei vor den Billardspielern zu verantworten haben."393

Am 14. Januar 1909 begab sich Treumann schließlich freiwillig in Arrest. Auch das wurde von der Presse eingehend gewürdigt. Den Reportern gab er preis: „Ich habe mich dem Gericht gestellt, um endlich zu erfahren, mit welcher Handlungsweise ich im Recht bin, denn ich will nicht ein zweites Mal der Mittelpunkt eines öffentlichen Spektakels sein, wie jüngst im Café Museum. Wenn man mir nach meinem Verhalten Reklamesucht vorwirft, so tut man mir wahrhaftig bitter unrecht."394 Nach 24 Stunden Arrest wurde Treumann krankheitshalber entlassen – die Diagnose: „Pathologische Symptome auf dem Gebiete des Nervensystems und des Respirationstraktes." Die Presse meldete, eine „befreundete Operettengroßmacht" sei zur Mediation mit Felix Bloch Erben bereit, ging es doch um das dort verlegte, von ihr komponierte, für Treumann geschriebene, vom Johann-Strauß-Theater erworbene *Fürstenkind*. „Ha, welche Lust ein Neurastheniker zu sein!"[395]

Das Fürstenkind

„Die Operettenmuse gab hin sich blind
Und kam auch pünktlich nieder mit einem *Fürstenkind*.
Léon ist lustig, Lehar melancholisch,
Der eine mosaisch, der andere katholisch,
Die Günther arisch, der Treumann semitisch,
Das ganze gemischt recht fein politisch.
Der Treumann gibt den Räuber, den schwer man verhaften kann,
'nen Operettensänger bekommt man leichter dran."[396]

Dieses zeitpolitisch unkorrekte Gedicht widmete das Wiener Witzblatt *Der Floh* dem *Fürstenkind* anlässlich der Uraufführung am 7. Oktober 1909. Obwohl die Treumann-Affäre schon einige Monate zurücklag, war sie noch immer präsent, was die Presse nicht gnädiger stimmte, denn sie ging mit den Autoren hart ins Gericht: „Vier Stunden fast dauerte die Aufführung, und während dieser Zeit suchte man das Land der Griechen mit der Seele. Man wollte gern warm werden, aber man war zu müde und verwirrt ... Meyerbeer mit Puccini multipliziert, dividiert durch ein bißchen Lehár", befand Leopold Jacobson und David Bach ätzte in der *Arbeiter-Zeitung*: „Was da an Rührung, Großmut, Liebe, Küssen geschnalzt und geschmalzt wird, würde ausreichen, drei gewöhnliche Léon-Operetten frisch herauszubraten. Für eine war's dem Publikum zu viel."[397] Dagegen war Ernst Decsey, der spätere Lehár-Biograph, zwar „zuerst enttäuscht, aber angenehm und dann immer angenehmer. Am Schlusse ist man ganz aus dem Häuschen. Lehár scheint die vielersehnte neue komische Oper aus dem Geist der Walzeroperette zu erreichen. Das klingt – nach der *Lustigen Witwe* – nicht gleich erfindungsstark, aber fesselnder und künstlerischer und die moderne Orchestererweiterung ist ein Schatz, aus dem auch ein Operettenfürst wie Lehár rauben konnte, was er brauchte."[398]

Mizzi Günther feierte nach freiwilliger einjähriger Bühnenabstinenz, die sie unter anderem für Gesangsunterricht genutzt hatte, ihr Comeback – Lehár hatte ihr eigens eine wagnerische Auftrittskoloratur komponiert. Die Attraktion allerdings war Treumann als unverhaftbarer Räuber. Und wenn er im zweiten

Finale pathetisch ausrief: „Hadschi Stavros lässt sich nicht fangen! Heia und tausendmal heia!", jubelten seine Anhänger. Bei Jacobson freilich fand auch er keine Gnade: „Ach, er ist auf einem Irrweg! Statt der lustige Bonvivant zu sein, will er den Charakterschauspieler zeigen. Er hat sich ganz auf's Ernste verlegt, auf Tragik mit der verhaltenen Träne. Das ist einmal schön, aber nicht immer. Gestern schwelgte er wieder in Gemüt. Er spielte den Räuber Moor, der wegen Amalien unglücklich geworden. Schade, er ist ein irregeführtes Talent, ein großes außerdem, und seine Stimme wird immer schöner."³⁹⁹ Doch gerade die Übereinstimmung von Rolle und Darsteller machte in Wien den besonderen Reiz des *Fürstenkinds* aus: „Dieser Operette wegen hat Louis Treumann in einem Wiener Café einen Exekutionsbeamten geohrfeigt, dieser Operette wegen ist er verhaftet und wieder freigelassen worden, dieser Operette wegen haben Kontraktbrüche und Ehrenaffären stattgefunden!"⁴⁰⁰

So verschaffte Treumann dem *Fürstenkind* in Wien eine Aufmerksamkeit, die das Werk zum Bedauern Lehárs anderswo nie fand. Er hielt die Operette lange für sein bestes Werk. Eine Meinung, die auch Fritz Jacobsohn in der *Schaubühne* teilte, Deutschlands führender Theaterzeitschrift. Er bezeichnete zwar den Text als „Mischmasch von kaum glaubhafter Scheusäligkeit", meinte aber: „Schade um die Fülle von Musik, die so gut gemacht ist, wie nichts von Lehár."⁴⁰¹ Im selben Blatt hatte sein Kollege Walter Turszinsky zwei Jahre zuvor geschrieben: „Als musikalische Unterlage für den Heroismus, der seinen edlen Räuberhauptmann beseelt, läßt Lehár ein vollständiges Opernorchester mit einer Beherztheit in Aktion treten, die eines wuchtigeren Stoffes würdig wäre. Er findet Naturstimmungen, setzt die Landschaft in Töne und gibt doch auch schließlich in anmutigen, graziös vorüberflanierenden Tanz- und Gesangsstücken der Operette das, was sie nun einmal haben muß. Er wird nicht müde, neue Einfälle zu haben und sie sauber herzurichten. Er wird sogar mit den Leitmotiven des Musikdramas ausgezeichnet fertig; und wenn die Kollegen aus drei Melodien ihre Operettenpartitur zusammenbauen, so schreibt Herr Lehár einen zweiten Akt von sieben Viertelstunden Umfang – einen Mastodon-Akt – der mit seiner Fülle von Eingebungen schier erdrückt. Gewiß: zu viel, zu viel, o daß ich nun erwache!"⁴⁰²

„Waghalsige Experimente"

„So suche ich immer nach Büchern, die mir bisher unbetretene Pfade weisen, Möglichkeiten eröffnen … Werden mir solche Bücher nicht angeboten, so versuche ich meine Textdichter dahin zu bringen, mir das zu schreiben, was ich eben möchte. Daß dabei zumeist der Rahmen der landes- und auslandsüblichen Operette gesprengt wurde, trug meinen Librettisten den Vorwurf ein, sie hätten mich zu waghalsigen Experimenten verlockt, während ich doch selbst diesen Vorwurf auf mich nehmen muß."[403] Mit diesem Bekenntnis in eigener Sache versuchte Franz Lehár noch 1919, seine Librettisten zu entlasten, die spätestens seit dem *Fürstenkind* wegen ihrer gewagten Libretti in der Kritik standen – am prominentesten Victor Léon.

Nur fünf Tage vor dem *Fürstenkind* war sein - zusammen mit seinem Bruder Leo Feld geschriebenes - Lustspiel *Der große Name* am Deutschen Volkstheater uraufgeführt worden. Dessen Held ist ein Komponist namens Josef Höfer, der mit seinen Operetten große Erfolge feiert, dessen Ehrgeiz aber einer symphonischen Dichtung gilt, die von den Philharmonikern uraufgeführt werden soll. Unschwer war in dieser Figur Franz Lehár zu erkennen. In Léons Stück hält er vor Brandt, seinem seriösen früheren Studienkollegen, sogar ein Plädoyer für die leichte Muse: „Konzessionen, Konzessionen! Wie ihr das nur aussprecht – daß man sich ordentlich vor sich selber geniert! Ich werd' euch was sagen, Kinder, wenn ihr schon davon reden wollt! (*sehr einfach, aber doch mit sehr fühlbarem Selbstbewußtsein.*) Wenn man weiß, daß man mit seiner leichten Ware Hunderttausenden was gibt – etwas, das ihnen Freud' macht … mein Lieber, das ist schon was! … vor Gott und der Kunst, da sind alle Menschen gleich … wenn sie drinnen sitzen im Theater oder im Konzertsaal, die Feinsten und die Dümmsten – ist jeder nur ein Mensch … der nur eines will: Daß man ihn packt, ob in Freud', Schmerz, das ist ganz egal! Nur, daß man ihn heraushebt aus der Langweiligkeit und Traurigkeit seines Lebens!"[404] Und so verzichtet Höfer am Ende auf seine höheren Ambitionen und die ersehnte Aufführung durch die Philharmoniker, sondern überlässt sie stattdessen großmütig dem verkannten Genie Brandt, indem er dessen Symphonie, gedeckt durch seinen „großen Namen", aufführen lässt. Die Pointe, dass die Idee dazu von Höfers Librettisten Last kommt, konnte sich der Autor Victor Léon nicht verkneifen. Das Stück wurde ein großer Erfolg und in Berlin, Kopenhagen, Amsterdam, Paris und New York nachgespielt. Immerhin gewährte es, wie Alfred Polgar berichtete, „dem Publikum jene reine Wiedersehensfreude mit der Gewöhnlichkeit seiner Vorstellung … der Operettenkomponist ist gutmütig-eingebildet, grantig und kreuzbrav … der Librettist ist geistreich … der Musikverleger jüdelt."[405]

Trotz dieser literarischen Hommage arbeitete Lehár nach dem *Fürstenkind* neun Jahre nicht mehr mit Léon zusammen. Seine Stelle nahm exakt für diesen Zeitraum Arthur Maria Willner ein, der Autor der mit dem *Fürstenkind* zeitgleich komponierten *Zigeunerliebe*. Erste Skizzen dafür entstanden am 5. Juni

1908 und bereits zwei Tage später wurde *Zigeunerliebe* als Novität des Theaters an der Wien für die nächste Spielzeit angekündigt, ebenso wie Lehárs „zweiaktige Operette *Wilja, das Waldmägdelein* … Libretti von A. M. Willner und Robert Bodanzky"[406], dem Ko-Autor des *Mitislaw*. Zustande gekommen war der Kontakt mit dem neuen Librettistenpaar über Emil Steininger, den Sekretär des Theaters an der Wien und Geschäftsführer des angeschlossenen Verlags Karczag & Wallner: „Es war ja immer der Ehrgeiz Lehárs gewesen, nach einer vom Glück nicht sehr begünstigten *Kukuschka* [!] wieder eine Oper zu schreiben. Jetzt brachten wir sie ihm. Die Vorlesung begann, anderthalb Stunden dauerte sie. … der Meister [zeigte sich] sehr befriedigt: dies und nichts anderes wird das nächste sein, was er komponiert! Nur eine ganz kleine Bedingung knüpfte er an seine Einwilligung. Das Buch neige seiner Ansicht nach in der ganzen Anlage mehr zur Operette – kann man die Oper nicht geschwind zu einer Operette umarbeiten? Nur der Name sollte bleiben: *Zigeunerliebe*."[407] Und tatsächlich wurde die Operette bei der Uraufführung denn auch als „eine Oper" begrüßt, „die man zur Not auch in einem Operettentheater spielen kann."[408]

Schon das Libretto mit dem Untertitel „Romantische Operette" fällt aus dem Rahmen. Aber auch die drei Akte sind untertitelt: „Mariennacht", „Zorikas Traum" und „Das Erwachen". Denn *Zigeunerliebe* ist ein Traumspiel, aber kein biedermeierlichen Besserungsstück wie Grillparzers *Der Traum ein Leben*, sondern eines im Sinne von Sigmund Freuds Traumdeutung: „Der Traum stellt einen bestimmten Sachverhalt so dar, wie ich ihn wünschen möchte; sein Inhalt ist also Wunschvorstellung, sein Motiv ein Wunsch."[409] Und dieser Wunsch hat mit jener „Enthüllung des Triebhaften" zu tun, um die sich die moderne Operette seit der *Lustigen Witwe* dreht. Im Zentrum der Handlung steht Zorika, die ganz ihrer Phantasie hingegebene Bojarentochter. Schon die erste Szene zeigt sie in einer Landschaft „von fast tropischer Pflanzenpracht … malerisch derangiert", als Windsbraut eines von ihr entfachten musikalischen Sturmes. Eine Kokoschka-Figur mit durchaus hysterischen Ausbrüchen: „Heissa, heissa! Heissa, juchei! Heja! Heja! Hei! (*Zorika läuft über den Steg auf die Bühne. Ferner Donner. Blitz.*) Wie's leuchtet und wettert! Tralalala! (*Stärkerer Donner.*) Braust und schmettert. Tralalala! (*Dreht sich in übermütig wildem Tanz.*) Ah! Hui! Blas zu! Heissa, holla! (*Blitz*)." Nach diesem in der Operettenliteratur wohl einzig dastehenden musikalischen Gewitter über 62 Takte versinkt Zorika in Träumerei. Was folgt, antizipiert den Traum des zweiten Aktes: „Czerna sprich, wann wird er kommen, den ich träumend immer sehe." Der angesprochene Fluss antwortet mit einem „Violinsolo hinter der Szene" und „Józsi tritt, auf der Geige spielend, hervor." Er ist der illegitime Halbbruder ihres Bräutigams Jonel, mit dem sie noch am selben Tag verlobt werden soll. Doch jetzt hat sie andere Wünsche, Bedürfnisse und Fragen: Soll sie „der Freier im Freien frei'n?"

Zorikas Konflikt zwischen erotischer Anziehung und Pflichtgefühl wird durch ein Märchenmotiv gelöst: „Wenn sie einen Becher aus den Wellen der Czerna trinkt", darf sie träumend in die Zukunft schauen. Unbewusst hat sie bereits Józsi, den Zigeuner, erwählt: „Die Braut träumt, und der Bräutigam fällt ihr nicht einmal im Schlaf ein." Der folgende zweite Akt „*Zorikas Traum*" zeigt freilich nicht ihre Wunscherfüllung, sondern führt ihre Zigeunerliebe nach zwei Jahren wilder Ehe als wahren Alptraum vor. Zorikas Untreue gegen Jonel kehrt sich gegen sie selbst. Józsi betrügt sie sowohl in der Traum- als auch der Rahmenhandlung mit Ilona von Körösháza, einer ungarischen Gutsherrin, die sich als „kolossal liebesfähig" erweist, und lebt, wovon Zorika träumt. Selbst deren Vater Dragotin schwärmt: „Ein kapitales Weib: diese Statur, diese Figur, diese Frisur ... Alles Natur!" Doch gehen auch Dragotins Wünsche nicht in Erfüllung, denn „in der Liebe" verlangt Ilona „Raketen – so ks ks ks ks – ah!" – „Na ja, das ks ks ks ks, das geht noch – aber das ‚ah'..." Auch hier erweist sich *Zigeunerliebe* als durchaus psychoanalytische Operette und der Witz als Seitensprung der Traumdeutung.

Zigeunerliebe

Obwohl vom Theater an der Wien für die Saison 1908–1909 angekündigt, fand die Uraufführung erst am 8. Januar 1910 im Carltheater statt. Dort hatten die Direktoren Andreas Aman und Siegmund Eibenschütz die damals besten Gesangskräfte aufgeboten, immerhin gab es gleich zwei Hauptpaare. Robert-Stolz-Ehefrau Grete Holm, als Gast vom Theater an der Wien, war Zorika, die Operntenöre Willy Strehl und Max Rohr, Józsi und Jonel, Wiens Operettenliebling Mizzi Zwerenz Ilona, dazu die Komikerriege Karl Blasel, Hubert Marischka und Richard Waldemar. „Man hat in der Operette lange nicht so strahlend singen gehört"[410], hieß es in einer Wiener Uraufführungskritik. Auch einen Monat später in der Komischen Oper Berlin sorgte Intendant Hans Gregor, der künftige Direktor der Wiener Hofoper, für eine glanzvolle Besetzung mit Martha Winternitz-Dorda als Zorika, Jean Nadolowitsch als Jószi und Peter Kreuder, dem Vater des gleichnamigen Komponisten als Kajetan. Obwohl für das damalige Operettenpersonal ein Grenzfall, war die *Zigeunerliebe*, nach *Lustiger Witwe* und dem danach komponierten, aber davor uraufgeführten *Graf von Luxemburg*, Lehárs dritter Welterfolg.

Vor allem in der englischsprachigen Welt erfreute sich *Gipsy Love* vor dem Ersten Weltkrieg großer Beliebtheit – allerdings in einer stark veränderten Version von Basil Hood und Adrian Ross. Zorika hieß jetzt Ilona und wurde von der ungarischen Sängerin Sári Petráss gesungen, Ilona hingegen hieß Lady Babby, war „a Britisher by birth" und wurde vom neuen Musical Comedy Star Gertie Millar gespielt, der eher frivolen Nachfolgerin der romantischen Lilie Elsie. Für sie komponierte Lehár einen neuen pikanten Auftrittssong: „All the men are glad to look at Lady Babby / And they look again! / The French say: ‚O, la, la!' / Italians cry ‚Brava!' / The Germans bow and softly murmur: ‚Wunderschön!' … Every mortal man / Would like to have me stay; / Some day I may / I am so cosmopolitan!" Außerdem erhielten Petráss, ihr Partner Robert Michaelis und der bereits als Nisch lehárerprobte W. H. Berry jeweils neue Einlagen. Für Lehár war *Gipsy Love* seine dritte Produktion für George Edwardes, er wusste also, worauf er sich einließ und reiste bereits am 24. April 1912 an, um genügend Zeit bis zur Premiere am 1. Juni zu haben. An Wilhelm Karczag schrieb er: „Ich habe für die *Zigeunerliebe* neun neue Sachen geschrieben. Hier geht's eben nicht anders. Aber – jede Note ist von mir!"[411] Bezeichnenderweise ging es vor allem um den zweiten Akt, wie Lehár später erstaunt erläuterte: „Der Engländer ist ein Mann des Realen und will sich selbst in der Operette kein X für ein U vormachen lassen. So mußte in der *Zigeunerliebe* die Traumszene ganz umgemodelt werden, weil der Engländer keinen Traum auf der Bühne verträgt. Natürlich ergibt sich da für den Komponisten eine Heidenarbeit … wenn ich zu einer Premiere nach London reise, tue ich es immer mit dem Bewußtsein, bis zu dem entscheidenden Abend Tag und Nacht zu tun zu haben. Aber es ist eine Freude mit den englischen Theaterleuten zu arbeiten. Da gibt's kein Sparen, kein Knausern … Was kosten nur allein die Beleuchtungseffekte! So ist zum Beispiel in London die Gepflogenheit, die Hauptakteure … auf der Bühne fortwährend besonders zu beleuchten, so daß sie durch das immer mit ihnen ziehende Licht … hervorgehoben werden."[412]

Die Auflösung der Traumhandlung war allerdings schon im Original nicht unproblematisch gewesen. Im Klavierauszug von 1909 bot der Komponist zwei völlig verschiedene Schlussvarianten an: Ein eher opernhaftes, durchkomponiertes Nachspiel, das sich über acht Seiten vom Melodram zum abschließend Duett „Zorika, Zorika, nun bist du mein" steigert und ihr Erwachen sowie ihre Versöhnung mit Jonel ausführlich schildert. Oder die sehr operettenhafte, bei der Uraufführung gespielte Version mit einer kurzen Reminiszenz von Jonel, einem Buffo- und einem Walzerterzett, jeweils ohne dessen und Zorikas Beteiligung. Diese taucht hier, ohne zu singen, nur kurz in der Schlussszene auf, um nach kurzem Dialog mit Jonel abzugehen, und überlässt Józsi und Ilona das Feld, die sich ganz unsentimental trennen. Erst in der 1938 erschienenen Zweitfassung entschied sich Lehár dann für die erste, opernhafte Variante und ersetzte das Walzer-Terzett durch „Lied und Csárdás" der Ilona: „Hör ich Cymbalklänge". Diese wohl berühmteste Nummer der Partitur ist zwar im Manuskript auf 1908 datiert, kommt aber im deutschen Klavierauszug von 1909 nicht vor, wohl aber in Gábor Andors Budapester Fassung von 1910 mit dem ungarischem Text „Messze a nagy erdő". Die deutsche Übersetzung „Hör ich Cymbalklänge" von Robert Bodanzky wurde dann erst 1915 publiziert.

Zwischen Oper und Operette

Seiner Utopie, „daß es zwischen Oper und Operette, was die künstlerische Qualität anlangt, keine Scheidewand mehr geben wird"[413], war Lehár mit *Zigeunerliebe* und *Fürstenkind* unzweifelhaft nähergekommen. Er war allerdings nicht der Einzige, der diese Position vertrat. Selbst sein Antipode Oscar Straus sah die Zukunft des Genres in der „Verwischung der – unberechtigterweise – zwischen Oper und Operette gezogenen scharfen Grenzlinie, eine Rückkehr zu dem Genre, aus dem die Operette hervorgegangen ist: zur komischen Oper."[414] Dieser Zwiespalt war signifikant für die ganze Epoche und Thema einer damals heftig geführten Operettendebatte. Denn während die moderne Musik sich zunehmend radikalisierte und ein immer kleineres Publikum erreichte, hatte die Operette eine Massenbasis wie nie zuvor. Musikwissenschaftler wie Alfred Wolf sahen gar einen „Operettenmoloch" am Werk: Einerseits habe „die allgemeine Hast in der Erledigung der Geschäfte im Verkehr der Menschen untereinander … das Geistesleben zersetzt", andererseits „begann die Kunst, den Zusammenhang mit dem Volke zu verlieren. Ihrer Impotenz müde, wendet es sich denen zu, die an Bekanntes anknüpfend, ihm entgegenkommen."[415]

Noch im 19. Jahrhundert war für Adorno „die Divergenz der beiden musikalischen Produktionssphären zureichend beherrscht"[416], galten Operetten wie *Bettelstudent* oder *Zigeunerbaron* als legitime Nachfolger der komischen Oper, die ihrerseits spätestens seit *Carmen* der großen Oper nachgefolgt war. „Durch den energischen Ruck, den die komische Oper … nach der großen Oper hin macht, entsteht eine empfindliche Lücke. Und diese Lücke füllt ganz folgerichtig die … Operette aus"[417], folgerte der Berliner Kritiker Erich Urban bereits 1903. Auch Wolf konzedierte, die Operette habe es verstanden, „die Elemente, die die ernstgemeinte Kunst sich entgleiten ließ … (Melodik, Natürlichkeit des musikalischen Gedankens, Logik der Formgebung) aufzufangen"[418], nicht ohne auch von der zeitgenössischen Oper neue Ausdrucksmittel zu übernehmen. „Die moderne Operette stammt sozusagen von derselben Mutter ab wie die Oper von Richard Strauß und Eugen d'Albert, nur die Väter sind andere."[419]

Lehár legte deshalb besonderen Wert darauf, „daß der echte Operettenkomponist dem ernstesten Musiker getrost in die Augen blicken kann. Seine Arbeit wird ebenso ehrlich und mit derselben Hingabe seiner ganzen Seele geschrieben sein wie das seriöseste Werk des Opernkomponisten"[420], wie er 1909 postulierte. Öffentlich distanzierte er sich von den üblichen Produktionspraktiken des Genres, in dem schon damals arbeitsteilige Verfahren üblich waren. Schließlich ist es „ja nicht gleichgültig, ob ein Komponist seine Werke selbst instrumentiert oder seine Einfälle erst durch einen geschulten Fachmann ausarbeiten lassen muß ... Instrumentiert ... der Komponist selbst sein Werk, so entwickelt und vervollkommnet er seine Phantasie und bringt seine ursprüngliche Idee viel wirksamer zur Geltung, als es ein anderer zu tun vermag."

Immerhin hatte Lehár dieses Handwerk schon früh gelernt. Allein die Transposition der verschiedenen in den Militärkapellen eingesetzten Blasinstrumente verlangte, wie er selbst betonte, „Beherrschung des Orchesters ... die man sich sonst nur durch jahrelange Erfahrung aneignen kann."[421] Nach dem Urteil Max Schönherrs, der noch unter Lehár im Theater an der Wien dirigiert hat, lernte er beim Militär, was auch in der Operette vonnöten war, nämlich „mit quantitativ und qualitativ geringen Ansprüchen auszukommen: das Orchester mußte trotzdem gut klingen."[422] Schönherr meinte damit die traditionelle Besetzung eines Operettenorchesters: zwei Flöten (auch Piccolo), zwei Oboen, zwei Fagotte, vier Hörner, zwei Trompeten, drei Posaunen, Schlagzeug, bestehend aus kleiner und großer Trommel, Glockenspiel und Pauken, sowie die entsprechenden Streicher. Das Orchester der *Lustigen Witwe* ist demgegenüber nur um die für Lehár „unerlässliche" Harfe, die Triangel und die für Folklore zuständige Bühnenmusik aus Tamburizza, Tamburin und Gitarre erweitert. Seit *Zigeunerliebe* kamen Celesta und Tuba hinzu. Damit war das Lehár-Orchester komplett, sieht man von dem für das jeweilige Lokalkolorit erforderlichen exotischen Instrumentarium ab, wie Tárogáto, Zimball, Becken, Glocken, Orgel oder Harmonium.

Doch solche instrumentalen Sonderwünsche existierten meist nur auf dem Papier, da sie von den meisten Theatern aus Kostengründen nicht erfüllt werden konnten, nicht einmal vom Theater an der Wien. Lehárs große „Sehnsucht ... [,] die Vergrößerung des Orchesters", war auch hier „bisher nicht in Erfüllung gegangen. Es würde mich mit Genugtuung erfüllen, wenn die Zahl der Musiker, die gegenwärtig zirka dreiundvierzig beträgt, wenigstens auf fünfzig erhöht werden würde" – wie er noch 1913 bekannte. Immerhin fand damals in der *Idealen Gattin* „zum ersten Male die Celesta ... Verwendung ... ich habe das

Instrument zwar schon in früheren Operetten in meiner Partitur vorgeschrieben, mußte jedoch wieder darauf verzichten, weil die Celesta im Orchester nicht vorhanden war."[423]

Wie neu der Klang von Lehárs Orchester für das Genre war, beschrieb der Kritiker Ferdinand Scherber folgendermaßen: „Hier hat zum ersten Male der Naturalismus der modernen Musik in der Operette sein Echo gefunden. Es ist das, was Richard Strauss die al-fresco Behandlung des Orchesters nennt."[424] Gemeint ist der breit aufgefächerte Klangteppich, den Lehár durch Teilung der Streichergruppen, gegenläufige und melodieführende Bläserstimmen und Erweiterung der Tonhöhe aller Instrumente erreicht. Mit dieser Auffächerung, von den Zeitgenossen als „impressionistische Polyphonie" empfunden, nutzte er alle Möglichkeiten moderner Orchesterbehandlung. So gewinnen einzelne Akkorde allein durch ihre Instrumentierung Brillanz und Ausdruckskraft – Lehárs Waffe: der Verinnerlichung mit Opernmitteln zu kommen. „Dieser Lehár schreibt eine Musik, daß man meinen könnte, vom Musikfeldwebel zum Psychologen sei nur ein Schritt"[425], spottete Karl Kraus und meinte damit, dass „die neue Operette auf der Höhe ihrer Verknödelung sich selbst des Operngestus bedient und einen Fünfkreuzertanz mit einem Posaunenfest der Instrumentation beschließt."[426]

„Man greift nicht nach den Sternen"

„In dieser Operette erblicken wir Jüngeren, so wie in der *Geschiedenen Frau* des unvergeßlichen Leo Fall den Typus der modernen Operette, wie sie sein soll"[427], schrieb der Librettist Alfred Grünwald 1928 über Franz Lehárs *Der Graf von Luxemburg*. Ob das der Komponist ähnlich sah, ist eher fraglich, hatte er doch mit *Fürstenkind* und *Zigeunerliebe* längst eine andere Richtung eingeschlagen, bevor er den *Graf von Luxemburg* 1909 in Rekordzeit vertonte. Wie er selbst prahlte, hat er ihn „vom 29. Mai bis 26. Juni fix und fertig"[428] skizziert. Um die schnelle Komposition bildete sich bald die hartnäckige Lehár-Legende, es sei eine erzwungene gewesen, da Lehár bei Karczag wegen einer Herbstnovität für das Theater an der Wien im Wort gestanden habe. In die Welt gesetzt hatte diese Legende einmal mehr Emil Steininger, dem Lehár das Werk mit den Worten übergeben haben soll: „Der Schmarrn ist fertig und wenn es kein Erfolg wird, habt ihr es euch selbst zuzuschreiben."[429]

Tatsächlich hatte es Spannungen zwischen der Direktion des Theaters an der Wien und dem Komponisten gegeben, weil er und Léon *Das Fürstenkind* an das Johann-Strauß-Theater vergeben hatten. Am 17. Mai 1909 schrieb Lehár an

Karczag und Wallner: „Ihr seid bös auf mich, kann Euch aber gestehen, dass Ihr ungerecht an mir handelt ... Von unserem Standpunkt wäre die Durchführung eines Prozesses einfach ein Wahnsinn gewesen ... um keinen anderen Vorteil ... als den Tausch des Theaters ... Dass Ihr die *Zigeunerliebe* an das Carl-Theater gegeben habt, ist vom Verlagsstandpunkt durchaus richtig, denn 2 ungarische Operetten in einem Theater hintereinander hätten nicht gut getan ... Wenn ich mich erbötig gemacht habe, Euch bis zum Herbst den *Luxemburg* zu componieren, ist das nicht mehr als Freundschaft?? Setze ich nicht meine Gesundheit aufs Spiel? Ist es ein Spaß, Nächte schreibend durchzumachen, um eine 2–300 seitige Partitur fertig zu stellen? Begreift Ihr denn nicht, dass ich Euch damit das größte Opfer bringe?"[430]

Das Libretto des *Graf von Luxemburg* ging auf das der letzten Johann-Strauß-Operette *Die Göttin der Vernunft* zurück, die Arthur Maria Willner 1897 geschrieben hatte. Deren Bearbeitung war bereits für die Spielzeit 1908/09 angekündigt gewesen, allerdings wurde die Musik dann für die Operette *Reiche Mädchen* verwendet. Das Libretto dieses Werks stammte von Felix Salten, der sich unter dem Pseudonym Ferdinand Stollberg erstmals im Operettengeschäft versuchte. Das nun freie Buch, dessen Handlung während der Französischen Revolution spielt und dessen Heldin eine Schauspielerin ist, wurde von Willner nach dem Vorbild der *Lustigen Witwe* ins Paris der Gegenwart verlegt und zusammen mit Bodanzky geschickt überarbeitet. Von der eigentlichen Handlung ist wenig geblieben, außer dass die weibliche Hauptperson ebenfalls Bühnenkünstlerin ist, in diesem Fall die Opernsängerin Angèle Didier. Der russische Großfürst Basil Basilowitsch will sie heiraten, kann das aber nicht, weil sie nicht adelig ist. Deshalb engagiert er für sie einen Bräutigam, der sie durch eine Scheinhochzeit in den Adelsstand erhebt. Sein Auserwählter ist René, der bankrotte Graf von Luxemburg. „Als adeliger Demokrat" treibt er sich in der Pariser Bohème herum und entspricht damit ganz Kurt Tucholskys Erwartungen an die moderne Operette: „Man amüsiert sich und ist doch in juter Gesellschaft."[431] Dieser René soll nun Angèle heiraten, ohne sie allerdings jemals sehen zu dürfen, und sich dann nach einer Frist von drei Wochen wieder von ihr scheiden lassen. Wie dieser Plan schiefgeht, erzählt die Operette als erotische Detektivgeschichte, deren wichtigste Spur ein Duft ist. Denn natürlich treffen sich am Abend vor der vereinbarten Scheidung Angèle und René, ohne zu wissen, dass sie bereits miteinander verheiratet sind. Soweit die durchaus reizvolle Grundidee des Buchs.

„Ursprünglich sei es für Fall bestimmt gewesen", wusste Steininger zu berichten, und Lehár von ihm und den beiden Librettisten in derselben Nacht angeboten worden wie *Zigeunerliebe*. Wie „es vier Uhr morgens war, sagten die beiden, daß sie eigentlich noch einen Dolch im Gewande hätten, ein fertiges Operettenlibretto ... Lehár wurde neugierig, man setzte sich zusammen und las das Libretto, das Fall nicht komponieren wollte. Schon nach dem zweiten Akt biß Lehar an."[432] Ende Mai 1909 zog er sich mit dem Libretto nach Ischl zurück. Schon am 21. Juni telegraphierte er an Wallner: „von feindschaft und beleidigender absicht keine rede freundschaftliche auseinandersetzung und entgegenkommen ist immer vorteilhafter als advocatenbriefe steiniger weiss sehr gut wie ich über euch denke und weiss ebenso dass ich euch freiwillig mehr biete als durch drohungen gerichtlicher klage luxemburg ist nahezu fertig zweites finale textlich jetzt grossartig wenn ihr mich also braucht habt ihr jedenfalls meine lustigste und fescheste operette."[433]

Der Graf von Luxemburg

Tatsächlich ist *Der Graf von Luxemburg* Lehárs „fescheste", sondern auch seine persönlichste und typischste Operette, in der von schmissigen Tanznummern bis zu großen lyrischen Szenen alle Aspekte seiner Musik enthalten sind. Hier ist auch die Musikdramaturgie der modernen Salonoperette zum ersten Mal mustergültig ausgebildet: die Auftrittslieder des Helden und der Diva, ihr großes Walzerduett mit Tanzszene, die Buffoduette mit Nachtanz, der sogenannten Tanzevolution, das tragische zweite Finale. Auch das bald zum Stereotyp gewordene Besetzungsmuster mit den zwei nur aufeinander bezogenen Paaren taucht im *Graf von Luxemburg* erstmals bei Lehár auf. Laut Karl Kraus begründete es der Komponist folgendermaßen: „Das Publikum aller Länder liebt eine Mischung von Heiterkeit und Rührseligkeit ... Wir haben stets zwei Hauptpaare: die Verliebten, die girren, und die lustigen Leute, die zum Lachen reizen. So finden sich alle Geschmacksrichtungen befriedigt ...' – Sprach's und wurde nicht sofort verhaftet."[434] Kommentierte Karl Kraus.

Im *Graf von Luxemburg* ist dieses Rezept reizend realisiert. Während Valencienne und Camille in der *Lustigen Witwe* noch ihre eigene, selbständige Geschichte hatten, die im 2. Finale effektvoll mit der Hannas und Danilos kollidierte, wird das bohèmehafte Verhältnis der Kammerzofe Juliette Vermont und des Malers Armand Brissard durch die Handlung nur noch oberflächlich berührt – die Liebe ist ihm stets „zu-zu-zu-zuckersüß" –, so dass, wie ein Kritiker polemisierte, „die Liedertexte im Libretto gar nicht mehr dramatisch entwickelt werden, sondern völlig die Form der Einlage erhalten."[435] Dass sie darüber hinaus in Tanzform gehalten waren, förderte ihre Verbreitung vor allem außerhalb der Operette, ein nicht zu unterschätzender Faktor, gehörten sie doch in Kaffeehäusern und Tanzlokalen längst zur Alltagskultur. Selbst die *New York Times* schrieb 1913: „Viennese operetta waltzes are produced in New York restaurants long before they reach the New York theatres."[436]

Das Walzerduett „Schau'n Sie freundlichst mich an" führt Funktion und Aufbau solcher Nummern beispielhaft vor: Im Strophenteil tragen Juliette und Brissard dialogisch und parodistisch den ewigen Geschlechterkampf um die Ehe aus. Während sie „nur legitim ... intim" werden will, versucht er sie tanzend zu erobern, bis es „im Dreh'n ... um sie gescheh'n" ist. Entsprechend eingängig ist die musikalische Form. Der Refrain „Mädel klein, / Mädel fein / gib dich drein, / sag nicht nein ...", gleichsam schon fürs Tanzlokal konzipiert, ist sowohl textlich als auch musikalisch von solcher Allgemeingültigkeit, dass nach einschlägigen Berichten „in dieser Tonlage ... wirkliche Ehewerbungen erfolgt"[437] sind. Die Coupletform dieses Walzers mit Strophe und Refrain wurde auch für die übrigen Buffonummern verbindlich, nur der Tanzrhythmus wechselt. Abschluss und Höhepunkt bildet die von der englischen Musical Comedy übernommene Tanzevolution: die meist rein instrumentale Wiederholung des Refrains, in der die Darsteller als Grotesktänzer akrobatisch glänzen konnten.

Wie selten bei Lehár dominiert im *Graf von Luxemburg* der Walzer, besonders aber der Lehár-typische Valse moderato, seit „Lippen schweigen" Ausdruck intimer Zweisamkeit der „Verliebten", in die Lehár nach eigener Aussage „möglichst viel Schmelz zu legen" sich bemühte. Bei „Bist du's, lachendes Glück" gelang ihm das bestens. Dieses Walzerduett wird vom ersten Paar - durch ein großes Gemälde auf einer Staffelei so voneinander getrennt, dass sie sich nicht sehen können - zum ersten Mal bei seiner Scheinheirat angestimmt, der Schlüsselszene der Operette: „Wie von einer momentanen Eingebung erfaßt, betrachtet jeder seinen Ehering und wird sich plötzlich des Ernstes der Situation bewußt ... Nachdenklich für sich" haben der Titelgraf René und die Opernsängerin Angèle „ein inneres Erlebnis." Die chromatisch durchtränkte Harmonik und vor allem die Celli, die in hoher Tenorlage die Melodie führen, erinnern von ferne an die *Tristan*-Atmosphäre, wie sie in den letzten Worten des Walzers sich ausspricht: „Lieb in Lust und Leid". Lehár stellt, wie im Vorbild „Lippen schweigen", große Melodiebögen in den Raum einer einzigen harmonischen Funktion, „so daß sich der Hörer zugleich harmonisch auf sicherem Boden und melodisch in der Schwebe gehalten fühlt"[438], wie Carl Dahlhaus die für Lehár typische Wirkung beschrieb. Dass sich dabei die Melodie aus einer langen Note entwickelt, verweist auf die stilistische Nähe zu Puccini, genau wie die emphatische Manier, Sopran und Tenor am Schluss in Oktavparallelen zu führen. In Lehárs Valse moderato spiegelt sich in Adornos Worten die Ambivalenz des „Individuums von avant guerre, das seine Psychologie hat und Stimmung und sogar eine Seele – und das genaue Korrelat solchen Individuums: die Gemeinschaft der fröhlich Tanzenden, die über einen sicheren Boden schweben."[439]

Noch schwelgerischer als in der *Lustigen Witwe* entfaltet Lehár im *Grafen von Luxemburg* seinen modernen Orchesterklang. Der Klang selbst wird hier gar zum dramaturgischen Bedeutungsträger, wenn der Titelheld den Handschuh, den die Frau seiner Träume verloren hat, und den Duft, der ihm entströmt, singend in Zusammenhang zu bringen versucht. Das anfangs fremde Parfüm Angèles, das schwül flimmernde „Trèfle incarnat", wird in einer „klingenden Anagnorisis" mit Renés Erinnerung an die Scheinheirat identisch. Für Volker Klotz zählt diese „Trèfle incarnat"-Szene daher „zu den markantesten in der Geschichte der Gattung Operette."[440] Ähnlich subtil entwirft Lehár in Angèles Auftrittslied ein Psychogramm der Figur. Das sehnsüchtige Aussingen zurückgehaltener Emotionen in Verbindung mit zögerlichen Achtelpausen zeigt Angèles Schwanken zwischen Hoffnung und Zweifel hinsichtlich ihrer künftigen Ehe. Sprechend folgt den inbrünstig langen hohen Noten von „Liebe" eine absteigende Achtelkette: „Nie war der Rechte da."

In den auskomponierten Finali versuchte Lehár dann eine Synthese von Nummerndramaturgie und Musikdrama. Das zweite Finale des *Grafen von Luxemburg* ist ein Musterbeispiel dafür. So wenig sie stilistisch mit Wagner zu tun hat, konstatierte Carl Dahlhaus, „so sehr zehrt die musikalische Dramaturgie von dessen Erbschaft."[441] Die geschlossenen Nummern werden in leitmotivische Bruchstücke aufgelöst und einer dramaturgischen Entwicklung unterworfen. So erscheint, als René seine wahre Identität aufgedeckt, sein Auftrittslied zwischen Dur und Moll verzerrt, mit einem verminderten Septakkord auf „Pump" als schiefem Abschluss. Oder das „lachende Glück" bricht auf dem Höhepunkt des Konflikts dank eines neapolitanischen Sextakkords in sich zusammen. Hanns Eisler polemisierte: „Was bei Beethoven Ausdruck des höchsten Schmerzes war, erscheint bei Lehár als – ebensolcher."[442] Dabei bleiben solch schrille Dissonanzen Ausnahme von der Regel des Wohlklangs, ebenso die kontrapunktischen Nebenstimmen im ansonsten homophonen Orchester. Dennoch waren solche Effekte für die Operette neu – „der Geist fühlt sich ... in den entrückten Höhen des Musikdramas"[443], wie es manchem Zeitgenossen schwindelte.

„Wie's nur ein Luxemburger kann"

„Es war bestellte Arbeit, ja, aber schon nach der ersten Note begann ich mich in das Buch zu verlieben ... und statt, wie ich es gewohnt bin, methodisch zu arbeiten, habe ich dieses Buch von rückwärts nach vorn und von vorn nach rückwärts komponiert. In drei Monaten war ich fertig und beim Durchblättern der Partitur sagte ich mir: das ist vielleicht die ursprünglichste Musik, die du je geschrieben hast!"[444] Wie Lehár selbst schien es auch dem Publikum der Wiener Uraufführung am 12. November 1909 ergangen zu sein. Sie brachte dem *Grafen von Luxemburg*, glaubt man dem *Fremdenblatt*, einen „Erfolg von einer Intensität, wie sie vielleicht noch keinem Werke Lehárs zuteil geworden ist! Man applaudierte von allem Anfang an wie toll ... man verlangte alles da capo"[445] – und wie die *Neue Freie Presse* ergänzte: „manches sogar zweimal. Es gab viele Hervorrufe, nach dem dritten Akt 46, wie gewissenhafte Statistiker zählten."[446] Dabei war durchaus keine Starbesetzung aufgeboten, doch der gewandt singende Schauspieler Otto Storm und die blendend aussehende junge Anny Ligeti machten Treumann und Günther fast vergessen, obwohl die Rollen deutlich auf sie zugeschnitten waren.

Der eigentliche Clou der Besetzung aber war der noch junge Komiker Max Pallenberg, der schon in Leo Falls *Fidelem Bauern* aufgefallen und seit September 1908 im Ensemble des Theaters an der Wien war. Als russischer Fürst Basil Basilowitsch gab er „Töne von sich, die wie das Jubelgeschrei eines Säuglings klangen, und man brüllte. Man wollte ihn nicht von der Bühne lassen."[447] Vor allem aber war die Aufführung ein Triumph für Lehár. So rühmte das *Deutsche Volksblatt* „den prächtigen Gesamteindruck seiner Musik, deren Vorzug ebenso in der Anmut und Frische der Erfindung als in der sauberen Technik liegt, die in diesem neuesten Werke fast noch höher steht als in seiner *Lustigen Witwe* ... Man könnte die Operette, was den musikalischen Teil anbelangt, geradeso gut eine komische Oper nennen ... dem Gassenhauer ist der Komponist aus dem Weg gegangen ... (hat eine) Fülle reizendster Melodien ... in ein ungemein duftiges, liebliches instrumentales Gewand gekleidet, das oft an Puccini erinnert."[448]

Als zwei Monate später auch noch *Zigeunerliebe* im Carl-Theater herauskam, spielten alle drei großen Wiener Operettenbühnen nur noch Lehár. Und sowohl *Der Graf von Luxemburg* als auch *Zigeunerliebe* und *Fürstenkind* erlebten das Jubiläum der 200. Vorstellung. Das hieß, wie *Die Zeit* feststellte: „Bis zum Schluß der Saison wird man ... in diesen Theatern keines anderen Komponisten Werk zu Gehör bekommen. Das ist an sich ein Rekord, fast größer als der der *Lustigen Witwe*. Bisher hat sich Aehnliches niemals ereignet, hat das Publikum niemals in eklatanterer Weise einem Komponisten seine Reverenz bezeugt."[449]

Bereits am 23. Dezember 1909 fand im Neuen Operettentheater am Schiffbauerdamm die Berliner Premiere des *Graf von Luxemburg* mit Fritz Werner und Mizzi Wirth statt. Wie in Wien hatten die Sänger schon vorher die wichtigsten Nummern auf Schellackplatten aufgenommen, so dass die Schlager dort bereits bekannt waren, besonders „Bist du's, lachendes Glück" und „Mädel fein", wie der *Berliner Börsen-Courier* berichtete: „Dieser letzte Walzer wurde sechsmal gesungen und der Jubel fand kein Ende, als er eine Treppe ‚hinauf' – getanzt wurde – von Stufe zu Stufe."450 Für den gleichfalls anwesenden Alfred Döblin war Lehárs *Graf von Luxemburg* freilich nur „ein Vorwand, der Künstler Glied eines ökonomischen Trusts. Das Aufblühen der Automobilindustrie gehört zu den ureigensten Verdiensten eines echten Dramatikers. Und wie wird sich dies hier erfüllen! Soviel Küsse, soviel Tanz, soviel Kränze, soviel Schlager. Die unzüchtige Zote, die süße Geilheit in Wort und Spiel und Musik: mein Liebchen, was willst du mehr?"451

The Count of Luxembourg

Der Graf von Luxemburg bescherte Lehár den zweiten großen internationalen Erfolg. Er ging den Weg der *Lustigen Witwe*, nur schneller, stand er doch bald im Ruf, unter allen neuen Lehár-Operetten ihr einzig legitimer Nachfolger zu sein. Bald war das Werk über sämtliche mitteleuropäischen Bühnen gegangen, in Rom bemerkte man sogar hellhörig „l' influsso del dramma musicale di Riccardo Wagner."452 Der Welterfolg freilich ging wieder vom Daly's Theatre des George Edwardes aus, der mittlerweile zum Spezialisten für Wiener Operetten im englischen Sprachraum geworden war. Nachdem *The Merry Widow* zwei Spielzeiten das Daly's beherrscht hatte, folgten unmittelbar im Anschluss 1909 *The Dollar Princess* und 1910 *The Waltz Dream*, ehe am 20. Mai 1911 „the most brilliant production that need to be desired, even at Daly's ... had taken by storm the house"453 – und es über eine Spielzeit und 340 Vorstellungen blieb. Hatte schon König Edward VII. die *Lustige Witwe* viermal gesehen, ließen es sich George V. und seine Gattin Mary nicht nehmen, den ersten Premierenbesuch ihrer Regentschaft ausgerechnet dem Heiratsgrafen aus Luxemburg abzustatten, eine Sensation, von der Presse gebührend herausgestellt: „During the interval between the first and second act the King sent for ... Herr Lehár, who was conducting the orchestra ... ‚I have extremely pleasant recollections of *The Merry Widow*', the King said to him, speaking in German, ‚and what I have heard this evening charms me just as much ... Do you speak English?' ‚No, your Majesty ... but I am going ... to learn it, and when I come again I shall be able to.' The King was amused about the answer ... ‚I hope to come here to see your piece as often as I came to see *The Merry Widow*'."454

12 „Lieber Freund, man greift nicht nach den Sternen ..."
Otto Storm und Annie von Ligety in Der Graf von Luxemburg [!], Theater an der Wien 1909

13 „Stairway that leads to Fairyland, where we may wander hand in hand!" Bertram Wallis und Lily Elsie beim „Staircase Waltz" in The Count of Luxembourg, Daly's Theatre, London 1911

Mit der englischen Bühnenpraxis hatte sich Lehár längst versöhnt. Diesmal konnte der Protagonist, Bertram Wallis, sogar singen und seine Partnerin Lily Elsie war stimmlich gereift. Wieder hatte Basil Hood das Buch stark verändert – zu dessen Vorteil, wie MacQueen-Pope meinte. „He knew, too, that construction was never the strong point abroad, but that British audiences disliked clumsiness."[455] Er ignorierte diesmal den, wie üblich, schwachen 3. Akt, erstellte eine zweiaktige Fassung und machte aus dem „lachenden Glück" sinnig, „the heroine's leit-motif, ‚Ah, Love, can it be Love?'" Wie in Berlin wurde „Mädel klein" auf einer Treppe inszeniert und zum Höhepunkt der Aufführung. Nur tanzte nicht mehr das Buffopaar singend auf und ab, sondern das „first couple" Bertram Willis und Lily Elsie. Der „Staircase Waltz" wurde laut *Daily Mail* zur Sensation – „which is to be the talk of the town for months."[456] Das Bühnenbild

14 Le Comte de Luxembourg, Théâtre Apollo, Paris 1912:
Henry Defreyn, Brigitte Regent, Félix Galipaux, Angèle Gril, Fernand Frey

selbst, mit der bahnbrechenden Treppe, soll die damals ungeheure Summe von 100.000 Mark verschlungen haben.

Der Graf von Luxemburg besiegelte den weltweiten Siegeszug der Wiener Operette. Am 16. September 1912 war er ebenfalls mit einem „Staircase Waltz" im New Yorker New Amsterdam Theatre herausgekommen, ein halbes Jahr zuvor im Pariser Théâtre Apollo. Seitdem ist, Karl Kraus zufolge, „die Welt und leider auch Frankreich von diesem Zwetschgenmus eines musikalischen Schönpflug überzogen ... Sie haben eine *Grande Duchesse de Géroldstein* und spielen den *Comte de Luxembourg*!"457

Calais – Dover

Während seines ausgedehnten Londoner Aufenthalts war Lehár, anders als bei der *Merry Widow* vier Jahre zuvor, sehr entspannt, genoss seine Popularität und notierte befriedigt in seinen Kalender, den „Daily Reminder 1911", ein erst kürzlich wieder aufgetauchtes Geschenk seines amerikanischen Produzenten Henry W. Savage: „Die *Luxemburg*-Premiere ist großartig ausgefallen. Die Aufführung war wunderbar. Das Königspaar war bis zum Schluß der Vorstellung anwesend. Der König ließ mich zu sich rufen. Das Orchester spielte glänzend.

Mit einem Wort: Es war ein durchschlagender Erfolg." Gleich darunter findet sich der ungarische Eintrag: „A kis Beatrice az egyetlen lány a kit igazán szerethetném." Offenbar sollte diese Notiz nicht für jeden verständlich sein, verbarg sich doch dahinter eine Liebeserklärung: „Die kleine Beatrice ist das einzige Mädchen, das ich wirklich lieben könnte." Wer war „kis Beatrice"? Vielleicht die Heldin jener Calais-Dover-Episode, die Lehár nach der Rückkehr aus London seinen Mitarbeitern als Stoff für ein Libretto vorgeschlagen hatte?

Als eine der wenigen überlieferten Liebesromanzen geistert diese Episode seit Maria von Peteani durch die Lehár-Literatur. Auf der – laut Kalendereintrag vom 23. April – „stürmischen Überfahrt" von Calais nach Dover, fiel ihm, wie Bernard Grun ausführte, „eine elegante junge Dame auf ... Noch vor der Ankunft hatte sie ihm gestanden, dass sie ein Mannequin ... war und ihn als den *Merry Widow*-Komponisten erkannt hatte. Man verabredete sich in einem Separée bei Romano's, traf sich – und trank viel Champagner."[458] Was weiter geschah, verschweigen die Chronisten, bis auf folgende operettenhafte Auflösung: Das Mannequin entpuppte sich als Lady der besten Londoner Gesellschaft. Damit war die Episode für die Chronisten beendet, nicht aber für Lehár, der am 27. Juni in seinen „Daily Reminder 1911" den Namen „Beatrice von Brunner" notierte, dazu als Adresse: „Paillard Bellevue-Place (Seine & Oise), Teleph. 642.24." Darunter ist das Foto eines Hundes eingeklebt mit der Zeile „Love from Boo Boo", auf der Seite davor das zweier junger Damen, die mit nackten Füßen in einem Gewässer stehen. Eine davon ist bloß mit Hemd und langer Unterhose bekleidet, darüber steht in derselben Handschrift geschrieben „moi". Beide Fotographien sind offenbar Geschenke besagter „kis Beatrice" mit dem Nachnamen „von Brunner". Tatsächlich existiert unter diesem Namen auch eine 14-teilige Fotoserie, aufgenommen am 26. August 1910 vom Fotostudio Bassano in London, die sie als „actress" mit den Lebensdaten 1892–1955 ausweist und von der sich einige Abzüge auch in Lehárs Besitz in Bad Ischl befinden. Auf diesen Fotos gleicht sie nicht nur der unkonventionellen jungen Frau auf dem Foto in Lehárs „Daily Reminder 1911", sondern spielt in verschiedenen verführerischen Posen ihre erotische Attraktivität unverblümt aus.

Dass ihm die Neunzehnjährige offenbar bis nach Paris gefolgt ist, verrät eine für die damalige Zeit erstaunliche Selbständigkeit. Ob sie ihn dort auch ins Théâtre Vaudeville begleitet hat, wo Lehár am 23. Juni die französische Premiere von *Amour Tzigane* dirigieren musste, lässt sich allerdings nicht nachweisen. Es war ein Gastspiel des Theaters an der Wien mit Mizzi Günther als Zorika und der Budapester Diva Sári Fedak als Ilona und Teil einer Werbetour des Karczag-Verlags. Vier Tage später und nach über zweimonatiger Abwesenheit reiste Lehár zurück nach Wien, um am 29. Juni gleich nach Ischl weiterzureisen, wo er zum letzten Mal das „Rosen-Stöckl" bezog: „Die Wohnung ist ‚stimmungsvoll' und ich hoffe, daß ich gut arbeiten werde [!] können. Das Häuschen über und über mit roten Rosen bedeckt"[459], notierte er in seinen Daily Reminder. Die richtige Atmosphäre, um *Eva* zu vollenden, seine nächste Operette, deren Titelblatt ein Mädchen mit langen offenen Haaren zieren wird, für das „kis Beatrice" Modell gestanden haben könnte. Entsprechend inspiriert fiel die Musik aus. An seiner besonderen Inspiration durch die Frauen bestand für Lehár ohnehin kein Zweifel: „Aus ihren Wünschen und Sehnsüchten steigt ein geheimnisvolles Fluidum auf, das von der Empfangsstation – der Seele des Künstlers – aufgenommen wird."[460]

„Nacht für Nacht bis zum Morgengrauen am Schreibtisch"

Voraussetzung der Inspiration aber war für Lehár die völlige Identifikation mit den Figuren einer Operette. Das Resultat waren melodische Einfälle, die er in diversen, seit 1905 chronologisch geordneten Skizzenbüchern vermerkte. „Vor allem deklamiere ich jeden Text und dadurch entsteht in meinem Kopfe die Melodie, bei der es ja bekanntlich die Hauptsache ist, daß das gesungene Wort sich möglichst genau dem gesprochenen anpaßt." Dabei begann Lehár meist mit der Nummer, die ihm als Schlüsselszene des Werks erschien, um dessen musikalische Grundstimmung einzufangen, „eine neue interessante Farbe, die natürlich mit der Handlung korrespondieren muß … Beim *Grafen von Luxemburg* habe ich mit dem ‚Handschuhlied' begonnen und dieses hat dem ganzen Werk seine Signatur aufgeprägt."[461] Dabei ist ihm „die Arbeit am Schreibtisch … verläßlicher" als die am Klavier. Dem verdanke er zwar „viele und glückliche Anregungen … Aber es birgt auch eine große Gefahr. Es verleitet sehr leicht zu Phantasien, es entführt und verlockt zu thematischen Paraphrasierungen und Umschreibungen … man kommt zu leicht vom Wege ab, und verliert sich in einem blühenden Dickicht."

Charakteristisch ist der fast unbewusste Zustand der Empfängnis– „oft nach arbeitsreichen Tagen, wenn ich abgemüdet, spät ein Thema vornehme, folgen Melodien auf Melodien, oft jagen die Einfälle so rasch hintereinander, daß ich Mühe habe, ihnen mit dem Bleistift zu folgen."[462] Nicht umsonst ist Lehár, wie Puccini, ein Nachtarbeiter. „Ich komponiere fast ausschließlich bei Nacht … Wenn alles schläft, um mich vollkommene Ruhe herrscht, dann fallen mir die besten Sachen ein … Nacht für Nacht bis zum Morgengrauen am Schreibtisch, bis der Körper seine Rechte fordert. Oft bin ich am Schreibtisch eingeschlafen, so manche Melodie entstand im Halbschlummer, weltentrückt …"[463]

Der Musikwissenschaftler Norbert Linke hat Lehárs Arbeitsmethode als „Dreistufen-Strategie" bezeichnet: „Beim Skizzieren hält er die Hauptmelodien nach szenischem Ablauf in einem Kurzprotokoll fest. Anders beim Klavierparticell: dem Stecher schickt Lehr zunächst die ‚Schlager', danach die Finali, Introduktionen und Intermezzi, am Ende die Modetanz-Einlagen. Die Partiturreinschrift beginnt er mit einem voll instrumentierten Finale, dem die ausgespart orchestrierten Nummern (im Rückwärtsgang) zugeordnet werden."[464]

Während Lehár diese Arbeitsschritte bevorzugt nachts erledigte, lagen seine Librettisten meist friedlich im Bett ihrer Villa, die sie nach Karl Kraus' Definition, „vermöge eines spezifischen Untalents"[465] besaßen, wenn sie nicht gerade von einem Anruf des Komponisten aus süßen Tantiementräumen gerissen und mit einem neuen musikalischen Einfall konfrontiert wurden, wie dies „Meister" Lehárs Unart war. Oder man fand sie „in einer der Operettenbörsen: im Café Bauer oder Imperial, wo zahlreiche Buchmacher und die bekanntesten Vertreter der Textilindustrie ihre Geschäfte abwickeln."[466]

Das Kaffeehaus war freilich weit mehr als ein abgegriffener Topos der Wiener literarischen Tradition, sondern ein Ort des Handels und Wandels, an dem aktuelle Stoffe in jeglicher Form kursierten. Dabei ging es nicht, wie Klaus Pringsheim vermutete, vor allem darum, dass möglichst viel „von Paris, Ostende, Monte Carlo die Rede ist, von kostbaren Toiletten, Brillanterien, prachtvollen Soupers, Tennispartien, livrierten Dienern ... und sonst von Dingen, die ein meskines Parfum von Allerweltselegenz verbreiten"[467], sondern darum, mit solch modischen Versatzstücken und Sprachwendungen wie „Hab ich dich, du süße Puppe, / ist mir alles and're schnuppe"[468] die Illusion einer Utopie des unbeschwerten Lebens zu suggerieren, in der Wünsche durch ihre bloße Nennung in Erfüllung gingen. Denn wie die Musik im Refrain sucht der Text die Aura der Gegenstände im zündenden Schlagwort. „Maxim" ist so ein Schlagwort, das dann in Danilos Auftrittslied melodisch zum Ausdruck kommt. „Solch ein Wort ist der konkrete Kristallisationspunkt des"[469] Gesangstextes und wird zur musikalischen Zauberformel: „Spricht man's aus, / Wird daraus" - im Fall von Paris - „Ein Cancan."[470] Die Operette verleiht dem gesungenen Wort die Macht der Verwandlung – magisch erklingt sein tönendes Abbild.

Wie eine Märchenkönigin – Eva

Paris ist auch der Sehnsuchtsort von Lehárs außergewöhnlicher Arbeiter-Operette *Eva*. Doch nur der dritte Akt spielt auch tatsächlich dort, die beiden vorherigen in einer Glasfabrik bei Brüssel. Vorbild dieser ersten Operette ohne jegliche aristokratische Beteiligung war Ernst von Wildenbruchs trivialnaturalistisches Drama *Die Haubenlerche* von 1890. Titelfigur ist die Arbeiterin Eva, deren verstorbene Mutter eine rätselhafte Schönheit war, und die sich deshalb fremd fühlt in ihrem Milieu. Sie lebt in einer Märchenwelt und identifiziert sich nicht umsonst mit „Aschenbrödel". Und so folgt sie nur zu gern den Avancen des Prinzen, ihres jungen Chefs Octave Flaubert. Der wiederum findet, dem von Karl Kraus zitierten Programmheft zufolge, „in seinem zweiten Buchhalter Prunelles einen Mann von großstädtischen Sehnsüchten ... der oft nach Paris herüberreist und die neuesten Schlager der Varietes kennt." Er entspricht genau der Leitfigur des tanzenden Prokuristen – „unter Larven also die einzig fühlende Brust."[471]

Wenn Octave seinen Arbeitern verkündet: „Arbeit macht das Leben süß, / so heißt hier die Parole / und dient sie, das ist ganz gewiß, / dem allgemeinen Wohle", um seinem Buchhalter zu gestehen: „Naja, das sieht man mir doch an, / ich hab noch nie etwas getan" – dann lässt er keinen Zweifel, wessen Wohl er meint, denn „schlecht gestellt, / ist ein Held / ohne Geld." Der von beiden verkörperten Lebewelt steht Evas Traum- und Märchenwelt nur scheinbar entgegen, fehlt ihr doch jegliches Klassenbewusstsein, auch musikalisch. Ihr Auftrittslied atmet dieselbe Salonatmosphäre wie die Musik Octaves, während die Arbeiter keine eigene Klangsprache haben. Keine Arbeiterlieder sind zu hören, stattdessen die Sirenentöne der kapitalistischen Lebewelt, der auch das Buffopaar verfallen ist: Probiermamsell Pipsi und der unmündige, aber reiche Erbe Dagobert, der sie folgendermaßen umwirbt: „Pipsi, holde Pipsi, Ach, ich lieb' Sie, lieb' Sie."

Wenn im zweiten Akt Octaves Pariser Freunde eintreffen, verwandelt sich seine neben der Fabrik gelegene Villa in einen Pariser Nachtclub. Hier werden „die Geister von Montmartre" ebenso beschworen wie das „Pariser Pflaster", das sich nicht umsonst auf „Pariser Laster" reimt. Denn „Eh'bruch nach Pariser Stil / bringt moralisch uns an's Ziel ... Und ist's auch nur 'ne kurze Chose, / Pariser Mädel, du bist patent." Hier feiert eine entfesselte Warenwelt einen bunten Karneval des Konsums, dessen Parolen an zeitgenössische Werbeslogans erinnern: „Nimm deinen Frack und Claque / und mach die Nacht zum Tag!" Handelt es sich gar um Champagner, potenziert der Markenname die Wirkung: „Stimmung, Stimmung! / Champagner her, / wir haben keinen Heidsik [!]mehr" Und auch das Küssen wird zum Mittel der Selbstvermarktung, „macht es doch stets Reklame." Selbst die erste Liebesszene zwischen der Titelheldin und Octave Flaubert entspricht diesem Muster: „Octave: ‚Statt dieser Blouse ein Negligée [!], ganz duftig schimmernd und spinnwebdünn ...' Eva (visionär): ‚Reich flutend gleich gesponnenem Gold ...'"

Das goldene Negligé als Gegenstand einer Vision des Glücks entspricht der Logik des Warenhauses, die verspricht, mit der Ware das Glück selbst zu kaufen. Wenn Eva ihre verstorbene Mutter im Auftrittslied „wie eine Märchenkönigin" erscheint: „So möcht' ich sein, / umstrahlt von des Märchens lockendem Schein", tritt dies nach der Wunschstruktur des Märchens tatsächlich auch ein. Eva ist sich dessen sehr wohl bewusst, wenn sie ihren Prinzen fragt: „Wem gleich' ich? – Dem Aschenbrödel im Königsaal. / So wird das Märchen wirklich wahr." Dessen Erfüllung verhindert im zweiten Finale allerdings eine Revolte der Arbeiter, die ihr Fabrikmädel vor dem vermeintlich skrupellosen Verführer retten wollen. Doch der nimmt ihnen den Wind aus den Segeln und verspricht Eva die Ehe. Der Klassenkampf fällt aus. Als sich die Arbeiter entfernt haben, erklärt Octave, sein Eheversprechen habe „Effekt gemacht ... Eine kleine Notlüge war wohl erlaubt, die Hauptsache ist, sie haben's geglaubt.' ... (*Eva weicht vor ihm wie vor einer Natter zurück*)."

Vertrieben aus dem Paradies ihrer Illusionen, geht sie nun ihren eigenen Weg und der führt nach Paris: „Kein Märchen, nein, das Leben" ruft. Und so trifft sie Octave als Pariser Lebedame wieder. Im Gegensatz zum sonst üblichen schnellen Ausräumen der Missverständnisse im 3. Akt hat Lehár hier eine ausgedehnte Finalszene zwischen beiden komponiert, in der die wichtigsten Themen der Operette leitmotivisch auftauchen und sich die beiden zu Evas „Wär es auch nichts als ein Traum vom Glück" versöhnen, einer von Lehárs suggestivsten Walzereingebungen, die er bereits 1902 für seinen Konzertwalzer *Mädchenträume* komponiert hat.[472] Wie in allen Schlüsselszenen dieser Operette wechseln hier Gesang und Prosa, das Melodram wird zum bevorzugten Mittel jener unausgesprochenen Gefühle, die durch Worte allein nicht mehr auszudrücken sind.

Mehr noch als in Lehárs bisherigen Werken wird in fast allen entscheidenden Szenen von *Eva* nicht gesungen, sondern gesprochen oder geschwiegen. Umso beredter ist die Orchesterbegleitung. Lehár nimmt hier die Technik der Filmmusik jener Hollywood-Melodramen vorweg, die vor allem von Wiener Emigranten wie Erich Wolfgang Korngold und Max Steiner geprägt wurde. David Bach befand in seiner Rezension für die *Arbeiter-Zeitung*, das Libretto komme „der melodramatischen Absicht der Musik sehr zu statten. Lehar geht der Szene nach ... Eigentlich wär's die beste Musik zu einer Pantomime"[473], einer Gattung, die damals sowohl vom Ballett als auch vom Kabarett neu entdeckt wurde. Die Theaterwissenschaftlerin Marion Linhardt hat das dritte Finale von *Eva* daraufhin untersucht und herausgearbeitet, wie die ausgedehnte pantomimische Sequenz, in der Octave vom Garten aus beobachtet, wie sich Eva in ihrem Boudoir vor dem Spiegel zurechtmacht, durch die moderne Choreographie der Körper und der Musik zur dramaturgischen Schlüsselszene wird.[474]

Wie in der Tanzszene der *Lustigen Witwe* schweigen auch hier die Lippen und sprechen die Körper. Das Triebhafte enthüllt sich allerdings im Mondlicht des Märchens, was Lehár zu silbernen *Rosenkavalier*-Klängen inspiriert hat. Und tatsächlich hatte Lehár vorher die Wiener Premiere der Oper von Richard Strauss am 8. April 1911 besucht und „manchmal langweilig, manchmal herrlich"[475] gefunden, wie er seinem Daily Reminder anvertraute. Jedenfalls gelang ihm in *Eva* eine unwiderstehliche Klangmischung, der selbst die *Arbeiter-Zeitung* – trotz des heftig kritisierten Arbeitermilieus – nicht widerstehen konnte: „*Eva* ist musikalisch wohl das Beste, was wir seit geraumer Zeit auf Wiener Operettenbühnen zu hören bekamen. *Eva* steht auch höher als gar manches der letzten Werke Lehars selber. Die Musik hat Sinn und Verstand, und sie opfert davon nichts oder doch nur sehr wenig um der erobernden Wirkung willen. Schlager, was man so nennt, sind reichlich genug vorhanden, so daß auch der süße Operettengeschäftspöbel auf seine Rechnung kommt. Umso besser, daß auch höhere Ansprüche durchaus nicht unbefriedigt bleiben."[476]

Die soziale Frage im Dreivierteltakt

„Es ist durchaus überflüssig, daß sich auch in der Operette das soziale Gewissen regt. Blaue Hemden und schwielige Fäuste sind nicht die richtige Ausstattung, und Sozialpolitik, Ethik und Arbeiterfragen sind in Form von Gesangstexten unerträglich … Und wenn zur dramatischen Verstärkung des zweiten Finales die Arbeitermenge erscheinen und murren muß, so beginnt auch der geübte Operettenbesucher im Parkett drunten innerlich zu murren"[477], murrte die *Neue Freie Presse* nach der Uraufführung am 24. November 1911. Und das *Fremdenblatt* schloss sich an: „Nun aber bekommen wir die soziale Frage sogar im Dreivierteltakt vorgesetzt, die Chordamen tanzen auf dem Vulkan einer Arbeiterrevolte und wir müssen froh sein, wenn im Finale statt einiger Pointen nicht ein paar Tote liegen bleiben."[478] Nicht zuletzt wegen dieser Szene im zweiten Finale sorgte *Eva* bei den Zeitgenossen für heftige Debatten, in die sich schließlich auch Direktor Karczag mischte: „Immer und immer lese ich, daß Franz Lehár in seiner Operette *Eva* sozialistische Probleme lösen wollte – Ja, um Gottes Willen, wo kommt in diesem musikalischen Werk nur ein einziges Wort von sozialistischen Problemen vor? Weil Arbeiter revoltieren – ist das Sozialismus? … In *Eva* wollen die Arbeiter ihre Eva gegen den jungen Fabrikherrn schützen, der sie verführen will. Das ist doch eine einfache menschliche Angelegenheit und hat mit Sozialismus nichts zu tun."[479]

Schließlich verdankte gerade diese Szene nicht zuletzt Karczag ihre endgültige Gestalt, wie sich Franz Lehár zwölf Jahre später „mit vielem Vergnügen" erinnerte: „Im zweiten Akt bricht eine Rebellion der Arbeiter los. Ein Mann hat – rollengemäß – auf die Bühne zu eilen und zu melden: ‚Draußen stehen Zweihundert!' Karczag unterbricht: ‚Warum sagen Sie Zweihundert? Weshalb sparen Sie? Was sind zweihundert bei einem Krawall? Sagen Sie Achthundert, das macht mehr Wirkung ...' Der Regisseur: ‚Dann müssen aber mindestens vierhundert Leute auf die Bühne stürzen und stürmen ... das wird Geld kosten ...' Karczag: ‚Ich habe gesagt: man soll von Achthundert – reden – von hereinstürzen habe ich nichts gesagt ...' Bei einer anderen Probe von *Eva*. Die Heldin hat ihre Perlen abgenommen und Oktave zu Füßen geworfen: ‚Jetzt gehe ich meinen eigenen Weg', sagt Eva ... worauf Oktave schmerzlich bewegt ausruft: ‚Was habe ich getan?' In der ursprünglichen Fassung der Operette soll hier der Vorhang niedergehen. Karczag protestierte gegen diesen ‚gewöhnlichen' Aktschluß und meinte, es wäre gut, hier durch einen Gegensatz zu wirken ... ‚Das Publikum ist für Kontraste empfänglich ... Lieber Lehar! Was glauben Sie, sollte man hier nicht die Freunde Oktaves auftreten und ein lustiges Marschlied singen lassen? Nicht immer Tränen ... bitte ... etwas Lustigkeit mischen ... Oktave weint ... seine Freunde sind fidel ... das wird das Publikum packen.' Ich folgte dem Rate und bei der Première schlug der nach Karczags Rezept umgemodelte Aktschluß ein."[480] Dies bestätigt sogar der Bericht des Zensurbeamten: „Am Schluss des 2. Aktes, der durch seine Handlung packend sowie musikalisch hinreißend wirkt, und auch den Erfolg der Operette entschied, wollte der gespendete Beifall kein Ende nehmen."[481]

Eva wurde „ein wirklicher Erfolg", wie Ludwig Karpath feststellte, und das obwohl Direktor Karczag „das Skandalöse einer organisierten Claque eingesehen und diese endlich abgeschafft hat. Daß es auch so geht, bewies die gestrige Premiere. Im Anfang applaudierte man wenig. Dies wäre wohl nicht möglich gewesen, wären die Lohnklatscher auf ihren Plätzen gesessen. Wie prasselte aber nachher der Applaus nieder, ohne daß es der Hilfe der Claqueure bedurft hätte! Wie viele Nummern wiederholt werden mußten, wissen wir wahrlich nicht anzugeben."[482] Dass Karczag auf die Claque verzichtete, war damals äußerst ungewöhnlich und ziemlich gewagt.

Gewagt war auch das Wiederengagement von Mizzi Günther und Louis Treumann trotz dessen Entlassung 1908, nach der Karczag gesagt haben soll: „Der Mann kommt mir nie mehr ins Haus."[483] Lehár hatte beiden bereits im August die Operette vorgestellt und bei Karczag durchgesetzt, dem Choreographen Roice abzusagen, „da Treumann & Günther seit Jahren daran gewöhnt sind, sich die Tänze selbst zurecht zu legen."⁴⁸⁴ Die Rückkehr des Traumpaars ans Theater an der Wien war ein Triumph für beide, wie Freund Karpath festhielt: Günthers „warmer Ton verbreitet immer Behaglichkeit, ihr schönes Singen und ihr wohldurchdachtes, dezentes Spiel berührt angenehm. Einen Partner, wie sie sich keinen besseren hätte wünschen können, fand die ausgezeichnete Künstlerin in Louis Treumann. Dieser außerordentlich begabte Bühnenkünstler hat seit seinen Anfängen mehrfache Wandlungen durchgemacht ... Gewiß, Herr Treumann war zu jeder Zeit ein gesanglich hervorragender Bonvivant und ein flotter Tänzer; das wußte man auch bisher. Seit gestern aber wissen wir auch, daß er eine glänzende Eignung für das feinere Lustspiel besitzt ... eine viel bemerkte, angenehme Ueberraschung des Abends."⁴⁸⁵

Eva in Tripolis

„Ein neues Werk von Lehar ist Sensation. Heute nicht für Wien, Oesterreich und Deutschland allein, sondern auch für das ferne Ausland. Englische Direktoren sind zur Premiere eigens nach Wien gekommen. Vielleicht waren auch französische Bühnenlenker oder deren Vertreter da. Kurzum internationale Spannung, größte Hoffnungen auf eine neue ausgiebige Einnahmequelle für Direktorensäckel."⁴⁸⁶ Karl Schreders Polemik im *Deutschen Volksblatt* ist typisch für die damaligen traditionellen Vorbehalte gegenüber der modernen Operette in Wien gegenüber dem Weltmarkt, den sie bediente. Und tatsächlich war *Eva* Lehárs letzter großer internationaler Erfolg für längere Zeit. Besonders in Italien erfreute sie sich großer Beliebtheit, die Übersetzung stammte vom späteren Puccini-Librettisten Giuseppe Adami. Die Mailänder Premiere fand unmittelbar nach der Berliner und vor der St. Petersburger am 12. Januar 1912 statt, im Dezember 1912 folgten dann New York und Brüssel, der eigentliche Schauplatz der Operette. Lehár hatte zu Beginn des zweiten Akts sogar eine Nummer mit Lokalkolorit eingebaut, die später als Konzertstück populär gewordene *Zwanzinette*. Vorbild war das gleichnamige Tanzstück von Louis Frémaux, das 1910 bei der Brüsseler Weltausstellung viel gespielt und dort auch von Lehár gehört worden war. Der Titel geht zurück auf „la zwanze", eine für Brüssel typische, auf Übertreibung basierende Art von Humor.

Die kurioseste Aufführung von *Eva* war aber die in Tripolis kurz nach der italienischen Besetzung. Denn „man denke nur, wenn die Italiener 1912 Tripolis nicht erobert hätten, wie würden die Tripolitaner jemals etwas von Lehár erfahren haben!" Nicht ohne Genugtuung meldete die *Neue Freie Presse* den „Einzug der europäischen Kultur. Vor ein paar Jahren war Tripolis noch ein verschlafenes Wüstennest, in dem die arabischen Muselmänner nicht die geringste Ahnung von der Köstlichkeit einer Theateraufführung hatten, und nun sind sie mitten drinnen im Vergnügen, können sich allabendlich an Lehárscher Musik begeistern und ihre braunen Köpfe im Takt zum *Eva*-Walzer wiegen."[487]

Karl Kraus hat diese Meldung zum Anlass genommen, sich diesen „Einzug der europäischen Kultur" bildhaft auszumalen:

> „,Allah, wenn man so zurückdenkt' – sagte also ein arabischer Kommerzialrat im Parkett nachdenklich vor sich hin ... ,Abdullah mein Gold, bist du traurig über den Verlust des Landes?' – sagte die Gattin neben ihm, die immerzu ihren Kopf im Takt wiegte. ,Eigentlich muß man froh sein, dass die Italiener das Land erobert haben. Schön mopsen möcht man sich heut ohne ihnen.'
> ,Fatme, du bist gerecht', versetzte der Kommerzialrat ...
> ,Geschmacksache', bemerkte ein junger Araber, der schon wie Herr Treumann aussah, , Apropos, Herr Kommerzialrat, was is mit der Revolution morgen? Mir scheint, es steht mies.'
> ,Das hätt ich Ihnen schon längst sagen *können* ... Ich bitt Sie, heutzutag? Revolution macht keine Kassa. Passen Sie auf, wie das Land aufblühen wird unter Lehár. Warum soll er nicht auch in Tripolis ausverkaufte Häuser machen? So wahr ich Abdullah heiß, 600 mal en suite in arabischen Ziffern! Lassen Sie jetzt nur noch den *Rastelbinder* geben und keine Katz denkt mehr an das Vaterland. Schauen Sie Österreich an. Die hätten auch Krieg führen sollen, aber sie sind gewitzigt und gehen lieber hinein in die *Eva*. Die singen überhaupt den ganzen Tag. Wie Russland gedroht hat, haben Sie einfach gesagt: Pipsi, holde Pipsi – und die Entspannung war fertig ...'
> ,No, Herr Kommerzialrat ... wenn man abends *Die lustige Witwe* gehört hat, is man früh nicht mehr zur Revolution aufgelegt.'"[488]

Ischler Villa und Wiener Miethaus

Aufgrund des Erfolgs von *Eva* konnte Lehárs nächste Operette *Endlich allein* nicht wie geplant 1912 aufgeführt werden, obwohl sie weitgehend fertiggestellt war. Der Komponist befand sich damals auf dem Zenit seines Ruhms und erwarb 1912 für angeblich 68.000 Kronen die ehemalige Ischler Villa der Herzogin von Sabran-Pontevès vom Vater ihres minderjährigen Erben Alexander Graf Kálnoky von Köröspatak. Der Operettenkönig hatte endlich seine repräsentative Sommerresidenz, die fortan „eine Art lyrisierte Wahnfriedatmosphäre"[489] umgab. In Wien hatte er bereits drei Jahre zuvor ein neu erbautes Miets-haus in der Theobaldgasse 16 erworben, wo er relativ bescheiden eine Wohnung im ersten Stock bezog. Im Stock darüber wohnte sein Librettist Arthur Maria Willner und im Dachgeschoß hatte sich Lehár, um ungestört arbeiten zu können, ein Atelier eingerichtet, das nur über einen speziellen Aufzug erreichbar war: „I live on the first floor, that is I sleep there; but I pass my time on the top floor of the house I occupy. There I work. A special lift brings me up, and from the moment I enter my studio nothing can disturb me for my servants are well-trained."[490]

Zu den Dienern gehörte vor allem sein früherer Bursche Anton, der auch in Ischl dem Haushalt vorstand. Im Vergleich zur bürgerlichen Wohnung in der Theobaldgasse war die dortige Villa feudal ausgestattet und diente vor allem der Arbeit und der Repräsentation. Am Rudolfskai, direkt an den Ufern der Traun gelegen, verriet die klassizistische Fassade durchaus den früheren Adelssitz, während das dazugehörige „Stöckl" genannte Rückgebäude, eher im Stil eines einfachen Bauernhauses gehalten war. Hier spielte sich das eigentliche Leben ab und hier wohnte auch Sophie Paschkis während der Sommerfrische, meist mit Familienanhang und nicht immer zur Freude ihres Partners, wie sein „Daily Reminder" vom 25. Juli 1911 verrät: „Heute hat mich eine Szene direkt angeekelt. Ich erfuhr, daß S. Bruder mit Frau Charlé heute Nacht ein Verhältnis begann. Sophiens Eltern haben das heute früh bereits erfahren. Heute Abend traf ich die ganze Gesellschaft einträglich beim Nachtmahl beisammen. Daß sie als Eltern fähig sind, so förmlich unter ihren Augen, diesen Ehebruch zu dulden, gibt mir zu denken. Ich muß nun glauben, daß es seinerzeit mit S. auch nicht anders gewesen ist und die Eltern vom Verkehr gewußt haben und die Mutter sogar vorgab, nach Oedenburg fahren zu müssen, um aus dem Weg zu gehen."[491]

Neben Lehárs auch aus Freundschaft zum Schauspielers Gustav Charlé erklärbar sittlicher Entrüstung verzeichnet der Kalender auch die Besuche fast aller Wiener Operetten-Uraufführungen des Jahres, so von Edmund Eyslers *Zirkuskind* mit Girardi („Musik vollkommen nichtssagend") oder Bruno Granichstaedtens *Majestät Mimi*, deren Partitur von Arnold Schönberg instrumentiert wurde („Musik manchmal hübsch, aber nicht Eigenbau, immerhin geschickt"). Typisch ist, dass Lehár jeweils eine Prognose stellt: *Majestät Mimi* „35 mal?", *Zirkuskind* „60 mal?" Zum Vergleich: *Eva* schätzte er auf „Auff. 200?" Besonders interessiert ihn aber sein jüngerer Landsmann Emmerich Kálmán, dessen „Theaterstück für Musik" *Der Gute Kamerad* er am 27. Oktober 1911 besuchte: „Das Werk hat entschieden ungemein starke Momente sowohl in szenischer als auch in musikalischer Beziehung. Kálmán ist ein grosses, aber unreifes Talent. Glaube dass Leons Mitwirkung dem Werk geschadet hat. Glaube 60 Auff."[492]

Jodeln und Jüdeln

Über Kálmáns nächstes Werk, *Der kleine König*, schrieb er am 24. November 1912 an den Bruder, der Komponist sei „ein geschickter Nachempfinder. Manchmal kommt mir vor als hätte er meine Hosen angezogen. Allerdings gewendet. Günther & Treumann waren großartig"[493] – freilich nur bei der Premiere. Dann folgte der nächste Treumann-Skandal. Als sich nämlich Mizzi Günther am Tag danach krank meldete, weigerte sich der Schauspieler mit der eingesprungenen Kollegin zu proben, worauf ihm Karczag kurzentschlossen kündigte und in einem offenen Brief endgültig mit ihm abrechnete: „Sie können außer mit Frau Günther mit niemandem sonst spielen und haben noch alle anderen Partner zugrunde gerichtet ... Es muß Ihnen endlich einmal gesagt werden, daß während Ihrer künstlerischen Laufbahn in Wien es nur *eine* Freude für die Direktion gab, wenn Sie von einem Theater fort gingen."[494] Dabei hatte ihn Treumann bereits einen Monat vor der Premiere um Entlassung gebeten: „Ich bin 15 Jahre in Wien ... und seit 15 Jahren werde ich in den Koth *gezerrt*. Was habe ich nicht schon alles in Wien gespielt. *Nie, nie* wurde wirklich ernsthaft Notiz genommen ... ich bin zerzaust ... am Ende meines Muthes angelangt. Ich habe Familie – Geld ist mir Chimäre – das Geld, was ich brauche, werde ich immer verdienen – aber an Orten, wo es mir gleichgültig sein wird ... Herr, Director – ich zittere bei dem Gedanken, den ich jetzt zu Papier bringe – 23 jährige Schaffenskraft werfe ich über den Haufen – aber ich habe es mir genau überlegt. Goldener Herr Director! Geben Sie mich frei!!"[495]

Der goldene Direktor blieb eisern, mit den erwähnten Konsequenzen: Treumann trat unter Karczag nie wieder im Theater an der Wien auf, was bedeutete, dass Lehár, wie er an ihn schrieb, zu seinem großen Bedauern vorerst ohne ihn auskommen musste: „Du weißt es ganz gut, daß ich beim Schaffen eines neuen Werkes direkt einzig und allein nur an Dich gedacht habe ... Ich rechnete bestimmt darauf, daß Du in *Endlich allein* in Wien auftreten wirst ... Durch die nicht wieder gut zu machende Affaire mit Karczag hast Du Dich selbst ausgeschlossen. Du mußt selbst zugeben, daß Du am 2. Abend den *Kleinen König* hättest spielen müssen!! Ich schätze Dich ebenso hoch als Künstler wie als Mensch und entschuldige Dein Vorgehen unbedingt, da ich weiß, daß Du in gewissen Momenten aus Ehrgeiz oder aus anderen gewiß guten Motiven jede Beherrschung verlierst, keinem Freund glaubst, allen anderen Menschen Schuld an Deinem Unglück beimißt, wo Du doch ganz allein gehandelt hast ... Meine Gefühle bestimmten Personen gegenüber ändern sich nicht. Ich bin und bleibe Dein aufrichtiger Freund und hoffe, daß Du die gleichen Gefühle für mich hast. Mit herzlichem Gruß, Dein Lehár."[496]

Am 1. Dezember 1912 fand die Uraufführung eines für Lehár äußerst untypischen Werks im Kabarett „Hölle" statt, des Singspiels *Rosenstock und Edelweiß*, angekündigt als „Sensations-Gastspiel Heinrich Eisenbach". Der war Schauspieler und Prinzipal jener Budapester Orpheumgesellschaft, die als Vorstadtbühne in der Leopoldstadt auf jüdische Jargonstücke spezialisiert war. Selbstverständlich spielte er auch in der „Hölle" eine Jargonrolle, den jüdischen Schnittwarenfabrikanten Isidor Rosenstock aus Wien, der sich folgendermaßen vorstellt: „Was ist das Judentum überhaupt? Schnittware!" Es handelt sich bei *Rosenstock und Edelweiß* also keineswegs um eine Liebesgeschichte aus dem Reich der Botanik, sondern vielmehr um eine gesellschaftlich durchaus relevante aus dem des Kaisers Franz Joseph, angesiedelt an seinem Sommersitz Bad Ischl. Hier trifft die natürlich blonde Sennerin Eva Edelweiß, die noch nie einen Juden gesehen hat, auf besagten Schnittwarenspezialisten – mit befremdlichem Effekt: „Ui jeh, a Aff!" – Als Everl aber begreift, wer Rosenstock ist, nämlich „ein mosäuischer Jud", busselt sie ihn herzhaft ab, worauf er mit ihr ein Marschduett singt: „Sie ham noch nie geseh'n ä Kohn? Das is auf Ehre schad, / Ich kenn' die Dirndln auch nur von der Ischler Esplanad. / Sie wär'n für mich ä Bissen fein, trotzdem ich bin Semit. / Es muss nix alles koscher sein, bei meinem Appetit."[497] Damit war eine Konstellation gegeben, die zum einen erotisch ergiebig, zum andern soziologisch typisch war – und dem jüdischen *Juxbaron*-Librettisten Julius Bauer Gelegenheit bot, alle Formen des Antisemitismus samt damit verbundener Vorurteile satirisch durchzuspielen. Lehár kontrastierte alpenländisches mit orientalischem Kolorit, wie er es bereits im *Rastelbinder* verwendet hatte – ganz gemäß dem glücklichen Ende dieser spezifisch österreichischen Assimilationsromanze: „Ich kann schon jodeln!", jauchzt Rosenstock und Edelweiß antwortet beglückt: „Und i scho jüdeln!"

Diese Art von jüdischem Humor, dargeboten von jüdischen Darstellern und für ein überwiegend jüdisches Publikum, war 1912 anscheinend ohne Angst vor Ressentiments möglich. Lehár schrieb seinem Bruder: „Komme soeben (3h früh) aus der Hölle, wo die Premiere *Rosenstock und Edelweiß* war. Es ist unsere alte vor 7 Jahren gemachte jüdische Duoszene (Text Jul. Bauer) ... Übrigens hat die Sache richtig gewirkt. Jedes Wort wurde belacht."[498]

Die ideale Gattin

Auch 1913 wurde als nächste Lehár-Operette nicht *Endlich allein* aufgeführt, sondern *Die ideale Gattin*, eine Umarbeitung des *Göttergatten* durch das junge, aufstrebende Librettistenpaar Julius Brammer und Alfred Grünwald. Sie sollten später mit Leo Fall und vor allem Emmerich Kálmán große Erfolge haben, überzeugten jetzt aber Lehár mit einem, wie er fand, „ausgezeichneten Buch". Vorlage war Ludwig Fuldas viel gespieltes Lustspiel *Die Zwillingsschwester* von 1901, weswegen es zu einem Plagiatsprozess kam, den Brammer und Grünwald in drei Instanzen gewannen. Sie hatten ihre Verteidigungsstrategie geschickterweise darauf verlegt, nachzuweisen, dass sich das Zwillingsmotiv als Anlass für eine weibliche Doppelrolle seit Plautus durch die Literaturgeschichte zieht. Die Behauptung, Lehár, immerhin Vorstand in der „Union dramatischer Autoren und Komponisten", habe deswegen nicht mehr mit ihnen zusammenarbeiten wollen, lässt sich allerdings weder nachweisen noch widerlegen. Ihr Libretto hatte es ihm jedenfalls angetan, besonders das neue spanische Milieu, in dem sich die früheren griechischen Götter nun bewegten.

Juno wurde zur blonden Elvira, ihr Göttergatte Jupiter zum Latinlover Pablo de Cavaletti. Um ihn erotisch zurückzuerobern, spielt sie ihm ihre brünette Schwester Carola aus Argentinien so überzeugend vor, dass er sie auffordert, einen Tango für ihn zu tanzen: „Carola: ‚Diesen Spelunkentanz? O, Sie scherzen wohl.' – Pablo: ‚O, Sie können ihn also nicht tanzen?' – Carola: ‚Das schon. Aber ich würde es niemals in Herrengesellschaft tun.'" Sie tut es dann doch und das Regiebuch bemerkt dazu: „Der Tango, für den es schwer eine Choreographie gibt, ist heute so verbreitet, dass wohl in jeder Stadt jemand in der Lage ist, die Darsteller darin zu unterweisen."[499] Der Tanz war 1913 zwar neu, doch schon so verbreitet, dass sich Altmeister Carl Michael Ziehrer bemüßigt fühlte, gegen ihn zu polemisieren. Es nützte wenig. In Berlin war eben erst die *Tango-Prinzessin* von Jean Gilbert herausgekommen und auch Lehár verteidigte den Tanz gegen den Vorwurf, „daß er sinnlich ist", mit der berechtigten Frage: „Ist nicht am Ende jeder Tanz gewissermaßen ein Rausch der Sinne?"[500] Dass der Tango als verrucht galt, lag zum einen an der körperlichen Nähe und den lasziven Bewegungen der Tanzpartner, zum anderen am Tangokleid, das einen Tag vor der Uraufführung der *Idealen Gattin* am 11. Oktober 1913 im *Neuen Wiener Journal* als „neueste Pariser Modesensation" vorgestellt wurde: „Seine charakteristische Besonderheit besteht nun darin, daß es vom Knie abwärts immer dünner wird und beinahe in einem Hauche endigt."[501] Diese Befreiung der Frauenbeine „vom Knie abwärts" war neu und veranlasste Lehár zu der Äußerung: „Man mag sagen, was man will: der Tango liegt der heutigen Jugend gewissermaßen in den

15 „Kis Beatrice"
Beatrice von Brunner (1892–1955), Lehárs
Calais-Dover-Affäre, London 1910

17 „Schlafzimmer, Arbeitszimmer, Musikzimmer"
Lehár-Villa Bad Ischl mit eigenhändiger
Beschriftung des Komponisten.

16 Hubert Marischka auf Lehárs Haupt, Mizzi Günther am Seil, Ernst Tautenhayn mit Skiausrüstung, Wilhelm Karzag hinterm Geld und Louise Kartousch im Strandkorb. Satirische Postkarte von *Endlich allein*, 1914

Beinen. Wirklich gut getanzt, wirkt der Tango faszinierend und der Rhythmus ist höchst eigenartig und originell."[502]

Lehár bewies es mit seinem ersten Tango, den er am 13. Juni 1913 in seinem Notizbuch skizzierte, nicht nur für seinen Librettisten Alfred Grünwald einer von Lehárs besten Einfällen. Die *Neue Freie Presse* schwärmte: „Der Kenner und Feinschmecker findet im Orchester Wunderschönes: die apartesten Stimmungen und die üppigsten Farben, es ist vielleicht Lehárs künstlerisch nobelste Arbeit. Das unter seiner Leitung stehende Orchester hatte einen seiner besten Abende."[503] Trotzdem stand die Operette unter keinem guten Stern. Schon bei den Proben war es wegen der Länge zu Unstimmigkeiten gekommen. Als nach der Premiere, wie von vielen Kritikern empfohlen, weitere Striche diskutiert wurden, sah sich der Komponist veranlasst, vor seiner bevorstehenden Abreise nach Berlin, wo am 25. Oktober die schon damals berühmte Schauspielerin Fritzi Massary als *Ideale Gattin* ihr Lehár-Debüt geben sollte, an Direktor Karczags Frau, die frühere Operettendiva Julie Kopacsy-Karczag, folgenden Brief zu schreiben: „Hochverehrte gnädige Frau! Verzeihen Sie, dass ich diese Zeilen an Sie zu richten gezwungen bin. Ich habe durch Zufall gehört, dass die Absicht Ihres Gatten, das Walzerlied im I. Akt und die Romanze (Storm) im II. Akt Finale auszulassen[,] sofort durchgeführt wird, sobald ich nach Berlin reise ... Ich wende mich nun vertrauensvoll an Sie, da ich weiß, dass Sie am besten zu beurteilen vermögen, dass eine Operette gänzlich an Wert einbüßt, wenn ihr gewisse Höhepunkte, die einen gewissen musikalischen Wert haben, genommen werden ... Ich bin der gutmütigste Mensch der Welt und lasse mir alles gefallen, aber alles hat seine Grenzen. Man hat mir die halbe Operette gestrichen. Ich habe kein Wort gesagt – Ich selbst habe alle Striche angegeben. Ich habe gewußt, wie weit ich gehen kann. Weiter geht aber nicht und ich erkläre ehrenwörtlich, wenn diese 2 Stellen ohne mein Wissen und Willen gestrichen werden, dass ich nie mehr eine Operette am Theater an der Wien aufführen werde. Ich verehre Ihren Mann sehr, bin aber gezwungen, mich in dieser Angelegenheit direkt an Sie zu wenden, denn Ihr Mann glaubt, dass er die Sache ... mit einem guten Witz wieder gut machen kann. Die Sache wäre aber nicht wieder gut zu machen ... Bitte sagen Sie es Ihrem Herrn Gemahl. Im Caféhaus sah ich ja keine Gelegenheit, mit ihm über die Sache zu sprechen. Es küsst Ihnen die Hand Ihr ganz ergebener Lehár."[504]

„Der Mann, der Die lustige Witwe nicht kennt"

Drei Tage zuvor hatte Lehár die zweite Vorstellung dirigiert, bei der es zu einer folgenreichen Begegnung kam. Denn in einer der Logen hatte ein Überraschungsgast Platz genommen: sein Idol Giacomo Puccini. Er war zu den Proben von *La Fanciulla del West* für fast drei Wochen nach Wien gekommen. *Das Mädchen aus dem goldenen Westen* – so der deutsche Titel – war das erste Werk Puccinis überhaupt, das an der Hofoper erstaufgeführt wurde. Vor der Premiere am 24. Oktober wollte Puccini aber, wie das *Fremdenblatt* meldete, „die neue Arbeit Franz Lehárs kennen lernen, denn er hat für diesen Wiener Meister ein besonderes Faible."[505] Lehár begrüßte ihn in der Pause. Begegnet waren sich beide bereits im Jahr zuvor in Turin, wo ihn Lehár, wie Puccini dem Journalisten Geza Herczeg „mit nicht geringem Stolz" erzählt haben soll, „mit den Worten begrüßte: ‚Ich habe zwei Väter gehabt, den leiblichen Vater und Sie'."[506]

Dass Lehár damals auch den folgenreichen Kontakt zu Emil Berté, seinem ersten Verleger, und zu Siegmund Eibenschütz, dem Direktor des Carl-Theaters herstellte, ist zwar wahrscheinlich, lässt sich allerdings nicht nachweisen. Die Folge dieses Kontakts jedenfalls war ein Vertrag, in dem sich Puccini verpflichtete, ein an *Die Kameliendame* gemahnendes Operettenlibretto von Arthur Maria Willmer zu vertonen, in dem eine flatterhafte Lebedame mit einem unschuldigen Jüngling ein Liebesidyll beginnt. Nachdem er es gelesen hatte, schrieb Puccini am 14. Dezember 1913 seinem Wiener Vertrauten Baron Angelo Franz Eisner-Eisenhof: „Der Stoff gefällt mir absolut nicht: es ist die übliche falsche und banale Operette mit den üblichen Bällen und Tanzgelegenheiten … Und jetzt? Ich mache keine Operette, niemals; eine komische Oper ja, wie *Rosenkavalier*, nur unterhaltsamer und organischer. Sag also diesen Herren, dass sie mir ein Sujet geben sollen, das ihr Geld und meine Musik wert ist."[507] Anfang März 1914 reisten Willner, Berté und Eibenschütz mit einem neuen Libretto nach Mailand und fanden Puccinis Gnade. Umgehend wurde ein neuer Vertrag unterzeichnet, der neben der Uraufführung im Carl-Theater eine Vorauszahlung von 40.000 Kronen vorsah. Die Wiener Presse war erstaunt. „Am meisten jedoch war Herr Lehár erstaunt, nicht so sehr wegen der Verbindung des Carl-Theaters mit Puccini als wegen des Stoffes, für den sich sein großer Kollege begeistert hat. Herr Lehár … der fast jeden Stoff, sofern er für eine Wiener Operette in Betracht kommt, als erster erhält … hat ihn schon vor zwei Jahren kennen gelernt, geprüft und – abgelehnt."[508]

Trotz seiner offenkundigen Sympathie für Lehár blieb Puccini das Genre fremd und so wurde aus der geplanten Wiener Operette schließlich die italienische Opera lirica *La Rondine*. Wie wenig Puccini mit der Wiener Operette vertraut war, zeigt die Anekdote eines Wiener Journalisten über dessen ersten Wienaufenthalt 1907:

„Als wir damals mit Puccini und mehreren Künstlern in einem Wiener Hotel saßen, spielte die unvermeidliche Salonkapelle den Walzer aus der *Lustigen Witwe*, die damals seit zwei Jahren das Theater an der Wien beherrschte und auch sonst in höchster Blüte stand (Pause).

‚Was ist das?' fragte der Maestro und lauschte weiter.

‚Wenn Giacomo Puccini nicht als solcher eine Berühmtheit in den Mauern Wiens wäre', antworteten wir, ‚so wäre er's als der Mann, der *Die lustige Witwe* nicht kennt.'

Und Puccini lachte …"[509]

Endlich allein – eine erotische Phantasie

Die Frage aus *Zigeunerliebe*: „Soll dich der Freier im Freien frei'n?", stellt sich, als sie im zweiten Akt *Endlich allein* sind, auch den Protagonisten der gleichnamigen Operette – Dolly Doverland, der reichen exzentrischen Amerikanerin, und dem als Bergführer getarnten Baron Frank Hansen. Dieser zweite Akt, ein fast durchkomponiertes, einziges Liebesduett, handelt vom Vergnügen des Alleinseins auf hohen Bergen und lag dem Komponisten besonders am Herzen. Er hat ihn noch vor *Eva* vom 25. August bis 14. September 1910 in einem Zug komponiert und immer als seinen persönlichen „Rekord" angesehen, da er „lediglich zwischen zwei Personen spielt, ein in der Operette einzig dastehendes Faktum, das allgemein als ein Wagnis ohnegleichen bezeichnet wurde."[510] Gewagt war auch die Situation: ein Liebespaar muss, durch ein plötzliches Unwetter gezwungen, in der rauhen Bergwelt eine Nacht zusammen verbringen. Wie in *Zigeunerliebe* ist Natur hier Freiraum erotischer Phantasie, Abbild der Psyche der Protagonisten. Auch hier wird Musik zur Sprache des Unbewussten und damit dessen, was auf der Bühne nicht stattfindet. „Keine erotische Situation, die nicht mit Umspielung und Aufreizung den bestimmten Hinweis vereinigte, daß es nie und nimmer so weit kommen darf", wussten schon Theodor W. Adorno und Max Horkheimer, dreht sich doch in der Operette, „gerade weil er nie passieren darf … alles um den Koitus."[511] Die Umspielung dieses Tabus machte nicht zuletzt den Reiz dieses Akts im Speziellen und des Genres im Allgemeinen aus. Hier entfaltete sich, Marion Linhardt zufolge, „das Thema Sexualität zu jenem Panorama des Begehrens, das die modernen Gesellschaftsoperetten in besonderer Weise auszeichnete."[512]

Darauf baut auch die Spannung dieses überdimensionalen Duetts, dessen leitmotivische Struktur mehr als sonst bei Lehár auf Wagner verweist. Die ersten vier Takte von „Schön ist die Welt", Titel der späteren Bearbeitung und von Dollys Auftrittslied im ersten Akt, werden zum musikalischen Motto. Ein vom Fagott über Englischhorn und Flöte zur Klarinette gleitendes Hirtenmotiv gibt in ironischer Anspielung auf Wagners *Tristan* die Atmosphäre vor. Als sich der Vorhang öffnet und Frank zu chromatisch aufsteigenden Sechzehntelketten der Hörner Dolly auf „den Gipfel eines hohen Felsen-Plateaus" zieht, verstummt das Orchester zu naturhafter Stille. Dolly „blickt ihn an: Das sah ich gleich: Ihr seid ein Mensch aus Stahl." Das Hirtenmotiv, vom Englischhorn bestätigend intoniert, verleiht dem vermeintlichen Bergführer die Aura eines echten, wie auch „ein kleines Brot mit Speck" in seinem Rucksack. Die Konvention bleibt gewahrt, Dolly „richtet sich kokett her", derweil Franks „Märchen, wundersam mit ihr allein" zu sein, die Solovioline als Naturlaut zugeordnet wird. Konventionell und kokett beschließt denn auch ein schlichtes Lied den ersten Teil des Akts ganz im Sinne seines Refrains: „Es steht vom Lieben so oft geschrieben, / Wer nie geliebt, ist ein Narr geblieben."

Nachdem sich Dolly in der folgenden Nummer mit einem Edelweiß – „am Pelzchen so weich, / da kennt man es gleich" – erotisch identifiziert hat, pflückt im zweiten Finale Frank ein solches unter Lebensgefahr. Ist die Eindeutigkeit solcher Symbolik offenbar, findet das aufgewühlte Innenleben Dolly Doverlands sein Abbild in der Natur. Von tiefen Streichern eingeleitet, malen Geigentremoli unter fließenden Triolen der Klarinetten aufsteigenden Nebel, der sich zum Gewitter verdichtet. Piccolo und Posaunen markieren Blitz und Donner, alterierte Streicherakkorde die Gefahr: „Frank (visionär): Wir sterben hier oben." Sein Liebesgeständnis aus Todesahnung wird im stürmischen Kontext der Edelweißmetaphorik zur erotischen Bedrohung, die Dolly „zum Abgrund" treibt. Frank kann sie nur mit der Versicherung, „ein Gentleman" zu sein, zurückhalten. Da verzieht sich auch das Gewitter, „der rückwärtige Prospekt zeigt Gletscherspitzen" und verheißt Dolly, was sie „nie, noch nie empfand ... Es gibt ein Paradies." Nachdem es tiefe Streicher und Hörner durchlaufen hat, erblüht das „Schön ist die Welt"-Motiv als Kadenz der Solovioline und löst sich nach bombastisch triumphierendem Alpenglühen – „strahlend ... wie die Sonne über dem Piz Palü"[513] in Triolenfiguren gestopfter Hörner und Trompeten auf. Diese Welt ist zwar schön, aber „schon ist es Nacht." Die sequenzierten Signale der Hörner verhallen, wie die Hornsignale, welche die Nacht des zweiten *Tristan*-Akts heraufbeschwören. Doch anders als dort ist dies noch keine Nacht der Liebe, nicht Brangäne, sondern der Liebhaber selbst hält Wacht über die Geliebte. „Die Berge steh'n im Silberlicht." Die gefährliche erotische Situation wird durch ein zartes Ständchen entschärft, während Dolly zu einer Harfenkadenz sanft entschlummert.

„Es liegt was in der Luft wie ein Skandal", aber – im Gegensatz zur analogen *Tristan*-Situation – findet er nicht statt. Dolly bedankt sich für solche „Fürsorge" und auch der Zensor war beglückt über die „schönen Charaktereigenschaften des Baron Hansen, der ihrer Ehre nicht im geringsten nahetritt."[514] Die Geigen flimmern in Zweiunddreißigstel-Tremoli Mondstimmung herbei, „die Liebe wacht" und „es passiert hoffentlich nach dem Fallen des Vorhangs", wie Mozart-Biograph Alfred Einstein hoffte, „(doch noch) etwas durchaus Unschickliches und Menschliches."[515]

Der Wagner der Operette

„Wenn es eine der großen Leistungen Richard Wagners ist, in zehn Werken wagnerisch und doch wieder jedesmal anders zu sein, so ist Lehár eben" – so stand es zumindest im Programmheft der Berliner Uraufführung von *Schön ist die Welt*, der späteren Bearbeitung von *Endlich allein* – „der Wagner der Operette."[516] Und wenn dem so ist, dann ist *Endlich allein* der *Tristan* Lehárs. Nicht nur Hirtenmotiv im Englischhorn, das Signal gestopfter Hörner und die Solobratsche, sondern die ganze Anlage des zweiten Aktes als großes Liebesduett sprechen dafür. Inzwischen hatte Lehár also seinen Wagner studiert. Besonders Aufführungen des *Tristan* wirkten so stark auf ihn, dass, wie er gestand, „er die aufregende Wirkung noch zwei bis drei Tage lang nachempfinde."[517]

Lehár war von seinem Experiment so überzeugt, dass er Franz Schreker und der „lieben Frau Gemahlin"[518] eine Loge für die Vorstellung am 17. März 1914 reservierte. Schreker war denn auch einer der Gutachter im Prozess gegen den rumänischen Komponisten Romulus Popescu del Fiori, den Lehár angestrengt hatte, weil ihn del Fiori des Plagiats seiner symphonischen Dichtung *Ultima Ratio* in *Endlich allein* bezichtigt hatte. Außer Schreker waren zur Entlastung Lehárs Wilhelm Kienzl und Puccini als Gutachter aufgeboten. Deren positive Urteile führten zwar dazu, dass er den Prozess gewann, konnten aber nicht verhindern, dass *Endlich allein* nach nur 116 Vorstellungen vom Spielplan verschwand.

Die ursprüngliche Treumann-Rolle an der Seite Mizzi Günthers hatte wie schon in der *Idealen Gattin* Victor Léons Schwiegersohn Hubert Marischka übernommen, von nun an der führende Mann im Theater an der Wien. Seine „herzlich frische Naturburschenhaftigkeit" im zweiten Akt begeisterte Publikum und Kritik. Der erste und dritte Akt, beide erst in den Sommern 1912 und 1913 nachträglich entstanden, bildeten eine operettentypische Rahmenhandlung, die das im zweiten Akt zu kurz gekommene Buffopaar entschädigen musste: die „süße kleine Tilly" der Luise Kartousch und den sich darauf reimenden „Willy" des Ernst Tautenhayn. „Beim letzten Werke von Franz Lehár *Endlich allein* haben wir viel darüber debattiert, ob wir es nicht ‚Ein Liebesroman mit Musik' benennen sollen", gestand Wilhelm Karczag zwei Monate nach der Uraufführung. „Hat es einen künstlerischen Wert? Enthält es leichte und populäre Melodien? Versucht es, wo es notwendig ist, dramatisch zu illustrieren? Ja oder nein? – Das nur ist die Frage!"[519]

Wie schon *Eva* nimmt auch *Endlich allein* die melodramatischen Methoden klassischer Filmmusik vorweg. Schon während der Entstehung von *Endlich allein* – und damit lange vor Alban Bergs *Lulu* – hatte der Operettenkomponist diese Möglichkeiten vor Augen: „Damals verfolgte mich die Idee, das Kinobild auf die Operettenbühne zu verpflanzen. Mein Plan war, den Aufstieg des Liebespaares auf den Berggipfel kinematographisch während des Zwischenspieles zum Mittelakte, das programmmäßig die ganze Hochtour musikalisch schildert, vorzuführen. Leider ist diese Absicht damals auf unüberwindliche Hindernisse gestoßen."[520] Wie Lehár hier den technischen Möglichkeiten seiner Zeit voraus war, so war er es auch den ästhetischen seines Genres. Für Karczag jedenfalls waren Lehárs Operetten ein „neues Genre! Will man es oder will man es nicht? Das Publikum scheint es zu wollen, denn für diese Art musikalischer Werke ist eine neue Zeit angetreten und diese haben den Komponisten Künstlerehre und materielle Sorglosigkeit eingebracht, gar nicht davon zu reden, daß hunderte von Theaterunternehmungen … zu Wohlstand gelangten."[521]

Operettenfiguren spielen Tragödie

1914–1923

> A good fox-trot could prevent a war, I am sure.
> Franz Lehár [522]

„Aus eiserner Zeit"

„Hier spricht man nur vom Krieg. Es scheint nun wirklich ernst zu werden. Ich glaube, wenn dieser Fall eintritt, wird es uns sehr schlecht gehen. Wenn Österreich zu Grunde geht, profitieren alle Nachbarstaaten. Ich kann an solch eine Selbstlosigkeit nicht glauben, daß Rumänien nicht Siebenbürgen, Italien nicht Triest und Südtirol etc. etc. haben möchte. – Und unsere Deutschen, die möchten lieber heute schon als morgen Reichsdeutsche sein. Es ist direkt ein Wunder, daß alles bisher so beieinander blieb. Die Sperrung der Komensky Schule in Wien hat die Tschechen zu Todfeinden Österreichs gemacht und mit Recht. Wien ist die Reichshauptstadt und da hat jedes Volk das Recht hier für sein Geld Schulen zu errichten. Wenn man sie hier aus Wien direkt hinauswirft, kann man zwei Wochen später unmöglich Blutopfer von Ihnen fordern."[523] Diesen Brief schrieb Franz Lehár am 24. Oktober 1912, wenige Tage nach Ausbruch des Balkankriegs, an seinen Bruder Anton. Dieser Krieg fand dann zwar ohne österreichische Beteiligung statt, war aber nur die Ouvertüre zu einem weitaus größeren Drama, in dem Karl Kraus zufolge „Operettenfiguren die Tragödie der Menschheit spielten."[524]

Erstaunlich hellsichtig hatte Lehár damit auch die Folgen des Ersten Weltkriegs vorausgesehen. Als dieser dann tatsächlich ausbrach, befand er sich in Ischl – wie auch der Kaiser, der dort am 28. Juli 1914 mit seiner Proklamation „An meine Völker" Serbien den Krieg erklärte und damit eine Weltkatastrophe auslöste. Bruder Anton führte als Major das II. Bataillon des k. ung. Landsturminfanterieregiments Nr. 13 an die galizische Front, wo ihn ein Brief seines Bruders aus Ischl erreichte: „Vorgestern spielte ich der Frau Schratt mein Kriegslied (Text von I. Schnitzer), gesungen von Fritz Werner, vor. Sie war zu Thränen gerührt und sagte, daß sie es dem Kaiser mitteilen wolle."[525] Die frühere Burgschauspielerin Katharina Schratt war die Vertraute des greisen Kaisers, Fritz Werner einer von Wiens Operettenlieblingen und Lehárs Kriegslied wurde später in August Neidhardts und Karl Lindaus „Zeitbild" *Komm, deutscher Bruder* eingelegt, das am 4. Oktober im Raimund-Theater zur Uraufführung kam. Den Text von Lehárs einzigem Hurra-patriotischen Beitrag zum Kriegsausbruch hatte der damals 74-jährige *Zigeunerbaron*-Librettist Ignaz Schnitzer geschrieben. Er endet pathetisch und mit holprigen Versen: „Dem Vaterland, dem Kaiser zollt den Mut, / der nimmer ruht / so lang in unseren Adern rollt ein Tropfen Blut."

Einen anderen, melancholischen Ton schlägt hingegen das *Reiterlied 1914* an, das Lehár im Gedenken an die erste und letzte Reiterschlacht des Krieges bei Jaroslawice (Yaroslavychi) am 5. September komponierte. Es ist nach Lehárs eigenem Zeugnis „das deutsche Volkslied des Weltkrieges geworden, weil es wie keine zweite Dichtung in jener Zeit die Stimmung wiedergibt, mit der unsere Soldaten damals in den Krieg zogen."[526] Und diese Stimmung war eher fatalistisch: „Fall ich am Donaustrand? Sterb ich in Polen?" Den jungen Textdichter und Zionisten Dr. Hugo Zuckermann[527] ereilte sein Schicksal kurz darauf tatsächlich in Polen.

Nur zwei Tage nach der Komposition des *Reiterlieds* wurde auch Major Anton Lehár ein Opfer des Kriegs. Bei einer Gegenoffensive in der Nacht zum 7. September erhielt er in der Nähe des polnischen Dorfes Chodel bei Lublin „einen Schuss durch das linke Handgelenk". Wie er in seinen Erinnerungen schrieb, verband ihn gerade sein Adjutant Péterffy als die Meldung kam: „Halbrechts von uns sind die Russen schon fast beim Brigade-Kommando. Also los, nur jetzt nicht versagen! Uns gegenüber, auf 5 bis 6 Schritte, tauchen zwei Russen auf, das Gewehr im Anschlag. Der Ablauf dieser Aktionen in Sekundenschnelle ist kaum schriftlich nachzuvollziehen: Der eine schiesst. Péterffy links neben mir, sinkt zu Boden. Ich hebe die Pistole, schiesse auf den feuernden Russen, auch er sackt zusammen. In diesem Moment, schiesst der andere Russe. Ich fühle am linken Hüftgelenk Schmerz und einen siedend heissen Strom herabrinnen, falle aufs Gesicht … Als ich wieder zu mir komme, ist es früher Morgen. Es fröstelt mich, ich höre eine Lerche tirilieren. Dann das Stöhnen eines Verwundeten. Ich will mich aufrichten, schiebe den offensichtlich nun toten Mann über mir mühsam beiseite. Fühle den linken Arm, den linken Fuss unbeweglich. Eine unendliche Ruhe kommt über mich. Das Ende …!"[528]

Anton Lehár überlebte. Schwer verwundet wurde er in ein Wiener Lazarett transportiert. Sofort ließ ihn sein Bruder ins private „Sanatorium Fürth überweisen. Ohne Rücksicht auf die zu erwartenden Privatkosten bekam nun der schwer verwundete Patient jede nur denkbare Hilfe rund um die Uhr", wie sein

Biograph Georg Reichlin Meldegg berichtet. „Zwar glückte es der hohen ärztlichen Kunst Professor Eiselsbergs, eine zunächst vorgesehene Beinamputation zu vermeiden. Der gesamte Oberschenkelkopf musste entfernt werden."[529] Franz Lehár war sofort zu seinem Bruder nach Wien geeilt. „Meine Besuche bei ihm gehören zu den traurigsten Erinnerungen meines Lebens ... Er litt damals so unerträgliche Schmerzen, daß man ihn ins Wasserbett bringen mußte."[530]

Den Todeskampf des Bruders verarbeitete er zu einer „Tondichtung für Tenor und großes Orchester" mit dem Titel *Fieber*. Eigentlich ein Monodram, schildert dieses nur schwer einzuordnende Werk den Fieberwahn eines tödlich verwundeten Leutnants aus dessen Perspektive und steht in seinem beinahe filmischen Naturalismus als musikalisches Dokument des Ersten Weltkriegs einzig da. Es ist ein assoziativer Reigen wechselnder Krankheitszustände, eingeleitet von einem prägnant fallenden, dissonanten Motiv. Realistisch unterbricht die Orchestereinleitung der jähe Ruf des Verwundeten nach „Licht! Schwester, Licht!" Mit deren Erscheinen erinnert ihn ein Walzer an seine Geliebte – „im weißen Kleid, auf weißen Seidenschuhen ... wir fliegen leicht und verklärt dahin." Ein Trompetensignal entreißt ihn diesem Flug. Schlachtfeld und Ballsaal wechseln unvermittelt, vereinigen sich zum Totentanz, ehe die kühle Hand der Mutter den Sterbenden in die Realität zurückholt. Der Sänger kommentiert den eigenen Tod episch und „(*gesprochen:*) Herr Stabsarzt, der Patient vom Bette acht ist tot." Lehár montierte virtuos Bruchstücke der Realität – den Walzer, ein Zitat heiler, ferner Operettenwelt mit Armeesignalen und dem Radetzky-Marsch, der gespenstisch in den Rákóczy-Marsch übergeht – zu einer surrealen, oft dissonanten Collage. Ohne Zweifel Lehárs außergewöhnlichstes Experiment ist *Fieber* ein eigentümliches Tondokument seiner Zeit. Anton Lehár bedankte sich mit den Worten, das Tongemälde „hätte auch Franz Liszt nicht zur Unehre gereicht"[531] und der erste Lehár-Biograph Ernst Decsey stellte fest: „Bei verdecktem Titelblatt riete man auf einen radikalen Harmoniker, auf ein vielversprechendes junges Talent, das pathologische Vorgänge melodisch verklärt. Gemacht hat diese Bilder- und Seelenmusik ein 47jähriger Operettenkomponist, der dazu musikamtlich gar nicht berechtigt war."[532]

Bruder Franz und keuscher Joseph

Komponiert im März 1915 veröffentlichte Lehár *Fieber* als Abschluss seines „dem Deutschen Kaiser Wilhelm II. ... in tiefster Verehrung" gewidmeten fünfteiligen Liederzyklus *Aus eiserner Zeit*, in den er auch das *Reiterleid 1914* aufnahm. Den martialischen Auftakt bildete allerdings das Trutzlied: „Der eisern Würfel fällt und rollt, / wir konnten nicht anders wählen, / wir haben das Schrecklich nicht gewollt, / nun gnad' aber Gott ihren Seelen!" Textdichter war „Dr. Fritz Löhner", damals im Wiener Kriegspressequartier zuständig für patriotische „Bomben und Granaten" in Gedichtform. Am berühmtesten wurde sein „Hymnus über unsere 30'5 ctm. Mörser, genannt Rosa" mit dem Refrain: „Rosa, wir fahr'n nach Lodz! / Rosa, wir fahr'n nach Lodz! / Der Hindenburg fährt auch schon hin / Und hinten folgt der Zeppelin, / Rosa, wir fahr'n nach Lodz!" Das 1915 von Artur Marcell Werau vertonte Marsch-Couplet wurde 60 Jahre später noch einmal populär, allerdings mit neuem Text und Theo statt Rosa.

Doch Fritz Löhners eigentliche Spezialität waren satirische Gedichte, die er unter dem Pseudonym Beda, der tschechischen Kurzform seines deutschen Vornamens, veröffentlichte. Wie er als Autor zwischen Löhner und Beda schwankte, war er auch als Mensch widersprüchlich. Als Sohn eines assimilierten jüdischen Kaufmanns aus Böhmen, der seinen Familiennamen Löwy in Löhner geändert hatte, begeisterte er sich früh für den Zionismus und schloss sich während seines Jurastudiums der schlagenden jüdischen Verbindung „Kadimah" an. Um die „körperliche Ertüchtigung der jüdischen Jugend" zu verbessern, gründete er 1909 den ersten jüdischen Sportklub in Wien, die „Hakoah". In diesem Jahr erschienen auch seine ersten satirischen Gedichtbände *Getaufte und Baldgetaufte* und *Israeliten und andere Antisemiten*, die scharf mit der jüdischen Assimilation ins Gericht gingen: „Jeder Jud' wird toleriert, / Wenn man gut bei ihm soupiert."[533]

Löhners erste zusammen mit Paul Lindau und Oskar Fronz verfasste und von Edmund Eysler vertonte Operette war *Frühling am Rhein*, mit großem Erfolg und Louis Treumann in der Titelrolle am 10. Oktober 1914 uraufgeführt. Treumann hat wohl auch den Kontakt zu Lehár hergestellt, der damals bereits an seiner ungarischen Operette *Wo die Lerche singt* arbeitete. Doch am 1. März 1915 notierte Lehár erste Skizzen zum III. Akt von *Mein Bruder Franz*, so der Titel der Operette, die ihm Löhner kurz zuvor vorgelegt hatte. Es geht darin um einen eingefleischten Junggesellen und Astronomen, der durch Frauenlist eines Besseren belehrt wird und nicht zufällig denselben Nachnamen trägt wie der Operettenkomponist in Victor Léons *Der große Name*, nämlich Höfer. Nur der Vorname lautet nicht mehr Josef, sondern Franz, wie Lehár selbst, dem das allerdings gar nicht behagte, weshalb er einen anderen Titel vorschlug, wie einem orthographisch abenteuerlichen Telegramm vom 27. September 1915 zu entnehmen ist: „bin fest bej der arbeit u in 14 tagen fix u fertyg wolen sye nycht auch dasz wir operette *der keusche joseph* betiteln waere fesche lustig u ungeheur populaer bite dratantwort gruesze lehar." Löhners Antwort lautete lapidar:

„*Keuscher Joseph* unzutreffend, frivol, possenhaft und für Lehár-Operette unwürdig!"[534]

Damit war der vermeintlich populäre Vorschlag vom Tisch. Auch der vom Librettisten vorgeschlagene Titel *Der Reine Tor* wurde verworfen, bis schließlich *Der Sterngucker* herauskam. Am 14. November bot Lehár das Werk „unter denselben Bedingungen wie *Endlich allein*" dem Karczag-Verlag an und verlangt binnen 24 Stunden eine Entscheidung, außerdem „für das Libretto ... 8000 Kronen. Diesen Betrag habe ich als Buchhonorar (ein für allemal) Herrn Dr. Löhner bereits ausgezahlt."[535] Das war ungewöhnlich und für den noch nicht etablierten Librettisten ein großer Vertrauensvorschuss. Und den erforderte sein um herkömmliche Operettenschemata völlig unbesorgtes Libretto auch. Insbesondere die Musikdramaturgie war unkonventionell und entsprach eher einem musikalischen Lustspiel. Damit war Löhner seiner Zeit um 15 Jahre voraus. Wie später bei Benatzky gehen Gesang und Dialog zwanglos ineinander über, mustergültig im Auftrittslied der Titelfigur oder im anschließenden Duett mit Lilly, vorbereitet sogar durch eine durchkomponierte Szene im Konversationston. Selbst die große Tanzszene im zweiten Akt steigert sich organisch vom gesprochenen Wort zum Walzerrausch. Und während es sonst in der Operette außer Duetten kaum Ensembles gab, bietet Lehár hier eine Fülle von Terzetten und Quartetten auf, ganz abgesehen von Finali, die zum Teil mit bloßem Dialog ausklingen. „Die Art wie Lehár diesmal die Form der geschlossenen Nummer erweitert, indem er durch einen musikalischen Dialog sanft hinübergleitet, ist von Grazie geleitet", schrieb der Dirigent Julius Stern im *Fremdenblatt*. „Könnte man eine Operette schaffen, die aus lauter Nummern bestünde wie dem reizenden Tratsch-Oktett des zweiten Aktes – ja, dann wäre das neue, in Tanzrhythmen atmende musikalische Lustspiel fix und fertig."[536]

Der Sterngucker

„Nachdem, was aus sensationsbeflissenen Kulissenplaudereien ... laut geworden ist, mußte man sich vom *Sterngucker* zumindest eine Revolutionierung der Wiener Operette erwarten"[537], spöttelte *Die Zeit* über die Uraufführung am 14. Januar 1916 im Theater in der Josefstadt. Allein schon der Ort war ungewöhnlich. Das Theater in der Josefstadt war in erster Linie eine Sprechbühne und verfügte daher über keinen Chor. Direktor Josef Jarno war es trotzdem gelungen, sich die einmalige Chance einer Lehár-Uraufführung zu sichern, schließlich war er zu etwas bereit, wozu die drei großen Operettenbühnen Wiens nicht bereit waren, nämlich den Besetzungswunsch der Autoren zu erfüllen und der lautete: Louis

Treumann in der Titelrolle. Der gastierte damals in Berlin und zweifelte am Gelingen dieses Plans. Löhner beruhigte ihn: „Lehár, der sich bis zum heutigen Tag tadellos benommen hat, teilt meine finstere Entschlossenheit, den *Reinen Toren* nur auf unsere Weise herauszubringen."[538] Wie finster entschlossen er war, geht aus einem Brief an Wilhelm Karczag hervor, den Lehár ein Jahr später schrieb: „Als ich endlich einsah, dass jede Hoffnung, dass Treumann bei Dir auftreten wird, verschwunden ist, fuhr ich nach Berlin, um ihn zu bestimmen, dass er die Rolle in Berlin kreiert und Tautenhayn in Wien. Als ich in Berlin den Krach hatte und bös von Treumann schied, war ich meines Ehrenwortes nicht entbunden und als dann Beda-Löhner ohne mein Wissen, während ich in Berlin war, förmlich mit Jarno unterhandelte und ich keinen Ausweg mehr sah, sprach ich noch eine Stunde vor Vertragsabschluss mit Dir und bat Dich zum letztenmal – Du sagtest mir: ‚Geh zum Jarno …' so bin ich denn hingegangen in dem tieferen Bewusstsein, eine Dummheit zu begehen – aber – ich brauche vor mir selber nicht zu erröten – ich habe Treumann gegenüber, so schlecht er sich auch benahm, mein Ehrenwort gehalten."[539]

Die Rolle des zerstreuten Sternguckers und reinen Toren Franz Höfer war Treumann so sehr auf den Leib geschrieben, dass es sogar auf Alfred Polgar Eindruck machte: „Es geht mir mit ihm, wie mit dem Genre überhaupt: ein rätselhaftes Wesen, das wohl aus den Spezialgesetzen seiner sonderbaren Welt heraus verstanden und gewürdigt werden müßte. Er hat den prononciertesten Glauben an seine Unwiderstehlichkeit, und die Glaubensgenossen gewähren ihm – dank der temperamentvollen Oeligkeit seiner ganzen Art – leicht und gern Eingang in ihre tiefste Sympathie. Als Tänzer ist er unübertrefflich und auch sonst von ausdrucksvoller Beweglichkeit. Er kann mit den Schulterblättern trillern und hat ein schönes Tremolo in der Leistengegend, das ihm besonders bei Liebeserklärungen zustattenkommt."[540] Seine Partnerin war Louise Kartousch, die vom Theater an der Wien kam, wo sie als quirlige Tanzsoubrette längst zum Publikumsliebling geworden war. „Das Liedchen vom Teddy-Bär tanzte sie zum Entzücken, so daß wir beinahe dabei vergessen mochten, daß sie auch sang. Jeder Mensch hat halt seine schwache Seite. Nur schade, wenn dies bei einer Sängerin gerade die Stimme ist!"[541] Während die professionellen Operettenkritiker eine „Lehár-Physiognomie" vermissten und „zu viel opernmäßige Operette und operettenmäßige Oper"[542] heraushörten, war der Theaterkritiker Polgar ziemlich angetan: „Das neue Werk Franz Lehárs lobt seinen Meister, und der Referent kann nichts anderes tun. Wo immer diese delikaten Weisen ertönen werden, werden sie den Hörer geneigter machen, sich in seine jeweilige Nachbarin zu verlieben. Was ja, von Trauermärschen abgesehen, als die sozial belangreichste Wirkung angenehmer Musik gelten darf."[543]

Trotz Polgars Fürsprache und prominenter Besetzung wurde *Der Sterngucker* nach 79 Vorstellungen abgesetzt. Das Experiment war gescheitert und Lehár machte mit Hilfe seines bewährten Librettisten Arthur Maria Willner aus dem musikalischen Lustspiel wieder eine Operette. Mit ihr kehrte er am 27. September 1916 ins Theater an der Wien zurück, musste aber schon am 2. Dezember Leo Falls *Rose von Stambul* weichen. *Der Sterngucker* war Lehárs erster Durchfall seit dem *Mann mit den drei Frauen*. Bis auf Berlin, Budapest und ausgerechnet New York, wo *The Stargazer* mit nur acht Vorstellungen zum Flop der Saison wurde, gab es keine Folgeproduktionen. In seiner ersten Zerknirschung erklärte sich Lehár sogar bereit, auf sein Honorar von 30.000 Kronen zu verzichten. Doch das bereute er bald und rechnete Karczag vor, wie sein Verlag nicht zuletzt durch ihn „eine Weltfirma" geworden zu sei: „Nun kommt *Der Sterngucker* und bei der ersten schwächeren Sache wird der Komponist in die moralische Zwangslage versetzt, auf sein Honorar zu verzichten und die Druckkosten selbst zu bezahlen. Du wirst darauf antworten: ‚Du hast es ja selbst vorgeschlagen!' Das ist ganz richtig ... aber konnte ich etwas anderes tun ... wenn ich dein unglückliches, sorgenvolles Gesicht vor mir gesehen habe."[544] Karczag reagierte verschnupft, da er aus Lehárs Brief den Vorwurf herauslas, er wäre nur durch ihn „reich geworden". Lehár wiederum wollte damit „nur betonen, dass der Verlag nach kleinen Anfängen mit meinen Werken in die erste Reihe der Verleger sich emporgeschwungen hat, worauf ich stolz bin ... Du weißt, dass ich ein Tagebuch führe und dass ich jede Episode meines Lebens darin festgehalten habe und ich glaube, Du hast es nicht notwendig, darin die Rolle eines ‚Schikander' zu spielen ... wenn ich auch kein Mozart bin!"[545]

„Und der Herrgott lacht" – Operette im Ersten Weltkrieg

„Ob die neue Operette ‚gehen' wird, wissen wir nicht. Jedenfalls haben wir es mitangesehen, wie ein berüchtigter Schmock Herrn Kalman auf die Schultern klopfte und sagte: Wird Ihnen nix machen! Und Kalman: Hát [!], wir sind vergriffen ..."[546] Angespielt wurde in dieser Anekdote aus dem *Wiener Leben* auf Emmerich Kálmáns Operette *Die Csárdásfürstin*, die seit 17. November 1915 im Johann-Strauß-Theater für volle Häuser sorgte. Der zwölf Jahre jüngere Kálmán hatte damit sein Vorbild Lehár erstmals überflügelt, seit er 1909 mit seiner ersten Operette *Tatárjárás*, auf Deutsch: *Herbstmanöver*, nach Wien gekommen war. Berichte über angebliche Intrigen Lehárs dementierte Kálmán damals umgehend: „Franz Lehár hat sich mir gegenüber als der liebenswürdigste und toleranteste Kollege erwiesen und gegen mein Stück nicht intrigiert, ja gerade seine Zuvorkommenheit hat die Erstaufführung des *Tatárjárás* im Januar ermöglicht, indem er auf den ihm kontraktlich zugesicherten Januartermin zu unseren Gunsten freiwillig verzichtet hat"[547] – und damit auf den geplanten Uraufführungstermin von *Zigeunerliebe*. Dass dennoch „eine ungeheure Konkurrenzstimmung" herrschte, wie von Kálmáns Frau Vera berichtet, liegt angesichts des hart umkämpften Marktes auf der Hand: „Jeder der Großen war auf den anderen eifersüchtig."[548] Spätestens seit dem Erfolg der *Csárdásfürstin* und dem Misserfolg des *Sternguckers* galt das auch für Kálmán und Lehár.

Dass die Operette ausgerechnet im Ersten Weltkrieg solche Erfolge feiern konnte und deren Komponisten im Gegensatz zu ernsten Komponisten wie Arnold Schönberg vom Kriegsdienst enthoben waren, empörte vor allem dessen Schüler. Alban Berg schrieb aus diesem Anlass an seine Frau: „Ich schlage dem Herrn Leo Fall vor, einen Patrouillenmarsch auf die Melodie ‚Man steigt nach …' herauszugeben, dem Herrn Lehár, einen Walzer ‚Schulter an Schulter' zu pforzen, dem Herrn Eysler, ein sentimentales Lied ‚Unsere armen Soldaten im Schützengraben' zu kotzen. Eine ‚Krüppelgavotte' würde ich vor allem für Herrn Oscar Strauss [!] reservieren."[549] Damit trat er in die Fußstapfen seines verehrten Vorbilds Karl Kraus, der sich in der *Fackel* öfters dem Thema widmete: „Der einzige Künstler, dessen Befreiung von der allgemeinen Wehrpflicht ‚auf Kriegsdauer' sich von selbst versteht, hat an der Westfront den *Grafen von Luxemburg* dirigiert und erzählt nun: ‚Ich fand das Dirigentenpult bekränzt vor. Alles spielte mit größter Begeisterung vor dem übervollen Hause, da – bei einer Pianostelle – hört man plötzlich das Knattern eines Maschinengewehres, ein Zeichen, daß ein feindlicher Flieger über der Stadt kreist … Die Vorstellung aber geht weiter, als ob nichts geschehen wäre. Nach Schluß der Aufführung, die von den Feldgrauen mit großem Beifall aufgenommen wurde, erfuhren wir, daß ein englischer Flieger in der Zwischenzeit abgeschossen worden war …'

Das Knattern des Maschinengewehres ist nach der Auffassung eines feldgrauen Dichters ‚Sphärenmusik'. Seitdem es eine Pianostelle bei Lehar begleitet, weiß man erst, wie recht jener hat."[550]

Die Vorstellung am 12. Juli 1916, ein Gastspiel des Leipziger städtischen Operettentheaters im Stadttheater Lille, wurde, wie Kraus fortfährt, auch von der Wiener Presse ausgiebig gewürdigt:„‚Der Meister des Dreivierteltaktes kam selbst, um über seine weiche zärtliche Musik den Stab zu schwingen. … Mit aufrichtigem Neid sah die französische Bevölkerung auf diesen Vorposten deutscher Kunst – ihr blieben die Tore zu all diesen Genüssen versperrt. Jetzt endlich sehen sie ihren sehnsüchtigen Wunsch erfüllt, die Kommandantur Lille wird, soweit Platz vorhanden, auch den Lillern Zutritt gewähren. Sie weiß, auch mit unserer Kunst ist ein gutes Teil unserer siegenden Kraft begründet.'

Die Bevölkerung von Lille aber ... stand mit aufrichtigem Neid vor dem Vorposten deutscher Kunst ... bis endlich die Kommandantur Lille ... es nicht mehr übers Herz bringen konnte, ihr Lehár vorzuenthalten. Da erkannten sie, daß wir keine Barbaren seien ..."[551]

Wenige Tage nach Lehár dirigierte Leo Fall seinen *Lieben Augustin* in Lille. Auftritte wie diese dienten zum einen der Truppenbetreuung, zum andern der Auslandspropaganda – so auch jenes Gastspiel des Ensembles des Theaters an der Wien im Kantonsspital Zürich, über das die *Neue Zürcher Zeitung* am 24. Juli 1917 so enthusiastisch berichtete, dass Karl Kraus es seinen Lesern nicht vorenthalten konnte:

„Nun haben unsere Kranken auch etwas von der Wiener Operette gehabt, nun sind Zürichs Gäste als Gäste zu ihnen hinaufgekommen und haben ihnen durch das Lied, durch Walzerklänge, durch jauchzende Geigen, schmetternde Hörner und dröhnende Kesselpauken das singende, klingende, Herzen bezwingende Lied aus Wien vorgejubelt ... So viel Menschen sind sicher noch nie im Garten des Kantonsspitals gewesen.'

Wer hätte sich nicht rechtzeitig operieren lassen wollen, um dabei sein zu können?

‚Und zwischendrin eroberten sich die Sterne des Karczagschen Operettenolymps die Herzen der Zuhörer.'

Hei, wie die Prothesen zu hüpfen begannen, und so mancher wußte jetzt, wofür er sein rechtes Bein hergegeben hat, er möchte noch sein linkes dazugeben: da habts mein letztes – Aber jetzt ‚... das Lied ›Vom lachenden Herrgott‹, das in seiner Schlichtheit wohl den tiefsten Eindruck machte. Das ganz Bild wurde lebendig, und bis zum letzten Zuhörer hinunter sah jeder – losgelöst von der Misere der Zeit und der eigenen Bresthaftigkeit – Gottvater, der mit der fröhlichen Welt zufrieden ist; er schien mit dem Käppchen auf dem Kopf und der Pfeife durch den blauen Himmel herunterzublicken auf dieses Idyll im Grünen, und man hörte den Refrain mitklingen, den Marischka lockend und innig hinaussang: Und der Herrgott lacht, / weil's ihm Freude macht, / und er mit der Welt zufrieden ist!'"[552]

Das Publikum „geriet geradezu in einen Taumel der Begeisterung ... immer und immer wieder ... Marischka ... Marischka ... Marischka ... Karczag ... Karczag ... raste weiter in Beifall ... und ruhte nicht, bis auch Lehár ›Auf Wiedersehen!‹ gerufen hatte.'

In der mondhellen Nacht, in der es sich begab, rasten rings die anderen Trommelfeuer. Nicht diese, nicht jenes, aber die Gleichzeitigkeit läßt nicht mehr bezweifeln, daß diese Menschheit toll geworden ist."[553]

Das Lied vom lachenden Herrgott stammte aus dem *Sterngucker* und machte die Diskrepanz zwischen Kriegs- und Operettenrealität offensichtlich. Schon Karl Kraus hatte geahnt: die Operetten „managen den Weltuntergang"[554] – ganz gemäß ihrem Motto: „Heute ist heute. / Morgen vielleicht geht in Trümmer die Welt. / Frag nicht! Genieße!" Auf Lehár hingegen hatte das Züricher Konzert „den stärksten Eindruck" gemacht, „der ihm, wie er sagt, ‚sein ganzes Leben lang unvergeßlich bleiben wird' ... Es war erschütternd zu sehen, wie diese Aermsten, diese Ruinen von Menschen förmlich aufblühten, als die Musik zu spielen begann ... Ich kann es seither leichter ertragen, wirklich, wenn ich wieder einmal irgendwo zu hören bekomme, daß es nichts Ueberflüssigeres auf der Welt gibt als unsere Wiener Operette."[555]

Wo die Lerche singt

Während des Ersten Weltkriegs entstanden zwar noch einige Gelegenheitskompositionen für die Militärmusikkapellen der Monarchie, darunter zwei seinem Bruder gewidmete Stücke: *Chodel-* und *Piave-Marsch* von 1917, doch steckte Lehár seine ganze schöpferische Energie in ein Werk, dessen Eröffnungschor er bereits vor Kriegsbeginn komponiert hatte: *Wo die Lerche singt.* Nach Beendigung der Umarbeitung des *Sterngukers* nimmt er beim alljährlichen Sommeraufenthalt in Ischl die Arbeit wieder auf und beginnt am 7. Juli 1916 mit dem Entréelied der Margit „Durch die weiten Felder". Dem *8 Uhr Blatt* verriet er, dass er jetzt den Vorsatz gefasst habe, sich „von nun an nur noch mit einem Stoff zu beschäftigen. Früher, wo ich stets drei bis vier Stoffe im Kopfe hatte, erschien mir, als der Moment kam, in dem ich ein Werk fertig hatte und zur neuen Arbeit schritt, das Libretto der letzteren schon zu abgebraucht, es war sozusagen in meinem Gehirn zu sehr verarbeitet."[556] Innerhalb eines guten Jahres war die Partitur am 1. Oktober 1917 abgeschlossen. Vier Tage später schickte er Karczag eine Postkarte mit seinem Porträt: „Mit der *Lerche* wirst Du zufrieden sein, denn zum 1. mal bin ich mit mir selbst zufrieden."[557]

Die Handlung ähnelt der von *Zigeunerliebe*: Wieder spielt sie in Ungarn, wieder steht eine unglückliche Dreierkonstellation im Zentrum, wieder kehrt die Heldin desillusioniert zu ihrem Verlobten zurück. Nur dass es hier kein Traum ist, der ihr die Illusionen nimmt, sondern ein Ausflug vom Land nach Budapest. Den hatte auch *Zsuzsi Kisasszony* unternommen, Titelheldin von Emmerich Kálmáns gleichnamiger 1915 uraufgeführter Operette. Mitautor war wie bei Lehárs *Lerche* der äußerst erfolgreiche ungarische Librettist Ferenc Martos. Das Thema der ländlichen Idylle lag damals offensichtlich in der Luft.

Bereits 1913 hatte Oskar Nedbals *Polenblut* das gesunde Landleben gegen die dekadente Großstadt ausgespielt. Im Laufe des Krieges wurde das Thema immer attraktiver. Auch Nedbals nächste Operette *Die Winzerbraut* war ein Beispiel dafür, ebenso *Das Dreimäderlhaus* von 1916, das zwar in Wien spielt, aber einem ländlich geprägten Biedermeier-Wien. Dessen Librettisten Arthur Maria Willner und Heinz Reichert wiederum waren für die deutsche Fassung von *Wo die Lerche singt* verantwortlich. 1917 schließlich schloss sich mit Leon Jessels *Schwarzwaldmädel* der Kreis, denn aus dem Schwarzwald kam auch das Muster all dieser Geschichten: Berthold Auerbachs *Die Frau Professor*, eine seiner beliebten „Schwarzwaldgeschichten". Die Erzählung wurde 1847 unter dem Titel *Dorf und Stadt* von Charlotte Birch-Pfeiffer dramatisiert und war ein großer Theatererfolg. Wie in der *Lerche* ging es um ein junges Mädchen vom Land, das einem Maler Modell sitzt, sich in ihn verliebt, deswegen ihren Verlobten verlässt, dem Maler in die Stadt folgt, um am Ende einzusehen, dass es auf dem Land besser aufgehoben ist.

Für diese Entscheidung sprach im Ersten Weltkrieg nicht zuletzt die bessere Lebensmittelversorgung. Und so verweist in *Wo die Lerche singt* der alte Bauer Török Pál, Großvater der Titelfigur Margit, zu Recht auf diesen Vorzug des Landlebens: „Fast in jeder Viertelstund' nimmt man zu ein halbes Pfund, / Ja, auf dem Land, da ist das Leben g'sund!" Das gilt hier auch für die Figuren der Operette. Die vom Land haben deutlich mehr Gewicht als die aus der Stadt. Von dort, nämlich aus Budapest, kommen die Sängerin Vilma und der Maler Sándor. Sie entsprechen ganz dem Rollenklischee des Genres, während ihre ländlichen Pendants schon besetzungstechnisch aus dem Rahmen fallen: Török Pál ist eine Komikerrolle und seine Enkelin Margit eine Soubrettenpartie. Allein ihr Auftritt fällt ungewöhnlich aus. Ganz Naturkind ist sie zu hören, ehe man sie sieht – und zwar mit einer großen A-Capella-Koloratur ohne Text. Auch das Auftrittslied ihres Großvaters „Was geh'n mich an die Leute" betont mit seinem unregelmäßigen Periodenbau und melancholischen Walzerton den schlichten, ländlichen Charakter des Milieus. Der moll-getrübte Mittelteil enthält sogar dezent kriegskritische Bemerkungen: „Leut' sind narrisch, / tun sich nur streiten ... Jeder will, weiß Gott was, / keiner gönnt and'rem ‚das'!" Margits Leitmotiv aus ihrem Duett mit Sándor „Schöne Margit, kleine Lerche" trifft mit der zigeunerhaft konzertierenden Klarinette den innigen Naturton, der den ganzen ersten Akt durchzieht und im großen Palótas des Erntechors musikalisch kulminiert. Im melodramatisch auskomponierten ersten Finale geht Margits eifersüchtiger Verlobter Pista mit einem Messer auf Sándor los. Leopold Jacobson vom *Neuen Wiener Journal* staunte nicht schlecht: „Das war in der Operette wirklich noch nicht da!"[558]

Die beiden folgenden, in Budapest spielenden Bilder gerieten weniger schlüssig, steht doch hier Sandor im Fokus der Handlung. Wie Margit im Künstlerclub wirkt die ganze Operette in diesem Milieu fremd – trotz der Marschpolka „Wer ist denn der Mann mit der schönen Frau" und trotz eines „Golden foxtrot", dem ersten dieser Art in einer Wiener Operette. Das Ende ist lapidar. Nach dem künstlerischen Erfolg mit ihrem Porträt verlässt der Maler Margit und kehrt zu seiner früheren Geliebten Vilma zurück. Er erweist sich damit, wie Ludwig Hirschfeld in der *Neuen Freien Presse* formulierte, endgültig „als eine egoistische Künstlernatur. Vergeblich hofft der ergriffene Zuschauer, dass am Schluss die Birch-Pfeiffer auf der Bühne erscheinen und alles ins Geleise bringen werde. Aber moderne Librettisten sind unerbittliche Psychologen, die zu einem dritten Abschluss und einem Erfolg unbekümmert über Leichen und Lerchen schreiten. Dem Maler die Circe in Seidenstrümpfen, dem Bauernmädel der messerstechende Bräutigam. Entsagung und gebrochene Herzen."[559] Damit ist bereits jenes Themenfeld umrissen, das dann später Schauplatz von Lehárs Spätwerk werden sollte, aber bereits vorher in *Fürstenkind* und *Zigeunerliebe* angeklungen war. *Wo die Lerche singt* steht dazwischen, kündigt aber bereits den Abschied vom bisherigen hedonistischen Operettenleichtsinn und die Hinwendung zum resignativen Verzichtschluss an.

„Man muss immer wieder die naive künstlerische Freude bewundern, mit der er die unmöglichsten Texte vertont"[560], rätselte *Die Zeit* über Lehárs Librettoauswahl, mit der er diesmal den durch die Kriegsnot rührselig gestimmten Nerv der Zeit traf. Mit 416 Vorstellungen wurde *Wo die Lerche singt* sein zweiterfolgreichstes Werk im Theater an der Wien. Noch erfolgreicher war dort allerdings Leo Falls *Rose von Stambul* gewesen, so dass Karczag auf Lehárs Drängen „auf das ihm zustehende Recht der Uraufführung verzichtete"[561] und *Wo die Lerche singt* am 1. Februar 1918 unter dem Titel *A Pacsirta* im Budapester Király Színház herauskam. Die ungarische Presse wusste es zu würdigen. Gerade „weil hier ein ungarisches Milieu bearbeitet ist ... wollen wir uns die Sache erst bei uns besehen, ehe sie dem Ausland vorgesetzt wird", bemerkte der *Pester Lloyd* und kam zu folgendem Schluss: „Seit vielen Jahren die beste Lehár-Operette."[562] Obwohl im Verlagsvertrag vom Dezember 1914 Martos und Willner als Originallibrettisten firmierten, war auf dem Budapester Theaterzettel Ferenc Martos als alleiniger Textautor angegeben. Als Margit glänzte die junge Emmy Kosáry, die bald sowohl in Wien als auch in Berlin Karriere machen sollte.

In der Wiener Premiere am 27. März übernahm die Titelrolle dann ausgerechnet Louise Kartousch, Wiens beliebte Tanzsoubrette, deren schwache Seite bekanntlich der Gesang war. Sie war hier nicht nur nach Meinung des *Neuen Wiener Journals* „stimmlich mit einer Aufgabe belastet, der sie nicht nachkommen konnte."⁵⁶³ Dass deshalb „eine der größten Gesangspartien, die je von einem Operettenkomponisten geschrieben wurden, einfach wegeskamotiert wurde"⁵⁶⁴, bedauerte besonders Lehárs Gönner Ludwig Karpath, dem man unvorsichtigerweise den Klavierauszug ins Haus geschickt hatte. Während es für das Traumpaar der *Rose von Stambul* Betty Fischer und Hubert Marischka nur wenig zu tun gab, erzielte Ernst Tautenhayn als Török Pál den größten Erfolg. Noch vor Kriegsende wurde die Operette mit den Hauptdarstellern des Theaters an der Wien verfilmt. Und als hätte ihn Karl Kraus dazu angestiftet, spielte damals „der Druckfehlerteufel dem Setzer einen Possen", so dass man „von einer neuen Operette las mit dem Titel: *Wo die Leiche singt ...!*"⁵⁶⁵

„Mit dem nächsten Werk künstlerisch um eine Stufe höher"

Der Krieg macht sich nun im Alltag immer mehr bemerkbar, auch für Lehár, „den die Kohlennot und die Gassparverordnung aus seinem romantischen, aber nicht zu heizenden Atelier unterm Dach vertrieben hat." Besucher empfängt er „im kleinsten Zimmer seiner Wohnung im zweiten Stock ... den treuen Papagei neben seinem Interimsschreibtisch angesiedelt."⁵⁶⁶ Trotzdem ist Lehárs Kompositionslust ungebrochen. Kaum in Ischl angekommen, skizziert er im Sommer 1918 gleich zwei Operetten mit den farbenfrohen Titeln *Die blaue Mazur* und *Die gelbe Jacke*. Die eine spielt in Polen und Wien, die andere in Wien und China, dazu kam ab Januar 1920 noch die in Spanien spielende *Frasquita*. Wieder war er mit den drei Werken parallel beschäftigt und rechtfertigte diese Rückkehr zu seinem alten Arbeitsstil damit, dass ihm passende „Stimmung ... beim Komponieren wohl das Wichtigste" ist. „Je nach Stimmung greife ich zum chinesischen, spanischen, je nach Laune zum polnischen Libretto ... Es ist viel amüsanter und für ein Werk wohltuender, wenn man nicht fortgesetzt daran arbeitet."⁵⁶⁷

Das Buch zur *Blauen Mazur* hatten Leo Stein und Béla Jenbach geschrieben, seit der *Csárdásfürstin* eine gefragte Firma – wie die Verbindung zweier Librettisten im Wiener Operettenjargon genannt wurde. Mit dem Routinier Stein hatte Lehár seit dem *Graf von Luxemburg* nicht mehr zusammengearbeitet, mit dem ungarischen Landsmann Jenbach noch nie. Doch fasste er zu dem früheren Burgtheatermimen, der eigentlich Jacobovits hieß und aus Miskolcz stammte, eine besondere Zuneigung und blieb ihm zeitlebens freundschaftlich verbunden. Am 13. Juli 1918 begann er mit der *Blauen Mazur*, nachdem er drei Wochen vorher noch von Wien aus Leo Stein „um postwendende Zusendung des II. und III. Aktes von *Blauer* ... dringend!!!!" und verzweifelt gebeten hatte. „Ihr seid ja alle so klein und kindisch … Was will ich denn eigentlich haben? Nichts als die tiefinnerste Überzeugung, daß das Libretto, welches ich vertonen soll, mir … entspricht und daß ich Gewähr habe, daß ich mit dem nächsten Werk künstlerisch um eine Stufe höher komme."[568] Leo Stein mahnte Kompagnon Jenbach umgehend zur Eile: „Lieber Freund, mir ist mies – ich möchte vor dem Saugeschäft echappieren und kann nicht. Die Lehár-Konjunktur ist zu günstig und verlockend. Er wartet wie die Butterfly auf das Erscheinen der Bücher. Von Ihnen und Ihrer Hirntätigkeit hängt nun alles ab."[569]

Auch der Kontakt zu Victor Léon lebte damals nach fast zehnjähriger Unterbrechung wieder auf. Und wieder ging es dies von dessen Tochter Lizzy aus, mittlerweile verheiratete Marischka und Mutter dreier Kinder. Wie sich ihr Vater später erinnerte, erzählte sie ihm während eines gemeinsamen Sommeraufenthalts der Familie 1915 in Unterach folgende „gute Idee zu einer Operette. Nämlich: dass sich eine junge Engländerin in einen japanischen Gesandtschaftsattaché nur deshalb verliebe, weil er so ganz anders sei als die Männer in Europa. Sie heiratet ihn dann, geht mit ihm nach Japan und sieht, dass er in Japan keine Ausnahme bilde und dort Alle so seien wie er. Dieses Motiv führt zu dramatischen Konflikten. Der Stoff gefiel mir. Ich empfand, etwas Wirksames und Apartes daraus gestalten zu können, besonders wenn ich statt des Japaners einen Chinesen zum Helden nahm, dessen Eigenart und asiatischer Conservativismus viel stärker zum Ausdruck komme. Ich akzeptierte die Anregung meiner Tochter und versprach ihr hierfür zehn Prozent der Tantiemen aus Theateraufführungen. Das Textbuch wurde ungefähr 1917 fertig und ich nahm als Komponisten Oskar Nedbal in Aussicht, der auch sofort erklärte, diese Operette componieren zu wollen. Er hatte aber vorher noch andere Arbeitsverpflichtungen; ich wollte nicht warten[,] bis er diese erledigt habe. Es war eine glückliche Fügung, dass sich nun Franz Lehár für das Libretto interessierte."[570]

Es wurde *Die gelbe Jacke* und wie Lizzys Sohn Franz Marischka vermutete, war das reale Vorbild des chinesischen Operettenhelden ein dem k. u. k. Infanterieregiment Nr. 84 in Krems zugeteilter „Leutnant der Republik China", der 1913–1914 in Österreich lebte und Gast im Hause Léon gewesen war. Dass er sich dabei in Léons Frau Ottilie verliebt hat, deutet ein Brief an, den Franz Marischka in seinen Memoiren veröffentlicht hat. Er endet mit der pathetischen Schlusszeile eines selbst verfassten Gedichts: „Mein Leben nur an Deinem Leben hängt." Signiert ist der Brief mit „Sukong".[571] In der *Gelben Jacke* wird daraus Sou-Chong-Chwang. Aus Ottilie hingegen wird Lea von Limburger, in der Léon wiederum seiner Tochter porträtiert hat. Im August 1918 skizzierte Lehár bereits wesentliche Musiknummern, darunter auch „Immer nur Lächeln", dessen mollgetrübte Resignation auf fast schon gespenstische Weise weniger den chinesischen Nationalcharakter als die düstere Endzeitstimmung der Donaumonarchie im Jahr 1918 einzufangen scheint – eine Ahnung künftiger Katastrophen. Am 27. November starb Lizzy Marischka, geborene Léon. Wahrscheinlich hat sie Lehárs Melodien zu ihrer chinesischen Operettenidee nie gehört.

„Wo die Leiche singt"

Im September unterbrach Lehár die Arbeit und kehrte nach Wien zurück. Dort erlebte er die Auflösungserscheinungen der Monarchie hautnah mit. Nach dem Waffenstillstand vom 4. November ordnete Kaiser Karl I. zwei Tage später die Demobilisierung an und verzichtete am 11. November auf den österreichischen, am 13. auf den ungarischen Thron. Nachdem sich die übrigen Völker von der Monarchie losgesagt hatten, erklärte sich der cisleithanische Rest zur Republik Deutschösterreich. In diesen unruhigen Tagen kehrte Lehárs Bruder Anton als hochdekorierter und unlängst geadelter Oberst nach Wien zurück: „Es war spät nachts, etwa nach 1 Uhr, als der Zug nach endlosen Aufenthalten in der Bahnhofshalle einfuhr. Wien! Matrosen mit roten Kappen und Armschleifen empfangen uns. Ich hatte gehört, daß sie alle Soldaten am Bahnhof entwaffnen. Noch voll des Frontoffiziersstolzes hätte ich dies nie zugelassen ... Doch, war es die vorgerückte Stunde, war's die Goldene Tapferkeitsmedaille auf der Brust oder mein entschlossener Blick, man ließ mich höflich ohne irgendeine Belästigung, passieren. Wie ich dann später vom Stationsvorstand Ruthner hörte, ging es nicht immer so glatt. Mehrere Offiziere wurden gelegentlich der Verweigerung der Waffenabgabe erschossen ... Das war also der Einzug in Wien, von dem wir so oft geträumt, wenn wir im Unterstand für das Vaterland darbend selbst das Notwendigste entbehrten. Zwölf Narben am Leib, einen kurzen Fuß, das Theresien-Kreuz und die ‚Goldene'. Und nun zog eine traurige Schindmähre unseren Karren durch die Stadt, die uns einst mit Glockengeläute und weißgekleideten Mädchen empfangen wollte."[572]

Während die bürgerkriegsähnlichen Zustände vor allem im revolutionären Ungarn ihren blutigen Tribut forderten, sang im Theater an der Wien die *Lerche* noch immer ihr nun mehr historisch gewordenes Lied. Die in ihr beschworene Doppelmonarchie existierte nicht mehr und die Brüder Lehár mussten sich entscheiden, welchem Staat sie künftig angehören wollten, für Baron Anton von Lehár ein „schicksalentscheidender Entschluss ... Nach meinem Vater war ich in der nunmehrigen Tschechoslowakei heimatzuständig. In Ödenburg (Sopron), also Ungarn, geboren, von einer ungarischen Mutter erzogen ... Meine Frau eine Wienerin, Wien meine zweite Heimat ... Und nun sollte ich

18 „Fast in jeder Viertelstund' nimmt man zu ein halbes Pfund, ja, auf dem Land, da ist das Leben g'sund!"
Ernst Tautenhayn, Louise Kartousch und Betty Fischer in *Wo die Lerche singt*, Postkarte 1918

19   *La danse des Libellules* in Paris, Postkarte 1924

optieren, mich entscheiden ... Hauptsächlich unter dem Einflusse meines Bruders Franz, der um jeden Preis Ungar sein wollte, entschloss ich mich schließlich für Ungarn."[573] Die Gründe dafür hat er nie verraten, dürften aber ähnliche gewesen sein wie zu seiner Studienzeit in Prag, als er sich im Nationalitätenkonflikt zwischen Deutschen und Tschechen nicht festlegen wollte. 1917 hatte er noch vorsichtig formuliert: „Ich selbst bin ja sozusagen auch ein Ungar."[574] Dazu befragt, antwortete er am 1. November 1919: „Ich kann sagen, ich fühlte mich überall zu Hause und man sah auch nirgends den Fremden in mir. Wie soll ich nun plötzlich da Liebe und Haß nach neuen Grenzen aufteilen? Ich habe das alte Österreich-Ungarn genau gekannt und als Ganzes ehrlich geliebt. Die neue Epoche – offen gestanden – ich muß sie erst ein wenig lernen."[575]

Zwei Wochen später erhielt er überraschend einen Brief von Giacomo Puccini, der ihm so wichtig war, dass er ihn umgehend an das *Neue Wiener Journal* lancierte: „Teurer und berühmter Maestro! Vielen Dank für Ihren freundlichen Brief. Ich habe mich bemüht, die Befreiung Ihres Vetters zu ermöglichen, aber tausend störende Ursachen stellten sich meinen Bemühungen entgegen. Ich besitze Ihre neue köstliche Operette *Wo die Lerche singt* und kann nur sagen: Bravo, Meister! Erquickend frisch, genial, voll von jugendlichem Feuer! Oh, welche Erinnerungen an die Tage in Wien im Jahre 1913! ... Werde ich dahin mit neuer Musik, mit einem neuen Werk zurückkehren? ... ich will hoffen, daß der Wunsch, meinen Freund Eisenschitz sowie Sie, großer Meister, wiederzusehen, sich erfüllen könnte."[576] Wegen des Kriegs war dies lange nicht möglich gewesen, obwohl das neue Werk, von dem hier die Rede ist, ursprünglich ja für Wien komponiert worden war: *La Rondine*. Inzwischen von Giuseppe Adami, dem *Eva*-Übersetzer, zu einer durchkomponierten Oper umgearbeitet, wurde *La Rondine* 1917 in Monte Carlo uraufgeführt. Es war ein Erfolg, wie Puccini an seine Londoner Vertraute Sybil Seligmann schrieb, um sich zugleich bei ihr über Tito Ricordi zu beklagen, den Nachfolger seines Verlegerfreundes Giulio Ricordi: „Er behauptet, ich hätte eine missglückte Oper geschrieben, es sei schlechter Lehár!"[577]

„Mein Leben steht noch vor mir"

„Gedanke: Mein Leben steht noch vor mir – Bin ich nicht jung und hübsch?"[578] Notierte Franz Lehár am 12. Februar 1919 in sein Skizzenbuch. Damals komponierte er den Walzer *An der grauen Donau*, eine melancholische Reminiszenz an die einst blaue von Johann Strauß, die zu Beginn einer fast schon Richard-Strauss-haften Coda auch zitiert wird. *An der grauen Donau* war also eher ein Rückblick als eine Vorausschau, wie die Notiz im Skizzenbuch vermuten ließe. „Jung und hübsch" jedenfalls war wenigstens die Staatsoperndiva Maria Jeritza, die im Rahmen eines sommerlichen „Lehár-Zyklus" die Titelrolle in der *Lustigen Witwe* und die Angèle im *Graf von Luxemburg* sang. Das war damals eine kleine Sensation, war doch das Auftreten von Opernsängern in einer Operette absolut ungewöhnlich, zumal Maria Jeritza schon damals ein Star war. Von Puccini zur „besten Tosca" erklärt und von Richard Strauss als Kaiserin in der kurz darauf stattfindenden Uraufführung der *Frau ohne Schatten* besetzt, brachte die Sängerin dem Komponisten jenes Renommee ein, das ihm andere Vertreter der Hochkultur meist versagten. Außerdem kam er damals unversehens zu Kino-Ehren: „Im Rahmen eines großen Filmdramas, das nach einem meiner bekanntesten Walzer ‚Bist du's lachendes Glück?' getauft worden war, sollte ich eine Hauptrolle spielen ... den Komponisten Franz Lehár, der einem großen Bühnentalent die Wege zur Karriere ebnet."[579]

Besonders gut aber spielte er außerhalb der Filmateliers die Rolle als „the only undethroned King in Central Europe", wie ihn der amerikanische Reporter Karl K. Kitchen in *The World Magazine* nannte. Nach dem Boykott im Ersten Weltkrieg war die Wiener Operette im Ausland plötzlich wieder gefragt, vor allem in den USA. Lehár erhielt attraktive Angebote, dort zu dirigieren, die er aber nie annahm. Also musste Kitchen eben aus Wien über ihn berichten. 1920 gerade von seiner Europareise nach New York zurückgekehrt, listete er die 50 interessantesten Dinge des alten Kontinents auf. Am verrücktesten schien ihm die Hoffnung, „am Spieltisch in Monte Carlo zu gewinnen", am stumpfsinnigsten das „Maxim in Paris" und am bescheidensten: „Franz Lehár."[580] Schon zehn Jahre vorher hatte das *Music Magazine* aus Boston berichtet: „Lehár fits in no way into the imaginary picture of comic opera Boheme that exists in mind of the average comic opera listener."[581] Trotzdem kamen „täglich Leute, Fremde von überall – erzählt Lehár. Er hat im Baedeker wahrlich keinen Stern, gilt aber doch, wie es scheint, als eine der Wiener Berühmtheiten, wie die Schatzkammer in Schönbrunn, die man gesehen haben muß."[582]

Seine Wohnung war nach den Entbehrungen des Krieges wieder repräsentativ eingerichtet, wie der Journalist Karl Marilaun eindrücklich schilderte, ein „Museum von Kränzen, Schleifen und hundertfach buntem, neuem und verdorrtem Ruhmestand... Er wohnt in reichen, prunkvoll weitläufigen Junggesellenzimmern, in denen kostbare Pendulen von kostbaren Kaminen schlagen, deren Wände mit Seide und Atlas ausgeschlagen, deren Schränke mit Silber vollgeräumt und deren Klaviere mit schweren Goldstoffdecken verhängt sind. Mehr bewohnt in dieser Wohnung ist eigentlich nur sein ungeheurer Schreibtisch; und eigentlich nicht einmal der so recht, denn wenn Herr Lehar arbeiten will, nimmt er seinen Schlüsselbund, hält vor dem Absperren eine kleine, freundschaftliche Zwiesprache mit seinem melancholisch klagenden Papagei und fährt im Lift hinauf unters Dach. Da ist eine fünf, oder sechszimmerige Mansarde, deren Wände der Ruhm bis zur Decke hinauf mit holdem Flitterkram behängt hat. Hier sieht man fünf Weltteile in der Lehar-Perspektive."[583] Die Ischler Villa, deren Einrichtung nach Lehárs letztem Willen nicht verändert werden durfte, gibt noch heute einen Eindruck dieser verflossenen Pracht. Wie Schiller faulende Äpfel scheint Lehár die Trophäen seiner Erfolge als Stimulanz seines Schaffens benötigt zu haben.

Und dieses Schaffen stand nach wie vor im Zentrum seines Lebens. „Während meiner Tätigkeit nehme ich mir nicht einmal Zeit zum Rauchen – ich vergesse es überhaupt – und beschränke mich darauf, meine Mahlzeiten in großer Eile einzunehmen. Während meiner Arbeit trinke ich niemals schwarzen Kaffee, und benötige auch sonst keinerlei anregende Mittel."[584] Meist fielen solche Arbeitsphasen in den Ischler Sommeraufenthalt, so dass dort das geflügelte Wort umging, er sei in Ischl unsichtbar. Seine Frau berichtete von „Tagen, die er unrasiert und ohne Mahlzeiten am Schreibtisch und Klavier verbringt."[585] Ihn dabei zu stören, brachte, wie Freund Steininger bezeugt hat, „sein wahres Gesicht" zum Vorschein: „Das Märchen von der Liebenswürdigkeit Franz Lehárs sollte eigentlich einmal zerstört werden und ich will damit den Anfang machen. Der Mann ist sicherlich entzückend. Aber in seinem Privatleben. Um so schlechter ist mit ihm Kirschen zu essen, bevor der Vorhang über einem seiner Werke aufgeht."[586]

Im Fall der *Blauen Mazur* war dies eigentlich rund um seinen 50. Geburtstag am 30. April 1920 vorgesehen, kam aber erst am 28. Mai als Eröffnung des neu geschaffenen Wiener Musikfestes zustande. Trotzdem konnte Lehár erst „nach der Arrangierprobe" mit dem Instrumentieren beginnen. „In sechs Wochen war alles fix und fertig. Die Kopisten der Noten konnten mir gar nicht nachkommen. So rasch arbeite ich, wenn ich muß."[587]

„Ehrgeizmusik": Die blaue Mazur

„Der neue Lehár heißt *Blaue Mazur* und jeder fragt, was es bedeutet ..."[588] Nicht nur dem ersten Lehár-Biographen Ernst Decsey gab der Titel Rätsel auf. Mazur mochte als Abkürzung für Mazurka noch hingehen, aber warum „blau"? Das Libretto liefert die Erklärung: Blau heißt die letzte Mazur, die „der Pole nur mit dem Weibe tanzt, das er erobern will", weil man sie „bei Morgengrauen tanzt", wenn der Himmel schon blau ist – oder, wie Elsa Bienenfeld im *Neuen Wiener Journal* vermutete, nach einem, „nicht sehr geschmackvollen Lokalwitz, weil sie, wie in Wien die Elektrische, die ‚letzte Blaue' ist."[589] Bei besagter Mazur handelt es sich also um reine Librettistenfiktion, die allerdings dramaturgisch überaus wirkungsvoll genutzt wird. Denn dieser letzte Tanz hat schon vor Beginn der Handlung stattgefunden, weshalb die Operette mit dem beginnt, womit in aller Regel alle andern enden: mit der Hochzeit. Die Folge ist eine Verschiebung der dramaturgischen Gewichte, die für das Genre fast schon einem Sakrileg gegen die heilige Dreiaktigkeit gleichkam, derzufolge sich das Paar im ersten Akt kennenlernen, im zweiten überwerfen und im dritten versöhnen sollte. Und so erklingt der Titel gebende Tanz entsprechend erst am Ende des dritten Akts.

Die Hochzeitsfreuden wiederum werden gleich zu Beginn durch das sonst erst im zweiten Finale vorgesehene Missverständnis getrübt. Zum Glück hat für diesen Fall die verstorbene Mutter der Braut Blanka von Lossin ein Medaillon hinterlassen, nach dem dann auch das erste Bild benannt ist. Öffnen darf sie es nur, wenn ihr „in der Ehe großes Leid geschieht." Und das widerfährt Blanka, noch bevor sie vollzogen ist. Unwillentlich belauscht sie nämlich ihren Bräutigam Juljan Graf Olinski genau in dem Moment, als er gerade seinem lockeren Liebesleben nachtrauert. Als dies dann in Gestalt der Balletteuse Gretl Aigner auch noch leibhaftig auftaucht, bleibt der armen Blanka nichts andres übrig, als „an ihrem Hochzeitabend sittlich entrüstet … schmerzlich bewegt und per Auto davonzugehen", was schon der Uraufführungskritiker Ludwig Hirschfeld nicht ganz ernst nehmen konnte: „Ward je in solcher Laun' ein junger Ehemann verlassen?"[590] Das turbulente, kontrastreiche erste Finale, in dem solches geschah, ist das längste seit dem *Fürstenkind* und leitet nahtlos zum kurzen zweiten Bild über, das „Die alten Knaben" überschrieben ist. In ihm kommt der Tenor gar nicht vor, dafür der Buffo in einer Doppelrolle à la Célestin/Floridor aus Hervés *Mam'zelle Nitouche*: War er im ersten Bild noch als flotter Adolar und Freund Juljans aufgetreten, ist er im zweiten Bild als braver Bücherwurm Engelbert der Neffe jenes Freiherrn von Reiger, bei dem die entschwundene Braut, der Botschaft des mütterlichen Medaillons folgend, Zuflucht findet. Das dritte Bild mit dem Titel „Die blaue Mazur" trägt schließlich – anders als der sonst inhaltlich und musikalisch schmalbrüstige dritte Akt – sogar das Hauptgewicht der merklich vor 1918 angesiedelten Operettenhandlung. Wie in der *Lustigen Witwe* steht an deren Ende ein großes Tanzduett, in dem sich das Hauptpaar erneut findet. Doch anders als dort schließt es mit Fanfaren und unter dem Jubel einer fast ausschließlich adligen Gesellschaft: „Ja, ja, das ist die Blaue Mazur!"

„Lehár hat in diese Operette viel Musik getan. Jeder der drei Akte hat ein breit angelegtes, originelles Finale von opernhaftem Zuschnitt", staunte Elsa

Bienenfeld, „Kontrapunkte fliegen durch die Stimmen und in den Instrumenten blitzen allerlei solistische Farben auf ... ab und zu sogar ein Schimmer der modernen Ganztonharmonik."[591] Selten hat Lehárs Orchester raffinierter geklungen wie in der *Blauen Mazur*. Blankas Medaillonlied taucht ebenso leitmotivisch auf wie ihr Walzer aus dem ersten Finale oder Juljans „Darf nur eine lieben". Zum Leitmotiv wird sogar Adolars „Jetzt hätt' ich grade Zeit" aus der Solonummer über sein Doppelleben, in der Lehár frivole Zeilen wie „Aber dann um zehne werd ich zur Hyäne und stürz mich ins ewig Weibliche hinein!" mit fast schon irritierender Diskretion vertont hat. Dieses Motiv taucht immer wieder auf – so als kichernde Grimasse seiner Verstellung im Idyll der „alten Knaben", mit denen er ein mit Blankas Koloraturen verziertes komisches Madrigal anstimmt, das nicht umsonst an Zerbinetta und ihre Truppe in *Ariadne in Naxos* erinnert. Lehárs Musik weiß, wie Decsey feststellte, „was in den Partituren Schrekers, des jungen Korngold an neuer Harmonik und letztem Farbenreiz erobert wurde."[592] Aber sie weiß auch um handfeste Theaterwirkungen. So lassen Adolars zwei Duette mit Gretl an Marsch- und Polka-Drastik nichts zu wünschen übrig.

Ein musikalischer Höhepunkt ist das Finale des zweiten Bilds: Es beginnt mit korngoldesk hingetupften Celesta-Akkorden zu Blankas Walzerträumerei, die ihr Blut langsam in Wallung bringt, bis es „heiß und rebellisch ... rollt" und sie erschöpft einschläft. So finden sie schließlich auch die „alten Knaben" samt Adolar, decken sie zu und verschwinden, als zum Schluss die Stimme Juljans in einem auf Polnisch gesungenen Lied „visionär hörbar" wird. Das hat mit Operette nur noch wenig zu tun. Dieses Finale hat Lehár vertont, als wäre es von Hugo von Hofmannsthal – tatsächlich erinnert es nicht nur atmosphärisch an *Arabella* – und als wäre er selbst Korngold, dessen *Tote Stadt* noch im selben Jahr, aber erst nach der *Blauen Mazur* herauskam. In beiden Werken wird die Flucht in eine vergangene Traumwelt musikalisch glorifiziert, eine Flucht vor der tristen Nachkriegsrealität, die noch nicht einmal in den Buffonummern vorkommt. Kein Foxtrott und kein Shimmy trübt das österreichisch-polnische Idyll. „Er ist der bedeutendste und charakteristischste Repräsentant der heutigen Wiener Musik, der leichten Musik, die er selbst nie leicht genommen hat, um deren Veredelung er sich mit dem ganzen Einsatz seines großen Könnens, seines noblen künstlerischen Ehrgeizes bemüht", schrieb Ludwig Hirschfeld. „*Die blaue Mazur* zeigt deutlich diesen energischen Willen, der modernen Operette eine neue Form zu geben. Sie enthält sozusagen hauptsächlich Ehrgeizmusik, die zum Feinsten gehört, was Lehár bisher gelungen ist."[593]

Ein sehr kakanischer Schwanengesang – nicht nur auf die versunkene Adelswelt der Monarchie, sondern auch auf die mit ihr verbundenen musikalischen Valeurs der Spätromantik.

Kokettieren mit der Oper

„Was man immer ‚Kokettieren mit der Oper' nennt, ist nichts weiter, als daß man die technischen Hilfsmittel, wie sie eben jeder moderne Opernkomponist beherrschen muß, für die Operette anwenden darf."[594] Mit diesen Worten hatte sich Lehár schon 1913 gegen den Vorwurf zu großer Seriosität gewehrt. Und er wandte diese Hilfsmittel weiter unbeirrt an, wie folgende Anekdote belegt, welche die Besprechung der *Blauen Mazur* in der *BZ am Mittag* einleitete: „Moritz Rosenthal, der große Pianist mit den schnellsten Fingern und der schnellsten Zunge, besuchte einmal, so erzählt man, Franz Lehár in dessen Wiener Wohnung. Man führte ihn ins Musikzimmer, und während er wartete, blätterte er in den Stößen von Musiknoten, die sich auf dem Klavier türmten. Da waren lauter Dinge, die man in der Werkstatt eines Walzerkönigs nicht gesucht hätte: sämtliche Werke von Richard Wagner, Symphonien von Liszt, Brahms, Bruckner, Tschaikowsky, Mahler, Opern von Weber, Lortzing, Verdi und vor allem Puccini, einiges von Schumann, die Auszüge von *Salome* und *Elektra*, einiges von Debussy, Ravel, Strawinsky, Scriabin, ein Heftchen Schönberg und schließlich der Klavierauszug des *Rosenkavalier*. Rosenthal war zuerst ein wenig fassungslos, dann aber wandte er sich zu dem eben eintretenden Hausherrn ... ‚Lehár, ich habe geglaubt, du komponierst auswendig?' ...

Man kann nicht sagen, daß das ungewöhnlich starke Musikantentum Lehárs, das ihn so weit vor seinen meisten Konkurrenten auszeichnet, ihn über die Operette hinausdrängt. Wäre dem so, niemand würde ihn hindern, es mit einer Sinfonietta, einer Sinfonie oder sonstiger absoluter Musik zu versuchen." Überhaupt war die *BZ am Mittag* irritiert über diese Operette, „deren erster Akt weit über zwei Stunden dauert, also länger als der maßlose erste Akt der *Götterdämmerung*", und in welcher der Dreivierteltakt Platz machte „für die Krach-Dramatik des Verismo, für *Elektra*-Steigerungen, für schwierigste Chorsätze, für Brucknersche Bläser-Chöre auf der Hinterbühne, für raffinierte Orchester-Intermezzi bei Wolkenvorhangsverwandlungen ... Und trotz allem will es doch nur Operette bleiben, denn nachher ausgetobt, gibt es ... fast nur noch Tanznummern", darunter zwei zeitgemäße nur in Berlin gespielte Einlagen für Guido Thielscher, den beliebten Komiker des Metropoltheaters: den Bummelstep „Um acht beginnt die Nacht" und den Foxtrott „Eine kleine Freundin".

Wegen des angespannten deutsch-polnischen Verhältnisses in Schlesien wurde in Berlin aus dem Grafen Olinski der kroatische Edelmann Zrinski, der sein Lied im Zwischenakt natürlich nicht mehr polnisch singen durfte – und so stand im Klavierauszug: „Sollten besondere Gründe vorhanden sein, das Lied deutsch zu singen, so ist anbei die deutsche Fassung." – „Wie die Mazur allerdings nach Kroatien kam", war laut *BZ* noch „nicht ganz geklärt. Wahrscheinlich stammt das erste Konzept aus einer Zeit, wo ein polnischer Edelmann auf unseren Bühnen noch nicht tabu gewesen wäre."[595]

In Wien war dies nicht der Fall, waren im Gegenteil Erinnerungen an den Vielvölkerstaat willkommen und so wurde *Die blaue Mazur* für den Komponisten zum Triumph. Wie zur Nachfeier seines Geburtstags erhoben sich „Stürme von Beifall, in denen der zischelnde Neid anderwärts interessierter ‚Freunde' restlos unterging"[596], wie David Bach von der *Arbeiter-Zeitung* süffisant bemerkte. Von den Darstellern wurde vor allem Ernst Tautenhayn für seine komische Doppelrolle Adolar/Engelbert gefeiert. Hubert Marischka erfüllte „seine Aufgabe, als bestbezahlter Operettentenor gut auszusehen", laut Elsa Bienenfeld, „mit Hingabe."[597] Besonderen Effekt erzielte er dabei mit „Luftpirouetten, die er in die mit Betty Fischer getanzte Mazurka einlegte"[598] und, wie seine vierte Frau behauptete, Fred Astaire in London abgeschaut haben will. Zwar fand Astaires erster Auftritt in London erst 1923 statt, doch das spielte keine Rolle, denn *The Blue Mazurka* war vier Jahre später im Daly's Theatre zu sehen, dem Schauplatz einstiger *Merry Widow*-Triumphe. Wieder mit dabei waren der damalige Popoff George Graves und George V., der die 100. Vorstellung besuchte. Die französische Fassung lag in Händen von Marcel Dunan, dessen Liederzyklus *Amours* Lehár 1921 vertont hatte und dessen Gesangstexte zu *La Mazourka bleue* seiner Meinung nach „wirklich wunderbar ausgefallen sind"[599], auch wenn die Handlung jetzt in der Nähe von Paris spielte und Olinski die Französin Blanche heiratete, verkörpert vom Pariser Operetten-Star Pépa Bonafé. Am längsten im Repertoire behaupten konnte sich die Operette, wie die meisten Werke Lehárs der frühen 1920er Jahre, als *La Mazurka blu* in Italien.

„Menschliche Güte und die Melodien welterobernder Musik"

„Die gestrige Aufführung der *Blauen Mazur* im Theater an der Wien war der Schauplatz spontaner Ovationen, die das Publikum Puccini darbrachte. Lehár, der zu Ehren Puccinis am Dirigentenpult saß, hatte den Komponisten eingeladen, der Vorstellung beizuwohnen. Das Theater war von zahlreichen Persönlichkeiten der Kunstwelt besucht, unter ihnen befanden sich Direktor Schalk,

Marie Jeritza und viele andere. Als nach dem zweiten Akt Lehár auf der Bühne erschien, spielte das Orchester eine Stelle aus *Tosca*. Lehár wies auf die Loge, in der Puccini saß und dies war der Anlaß, daß das Publikum sich von den Sitzen erhob und den Komponisten mit Hochrufen und Tücherschwenken feierte. Die ganze Vorstellung hatte übrigens festlichen Charakter, war äußerst animiert, das Publikum verlangte sämtliche Nummern zur Wiederholung."[600] Die vom *Neuen 8 Uhr-Blatt* geschilderte Vorstellung der *Blauen Mazur* fand am 13. Oktober statt, vier Tage nach der Wiener Erstaufführung der *Schwalbe* in der Volksoper, über die es wiederum im *Neuen Wiener Journal* hieß: „Puccini hatte diesmal den liebenswürdigen Ehrgeiz, vor der siegreichen Wiener Operette eine Verbeugung zu machen. Aus den zarten Stimmen dieser Partitur schmachtet der wienerische Dreivierteltakt in süßen Walzern. In einer Loge saß Lehár und schmunzelte."[601]

Puccini war nicht nur wegen der *Blauen Mazur* und *La Rondine* nach Wien gekommen, sondern auch wegen der deutschsprachigen Erstaufführung von *Il Trittico* am 20. Oktober an der Staatsoper. Es war sein neuestes Werk und bestand aus den drei Einaktern *Der Mantel – Il Tabarro, Suor Angelica* und *Gianni Schicchi*. Vor allem *Schwester Angelika*, der bei anderen Aufführungen oft gestrichene zweite Teil, stieß zur Freude Puccinis bei der Premiere auf echte Begeisterung, hielt er doch selbst das Werk für „die beste der drei Opern … In Wien erwies sie sich als die wirkungsvollste von allen mit der tüchtigen Lehmann (sie ist eine Deutsche, das stimmt), aber eine feine und große Künstlerin, einfach, ohne das Gehabe einer Primadonna und mit einer Stimme so zart wie Honig."[602] Die so gepriesene Lotte Lehmann, die das Auftrittslied der Eva aus Lehárs gleichnamiger Operette ähnlich zart zu singen verstand, berichtete über diese Zeit, „daß Puccini sich besonders wohl in der Umgebung von Franz Lehár und seiner Gattin Sophie fühlte. Da war wohl doch eine gewisse Affinität vom Werk her und von der ganzen Kunstauffassung. Ich erlebte es, daß die beiden Herren äußerst herzlich miteinander umgingen. Lehár saß am Abend der Premiere des *Tryptichons* in der Loge von Puccini, was Strauss zu nicht gerade vornehmen Ausrufen hinriß"[603] – und dazu, Puccini durch frühzeitiges Verlassen der Vorstellung zu brüskieren.

Umso mehr genoss Puccini die Gastfreundschaft Lehárs, die er während seines fast dreiwöchigen Aufenthalts gern in Anspruch nahm. Lehárs Bruder Anton schilderte einen der gemeinsamen Abende: „Franz bat meine Frau und mich zu einem einfachen Abendessen. Der einzige Gast war Puccini. Franz sprach ziemlich gut italienisch, Puccini nur wenig deutsch. Schon während des Essens unterhielten sich die beiden Meister fast ausschließlich vermittels Zitaten aus ihren Werken, die sie leise singend andeuteten und erläuterten. Dann setzten sich beide an den Flügel. Eng umschlungen spielten Puccini mit der rechten,

Franz mit der linken Hand abwechselnd oder sich gegenseitig begleitend die wunderbarsten Harmonien, Puccinismen und Lehárismen, sich in Klangwirkung und originellen Wendungen überbietend."[604]

Nur wenige Tage nach seiner Rückkehr schrieb Puccini aus Torre del Lago: „Lieber Freund! Zurückgekehrt in mein kleines und ruhiges Nest, seien Sie einer meiner ersten Gedanken. Noch stehe ich ganz unter dem Eindruck des bezaubernden Wien, jener Stadt, wo die Musik in der Seele jedes Menschen vibriert und auch leblose Dinge rhythmisches Leben zu haben scheinen. Lieber Meister! Ich kann Ihnen nicht sagen, wie glücklich ich war, Sie aus nächster Nähe kennenzulernen und ihre menschliche Güte und die Melodien welterobernder Musik bewundern zu dürfen. Ich danke Ihnen von Herzen für alles Gute, das Sie mir erwiesen haben, sowohl in meinem Namen als auch in dem meiner Frau. Empfangen Sie den innigsten Dank Ihres Freundes Puccini."[605] Lehár antwortete umgehend mit einer Fotografie und der Widmung: „Dem genialen Maestro Giacomo Puccini in aufrichtiger, herzlicher Verehrung zur Erinnerung an seinen treuesten Anhänger."[606] Lehárs Porträt steht neben den Bildern Enrico Carusos, Maria Jeritzas und Franz Schalks noch immer auf dem Deckel von Puccinis Piano. Damit war eine unter Komponisten seltene Freundschaft besiegelt, die seitdem Neid und Spott erregte, so bei Arnold Schönberg, der zu Alma Mahler-Werfel und Friedrich Torberg gesagt haben soll: „Puccini – aha, das ist der, der dem Lehár alles vorgeäfft hat."[607]

Tangokönigin und Operettenputsch

Im Sommer 1920 hatte ein Hochwasser Ischl heimgesucht und stand auch in Lehárs Villa „fast bis zum ersten Stock", wie der Komponist seinem Bruder schrieb: „Der Aufenthalt war hier kurz, aber ich habe viel ausgerichtet. Die Skizzen für eine spanische Operette *Frasquita* sind alle 3 Akte fertig." Zudem waren „massenhaft Anträge gekommen, ob ich nicht in Nordamerika, Südamerika, Italien, Holland dirigieren will."[608] Damals hatten auch Béla Jenbach und Leo Stein versucht, ihn für eine neue Zusammenarbeit zu gewinnen. Letzterer war sich ihrer Sache ziemlich sicher: „Dass Lehár auf uns fliegt, dafür habe ich Beweise. Zu dem Vertrauen zu unserer Firma gesellt sich noch der für uns gesunde Aberglaube, dass ich seine Mascotte bin. Er kann ruhig an seinem Spanischen arbeiten … im September wäre er glücklich, wenn wir ihm einen Stoff vorsetzten." Als Jenbach ihm von „Lehárs Opernplänen" erzählte, erwiderte Stein lapidar: „Italien hat einen besseren Lehár in Puccini. Er wird uns bald brauchen und rufen."[609]

Ein Jahr später starb Leo Stein. Und Lehár blieb trotz der „massenhaften Anträge" in Wien. Dort hatten die Theater zunehmend unter den schlechten wirtschaftlichen Verhältnissen zu leiden. Die einstige Residenzstadt eines Reichs von 51 Millionen Untertanen war mit 2 Millionen Einwohnern zum Wasserkopf eines Kleinstaats von 6 Millionen Bürgern geworden. Dazu kam eine steigende Inflationsrate, die 1920 bereits die Marke von 100 % erreicht hatte, und eine durch die neue sozialdemokratische Stadtregierung erhobene „Lustbarkeitssteuer", die zwar dem sozialen Wohnungsbau zugutekam, aber vor allem die Privattheater in Mitleidenschaft zog. Am Weihnachtstag 1920 veröffentlichte Franz Lehár daher im *Neuen Wiener Journal* einen Artikel mit dem Titel *Operettendämmerung*, der in scheinbar humoristischer Weise zum Thema Stellung nahm. Er schildert darin einen Überraschungsbesuch Emil Steiningers, des Verlagsdirektors des Theaters an der Wien, der ihm „von der Vorliebe für die Wiener Operette ... im Finanzreferat unserer Stadtverwaltung" berichtete. Sie zeige sich vor allem darin, dass „die Operettentheaterdirektoren den Vorzug" genießen, „doppelt so viel Luxussteuer zu bezahlen, als alle übrigen Theater. Es soll klar und deutlich damit bewiesen werden, daß die Wiener Operette eigentlich kein Kunstgewerbe ist, sondern ein Kitsch. Ich selbst war wiederholt in Sitzungen und mußte von dem damaligen Finanzreferenten des Landes Niederösterreich belehrt werden, daß in Wien viel zuviel Operette gepflegt wird und daß es sehr wünschenswert wäre, wenn einige Operetten-Theater ihre Pforten gänzlich schließen würden." Gemeint war der sozialdemokratische Finanzstadtrat Hugo Breitner, der nach der Trennung Wiens von Niederösterreich eine 30 %ige Luxussteuer für Operettentheater durchsetzte. In Lehárs Artikel rät Steininger deshalb dem Autor, den „Wohnsitz zu wechseln", solange man ihn nicht als einen der wenigen „Erzeuger von Exportartikeln, welche fremde Valuta ins Land bringen", würdige: „Weißt du denn, lieber Freund, wie viel die Wiener Autoren dazu beigetragen haben, um die Beziehungen zwischen uns und den ehemaligen Feinden zu bessern? Bitte, lach' nicht ... Wir stehen in Wien ja überhaupt vor der Gefahr der Autorenabwanderung ... Der Operettenmarkt konzentriert sich bereits lange auf Berlin ... Einige werden sagen: ‚Ist nicht schad', wozu brauchen wir denn so viel Operette?' Aber glaub' mir, daß sind die Leute, die später, wenn's zu spät ist, erst einsehen werden, daß eigentlich die Operette mehr für die Popularisierung Wiens getan hat als man allgemein glaubt."⁶¹⁰

Prophetische Worte angesichts der Entwicklung im Laufe der 1920er Jahre, an deren Ende sowohl das Carl- als auch das Johann-Strauß-Theater schließen mussten. Tatsächlich brachten Lehárs Kollegen Oscar Straus und Leo Fall die meisten ihrer Operetten nach dem Ersten Weltkrieg bereits in Berlin heraus. Lehár blieb vorerst und bearbeitete 1921 seinen *Göttergatten* ein letztes Mal.

Die ideale Gattin wurde dabei zur *Tangokönigin*, deren Tango einen mit den erotischen Klischees des Tanzes parodistisch spielenden Text bekam. Julius Brammer und Alfred Grünwald versahen auch die beiden Einlagen aus der Berliner *Blauen Mazur* mit neuen Texten. Aus dem Foxtrott von der kleinen Freundin wurde „Schatz, wir woll'n ins Kino geh'n" mit den schönen Versen „Denn wir wolln das Spiel sehn mit der Asta Nielsen ... An des Schicksals Pforten mit der Henny Porten." Und aus dem Bummel- wurde ein Tabarin-Step, in dem sich „das flotte Prachtlokal" auf „das Schieber Nachtlokal" reimt und der Refrain die Freuden der neuen Zeit beschwört: „Hallo! Da ist Dodo! Das Foxtrottmädel comme il faut!" Zum ersten Mal seit dem „Golden Foxtrot" aus der *Lerche* reagierte Lehár damit auf den zunehmenden Einfluss des Jazz auf die europäische Tanzmusik. Entsprechend fand die Uraufführung am 10. September 1921 im Apollo-Theater statt, einer Varietébühne, die mit einem „überraschenden Aufwand von schönen Kostümen und Damentoiletten"[611] aufwartete. *Die Tangokönigin* verschwand zwar bald wieder vom Repertoire, ist aber die wesentlich reizvollere *Zwillingsschwester* der *Idealen Gattin*.

Nur einen guten Monat später brach noch einmal die Weltgeschichte in Lehárs beschauliches Leben ein, wenn auch in durchaus operettenhafter Form. Ausgerechnet sein Bruder Anton, ein glühender Legitimist und damals Militärkommandant von Westungarn, hatte dem früheren Kaiser Karl geraten, nach Ungarn zurückzukehren und vom dort regierenden Reichsverweser Admiral Miklós Horthy, den sein Bruder noch aus Pola kannte, den Rücktritt zu fordern. Doch der dazu keineswegs gewillte Horthy vertröstete Karl auf später. Kaum in sein Schweizer Exil zurückgekehrt, kam er ein halbes Jahr später wieder, um seinen Machtanspruch diesmal militärisch durchzusetzen. Allerdings traf er für die von Anton geplante Aktion einen Tag zu spät in Sopron ein, brachte noch dazu gegen alle Absprachen seine hochschwangere Gattin Zita mit und nahm in bester Operettenmanier erst einmal eine Militärparade ab. Erst dann reiste er mit dem Zug Richtung Budapest, wo ihn Horthy, wenig überrascht, bereits erwartete. Der mit allem Ausstattungspomp inszenierte Restaurationsversuch war gescheitert. Der diskrete Charme der K.-u.-K-Monarchie kapitulierte vor der harten politischen Realität einer Militärdiktatur. Der Operetten-Liebhaber Karl starb ein halbes Jahr später auf Madeira. Anton von Lehár aber wurde seines Amtes enthoben, verlor darüber hinaus seine Generalspension und durfte Ungarn nie wieder betreten. Er floh über Prag nach Deutschland, wo ihm sein Bruder fünf Jahre später schließlich einen Posten bei der Berliner Vertretung der österreichischen Autorengesellschaft AKM beschaffen konnte. „Das Kaiserreich" aber war, wie die Literaturwissenschaftlerin Ethel Matala de Mazza resümierte, „mit dem geplatzten Coup unter der Regie des Oberts Lehár endgültig Geschichte."[612]

Frühling

„Lehár in der Hölle!" – So lautete die Überschrift des *Neuen Wiener Tagblatts* zu Franz Lehárs einaktiger Operette *Frühling*, deren Uraufführung am 22. Januar 1922 im Kabarett „Die Hölle" stattfand. Nachdem das Etablissement 1916 mitten im Ersten Weltkrieg schließen musste, hatte es sein Programm bei der Wiedereröffnung geändert und war seriöser geworden. So wurden hier 1920 *Die Rosen der Madonna* uraufgeführt, ein Operneinakter von Robert Stolz. Und auch Lehárs letztem und ambitioniertestem Werk für die Hölle fehlt der kabarettistische Einschlag. *Frühling* hat vielmehr eine zeitgenössische Rahmenhandlung in einem Schreibbüro, in dem ein Komponist und ein Librettist ihre neueste Operette abtippen lassen. Die betreffende „Tipp-Mamsell" vertieft sich so sehr in das Manuskript, dass sie deren Handlung gleich miterlebt – mit dabei: ihre Kollegin, der Dichter und der Komponist. Das Vorspiel beginnt mit dem Menuett aus Mozarts *Don Giovanni*, das als Spieldosenmelodie das Stück durchzieht, und ist ein kammermusikalisches Kleinod. Lehár stand nämlich nur ein Salonorchester zur Verfügung, mit Klavier und einfach besetzten Holzbläsern, was den Reiz des beschwingten Vierpersonenstücks nur erhöhte. „Meister Lehár hat der Hölle, eine kleine, aber überaus melodiöse Operette gewidmet, die nach der stürmischen Aufnahme von Seiten des Publikums zu schließen, ohne Zweifel auf eine sehr lange Aufführungsdauer rechnen darf"[613], spekulierte das *Neue Wiener Tagblatt*. Und so wechselte der Einakter im Laufe des Jahres ins Ronacher, wo in einer Festaufführung unter Lehárs Dirigat Louise Kartousch und Louis Treumann die Hauptrollen übernahmen. Die anhaltende Beliebtheit veranlasste den Komponisten 1928 zu einer abendfüllenden Umarbeitung mit dem Titel *Frühlingsmädel* für das Neue Theater am Zoo in Berlin. Der Erfolg war nicht zuletzt dem Libretto zu verdanken, das beherzt die ausgetretenen Pfade des Genres verließ und aktuelle Themen wie die Wohnungsnot, die unbefriedigenden Arbeitsbedingungen in einem Schreibmaschinenbüro und die prekäre Situation der Künstler aufgriff. Der Komponist muss sich nämlich sein Zimmer teilen – mit einer Frau, die er allerdings noch nie gesehen hat, da er nachts arbeitet und sie tagsüber. Eine teuflische Situation, die letztlich zur tröstlichen Erkenntnis führt: „Gott hat selber den Fehltritt erschaffen, nur in der Bibel steht es nicht drin." Dabei war die Wiener Atmosphäre dieser Liebelei zu viert so gut eingefangen, dass das ungewöhnlich originelle Buch laut *Wiener All-*

gemeiner Zeitung „von Arthur Schnitzler sein könnte, wenn es nicht von Rudolf Eger wäre."⁶¹⁴

Ganz anders geartet war Lehárs spanische Operette *Frasquita*, die nie von Schnitzler hätte sein können, sondern nur von Arthur Maria Willner und Heinz Reichert, den Librettisten der *Lerche*. An sie schrieb Lehár am 4. März 1922 einen Brief, aus dem hervorgeht, dass er vergeblich versucht hatte, Fritzi Massary für die Titelrolle zu gewinnen. Sie war inzwischen zu Berlins Operettendiva assoluta aufgestiegen und hatte schon 1920 als *Spanische Nachtigall* in Leo Falls gleichnamiger Operette bewiesen, dass ihr solche Figuren lagen. Doch sie sagte ab: „Nächste Saison ist sie in Berlin, Fall schreibt ihr eine neue Operette, das Berliner Theater kann sie mitten in der Saison nicht im Stich lassen – kurz – wir haben keine Aussicht, dass wir die Massary überhaupt bekommen." Der eigentliche Grund für ihre Absage dürfte allerdings ein anderer gewesen sein. Sie war es nämlich gewohnt, dass Operetten nach ihren Wünschen geschrieben wurden. Und die waren mit denen Lehárs nur schwer zu vereinbaren, ging es ihr doch vor allem um pointierte Texte für ihren chansonhaften Vortrag. Und die hatte *Frasquita* definitiv nicht zu bieten, im Gegensatz zu *Madame Pompadour*, jener im Brief erwähnten Operette, die Fall für sie schrieb.

Aber auch für Lehár wäre Fritzi Massary nur eine Notlösung gewesen. *Frasquita* war das erste abendfüllende Werk Lehárs seit der *Juxheirat*, das im Weinberger-Verlag erschien und deshalb im Johann-Strauß-Theater herauskommen sollte. Doch gerade das wollte Lehár um jeden Preis verhindern, seit ihm dessen Direktor Erich Müller, wie er an seine Librettisten schrieb, „ins Gesicht sagte: ‚Sie können mich ja zwingen, die *Frasquita* aufzuführen, aber mit Lust und Liebe werde ich's nicht tun, das sage ich Ihnen ganz offen.' ... Ich war von vornherein gegen eine neuerliche Annäherung an das Strausstheater und Ihr habt alles allein verschuldet; weil Ihr gegen meinen Willen gehandelt habt. Ihr seid nun verpflichtet, die Sache wieder gut zu machen und mich von diesem mir verhassten Strausstheater zu befreien."⁶¹⁵ Dank Emil Steininger gelang es und schon neun Tage später vermeldete die *Neue Freie Presse*, dass „Direktor Müller unter Wahrung seiner Interessen dieses Werk der Direktion des Theaters an der Wien abgetreten"⁶¹⁶ hat. Er ließ sich dies mit einer Beteiligung von 3 % an den Tantiemen entgelten, der Rest ging zu 50 % an Lehár, zu 25 % an Reichert, zu 17 % an Willner und zu 5 % an Steininger für seine Vermittlung ans Theater an der Wien.⁶¹⁷ Dort kam es, ungewöhnlich kurzfristig, noch in der laufenden Spielzeit am 12. Mai 1922 zur Uraufführung.

„Von klingender Geilheit" – Frasquita

„Sie singen jetzt in den Operetten Seufzer und tanzen Tragik. Muss es denn um jeden Preis ein Requiem sein?"[618] – klagte Alexander Engel im *Neuen Wiener Journal*. Und Kollege Ludwig Hirschfeld sorgte sich in der *Neuen Freien Presse* um „die Sicherheitsverhältnisse in den Wiener Operetten ... die Kriminalität nimmt bedenklich zu. Diesmal gehts noch mit Dolchversuch und Würgen ab." Franz Lehárs *Frasquita* verstörte ihre Zeitgenossen. Nicht nur, dass die Titelfigur „als veredelte Zigeunerdirne ... die Oper *Carmen* mit Nutzen gehört hat" und, wie Hirschfeld mutmaßte, „oft ins Kino" gegangen sein muss, machte sie zur Skandalfigur, sondern dass sie der weiblichen Hauptrolle „des brutalen Boulevard-Dramas *Das Weib und der Hampelmann*" zum Verwechseln glich, jener Conchita, „die den hilflos verliebten Mann so lange quält und betrügt, bis er sie prügelt, worauf sie ihn hingebend liebt."[619] Gemeint ist Pierre Frondaies Bühnenfassung des sado-masochistischen Romans *La femme et le pantin*, mit dem Pierre Louÿs 1898 seinen Ruhm als Meister dekadenter Erotik begründet hatte.

Der Stoff ging in die Populärkultur des frühen 20. Jahrhunderts ein und wurde insgesamt viermal verfilmt: 1928 stumm mit Conchita Montenegro, 1935 mit Marlene Dietrich unter dem Titel *The Devil Is a Woman*, 1959 dann von Julien Duvivier mit der jungen Brigitte Bardot und noch 1977 widmete Altmeister Luis Buñuel diesem *Obskuren Objekt der Begierde* seinen letzten Film. Die früheste Adaption für das Musiktheater entstand 1906 im Auftrag Giacomo Puccinis, der die Hauptfigur nur die „spanische Nutte" nannte. Dass er sich schließlich doch nicht zur Vertonung entschließen konnte, lag neben der Ähnlichkeit mit *Carmen*, deren „Brillanz ... einem Komponisten Kopfschmerzen bereiten darf", an der selbst für ihn zu drastischen Schlusspointe des Romans, die er „für auf der Bühne nicht durchführbar" hielt oder höchstens dann, „wenn man sie so natürlich macht, dass selbst Aretino das nicht gewagt hätte"[620], nämlich mit einem Koitus auf offener Bühne. Riccardo Zandonai, der das für Puccini geschriebene Libretto schließlich vertonte, lässt in seiner *Conchita* den vorher Vorhang gnädig fallen.

Wie Carmen ist auch Concepcion Perez, die Hauptfigur in Louÿs' Roman, tagsüber Arbeiterin in einer Zigarettenfabrik in Sevilla. Am Abend tanzt sie Flamenco. Der reiche, zwanzig Jahre ältere Aristokrat Don Mateo Diaz verliebt sich rasend in sie, doch sie verweigert sich ihm und macht ihn so zur gefügigen Marionette ihrer Launen. Schließlich wird ihr seine Unterwürfigkeit so verhasst, dass sie beschließt, ihn in den Selbstmord zu treiben. Nachdem er sich nicht einmal durch ihren hemmungslosen Nackttanz vor fremden Männern provozieren lässt, zwingt sie ihn, ihr beim - wenn auch nur simulierten - Geschlechtsakt mit einem jungen Mann zuzusehen, worauf Mateo sie fast zu Tode prügelt. Anders als in *Carmen* ist dies aber nicht das Ende einer Amour fou, sondern ihr Anfang. Jetzt erst gibt sich Conchita ihm hin. Dabei stellt sich heraus, dass sie trotz ihres verruchten Gebarens noch Jungfrau ist.

Während für Puccini die Umsetzung dieser Szene auf der Bühne undenkbar war, lassen es Lehárs Librettisten erst gar nicht so weit kommen. Sie benutzen nämlich vor allem die Rahmenhandlung von Louÿs' Roman, in der Don Mateo seine Erlebnisse einem jungen Franzosen namens André Stévenol erzählt, der ebenfalls Conchita verfallen ist. Doch Mateos Erzählung kann ihn nicht davon abhalten, sie am nächsten Morgen nach Frankreich mitzunehmen. In *Frasquita* haben Willner und Reichert André und Mateo zu einer Figur namens Armand zusammengezogen. Während im ersten und dritten Akt Andrés Ankunft und Abfahrt benutzt werden, um eine dazugedichtete, nicht eben originelle Operettenhandlung samt Buffopaar und komischem Alten in Gang zu setzen, wird im zweiten Akt Mateos erotisches Hin und Her durchgespielt, wenn auch ohne die Drastik von Louÿs' Roman. So genügt Lehárs Frasquita bereits besagter Nacktanz, um den dramatischen Wendepunkt herbeizuführen und Armand zu Handgreiflichkeiten zu provozieren, wofür Willner und Reichert wiederum treffende Worte fanden: „Giftigste der Weiberschlangen, diese Hände werden Zangen." Nachdem er sie mit diesen fast erwürgt hat, weiß auch Frasquita: „Daß ich ihn liebe!" Der Vorhang fällt schnell, denn zur finalen Vereinigung kann es in der Operette erst nach dem dritten Akt kommen. Der spielt praktischerweise in Armands Pariser Wohnung mit jenem hinlänglich bekannten „blauen Himmelbett", in das er die Geliebte singend und in unzweideutiger Absicht bereits im zweiten Akt gebeten hatte.

Dieses Happy End ist allerdings nichts mehr als eine – hier vom Komiker herbeigeführte – Operetten-Konvention, mit der Lehár bald brechen sollte. Wie schon *Wo die Lerche singt* verweist auch *Frasquita* auf sein Spätwerk, besonders aber auf die so ähnlich geartete *Giuditta* von 1934. Besonders die Analogie der Schlussbilder verblüfft, nur dass sich in *Giuditta* das einstige Liebespaar folgerichtig trennt. Dass sich Lehár zweimal an einer Operetten-Carmen versuchte, zeigt, wie sehr ihn diese Idee fasziniert haben muss. Doch im Gegensatz zu seinen Librettisten vermied er in *Frasquita* allzu naheliegende, „schmetternde *Carmen*-Rhythmen". Lehárs Spanien grenzt, wie Ludwig Hirschfeld schrieb, „an Frankreich, aber auch an Ungarn und die Czecho-Slowakei."[621] Zwar erklingen Kastagnetten, exotische Tänze wie Bolero cubano, Tango, Habanera oder Valse espagnole, aber unverkennbar in des Komponisten ureigenem Idiom „den Sinnen schmeichelnd", oder wie Ernst Decsey treffend übersetzte: „Von klingender Geilheit."[622] Dazu passten Gesangstexte wie die zum Grotesktanz des Komikers mit den leicht bekleideten Alhambra-Damen: „Ja, das ist spanisch, feurig titanisch, ganz polygamisch, vulkanisch, satanisch!"

Den eigentlichen Höhepunkt aber markieren die lyrischen Nummern dieser „durchkomponiertesten Operette der neueren Zeit."[623] Vor allem das Walzerduett „Weißt du nicht, was ein Herz voller Sehnsucht begehrt" schlägt den Lehár'schen Liebeston verführerisch an. Noch verführerischer freilich lädt Armands Lied „Hab' ein blaues Himmelbett" den mezza voce angesungenen „Schatz" umstandslos eben dorthin. Diese „pentatonisch schaukelnde Romanze"[624] wurde zum Prototyp des Tenorschlagers in Lehárs Spätwerk, meist zentral im zweiten Akt platziert und in Rondoform, das heißt: der lyrische Anfangsteil wird nach einem bewegten Mittelteil wiederholt. „Hab' ein blaues Himmelbett" war damit das erste Tauberlied – so benannt nach dem Tenor Richard Tauber. Kreiert wurde es aber von Hubert Marischka, dem es Lehár „herzlichst zugeeignet" hatte, auch wenn Marischka später behauptet hat, er habe es unter alten Lehár-Nummern entdeckt. Komponiert wurde das „Himmelbett" am 2. März 1922 als letzte Nummer der *Frasquita* und strafte so Ludwig Hirschfelds Resümee Lügen: „Bei Dolchen und Würgen kann keine ... Operettenmusik gedeihen. Böse Operettenhelden haben keine Schlager."[625]

„Tiefkolletierter Höhepunkt"

„Ein starkes Stück", jubelte Ernst Decsey. „Stark ist wenigstens die Musik ... sie verwendet alles Aktuelle, natürlich die Ganztonleiter; aber Lehar ist und bleibt ein starker Erfinder ... Das Buch ist eher schwach."[626] Und doch hatte es einen „Clou" zu bieten, „der nicht übersehen werden will" und von allen Rezensenten gebührend gewürdigt wurde, am treffendsten von Alexander Engel im *Neuen Wiener Journal*: „Im zweiten Akt erscheint Frasquita, um ihrem Anbeter einen Streich zu spielen, als vollkommene Nackttänzerin. Das ist der tiefekolletierte Höhepunkt des Abends, der nackte Humor an der Sache."[627] Dazu erklang eine schwüle Habanera, deren Musik dem detektivischen Biographen Decsey die dunklen Seiten des Meisters verriet: „Man muß einmal eine Mary-Ann abgeküßt, eine Frasquita nackt am Boden liegen gesehen haben, man muß selbst operettig veranlagt, Abenteurer und Grandsegnieur, kurz ein Hadschi-Stavros-Talent oder Sympathie für solche Gestalten besitzen und ein Auge für die große Natur, um solche Kerle einmal abzumalen."[628] Julius Stern hingegen wetterte in der *Volks-Zeitung* über den gewagten Beinahe-Nacktauftritt der eher damenhaften Diva Betty Fischer „inmitten von scheußlich entblößten Genossinnen (die in unserem Falle weder Tänzerinnen noch Sängerinnen sind)

… Man soll sie anziehen und wegschicken."⁶²⁹ Das entsprach keineswegs der Meinung des Publikums, hatte doch Ernst Decsey bemerkt, „wie Gelangweilte plötzlich die Operngucker hoben und im Parkett ein Beobachtungsbedürfnis entstand, dessen sich weder Shakespeare noch Wildgans rühmen kann." Auch er nahm besagte Damen eingehend unter den Operngucker: „Sie haben nichts an, nur um die Lendengegend eine Art schwarze Crepewolke. Sie sind nicht nackt – Gott behüte, das wäre veraltet und reizlos. Nackt im Trikot stand die selige Hortense Schneider als schöne Helena vor unseren entzückten Großvätern. Die zwölf Vestalinnen sind so toilettiert, daß die schwarze Crepewolke gerade dort aufhört, wo – nein, man kann das nicht erzählen."⁶³⁰

Frasquita machte freilich nicht nur deswegen Furore. So wurde die Berliner Premiere am 20. Januar 1924 als erste vollständige Operette live im Rundfunk übertragen – ein echtes Experiment mit allen Tücken der noch neuen Technik. Irritierend wirkten laut Presse vor allem „die Lautunterschiede, die sich aus den wechselnden Entfernungen … der Schauspieler zu dem Mikrophon ergaben." Auch das „reichlich gespendete Klatschen klang, als schütte jemand einige Säcke Erbsen auf ein Blech."⁶³¹ Der internationalen Verbreitung tat das keinen Abbruch. Nach Erfolgen in Mailand und Budapest floppte *Frasquita* 1925 allerdings in London, wo, wie Lehár klagte, „das Werk vollkommen umgearbeitet wurde und mit der Musik nicht mehr in Einklang zu bringen war. Das Ergebnis: ein Durchfall!"⁶³² In den USA war *Frasquita* unter dem Titel *The (Romany) Love Spell* für Geraldine Farrars Broadway-Debüt vorgesehen. Doch nach nur einem Tryout in Hartford, Connecticut, stieg die einst gefeierte Carmen der Metropolitan Opera aus.

Davon ließ sich der künftige Kammersänger Richard Tauber nicht abschrecken. Soeben erst Mitglied der Wiener Staatsoper geworden, begab er sich auf eigenen Wunsch wagemutig ins zwielichtige Milieu dieser Operette und übernahm am 10., 11., 14., 15. Juli, vom 17. bis 25. Juli sowie vom 29. Juli bis 7. August 1922 von Hubert Marischka die Partie des Armand. „Es schien", schwärmte die *Reichspost*, „als würde die edle Kultur der Stimmittel Taubers all die Schönheiten der Partitur erst in ihrem vollen Glanz aufleuchten lassen. Ganz hervorragend brachte der Künstler im zweiten Akt das schon von Marischka meisterhaft gesungene Sololied, das er zweimal wiederholen mußte"⁶³³ und damit auch tatsächlich zum Tauberlied machte. Und so übernahm der Tenor im September, Oktober und November noch einige Vorstellungen. Trotz der kolportierten Abendgage von 500 Kronen blieben seine Gastspiele vorerst noch Ausnahmen. Dazwischen hatte er bei den Salzburger Festspielen unter Richard Strauss den Don Ottavio in Mozarts *Don Giovanni* gesungen. Bis zur nächsten Zusammenarbeit mit Lehár sollten über drei Jahre vergehen. Dass der

Tenor mit seinem *Frasquita*-Gastspiel die Serie von immerhin 195 Aufführungen gerettet habe, ist wohl eher Spekulation, war doch der eigentlich „Clou" der Operette, wie gesagt, ein anderer.

La danza delle libellule

Als dritte Lehár-Uraufführung des Jahres 1922 kam am 27. September im Mailänder Teatro Lirico *La danza delle libellule* heraus, „Operetta in 3 atti di Carlo Lombardo su Musica di Franz Lehàr." Allerdings hatte der Komponist selbst dazu nicht viel mehr beigesteuert als die Musik seines *Sternguckers*. Der Mailänder Impresario Carlo Lombardo hatte ihn um die Erlaubnis gebeten, daraus eine neue Operette zu machen. Der gebürtige Neapolitaner und Barone di San Chirico war ein Abenteurer und schillernder Theater-Tausendsassa, inszenierte, dirigierte, komponierte neapolitanische Kanzonen, schrieb Libretti und gründete seinen eigenen Verlag Casa Editrice Musicale Carlo Lombardo. In Anwesenheit von Johann Strauß war er bei der italienischen Erstaufführung des *Zigeunerbarons* am Pult gestanden und hatte Pietro Mascagni dazu gebracht, seine Operette *Sì* zu vertonen. Lombardo gilt damit als Begründer der italienischen Operette. Als Impresario einer eigenen Operettenkompanie schrieb er mit Virgilio Ranzato die beiden italienischen Operettenklassiker *Il Paese dei Campanelli* und *Cin-Ci-La*. Seinen Durchbruch aber hatte er 1917 mit der Bearbeitung von Bruno Granichstaedtens *Majestät Mimi*, einer in Wien eher mäßig erfolgreichen Operette, die von Arnold Schönberg instrumentiert worden war.[634] Lombardo machte daraus *La Duchessa del Bal Tabarin* und veröffentlichte das Werk unter seinem Komponisten-Pseudonym Leon Bard. Granichstaedten hatte das Nachsehen und als feindlicher Ausländer im Ersten Weltkrieg keine Möglichkeit, sich zu wehren.

Die Operette wurde in Italien und den spanischsprachigen Ländern ein Riesenerfolg, den Lombardo nun mit Lehárs *Sterngucker* wiederholen wollte – diesmal mit ausdrücklicher Nennung des prominenten Komponistennamens. Er beauftragte seinen Agenten, den Theaterdirektor Wilhelm Bendiner, mit Lehár einen Vertrag abzuschließen, der am 23. April 1921 unterzeichnet wurde und dem Komponisten für alle „in italienischer Sprache aufgeführten *La danza delle libellule*-Vorstellungen den gleichen Tantiemenanteil wie Lombardo, für alle anderen Aufführungen in allen anderen Sprachen"[635] den gesamten Ertrag zusicherte. Lehár selbst steuerte nur eine neue Nummer bei: das freche „Duetto Comico Bambolina!" und überließ Lombardo den für den Varietésänger Jaques Rotter komponierten One-Step *Das macht doch der Liebe kein Kind!*, dessen frivoler Text von Artur Rebner stammte und Victor Léons Missfallen als „eines Lehárs nicht würdig"[636] erregte. Als „Il Fox-Trot delle Gigolettes" wurde er zum Zugstück der Operette.

Auch den Titel und die Grundkonstellation der Handlung hatte Lombardo dem *Sterngucker* entnommen. Schon dort vollführten die drei schwärmerischen Damen einen „Libellentanz" um die weltentrückte Titelfigur. Bei Lombardo ist aus dem Astronomen allerdings der nicht ganz so weiberscheue Duca Carlo di Nancy geworden, der sein Schloss an den neureichen Piper verloren hat. Als er im verschneiten Park als geheimnisvoller Jäger auftritt, umschwärmen ihn die Eisläuferinnen Tutu Gratin, Carlotta Pommery und Elena, Vedova Cliquot. Nachdem die ganze Gesellschaft im Schlosstheater eine Revue geprobt hat, gelingt es schließlich der Witwe Cliquot, den widerspenstigen Herzog doch noch rumzukriegen. Neben den Champagner-Damen treiben noch der Dichter Bouquet, weitere „Eisläufer, tanzende Lampenschirme, Schneeballen [!], Apachen" ihr Unwesen „und was sonst zum Bilderbuch der Revue gehört." Und das war auch der Zweck von Lombardos Bearbeitung. Es gibt keine großen Finali, keine großen dramatischen Konflikte, dafür viele kleine Tanznummern und damit viel Gelegenheit, Bein zu zeigen. „Also eine musikalische Verjüngung, mit der der etwas schwerblütig gewordene Schöpfer der modernen Operette seinen internationalen Verehrern bestimmt viel Freude machen wird"[637], wie Ludwig Hirschfeld nach der Wiener Premiere 1923 spekulierte.

Und er hatte recht – noch im selben Jahr wurde *A három grácia* zu Lehárs größtem Budapester Erfolg seit langem. Sowohl in London als auch in Paris waren *The Three Graces* und *La Danse des Libellules* 1924 die ersten Lehár Aufführungen nach dem Ersten Weltkrieg. Besonders die Aufführung im Pariser Ba-Ta-Clan wurde zum Triumph. Dessen Direktorin Bénédicte Rasimi war eine Pionierin der Pariser Revue und berühmt für ihre eleganten Kostüme und wenig kostümierten Tänzerinnen. Umso ärgerlicher, dass sich Lombardo offensichtlich bei Maurice Hennequin und Victorien Sardou bedient hatte, wie dessen Erbe, der *Lustige Witwen*-Übersetzer Robert de Flers, herausgefunden hatte. Von Jean Marietti, dem Geschäftsführer seines französischen Verlags Max Eschig darauf aufmerksam gemacht, schrieb Lehár an Lombardo: „Die Pariser *Libellentanz* Angelegenheit ist noch lange nicht in Ordnung. Weil vor der Pariser Aufführung der Streit mit Hennequin und de Flers (Sardou) entstand, konnte die Premiere erst mit grosser Verspätung zur Aufführung gebracht werden. Darum hat nun Madame Rasimi gegen Marietti eine Klage eingereicht und 500.000 franz. Francs Schadenersatz verlangt. Wenn Marietti zahlen soll, klagt er Karczag. Karczag klagt dann mich und ich muß Carlo Lombardo für allen Schaden verantwortlich machen und Carlo Lombardo klagen. Das sind ja schöne Aussichten!"[638]

Immerhin wurde der Gigolette-Foxtrott zum großen internationalen Schlager und machte auch die ausländische Presse wieder auf den Komponisten aufmerksam. Als Lehár 1923 von einem amerikanischen Journalisten nach seiner Meinung über den Jazz gefragt wurde, antwortete er zu dessen Überraschung: „Good! Good! Sehr gut!'... His next words were still more shocking. ‚As a matter of fact, I am writing some Jazz myself. A new operetta, especially for America. The world will be astonished ...' He went eagerly to the piano ... and set himself fluently to the keys, playing what was certainly jazz of the American style, yet softer, quieter, with more melody."[639] Eine treffende Beschreibung von Lehárs Tänzen in Jazzrhythmen, deren symphonische Instrumentation allerdings nur wenig mit Jazz zu tun hat. Für den Komponisten kann dennoch „die Bereicherung der Ausdrucksfähigkeit der abendländischen Musik durch Jazz und Neger gar nicht ernstlich bestritten werden ... Oder ist es nur deshalb nicht Musik, weil der Erfinder mit schwarzer Haut zur Welt kam? ... Auch die Tanzrhythmen der Neuen Welt ... sind ... selbstverständlich und überzeugend ... Der Mensch hat eben nur zwei Beine und bewegt sich daher fast ausschließlich im Zweivierteltakt. Es strengt ihn auch ... beim Tanzen am wenigsten an." Dennoch hielt er es für „unmöglich, daß der wiegende, musikalisch unbedingt höher zu wertende Walzerschritt je verschwinden könnte."[640]

Chinesische Schallplatten

Bereits zwei Monate vor der Wiener Premiere des *Libellentanzes* hatte die Uraufführung von Lehárs fünf Jahre zuvor begonnener chinesischer Operette *Die gelbe Jacke* stattgefunden, die dann 1929 als *Land des Lächelns* zu seiner erfolgreichsten Operette nach der *Lustigen Witwe* werden sollte. Bevor er sich im Sommer 1918 an die Vertonung von Victor Léons Buch machte, hatte er sich intensiv vorbereitet und, wie er dem Librettisten am 25. Juni schrieb, „60 Grammophon-Platten nach Ischl mitgenommen." Darunter befand sich auch eine für Léon. Und ausgerechnet die wurde „am Weg zerschlagen." Lehár versicherte seinem Librettisten, dass er sich sofort an den Grammophon-Spezialisten Grünfeld in Wien gewandt und „die chinesische Platte doppelt bestellt" habe. „Einmal für Dich als Ersatz und einmal für mich und ihn ersucht, er möge mir, falls er noch andere chinesische Platten hat, sie gleichfalls mir beilegen und mir das ganze Express per Nachnahme zu schicken ... Dann möchte ich mit der chinesischen Sache anfangen ... Ich will es früher nicht anfassen. Ich brauche den Charakter der Musik. Wenn es nur einige Takte sind, genügt es mir vollkommen."[641]

Am 18. August fing er dann an und nicht zufällig mit der Verleihung der gelben Jacke zu Beginn des 2. Akts, einer fiktiven Zeremonie, die besonders vom chinesischen Kolorit lebt. Es folgte das Drachenlied „Li-Tsching-Lu", das spätere Buffoduett „Meine Liebe, Deine Liebe", dann die Romanze „Von Apfelblüten einen Kranz", das Walzerlied „Ich möcht wieder einmal den Prater seh'n" und das berühmte Auftrittslied des Prinzen „Immer nur Lächeln" – fünf Nummern also, die später auch ins *Land des Lächelns* übernommen wurden. Wie diese Operette erzählt auch *Die gelbe Jacke* die exotische Liebesgeschichte einer Wienerin mit einem Chinesen aus der Zeit vor dem Ersten Weltkrieg. Der erste Akt spielt in Wien, wo sie sich in ihn verliebt, der zweite in China, wo es infolge kultureller Konflikte zum Bruch kommt. Während der dritte Akt des *Land des Lächelns* mit der daraus resultierenden Trennung endet, endet der der *Gelben Jacke* mit einem Happy End.

Der Chinese folgt seiner Geliebten nach Wien, weil hier im Gegensatz zu Peking ihr Zusammenleben möglich ist. Wie der arme Slowake Janku im *Rastelbinder* ist auch der Chinese Sou-Chong bereit, seine Herkunft hinter sich zu lassen, um eine Wienerin heiraten zu können. Ob er sich als ähnlich assimilationsfähig erweist, bleibt zwar offen, doch schließt *Die gelbe Jacke* explizit mit einem musikalischen Bekenntnis im Dreivierteltakt: „Bleib' für Dich nur in Wien." Für Léons Biographin Barbara Denscher ist dessen Libretto denn auch „ein Produkt der österreichisch-ungarischen Monarchie mit ihrem von Multiethnizität geprägten Weltbild."[642] Wie im *Rastelbinder* hat das seinen Preis: die Assimilation an deren Hauptstadt Wien. Denn um an der Seite der der Tochter des geadelten Kommerzialrats ein Wiener werden zu können, verzichtet der chinesische Hochadelige Sou-Chong-Chwang nicht nur auf das Amt des Innenministers, das Ziel seiner „ehrgeizigen Träume", sondern er distanziert sich auch von der eigenen Kultur. Im dritten Akt, „zum Gesandten in Wien ernannt", erscheint er „in europäischer Kleidung", während er im ebenfalls in Wien spielenden ersten Akt noch „in der chinesischen Gesellschaftstracht mit Mütze" auftrat. Auch sein Deutsch hat sich verbessert. Hatte er da noch einen „leicht fremdländischen Akzent" und rutschte „die Stimme nur selten in die Fistel", so rutscht jetzt nichts mehr. Mit fester Stimme weist er seine ebenfalls nach Wien gekommene Schwester Mi im dritten Akt folgender maßen zurecht: „Gar nix du haben? Warum sprichst du denn dein komisches Deutsch mit mir? Wir könnten doch miteinander chinesisch reden.' – Mi: ‚Ich muss mich müssen doch üben ein in Deutsch, wenn ich jetzt heiraten auf Deutsch.'"

Die gelbe Jacke

Die Operette beginnt mit einem Affront. Als ihr Vater gerade das Glas auf sie erhebt, lässt Lea von Limburger ihre Verlobung mit Claudius von Wimpach platzen.

Alle Gäste sind schockiert, am meisten Claudius. Als er Lea kurz danach am Klavier überrascht, wie sie „in knautschender, chinesischer Manier: Tschu-en-hin-zui-u-bäi" singt, stellt er sie zur Rede: „"Was war denn das eigentlich für ein g'spaßiger Jodler?' – Lea: ‚Das war ein chinesisches Liebeslied.' – Claudius: ‚Du kannst chinesisch?' – Lea: ‚Ach, Gott, ich singe nur die chinesischen Wörter, ohne sie zu verstehen – wie ich sie eben gehört habe.' – Claudius: ‚Von wem?' – Lea: ‚Herr Sou-Chong hat mir das Lied öfters vorgesungen.' – Claudius: ‚Der Mann aus dem gelben Osten mit den geschlitzten Äuglein?' – Lea (nervös, fast lüstern): ‚Das ist doch das Pikante, wenn einmal einer anders aussieht, wie alle Männer hier.'" - anders auch als Claudius, der als „Sohn unserer Aktiengesellschaft", wie Leas Vater formuliert, das Gleiche verkörpert: „Sein Vater hat die meisten Aktien, das gäbe doch die glücklichste Ehe der Welt." Die Väter Limburger und Wimpach sind offensichtlich geadelte Kapitalisten, deren Interesse an China vor allem geschäftlicher Natur ist. Sou-Chong hingegen stammt „von altem Adel ... den man dreitausend Jahr kennt, / Bin das, was man hier – Herzog nennt!"

Lea ist „hingerissen" vom sozial höheren Status. Doch wie sieht es mit dem kulturellen Status aus? Auch auf diese Frage hat Sou-Chong die passende Antwort: „Wir konnten das Pulver erfinden, / Wir machten zuerst Porzellan und Papier. / Und die Buchdruckerkunst, die erfanden wir. (*Allgemeines Kopfschütteln der Überraschung.*) Und alles, was heute Europas Kultur, / Das stammt aus China, aus China nur!/ Trotzdem hört man's verkünden: Der Zopf, der hängt uns hinten." Doch Lea sieht über solche Vorurteile hinweg, zumal bei Sou-Chong kein Zopf hinten hängt. Vielmehr trägt er „das tiefschwarze Haar in moderner Weise glatt zurückgekämmt." Nachdem weder ein sozialer noch ein kultureller Abstieg zu befürchten ist, ergreift Lea die Initiative und gesteht ihm im ersten Finale ihre Liebe. Er warnt sie noch: „Siehst du nicht mein gelbes Gesicht? (*Lea schüttelt den Kopf.*) Siehst die geschlitzten Augen nicht?" Doch vergebens: „*Lea noch heftiger, schwer atmend ... Sie umarmt ihn, hebt seinen Kopf, küßt ihn ... Er reißt sie mit ungestümer, asiatischer Leidenschaft an sich ...*"

Mehr noch als im ersten werden im zweiten Akt der *Gelben Jacke* Chinaklischees bedient und – anders als später im *Land des Lächelns* – grotesk überzeichnet. Die dadurch entstehende Distanz wird gleich zu Beginn durch den Exotismus der Musik zur Verleihung der gelben Jacke besonders betont. Und auch Lea sieht das ganze mittlerweile distanzierter: „Alles das, was mir so apart erschienen ist an dem Einen, an Sou-Chong – das haben hier alle! Das ist mir so alltäglich geworden." Doch im Gegensatz zu Lisa im *Land des Lächelns* nimmt sie das nicht tragisch, sondern macht es gleich im ersten Duett mit Sou-Chong zum Thema. Auf seine Frage nach dem Verbleib der ihr geschenkten chinesischen „selt'nen Seidenkleider", antwortet sie lapidar: „Mehr Schick hat doch mein Wiener Schneider." Kurz darauf äußert sie einen dringenden Wunsch, sie „möcht' wieder einmal den Prater seh'n." Da Sou-Chong auch dagegen nichts einzuwenden hat, erübrigen sich weitere Versuche ihrerseits, sich der chinesischen Kultur anzunähern.

Auch der im *Land des Lächelns* so bedrohliche Onkel Tschang, der unerbittlich auf die Einhaltung der Tradition pocht, ist in der *Gelben Jacke* eine eher harmlose Karikatur namens Mi-a-o, von Claudius nur „Miaumiau" genannt. Der wiederum ist im Auftrag der Firma Limburger/Wimpach geschäftlich nach Peking gekommen und wird von Mi-a-o kulinarisch verwöhnt. „,Ah, meine Leibspeis'! (*nimmt mit der Hand die Nudeln und führt sie in den Mund.*) Abgeschmalzene Nudeln.' – Mi-a-o: ,Das sind gebackene Regenwürmer!'" Auch Lea nimmt Mi-a-o nicht sonderlich ernst und lästert in seiner Gegenwart: „Ich bin dem alten, langen Onkel Oberbonze nicht genug chinesisch." Mi-a-o entspricht damit einem Figurenstereotyp komischer chinesischer Intriganten, wie es „Chin-Chin-Chinaman" Wun-Hi aus Sidney Jones *The Geisha* geprägt hatte. Und so ist es auch Mi-a-o, der Sou-Chongs Eifersucht auf Claudius so lange erregt, bis er einwilligtder Tradition zu folgen und die vier Mandschubräute zu heiraten. Doch anders als im *Land des Lächelns* lässt sich Lea auch dadurch nicht aus der Ruhe bringen, sondern kommentiert die Hochzeitszeremonie ironisch. Erst als Sou-Chong ihr verbieten will, nach Wien zu reisen und sich dabei auf Konfuzius beruft: „Das Weib hat den Weisungen des Mannes zu gehorchen", platzt ihr der Kragen: „(*Verächtlich*) ,Oh, welche tiefe Barbarei!' ... *Davon berührt*" lässt er sie schließlich gehen.

Das im dritten Akt folgende Happy End der Verbindung einer Europäerin mit einem Asiaten folgt zweifellos einer im Vergleich mit englischen Musical Comedies wie *The Geisha* „progressiven Tendenz"[643], wie sie der Historiker Tobias Becker in der *Gelben Jacke* angelegt sieht. Aber auch hier verläuft die Assimilation einseitig. Sou-Chong verzichtet auf seine Kultur und Lea belohnt ihn dafür, indem sie zum Finale „prunkvoll chinesisch gekleidet" erscheint. Lehárs Segen haben sie: „Es hat damals in manchen Kreisen Befremden erregt, daß es zur ehelichen Verbindung einer gelben mit einer weißen Person kommt. Ich kann diese Ansicht nicht teilen, denn ich habe schon mehrere Chinesen kennen gelernt, die überaus wertvolle Menschen sind."[644]

„Monsieur Butterfly"

„Der Meister arbeitet mit vollem Dampf. Er empfängt niemanden ... Es ist bereits Mittag und der Meister hat noch immer das Morgenkleid, ein blaugraues Pyjama an. ‚Was soll ich Ihnen sagen? ... Ich stecke bis über die Ohren in Arbeit ... die Instrumentierung ist noch nicht fertig. Ich arbeite Tag und Nach daran, besonders nachts, da ich da mehr Ruhe habe. Auch heute habe ich bis vier Uhr morgens gearbeitet und um neun war ich schon wieder auf und erledigte meine allerdringendsten Konferenzen. Ich hatte noch nicht einmal Zeit gehabt, mich anzukleiden, darum treffen Sie mich im Pyjama.'"[645] Fünf Wochen vor der Uraufführung der *Gelben Jacke* war es einem rasenden Berliner Reporter gelungen, Lehár bei der Arbeit zu stören. Schließlich blickte die Öffentlichkeit gespannt auf seine neue Operette. Immerhin war der Titel zumindest Theaterleuten ein Begriff. *The Yellow Jacket*, „A Chinese Play Done in a Chinese Manner", war seit seiner New Yorker Uraufführung 1912 weltweit nachgespielt worden und auch als Buch erfolgreich. Max Reinhardt hatte das Stück zwei Jahre später „unter genauer Beobachtung der Bräuche und Formen des chinesischen Theaters" inszeniert, wie die *Neue Freie Presse* damals aus Berlin berichtete. Victor Léon dürfte das nicht entgangen sein, auch wenn er weniger Reinhardts theatralische „Stilkünsteleien" als den dabei zelebrierten Sprachstil „mit allen übertriebenen Floskeln der chinesischen Höflichkeit"[646] übernommen hat.

Obwohl der Journalist Julius Stern schon lange vorher verraten hatte, Lehár habe „die Hauptrolle der kommenden *Gelben Jacke* ... speziell für Tauber stimmlich pointiert"[647], wurde sie bei der Uraufführung am 9. Februar 1923 von Hubert Marischka gespielt, der, wie das *Neue Wiener Journal* schrieb, „die schwierige, für eine hohe Lage geschriebene Gesangspartie ... trefflich" meisterte. Er „hatte sich bis zur Selbstverleugnung in einen richtigen Chinesen verwandelt. Er spielt ihn mit Noblesse und Diskretion, mit darstellerischer Vertiefung, so daß man die Launen des Mädchens begreift."[648] Immerhin war seine verstorbene Frau Lizzy das Vorbild für die Rolle der Lea, die Victor Léon als „nervös und kapriziös wie ein eigensinniges, junges Mädel" charakterisierte. Da außerdem die Idee dazu von ihr stammte, legte sich Marischka für diese Operette besonders ins Zeug, obwohl ihm die Rolle eigentlich nicht lag. Besonders seine Maske erregte Aufsehen, wie sein Sohn Franz berichtete: „Er war einer der ersten, die sich mit englischem Pflaster Schlitzaugen klebte", so dass ihm seine neue Frau Lilian prophezeite: „Den schiachen Chineser wirst aber net lang spielen."[649] Lilian war übrigens die Tochter von Wilhelm Karczag, dem Marischkas geschickte Heiratspolitik sehr gelegen kam, wollte er ihn doch als seinen Nachfolger aufbauen. Weniger erfreut darüber waren Karczags Frau Julie und

Victor Léon, sein alter Schwiegervater. Da Lilian, unterstützt von ihrer Mutter, nicht wollte, dass seine drei Kinder mit Lizzy bei ihnen wohnten, brachte Marischka diese kurzerhand bei Léon unter. Der vermachte ihnen den Lizzy versprochenen zehnprozentigen Tantiemenanteil an der *Gelben Jacke*, seiner ersten Premiere auf einer großen Operettenbühne seit langer Zeit.

Zwischen Léon, der „oft die Operette zu reformieren versucht" hatte, und Lehár bestand noch immer, wie das *Neue Wiener Journal* bei der Gelegenheit feststellt, „eine starke geistige Verwandtschaft": „beide lieben das Experiment."[650] Und beide kamen damit „dem Premierenpublikum gar zu Chinesisch" vor. Ludwig Hirschfeld würdigte die Partitur als „das gediegene und bewundernswerte Werk eines für die Operette vielleicht schon zu ehrgeizigen großen Künstlers", dessen „Ehrgeiz mehr und mehr über die bisherigen Grenzen des Genres"[651] hinausstrebe. Doch „er übertreibt hier die Veredelung des Genres – er veredelt zuviel", befand das *Neue Wiener Journal*. Von den vielen Nummern, die dann im *Land des Lächelns* populär wurden, prägte sich den Rezensenten bei der *Gelben Jacke* nur „Von Apfelblüten einen Kranz". Noch zwiespältiger war ihre Reaktion auf Victor Léons „exotisches Rassenexperiment"[652], das nur dank Marischkas „schauspielerischer Glanzleistung" doch noch gelang. Hirschfeld fand es dennoch „sehr gewagt, vor allem für England und Amerika, wo man in Rassenfragen keinen Spaß kennt … in Wien ist man da duldsamer", besonders wenn der Chinese zum Wiener wird. Aber genau dieser Aspekt war es, der Max Graf in *Der Tag* störte: „Ich kann mir nicht helfen, ich finde … die Spekulation auf die Sentimentalität des Wiener G'müts, welches nach vier Jahren Krieg und Revolution keinen anderen Wunsch hat als den ‚Steffel' und das heruntergekommene Burgtheater zu sehen, niederdrückend. (Das Publikum spendete tosenden Beifall.)"[653] Noch mehr bejubelt wurde allerdings die Ausstattung Professor Otto Hass-Heyes, die im zweiten chinesischen Akt „einen auf Operettenbühnen ganz unüblichen Prunk" entfaltete. „Ja, Papa Karczag lässt sich nicht spotten."[654] Es war seine letzte Produktion als Direktor.

Doch der äußere Erfolg konnte nicht darüber hinwegtäuschen, dass Lehárs Experimentierlust langsam ins Leere lief. Er fand dafür kein Publikum mehr. Nach 105 Vorstellungen wurde *Die Gelbe Jacke* abgesetzt und dann nur noch in Budapest nachgespielt. Ein Tiefpunkt für den „angebeteten und niemals hoch genug zu verehrenden Mandarin der Wiener Operette", wie Max Graf ihn nach der *Gelben Jacke* nannte. „Ist es eine Operette?", lautete für ihn die Frage, „Das wohl nicht"[655] die Antwort. Auch für seinen Kollegen Ludwig Hirschfeld war es eher eine „Tragödie mit eingelegten Komikerwursteleien … In dieser falschen Entwicklung der Operettendramatik sind *Frasquita* und *Die Gelbe Jacke* bereits die toten Punkte, die anzeigen, daß es in der Richtung nicht mehr weiter geht."[656] Mit der *Gelben Jacke* hatte sich Lehár endgültig in eine ästhetische Sackgasse manövriert. „Er hat damit sozusagen seinen *Monsieur Butterfly* geschrieben. Hoffentlich schreibt er bald wieder eine Operette …"[657]

„In memoria della grande amicizia"

„In Italien fällt es mir nie ein, irgendein Operettentheater aufzusuchen. In Wien versäume ich es nie, zwei bis drei Operettenaufführungen anzusehen. Diesmal werde ich einer Aufführung der *Gelben Jacke*, des *Libellentanzes* und der *Katja* beiwohnen. In den Komponisten Franz Lehár, der übrigens meinem engsten Freundeskreise angehört, und Jean Gilbert … verehre ich die beiden vortrefflichsten Meister der Operettenmusik."[658] Giacomo Puccini hatte also wieder ein volles Programm, als er im Mai 1923 mit seinem neuen Lancia Trikappa höchstpersönlich nach Wien gefahren war, um den Endproben von *Manon Lescaut* an der Staatsoper beizuwohnen. Er unterbrach dafür die mühsame Arbeit an seiner letzten Oper *Turandot*, die wie *Die gelbe Jacke* bekanntlich in China spielt. Wie ihm Lehárs Version gefallen hat, ist allerdings nicht überliefert.

Wegen der Erkrankung von Lotte Lehmann musste *Manon Lescaut* verschoben werden, so dass die Premiere erst am 5. Oktober 1923 stattfinden konnte und Puccini noch einmal und zum letzten Mal nach Wien kam. Bereits gezeichnet von seiner Krankheit, weilte er danach noch kurz im Cottage-Sanatorium und spielte, wie der Journalist Géza Herczeg berichtete, auf Lehárs Flügel aus der unvollendeten *Turandot*: „Es war ein feierlicher Augenblick. Mit seinen langen, feinen Fingern glitt er über die Tasten, spielte irgendeinen Akkord, wie wenn er das Klavier prüfen wollte. Er tat dies nur mit einer Hand, es hatte den Anschein, als wolle er nur Spaß treiben. Dann legte er seine Zigarette weg, verdeckte mit der rechten Hand die Augen und strich sich über die Stirne, wie wenn er nachdenken wollte, erst überlegen müßte, was er spielen solle. Dann wurde er sehr ernst und vertiefte sich in seine Gedanken. Er war beinahe unpersönlich geworden. Und schließlich spielte er, gewissermaßen nur für sich, zu seiner eigenen Freude, ganz von dem Zauber seiner eigenen Musik gefangen genommen, einen Teil aus dem ersten Akt seiner neuen Oper. Es waren prachtvolle Akkorde. Weite Welten, versunkene Jahrtausende erwachten zum Leben und das Klavier sprach wie ein Orchester … Es war wirklich die erste geschlossene Probe der *Turandot*, eine ideale, geschlossene Generalprobe. Wir alle haben diesen Augenblick in unsere Herzen geschlossen."[659]

Nach seiner Rückkehr beendete Puccini die Sterbeszene der Liù und begann mit der Instrumentation der Oper. Fertigstellen konnte er sie nicht mehr. Nur wenige Stunden vor seinem Tod am 29. November 1924 depeschierte Sohn Antonio dem fernen Freund: „Verehrter Maestro! Papa läßt Ihnen für Ihre lieben Worte vielmals danken. Ich bin glücklich Ihnen mitteilen zu dürfen, daß es Papa jeden Tag besser geht, und wir hoffen, ihn bald ganz gesund wieder nach Hause bringen zu können. Mit den besten Grüßen von Papa Ihr in Hochachtung ergebener Antonio Puccini."[660] Einem Wiener Gerücht zufolge ging die Hochachtung so weit, daß Antonio Puccini Lehár angeboten haben soll, *Turandot* zu vollenden. In Lehárs Nachlass befindet sich jedenfalls ein Klavierauszug mit dessen Widmung: „all' illustre Maestro Franz Léhar in memoria della grande amicizia che lo legara al mio povero Papà."[661] So war es nicht weiter verwunderlich, dass es sich Lehár nicht nehmen ließ, am 25. April 1926 der Uraufführung der nicht mehr von Puccini vollendeten *Turandot* in der Mailänder Scala persönlich beizuwohnen. Nach Liùs Tod brach Toscanini mit den Worten ab: „Hier endet die vom Maestro unvollendet gelassene Oper …"

Für Lehár war Liùs Sterbeszene „das Herrlichste, was die Mitwelt dem großen Meister zu danken hat … Wer diese Szene miterlebt hat und nicht tief erschüttert wird, der hat gewiß kein Ohr und gewiß auch kein Herz."[662] Der *Corriere della Sera* vermeldete der ergriffenen Welt, dass Lehár geweint habe. Noch 1940 äußerte er in einem Rundfunk-Interview: „Uns verband eine wirklich tiefe Freundschaft. Sie war begründet auf völlige Übereinstimmung unseres musikalischen Empfindens, auf gegenseitigem Verstehen dessen, was wir in Tönen ausdrücken wollten, ja mussten. Wenn auf dem Arbeitstisch Puccinis noch heute mein Bild steht, so ist sein Bild in der Tiefe meines Herzens für immer festgehalten: Er war groß als Musiker und bleibt für mich bewunderungswürdig als edler Mensch und bester Freund."[663]

1933 erschien im *Neuen Wiener Journal* eine Art „Wiener Testament" Puccinis: „Heutzutage pflegt man die Atonalität, das mag für Kenner interessant sein, unserem Publikum aber, dem kleinen Mann auf der Galerie – dem Herzen sagt sie nichts und damit ist ihr Urteil schon gesprochen. Entscheidend ist Semplicità e Melodia … Sie haben dafür in nächster Nähe ein Beispiel: il mio amico Franz Lehár, dessen letzte Partitur ich vor kurzem auf meinem Landsitz … mit allerhöchstem Genuß studiert habe. Ihm bestätigen es nicht nur die sogenannten Kenner, sondern, was viel wichtiger ist, das Publikum, daß er ein Meister ist. Das Publikum hat richtige und gute Instinkte. Es liebt die Einfachheit. Und alle Metaphysik, die von so vielen Neuen mit einem entsetzlichen Orchesteraufwand beschworen wird, finde ich ohne den Lärm schon bei Bach."[664]

Abschließend mag der Satz des Puccini-Biographen und Lehár-Rezensenten Richard Specht diese von der Musikwissenschaft geflissentlich unterschlagene Freundschaft ins rechte Licht rücken: „Die geradezu zärtliche Neigung, die Puccini für Franz Lehár empfand und die, bei aller verschiedenen Höhenlage der geistigen Ebenen beider Künstler, in einer nicht abzuleugnenden Wesensverwandtschaft ihres schwermütig, sinnlichen musikalischen Aromas, der erotischen Süße ihrer verführerisch mondänen und ein wenig verbuhlten Melodik begründet sein mag, war im Zusammensein der beiden erfolgreichsten Bühnenkomponisten unserer Epoche in einer fast rührenden Art zu spüren. Zwei Souveräne, die einander in vornehmer Bescheidenheit huldigten."[665]

Farbtafeln 217

01 „Es sind, wie der danebenstehende Text besagt, ‚die Operettenkönige in ihrer Sommerresidenz‘, die es so gut wie Seifen- und Gummikönige gibt, nämlich Kálmán und Lehár …"
Karl Kraus' Kommentar zum kolorierten Titelblatt der Theaterzeitschrift *Die Bühne*, 1925

02 „Zasche hatte das in Goldlettern prangende Personenverzeichnis der Operette mit flotten Zeichnungen umrahmt."
Theaterzettel der 400. *Lustige Witwe* am 24. April 1907.

Farbtafeln 219

03 Inspiriert durch das „geheimnisvolle Fluidum der Frauen":
    Lehár am häuslichen Flügel in der Theobaldgasse, 1910

04 John Gilbert als Prince Danilo in Erich von Stroheims *Merry Widow*-Verfilmung, 1925

05 „Verjuxt, verputzt, verspielt, vertan, wie's nur ein Luxemburger kann!"
Titelblatt des Klavierauszug von *Der Graf von Luxemburg*, 1909

06 „Reich flutend gleich gesponnenem Gold ..."
Titelblatt des französischen Klavierauszugs von *Eva* mit den Zügen Beatrice von Brunners.

07 *Finalmento Soli!*
    Titelblatt des italienischen Klavierauszugs von *Endlich allein*, 1914

08 „*Wo der Tau auf Blüten fällt, ist meine Welt.*"
    Titelblatt des Klavierauszug von *Wo die Lerche singt,* 1918

09 „Der heiße Tango, der mit berauschender wilder Glut uns singt im Blut."
    Titelblatt des Klavierauszugs von *Die Tangokönigin*, 1921

10 „Hab' ein blaues Himmelbett, drinnen träumt es sich so nett! Aber nicht allein ...."
Einzelausgabe des Lieds aus *Frasquita* mit Hubert Marischka, 1922

11 „Gigolette."
Einzelausgabe des Foxtrots aus *Libellentanz*, 1923

12 „Li-Tsching-Lu ein Rendezvous ... dem King-Fu."
    Titelblatt des Klavierauszugs von *Die gelbe Jacke*, 1923

13 „Ich habe la Garçonne gelesen."
   Einzelausgabe des „Foxtrots" aus *Cloclo* mit Gisela Werbezirk, 1924

14 „Wo mag mein Johnny wohnen?"
Hawaian Song. Worte von Peter Herz, 1925

15 „So ein Mann ist eine Sünde wert."
Richard Tauber als Paganini. Titelblatt von *Das Theater*, 1926

16 „Zu deinen Füßen will ich liegen wie ein treuer Hund!"
    Titelblatt des Klavierauszugs von Der Zarewitsch 1926

17 „*In Freundschaft Franz Lehár.*"
    Porträt von Felix Riedel (1878-1950) anlässlich der *Giuditta*-Uraufführung 1934

Das wahre Zeittheater

1923–1932

> Warum leben Lehár-Lieder ewiger?
> Weil sie aus dem zweiten Frühling kommen.
> Richard Tauber[666]

> Warum hat jeder Frühling, ach, nur einen Mai?
> Franz Lehár

„Geburtstagsgeschenk vom lieben Gott"

„Mein Geburtstagsgeschenk vom lieben Gott! 30. April 1923. ¼ 10 Uhr Abend den ersten Akt begonnen, um ¼ 2 Uhr früh fertig komponiert."[667] Dies schrieb Franz Lehár in der Nacht seines 53. Geburtstags unter die neunseitige Skizze des ersten Akts seiner neuen Operette *Paganini*. Was war geschehen?

„Da kommt eines Tages ein Freund zu mir, bringt ein Libretto (ohne Verfassernamen!) und drückt mir's in die gar nicht darauf erpichte Hand: ‚Gefällt's Ihnen, dann behalten Sie's, wenn nicht, na dann hol' ich mir's halt bei Gelegenheit wieder ab.' Unwillkürlich schlage ich das Heft auf und blättere darin herum. Was ist denn das? Schon die erste Szene mit dem faszinierenden Geigenspiel aus der Ferne macht mich stutzig. Ich lese weiter – und Musik, Musik strömt mir aus jeder Gestalt, aus jeder Situation entgegen. Die Einfälle fließen mir in solcher Fülle zu, überwältigen mich förmlich und zwingen mir die Feder in die Hand, so dass ich in wenigen Stunden die ganze Skizze des ersten Aktes fix und fertig vor mir liegen habe. Das nenne ich ein gutes Buch!"[668]

Der Autor war der Verlagsbuchhändler, Librettist und Komponist Paul Knepler, der mit seiner selbst geschriebenen und selbst komponierten Operette *Josefine Gallmeyer* über die gleichnamige Wiener Soubrette 1921 im Wiener Bürgertheater einen mit fast dreihundert Aufführungen überraschenden, wenn auch nur lokalen Erfolg verbuchen konnte. Auch *Paganini* wollte er ursprünglich selbst vertonen. Auf Veranlassung des mit beiden befreundeten Musikers Viktor Wögerer gelangte das Libretto jedoch in Lehárs Hände, an den es Knepler nicht ganz selbstlos abtrat, geschmeichelt von dessen Lob: „Wohl noch nie war ich von einem Librettisten so gepackt und so inspiriert wie von diesem."[669]

Was aber packte Lehár an diesem Libretto? Offensichtlich nicht der historische Paganini, denn schon die erste Regieanweisung lässt keinen Zweifel daran, dass „auf Porträtähnlichkeit unter allen Umständen zu verzichten" sei. Kein Teufelsgeiger also, sondern ein Geigenvirtuose mit besonderer Wirkung aufs weibliche Geschlecht. Damit konnte sich Lehár identifizieren. Paganini will nämlich „den Frau'n die Geige weih'n" und erzielt damit bei Anna Elisa, der Fürstin von Lucca, die gewünschte Wirkung: „Du bist ein Virtuos', nicht auf deiner Geige bloß." Denn „zu der Liebe und zum Glück führt am schnellsten die Musik." Die Mesalliance von Fürstin und Geiger führt aber auch zum Konflikt zwischen Liebe und Kunst, genauer: zwischen erotischer Neigung und künstlerischer Berufung – für Lehár ein durchaus persönliches Thema, das im Verlauf der weiteren Handlung in diversen Variationen durchgespielt wird. So wandelt im ersten Finale Lehárs Paganini auf den Spuren von Goethes Tasso: „Will Missgunst rau den Künstler kränken, wird's nie so tief zu Herzen gehen, wenn edle Frauen sein gedenken." Oder der Kammerherr Pimpinelli gesteht der Soubrette Bella Giretti treffend für das ganze Genre: „Niemals habe ich mich interessiert für Kunst und Literatur. Nur für Weiber bin ich inflammiert." Doch auf eben diesem Gebiet kommt ihm Paganini in die Quere und verführt Bella Giretti. Als ihn die eifersüchtige Fürstin deswegen verhaften lassen will, kann ihn im zweiten Finale nur noch seine Geige retten. Er spielt auf und Anna Elisa ist überwältigt: „In seinen Augen, welch ein Glanz. Mir war's, als wär's ein Hexentanz." Und das war wörtlich gemeint, wie Kneplers Regieanweisungen verraten: „Unter dem Griffbrett von Paganinis Geige ist ein elektrisches Lämpchen geschickt angebracht, wodurch sein Gesicht geisterhaft beleuchtet wird," während „Hexen und Bacchantinnen ... in leichte, wallende Gewänder gehüllt" ihn umtanzen, „immer wilder und wilder, bis sie ihm zu Füßen sinken ... und eine wollüstig hingebende Gruppe mit ihm bilden." Jetzt erst entdeckt der Teufelsgeiger seine wahre Liebe: die Geige. Auch die Fürstin hat mittlerweile erkannt, dass er keiner Frau gehören kann: „Nur die Kunst soll dich betören. Du gehörst der ganzen Welt!"

Wie *Die lustige Witwe* markiert auch *Paganini* sowohl biographisch als auch künstlerisch einen Wendepunkt. Stilistisch aber steht *Paganini* noch zwischen Lehárs modernen Vorkriegsoperetten und den Lyrischen Operetten seines Spätwerks. Die Titelfigur ist noch kein gebrochener Held wie Sou-Chong in *Das Land des Lächelns*, sondern ein echter Lebemann in der Tradition des Genres. Und auch Anna Elisa ist nicht umsonst „Napoleons stolze Schwester", eine Operettendiva durch und durch. Zwar gibt es kein obligatorisches Happy End mehr, wie selbst noch in *Frasquita*, doch gibt es weder Tränen noch bleiben Opfer zurück. Zwei souveräne Menschen gehen – „ohne das Entsagungsschmalz der Sentimentalität"[670], wie Decsey konstatierte – einfach getrennte Wege.

Das taten auch Franz Lehár und Hubert Marischka, seit 1913 der Held fast aller Lehár-Operetten. Im Laufe des seither vergangenen Jahrzehnts hatte Marischka Treumann als Operettenidol abgelöst. Sein Stil war weniger exzentrisch, sondern elegant, kein exaltierter „Njegusch"-Schrei kam über seine Lippen, sondern er verstand es, „vom gesprochenen Wort ganz unmerklich in den Gesang hinüberzugleiten." Auch als Tänzer war er weniger akrobatisch, sprang auf keine Tische, sondern entwickelte aus einem zur Bühnensituation gehörigen Requisit einen organischen Bewegungsablauf. „Ein Sonnenschirm, ein Spazierstock, ein Sektglas – das ist der Kristallisationspunkt um den sich die bunte Form der Tanzszène herumbildet"[671], wie er selbst formulierte. Und diesen Fähigkeiten sollten auch seine Rollen entsprechen, weshalb er Lehár schon 1921 erklärt hatte, „dass er in der *Frasquita* überhaupt nicht auftreten will."[672]

Dass er es dann doch getan hatte, lag an seinem Direktor Wilhelm Karczag, Lehárs Mentor seit 1902. Als er am 11. Oktober überraschend starb, war das für Lehár ein Schock. Damit wurde das Jahr 1923 endgültig zu seinem Schicksalsjahr: Erst der Durchfall der *Gelben Jacke*, dann das „Geburtstagsgeschenk vom lieben Gott" und schließlich Karczags Tod.

Karczags Tod und Marischkas Erbe

„Karczags Tod hat mich tief erschüttert. Wir waren ja wirklich Kampfgenossen, wir haben fest zueinander gehalten und haben uns manchen Erfolg sehr erkämpfen müssen. Er war es, der mich verstand und begriff und mir Mut zusprach, wenn ich manchmal erlahmte. Er war immer auf meiner Seite und unterstützte mich, wenn ich mir immer größere und größere Aufgaben stellte. Du bist nun sein Nachfolger und vertrauensvoll habe ich das Schicksal meiner nächsten Werke in Deine Hände gelegt"[673], schrieb Lehár am 11. Oktober 1923 an Hubert Marischka, der erst ein halbes Jahr zuvor Ko-Direktor des Theaters an der Wien geworden war. Nun lag die Direktion allein in seiner Hand und auch für den Karczag-Verlag wurde ihm „die alleinige Zeichnungs- und Vertretungsberechtigung"[674] übertragen. Franz Lehárs Vertrauen in Marischka wurde allerdings enttäuscht und das bisher Undenkbare geschah: Nach 13 Lehár-Uraufführungen fand im Theater an der Wien keine weitere mehr statt. Das hatte verschiedene Gründe. Zum einen hatte Marischka andere Vorstellungen von der Entwicklung der Operette und konnte dem seriösen Einschlag von *Fras-*

quita und *Die gelbe Jacke* wenig abgewinnen. Zum anderen ließ er sich bei der Stückauswahl auch als Direktor von seinen Bedürfnissen als Darsteller leiten und bevorzugte Stücke, die ihm nach seinen Vorgaben auf den Leib geschrieben wurden.

Als erste ganz auf ihn zugeschnittene Operette war Emmerich Kálmáns *Gräfin Mariza* am 28. Februar 1924, laut der Zeitung *Die Stunde* ein „Bombenerfolg, der die ärgsten Skeptiker in hysterische Beifallssphären"[675] riss. Hier war nicht nur die Hauptrolle des verarmten Grafen Tassilo ganz auf den „Csárdáskavalier" Marischka zugeschnitten, hier konnte er auch jenem mondänen Operettenstil frönen, der ihm vorschwebte. Dazu gehörten Kostüme von geradezu revuehafter Opulenz, entworfen von seiner Frau Lilian Karczag-Marischka, und zeitgemäßere, mehr am Jazz orientierte Tanznummern. Es war ein Generationenwechsel mit dem gleichalten Kálmán als Hauskomponisten und auch sonst neuem Personal. So folgte Louise Kartousch ihrem langjährigen Partner Ernst Tautenhayn, der schon drei Jahre zuvor das Theater an der Wien verlassen hatte, weil sie enttäuscht darüber war, dass ihr früherer Kollege Hubert Marischka für ihre „Kunst so wenig Wertschätzung übrig"[676] hatte. Für sie hatte der seit Leo Steins Tod kompanielose Béla Jenbach ein Libretto geschrieben, dem ein Schwank von Julius Horst und Alexander Engel zugrunde lag: *Der Schrei nach dem Kinde*, 1914 im Theater in der Josefstadt mit großem Erfolg uraufgeführt. Der Preis für die Überlassung der Rechte war hoch. Jenbach musste die beiden Autoren und ihren Verleger Otto Eirich mit insgesamt 20 % der Tantiemen beteiligen, ihm selbst blieben nur 30 %.[677]

Im Mittelpunkt der Handlung steht die Pariser Revuetänzerin Cloclo. Sie hält sich einen Hofstaat von Verehrern, denen sie Adelstitel wie Vicomte de Grand Manier verleiht, die aber ansonsten in Champagner oder Dessous reisen. Wirklich interessiert ist sie aber nur an dem einzigen echten Adligen, dem jungen Maxime de la Vallé. Da er noch nicht über sein Geld verfügen darf, hält sie sich an ihren alten Gönner Severin Cornichon, den Bürgermeister von Perpignan. Sie nennt ihn „Papa" und schreibt ihm regelmäßig Briefe mit der Bitte um Geld. Als Severin zu einem Überraschungsbesuch in Paris auftaucht, hat er allerdings kein Geld dabei, denn er hat Cloclos letzten Brief verpasst. Den hat dafür seine Frau Melousine gelesen und ist erstaunt, zu erfahren, dass ihr Mann „Papa" ist. Statt ihm aber die vermeintliche uneheliche Tochter vorzuwerfen, freut sie sich über den unverhofften Nachwuchs, schließlich war ihre Ehe kinderlos geblieben. Sie reist sofort nach Paris, um ihre Tochter kennenzulernen. Doch als sie sieht, in welch verderbtem Milieu die Ärmste haust, beschließt sie, das verlorene Kind zurück in den Schoß der Familie zu führen. Cloclo ist damit sogar einverstanden, droht ihr doch Arrest, weil sie einen

Polizisten geohrfeigt hat. Melousines Fürsorge trägt Früchte: In Perpignan verwandelt sich Cloclo in die brave Babette. Melousine ist gerührt, Severin verzweifelt und der Klavierlehrer Chablis völlig durcheinander. Bei der Feier von Severins 50. Geburtstag, zu dem alle Honoratioren der Stadt geladen sind, kommt es zum Eklat: Die Polizei erscheint und verhaftet Cloclo. Doch am Ende wird sie begnadigt und zur großen Freude Melousines von Severin adoptiert und mit Maxime verlobt.

Geschrieben hatte Jenbach diese Adaption 1922 ursprünglich für Leo Fall, der auch schon acht Nummern komponiert hatte. Als er dann allerdings anfing, auch noch den *Süßen Kavalier* zu vertonen, seine letzte vollendete Operette, ging Jenbach auf Nummer sicher und bot sein Libretto Lehár an. Immerhin konnte er ihn damit ködern, dass Wiens noch immer beliebteste Soubrette Louise Kartousch unbedingt die Titelrolle spielen wollte. Die Wandlung des wilden Pariser Springteufels Cloclo in das brave Bürgermädchen Babette aus Perpignan reizte sie. Überhaupt fiel das ganze Stück aus dem üblichen Rahmen des Genres: Es gibt kaum adeliges Personal (und wenn höchstens fiktiv), keine Konflikte zwischen den Liebenden, kein Buffo-Paar, keinen Chor, keine Ball-Szene und keine luxuriöse Ausstattung. *Cloclo* ist eine Kammeroperette mit vier großen und einigen kleineren Rollen und in manchen Fällen einem Bindestrich: *Clo-Clo*.

Cloclo

„Still und laut habe ich in den letzten Jahren ja oft genug zu hören bekommen, daß ich mich zu sehr an die Oper verliere. Also habe ich diesmal alle opernmäßigen Ambitionen und Allüren ganz energisch abgestreift und schrieb zum Buch meines guten Freundes Jenbach wieder einmal eine echte Operette."[678] Mit diesen Worten verkündete Lehár der erstaunten Öffentlichkeit seine „Rückkehr zur typischen, lustigen Operette." Das Interview erschien im *Neuen Wiener Journal* vom 28. Februar 1924, dem Tag der Uraufführung von Emmerich Kálmán's *Gräfin Mariza* und acht Tage vor der von *Cloclo*. Das war kein Zufall. Das Duell Kálmán gegen Lehár versprach Spannung, zumal der Jüngere den Älteren aus dessen Stammhaus verdrängt hatte. Denn auch im Vergleich mit dem renommierten Theater an der Wien zog das für *Cloclo* vorgesehene Bürgertheater den Kürzeren. Das 1905 erbaute Haus hatte 1144 Plätze und wurde fünf Jahre später unter Direktor Oscar Fronz zur Operettenbühne, vor allem für Werke von Edmund Eysler.

Doch Lehár hatte nicht nur das Theater gewechselt, sondern auch den Verlag. Für die nächsten Werke ließ er sich vom Dreimasken-Verlag vertreten, den Notendruck übernahm der Crescendo-Verlag Berlin, der zum Verlagsimperium von Rudolf Mosse gehörte, und wo auch *Paganini* erscheinen sollte. Diese Operette hatte er, obwohl sie ihm so viel bedeutete, nach dem ersten Akt zunächst liegen lassen. Für Lehár war *Cloclo* also mehr als ein heiteres Intermezzo von *Paganini*, sondern dessen komödiantische Ergänzung. Und so nahm er auch deren Autor Béla Jenbach als Partner von Paul Knepler für *Paganini* mit ins Boot. Ab August 1923 widmete sich Lehár dann ausschließlich *Cloclo*, unterbrochen von einer intensiven Reisetätigkeit Anfang 1924, noch bevor der Klavierauszug abgeschlossen war.

Kaum von *La danza delle libellule* aus Venedig zurückgekehrt, wurde er zur *Frasquita*-Premiere am 19. Januar 1924 ins Thaliatheater nach Berlin gerufen. „Beim Kofferpacken kam wieder ein Telegramm: ‚Wenn Sie schon in Berlin sind, so kann es Ihnen gewiß nichts ausmachen, einen kleinen Umweg nach London zu riskieren.'" Er riskierte es und reiste zur englischen Erstaufführung der *Three Graces* am 25. Januar 1924, immerhin die erste Lehár-Aufführung in London nach dem Krieg. Die Folge: „Die unvollendete *Cloclo* wurde zum Alptraum meiner Londoner Nächte." [679] Auf dem Rückweg machte er trotzdem noch einen Abstecher nach Paris, wo er die Proben von *La danse des libellules* überwachte und für den kommenden Herbst einen Aufführungsvertrag über die *Blaue Mazur* abschloss. Einen Monat vor der Wiener Uraufführung von *Clo-Clo* kehrte er zurück, um erst den Klavierauszug, dann die Partitur zu beenden. So berichtete er der Wiener Zeitung *Die Stunde*, er habe erst drei Tage vor der Premiere „das Finale des zweiten Aktes komponiert", nachdem er zwei Tage zuvor noch für die Darstellerin der Melousine, Gisela Werbezirk eine Einlage schreiben musste, den Foxtrott „Ich habe La Garçonne gelesen": „Sonntag abends begann ich mit der Komposition, um ½ 2 Uhr nachts telephonierte mir Jenbach den Text, um vier Uhr früh hatte ich die Noten fertig und legte mich nieder, stand aber nochmals auf, weil mir die Sache noch immer nicht gefiel, und schrieb bis sechs den Foxtrott fertig, um sieben wurde er von der Druckerei geholt, und nachmittags sang ihn Frau Werbezirk aus dem Notenblatt." [680]

„Ich habe La Garçonne gelesen" wurde bei der Premiere am 8. Mai 1924 zum Schlager der Operette und bezog sich auf Victor Margueritte gleichnamigen Roman über eine prototypische junge Frau der 20er Jahre, die ein ungebundenes Leben führ, kurze Kleider und Bubikopf trägt und vor allem sexuell freizügig ist. Der Garçonne-Stil war in aller Munde, in dem von Gisela Werbezirk nahm er sich allerdings grotesk aus, war doch ihre Melousine die liebenswerte Karikatur einer prüden älteren Provinzdame. So hatte sie die Rolle bereits im *Schrei nach dem Kinde* gespielt. Denn die 1875 in Pressburg geborene, aus einer jüdischen Familie stammende Werbezirk verkörperte „schon sehr frühzeitig die ‚komischen Alten' … Sie war eine große Volksschauspielerin und eine große Menschendarstellerin", wie Friedrich Torberg in seinem Nachruf schrieb: „Durch ihre Komik brach oft genug so elementare Tragik hervor, daß einem das Lachen verging … Sie besaß eine Bühnenpräsenz von schlechthin monströser Wirkung und etablierte sie schon durch ihr bloßes Erscheinen, durch die groteske Überwältigungskraft ihres Äußeren."[681] Und das betonte sie gern durch ihre starke Mimik und ihr Kostüm; in *Cloclo* war es ein schräger Hut. „Die Werbezirk war die Sensation des Abends", schrieb Kálmáns erster Biograph Julius Bistron. „Sie erweist sich wieder einmal als der beste und eigenartigste weibliche Komiker Wiens. Sie bringt den größten Schlager des Abends: die Parodie auf *La Garçonne*."[682]

Dadurch dass das Bürgertheater kein eigenes Ensemble hatte, konnte die Uraufführung passgenau besetzt werden, schließlich hing, wie Lehár wusste, von der „richtigen Besetzung der ersten Aufführung" sehr viel ab. „Der Premierenerfolg ist für das künftige Schicksal des Werkes entscheidend … dann setzt ein anderer Theaterdirektor alles daran, das Stück herauszubringen."[683] So wurde außerdem Ernst Tautenhayn als Severin engagiert. Für diese Rolle hatte Lehár eine seiner reizvollsten musikalischen Szenen komponiert: Melodram und Tango zu Beginn des zweiten Akts, in der Cloclo als gespenstischer Tagtraum erscheint und Severin zu halluzinieren meint. Im Zentrum aber stand Louise Kartousch in der Titelrolle. Da in der letzten Lehár-Operette, bei der das der Fall war, ihre sängerischen Defizite kritisiert worden waren, betonte der Komponist diesmal, sie habe „in der letzten Zeit große Gesangsfortschritte gemacht."[684] Als Cloclo musste sie auch keine Lerche mehr sein, sondern in den Worten Ernst Decseys äußerst vielseitig „ein weiblicher Gamin, wirbliger Unband, ein roter Clownskopf, ein braves Haustöchterchen mit Strickstrumpf, scheinheilig, rassige Tänzerin und anmutsvolle Sängerin."[685]

Über den Tenor Robert Nästlberger schrieb Löhner-Beda: „die jungen Mädchen werden mit ihm (natürlich seelisch) bald den Marischka betrügen" und über Lehár, er sei ein „Vollblutkünstler. In dem kommerzialisierten Betriebe der Wiener Operette hat er das Wesentliche bewahrt: die künstlerische Absicht. Er ist (wie jeder wahrhaft Schaffende) immer auf dem Wege. Er ruht nicht aus, er blickt nicht zurück, er wiederholt sich nicht. Oft führt der Weg in die Irre (*Gelbe Jacke*), oft wird er vom Publikum mißverstanden (*Endlich allein!*). Doch ein oder das andere Mal führt er zu einer neuen Form, durchbricht die Schablone und wirkt dauernd, erneuernd, befruchtend. Wie er mit der *Lustigen Witwe* die Komödien-Operette schuf, so hat er in *Clo-Clo* vielleicht das Urbild eines neuen

Genres, der Lustspieloperette wahrhaft geschaffen"[686] – also genau das, was er mit ihm beim *Sterngucker* selbst schon versucht hatte. Dass Löhner-Beda einige Jahre später Lehárs Irrweg *Die gelbe Jacke* und das Missverständnis *Endlich allein* korrigieren würde, entbehrt nicht der Ironie.

Auch die übrige Presse war positiv überrascht, am meisten jedoch von Lehárs ganz eigener Weise, die neuen Rhythmen zeitgenössischer Tänze mit den Klangfarben eines klassischen Orchester zu kombinieren. So wird der sinnliche Blues „Pflücke die Rose dir" von Celesta und Banjo begleitet oder das „Olé-Olá-Olé"-Shimmy-Ensemble von Klarinette und Saxophon, erstmals bei Lehár im Einsatz. Auch gibt es eine Vielzahl ironischer Effekte wie die Parodie eines Grammophons zu Beginn des rhythmisch pikanten Duetts „Kinder, es ist keine Sünde" oder die komponierte Klavierstunde, die mit einer C-Dur-Tonleiter anfängt und mit einem Onestepp endet. „Eigentlich musizieren zwei Lehare, von denen jeder wer ist: Ein Lehar, der Konzessionsmusik, und der andre, der Musik macht. Feine Spielopernmusik. Und dieser zweite Lehar (uns der liebere) prickelt diesmal französisch", schwärmte Ernst Decsey, dessen Biographie über Lehár kurz darauf erscheinen wird. „Der Musikant, der ein bißchen für die Unsterblichkeit komponiert ... Dann der Konzessionsmusiker. Der Aufpulverer lahm gewordener Operettenrhythmik ... Dem rhythmischen Amerikanismus ist Lehar längst entgegengegangen, wahrscheinlich unbewußt. Diese Marke kommt schon im ‚Blauen Himmelbett' aus *Frasquita* ..."[687] Und selbst Kálmáns künftiger Biograph Julius Bistron mochte da nicht nachstehen: „Und das ist eben das Wunder: Lehar, der Schöpfer der großen Operette, ist zurückgekehrt zu einer einfachen, liebenswürdigen Form und damit zu jener Art der Operette, die ihm einst die Welt erobert hat ... Wie die große Oper unserer Zeit zur Einfachheit der Mittel zurückkehrt, so tut auch nun die Operette jenen scheinbaren Schritt zurück, der eigentlich nur nach vorwärts führt, indem so eine neue Art eines spielerischen musikalischen Genres entsteht. Lehar ist es vorbehalten gewesen, auch in dieser neuen Bewegung die Führung an sich zu reißen und den Pulsschlag seiner *Lustigen Witwe* und des *Grafen von Luxemburg* in die neue Zeit zu übertragen."[688]

Solch einhellig begeisterte Kritiken hatte der Komponist schon lange nicht mehr erhalten, aber auch das Publikum der Uraufführung war enthusiasmiert: „Aus dem großem Premieren-Hallo rang sich der Unisono-Ruf: ‚Lehar' durch. Der Meister erschien mit seinem berühmten Lehar-Lächeln, das zur Hälfte Berufs-, zur Hälfte Erfolgslächeln ist."[689]

„Rückkehr zur typischen, lustigen Operette"

Das Krisenjahr 1923 schien überwunden. Am 30. Mai 1924 schrieb Lehár begeistert an Hubert Marischka, dem er bei dieser Gelegenheit gleich die Hauptrolle seiner nächsten Operette anbot: „Hochverehrter Freund! ... Die Arbeit *Paganini* füllt den ganzen Sommer und Herbst aus. Am 12. September dirigiere ich die *Cloclo* im Teatro Lirico in Mailand und fahre ich nach New-York um dort die *Cloclo* herauszubringen. Schon jetzt liegen Anträge vor, dass ich dort eine echt amerikanische Operette schreiben soll."[690] Am Tag darauf wurde *Cloclo* im Bürgertheater abgesetzt, während *Die Gräfin Mariza* im Theater an der Wien noch immer vor vollen Häusern lief. Marischka hatte also wenig Grund, seine Meinung zu ändern. Trotzdem war *Cloclo* für die nächste Spielzeit bereits von 64 Bühnen angenommen worden, wie der Drei Masken Verlag stolz verkündete. Und aus Mailand schrieb Lehár: „Es war ein grandioser Erfolg. Bis jetzt haben *Cloclo* 15 italienische Compagnien erworben ... Am 11. November dirigiere ich *Cloclo* in Berlin am Berliner Theater. Für Berlin habe ich noch 2 starke Nummern komponiert."[691] Es waren dies das später populär gewordene Lied „Komm, die Nacht gehört der Sünde!" und der Foxtrott „Wenn man der Polizei ein Schnippchen schlägt".

Diese Version wiederum war Grundlage der englischen Fassung von Harry Graham und Douglas Furber, die am 9. Juni 1925 im Londoner Shaftesbury Theatre herauskam. Um fünf Einlagen von Max Darewski und Harry Rosenthal ergänzt, brachte sie es auf lediglich 95 Vorstellungen. Lehár war entsetzt, wie er dem Theatermanager J. Fenston schrieb, der kurz darauf sechs Einlagen für seine Londoner Produktion von *Wo die Lerche singt* verlangte: „Sie können doch nicht 6 Nummern bestellen, so wie man 6 Paar Stiefel bestellt. *Frasquita* hat man mir zugrunde gerichtet in London. In *Cloclo* hat man Einlagen von fremden Musikern benützt, die der Verleger ... nicht einmal drucken lässt, weil sie vom Publikum nicht verlangt werden. Dafür schmeißt man meine eigene Musik hinaus! Ist das nicht blöd?"[692] Dennoch zahlte Louis Dreyfus, zusammen mit seinem Bruder Max der wichtigste Musikverleger der USA, Lehár für die amerikanischen Aufführungsrechte einen stattlichen Vorschuss in Höhe von 1.500 US-Dollar und bestellte bei ihm gleich noch eine „echte amerikanische Operette", ohne dass *Cloclo* jemals am Broadway gespielt wurde.

Dafür gab es in Wien am 5. September 1925 im Johann-Strauß-Theater eine zweite Produktion der Operette, war doch Lehár mit der ersten gar nicht zufrieden gewesen. Seinem Londoner Agenten hatte er geschrieben: „Wie Sie in Wien gewesen sind und sich *Cloclo* angehört haben, müssen Sie von der Operette keinen günstigen Eindruck gewonnen haben. Wir hatten zwei erste

Künstler, aber die Direktion ist uns alles andere schuldig geblieben. Dekorationen und Kostüme waren einfach schauderhaft und das Ganze war keine Operette."[693] Die Operette hatte jetzt auch offiziell ihren Bindestrich im Titel, und eine komplett neue Besetzung: Gisela Kolbe übernahm die Titelrolle, Max Brod ersetzte Tautenhayn und Pepi Kramer-Glöckner Gisela Werbezirk. Decsey atmete auf, denn für ihn war die Uraufführung „von der genialen Werbezirk erdrückt" worden. „Die überhaupt alles erdrückte."[694] Sonst war wenig verändert, statt Cloclo sang der Tenor den Blues, außerdem die Berliner Einlage „Komm, die Nacht gehört der Sünde!" und es gab ein neues Duett der beiden „Mein Schatz, ich weiß von dir viel wundersame Dinge." Diese *Clo-Clo* mit Bindestrich wurde allerdings nie gedruckt, genauso wenig wie die nur mit einem neuen Titel versehene letzte Fassung *Lolotte*.

Doch nicht nur künstlerisch leitete *Cloclo* eine neue Ära ein. Noch vor der Uraufführung hatte der Komponist am 20. Februar 1924 in kleinem Rahmen seine langjährige Lebensgefährtin Sophie Meth geheiratet. Die Hochzeitsreise führte nach Italien, wo Lehár ein letztes Mal Puccini besuchte, der seinem „amico Franz" bestätigte, er habe seine „letzte Partitur ... mit allerhöchstem Genuß studiert."[695] In Rom dirigierte er die 100. Aufführung von *Frasquita* im Teatro Eliseo und wurde am 25. März zusammen mit seinem Verleger Tomaso Mauro von Benito Mussolini zur Audienz empfangen, über die auch die Wiener Presse ausführlich berichtete. In einer Karikatur werden dem „Presidente del Consiglio" die prophetischen Worte in den Mund gelegt: „Carissimo maestro, da Sie mit der *Gelben Jacke* so großen Erfolg hatten, sollten Sie jetzt eine Operette *Das schwarze Hemd* schreiben."[696] Lehár selbst äußerte sich in der italienische Presse beeindruckt: „Sono entusiasta di Benito Mussolini, il quale ha ... promesso di assistere alle mie prossime nuove rappresentazioni operettistiche. Mi ha cortesemente chieste notizie sui miei lavori ed egli ha approvato il mio proposito di scrivere oltre il *Paganini* – che svolgerà un trama allegra ed artistica sulla vita del grandissimo Violinista – un'altra operetta di ambiente e di carattere italiano."[697]

Gemeint ist wahrscheinlich *Luna Park*, das nächste Pasticcio-Projekt des umtriebigen Mailänder Impresarios Carlo Lombardo, über das Lehár alles andere als glücklich war, wie er an ihn schrieb: „Sie schreiben, dass Sie fast den ganzen *Frühling* benützt haben, weiter 2 Nummern aus *Peter und Paul*, 4 Nummern aus dem *Sterngucker* (Wiener Fassung). Ist das wirklich der Fall, dann hab ich's mit 7 Textautoren zu tun ... *Luna Park* hat für mich gar keinen Wert, weil *Peter und Paul* auf vielen Bühnen aufgeführt wurde und der *Frühling* für viele Länder bereits verkauft wurde. Sie sehen, da können noch sehr unangenehme Dinge herauswachsen."[698] Gut einen Monat später sagte er Lombardo endgültig ab: „Wenn Sie ein gutes Buch haben und ich die Empfindung habe, dass es mir liegt, dann bin ich nicht abgeneigt eine ganz neue Operette mit Ihnen zu machen mit ehrlicher Tantiemenverteilung wie die Verträge normal lauten. Vorderhand habe ich aber die dringende Bitte an Sie zu richten, meinen Namen und meine Musik nicht mit *Luna Park* in Verbindung zu bringen. Dann bleiben wir die alten Freunde."[699]

Richard Tauber

Erst Mitte Juli 1924 konnte sich Lehár in Ischl wieder *Paganini* widmen. Die meisten Nummern hatte er schon im Vorjahr skizziert. Wie bei ihren bisherigen Aufenthalten hatte seine frisch vermählte Frau die Mission, „ihm die Misshelligkeiten des Tages fernzuhalten und dafür zu sorgen, dass er ordentlich isst. Ich lasse ihm seine geliebten ungarischen Speisen kochen, höre die neuesten Melodien an, die er eben erst komponiert hat, empfange gute Freunde und schicke fremde Menschen fort. Im Grunde sind doch alle diese Männer, die nur von ihrem schöpferischen Geiste erfüllt sind, große Babys."[700]

Ihr Mann hatte für den Sommer Richard Tauber in seine Ischler Villa eingeladen, um mit ihm an der neuen Operette zu arbeiten. Der Sänger berichtete, wie er eines Abends zu vorgerückter Stunde nach Hause kam und in Lehárs Arbeitszimmer noch Licht brennen sah: „Ich denke: ‚Nanu, Franzl, noch bei der Arbeit?', schleiche mich leise die Treppe hinauf und lausche, und es tönte leise eine wunderschöne Melodie an mein Ohr. Schnell trete ich in das Zimmer, um zu erfahren, wo diese reizende, sofort ins Ohr gehende Melodie vorkommen soll, das heißt ob im Finale oder in einem Duett, oder – wehe dir, Franzl – sollte sie gar der Sängerin gehören?! Kaum erblickte mich Lehár, so winkte er mir lebhaft zu und rief: ‚Du, Richard, eben habe ich ein Lied für dich fertiggestellt.' Und nun kommt der Augenblick, der für mich immer unvergeßlich bleiben wird: Lehár zeigt auf sein vor ihm liegendes Skizzenbuch und bittet mich, leise die Melodie mitzusingen, die da aufgezeichnet steht: ‚Gern hab' ich die Frau'n geküßt'. Ich tat es und war von diesem Augenblick an so stark im Bann des Liedes, das ich sozusagen noch ‚warm aus dem Ofen' zum Klingen brachte, daß wir noch gute zwei Stunden – Zeit und Ort vergessend – mit der Ausfeilung dieses Liedes verbrachten. Immer wieder mußte mir Lehár diese oder jene Stelle vorspielen, immer wieder versuchte ich die beste gesangliche Wirkung herauszufinden … So standen zum Beispiel im Mittelsatz drei Takte, die erst eine andere Melodie in Führung hatten, aber auf meine Bitte und mehrmaliges Vorsingen änderte Lehár diese Takte in die heute bestehende Form um. Auch wurden in dieser Nacht die drei verschiedenen Schlüsse für die da capi von mir erfunden und in seinem Skizzenbuch vermerkt. Diese Schnörkel und Schlußkadenzen sind meine ureigensten ‚Erfindungen' ... und zwar verwendete ich sie zum ersten Male ... in Lehárs Lied vom ‚Blauen Himmelbett'."[701]

Es war der Beginn einer für das 20. Jahrhundert ungewöhnlich intensiven Kooperation von Komponist und Sänger. Lehár hatte den Interpreten gefunden, der ihm immer als Ideal vorgeschwebt haben mochte, Tauber den Komponisten, der seine besonderen Qualitäten zum Klingen brachte – vor allem im so genannten „Tauberlied", jenem Tenorschlager in Rondoform, der fortan im zweiten Akt jeder Lehár-Operette zu finden war. Seit er in *Paganini* „Gern hab ich die Frau'n geküsst" fünfmal hatte wiederholen müssen, standen die Dacapos im Mittelpunkt eines Rituals, das der Sänger mit seinem Publikum zelebrierte, indem er durch die jeweils verschiedenen, von ihm erfundenen „Schlusskadenzen" einen Moment des Improvisierten, des scheinbar Authentischen herstellte. Und genau das reizte den Operntenor, der für seine Seitensprünge mit der Operette schon bei *Frasquita* kritisiert worden war. Seine Antwort: „Weshalb sollte ich, der Mozart singt, eine schöne Melodie bloß deshalb nicht singen dürfen, weil sie von einem so eminenten und in seiner Art sicher genialen Musiker wie Lehar geschrieben wurde? ... der musikalische Einfall entzückt mich als solcher und ich kann nicht erst hochnotpeinliche Untersuchungen anstellen, ob es für mich standesgemäßer wäre, in einer langweiligen und talent-verlassenen Oper aufzutreten und, beispielsweise, einen Lehar zu ignorieren, weil er Operetten schreibt. Schließlich trete ich ja nicht als Komiker, sondern als Sänger in einer mich musikalisch fesselnden Partie auf. Ich rutsche dabei weder ein Stiegengeländer hinunter noch tanze ich Shimmy. Ich singe ganz einfach die schöne Melodie eines absolut ernstzunehmenden Komponisten ... Das ‚Standesbewußtsein' aber, das Operetten prinzipiell ablehnen zu müssen glaubt, überlasse ich anderen."[702]

Wie groß die Kluft zwischen den Genres damals war, zeigt allein die Tatsache, dass jedes Stadttheater neben dem Opernensemble ein eigenes Operettenensemble hatte. Ein Operettentenor war kein Operntenor und umgekehrt, weshalb der Uraufführungs-Danilo Louis Treumann dem Komponisten einst geschrieben hatte: „Die wollen, dass ich den Joszi in der *Zigeunerliebe* singe. Fällt mir nicht im Traum ein, bin ich der Caruso?"[703] Seinen Caruso fand Lehár schließlich in Richard Tauber. Und Taubers erste Lehár-Rolle war tatsächlich der Jószi aus *Zigeunerliebe* am 2. August 1921 in seiner Geburtsstadt Linz. Aber erst nach *Frasquita* im Jahr darauf war er auf den Geschmack gekommen und übernahm 1923 in Bruno Granichstaedtens *Bacchusnacht* Marischkas Rolle als Nero sowie den Herzog in Erich Wolfgang Korngolds Neufassung von *Eine*

Nacht in Venedig. Die erste Operettenrolle, die Tauber kreierte war der Victorian Silvius in den *Perlen der Kleopatra* von Oscar Straus, zum einzigen Mal als Partner der großen Fritzi Massary. 1924 folgte noch Ralph Benatzkys *Ein Märchen aus Florenz*, ohne dass er darin allerdings eine vergleichbare Wirkung erzielt hätte wie später in Lehárs *Paganini*.

Einwände seriöserer Zeitgenossen begegnete der Tenor seitdem: „Erlauben Sie! Was heißt denn bloß Operette? Ich singe nicht Operette, sondern Lehár. Das ist etwas ganz Anderes und bestimmt etwas ganz Musikalisches und Schönes"[704]. Aber es gab noch zwei weitere Gründe. Einen handfesten, den er Lehár ins Gästebuch schrieb: „Ich bin von Kopf bis Fuß auf Lehár eingestellt, dafür krieg' ich mein Geld, für sonst gar nichts"[705] und einen ästhetischen: man könne nämlich nicht ausschließlich 800 Mal die *Carmen* und 900 Mal die *Traviata* singen, sondern brauche neue Aufgaben. „Zeigen Sie mir doch die Oper, in der man noch wirklich gut und schön singen kann. Ich sage nichts gegen Puccini, nicht gegen Strauß und diejenigen, die echte Kunstmusik schreiben, aber von den ‚Modernen' mit ihrer phantastischen atonalen Musik will ich nichts wissen."[706] Eine zeittypische Haltung, die ihm der Opernkomponist Franz Schreker persönlich übelnahm, hatte er Tauber doch im Dresdner *Fernen Klang* schätzen gelernt. „Welche Freude, welcher Segen für einen armen, modernen Opernkomponisten! Aber er ließ uns schnöde im Stich. Ich kann ihm das nicht verzeihen, und ... bin im Grunde des Herzens doch ehrlich böse auf ihn."[707] Kollegin Lotte Lehmann ging es damit ähnlich, doch gestand sie trotz aller Opernskrupel, dass sie „ihn aber um ... ja, um ... nun, um die Operettenhonorare doch ein wenig beneide."[708]

„Clewing in Wien, Tauber in Berlin! Mehr kann man nicht wünschen."

„Ich bin im Gegensatz zu all meinen früheren Kompositionen an keinen Termin gebunden", ließ Lehar im Oktober 1924 über sein neues Werk verlauten. „Es ist bis zum Finale des dritten Akts fertig komponiert und harrt nur noch der Instrumentierung."[709] Nachdem er den Klavierauszug am 22. Mai 1925 dem Stecher übergeben hatte, verbrachte er den Sommer in Ischl relativ entspannt mit der Instrumentation des *Paganini*, mit der er freilich erst am 18. August begann. Vorher hatte er sich noch mit *Gigolette* beschäftigt, einer nach seinem mittlerweile berühmt gewordenen Foxtrott benannten Varieté-Dame. Um sie dreht sich die gleichnamige Operette, für die Carlo Lombardo, wie von Lehár im Jahr zuvor gewünscht, ein neues Buch geschrieben hatte. Koautor war der

20   Richard Tauber mit *Paganini*-Klavierauszug und Franz Lehár auf dem Balkon dessen Ischler Villa, 1925

Puccini-Librettist Giovacchino Forzano. Doch wie bei *La danza delle libellule* kam es zu Komplikationen, da Lombardo die zweite Rate des Honorars schuldig geblieben war und Lehár ihm schließlich nach über einjährigem Hinhalten die Zusammenarbeit aufkündigte: „Jetzt bin ich nicht mehr gewillt, mich länger zum Narren halten zu lassen … Das macht nichts. Ich … habe ganz umsonst gearbeitet. Auch das macht nichts. Die 9 Nummern sind wieder mein Eigentum und alles ist in Ordnung … Ich will nichts mehr mit der Sache zu tun haben. Man soll mich nur in Ruhe lassen, mehr verlange ich nicht. Auf eines mache ich Sie aufmerksam: Man soll nichts unternehmen was mir oder meinem Namen schaden könnte, sonst wäre ich gezwungen mich in die Öffentlichkeit zu

"Clewing in Wien, Tauber in Berlin! Mehr kann man nicht wünschen." 247

21 *Eine wollüstig hingebende Gruppe ..."*
Titelblatt des Klavierauszugs *Paganini*, 1925

22 Sophie und Franz Lehár um 1925

flüchten und die ganze Korrespondenz (ich habe ja alles kopiert) Herrn Cesare Castelli zur Wahrung meiner Interessen zu übergeben. Wir wollen gute Freunde bleiben, aber die *Gigolette*-Angelegenheit ist für mich ein für allemal erledigt."[710] Trotzdem kam es am 30. Dezember 1926 zur Uraufführung im Mailänder Teatro Lirico, in der auch Ausschnitte aus bisher in Italien nicht gespielten Lehár-Werken erklangen. So hieß „Wenn zwei sich lieben" aus dem *Rastelbinder* hier „O Gigolette! O Gigolette! pure al tuo core l'amore." Der Komponist war entsetzt, das Werk durfte außerhalb Italiens nicht aufgeführt werden.

Lehárs größte Aufmerksamkeit galt indessen der Suche nach einer geeigneten Uraufführungsbühne für *Paganini*. Die Dresdener Staatsoper war interessiert, nicht zuletzt wegen des einstigen Ensemblemitglieds Richard Tauber in der Titelrolle. Der wiederum war auch Lehárs Wunschbesetzung, stand aber erst ab Januar 1926 zur Verfügung und wegen einer Berliner Aufführung mit Heinz Saltenburg, dem Direktor des Deutschen Künstler-Theaters, in Kontakt. Lehár, der sich eine Uraufführung außerhalb Wiens noch immer nur schwer vorstellen konnte, trug die Operette deshalb noch einmal Hubert Marischka an. Nach dessen Absage meldete sich schließlich Erich Müller vom Johann-Strauß-Theater mit der Zusicherung einer Premiere noch im Oktober. Auf Saltenburgs Ansinnen, schon im Juli herauszukommen, reagierte Lehár telegraphisch und lapidar: „Als Sommeroperette ausgeschlossen. Gruß Lehár". Saltenburg antwortete am 13. Juni: „Ich wollte lediglich Sie bitten, bevor Sie das Stück anderweitig fort geben, mich davon zu verständigen. Ich würde Sie bitten, jetzt schon mit mir Vertrag zu machen ... Ich bin übrigens zweite Hälfte Juli in Ischl, hoffe, Sie dort zu sehen und zu sprechen."[711]

Am 22. Juli meldete sich der frisch verliebte Tauber aus Sils-Maria, wo er mit seiner künftigen Frau Carlotta Vanconti weilte: „Lieber Franz! Lese heute in der BZ über Ischl und Paganini!! Suche niemanden!!!!!!!!!!!!! Ich singe Dir den Paganini!! Es ist ein Herzenswunsch von mir!! Stehe Dir nach wie vor vom Januar, Februar, März, April zur Verfügung!! – Man soll auch erst einmal mit mir unterhandeln bevor man einfach sagt ich sei zu ‚teuer'! – Kommen in den nächsten 14 Tagen ... nach Ischl zu Dir!!" Lehár hatte inzwischen diverse Optionen im Auge: „Lieber guter Freund! Herzlichen Dank für Deine frohe Botschaft! Nun heißt es aber einen Plan entwerfen. Wir müssen verschiedene Eventualitäten ins Auge fassen. Direktor Müller (Strausstheater) will und muß den *Paganini* im Oktober herausbringen. Was machen wir da? Er muß doch eine Novität herausbringen. Mit Berlin ließe sich's glänzend machen! Dir. Saltenburg Künstlertheater ist derzeit in Ischl. Er beginnt mit der Massary, die die Hauptrolle in einer Oskar Straus Operette gibt. Zu Weihnachten, resp. im Jänner, möchte er den *Paganini* herausbringen. Er läßt Dich herzlich grüßen und möchte mit Dir darüber unterhandeln. Er hat den *Paganini* derzeit noch nicht. Die Massary ist da nicht mehr da – so daß alles nach Deinen Wünschen geregelt werden könnte. Ich will alles daran setzen, dass Du den Paganini singst! Vielleicht auch noch vorher in Wien? Oder vielleicht Dresden in der Staatsoper? Du mußt mir Dein ganzes Programm mitteilen – findet sich nicht doch noch irgend ein Ausweg? Schreibe mir postwendend. Viele Grüsse an Deine Gattin"[712], die damals zwar noch nicht Taubers „Gattin" war, mit der er aber in Sils-Maria die Flitterwochen vorwegzunehmen schien.

Tauber kam daher erst am 25. August nach Ischl, nachdem er auch noch bei den Münchner Opernfestspielen Mozart gesungen hatte. Einen Tag später konnte der Komponist seinem Verleger Ernst Engel Vollzug melden, hatte er sich doch inzwischen mit Tauber geeinigt und als dessen Ersatz für Wien den Wagner-Sänger Carl Clewing ins Auge gefasst: „Wenn Clewing die Rolle gefällt, woran ich nicht zweifle, ist die Sensation auch für Wien da … Tauber kann Ende Dezember auftreten. Seine Bedingungen sind mäßig, denn er erhält jetzt 1500 M. pro Abend in Berlin, wo er Sonntag (Adlon) eintrifft … Er will in *Paganini* 50 mal auftreten und verlangt 800 M. pro Vorstellung. Clewing in Wien, Tauber in Berlin! Mehr kann man nicht wünschen."[713] Lehárs Wunsch ging in Erfüllung und Carl Clewing sagte zu, auch das eine kleine Sensation: 1924 noch Parsifal in Bayreuth, ein Jahr später Lehárs Paganini!

Nun mussten nur noch die finanziellen Rahmenbedingungen geklärt werden, über deren Zustandekommen Lehárs Brief an Tauber vom 21. September so einiges verrät: „Lieber Freund Richard! … An den Buchautoren-Anteilen sind vier Herren beteiligt: Knepler, Welleminsky, Jenbach und Wögerer. Alle vier Herren sind in wirtschaftlich schlechten Verhältnissen zum Teil auch darum, weil viele Theaterdirektoren die Tantiemen einfach schuldig geblieben sind. Wir kommen den Theaterdirektoren entgegen, wenn sie ganz große und teure Künstler engagieren. Saltenburg zahlt bei *Teresina* 8 % wegen der Massary. Bei *Paganini* : 8 % wegen Dir und Vera Schwarz. Ansonsten wurden 10 % gezahlt – oder schuldig geblieben … Ich hoffe, dass Du den *Paganini* gerne singen wirst und was Dein Bild fürs Titelblatt anbelangt, werden wir ja alles tun, was du wünscht – ist es doch in unserem Interesse, dass man viel von Dir spricht. Lass aber bloß die Wiener Uraufführung vorüber gehen. Clewing singt in Wien den *Paganini* und es wäre ja eine große Kränkung für ihn, wenn in Wien Noten mit Deinem Bild erscheinen würden, bevor Du es gesungen hast!! Geh, sei lieb und hab'ein Einsehen mit uns. Ich instrumentiere jetzt Tag und Nacht. Oft schreibe ich bis 5 Uhr früh. Ich bin schon ganz heruntergekommen. Lieber Richard! Das Lied „Gern hab'ich die Frau'n geküsst" ist Dir gewidmet … Hast Du schon für Odeon gesungen? Also herzlichst Dein allzeit getreuer Lehár"[714]

„Das Beste, was Lehár bisher geschrieben" – Paganini

Am 21. Oktober 1925 sang Tauber dann für Odeon vier Nummern aus *Paganini*, darunter kurioserweise auch das Buffoduett „Einmal möcht' ich was Närrisches tun" mit Carlotta Vanconti. Fünf Tage später beendete Lehár die Partitur um „½11 Abend"[715]. Und am 30. Oktober war die Uraufführung, „ein rauschendes Fest"[716] – und nicht einer der berühmten „Premieren-Durchfälle", wie Lehárs Biograph Bernard Grun behauptet hatte. Grun führte diesen „Durchfall" als Begründung seiner schönen Legende an, dass Saltenburg deshalb von seinem Vertrag zurücktreten wollte und Lehár daraufhin das Bühnenschiedsgericht anrief. Lehár habe nach dessen Schiedsspruch sogar „auf seine Tantiemen, Tauber auf seine halbe Gage"[717] verzichtet, nur um die ersehnte Berliner Aufführung zu ermöglichen und damit *Paganini* doch noch zu retten. Das war allerdings gar nicht nötig, denn die Wiener Premiere wurde, wie Ludwig Hirschfeld berichtete, „zur beträchtlich rauschenden und herzlichen Lehar-Feier. Sie war verdient, denn den großen Erfolg des Abends entzündete vor allem seine Musik. Die Wiederholungen, die Hervorrufe, die Blumengaben waren nicht zu zählen. Der wirkliche Paganini kann nicht heftiger bejubelt worden sein."[718]

Zwar stieß Clewings Darstellung des Teufelsgeigers durchaus auf Vorbehalte und im *Illustrierten Wiener Extrablatt* wurde sogar „der junger Treumann" ins Spiel gebracht: „er hätte am Ende die nötige Dämonie besessen, die Herr Clewing nicht besitzt. Er ersetzt sie durch eine altmodisch anmutende Pathetik. Er schreitet, er rollt die Augen, ‚arbeitet' mit den Brauen." Doch wurde seine Partnerin Emmy Kosáry, einst Kálmáns erste Budapester Cárdásfürstin und Lehárs erste Lerche, in den höchsten Tönen gelobt: „die erste – wirklich die erste, zugleich die beste Operettensängerin, die es gibt, die sich überhaupt denken läßt. Vornehmheit gepaart mit Freiheit und Leichtigkeit des Spieles, höchste Gesangskultur, feenhafte Toiletten, die sie ebenso feenhaft zu tragen weiß, ein unvergleichlicher weiblicher Charme ..." Kosary war es auch zu verdanken, dass das Slow-Fox-Duett im zweiten Akt „der große, der ganz große Schlager" wurde: „Kein Reißer – im Gegenteil: eine der anmutigsten, zartesten dabei hinreißendsten Nummern, die Lehár je geschrieben hat."[719]

Dieses Duett wurde von Lehár erst während der Proben anstelle eines Walzerduetts eingefügt und laut Decseys Lehár-Biographie von Jenbach spät nachts mit folgendem Text-Schimmel unterlegt: „Juden essen gerne fett, Tralalala, möchte in's Bett ...' Kurz darauf entschlüpften dieser Hülle die nachher oft zitierten eleganten Worte: ‚Niemand liebt dich so wie ich, bin auf der Welt nur für dich'."[720] Das Duett musste zweimal wiederholt werden, ebenso das spätere Tauberlied „Gern hab' ich die Frau'n geküsst", dem Ludwig Ullmann voraussagte:

„Diese flüsterleise Belcantomusik wird um die Welt flüstern, wie die berühmte kleine Arietta aus *Frasquita* ... Zweifellos: Daß der Unterschied zur komischen Oper traurig-kosenden Lied-Stils kaum mehr besteht. Daß diese Partitur kaum eine Konzession mehr macht, das überläßt sie dem Libretto"[721]. Das kam freilich in allen Wiener Kritiken schlecht weg, doch die Musik machte alles wett, ihr – in Decseys treffenden Worten – „erotisches Bekennen, das den sündhaft schönen Reiz des Ganzen und den Stil dieser Künstleroperette ausmacht ... das Beste, was Lehár bisher geschrieben."[722]

Dass Lehár mit *Paganini* einen neuen Operettentypus geschaffen hatte, war nicht zu überhören. Dass er damit die Gattungsgrenzen überschritt, nahm er von nun an gerne in Kauf. „Ach, Name ist Schall und Rauch. Sagen wir: die Spieloperette, das Liederspiel oder die Liebesspieloperette, wie Sie wollen", äußerte er dazu 1930. Worauf der Interviewer antwortete: „Mit einem Wort: das Lehár-Genre!"[723] Und dieses Genre wäre am ehesten als Lyrische Operette zu beschreiben, denn anders als in den Tanzoperetten seiner Anfänge sind es nicht mehr die Tänze, sondern die lyrischen Momente, um die Lehárs Musikdramaturgie kreist. Damit löst sich die Musik zunehmend von der Handlung: die Protagonisten stehen ihrer Umwelt lyrisch entfremdet gegenüber, ihre Lieder werden unabhängig von der szenischen Situation und zu den eigentlichen Höhepunkten des „Liederspiels" Lyrische Operette. Schon in der Generalprobenpause von *Frasquita* hatte der Komponist den Kritiker Julius Stern zur Seite genommen und mit entwaffnender Naivität gesagt: „Ich weiß ... Sie werden mir wieder vorwerfen ... das sei überhaupt keine Operette mehr! Ich möchte Sie aber bitten, meinen persönlichen Standpunkt zu betrachten. Ich habe einfach ein Buch komponiert, das mich musikalisch anregte ... Wenn die Direktion des Theaters an der Wien ... aus Geschäftsrücksichten daraufschreiben ‚Operette von Lehar', so ist das die Sache des Direktors Karczag, aber nicht die meine."[724] Und so hat Kálmán-Biograph Julius Bistron durchaus recht, wenn er zu Beginn seiner *Paganini*-Rezension feststellt: „Seit einer beträchtlichen Reihe von Jahren ist Franz Lehar auf der Suche nach einer Form der Opernoperette. Seine vorletzten fünf oder sechs Werke zeigen ihn auf allerhand Wegen und Abwegen, ohne daß er jemals ganz das erreicht hätte, was ihm in seiner reichen Phantasie vorgeschwebt haben mag. Irgendwie scheint er nun an dem Ziel, dem er zustrebte, angelangt zu sein."[725]

„Der Knopf aufgegangen"

„Dank Dir, heut' bin ich zum zweiten Male auf die Welt gekommen", soll Franz Lehár nach der Berliner Premiere des *Paganini* am 30. Januar 1926 Tauber gestanden haben. „Die dicken Tränen liefen ihm über die Wangen."[726] Das behauptete zumindest Bernard Grun und strickte damit an der durch die Saltenburg-Episode vorbereiteten Legende weiter, der zufolge die Operette erst durch Tauber zum Erfolg geworden sei. Dabei feierte *Paganini* in Wien wenige Tage später bereits die 100. Vorstellung und auch die italienische Erstaufführung am 7. November 1925 im Mailänder Teatro dal Verme war ein solcher Triumph, dass das ganze zweite Finale Da capo gegeben werden musste.[727] In Berlin hingegen war es „Gern hab'ich die Frau'n geküßt", das zur Wiederholung verlangt wurde. Tauber sang es gleich fünfmal hintereinander: „Mal laut. Mal leise. Mal wie ein Echo. Hingehaucht. Perdendosi. Mit kleinen Verzierungen und Kadenzen, dass das Publikum außer sich gerät", wie Berlins Operettenpabst Erich Urban staunte. Es war der Beginn jenes Da-capo-Rituals, das der Sänger seitdem bei jeder Vorstellung mit seinem Publikum zelebrierte – ein performativer Moment der Intimität und des Improvisierten, in dem der Sänger aus seiner Rolle schlüpft und auf die Zuschauer zugeht „wie in einem schönen Konzert." Urban hatte auch die Wiener Aufführung gesehen und „die größte Verbesserung" schien ihm „die, daß der Berliner Paganini – Richard Tauber – darauf verzichtet, Paganini zu sein ... Er ist irgendein liebenswürdiger junger Mann, der ausgezeichnet Geige spielt, die Frauen bezaubert und zufällig Paganini heißt. Er könnte auch Vása Prihoda sein."[728] Aber es drehte sich nicht alles um Tauber. Für Ernst Petersen vom *Berliner Lokalanzeiger* war er nur „ein ebenbürtiger Partner" für Vera Schwarz, die wie er von der Oper kam: „Stimme, Sanges- und Darstellungsweise einten sich mit ihrer blendende Erscheinung zu einem formvollendeten, künstlerischen Ganzen, das die Hörer zu immer erneutem Beifall hinriß." Im Mittelpunkt stand aber auch in Berlin der Komponist: „Es ist das Beste, was wir bisher vom Meister Lehár gehört haben."[729]

Nur das Libretto kam in Berlin noch schlechter weg als in Wien. Dafür wurde Lehárs Mut gelobt, „unzeitgenössisch zu sein" und „mit der Mode des Tages nichts gemein haben" zu wollen, und das hieß für die Operette vor allem, Revue und Jazz aus dem Weg zu gehen. Bei seinem Kollegen Eduard Künneke, der Ähnliches versucht hatte, „hat sich die Mode als stärker erwiesen, und es bleibt nunmehr abzuwarten, ob es Lehár gelingen wird, sie auf die Knie zu zwingen", wie die Zeitung *Der Tag* irrtümlich spekulierte. Die Frage war nämlich vielmehr, ob die Mode sich ändern würde und Lehárs seismographisches Gespür dafür noch immer funktionierte. Die Berliner *Paganini*-Premiere schien das zu bestätigen: „Der stürmische Beifall des ganzen Hauses umrauschte den Komponisten, der von Vera Schwarz und Richard Tauber flankiert, nach dem zweiten und dritten Akt an die Dutzendmals vor den Vorhang mußte."[730]

Ungewöhnlich genug hatte Lehár nicht selbst dirigiert, sondern Hauskapellmeister Ernst Hauke, da Direktor Saltenburg offenbar nicht bereit war, für Lehárs Dirigat ein Honorar zu zahlen. Ab Ende Februar übernahm er trotzdem gelegentlich den Taktstock, so auch bei der letzten Vorstellung am 1. April 1926, über die er seinem Bruder Anton schrieb: „Es war wahrhaftig eine Jubelvorstellung und die zwei Künstler sangen wie noch nie! Generalmusikdirektor Kleiber und Leo Blech sahen sich den *Paganini* zweimal an. Vorgestern war Schreker auch da ... Meine große *Endlich Allein* Aufführung im Metropoltheater habe ich gesichert ... Der 2. Akt bleibt unverändert. Der 1. & 3. Akt wird grandios aufgemacht und moderne Tänze (aber origineller) komponiere ich noch zu. Das wird meine nächste Premiere."[731]

Bereits am 6. März 1926 hatte er einen Vertrag mit Geheimrat Fritz Paul Jentz abgeschlossen, dem Besitzer des Metropoltheaters, Berlins renommiertester Operettenbühne. Zwei Monate später schrieb er ihm, beunruhigt über Gerüchte, dass Saltenburg das Metropoltheater übernehmen wolle und „von den Autoren der *Zirkusprinzessin* eine Option bis 1. Juli erbat ... Ich habe jetzt mit *Paganini* einen unerhörten Erfolg gehabt, ich bin geladen, voll Arbeitslust und kann es kaum erwarten nach Ischl zu kommen. Sie werden aber begreifen, daß ich vorher wissen möchte, wie die Sache eigentlich steht."[732] Dann überstürzten sich Ereignisse. Lehár, der bisher ohne neues Libretto auf dem Trockenen saß, hatte „endlich zwei wunderbare Bücher (außer dem italienischen)", wie er seinem Bruder am 1. Juli schrieb. „Ich habe den größten Teil der Skizzen in 3 Tagen zu Papier gebracht. Du wirst staunen! Trotz Talent und Fleiß scheint mir jetzt erst der Knopf aufgegangen zu sein. Mehr will ich nicht verraten! Sophie ist in Ischl – ich hause ganz allein in der abgeräumten Wohnung und schreibe – schreibe darauf los!"[733] Das Metropoltheater war damit in weite Ferne gerückt und spielte dann tatsächlich Emmerich Kálmáns *Zirkusprinzessin*.

Woran aber schrieb Lehár? Mit dem italienischen Buch kann nur *Gigolette*, mit jenem, das er bereits skizziert hatte, nur sein übernächstes Werk *Friederike* gemeint sein, das andere „wunderbare Buch" aber war *Der Zarewitsch*.

„Verhemmter Frauenfeind" sucht Komponisten

Als Béla Jenbach von den Erben der 1921 verstorbenen polnischen Schriftstellerin Gabryela Zapolska eine befristete Option auf die Rechte an ihrem Stück

Der Zarewitsch erworben hatte, hatte er es auch Franz Lehár angeboten. Seine Frau hatte das Drama 1917 im Deutschen Volkstheater gesehen, wo es am Vorabend der Oktoberrevolution und mitten im Ersten Weltkrieg ein Wiener Theatererfolg gewesen war, mit Burgschauspieler Raoul Aslan prominent besetzt und von Alfred Polgar prophetisch besprochen: „In den geistigen Räumen dieses Schauspiels ist stellenweise eine Resonanz, als wäre noch irgendwas unter ihnen. Aber … drin ist doch wieder nur: ein Vakuum. Das ganze Schauspiel macht überhaupt den Eindruck, als habe man einem Kleid den zugehörigen Menschen gestohlen."[734]

Lehár hatte damals Jenbachs Angebot abgelehnt, genügte doch die keusche Titelfigur den elementarsten Anforderungen, die man gemeinhin an einen Operettenhelden zu stellen pflegte, in keinster Weise. Weder hat er gern, noch jemals „die Frau'n geküsst", von anderen Dummheiten ganz zu schweigen, die mit denselben in Verbindung mit Alkohol und tänzelnder Bewegung anzustellen wären und nicht umsonst als eigentliches Geschäft der Operette galten. Mittlerweile aber war sich Jenbach bereits mit Pietro Mascagni einig, ihm das „Textbuch mit dem Titel *Der Spielkamerad* (*Der weisse Tscherkesse*) zur Komposition einer Operette zu überlassen."[735] Nachdem Mascagni den bereits fertigen Vertrag nicht unterschrieben und Lehár noch einmal abgesagt hatte, landete Jenbachs Libretto schließlich beim Berliner Operettenkomponisten Eduard Künneke.

Doch dann geschah, was Lehár in einem Brief an Hubert Marischka folgendermaßen beschrieb: „Ich bin so glücklich ohne Vertrag gearbeitet zu haben, denn mit Vertrag hätte ich ‚fall' nicht um' den *Czarewitsch* nicht komponieren können. Jetzt ist die Situation folgende: ich komponiere eine italienische Operette. Eine zweite Operette ist fast fertig und jetzt kommt das Originelle. Du weißt, ich habe den *Czarewitsch* zweimal refüsiert. Vor einigen Tagen kam Jenbach zum dritten Mal mit dem Buch zu mir. Er kam in verzweifelter Stimmung. Die Erben der Frau Zapolska erklärten nicht mehr zuwarten zu wollen! Sein Recht, aus dem Stoff eine Operette zu machen sei verwirkt – kurz sie warten nur unter einer Bedingung – wenn ich das Werk vertone! Da nahm ich das Buch wieder zur Hand und es geschah ein Wunder. Die Einfälle überstürzten sich, ich wurde von Liebe erfasst und ich glaube – es wird eine *Lustige Witwe*. Da Dir die Figur des Czarewitsch nicht sympathisch ist, kann ja sein, dass Du das Werk gar nicht kennen lernen willst. Da ich Dir aber verspreche, Dir Gelegenheit zu geben, meine Arbeiten kennen zu lernen, so schreibe ich Dir diesen Brief. Ich will nicht haben dass Du später einmal sagen könntest, ich habe mich um das Theater an der Wien nicht gekümmert."[736]

Marischkas Antwort war eindeutig: „Glaubst du wirklich, Franz, daß mir nur ein einziger Mensch einen verhemmten Frauenfeind abnehmen würde?"[737] Es war ihm also nicht zu verdenken, dass er es weiterhin vorzog, als zwar ebenfalls russischer, aber umso tollkühnerer Mister X in Kálmáns *Zirkusprinzessin* „das Leben durch's Champagnerglas" zu betrachten. Da die Rechte für den *Zarewitsch* aber inzwischen bei Eduard Künneke lagen, bat Lehár Jenbach, unverzüglich nach Berlin zu fahren, um von ihm das Buch zurückzuerbitten. Dort erreichte er zumindest, dass ihm Künneke am 16. Juni 1926 die Erlaubnis gab, „bis zum 10. August dieses Jahres ... bei den Erben der Frau Zapolska eine Fristerstreckung" zu erwirken. „Wenn Sie keinen Aufschub von den Erben erhalten, so haben Sie das Recht, an Franz Lehar heranzutreten, damit er die Composition des *Zarewitsch* übernehme und Ihnen damit das Recht auf das Buch wahre ... Für den Fall ... bleibt Ihre absolute Bindung bestehen, daß Sie mir längstens am 10. August d. J. das Scenarium der neuen Lehar (Kalman)-Operette vorzulehen [!] und den Vorschuss von 10.000 Mk. (Zehntausend Goldmark) flüssig zu machen ... Die Erlaubnis mit Franz Lehar eventuell abzuschliessen, gebe ich Ihnen nur aus der Erwägung, daß Sie, falls die Erben Schwierigkeiten machen, das Buch für sich retten können."[738] Künneke schien nicht zu ahnen, dass Lehar bereits in den Startlöchern saß. Noch am selben Tag skizzierte er das Duett „Hab' nur dich allein" und nur drei Tage später das Wolgalied.[739]

Russisches Alt-Heidelberg - Der Zarewitsch

„Ich suche Stoffe, die schon durch sich selbst die Operettenform erweitern, und sprenge ich damit die Überlieferung, so freue ich mich dieses Vergehens. Nur durch solche Vergehen kommt man weiter"[740], definierte Franz Lehár die Kriterien der Auswahl seiner Libretti seit *Paganini*. Und im *Zarewitsch* hatte er zweifellos einen solchen Stoff gefunden. Nach dem Berliner Erfolg des *Paganini* hatte er bereits in *Die Deutsche Bühne* seine neuen Operetten mit einem beherzten Plädoyer für das Gefühl verteidigt: „Gefühl freilich steht ja augenblicklich nicht so hoch im Kurs, und nur zu oft bekommt man zu hören, das sei alles ‚falsche Sentimentalität'. Etwas Unechtes also? Das kann doch wirklich nur jemand sagen, der den Schaffensvorgang nicht kennt, nicht begreift. Den die Gestalten, die mich fesseln, werden in mit lebendig, ihr Leben, ihre Gefühle werden meine Gefühle, ihr ganzes Wesen löst sich ... in Musik auf ... Aber es könnte sein, daß Menschen, denen das Gefühl für echtes Gefühl abhanden gekommen ist, jede Gefühlsäußerung mit falscher Sentimentalität verwechseln."[741]

Der Vorwurf, Lehár habe die Träne in die Operette eingeführt, greift daher zu kurz. Die sentimentale Operette ohne Happy End gab es seit Georg Jarnos *Förster-Christl* schon 1907 und nur neun Jahre später folgte das äußerst lukrative *Dreimäderlhaus*. Als unerreichtes Muster solcher Sujets darf jedoch das Rührstück des zwanzigsten Jahrhunderts schlechthin gelten: *Altheidelberg* von Wilhelm Mayer-Förster, 1901 uraufgeführt und in den nächsten Jahrzehnten das meist aufgeführte deutsche Drama weltweit. Die Geschichte der Mesalliance eines einsamen Prinzen namens Karl-Heinz, der wie Zarewitsch Aljoscha die Frauen nicht kennt, und der Kellnerin Käthie, wie Sonja ein unbeschwertes Mädel aus dem Volk, war selbst schon Operettenstoff genug, wie Sigmund Romberg mit *The Student Prince* 1924 am Broadway unter Beweis stellte. Bereits hier hatte der Prinz eine historische Mission zu erfüllen, der das Mädel aus dem Volk nicht leichtfertig im Weg stehen will.

Auch in Zapolskas Vorlage wird ihr Opfer verklärt, aber immerhin auch politisch begründet. Nachdem ihr nämlich der Ministerpräsident auseinandergesetzt hat, welche Folgen ein Thronverzicht des Zarewitsch für Russland haben würde, bringt sie ihren Aljoscha mit folgenden Worten von der geplanten Flucht ab: „Mein Teurer, Einziger. Du weißt, ich bin ein Kind unseres – Deines Volkes ... Dieses arme Volk, das bisher vergeblich nach Freiheit gelechzt. Erfährt es nun, daß Du fort bist, daß es keinen neuen Herrscher haben wird, dann wird es sich mit Gewalt die langersehnte Freiheit erzwingen wollen. Und dann wird Blut fließen, das teure Blut meiner Brüder und Schwestern. Damit dies nicht geschehe – muß ich von Dir gehen, Aljoscha!"[742] Was dann in der Aufführung 1917 geschah, schilderte Alfred Polgar eindringlich: „Des Mädchens Herz bricht hörbar, aber als Patriotin steht's ihr dafür und einige ahnungsvolle Hinweise auf die heutigen russischen Verhältnisse zerstreuen ihre letzten schluchzenden Bedenken. Der Zarewitsch will anfangs nicht, dann aber will er doch, indes die Veteranenkapelle einen ironischen Trauermarsch spielt. Das Mädchen wankt ab, volkwärts, der Zarewitsch tritt von lebhaftem anschwellendem Rhabarber, Rhabarber empfangen auf den Balkon."[743]

Bei Lehár hingegen verschwindet der politische Hintergrund völlig. Auslöser der Handlung ist ausschließlich des Zarensohns schwer zu ergründende Abneigung gegen das weibliche Geschlecht. Aufgewachsen unter Soldaten, erfreut er sich nämlich eher an turnenden Buben als an tanzenden Damen. Ein Ludwig II. der Operette? Oder doch eher ihr Parsifal? Zwar lässt der weitere Verlauf der Handlung die Antwort weitgehend im Dunkeln, doch bleibt das in einer Operette selten angeschlagene Thema der Homosexualität durchaus virulent. Von Anfang an ein reiner Tor der Erotik, menschenscheu, zurückgezogen in eine hermetische Innenwelt, sitzt der Zarewitsch „im gold'nen Käfig drin" und bittet in seinem als Wolgalied berühmt gewordenen Gebet um himmlischen Beistand: „Du hast im Himmel viel Engel bei dir, schick doch einen davon auch zu mir." Als der Wunsch im ersten Finale märchengleich erfüllt wird, bemerkt der Zarewitsch, dass der erbetene Engel keineswegs geschlechtslos ist, was ein dramatisches Duett zur Folge hat: „Ein Weib! Ein Weib!' – Sonja: ‚Verzeih …' – Aljoscha: ‚Du wagst es! Mir!?' – Sonja: ‚Ich wage es! Dir!!' – Aljoscha: ‚Rock an und fort von hier!' – Sonja: ‚Jag' mich nicht fort … Zu deinen Füßen will ich liegen wie ein treuer Hund.' – Aljoscha: ‚Ich fürchte das große Geheimnis, das alle Frauen umgibt.'"

Dem Manne kann geholfen werden – und zwar mit einem altbewährten Operettenmittel: „Champagner ist ein Feuerwein und wer ihn trinkt, dem heizt er ein!" Der im rezitativischen Espressivo aufgeladene Schlagabtausch mündet analog dazu in einen Tango und der Verabredung, von nun an so zu tun, als entspräche alles den gesellschaftlichen Normen einer heterosexuellen Liaison dangereuse. Und so scheint selbst für Aljoscha bereits im zweiten Akt das große Geheimnis gelüftet: „Jetzt weiß ich, was das Leben ist, jetzt weiß ich, daß man Frauen küßt. Seitdem ich dies Geheimnis weiß, wird mir bald kalt, wird mir bald heiß." Entsprechend wird dieses Thema im zweiten Akt nur noch musikalisch variiert; er besteht außer dem frechen Buffoduett „Heute Abend komm ich zu Dir" und dem Finale mit Balletteinlage ausschließlich aus Nummern des Liebespaars: zwei großen Liebesduetten, einem Walzerlied der Sonja und zwei Liedern des Zarewitsch.

Diese Fülle an Musik mit einem Nichts an Handlung zu verbinden, erforderte schon 1927 höhere Librettisten-Arithmetik und wurde daher zehn Jahr später in der von Lehár veranlassten Neuausgabe des Werks noch einmal neu durchgerechnet. In der Urfassung war das sogenannte Tauberlied von zentraler Bedeutung und daher eher auf den Sänger als auf die Rolle zugeschnitten, fragt doch der frühere Frauenfeind darin ganz ungeniert: „Willst du, willst du, komm und mach mich glücklich! Willst du, willst du, frag nicht, ob es schicklich!" Sonja wiederum sang der Rolle entsprechend ihr Wengerka-Lied als schmissige Tanznummer mit Ballett. In der revidierten Fassung von 1937 wurde daraus das Duett burlesque „Täglich frische, heiße Liebe", das im dritten Akt die Buffonummer „Ich bin bereit" ersetzte. Sonjas neues Sololied „Das Leben ruft" stammt hingegen aus dem ursprünglichen zweiten Finale; „Holder Traum", ihr inniger, an Schubert erinnernder Entsagungsgesang aus dem dritten Akt, der schon im Klavierauszug der Erstfassung fehlt, entfiel schließlich ganz zugunsten einer Duettfassung des umgetexteten Tauberlieds. Statt „Willst du?" hieß es jetzt „Küss mich!" Die Position des Tauberlieds im zweiten Akt nahm das sinnwidrig zur Tenornummer gewendete Napolitana-Duett ein. In dieser – gewiss auch den Zeitläufen des Jahres 1937 – geschuldeten Zweitfassung war der letzte Anflug von Frivolität verschwunden und mit ihm der dramatische Kontrast im ohnehin statischen zweiten Akt; selbst die solistischen Saxophone der Urversion wurden dezent ins Orchestertutti der Neufassung integriert.

„Zu Füßen des Schmalztenors"

Mit dem *Zarewitsch* erreichte die intensive Zusammenarbeit des Operettenkomponisten mit dem Tenor ihren zweiten Höhepunkt. Tauber war der erste Darsteller, von dem Lehár musikalische Änderungen akzeptierte, Anregungen zur musikalischen Gestaltung, ja zu ganzen Werken annahm: „The vision of the artist influenced the selection of my librettos, the lines of the melody and the tone colour of the orchestra."[744] Wie sehr Richard Tauber, der auch selbst komponierte, an der Entstehung der Lehár'schen Operetten beteiligt war, gab er in Zusammenhang mit dem *Zarewitsch* preis. „Dieses Werk, welches noch mehr als *Paganini* den Stempel meiner künstlerischen Eigenart trägt, da fast jeder Takt erst meine ‚Zensur' passierte, war fast fertig, als ich im Herbst 1926 nach Wien kam. Lehár hatte bereits ein ‚Tauber-Lied', wie er sich ausdrückte, im Sinn. Es sollte ein Walzer werden. Er spielte mir die Melodie vor und ich war ehrlich begeistert, nur die letzten sechs Takte waren zu gekünstelt und harmonisch zu kompliziert, um populär werden zu können … Ich machte darauf den Vorschlag, die ganze Nummer fallen zu lassen," – sie wurde mit dem Text „Ich bin verliebt" dann ins zweite Finale eingelegt – „und ein gleiches Lied wie in *Paganini* zu schreiben, nämlich einen Gesang in Rondoform, das heißt die Hauptmelodie am Anfang und Schluß, als Mittelsatz eine vollkommen neue Melodie"– eine Form, die von nun an jedes Tauberlied haben sollte. Lehár überlegte sich die Sache und erschien eines Nachts bei Tauber. „Ich wollte mich gerade zur Ruhe begeben, da ich am nächsten Tag in *Turandot* aufzutreten hatte, aber die Sache schien mir zu wichtig und so spielte mir Meister Lehár zwei Kompositionen vor, die er mir zur Auswahl für das Hauptlied für *Zarewitsch* vorschlug. Ich wählte sofort die heute gesungene Melodie des Liedes: ‚Willst Du, willst Du'… Ich fühlte, daß das der Schlager werden könnte. Lehár, der meine Begeisterung sah, sagte: ‚Damit du in ein paar Tagen nicht wieder erklärst, es gefalle dir doch nicht, wirst du mir die Annahme des Liedes hier in mein Skizzenbuch bestätigen'. Ich ging auf seine scherzhaften Worte ein und schrieb unter die Skizze: ‚Bewilligt!'"[745]

Ausgerechnet dieses Tauberlied konnte sich dann auf Dauer nicht durchsetzen. Bei der Berliner Uraufführung am 16. Februar 1927, wieder in Saltenburgs Deutschem Künstler-Theater, war es freilich „ein Bombenerfolg! Viermal musste ich das Lied wiederholen. Ich hatte mich nur für zwei Wiederholungen mit verschiedenen Schlüssen versehen. Ich musste also improvisieren und sang vor der vierten Wiederholung zu Lehár, der am Pult saß, in der Melodie von ‚Willst Du' hinunter: ‚Franzl, Franzl, wollen wir noch mal singen!' Er nickte und sein liebes, herziges Gesicht strahlte in eitel Wonne."[746] Allerdings saß Lehár, wie schon bei *Paganini*, im Publikum und nicht am Pult. Dort saß Hauskapellmeister Ernst Hauke.

Der eigentliche Schlager der Operette, das Wolgalied, ging dabei fast etwas unter und wurde vor lauter Tauberlied-Rummel von der Kritik kaum bemerkt. Die ging dafür mit den Librettisten umso härter ins Gericht: „Ihr Herren Jenbach und Reichert ... laßt euch sagen: eure Operettenrussen und Großfürsten eure Iwans mit und ohne Wodkaflasche, hängen mir zum Halse heraus"[747], stöhnte Moritz Loeb und Kollege Felix Joachimson klagte über einen „Text, dessen Verlauf man nach den ersten Minuten kennt, und der in seinen ‚dramatischen' Akzenten (‚Dirne' – ‚Aljoscha! ... Was habe ich denn begangen?' – ‚Durch wieviel Hände bist du gegangen?' usw.) geradezu komisch wirkt ... Es ist eine Technik, die bei *Paganini* möglich war ... Sie ist hier in Gefahr zur Manier zu werden." Trotzdem ist es „eine der besten Operettenaufführungen, die wir in letzter Zeit in Berlin gesehen haben" – dank Lehárs Musik, der als „der Romantiker der modernen Operette" gefeiert wurde, dank Tauber und dank seiner Partnerin Rita Georg, „eine ausgesprochene Soubrettenbegabung ... eine zerbrechlich schlanke Figur"[748], die Lehár aus Wien mitgebracht hatte, wo sie ein Engagement am Theater an der Wien selbstbewusst mit der Begründung abgelehnt hatte, sie dürfe sich, da ihre „Carrière erst in der Entwicklung begriffen" sei, „nicht auf ein typisches Rollenfach beschränken."[749] Dafür war die Tänzerin Sonja die perfekte Rolle und verhalf ihr zum Durchbruch.

Die geplante Liveausstrahlung der zweiten Vorstellung durch die Berliner „Funk-Stunde" scheiterte an Saltenburgs finanziellen Forderungen. Lehár versuchte vergeblich zu vermitteln, denn immerhin erreichte das Radio damals bereits annähernd 2 Millionen Abonnenten. Dafür nahm Tauber vier Tage nach der Uraufführung die wichtigsten Nummern des *Zarewitsch* für Odeon auf und trat im Laufe des Jahres 1927 fast 200 Mal in seiner neuen Lieblingsrolle auf – die Hälfte davon in Berlin, die andere bei zum Teil längeren Gastspielen in Köln, München, Stuttgart, Frankfurt und Hamburg, meist mit seiner Frau Carlotta Vanconti als Sonja. Der Ehe scheint das nicht bekommen zu sein, denn Vanconti ertrug es nur schwer, stets im Schatten ihres Mannes zu stehen, um den sich inzwischen ein regelrechter Kult entwickelt hatte. Und in dessen Mittelpunkt standen seine berühmten Da-Capi, von Tauber bewusst als Dialog mit seinem Publikum zelebriert. Nicht umsonst richtet sich das Tauberlied im Zarewitsch, wie alle folgenden auch, an eine imaginäre 2. Person: „Willst du, willst du?" Damit konnte jeder Zuschauer gemeint sein, aber auch jeder Zuhörer vor Grammophon oder Radio. So erst konnte etwas wie die Illusion einer intimen Beziehung des Sängers zu seinem Publikum entstehen. Und die steigerte sich im Theater zu einem wahren „Tauberfieberdelirium", dem sich offensichtlich niemand entziehen konnte. Nicht einmal Karl Kraus, der nach eigenem Bekunden 1906 eine Vorstellung der *Lustigen Witwe* mit dem festen Vorsatz verlassen hatte, nie wieder ein Operettentheater zu betreten. Als es *Der Zarewitsch* 1928 auf eine Serie von 221 Vorstellungen im Wiener Johann-Strauß-Theater brachte, wurde Kraus während eines zweiwöchigen Gastspiels von Richard Tauber rückfällig und damit unfreiwilliger Zeuge folgender Begebenheit: „Eine unbeschäftigte Dame in der Proszeniumsloge wirft bei der fünften Wiederholung von ,Willst du' Blumen vor die Füße des Schmalztenors, worauf er sich zu ihr wendet, direkt zu ihr empor und für sie ein sechstes Mal ,Willst du' macht. Ich habe es gesehn. Kotzenswürdigeres hat es nie in einem Theaterraum gegeben; das Publikum winkte mit Tüchern."⁷⁵⁰

„Die beiden Meister"

„*Der Zarewitsch*, ein draußen oft bestätigter, großer Erfolg, kommt jetzt erst nach Wien: im Mai, als Novität der Sommerspielzeit – ist das Gleichgültigkeit, Undankbarkeit, Unverständniß?"⁷⁵¹, fragte Ludwig Hirschfeld am 19. Mai 1928 in der *Neuen Freien Presse*. Seit *Paganini* am 30. Oktober 1925 hatte es keine Lehár-Premiere in Wien mehr gegeben. Erst sechs Wochen vorher hatte die Uraufführung von Emmerich Kálmáns Jazz-Operette *Die Herzogin von Chicago* im Theater an der Wien stattgefunden, mit Lehárs Sonja Rita Georg in der Titelrolle und Hubert Marischka als Partner. Zum ersten Mal seit 1924, als *Cloclo* gegen *Gräfin Mariza* den Kürzeren zog, gab es wieder ein Duell Lehár gegen Kálmán, der seitdem zu einem ebenbürtigen Konkurrenten aufgestiegen war. Trotzdem war die finanzielle Situation der Wiener Operettenhäuser damals bereist angespannt und nicht mit der in Berlin zu vergleichen, weshalb nicht zuletzt auch Lehár dorthin abgewandert war. Am 17. Juni wurde nach einer *Zarewitsch*-Vorstellung im Johann-Strauß-Theater sein 25-jähriges Komponistenjubiläum gefeiert, eine Gala mit vielen Rednern und Maria Jeritza als Stargast. Nur vom Theater an der Wien war niemand zugegen, obwohl der Komponist dort ja seinen Einstand mit *Wiener Frauen* vor mehr als 25 Jahren gegeben hatte. Direktor Hubert Marischka hatte andere Sorgen. *Die Herzogin von Chicago* lief nicht so gut wie erhofft, so dass er sich entschloss, das Theater an der Wien von 9. November bis 24. Dezember 1928 an Max Reinhardt zu verpachten, der dort mit seinem Berliner Erfolg *Artisten* gastieren wollte. Wie Marischka an den darüber aufgebrachten Kálmán schrieb, sah er sich „durch die katastrophalen Einnahmen des Sommers ... gezwungen der Reinhardtsache näher zu treten."[752]

Doch wie von Kálmán prophezeit, stürzte sich die Presse auf das Thema, angeführt von Lehárs Biografen Ernst Decsey, der sich vorerst nicht im angestammten *Neuen Wiener Tagblatt*, sondern anonym im *Pester Lloyd* äußerte. Wie *Die Stunde* berichtete, behauptete er, Marischka habe „mit den Operetten, die er die letzten Jahre zur Aufführung brachte, wenig Glück" gehabt und „um das Theater zu füllen, gewissen Korporationen Sitzplätze zu so geringem Preis überlassen, daß die Garderobegebühren beinahe mehr ausmachten."[753] Es ging ihm um nichts Geringeres als den „Tod der Operette". Nun schaltete sich auch Lehár in die Debatte ein: „Viel wurde in den letzten Tagen über den Untergang der Wiener Operette gesagt und geschrieben ... Die Wiener Operette hat zwei große Gegner: die Revue und die amerikanische Operette ... was hat das Theater an der Wien der Operette getan, um diesen Gegnern entgegenzutreten? Es hat die Revue und den Amerikanismus der Wiener Operette ganz einfach einverleibt ... Dadurch hat sich das Theater an der Wien jedes Werk vom Leib gehalten, das ein Experiment sein konnte ... Hier trennen sich unsere Wege. Ist das Operettenschreiben Kunst oder ein Geschäft?"[754]

In dieselbe Kerbe schlug kurz darauf im *Neuen Wiener Tagblatt* auch Decsey und warf Marischka ein „Geschmacksdiktat" vor, dem zuliebe er „die gute Wiener Operette verjazzt habe ... Nicht die Operette ist ‚tot' – das hat bisher kein Mensch behauptet –, sondern die Marischka-Operette: die bestimmte Form oder Mißform, die er ihr zu geben versuchte."[755] Das war natürlich auch auf Kálmán gemünzt, dessen Replik nicht auf sich warten ließ. Im *Pester Lloyd* nahm er seinen Direktor und damit auch sich selbst vehement in Schutz: „Plötzlich scheint es, als ob seine Erfolge seinen Gegnern – er hatte natürlich auch solche – zu groß, die ungebrochene Linie des Aufstiegs zu rapid wurden, es wuchs die Zahl seiner Neider ... Seine Arbeit fand nicht mehr die gebührende Anerkennung ... Mir ist in den letzten Tagen viel Unrecht widerfahren ... man sagt, ich spekuliere, bin berechnend und glaube, den Erfolg gepachtet zu haben."[756]

Franz Lehár und Emmerich Kálmán gegeneinander auszuspielen, bot sich damals geradezu an. Hatte man Kálmán schon immer vorgeworfen, „er schaffe spekulativ und errechne den Erfolg", bezeichnete man ihn neuerdings „als künstlerischen Antipoden Franz Lehárs, der weltenferne über den Wolken thront und unbeirrt vom Beifall der Masse seinen Weg geht", wie Kálmáns Librettist Alfred Grünwald in einem Artikel in der *Wiener Allgemeinen Zeitung* klagte. Für ihn waren trotz ihres Operneinschlags und des Verzichts auf das obligate Happy End auch Lehárs letzte Werke „verkappte Operetten. Er verzichtet ebenso wenig wie Kálmán auf die lustige so genannte Buffo-Nummer mit dazugehörigem Tanzarrangement ... Ist es nicht gleich, ob der Held Bela Török heißt oder Paganini? So lange er im zweiten Finale, in dem die Fluten der Musik hoch aufrauschen, von der betrübten Heldin gewaltsam getrennt wird, ist es ja doch das Gleiche!" Er schloss, Goethe und Schiller bemühend: „Die beiden Meister sind seit vielen Jahren sehr innig befreundet und lachen über den Streit der Meinungen."[757]

Dass beiden tatsächlich nicht zum Lachen war, wusste er aus eigener Erfahrung, wie er Kálmán schon im Jahr zuvor vorgehalten hatte: „Sie haben ... uns in hundert Unterredungen geschildert, dass Sie bei einem Wiedereinziehen L.'s für Ihre Stimmung nicht garantieren könnten, ja, Sie haben dies sogar Marischka wiederholt geäußert ... ‚Nur der Slowak soll uns nicht ins Theater an der Wien.' So lagen also die Verhältnisse" – trotz der Tatsache, „dass Lehar zwei Werke hatte, deren Bücher Hubert absolut nicht gefielen."[758] Auch dem mit „Slowak" gemeinten Lehár war keineswegs zum Lachen, wie Grünwald Kálmán noch im Exil bestätigte: „Tatsächlich hat mir der liebe Slowak einmal in Ischl woertlich gesagt: ‚Hat Ihnen Kalman verboten, mich zu gruessen?' Das war während unserer Kalman-Campagne, als es ihm gar nicht gefiel, dass wir mit Ihnen das Theater an der Wien dominierten."[759]

Goethe als Librettist

„Vorläufig geh' ich ganz in der *Friederike* auf", schrieb Lehár damals seinem Bruder. „Da es ein Singspiel und keine Operette ist, kann ich schreiben wie ich will und das ist eine Wohltat. ich habe immer das Gefühl gehabt eine Zwangsjacke zu tragen. Jetzt kann ich frei denken und schreiben wie ich fühle."[760] *Friederike* war jenes andere Libretto, das er in seinem Brief zwei Jahren zuvor erwähnt und bereits vor dem *Zarewitsch* weitgehend skizziert hatte. Dabei kam es zur Zusammenarbeit mit einem neuen Autorengespann: den Doktoren Ludwig Herzer, hauptberuflich als Gynäkologe tätig, und mit Fritz Löhner, dem Verfasser seines wenig erfolgreichen *Sternguckers* und einiger später vertonter Liedtexte. Als sie im Mai 1926 bei Lehár vorstellig wurden, versuchte er erst, sie abzuwimmeln. „Doch die Herren ließen nicht locker. Schließlich wollten sie mir doch ein Geheimnis preisgeben: die Gestalt, deren Erlebnis ich vertonen sollte. Meinetwegen, sagte ich. Goethe, antworteten die Herren. Um keinen Preis, rufe ich aus, ich bin doch nicht verrückt geworden! – Mehr belustigt über diese absurde Idee als entrüstet über die mir unfaßbare Zumutung ... bitte ich resigniert, mit der Vorlesung zu beginnen. Von Szene zu Szene steigert sich aber bald mein Interesse, ungeduldig bitte ich: Weiter – weiter. Als die Herren zu Ende sind erkläre ich sofort: Ich mache die Sache. – Ein großer Entschluß – ich habe dergleichen selten gefaßt, ohne darüber zu schlafen ... Es soll ein ganz kleines Singspiel werden. Nur für ein kleines Kammerorchester gesetzt ... Alles warnt mich vor dem Stoff ... Das reizt wiederum mich zum Widerspruch. Ich fühle, daß es ein Experiment ist."[761]

Wie die Autorentrias solch ein Experiment anpackte, stellten sie für die Wochenschau nach und gewährten so dem geneigten Publikum – unter dem sich auch der weniger geneigte Kurt Tucholsky befand – „einen Blick in die Werkstatt des Meisters ... In der Werkstatt standen zwei Librettisten ... jetzt weiß ich endlich, wie die Leute aussehen, die in Lehárs *Friederike* den Satz aufgeschrieben haben: ‚Ja, hier ist alles in Poesie getaucht!' Da standen die beiden Taucher ... Der eine, der Kleine, sagte gar nichts, er stand nur da und war der Textdichter. Der größere Taucher aber, das war der, der die schönen Lieder schreibt, und eines davon hatte er auf einem Papier in der Hand, und sie taten so, als seien sie in der Werkstatt ... und der Taucher sagte zu Lehár: ‚Spiels amal, damit wir sehn, obs auch klappt.' Und Lehár spielte, und der Taucher sang mit ... aber da unterbrach er sich und sprach: ‚Ich deute nur an', und dann deutete er an ... und Lehár paukte ... Es war erhebend."[762]

Der stumme Textdichter berichtete umso beredter von der Umsetzung der Idee. „Wir waren uns sofort der großen Verantwortung bewußt, die wir dem geheiligten Namen Goethes gegenüber auf uns luden." Die meisten Motive der Handlung sind daher „zunächst natürlich Goethes Autobiographie *Wahrheit und Dichtung*" entnommen, dann „ging es in fieberhaftem Tempo ... allmählich weiter durch die ‚Friederiken'-Literatur, eine stattliche Anzahl von (zirka 30) Monographien, ferner Goethe-, Herder-, Lenzbriefe." Allein, um es, mit den Librettisten selbst, „ganz handwerksmäßig auszudrücken: über den Konflikt am Schluß des zweiten Aktes erhalten wir keinen Aufschluß. Goethe selbst gleitet darüber hinweg: ... ‚Es waren peinliche Tage, deren Erinnerung mir nicht geblieben ist' ... Um doch noch einen dramatischen Höhepunkt zu gewinnen, blieb nichts anderes übrig, als Goethes größte und tiefste Liebe mit dem größten und tiefgreifendsten Erlebnis seines Lebens in Zusammenhang zu bringen, das heißt also ein paar Jahre seines Daseins zu überspringen," ihn von Straßburg 1771 direkt nach Weimar 1775 zu berufen, „eine licentia poëtica, für die uns Goethe selbst in manchem seiner Stücke Vorbild und mithin Entschuldigung bot" – Ausspruch eines Gynäkologen, den *Tasso* im Hinterkopf.

Hingegen hat ihm und seinem Kompagnon „den dritten Akt ... Goethe selbst ... in die Feder diktiert in jenem rührenden Brief an Frau von Stein."[763] Ansonsten ist die Handlung streng historisch datiert: „1. Akt: ... am Pfingstsonntage 1771, 2. Akt: ... am 6. August 1771, 3. Akt: ... am 25. September 1779." So wird das zentrale Handlungsmotiv des ersten Aktes, der über Goethes Kuss in *Dichtung und Wahrheit* verhängte Fluch, im ersten Finale „weggeküßt" – allerdings in einer Szene von wahrhaft Wagner'schen Fluchdimensionen, die dann doch zur entsprechenden Pfänderspielsituation aus *Dichtung und Wahrheit* deutlich in Kontrast steht. Im zweiten Akt wird Friederike dann von Weyland durch das von Goethe nach eigenem Bekunden in Sesenheim gedichtete Märchen von der *Neuen Melusine* zum Verzicht gestimmt. Selbst das Ambiente des zweiten Aktes, ein französischer Salon in Straßburg, greift auf eine Episode aus *Dichtung und Wahrheit* zurück.

Aber auch an den Gesangstexten ist Goethe beteiligt, „man weiß nie, wo Goethe aufhört und Löhner anfängt", wie das Programmheft des Metropoltheaters stolz vermerkte. „Großes Lob für ihn! Denn zum Donnerwetter, wenn es sich um Goethe handelt, muß man sich verdammt in acht nehmen, daß man sich nicht eine Blöße gibt!"[764] Bei Friederikes „Bunte Blumen, bunte Blätter" hörte Goethes „Mit einem gemalten Band" beispielsweise schon nach den ersten drei Strophen auf, bei ihrem ersten Duett hingegen fängt Löhner mit einer sehr freien Variante von „Nähe des Geliebten" an, in ihrem großem Lied „Warum hast du mich wachgeküßt" zitiert er nur noch thematisch Goethes „Erwache, Friederike", im letztem Lied des Operetten-Goethe im dritten Akt „Ein Herz wie Gold so rein" schließlich die fünfte Strophe von „An den Mond". Die Stammbuchszene bietet dann Lehárs Goethe Gelegenheit zu gleich drei kurzen Gedichten, ganz ohne Co-Autor: „Liebe schwärmt auf allen Wegen", „Wenn dir's in Kopf und Herzen schwirrt" und „Neumond und geküßter Mund". Aber auch der Chor der Studenten darf das bereits von Beethoven vertonte „Mit Mädchen sich vertragen" aus *Claudine von Villabella* anstimmen, nur um ein kleines „fallali-fallala" ergänzt. Das Tauberlied hingegen gibt zur sechsten Strophe des Goethe'schen Mailieds Coupletfortsetzungen: „O Mädchen, mein Mädchen", nicht nur deswegen das originellste aller Tauberlieder.

Lehár war von seinen drei Librettisten entzückt. „Die Texte gut? Will's meinen. Goethe! Sie haben zum größten Teil zwar andere schon vor mir komponiert. Doch doppelt und dreifach hält gut. Net wahr? Da haben Sie sogar, jetzt fallen's net auf den Rücken, das Heidenröslein noch einmal ... Das habe ich dann leitmotivisch verwandt."[765] Und die Autoren machten gar eine Szene daraus und zeigen den Bühnen-Goethe beim Verfassen seines berühmten Gedichts: „Er setzt sich und versinkt in Nachdenken, wie wenn er in sich hineinhorchen würde ...‚Ich lausche tief in mich hinein. / Wie es klingt! Wie es singt! / Was soll es werden ...' Er stockt, wie wenn ihm ein Einfall käme. Er nimmt sein Notizbuch heraus und beginnt mit einem Rötelstift zu schreiben, leise: ‚Sah ein Knab' ein Röslein steh'n ...' Der Einfall quillt", wenn auch mit etwas sinnwidriger Betonung auf „steh'n". Goethe dichtet nach zwei Strophen „nun ohne Musik weiter". Dafür folgen im zweiten Finale Fragmente der dritten Strophe des Heidenrösleins mit deutlich leitmotivischem Bezug auf Friederikes ähnliches Schicksal. In der *Dollarprinzessin* hatte es noch stellvertretend für das ganze Genre geheißen: „Ein Röslein auf der Heide war / ja nie recht mein Geschmack ... ein Rößlein auf der Weide, ja ... sowas, das ist famos!"

Die Partitur seiner schönsten Ekstase – Friederike

Den literarischen Bestrebungen seiner Librettisten folgend, wollte Lehár „das Wort Operette auch in der subtilsten Deutung des Genres, dem er ein großes Stück seiner Adligkeit verliehen, nicht hören, wenn von *Friederike* die Rede ist. Er nennt es das Werk seiner ‚innersten Verinnerlichung', dem er seine tiefst erfühlte, ganze Hingabe weiht."[766] Selten zuvor hat Lehár den Nummerncharakter der Operette durch leitmotivische Verflechtungen, kammermusikalische Transparenz und stilistische Geschlossenheit so konsequent erweitert wie hier, bis hinein in die Buffonummern, als wolle er Adorno bestätigen: „Während das Musikdrama in der großen Kunst verfällt, hält es seinen nachträglichen Einzug in die Operette, der es ja nun wieder gerade angemessen sein mag."[767] Und selbst das Tauberlied ist in *Friederike* mehr als eine effektvolle Einlage. Zum ersten Mal kommt ihm dramaturgische Bedeutung zu: das Kopfmotiv von „O Mädchen, mein Mädchen, wie lieb ich Dich" wird zum Grundmotiv des Werks und erzählt so die Handlung mit. Lehár charakterisierte es folgendermaßen: „Schaun' S' her, hier im ‚Mädel, o Mädel!', zeigt der junge Goethe seine junge, reine Herzensliebe zur stillen Friederike. Stets kehrt das Thema wieder, ob er nun um sie wirbt oder ob er, ihrem Verzichte gehorchend, für immer von ihr Abschied nimmt."[768] Bereits im Vorspiel taucht es als flirrende Streicherfigur auf, kontrastiert dann in Oktavparallelen der geteilten Geigen den Klang der Orgel, um als rhythmische Figur tändelnd den ersten Akt zu durchziehen. Im ersten Finale schließlich erinnert es Goethe leitmotivisch daran, dass, wer ihn küsst, verflucht ist: „O dieser unselige Fluch! Was gäb' ich drum, könnt' ich dich küssen!" Doch getragen vom Mädchen-Motiv, nimmt Friederike „seinen Kopf zwischen beide Hände und küßt ihn innig auf die Lippen." Im zweiten Akt erklingt das Motiv dann beziehungsreich in der Stammbuchszene bei den

Worten „geküßter Mund", in Friederikes großem Lied „Warum hast du mich wachgeküßt" und noch beziehungsreicher zu ihrem Entschluss, Goethe freizugeben: „und bleib mit meinem Leid zurück, / damit du frei und herrlich bist". Sie will seiner Berufung an den Weimarer Hof nicht im Weg stehen, denn dafür muss Goethe unverheiratet bleiben, wie ihr Hauptmann Knebel erklärt: „Seitdem Wieland verheiratet ist … ist er ein Erzphilister geworden … Glauben Sie, wir wollen einen Philister, der zufällig Goethe heißt? … Nein! Wir wollen den Dichter Goethe."

Und so entfaltet das Mädchen-Motiv im zweiten Finale seinen ganzen Bedeutungszauber. Als geisterhafte Begleitfigur einer Gavotte beschreibt es Friederike, nachdem sie dem ahnungslosen Goethe ihren Entschluss mitgeteilt hat, sich von ihm zu trennen, „dem Umsinken nahe." Goethe, nicht gewillt die Trennung hinzunehmen, variiert das Mädchen-Motiv in „visionärer Verklärtheit" zum Arioso „Liebe, seliger Traum", aus dem er durch Friederikes „forciert helles Auflachen" bei ihrem Tanz mit Lenz gerissen wird. Drohend schwelt das Motiv im Bass, danach leuchtet es grell in Trompeten auf: „Sie tanzt und lacht, während ich mich hier quäle". Bei der Trennung der Liebenden schließlich bleibt nur noch der Rhythmus in Pauke und Kontrabass übrig: „Die Bühne bleibt leer." Im Piano-Ausklang des Finales erklingt hinter einem Triolenschleier das ganze Motiv noch einmal in gestopften Trompeten und Hörnern wie ein Echo seiner selbst. Als solches erscheint es im dritten Akt zu Goethes Rückkehr nach acht Jahren: erst in Flöte, Piccolo und Celesta, zu unerreichbarer Höhe entrückt, dann im Solocello mit sentimentaler Gebärde, getaucht in die nostalgische „Poesie" des längst Vergangenen: es war einmal – oder in Goethes schlichten Worten: „vorbei, vorbei." Das Mädchen-Motiv wird in der Solovioline zum Märchen-Motiv, ehe es sich - passend zu Friederikes tröstlicher zentraler Erkenntnis - in den Begleitfiguren der letzten Takte verflüchtigt: „Goethe gehört der ganzen Welt, also auch mir".

„Die negative Ewigkeit der Operette"

„Zwischen der ernsten Produktion und dem bürgerlichen Konsum zeigt sich allerorten offen das Vakuum"[769], klagte 1932 Theodor W. Adorno und meinte damit vor allem das mangelnde Interesse für Neue Musik und den gleichzeitigen maßlosen Konsum von Unterhaltungsmusik. Dieses Vakuum auszufüllen, war aber seit jeher Lehárs Bestreben gewesen. Mit erstaunlicher Hartnäckigkeit hatte er daran festgehalten, bis die Zeit reif dafür war und das bürgerliche Publikum sich allmählich von der zeitgenössischen Oper abzuwenden begann.

„Ich bin mit meiner – wenn Sie so wollen – fixen Idee, die Grenzgebiete der Operette zu erweitern, vielleicht zu früh gekommen. Das mußte ich damit bezahlen, daß ich für einige Jahre ins Hintertreffen geriet und meine zu ‚schwierigen' Operetten nicht aufgeführt wurden. Das Publikum geht, wenn man Neues versucht, vielleicht nicht gleich mit ... wenn sie heute nicht kommen, kommen sie morgen!"[770] Und dieses „morgen" war 1928 offensichtlich gekommen. Wie Ludwig Hirschfeld schrieb, war das Publikum jetzt bereit, Lehárs Intentionen zu folgen und seine lyrischen Werke zu akzeptieren als „Bindeglied zwischen Operette und Oper, die ja heute häufig das schuldig bleibt, was Lehar bietet: große Melodie und große Gesangspartien"[771]. Das galt besonders für sein Goethe-Opus. „Ohne es zu wollen, ist mir, glaube ich, *Friederike* zu einer Spieloper geworden. Angeblich hat man sie schon längst von mir erwartet. Vielleicht ist sie mir jetzt gelungen."[772]

Zwar schöpften Lehár und seine Librettisten dabei gerne aus dem reichen Fundus einer Weltgeschichte, „die es sich zur vornehmsten Aufgabe gemacht zu haben schien, die Operette mit Stoff zu versorgen"[773], doch ging es ihnen dabei vor allem darum, dass „die Personen des Stückes dem Verständnis des Publikums nahe gebracht werden."[774] Wie die Autoren das bewerkstelligen, beschreibt die Literaturwissenschaftlerin Ethel Matala de Mazza als Identifikationsangebot, das die Operette macht, indem „sie den Zuschauern eine kleine Protagonistin von ‚ihresgleichen' ans Herz legt, die ihnen in Löhners Schlagern die Lektüre von Goethes Werken ‚schenkt'."[775] Die Wiener Modejournalistin Mizzi Neumann bestätigte diese Wirkung: „Manch ehrlich gemeintes Tränlein sah ... man hold erglänzen ... Das hat mit seinen Melodien Meister Lehár getan."[776] Walter Benjamin wiederum sah darin die Dialektik der Massenkultur bestätigt: „Die Dinge sich räumlich und menschlich näherzubringen ist ein genau so leidenschaftliches Anliegen der gegenwärtigen Massen wie ihre Tendenz einer Überwindung des Einmaligen jeder Gegebenheit durch die Aufnahme von deren Reproduktion ist."[777] Adorno hingegen sah „die negative Ewigkeit der Operette" am Werk: „Die Operette leistet den Ausverkauf der Geschichte. Die Dämonen der Vorzeit präsentiert sie handlich als Stoffpuppen ... Was gestern verging, kommt hier heute als Gespenst zurück und in der Zukunft gibt es sich als Zeichen der Ewigkeit."[778]

„Pardon, mein Name ist Goethe"

Aber die Rettung Goethes durch Vermenschlichung bewältigte nicht einmal die Operette ganz problemlos. Wenn Erich Urban in der *BZ am Mittag* feststellte,

Tauber sei „im 1. Akt etwas geniert, als wolle er sagen: ‚Pardon, mein Name ist Goethe'"[779], illustriert das ebenso deutlich den Zwiespalt solcher Annäherung an eine welthistorische Figur wie eine von Karl Kraus überlieferte Äußerung des Wiener Darstellers Hans Heinz Bollmann, er scheue sich „keineswegs, im 1. Akt als Goethe sogar das Tanzbein zu schwingen."[780]

Die Uraufführung von *Friederike* fand nicht mehr bei Saltenburg statt, sondern bei den berühmt-berüchtigten Gebrüdern Rotter, Berlins damals mächtigsten Theaterunternehmern. Der eine, Fritz, war als Jurist zuständig für den geschäftlichen, der andere, Alfred, als Bühnenpraktiker für den künstlerischen Erfolg. Die Söhne eines jüdischen Textilhändlers aus Leipzig, mit bürgerlichem Namen Schaie, waren, wie Stefan Großmann schrieb, „als junge Leute von der Literatur, von Brahm, von Strindberg und Kayser" gekommen. „Und sie witterten ganz genau den Augenblick, wann das wirkliche Berlin, das premierenferne, operettenfreudig wurde. Sie haben die Nase für das Ewig-Banale"[781]. Dank dieser Nase hatten sie mit gut besetzten Reißern innerhalb kurzer Zeit ein Theaterimperium geschaffen, dem sie 1928 das renommierte, durch seine Vorkriegsrevuen berühmte Metropol-Theater einverleibten. Geheimrat Jentz hatte es dem exzentrischen schwedischen Zündholzkönig Ivar Kreuger verkauft, der es wiederum an die Rottes verpachtete und aufwendig renovieren ließ. Zur Wiedereröffnung suchte man ein Zugstück mit zugkräftiger Besetzung und entschied sich gegen Kálmáns Jazz-Operette *Die Herzogin von Chicago* und für *Friederike*.

Die eigentliche Sensation aber war die Besetzung: Richard Tauber – und Käthe Dorsch, das Zusammenspiel „einer der größten Schauspielerinnen und eines der besten Sänger des deutschen Theaters."[782] Vor allem dass Dorsch die Titelrolle übernahm, sorgte für Aufsehen. Während sie als Titelheldin in *Die Flamme* und *Rose Bernd* nicht zuletzt durch die beiden Brüder berühmt geworden und ihnen deshalb besonders verbunden war, lockten die Rotters Tauber mit der im Vergleich zu Saltenburg doppelt so hohen Abendgage von 2000 Mark. Die Rechnung ging auf. Der Erfolg von *Friederike* übertraf den schon beträchtlichen von *Paganini* und *Zarewitsch* erheblich. Tauber war zum Tenor der Tenöre aufgestiegen, Lehár zum unumstrittenen Meister und Goethe endlich zur populären Figur.

Zur *Friederike*-Premiere am 4. Oktober 1928 war „tout Berlin" zugegen: der Kronprinz, Alfred Hugenberg, Henny Porten, selbst Heinrich Mann und Albert Einstein sowie die Konkurrenz in Gestalt von Ralph Benatzky, Emmerich Kálmán und Alfred Grünwald. Die Rechnung der Rotters war aufgegangen. „Wie sich doch der zahlende Mob freut", glossierte Ernst Bloch. „Da hat ein besonders Süßer etwas für ihn gesungen. *Friederike* von Lehár, die Zeitungen schreiben glänzend darüber". Zum Beispiel das *Berliner Tagblatt*: „Der Komponist hat mit *Friederike* den Höhepunkt seines Schaffens erreicht ... Für Richard Tauber, einen reichlich wohl genährten Goethe, besteht nun die Pflicht schönen Ehrgeizes, mit der Dorsch zu wetteifern an Zurückhaltung ... es gelingt ihm sehr gut."[783] – „Dass sie sich neben einem Sänger von Taubers Rang mit allen Ehren behauptet, ist weniger bedeutsam als ihre schauspielerische Durchdringung einer Gestalt, die doch nur konventionell gesehen ist. Ihr Aufschrei im letzten Akte, wenn sie erfährt, dass Goethe wieder in Sesenheim eingekehrt ist, hat jene naturhafte Echtheit, die ans Herz greift"[784], schwärmte die *Morgenpost* und Karl Kraus ätzte: „Lassen's Herz sprechen, gehen's in *Friederike*."[785] Nur die *New York Times* wunderte sich: „The Rotter's belief is that the German public comes to the theatre for a good cry, and the success of *Friederike*, in which the audience was given an opportunity to use up three handkerchiefs a seat, encouraged them in his conviction."[786]

Diese neue, geradezu germanistisch abgesicherte Stilhöhe der Operette traf den Nerv einer längst schon schwankenden bürgerlichen Welt. „Sie zahlt für die Beschmutzung und Verhunzung von Goetheversen mehr als sie für das Original bezahlt hat." Für Karl Kraus ging „die Absurdität dieser Dinge ... über alles, was sonst zur bürgerlichen Entartung gehört."[787] Die sorgsam gehüteten Schranken zwischen Hoch- und Trivialkultur schienen zu bröckeln. „Im Metropoltheater ist auch eine Orgel eingebaut", staunte Ernst Bloch. „Auch das Heidenröslein hat der Mann komponiert. Und wie? Ja wie soll man das sagen? Die *BZ am Mittag* sagt: so, daß Lehárs Komposition ‚vor Mozart bestehen kann'. (Da das Heidenröslein meines Wissens nicht von Mozart, sondern von Schubert komponiert wurde, kann Lehár also auch vor Schubert bestehen.) Die Berliner Presse löst einen Salut von 101 Schuß. Und das fast ausnahmslos, der Jubel ist auch noch echt. ‚Gern hab ich die Frau'n geküßt', ja, das hat er gern gemacht, Lehárs Paganini. Jetzt aber singt Lehár Goethelieder, was vor Mozart bestehen kann ... Aus Mozart Lehár, aus Goethe Karlheinz."[788]

Die verwitwete Operette: Charells Lustige Witwe

Bertolt Brechts und Kurt Weills *Dreigroschenoper* zum Trotz wurde *Friederike* in der Spielzeit 1928/29 das erfolgreichste Stück Berlins und noch 550 Mal en suite gegeben. Allerdings nicht mehr im Metropoltheater. Dort zog knapp drei Monate später *Die lustige Witwe* in Gestalt Fritzi Massarys ein. Es war – auf dem Höhepunkt des Tauberkults – ihr symbolträchtiger Abschied von der Operettenbühne, die sie in Berlin dreizehn Jahre uneingeschränkt beherrscht hatte. Dabei hatte sie die Rolle noch nie gespielt und bis auf *Die ideale Gattin*

23 „O Mädchen, mein Mädchen, wie lieb' ich dich! Wie leuchtet dein Auge, wie liebst du mich!"
Käthe Dorsch und Richard Tauber als Friederike und Goethe im Metropol-Theater, Berlin 1928

24 „Sah ein Knab' ein Röslein steh'n"
Friederike-Karikatur 1928

1913 auch keine andere Lehár-Partie. Jetzt, wo Lehár wieder das Repertoire dominierte, ließ sie sich von Erik Charell dazu überreden, dem unumstrittenen Meister der Berliner Revue-Operette. Denn als solche inszenierte er *Die lustige Witwe*, machte aus ihren drei Akten sechs opulente Bilder und verlegte die Handlung von Montenegro nach Honduras: Hanna hieß jetzt Glavarios und Danilo Danilos. Auch die Musiknummern wurden für die Massary umgestellt. Ihre Hanna tauschte mit Valencienne das Reiterduett gegen die „anständige Frau" und riss das Grisetten-Couplet, den Weibermarsch und Teile der „Königskinder" an sich. Statt ausschließlich mit dem zum bloßen Partner degradierten Danilo von Walter Jankuhn bandelte sie auch mit Rosillon an, dargestellt vom Universaltalent Max Hansen, dem zweiten Star der Aufführung. Alles war auf Fritzi Massary zugeschnitten, nur Max Hansen „verschaffte sich Sondererfolge durch Tauberparodien."[789]

Der größte Unterschied zur ursprünglichen *Witwe* waren freilich die Gesangstexte. Die ließ sich Fritzi Massary von ihren Leiblibrettisten Rudolf Schanzer und Ernst Welisch nach Maß fertigen, und zwar so, dass ihre freche Frivolität neben der edlen Operettenlyrik der *Friederike* doppelt provokativ wirken musste. Das beginnt schon beim von einem „Negersänger" auf Englisch gesungenen Viljalied „Vilja, o Vilja the witch of the wood" und endet bei „Lippen schweigen, / 's flüstern Geigen: / I love you." Im ursprünglichen Entrée der Hanna beschwört die Massary noch die alten Operettengeister: „Sich einzuleben in Paris / scheint nicht zu leicht zu sein. / Bis jetzt erkannte ich nur dies: / Man lebt sich aus statt ein!" Von der anständigen Frau weiß sie zu berichten: „Sie stellt sich prüd / Und tut solid, / Je mehr das Gegenteil sie macht ... Ich bin eine anständ'ge Frau, / Das heißt: Es weiß keiner genau ...", wobei sie mokant lachte, wie die erhaltene Schallplattenaufnahme festhält. Ihr Auftrittslied, zur Grisettenmusik inmitten von Cowboys gesungen, geht noch weiter und erzählt von ihrem „Freund aus Singapur ... Eine nur, die macht ihn scharf, / Und wenn die mal was bedarf, / Läßt sie sich's besorgen nur – / Von dem Freund aus Singapur."

Wie Lehár zu dieser Umarbeitung stand, ist nicht überliefert. Aufführungsmaterial wurde jedenfalls keines hergestellt, so dass kein anderes Theater diese Version nachspielen konnte. Gedruckt wurde lediglich der Text der Gesänge. An neuen Nummern steuerte der Komponist eine Tangoeinlage und ein Tanzduett des zweiten Paars bei. Die „musikalischen Arrangements der Tänze" übernahm wie oft bei Charell der Jazz-Pianist Adam Gelbtrunk, die musikalische Leitung der lehárerprobte Ernst Hauke. Was aber noch fehlte, war das pikante Chanson, das zur Massary-Operette gehörte wie zur Lyrischen das Tauberlied. Max Hansen berichtete, wie es der Sängerin damit erging: „Bleich sitzt Sie im leeren Zuschauerraum, und mit gebrochener Stimme flüstert Sie: ‚Denken Sie sich Hansen, jetzt sind wir zwölf Tage vor der Premiere und ich habe mein Chanson noch nicht!!!' Ich bin niedergeschmettert und hauche nur: ‚Wie ist das möglich?' Ein Alp legt sich auf alle, ein Chormädel flüstert's dem andern zu, ein Bühnenarbeiter meldet es in der Kantine, die ‚prominenten' Chauffeure raunen sich's zu: ‚Die Massary hat ihr Chanson noch nicht!!!' Die Autoren lassen sich zwei Tage nicht blicken, draußen schneit es. Ich wälze mich nachts in Fieberträumen und schreie wie ein Wahnsinniger: ‚Gebt doch der Massary ihr Chanson!'"[790]

Es wurde ihr gegeben. Aber es war eine alte Nummer: der vor allem im Ausland populäre Gigolette-Foxtrott aus dem *Libellentanz*, dem Schanzer und Welisch den neuen Text „Ich hol' dir vom Himmel das Blau" anmaßen – „Man weiß, jeder brach, / Was er versprach – / Doch man gibt trotzdem nach."

Im Programmheft begrüßte Lehár diese *Lustige Witwe* „in der Gestalt der großen Künstlerin Fritzi Massary" und beteuerte, seine *Friederiken*-Ambitionen hintanstellend, „wie meine ganze Liebe dir auch im neuen Gewand gehört."[791] Wie sagte doch Ernst Bloch: „Der junge Attaché Danilo in der *Lustigen Witwe* brauchte nicht dezent zu sein."[792]

Dramatische Musik der dritten Art?

„Es ist meine Überzeugung, daß sich seit 1927, als wir die Nachwirkungen der Inflation überwunden hatten, ein großer Umschwung in der mitteleuropäischen Seele vollzogen hat. Man könnte sehr wohl von einer Stabilisierung der Gemüter sprechen ... wir haben Zeit, unser Inneres auszubauen. Das sind wohltätige Epochen für die Musik. Konzentrierte seelische Kraft sucht ihren Ausdruck im Lied ... Darauf führe ich den ... Welterfolg meiner *Friederike* zurück."[793] Lehárs alte Rechnung war endlich aufgegangen. Gerade dass er nicht mit der Zeit gegangen war, sicherte ihm paradox genug den großen Erfolg. Es gab, wie Adorno analysiert hatte, „wieder eine Ordnung, frisch genug, daß man in ihr in die Höhe möchte, und schlecht genug, daß einem der Kitsch Chancen dazu gewährt."[794] Lehárs Strategie der gehobenen Operette stellte sich Ende der zwanziger Jahre auch deshalb als erfolgreich heraus, weil dank Rundfunk und Schallplatte das Publikum sich so vergrößert hatte, daß Lehár behaupten konnte, die Operette trage dazu bei, „das große Publikum für die Oper vorzubereiten ... Ich stelle mir die Operette einfach so vor!"[795] Karl Kraus sah dabei gar „Lehár und die Sozialdemokratie" im Bunde: „Die Kruppnikisierung der Kulturgenüsse als lethargisches Vorliebnehmen mit dem bürgerlichen Pofel ... stellt sich als pure Sozialpolitik heraus."[796]

Auch innerhalb der ernsten Opernproduktion vollzog sich in den zwanziger Jahren ein ästhetischer Bruch und führte gegen deren Ende zu einer allgemeinen Opernkrise. Die radikalen Neuerungen der zeitgenössischen Oper hatten ihr traditionell konservatives Publikum verunsichert. Für Walter Benjamin ein Zeitphänomen: „Je mehr nämlich die gesellschaftliche Bedeutung einer Kunst sich vermindert, desto mehr fallen ... die kritische und die genießerische Haltung im Publikum auseinander. Das Konventionelle wird kritiklos genossen, das wirklich Neue kritisiert man mit Widerwillen."[797] Lehár hatte schon während der Entstehung von *Paganini* zielsicher die Bedürfnisse dieses Publikums erkannt, denn „die moderne Oper ist auch für den Halbgebildeten zu schwer, die moderne Nummernoper ist ihm zu leicht."[798] Abgesehen von der Frage, was Lehár unter einer modernen Nummernoper verstand, galt ihm dabei nicht zufällig der Halbgebildete als Repräsentant einer neuen Zielgruppe, die Siegfried Kracauers Definition der Angestellten entsprach und mit diesen die Ablehnung moderner Kunst teilte. Nicht ohne spekulativen Instinkt kam Lehár also den Anforderungen eines verprellten Opernpublikums entgegen – durch verinnerlichte Handlung, gesteigerten Orchesterglanz und vor allem schöne Stimmen. „Denn nun muß die Operette Ersatz bieten für alle Emotionen, die die Oper tatsächlich oder eingebildet geboten haben mochte", klagte Ernst Krenek, mit *Jonny spielt auf* einer der wenigen erfolgreichen zeitgenössischen Opernkomponisten. Als er deshalb *Friederike* im *Anbruch* kurzerhand zum Kitsch erklärte: „kitschig wirken also in der Operette vor allem opernhafte Allüren"[799] – konterte *Friederike*-Librettist Dr. Löhner: „Herr Krenek, der den *Jonny* schrieb, / Hat einen Leitartikeltrieb ... Ein schwacher nachempfundner Blues / Rechtfertigt nicht solch langen Schmues. / Und dann: Herr Krenek, schreiben Sie / Nur eine Lehár-Melodie!"[800]

Der Verweis auf die Melodie und ihr Verschwinden aus der Oper offenbarte einerseits das Dilemma ernster dramatischer Komposition, rechtfertigte andererseits Lehárs Ästhetik der Lückenbüßerei. Nicht zufällig berief er sich dabei auf den letzten Opernmelodiker von Rang: Giacomo Puccini. Die Lyrische Operette setzte Ende der zwanziger Jahre eine lebhafte theoretische Auseinandersetzung über beide Gattungen in Gang. Während Ferdinand Scherber fragte: „Hat Lehár wirklich Operetten geschrieben?"[801] und Paul Knepler gar behauptete: „Es gibt drei Arten dramatischer Musik: Oper, Operette, Lehár"[802], setzte Adornos Kritik gerade beim „Niveau" der Lehár'schen Operetten an, „die sich um Psychologie bemühen, die den Typen nicht ansteht, und um eine kompositorische Form, die schon wegen der Rücksicht auf Faßlichkeit, der Gliederung in Strophe und Refrain sich nicht realisieren läßt."[803] Dass dank Lehár Operetten plötzlich von den Opernbühnen nicht nur in der Provinz gespielt wurden, begrüßte Adorno, der damals in der Frankfurter Oper auch Operetten zu rezensieren hatte, hingegen ausdrücklich: „Ein Verfahren, das mit Lehár und Kálmán die Kassen füllt, um *Mahagonny* und *Wozzeck* möglich zu machen, ist einem solchen vorzuziehen, das mit *Mignon* und *Margarethe* die Hörer im Winterschlaf läßt."[804]

Fleischtöpfe der Operette

„Daß es zwischen Oper und Operette, was künstlerische Qualität anlangt, keine Scheidewand mehr geben wird"[805], war seit jeher Lehárs Zukunftsvision gewesen. Dass mit Richard Tauber ein „Tenor von höheren als Operettengraden"[806] diese Ansicht teilte, war symptomatisch für die Zeit. Bald fielen die Skrupel auch bei den Kollegen, die ihm seinen lukrativen Ausflug unter die Röcke der leichtgeschürzten Muse übelgenommen hatten. Unwiderstehliche Gagen lockten nach Vera Schwarz und Maria Jeritza viele namhafte Opernsänger wie Michael Bohnen, Alfred Jerger, Leo Schützendorf, Hans Heinz Bollmann, Jan Kiepura, Gitta Alpár, Jarmila Novotná und Marta Eggerth an die Fleischtöpfe der Operette. Immerhin boten sie im Falle Lehárs, wie Tauber versicherte, „vollendete Gesangspartien und ... unterscheiden sich nur sehr wenig von der ernsten Kunst der Oper. Es ist nicht wahr, daß eine Operette Kitsch sein muß. Wenn ein wirklicher Künstler eine Operette komponiert, kann sie auch ein Kunstwerk sein."[807]

Die Aura des Kunstwerks rechtfertigte nicht nur den Genrewechsel, sondern ließ sich auch gut vermarkten. Die Carl Lindström A. G. erkannte früh dieses Zusammenspiel und verpflichtete Tauber langfristig für ihr Label Odeon: „Hier haben sich der beste deutsche Tenor u. das beste elektrische Aufnahmeverfahren der Welt vereinigt ... Die Welt hat erkannt, daß sich die Stimme Richard Taubers wie keine andere zur Musikplatten-Aufnahmen eignet" – eine Erkenntnis, die auch Paul Dessau teilte, der damals mit Tauber zusammenarbeitete und seine Stimme, „in ihrer Durchbildung, Beherrschtheit und Modulationsfähigkeit geradezu für die technische Fixierung prädestiniert"[808] hielt. Doch Tauber hatte noch mehr zu bieten. In einer Odol-Werbung von 1928 verriet „der berühmte Tenor... daß Gesangstechnik und Mundhygiene zwei nahe verwandte Begriffe sind." Was ihn freilich nicht daran hinderte, im Dienste der Dresdener Tabakfabrik Salem-Haus zu verkünden: „Rauch's hohe C zu jeder Stund', so bleibst Du froh stets und gesund." Die Daimler-Benz AG schließlich fertigte eigens für ihn ein 140 PS starkes Cabriolet namens „Tauber Spezial"[809] an, mit dem sich der Sänger zu Reklamezwecken gern abbilden ließ, wie immer mit dem obligatorischen Monokel im rechten Auge.

Der Journalist Hans F. Redlich beschrieb den damaligen Starkult um Tauber als Ersatzreligion einer säkularen Warenwelt: „Mit dem impotenten Versagen der naturalistischen Dramenhelden gehen alle Heldenverehrungstriebe des unerlösten Publikums auf jene zum Mythos gewordene Figur des ‚Mannes mit dem Einglas‘ über. Wenn er als verzuckerter Paganini die Frauen gerne küßt … oder das Publikum seines hinlänglich blauen Himmelbetts versichert, wenn er als Goethe, Chopin, Schubert oder Bruckner sein Herz in Sesenheim verliert oder dasselbe in Rinden einschneidet – dann geht es bei dieser Aktion wie ein religiöser Schauer durch die entgötterte Theatergemeinde, die feierliche Handlung wird zum häuslich imitierbaren Kult, Radio und Grammophon erleichtern den feierlichen Dienst, der mit hypnotischer Magie Traum und Wachen, Kaffee und Nachtmahl, Liebesspiel und Hochzeit, Rausch und Selbstmord erfüllt."[810]

Die ungeheure Popularität des „Schmalztenors" und seines Tauberlieder-Rituals griff selbst auf seinen Alltag über. Als er beim Berliner Sechstagerennen erschien, wurde er von der Menge frenetisch aufgefordert zu singen. Und es ertönte vor 6000 ergriffenen Zuschauern Lehár-Musik zu Goethes Worten „Oh Mädchen, mein Mädchen", begleitet von der Blechmusik der Sporthalle, während die Radfahrer ihre Runden drehten. Folgerichtig glossierte Karl Kraus, „man werde einmal wissen, daß Goethe der war, den Tauber gesungen hat."[811] Gerade dieser Goethe-Tauber polarisierte Kritik und Zustimmung. Ernst Bloch registrierte selbst beim Publikum der *Dreigroschenoper* als „eigentümlich … Jeden Abend das Haus ausverkauft. Niemand zischt und auch die *Friederiken* Besucher sind zufrieden."[812] Die von Bloch damals allgemein beobachtete „Gleichzeitigkeit des Ungleichzeitigen" trieb in der Operette besonders bunte Blüten. Friedrich Holländer nahm dies Phänomen in seiner boshaften *Ballade vom weltfremden Richard*, einer Parodie des Tauberlieds aus *Friederike*, satirisch aufs Korn:

Wer war schon Goethe?
Ein kleiner Poete!
Wer hat erweckt ihn?
Wer hat entdeckt ihn?
Wen hört man aus sämtlichen Lautsprechern schrei'n?
Ei, wer kommt denn da?
Ei, wer kann denn das sein?
O Tauber, mein Tauber …

Fleck auf der Schleife?
Nimm Tauber-Seife!
Kleine Erfrischung?
Trink Tauber-Mischung!
Es strahlt wie ein Leuchtturm im Autogewühl
Sein Nam' vom Himmel wie einstmals Persil!
O Tauber, mein Tauber ...

Dem Rundfunkhörer zum halben Preis,
vergiftet, vertaubert, im Todesschweiß,
entringt sich ein Lallen, er wirft sich herum
im Tauberfieberdelirium
O Tauber, mein Tauber, jetzt faßt er mich an,
Erltauber hat mir ein Leid's getan
O Tauber, mein Tauber, wie liebst du dich."[813]

„Was tut sich in Ischl?"

„Das ist in jedem Sommer die Frage, aber so brennend wie diesmal war sie noch nie", meldete die *Wiener Allgemeine Zeitung* in ihrem Artikel „Hochsaison in Ischl", einem der vielen Zeitungsberichte aus Bad Ischl, die jeden Sommer in Wien kursierten. Auch die Daheimgebliebenen sollten schließlich erfahren, was sich in der Sommerresidenz der Operette tat, umso mehr seit es von dort keine Hofberichte mehr gab. Der Kaiser war tot, die Operettenkönige aber lebten und residierten weiter im Salzkammergut. Das taten sie spätestens, seit Wilhelm Karczag, wie sein Sekretär Emil Steininger überlieferte, herausgefunden hatte, „dass sich nur sehr wenige Gegenden der Welt, was landschaftlichen Reiz, gute Luft und pittoreske Gesellschaft anlangt, mit dem Ischler Esplanadenkaffeehaus und dem Hinterzimmer des Zuckerbäckers Zauner messen können. So wurde durch ihn Ischl gewissermaßen die Etappenstation der neuen Operettensaison ... Und es dauerte nicht lang, dass ... von einem Ende der Esplanade bis zum anderen überhaupt nur mehr von Tantiemen geredet wurde."[814] So auch im Sommer 1929, als Karl Kraus besagten Bericht der *Wiener Allgemeinen Zeitung* folgendermaßen zusammenfaßte:

„Unter dem ‚Heer von Librettisten wandeln die drei Könige der Wiener Operette: Lehar, Oskar Straus und Kalman.' Natürlich weiß man ‚die interessantesten Dinge von den drei Mächtigen' zu berichten. Lehar arbeitet unermüdlich, wie nur seinerzeit ein anderer Ischler Kurgast. Gleichwohl sucht er noch etwas.

‚Es ist kein Geheimnis, daß Lehar ein Opernbuch sucht.'

Das pfeifen die Spatzen auf den Dächern, gleichwohl erscheint es in Fettdruck. Molnar, auch ein Mächtiger, wollte eine Kinderoper für ihn schreiben. Keine Zeile hat Lehar bis heut zu Gesicht bekommen ...

Nun läßt man das Heer der Librettisten defilieren. Bei Viktor Leon ergibt sich ein Anstand. Er läßt die Liebesgeschichte mit einem Happy end enden! Das geht nicht, das ist seit *Friederike* altmodisch geworden. Da müssen die Schöpfer Beda und Herzer heran, denen es schon gelungen ist, Goethe dem deutschen Volk nahe zu bringen, und die nun auch an Leon Hand anlegen wollen, was vielfach Bedenken erregt. Doch behält schließlich eine künstlerische Erwägung die Oberhand über die Pietät.

‚Die neuen Librettisten Lehars sind der Ansicht, daß dem Meister die Aktschlüsse mit Liebesresignation viel mehr liegen, und daß L e h a r i n s e i n e m S c h a f f e n ü b e r d i e H a p p y e n d - P e r i o d e h i n a u s s e i.'

Das Entwicklungsstadium gesperrt gedruckt. Aus diesem Grunde wird die junge Wienerin ihren Chinesen wieder verlassen ‚und an den Strand der blauen Donau zurückkehren.'

Das Vernünftigste, was sie tun kann. Lehar selbst ist mit dieser Änderung des Schicksals seines Liebespaares vollständig einverstanden und soll bereits neue Melodien der Entsagung gefunden haben.

Was gibts sonst Neues auf dem Roßmarkt? Tauber wird im August in Ischl erwartet, ‚wo er mit Meister Lehar seine Rolle durchstudieren will' ... auch die Brüder Rotter werden im August erwartet. Das kann schön werden."[815]

Schön hätte auch die Zusammenarbeit mit Franz Molnár werden können, dem damals viel gespielten ungarischen Dramatiker. Die geplante Kinderoper mit Lehár wurde nie realisiert – im Gegensatz zu dem Werk von Victor Léon, an das die *Friederiken*-Librettisten Ludwig Herzer und Fritz Löhner-Beda „Hand anlegen" wollten: *Die gelbe Jacke*.

Als am 14. August 1929 Richard Tauber tatsächlich nach Ischl kam, um das Werk kennenzulernen, hieß es schon *Das Land des Lächelns*. Die Idee zu dieser Umarbeitung war von Tauber selbst gekommen[816], der zum einen *Die gelbe Jacke* kannte und schätzte, zum anderen im chinesischen Prinzen Sou-Chong die passende Rolle für sein Comeback nach einer schweren Rheuma-Erkrankung sah. Deren detaillierten Verlauf schilderte er dem *Neuen Wien Journal*, als er Mitte Juni von einer dreimonatigen Kur aus dem slowakischen Bad Pistyan zurückgekehrt war: „Am 25. Januar sang ich in Berlin in Lehars *Friederike*, mit dem

Meister am Dirigentenpult. Schon als ich an diesem Abend ins Theater kam, fühlte ich einen heftigen Schmerz in der Hand, sang und spielte aber trotzdem wie immer. Als ich nach dem zweiten Akt mit Lehar zusammen vor den Vorhang treten mußte und Lehar mir die Hand drückte, schrie ich plötzlich laut auf: So fürchterlich war inzwischen der Schmerz geworden, daß mir dieser Händedruck einen Schmerzensschrei entriß! Mit Mühe und Not spielte ich den dritten Akt zu Ende, fuhr ins Hotel und legte mich sofort zu Bett. Am nächsten Tag ließ ich den Arzt kommen, der eine Gelenksentzündung ... konstatierte. Man tat sofort alles Notwendige ... es nutzte aber alles nichts, die Krankheit nahm leider ihren normalen Verlauf und nach weiteren drei Tagen war ich gelähmt und konnte mich nicht mehr rühren. So lag ich zweieinhalb Monate in Berlin, bis ich ... als Paket abtransportiert werden konnte." Die Kur in Pistyan schlug an, er bedankte sich beim Personal des Sanatoriums mit einem Konzert und stellte fest: „Meine Stimme aber ist durch die lange Ruhe, wenn ich so selbstbewußt sprechen darf, heute schöner denn je."[817] Nur seine Beweglichkeit war stark eingeschränkt, so dass ihm der chinesische Prinz gelegen kam. Hier konnte er nämlich seine durch den Rheumatismus reduzierte Körpersprache hinter der vermeintlich authentischen, zeremoniellen Steifheit des Chinesen verbergen, bis hin zur unfreiwillig verdrehten Hand, die so zur Chiffre der Fremdartigkeit wurde und als typisch chinesisch in die Aufführungstradition des *Land des Lächelns* einging.

Gelb und Weiß

„Man würde heute keine Operette in dem Stile wie vor zwanzig Jahren textieren ... Die Menschen ... lassen sich keine Oberflächen mehr gefallen. Aber das große Thema gewinnt sie", ließ Lehár 1929 im *Neuen Wiener Journal* verlauten. Sein Artikel trug den programmatischen Titel „Der neue Weg der Operette" und beschrieb den Weg, den er mit seinen lyrischen Libretti eingeschlagen hatte, so zuletzt mit *Friederike*, „deren Motiv dem Leben einer ganz großen Persönlichkeit historischen Formats entnommen ist ... Auch in der Dichtung meines neuen Werkes *Das Land des Lächelns* geht es im Grunde um ganz große Fragen: um den Widerspruch zwischen gelb und weiß." Lehár zufolge war es vor allem „die Verfassung des Publikums in unserer Zeit", die es ermöglichte, „sich von der Lüge des Happyend abzuwenden. Die dichterische Unterlage darf einen angeschlagenen Konflikt in seiner Wahrhaftigkeit ausklingen lassen – der Komponist darf von der Operette zur Oper aufsteigen und braucht auch vor dem komplizierten musikalischen Ausdruck nicht zurückschrecken."[818]

Ein Musterbeispiel für diesen neuen Weg war *Das Land des Lächelns*, das in Victor Léons ursprünglicher Fassung, der *Gelben Jacke*, noch ein Happy End hatte. „Damals ... war mein Erfolg als Komponist noch nicht so groß wie heute. Ich mußte Konzessionen machen ... In diesen ... Jahren hat mich der Erfolg – ich glaube, ich kann es ohne Überheblichkeit sagen – emporgehoben. Ich kann heute so schaffen, wie ich es für richtig halte, Konzessionen sind nunmehr überflüssig."[819] Dabei hatte sich rein musikalisch wenig geändert. Neu komponiert hat Lehár 1929 lediglich das Duett „Wer hat die Liebe uns ins Herz gesenkt" zu Beginn des zweiten Akts. Erst 1936 kam „Märchen vom Glück" dazu, das mit dem Frauenchor gesungene berückende Lied der Feldmarschallsleutnantstochter Lisa von Lichtenfels, wie die Kommerzialratstochter Lea von Limburger den gehobenen Ansprüchen entsprechend nun hieß. Sie bekam außerdem das Duett „Bei einem Tee à deux" mit dem nach wie vor Sou-Chong heißenden Prinzen, das zuvor Lea und Mi im dritten Akt gesungen hatten: „'s hängt der Himmel voller Geigen." Den größten musikalischen Unterschied zwischen beiden Fassungen machte allerdings die Umgestaltung einer Des-Dur-Phrase aus dem 3. Finale der *Gelben Jacke* zum zentralen Tauberlied, die der Sänger selbst vorgeschlagen haben soll. Aus „Duft lag in Deinem Wort" wurde „Dein ist mein ganzes Herz" – das wohl schlagendste Beispiel dafür, welch entscheidende Rolle der Text in der Operette spielt. Dass dieselben Melodien, die 1923 noch auf taube Ohren gestoßen waren, sechs Jahre später Gehör fanden, hatte aber auch noch andere Gründe und durchaus mit dem zu tun, was Lehár „die Verfassung des Publikums in unserer Zeit" nannte.

Noch entscheidender aber für die Publikumsresonanz der einzigen wirklich erfolgreichen von Lehárs insgesamt sechs Umarbeitungen früherer Werke war die dramaturgische Straffung der Vorlage nach der neuen Logik des Verzichts. Besonders das zweite Finale, bisher stets musikalischer Höhepunkt des Genres, verliert im *Land des Lächelns* extrem an Bedeutung, erfolgt doch die Trennung der Liebenden erst im dritten Akt. Entsprechend beginnt das dritte Finale wie das ursprüngliche zweite der *Gelben Jacke*. Nicht minder geschickt erhöhten Ludwig Herzer und Fritz Löhner die Wirkung alter Nummern, indem sie das Libretto vom Ende her neu aufrollten und so die Handlung sowohl von überflüssigen Episoden als auch von allzu hanebüchenen Dialogen befreiten. Und indem sie die Reihenfolge der Musiknummern umstellten – wie Lisas großen Heimweh-Walzer vom Anfang ans Ende des zweiten Akts. Statt den „Prater" samt sich darauf reimendem „Burgtheater" möchte sie jetzt nur noch „die Heimat seh'n". Ähnlich verfuhren Herzer und Löhner mit dem fernöstlichen Lokalkolorit und glätteten dezent den oft grotesken Exotismus der Léon'schen Vorlage. Aus den chinesischen „Kosenamen ... Kröte, Otter, Drache" wurde „das höchste Kompliment ... du bist der Traum einer Frühlingsnacht." Das Bedrohliche wird poetisch und Prinz Sou-Chong zum Charmeur. Verwandelt er sich in der *Gelben Jacke* vom unberechenbaren Exoten zum zivilisierten Europäer, ist es im *Land des Lächelns* umgekehrt. Der zivilisierte Charmeur entpuppt sich als grausame „Panterkatze". Die Assimilationsgeschichte der *Gelben Jacke* ist gescheitert. Der „Widerspruch zwischen gelb und weiß" lässt sich nicht mehr vermitteln. Und so endet das Werk mit einem fast schon sprichwörtlichen Memento der Entfremdung: „Wie's da drin aussieht, geht niemand was an."

Victor Léon war zu diesen Änderungen nicht mehr bereit. Noch 1925 war er einverstanden gewesen, mit dem von Lehár vorgeschlagenen jungen Textdichter Peter Herz „zu seinen Lasten ... zusammenzuarbeiten."[820] Vier Jahre später verweigerte er die Zusammenarbeit mit Herzer und Löhner, verlangte aber, dass sie sich mit einem Tantiemenanteil von 20 % begnügten, während er für sich 30 % reklamierte. Empört schrieben beide am 2. August an Lehár: „Lieber und hochverehrter Herr und Meister ... Du weißt ja selbst, dass von der Prosa bis nun nicht ein einziger Satz geblieben ist und eine Mehrheit der Texte vollkommen neu gemacht werden musste. Nun stehen wir vor dem Beginn des III. Aktes, der restlos neu gemacht werden muss ... und sehen uns nun genötigt, Dir offiziell mitzuteilen, dass wir für die Bearbeitung eine Beteiligung von insgesamt 30 % der Bühnentantiemen beanspruchen müssen ... Solltest du aber der Meinung sein, dass uns der Verlag Karczag die 30 % nicht bewilligen wird, da Leon von seinem Anspruch vielleicht nicht abzubringen wäre, so müßten wir dich bitten, noch rechtzeitig (es sind ja noch 2 Monate bis zur geplanten Aufführung, also genügend Zeit, da wir doch in 3 Wochen 2 volle Akte neu gearbeitet haben) einen anderen Bearbeiter ausfindig zu machen, der sich für 20 % dieser Riesenmühe unterzieht."[821] Die Parteien einigten sich schließlich auf jeweils 25 %, so dass Lehár die Partitur am 28. September abschließen konnte.

Das Land des Lächelns

„Wer ahnen will, was langsam heranschleicht, gehe ins *Land des Lächelns*. Hier lernt er, jenseits des offiziellen, kritisierten Theaters, das inoffizielle, aber umso wichtigere Theater kennen, das wahre Zeittheater."[822] Dem Großkritiker Herbert Ihering schwante schon am 10. Oktober 1929 bei der Uraufführung im Berliner Metropoltheater, was bevorstand. Zwei Wochen später brach in New York die Börse zusammen. Die Weltwirtschaftskrise begann. Massenarbeitslosigkeit und der Aufstieg der NSDAP waren die Folge. Vor diesem Hintergrund gewinnt die resignative Tragik des *Land des Lächelns* eine ungeahnte Brisanz.

Vor allem die Musik weiß von Katastrophen, die weit über den exotischen Anlass des Stücks hinausgehen. Der Stachel dieser Erkenntnis sitzt tief im Fleisch von Lehárs Operette, ohne dass sich der Komponist dessen bewusst war. Dass die Musik bereits am Ende des Ersten Weltkriegs entstanden war, angesichts einer anderen Katastrophe, widerspricht dem keineswegs, sondern zeigt einmal mehr Lehárs seismographisches Gespür für gesellschaftliche Umbrüche. Unter der glatten Oberfläche des „Immer nur lächeln" rumort es merklich. Die Motive führen ein expressives Eigenleben: „Wenn das Herz auch verblutet, die Lippe bleibt still!" Lippen schweigen auf Chinesisch, und auch die Geigen flüstern nicht mehr von Liebe.

Das Publikum freilich jubelte. Erich Urban in der *BZ am Mittag* jubelte mit und gewann der Operettentragik ganz andere aktuelle Bezüge ab. „Ehe auf Zeit. Sichtrennen, das sagt dem Zeitgeschmack mehr zu" als das Happy End. Vor allem aber jubelte er über „Dein ist mein ganzes Herz": „Der große Nachsingschlager für den Winter … ist geboren … Richard Tauber, der Wiedergenesene, der Wiedergewonnene singt es. Sein ‚Tauberlied'. Vier- fünfmal, ich hab's nicht gezählt, und kann kaum das Rasen des Theaters beruhigen."[823] Seine Kollegen waren weniger euphorisch und im Vergleich zu *Friederike* geradezu verhalten. Nicht nur Oscar Bie, der große Opernkritiker und Massary-Bewunderer, bezweifelte, „daß auf diesem Wege die Operette wieder fruchtbar gemacht wird … sein großer Schlager ‚Dein ist mein ganzes Herz', das, bitte, ist doch zu schmalzig."[824] Schon Ernst Bloch hatte bei *Friederike* den Zeiten nachgetrauert, „als noch die Rubriken zwischen Lehár und Mozart getrennt waren, der Schund beim Fettpuder, die große Kunst bei den Feuilletonisten stand."[825] Die große Kunst selbst legte in den 1920er Jahren gerade auf diese Trennung freilich immer weniger Wert. Werke wie *Die Dreigroschenoper* oder *Jonny spielt auf* ignorieren sie demonstrativ. Je hinfälliger kulturelle Traditionen wurden, desto durchlässiger waren auch die alten Grenzen zwischen den Genres. Während für Adorno die zeitgenössische Oper daher „im süßen Kitsch heimisch wird, fühlt der süße Kitsch sich unwohl bei sich selber und möchte Oper tragieren: Zeichen der Verrücktheit aller Haftpunkte musikalischen Formens."[826] Und als solches steht Lehárs Werk prototypisch für eine Zeit, in der auch die „Haftpunkte" gesellschaftlicher und kultureller Ordnung „verrückt" waren.

Das Land des Lächelns wurde noch bis Ende März im Metropoltheater gespielt, dann gastierte die Produktion in Hamburg, Tauber zog im Juni weiter nach Den Haag und im Juli nach Amsterdam und sang den Prinzen Sou-Chong von 1. bis 25. August täglich im Münchner Gärtnerplatztheater. Im November 1930 kam dann die Verfilmung des *Land des Lächelns* in die Kinos, als dritter Film der mit seinem Cousin Max Tauber gegründeten „Richard-Tauber-Tonfilm-Gesellschaft". Für den Sänger war diese Firmengründung mehr als ein Geschäft, sah er doch im Tonfilm „eine durchaus demokratische Kunstform ... Ihm dankt das Publikum, das gewöhnlich von solchen Kunstgenüssen ausgeschlossen bleibt, die Möglichkeit, sich unter geringen Geldopfern die exklusivsten Künstler anzuhören."[827] Bei der Verfilmung des *Land des Lächelns* konnten sie den exklusiven Künstler gleich doppelt erleben: einmal als indischen Maharadscha, der sich in der Rahmenhandlung mit seiner europäischen Geliebten Lehárs Operette anschaut, in der dann Tauber als chinesischer Prinz auftritt. Max Reichmanns statische Regie beschränkte sich dabei auf das Abfilmen der Theateraufführung und von Taubers Gesang. „Da gibt es Großaufnahmen mit der großen Gosch', man dachte, nur so kommt der Ton richtig raus"[828], gestand der Tenor, und Herbert Ihering, der sich auch dieses *Land des Lächelns* nicht entgehen ließ, befand: „Sichtbare Grammophonplatte ist kein Film ... Höhepunkt filmischer Komik, wenn der Tauber der Rahmenhandlung den Tauber der Operette bewunderte."[829]

„Tauber or not Tauber, that is the question"

„Nicht nur in der Politik, sondern auch auf dem Gebiete der Operette leben wir gegenwärtig in einer Zeit großer Umwälzungen. So konnten wir vorgestern mitteilen, daß das neueste Werk Kalmans *Das Veilchen vom Montmartre* im Strauß-Theater zur Uraufführung gelangt, und können heute berichten, daß Franz Lehar endgültig in das Theater an der Wien zurückgekehrt ist."[830] Mit dieser Sensations-Meldung des *Neuen Wiener Journals* vom 1. Oktober 1929 war der sechs Jahre alte Konflikt zwischen dem Komponisten und Hubert Marischka endgültig beigelegt. Zurückgekehrt war Lehár bereits wenige Tage zuvor als Dirigent von vier Festaufführungen des *Graf von Luxemburg* mit Maria Jeritza. „Die Pikanterie des Abends", schrieb Ludwig Hirschfeld, war ihre „Tanzszene mit Marischka. Salome tanzt Walzer. Und zwar mit Wiederholungen."[831]

Ein Jahr später eröffnete dann *Das Land des Lächelns* die Spielzeit im Theater an der Wien, mit Richard Tauber und Vera Schwarz in den Hauptrollen. Es war eine triumphale Rückkehr. Zwei Tage zuvor, am 24. September 1930, war Lehárs 60. Geburtstag vom Journalisten- und Schriftstellerverein „Concordia" mit einem Festkonzert nachgefeiert worden. „In Gegenwart des Bundespräsidenten, des Bundeskanzlers, des Bürgermeisters von Wien und des Landeshauptmanns von Niederösterreich" sangen Tauber und Schwarz und Lehár dirigierte zum ersten Mal die Wiener Philharmoniker. „Von der Militärkapelle bis zum Opernorchester!"[832] – jauchzte die *Neue Freie Presse*.

Dem eigentlichen 60. Geburtstag am 30. April – und dem damit zwangsläufig verbundenen Trubel – hatte sich Lehár durch Flucht nach Baden-Baden entzogen, wo er mit seiner Frau inkognito und ungestört feierte. Der einzige Wiener Bekannte, den er traf, war ausgerechnet sein radikaler Antipode Arnold Schönberg. Doch im Gegensatz zu seinen Schülern schätzte er den Komponisten und „sprach ihn brieflich mit ‚Meister' an, und das war", wie sein Biograph Hans Heinz Stuckenschmidt meinte, „gewiß nicht nur eine leere Floskel." Die Begegnung war immerhin so ersprießlich, dass er, zurück in Berlin, Lehár die Partitur seines Einakters *Von heute auf morgen* zuschickte, als Beispiel einer Zwölfton-Operette sozusagen. Lehár bedankte sich telegraphisch aus Baden-Baden: „fuer die liebe uebersendung ihrer juengsten hochinteressanten schoepfung herzlichen dank hatte riesenfreude wir muessen morgen leider direkt nach wien hoffen aber doch auf baldiges wiedersehn allerherzlichster getreuester = franz lehár."[833] Wie meinte doch Adorno etwa zur gleichen Zeit: „Schönberg hat Lehár einen großen Komponisten genannt, vielleicht darf er ihn so nennen …"[834]

Seit der Uraufführung am 10. Oktober 1929 bis zur letzten Wiener Aufführung am 8. November 1930 hatte Richard Tauber fast ausschließlich als Sou-Chong im *Land des Lächelns* auf der Bühne gestanden. Und in dieser von ihm zur „Leib- und Magenrolle"[835] erklärten Partie wollte er sich auch dem Londoner Publikum vorstellen. Der Premiere am 8. Mai 1931 im Drury Lane Theatre gingen sensationelle Schlagzeilen voraus, nicht zuletzt angeregt durch die enorme Gage: „Can the £1,500-A-Week-Tenor fill Drury Lane?"[836] 1.500 englische Pfund entsprachen einem heutigen Wert von 115.000 Euro und übertrafen damit die bisherigen Gagen des Tenors bei Weitem. Lehár dirigierte die Premiere, Tauber zelebrierte seine Da capi und sang am Ende das auch in England längst populäre „You Are My Heart's Delight" auf Englisch. Auf Englisch waren auch die Dialoge, die Gesangsnummern aber sangen Tauber und seine Partnerin Renée Brullard auf Deutsch. Mancher Zuschauer hielt es für Chinesisch. *The Times* meinte hingegen: „When for the sake of his audience, he moves from German to English, the delicacy and precision of his singing falter and he relies on methods of attack that are appropriate to artists not of his quality; but when he uses his own language he is a singer of exceptional power and discretion."[837] Taubers Bühnenpräsenz beeindruckte sogar den berühmten englischen Komiker George Grossmith: „an indifferent actor with no pretence of good looks, who radiated a rare stage magnetism."[838]

Wie in alten Zeiten erschienen König George V. und Königin Mary zur Premiere und wie in alten Zeiten konnte Lehár noch immer kein Englisch. Doch Tauber war es nicht vergönnt, seinen Triumph auszukosten. Schon in der dritten Vorstellung versagte ihm die Stimme. Er musste durch Robert Naylor ersetzt werden, das Publikum aber wollte Tauber sehen. Nach einer Woche trat er wieder auf, nach einer weiteren Woche musste er sein Gastspiel unterbrechen und begab sich nach Bad Reichenhall in Behandlung. „Tauber or not Tauber, that is the question – or rather was the question"[839], resümierte die Zeitschrift *Everbody's Weekly*. Erst am 15. Juni trat Tauber wieder auf. Von den insgesamt 72 Vorstellungen sang er nur 37, so dass *The Land of Smiles* schließlich abgesetzt wurde. Der Lehár-Biograph Walter MacQueen-Pope zeigte wenig Verständnis und gab Tauber die Schuld an der allzu kurzen Laufzeit: „all because of the temperament, the bad sportsmanship, the complete unreliability of a tenor."[840] Als der ein Jahr später eine Wiedergutmachung mit *The Land of Smiles* und einer reduzierten Wochengage von £900 im Dominion Theatre versuchte, galt er bereits als „Herr Tauber of the golden voice and temperamental larynx."[841] Doch diesmal ging alles gut, so dass er nach sechswöchigem Londoner Gastspiel und anschließender Tournee durch die Provinz folgende Bilanz zog: „Mit Beendigung meines letzten Londoner Gastspiels ... habe ich die Rolle des Prinzen Sou-Chong fünfhundertmal gespielt und die Hauptnummer der Operette ‚Dein ist mein ganzes Herz', ungefähr zweitausendfünfhundertmal gesungen. Ich glaube kaum, daß mir ein anderer als Meister Lehár so wundervolle Gelegenheiten bieten könnte ..."[842]

Vergebliches Happy End – Schön ist die Welt

„Die Premiere der neuen Lehár-Operette bietet wieder das nun schon gewohnte Bild eines gesellschaftlichen Ereignisses. Es beginnt mit einer fünffachen Autoreihe in der Behrenstraße und, wie dereinst bei den Metropol-Premieren der Vorkriegszeit, genießt ein Spalier von Schaulustigen die große Modenschau. Höchst elegante Abendtoiletten, die unter kostbaren Pelzen hervorlugen und nichts von schlechten Zeiten erkennen lassen."[843] Die Uraufführung von *Schön ist die Welt* am 3. Dezember 1930 war die letzte Lehár-Premiere in Berlin. Im Mittelpunkt stand auch hier das Zelebrieren des neuen Tauberlieds „Liebste, glaub an mich", das eigentlich ein altes Treumannlied aus dem *Sterngucker* war und dort „Und der Herrgott lacht" geheißen hatte. Der Mozart-Biograph Alfred Einstein bemerkte dazu: „Tauber, immer noch ein wenig mongolisch, das Antlitz ein ganzes Land des Lächelns, ist nicht nur ein Prinz, sondern ein Halbgott, ein Gott des Gesangs, und bei dem ‚Preislied' kann er nicht weniger als vier oder fünfmal Tauber spielen."[844]

Vergebliches Happy End – Schön ist die Welt 285

25   „Ich hab' geglaubt an ein Märchenglück. Es ist vorbei, nie kehrt der Traum zurück!"
     Richard Tauber als „armer Sou-Chong" in der Verfilmung des Land des Lächelns, 1930

26   „Richard Tauber as Prince Sou Chong proves to be also Prince of Sing-Song"
     Karikatur von H. H. Harris zu Taubers Gastspiel in London 1931

Schön ist die Welt war nichts anderes als die bereits 1926 für das Metropoltheater konzipierte Bearbeitung von *Endlich allein*. Schon damals hatte Lehár verkündet: „Den 2. Akt wie er jetzt dasteht streicht mir niemand weg und der erste und dritte Akt soll so modernisiert sein, daß das Auge und Ohr geblendet sein wird. Hier wird man direkt mit der Revue konkurrieren können, ja man wird sie überbieten, denn diesmal soll die Musik so stark und schlagkräftig sein wie noch nie."[845] Und so kam es. Bis auf kleine Änderungen wie eine Radiodurchsage und das neue Tauberlied blieb der zweite Akt unverändert. Und das Titellied, in *Endlich allein* noch Auftrittslied der Sängerin, wurde zu dem des Tenors. Lehár entschädigte sie dafür mit einem „Walzer mit Ziervokalisen (,Ich bin verliebt')", immerhin hatten die Rotters Gitta Alpár engagiert, die platinblonde ungarische Koloratursopranistin der Berliner Staatsoper. Sie wurde über Nacht zum neuen Operettenstar und glänzte als bergsteigende Prinzessin. Tauber hingegen stand seine sportive Prinzenrolle weniger zu Gesicht und Statur, wie Thomas Manns Schwager Klaus Pringsheim nicht ohne Ironie überlieferte: „Zum Schluß, wenn König Schützendorf und Kronprinz (Tauber) in Galauniform, als kämen sie geradewegs vom Maskenverleiher, auf der Bühne erscheinen, geht eine Woge von Heiterkeit durch das Parkett."[846]

Da er im ersten und dritten Akt „direkt mit der Revue konkurrieren" wollte, komponierte Lehár erstmals wieder seit *Cloclo* moderne Tänze. Und es gelangen ihm entzückende Stücke wie das Marschduett mit dem wunderbaren Text: „Mein Kind, du bist berückend, / berauschend und beglückend. / Du hast so etwas Plastisches, / Elastisches, Phantastisches" – das schließlich in eine wirklich „berückende" Gavotte übergeht. Für Alfred Einstein war dieses „Duettchen des unsentimentalen Liebespaares (,Nur ein Viertelstündchen'), das graziöseste Stück der Partitur … und wo Steprhythmen kommen, etwa in einem Duett, wo sich Sonnenglut auf Kreolenblut reimt, oder einer Tanzeinlage des Schlußakts, sind sie so dezent, daß sie die Wienerische Seligkeit nicht stören." Gemeint waren der Tango „Rio de Janeiro" und der Slowfox „In der kleinen Bar". 1931 kam dann noch für die Wiener Premiere die reizvolle Rumba „Schön sind lachende Frau'n" hinzu.

Doch bei aller Modernität der Rhythmen, die Instrumentation blieb alte Schule. Das fiel umso mehr auf, als erst drei Monate zuvor an gleicher Stelle ein Komponist in Erscheinung getreten war, der den Klang der Operette grundlegend und ein letztes Mal revolutionierte: Paul Abraham. Seine *Viktoria und ihr Husar* machte mit ihrer wilden Melange aus Jazz und Csárdás, Revue und Operette, Sentiment und Erotik Sensation. Das lag vor allem an Jazznummern, wie sie in der Operette zuvor nie gewagt worden waren, und am Orchester, das um eine komplette Jazzband erweitert war und zum ersten Mal den aktuellen

Sound der avancierteren Tanzorchester auf die Operette übertrug. Auch der andere, noch größere Operettenerfolg der Spielzeit, Ralph Benatzkys, nur einen Monat vor *Schön ist die Welt* uraufgeführtes Singspiel *Im weißen Rößl*, ging in eine ähnliche Richtung, hatte aber mit *Schön ist die Welt* zumindest das alpine Ambiente gemein.

„Ja, was soll man machen?" – fragte Einstein. „Die Handlung spielt in allerhöchsten Kreisen und auf allerhöchsten Bergen. Sie ist einfach, ergreifend und erschütternd … die Naturstimmung mit dem Motto des Werkes ‚Schön ist die Welt' sinfonisch verwoben. Und das alles ist liebenswürdig, voll echt empfunden, ohne die geringste Opernhaftigkeit und Pathetik."[847] Paradoxerweise fand Lehár ausgerechnet mit dem so disparaten Werk endlich die Anerkennung der seriösen Musikkritik. Selbst Oscar Bie, der ihm seit jeher skeptisch gegenüberstand, musste konstatieren: Lehár „zog es vor, so etwas wie eine komische Oper zu schreiben. Man denke, es kommt kein Chor vor … Er schreibt eine Musik, die nicht nur angenehm im Ohr klingt, sondern auch gewisse Qualitäten hat … er ist nicht so schmalzig und süßlich und kokett wie sonst. Gegen *Friederike* oder das *Land des Lächelns* gehalten, benimmt er sich tadellos. Im zweiten Akt steigt er sogar in entlegenere moderne Harmonien und macht unter Begleitung von charakteristischen Leitmotiven eine Bergpartie der Musik, die aller Ehren wert ist. Ich übertreibe nicht … Tauber und die Alpar schwimmen gerne in dieser Musik, die ihnen einmal etwas bessere Aufgaben stellt. Sie können so tun, als ob sie Oper sängen."[848]

„Die Liebe ist der größte Bolschewik!"

Doch was die Kritik lobte, war den Direktoren des Metropoltheaters suspekt. Schon bei den Proben zum *Land des Lächelns* war es zwischen Lehár und Alfred Rotter zum Konflikt gekommen. Der stand nicht umsonst im Ruf, wie das *Neue Wiener Journal* hinter den Kulissen erfahren hatte, „in keine Premierenschlacht" zu gehen, „ehe er nicht den glücksbringenden großen Krach mit den Autoren arrangiert hat. Franz Lehar weiß ein Lied davon zu erzählen."[849] Das tat er aber nicht, sondern überließ es seinem Kollegen Nico Dostal, damals Kapellmeister am Metropoltheater. Alfred Rotter wollte nämlich im *Land des Lächelns* den Begrüßungschor von Lisas erstem Auftritt streichen. Lehár weigerte sich, worauf jener erwiderte, „Lehár möge seinen Mist in Wien aufführen lassen, was wiederum den Textautor Dr. Löhner-Beda empörte, der jetzt aus dem dunklen Zuschauerraum auftauchte … ‚Wie erlauben Sie sich mit dem Meister Lehár zu sprechen!'

‚Was', rief der Direktor, ‚die Textdichter sind auch schon da und wollen dreinreden ...', worauf ein allgemeiner Streit ausbrach, der erst einmal der Probe ein Ende bereitete, weil alle aufgeregt davongingen, bis auf Lehár ... Rotter ... rief wütend: ‚Alle sind weg, und Sie sitzen immer noch da!'

‚Ich suche nur mein Brillenfutteral', meinte fast schüchtern der Meister. Tags darauf, als wieder geprobt wurde, als wäre nichts geschehen, meinte ich empört zu Lehár: ‚Ich hätte mir an Ihrer Stelle das gestern nicht ohne weiteres gefallen lassen.'

Er sagte darauf schlicht: ‚Da kann man nichts machen, er ist der Direktor.'"[850]

Bei *Schön ist die Welt* muss sich der Streit in verschärfter Form wiederholt haben. Diesmal ging es um den opernhaften zweiten Akt, wie Lehár in einem Interview andeutete: „Ich bin mit meinem Werk, wie man ja weiß, künstlerisch so verwachsen, daß ich jede Aenderung als einen unerlaubten Eingriff in mein Heiligstes betrachte. Als ich da plötzlich eine Aenderung im zweiten Akt ... bemerkte, fragte ich, wer das getan hat. Als ich erfuhr, die Direktoren Rotter wären die Urheber, sagte ich in meiner Erregung: ‚Das sind ja musikalische ...' Wie es aber schon einmal beim Theater ist, wurde diese Aeußerung den Rotters überbracht, die nun ihrerseits gegen mich aggressiv wurden. Ich glaube heute tut es ihnen sehr leid und der ganze große ‚Konflikt' ist meinerseits bereits ad acta gelegt."[851]

Offiziell sprachen die Rotters freilich von „einer der entzückendsten Operettenmusiken, die Meister Lehár je geschrieben", und stilisierten ihre Aufführung zu einer „Höchstleistung deutscher Theaterkunst". Doch die spärliche Ausstattung und das Fehlen des Chors waren verräterische Vorzeichen jener Auflösungserscheinungen, die im Gefolge der Weltwirtschaftskrise nicht nur Rotters Bühnenkonzern, sondern fast alle Berliner Privattheater in den Ruin trieben. Noch dementierte Fritz Rotter in der Presse heftig: „Alles, was Sie aus Berlin hören von Theaterpleite, Interesselosigkeit des Publikums, ist Quatsch! Bietet den Leuten etwas und es gibt keine leeren Theater. Wir spielen *Schön ist die Welt* allabendlich im Metropoltheater, die Leute zahlen dreißig Mark für einen Sitz und toben vor Begeisterung und erzählen ihren Bekannten, es sei ein ‚Erlebnis' gewesen! Qualität, das ist es! Wirkliche Stars, nicht Leute, die sich so nennen, aber kein Publikumsmagnet sind, Kunstwerke, nicht Machwerke, großzügige Inszenierung – machen Sie den Leuten einen solchen Abend und sie stürmen die Kassen trotz aller Wirtschaftsnot, die da ist."[852]

Schön ist die Welt war Franz Lehárs und Richard Taubers letzte gemeinsame Berliner Premiere und schloss damit eine ebenso kurze wie glanzvolle Ära ab, die 1926 mit *Paganini* begonnen hatte. Dass gerade eine Operette, in der keine Träne fließt und kein Herz bricht, Lehárs Berliner Erfolgsgeschichte beendete, ist ihre ironische Pointe. Immerhin war hier die Welt noch schön, gab es ein Happy End und selbst die alten Utopien wurden durch das Schlagen von Löffeln auf Tassen bekräftigt: „Ja, die Liebe ist brutal / und alle Menschen sind ihr ganz egal. / Ob man arm ist oder reich, / Ja, sie macht die Menschen gleich … Für Groß und Klein bringt sie Glück. / Die Liebe ist der größte Bolschewik!"

„Das Buch der Bücher"

„Ich warte noch immer auf das Buch der Bücher"[853], zitierte Karl Kraus im September 1930 Franz Lehár. Der präzisierte seine Librettoambitionen unmittelbar nach dem Krach mit Rotters folgendermaßen: „Mein lebhaftester Wunsch wäre freilich eine komische Oper zu komponieren. Ich finde aber kein passendes Buch."[854] Und so behalf er sich damit, wie bei seinen beiden letzten Operetten, auf sein eigenes Oeuvre zurückzugreifen. „Man wird mir vielleicht den Vorwurf machen, daß ich derzeit nur ältere Werke umarbeite, kein ganz vollkommen neues Werk mehr bringe. Ich schäme mich nicht, zu sagen, daß ich jetzt … manche Schwächen dieser Partituren erkenne und glücklich darüber bin, diesen Werken noch persönlich die letzte künstlerische Reife geben zu können. Ich habe in früheren Jahren viel zu rasch gearbeitet, wenn man neunundzwanzig abendfüllende Werke herausbringt, eines sozusagen dem anderen auf den Fuß tritt, hat man nicht viel Muse zu feilen und zu korrigieren."[855]

Als ihm Béla Jenbach im März 1931 das ursprünglich für Emmerich Kálmán geschriebene Libretto *Die Heilige und der Schuft* anbot, lehnte er mit dem Hinweis ab, dass es Kálmán vielleicht noch „als Tonfilm herausbringen" wolle. „Dass ich mich sehr darauf freue, sowohl dieses Buch als auch *Gaby Deslys* kennen zu lernen, das weißt du ja. Wir haben mit unseren gemeinsamen Arbeiten sehr viel Glück gehabt und ich warte sehnsüchtig darauf, ein Libretto à la *Blaue Mazur – Paganini – Zarewitsch* wieder einmal in die Hand zu bekommen."[856] Es kam nicht mehr dazu, so dass sich Lehár im Sommer 1931 derjenigen seiner Lieblingsoperetten zuwandte, die am wenigsten gespielt wurde: dem *Fürstenkind*. Nach seiner Rückkehr aus London verkündete er: „Die Premiere, wo immer, ist sozusagen an Taubers Mitwirkung gebunden."[857] Der sang aber in diesem Jahr das *Lied der Liebe*, eine völlige Neuschöpfung der Johann-Strauß-Operette *Das Spitzentuch der Königin* durch Erich Wolfgang Korngold, den die Rotters als Lehár-Ersatz engagiert hatten. Tauber befand sich nach eigenem Bekunden „in einer sehr peinlichen Situation: mein Herz zog mich zu Lehár – mein Vertrag band mich an Rotters … Die Ehe Lehár-Tauber ist … weder getrübt noch gar geschieden, sondern jeder hat halt einen kleinen Seitensprung gemacht, aber das kann doch in der besten Ehe vorkommen!"[858]

Lehár hatte seinen Seitensprung mit dem Bariton Michael Bohnen gemacht, seit Erik Charells *Casanova* ebenfalls ein gefragter Operettenheld. Mit ihm kehrte er zu Heinz Saltenburg zurück, der das kaum veränderte *Fürstenkind* unter dem neuem Titel *Der Fürst der Berge* am 23. September 1932 im Theater am Nollendorfplatz herausbrachte.

Vorausgegangen war eine Auseinandersetzung mit Victor Léon, der, aufgeschreckt durch das Gerücht, dass Löhner-Beda bereits *Das Fürstenkind* bearbeite, diesem eine „unhöfliche, offene Karte"[859] schrieb und gegen ihn „wegen Verdachtes des Vergehens gegen die Geschäftsmoral"[860] ein Disziplinarverfahren bei der „Genossenschaft dramatischer Schriftsteller und Komponisten" anstrengte, das aber bald eingestellt wurde. Löhner hatte Léon zwar geschrieben, dass er eine „Umarbeitung nicht für ausgeschlossen hielte, zumal Lehar mit der Umarbeitung der *Gelben Jacke* so gute Erfahrungen gemacht hat"[861], versicherte ihm aber, nicht daran zu arbeiten. Doch Léons Erfahrungen scheinen bei der *Gelben Jacke* keine guten gewesen zu sein, so dass er einer weiteren Zusammenarbeit mit Löhner-Beda ablehnend gegenüberstand. Da er aber auch nicht bereit war, die auf Richard Tauber zugeschnittenen Änderungen am *Fürstenkind* selbst durchzuführen und „um die guten Beziehungen zwischen" Lehár und ihm „nicht zu trüben", wandte er sich an Alfred Grünwald. Er sollte als „Verbindungsoffizier" dienen, „das heisst: ein Mann, mit dem ich die nötigen Aenderungen bespreche und der sie mit mir ventiliert, um sie dann Lehar zu vermitteln."[862]

Grünwald meldete am 6. Juli 1931, „dass Lehar nach meiner nochmaligen Intervention nun nicht mehr so sehr auf der Mitarbeit Beda's besteht ... der Zweck dieses Schreibens ist nun, Sie zu fragen, wie Sie sich die Weiterentwicklung dieser Angelegenheit denken ... Es wäre mir sehr recht, wenn Sie lieber Herr Léon ... jene pouvoirs erteilen würden, die Sie seinerzeit bei der Bearbeitung der *Gelben Jacke* erteilt haben."[863] Doch auch dazu war Léon scheinbar nicht bereit, so dass ihm Grünwald zwei Monate später schrieb: „Man hat Lehar sehr zugesetzt, doch nicht wieder eine Sache zu bearbeiten, sondern lieber eine ganz neue zu machen. Soviel ich sicher weiss, hat dieses Manöver auch auf ihn gewirkt und er würde heute leichten Herzens auf das Projekt *Fürstenkind* verzichten ... Ich betrachte die Sache aber anders. Es wäre schade, die plausible Kombination Tauber Metropol auszulassen[,] und noch mehr schade wäre es, das *Fürstenkind* das in einer etwas neuen Fassung über alle Bühnen gehen kann, einfach seinen Dornröschenschlaf weiter schlafen zu lassen."[864]

Der eigentliche Grund für Lehárs plötzliche Zurückhaltung gegenüber dem „Projekt Fürstenkind" dürfte neben Léons Starrsinnigkeit ein anderes gewesen sein. Der Krach mit den Gebrüdern Rotter hatte Spuren hinterlassen und bei Lehár trotz deren Versöhnungsangebot starke „innere Hemmungen und Widerstände"[865] gegen die Bearbeitung ausgelöst, wie Tauber berichtete. Der wusste dafür bereits am 11. Oktober 1931 zu vermelden: „Nun bewog ich Lehar, lieber etwas von Grund auf Neues zu schaffen. Es handelt sich um eine Art *Carmen*-Sujet."[866] Schon zum Zeitpunkt von Grünwalds letztem Brief war in der *Wiener Allgemeinen Zeitung* zu lesen gewesen, Opernstar Maria Jeritza habe Lehár aus „nicht weniger als drei duzend Libretti … sechs zur engeren Auswahl übergeben."[867] Wo Tauber und Jeritza ins Spiel kamen, konnte die Wiener Staatsoper nicht weit sein. Schon bei *Friederike* hatte die Sängerin verstohlen versucht, zwischen Lehár und Operndirektor Franz Schalk zu vermitteln. Löhner-Beda war Zeuge: „Eines Tages bekam der Meister eine Einladung zu Frau Jeritza, die sich in Unterach befand. Schalk sei bei ihr zu Gast und habe die Absicht das edle Singspiel kennenzulernen … Lehár … spielte dem Direktor seine *Friederike* vor. Schalk war stürmisch begeistert! Er sagte, Lehár müsse endlich für die Staatsoper gewonnen werden … Zwei Tage später erzählte mir der Kritiker E. K. … daß Schalk sich alles eher als nett über Lehárs Musik geäußert hätte. Trotz der Begeisterung in Unterach! Und nun nahm Lehár Stellung; er meinte, es wäre nicht an der Zeit, daß er in der Oper aufgeführt würde. ‚Warum?' fragten wir. ‚Da müßte ich doch tot sein', erwiderte der Meister, ‚und ich habe noch einiges auf dieser Welt zu arbeiten!'"[868]

Lehár unterm Hakenkreuz

1933–1948

Und wir wollen nie erwachen aus der süßen Lehár-gie[869]

„Es wird auch ohne Lehár gehen"

„Die jüdischen Theaterdirektoren Alfred und Fritz Rotter sind in Vaduz von sieben jungen Leuten, vermutlich Nationalsozialisten, überfallen worden. Sie sollten mit vorgehaltenem Revolver in einem Auto entführt werden. Alfred hat sich bei der Flucht zu Tode gestürzt. Fritz sprang aus dem rasenden Auto und blieb mit Schädelbasisbruch auf der Strecke."[870] Mit dieser Sensationsmeldung, vom Komponisten Ralph Benatzky am 6. April 1933 in sein Tagebuch notiert, begann für die Operette und damit auch für Lehár eine neue Zeitrechnung. Obwohl er selbst mit den Rotters schon vorher gebrochen hatte, betraf dieser Überfall auch ihn. Er steht symbolisch für das Ende der Operette als privates Geschäftstheater und für den Anfang der Operette als staatlich gesteuerte Unterhaltung. Schon vorher soll Hermann Göring Fritz Rotter ins Gesicht gesagt haben: „Sobald wir an die Macht kommen, greifen wir uns die Rotters."[871] Vor dem finanziellen Aus waren sie allerdings bereits vorher gestanden nicht zuletzt weil sie sämtliche Abendeinnahmen ihrer jüngsten Erfolgsproduktion, Paul Abráháms *Ball im Savoy*, an die Berliner Funkfreunde verpfändet hatten, eine Besucherorganisation unter der Führung von Heinz Hentschke, dem späteren großen Profiteur ihres Bankrotts. Dessen genauen Verlauf hat der Schweizer Historiker Peter Kamber in langjähriger Recherchearbeit rekonstruiert und kommt zu dem Schluss, dass die Verpfändung der laufenden Einnahmen an Hentschke nicht, wie erhofft, den Konkurs ihres Bühnenimperiums hinausgezögert, sondern beschleunigt hat. Entscheidend aber für den Zusammenbruch der Rotter-Bühnen war, wie Kamber schreibt, der „mit nachweislich falschen Behauptungen erfolgte Querschuss"[872] des *Verbandes deutscher Bühnenschriftsteller und Bühnenkomponisten*, dessen Vorstandsmitglied Richard Bars sich später rühmte, die Rotters zu Fall gebracht zu haben. Als die Brüder Rotter das zu spät begriffen, trafen sie Mitte Januar wohl aus Panik eine verhängnisvolle Entscheidung: Sie verließen Berlin in Richtung Liechtenstein, dessen Staatsbürgerschaft sie seit 1931 besaßen. Sie blieben nicht nur vielen ihrer über tausend Theaterbeschäftigten den Lohn schuldig, sondern wurden daraufhin auch noch per internationalem Haftbefehl gesucht. Um die „Schande" zu tilgen, „dass man Leute wie die Rotter als Bürger im Lande dulden müsse"[873], versuchte eine Gruppe Liechtensteiner „Patrioten", die Brüder in Eigeninitiative und mit Unterstützung Konstanzer SA- und SS-Männer den deutschen Behörden auszuliefern. Die dilettantisch und brutal durchgeführte Aktion scheiterte „am schlagkräftigen Widerstand" der Brüder: Alfred und Gertrud Rotter gelang die Flucht, sie verloren aber im steilen Wald das Gleichgewicht und stürzten über einen Felsen in den Tod, Fritz Rotter brach sich beim Sprung aus dem Wagen die Achsel und flüchtete nach Frankreich.

Es war ein erster Paukenschlag für das, was noch kommen sollte. Keine drei Wochen später folgte dann eine eher farcenhafte Fortsetzung: die „Griechenbeisl"-Affäre, so genannt nach einem noch heute existierenden Wirtshaus in Wien, in dem sich am 24. April 1933 Funktionäre der Genossenschaft deutscher Tonkünstler und der GEMA mit Vertretern der österreichischen Schwestergesellschaft AKM getroffen hatten, um den bis 1937 laufenden Kooperationsvertrag zur gemeinsamen Erhebung ihrer Gebühren aufzukündigen. Präsident dieser unter dem Namen „Musikschutzverband" zusammengefassten Organisation war Baron Anton von Lehár, der Bruder des Komponisten. Als er kurz nach diesem Treffen entlassen wurde, schrieb er an den Vorstand folgenden Brief: „Sehr geehrte Herren, die soeben erfolgte fristlose Kündigung weise ich ausdrücklich zurück. Die dafür als Begründung angeführte Äußerung bei einem Bierabend im Wiener Griechenbeisl habe ich zwar gemacht, war aber lediglich als Warnung an die deutschen Kollegen gedacht, die Zusammenarbeit mit den österreichischen Urheberrechtsorganisationen nicht aufzukündigen[,] und wurde von den Herren damals auch nicht beanstandet. Sie lautete sinngemäß: ‚Denken Sie doch daran, welch schlechte Erfahrungen die Deutschen mit der Verletzung ihrer Neutralitätsverpflichtung gegenüber Belgien gemacht haben, und wie sich das später gerächt hat.'"[874]

Franz Lehár wandte sich daraufhin umgehend an die zuständige oberste Instanz: „Sehr geehrter Herr Reichsminister, mit Rücksicht auf die großen Interessen, die hier von Staat zu Staat auf dem Spiel stehen, bitte ich Sie, dem General a. D. und Mariatheresienritter Anton Freiherr von Lehár in dieser Sache eine kurze Unterredung zu gewähren. Mit dem Ausdruck vorzüglichster Hochachtung zeichne ich ergebenst, Lehár." Noch unter den Brief setzte der Minister den Vermerk: „kommt nicht in Frage."[875] Es war Lehárs erster Kontakt mit Joseph Goebbels. In der deutschen Presse fand er besagte Äußerung im Griechenbeisl bald sich selbst untergeschoben. Von der nationalsozialistischen preußischen Landtagsfraktion wurde gar der Boykott seiner Werke in Deutschland verlangt. Franz Lehár dementierte in sämtlichen Wiener Zeitungen: „Ich stelle hiermit fest, daß ich diese Äußerung nicht gemacht habe." In seiner Stellungnahme erklärte er die offizielle Begründung der Kündigung: „daß das österreichische Repertoire ein ausgesprochen jüdisches Repertoire ist und jüdische Komponisten und Autoren im Deutschen Reich nicht mehr aufgeführt werden dürfen", zum bloßen Vorwand. „Das ist ein neuer Beweis dafür, dass man mit allen Mitteln versucht, uns ausländische Komponisten oder Autoren, die in Deutschland Erfolg haben, zugunsten parteipolitisch eingestellter ‚Kollegen' zu verdrängen. Abgesehen davon, daß mir bekannt ist, daß Werke von nichtarischen Komponisten nach wie vor in Deutschland zur Aufführung gelangen, und daß ich als Künstler auf dem Standpunkt stehe, daß die Konfession für den Wert eines Musikwerkes nicht maßgeblich sein kann, ist die Behauptung ... unrichtig ... Ich lebe als Künstler für mein Schaffen und kümmere mich nicht um die Politik. Leider werde ich durch derartige Artikel gezwungen zu erwidern."[876]

Die Reaktion aus Berlin ließ nicht auf sich warten. So war im *Berliner Herold* zu lesen: „Franz Lehár wird nicht mehr im Rundfunk gespielt. Er hat es für nötig gehalten, die deutsche Politik zu kritisieren ... Nun, es wird auch ohne Lehár gehen."[877]

„Gesinnungsgenosse und Rassekollege"

Zum Zeitpunkt der „Griechenbeisl"-Affäre war Franz Lehár gerade in Paris, wo am 3. Mai 1933 die Opernfassung seiner *Frasquita* in der Opéra Comique erstmals aufgeführt wurde. Das verschaffte ihm „die Ehre eines Empfangs durch den Präsidenten der Republik Frankreich und einige Tage später", nach der 200. Aufführung von *Le Pays du sourire* im Gaîté lyrique, widerfuhr ihm die noch größere Ehre der „Überreichung des Kommandeurskreuzes der Ehrenlegion." Dies Erlebnis werde, wie er beteuerte, stets zu seinen „schönsten Erinnerungen zählen."[878] Deswegen wurde er in Deutschland auf die parteiinterne schwarze Liste gesetzt: „Auch Lehár dürfte sich damit alle Sympathien des deutschen Volkes verscherzt haben."[879]

Nicht besser erging es Richard Tauber. Seine letzte Berliner Produktion, Jaromir Weinbergers *Frühlingsstürme*, war auch die letzte Operettenpremiere vor Hitlers „Machtergreifung" gewesen und wurde am 12. März abgesetzt. Danach soll der Sänger, wie sein Biograph Martin Sollfrank berichtet, vor dem Hotel Kempinski „von einem Trupp junger SA-Männer angepöbelt und niedergeschlagen"[880] worden sein. Am 17. März verließ er Berlin für immer, ging zunächst nach Wien, um sich mit Lehár zu treffen, dann auf Tournee durch die Schweiz und Holland. Aus Den Haag, wo er mit seiner neuen Lebens- und Bühnenpartnerin Mary Losseff in *Paganini* sang, richtete er am 25. Mai folgende „Erklärung" an den preußischen Theaterausschuss im Kultusministerium: „Ich, der Unterzeichnende Richard Tauber, Mitglied Nr. 34141 der Genossenschaft Deutscher Bühnenangehöriger, erkläre, dass ich den Zielen der nationalen Regierung des heutigen mir zur zweiten Heimat gewordenen Deutschland volles Verständnis entgegenbringe. Ich füge mich bewußt in die nationale Bewegung ein und stelle mich und meine Kunst dem Aufbau eines neuen deutschen Theaters zur Verfügung."[881]

Am 6. Juni folgte ein Brief des befreundeten Kammersängers Erich Mauch, der darauf hinwies, daß Tauber „in rein arischem Familienkreise erzogen" wurde, und ihn wie folgt zitierte: „Ich will deshalb nur deutsch singen, weil die ganze Schönheit der deutschen Musik nur in der deutschen Sprache erfüllt werden kann." Der briefschreibende Kollege konnte sich schlicht nicht vorstellen, daß man aus „parteilicher Engstirnigkeit ... schematisch nach so und so viel Mischung jüdischen Blutes es fertig bringt, einem prominenten Künstler ... aus brutalen Gründen heraus zu sabotieren."[882] Der zuständige Staatskommissar, SS-Gruppenführer Hans Hinkel, der später in der Reichskulturkammer eine entscheidende Rolle spielen sollte, antwortete umgehend, „dass Herr Tauber als freischaffender Künstler sich in Deutschland betätigen kann, ohne Gefahr zu laufen, hier Schwierigkeiten zu begegnen, vorausgesetzt, daß er nicht gegen die Belange des heutigen Deutschland verstösst."[883]

Im Gegensatz zu anderen jüdischen Künstlern wie Joseph Schmidt trat Tauber in Deutschland jedoch nicht mehr auf. Seine Schallplatten aber waren noch einige Jahre im Handel. Wie überhaupt in den ersten Jahren des Dritten Reiches eine gewisse Unsicherheit im Bereich der Unterhaltungsmusik herrschte. So standen beispielsweise Kálmáns *Csárdásfürstin*, Leon Jessels *Schwarzwaldmädel* und sogar Bertés *Das Dreimäderlhaus* bis 1935 auf dem Spielplan des Münchner Gärtnerplatztheaters, obwohl die Abstammung dieser Komponisten einschlägig bekannt war. Schließlich war ein Großteil der Operettenkomponisten jüdischer Herkunft, wie Benatzky schon 1928 in seinem Tagebuch feststellte: „Die geistige Beweglichkeit dieser Rasse, die rasche Auffassung, die Cultur, der Sinn für die Pointe sind ideal für den Künstler, und nicht umsonst rekrutiert sich das Hauptkontingent der ausübenden und schaffenden Künstler aus dieser Nation. Von uns Wiener Componisten z. B. ... Strauß [!] (Oscar), Kalman, Fall (Leo und Richard), Granichstaedten, Eysler, Stolz, Erwin, Krausz ... etc. ... sind nur ich und Lehár Christen ... von den Librettisten kenne ich zur Zeit überhaupt keinen, der es wäre. Ebenso sind von den Schauspielern und

Schauspielerinnen, Sängern, Sängerinnen und Tänzerinnen die Nichtjuden nur ganz selten, von den Direktoren gar nicht zu reden. Vielleicht ist es bei der (sogenannten) ernsten Kunst etwas anders."[884]

Die Folgen der nationalsozialistischen Kulturpolitik waren daher in kaum einem Bereich so einschneidend wie bei der Operette. Weit mehr als die Hälfte des Repertoires fiel dem Rassenwahn zum Opfer. Dabei hatte Ralph Benatzky Komponisten wie Paul Abrahám, Leo Ascher und Jean Gilbert vergessen und mit Robert Stolz erging es ihm so, wie den Nazis mit ihm. Erst 1938 entdeckte nämlich Goebbels zu seinem Erstaunen, dass „Benatzky ... kein Jude" ist. „Ich rehabilitiere ihn und lasse eine Untersuchung anstrengen gegen die, die ihn zu Unrecht beschuldigt haben."[885] Überhaupt herrschte teils durch blühendes Denunziantentum, teils durch Unwissenheit und mangels ästhetisch stichhaltiger Kriterien eine heillose Verwirrung, welcher Musiker nun jüdisch war. Eine Liste jüdischer Operettenkomponisten gab es erst ab 1935, so dass die Berliner Zeitung *Die Wahrheit* anlässlich der Uraufführung von Lehárs *Giuditta* schrieb: „Die Hauptrolle spielte natürlich sein intimster Freund, der wohl den Deutschen noch nicht restlos unbekannt gewordene Sänger Richard Tauber, Lehárs Gesinnungsgenosse und Rassekollege."[886]

Giulietta – Giuditta

Giuditta war jenes *Carmen* ähnliche Werk, das Tauber bereits 1931 erwähnt hatte, damals noch *Giulietta* hieß und Lehár unbedingt an der Wiener Staatsoper uraufführen wollte. Doch Operndirektor und Richard-Strauss-Intimus Clemens Krauss war dafür noch weniger zu gewinnen als sein Vorgänger Franz Schalk. Am 18. Januar 1933 gab die österreichische Bundestheaterverwaltung zu Protokoll: „Nach eingehender Prüfung der Oper *Giulietta* von Franz Lehár meldet die Direktion, daß eine Aufführung dieses Werks leider nicht in Betracht gezogen werden kann. Es ist leichten Genres, für dessen Pflege die Wiener Staatsoper nicht die geeignete Stätte ist."[887] Trotzdem hatte sich Krauss bereits am 22. Oktober 1932 die fast fertige Musik vom Komponisten vorspielen lassen. Nach dem Zeugnis Dr. Walter Nagelstocks, in dessen Wohnung dieses Vorspiel stattfand, äußerte Krauss sowohl seine Anerkennung als auch gewisse Bedenken, „ob Meister Lehár die Instrumentierung für das Philharmonische Orchester voll und ganz gelingen werde"[888] – eine deutliche Spitze, die Lehár durchaus als solche verstand.

Die Ablehnung im Januar 1933 kam daher nicht wirklich überraschend, zumal Krauss für die nächste Spielzeit die Uraufführung von Ernst Kreneks

Zwölftonoper *Karl V.* angesetzt hatte, gegen die es allerdings hausintern starken Widerstand gab, besonders von Seiten der Wiener Philharmoniker und ihres Vorstands Hugo Burghauser, einem Mitglied der Heimwehr. Schließlich hatten sich in diesem Jahr auch in Österreich die politischen Verhältnisse grundlegend geändert. Seit 1932 war dort Engelbert Dollfuß Bundeskanzler, der am 4. März 1933 das Parlament ausschaltete und mit Unterstützung der paramilitärischen Heimwehr einen christlich-sozialen Ständestaat errichtete, der sich durch das Verbot der NSDAP die Feindschaft Nazideutschlands zuzog, aber von Mussolini protegiert wurde. Durch persönliche Kontakte zur Regierung angeregt und angesichts eines Bundestheaterdefizits von sechs Millionen Schilling entstand nun in Lehárs Freundeskreis die Idee, den umstrittenen Krauss einfach zu übergehen und das Werk direkt den politisch Zuständigen vorzustellen, wie einem Brief an Hubert Marischka zu entnehmen ist: „Du weißt von Lehár, wie diese Geschichte mit dem Vorspielen vor dem Minister entstanden ist. Ich hätte es viel lieber bei mir gemacht, aber ich habe leider keinen Flügel und so mußte Lehár an Deine Hilfsbereitschaft appellieren … Vielleicht läßt sich die Opernaufführung doch noch durchsetzen, obzwar die Ungeschicklichkeit Lehárs mit dem Interview in der *Allgemeinen Zeitung* gigantisch war. Das ganze Trommelfeuer in den Blättern ist für den Zweck entsetzlich."[889]

Unterschrieben ist der Brief mit „Edm. Eysler". Lehárs Komponistenkollege hatte offenbar einen Draht zu den maßgeblichen Kreisen. Denn eingeladen waren Unterrichtsminister Anton Rintelen sowie der Generalintendant und Sektionschef Hans Pernter, der für alle Bundestheater zuständig war. Den Verlauf dieses Vorspielens am 7. Februar in der Villa Marischka schilderte dessen spätere Frau in lebhaften Farben: „Nicht zum erstenmal taten vorzügliches Essen und ebensolcher Wein ihre Wirkung. Und als die Stimmung später ins ‚Gemütliche' hinüberglitt, da setzte sich Lehár … wie zufällig ans Klavier und begann aus seiner *Giuditta* zu spielen. Und so, ganz nebenbei, setzte Marischka mit Gesang ein. So sangen und spielten die beiden Künstler im Laufe einer Nacht … die ganze Operette vor. Als der Morgen graute, hatte Franz Lehár vom Minister mit Handschlag die Zusicherung erhalten, daß seine *Giuditta* in der Staatsoper zur Aufführung gelangen würde."[890]

Am 24. Februar 1933 reichte Lehár das Textbuch offiziell ein. Inzwischen bereitete Ernst Decsey im *Neuen Wiener Tageblatt* das Feld: „Nur der artistische Hochmut oder der Snobismus wird ihm den Eintritt ins Opernhaus verwehren … Am leichtesten aber … wird sich der Kassier an Lehár gewöhnen."[891] Clemens Krauss machte gute Miene zum bösen Spiel und tat im *Neuen Wiener Journal* kund: „Es war seit langer Zeit mein Lieblingsgedanke, ein Werk Franz Lehárs in der Staatsoper zur Aufführung zu bringen." Nur dessen Vorschlag einer Premiere im Herbst lehnte er mit dem Hinweis auf Terminprobleme der Sänger ab, da „die beiden Hauptrollen der Operette für bestimmte Künstler, und zwar für Marie Jeritza und Richard Tauber geschrieben sind, und wenn das Werk ein Erfolg werden soll, auch von diesen beiden gesungen werden müssen."[892]

Als die Jeritza Ende April 1933 von ihrem jährlichen Gastspiel an der Met zurückgekehrt war, sang sie bei Schlagobers und Topfenbuchteln und von Lehár am Klavier begleitet die ganze Partie durch, mit dem Fazit: „Stimme hat der Lehár keine, aber komponieren kann er!' ... Auch Weltstars finden nicht oft eine neue Sensationsrolle, und wo sind heute schon die Meister, die Jeritza-Rollen schreiben ... *Giuditta* hat ihr Appetit gemacht ... Aber es wird Franz Lehárs Weltruhm nicht mindern, wenn die Welt erfährt, daß Marie Jeritza ... auch durch die Komposition der Wiener Mehlspeisen im Hause Lehár begeistert"[893] war. Kurz darauf erschien der Klavierauszug im Druck und Richard Tauber unterschrieb einen Gastspielvertrag über zweieinhalb Monate, beginnend im Januar 1934. Mit Maria Jeritza wurde noch verhandelt, als *Giuditta* am 23. Mai 1933 offiziell angenommen wurde. Warum sie die Titelrolle schließlich doch nicht übernahm, lässt sich nur vermuten. Vielleicht hing es mit den zwiespältigen Erfahrungen als Schauspielerin zusammen, die sie damals während der Dreharbeiten zu ihrem einzigen Film gemacht hatte: *Großfürstin Alexandra*. Die Musik stammte selbstverständlich von Lehár, darunter das Jeritza-Lied „Du und ich sind für einander bestimmt." Die Resonanz war bescheiden. Ludwig Hirschfeld fand: „Für einen Jeritza-Film hat die Musik überhaupt nicht die große Rolle, die ihr gebührt hätte. Hier wäre Gelegenheit gewesen, die Entwicklung dieser einzigartigen Stimme ... zu zeigen ... Als Sprechschauspielerin ist sie, besonders in den leichteren Momenten, noch etwas unfrei und bedarf der Erlösung durch einen ebenbürtigen Filmregisseur."[894]

Ein Spiel von Liebe und Leid

An einen Film erinnerte auch das Szenarium, das Paul Knepler und Fritz Löhner-Beda dem Komponisten bereits im August 1931 vorgelegt hatten. Allerdings war nur der erste Akt fertiggestellt. Doch Lehár war Feuer und Flamme: „Milieu und Handlung dieses Aktes haben mich gleich so gepackt, daß ich in der Nacht darauf so ziemlich die wichtigsten Hauptmotive meiner *Giuditta*, wenn auch selbstredend in flüchtigster Skizzenform, festgehalten habe"[895] – tatsächlich hatte er seit 1926 kein neues Buch mehr vertont. Das Libretto trug damals noch den Titel *Giulietta* und den beziehungsreichen Untertitel: Ein

Spiel von Liebe und Leid. Darin verwickelt waren: eine Nachtclubsängerin mit Carmen-Qualitäten und ein Fremdenlegionär à la Don José, Schauplatz: Nordafrika. Das entsprach genau der Konstellation von Marlene Dietrichs erstem Hollywood-Film *Morocco*, der 1931 als *Herzen in Flammen* in die deutschen Kinos kam und auf dem Roman *Amy Jolly, die Frau aus Marrakesch* des französisch-wienerischen Autors Benno Vigny basierte. Die Vermutung, dass Knepler und Löhner Film oder Buch kannten, liegt also nahe. Dass das ein Stoff für Franz Lehár war, auch.

Doch das Szenarium gedieh lange nicht über den ersten Akt hinaus. Im Juni 1932 beklagte sich Lehár bitter: „Lieber Freund Knepler! ... Wir kommen um keinen Schritt weiter. Ihr wartet immer darauf, daß ich Euch sage: Jetzt habe ich mit der Arbeit begonnen – und habt die Ausarbeitung der Bücher demzufolge immer verschoben. Ihr dachtet an eine gemeinsame Zusammenarbeit und das ist der Trugschluß. Tatsache ist, daß ich noch immer kein richtiges Libretto in Händen habe. Alle musikalischen Skizzen, die ich bis jetzt fertiggestellt habe, sind für mich bloß Anhaltspunkte. Jetzt benötige ich absolut eine textliche Grundlage. Ich vermisse absolut den Aufbau der Handlung, vermisse das folgerichtige Eingreifen der Nebenpersonen, kurz ich kann die Sache nicht anpacken. Private Angelegenheiten haben mir die Lust genommen, um die Fertigstellung des Librettos zu kämpfen[,] und so kam es, daß wir heute genau dort stehn, wo wir im Herbst 31 in Ischl standen, wo ihr mich allein ... zurückgelassen habt. Das soll kein Vorwurf sein. Ich will Euch nur beweisen, daß es nicht meine Schuld ist, daß die Arbeit zurückgeblieben ist. Es ist noch nicht eine Szene plastisch durchgearbeitet. Die Musik ist für mich in diesem Falle noch Nebensache. Musikalisch kann ich mich erst einfühlen, bis mir die ausgearbeiteten Szenen etwas sagen. Keine einzige Prosaszene ist ausgeführt. Ich habe das Empfinden, daß Ihr darauf wartet, daß ich Euch den ganzen Klavierauszug vorlege, daß Ihr dann für den Anfang die Worte unterlegt und daß ihr dann erst die verbindende Prosa dazu schreiben wollt. So will ich aber nicht arbeiten. Wenn ich nicht das starke, ausgearbeitete Buch erhalte, wird *Giulietta* nie fertig."[896]

Wo das Werk uraufgeführt werden sollte, war damals noch völlig unklar. Klar hingegen war, dass Tauber die Hauptrolle übernehmen sollte. Eine Vollmacht der Librettisten vom 23. Oktober 1931 ging von einer „Uraufführung ... Weihnachten 1932 im Theater an der Wien"[897] aus. Ein halbes Jahr später kokettierte Lehár bereits mit der Wiener Staatsoper, indem er Gerüchte bestritt, das Haus sei an einer Aufführung interessiert. „Das Interesse ist also ein rein platonisches und wird sich erst manifestieren, wenn man weiß, ob die Operette ... opernwürdig ... ist. Daß ich dies wünsche, brauche ich wohl nicht zu sagen."[898] Um Bewegung in die Sache zu bekommen, traf sich Lehár im August sogar mit Max

Reinhardt in Schloss Leopoldskron. Als Miteigentümer des Großen Schauspielhauses war er auf der Suche nach einem zugkräftigen Ersatz für die Revuen seines abspenstigen Regisseurs Erich Charell. Lehár aber erklärte, er „würde das Werk nur dann im Großen Schauspielhaus aufführen lassen, wenn Max Reinhardt selbst die Regie übernimmt."[899] Der inszenierte dort schließlich *Hoffmans Erzählungen* von Jacques Offenbach mit der jungen tschechischen Sopranistin Jarmila Novotná. Sie war es dann auch, die *Giuditta* kreieren sollte.

Bis es allerdings soweit war, kam es wegen der für die Oper ungewöhnlich hohen Ausstattungskosten noch fast zum Eklat. Ausstattungschef Alfred Roller, dessen Assistent Robert Kautsky für das Bühnenbild zuständig war, hatte sie auf 29.600 Schilling geschätzt, doch die Verwaltung hatte nur 20.000 Schilling bewilligt. In einen Brief an Hubert Marischka ging nun die verdeckte Aufforderung an Lehár, „daß von dritter … an der Sache interessierter … Seite ein entsprechender Beitrag zu den Ausstattungskosten geleistet wird"[900], das hieß: Er selbst sollte ihn leisten. Lehár wies diese Zumutung zurück und die Ausstattungskosten von letztlich 32.479,7 Schilling wurden am Ende von der Opernverwaltung anstandslos übernommen, dem Herrenchor sogar in letzter Minute neue Fräcke spendiert, eine zusätzliche Ausgabe von immerhin 3000 Schilling. Damit war das letzte Hindernis ausgeräumt, das Lehárs Lebenstraum noch entgegenstand. Schon vorher hatte sich der Karczag Verlag auf eine für die Oper günstige Tantiemenregelung von nur 6 % eingelassen und Hubert Marischka sogar auf seine Regie-Gage verzichtet. Im Mai 1933 nahm er schließlich eine Kreuzfahrt auf der Conte Biancamano auf sich, um an den Originalschauplätzen „Sizilien und Tripolis" Vorstudien zu betreiben. Eingeladen hatte ihn das staatliche Reisebüro Italia – nicht ganz ohne Hintergedanken, denn bei seiner Heimkehr übertraf Marischka alle Erwartungen und bekannte, dass er „Mussolinis Italien bewundere … Wir sahen ein Volk, das einig ist im enthusiastischen Bestreben, dem Vaterland zu neuer Größe und damit sich selbst zum Wohlstand zu verhelfen."[901]

Dazu passt auch die bekannte Anekdote, die Bernard Grun hierzu anführt und die fast zu gut ist, um wahr zu sein. Demnach soll der ungarische Journalist Geza Herczeg, dem gute Kontakte zu Mussolini nachgesagt wurden, Lehár vorgeschlagen haben, *Giuditta* dem Duce zu widmen: „Buch und Klavierauszug wurden gebunden und mit dem Ausdruck tiefster Ergebenheit nach Rom … expediert. Eine Woche später waren sie wieder zurück. Der Begleitbrief eines Sekretärs führte aus, daß seine Exzellenz das Ansinnen einer Widmung mit Empörung ablehne. Die Hauptfigur des Stückes – ein Offizier, der eines Weibes wegen fahnenflüchtig wird – sei im faschistischen Italien völlig undenkbar!"[902]

Operettenheld im Schatten des Faschismus

Tatsächlich ist nicht *Giuditta* die Hauptfigur des Stückes, sondern der Offizier Octavio, benannt nach Taubers Glanzrolle in Mozarts *Don Giovanni*. Die Figur durchlebt in *Giuditta* einen kontinuierlichen Abstieg: vom prototypischen lebenslustigen Operetten-Offizier zum resignierten Barpianisten – in einer Zeit des postulierten Heldenkults also eine durchaus politische Figur. Bei seinem ersten Auftritt ist er noch Hauptmann italienischer Kolonialtruppen und Nietzsche-Jünger. Von *Zarathustra*-Pauken bestätigt, verkündet er „molto espressivo" sein Motto: „Freunde, das Leben ist lebenswert". So prägnant die dreitaktige Phrase musikalisch daherkommt, als wolle sie durch pompöse Aufmachung und übertriebenen rhythmischen Akzent auf „le–benswert" den berechtigten Zweifel an ihrem Text übertönen, so sehr straft sie die weitere Handlung Lügen. Denn nach seinem Auftrittslied trifft er Giuditta, befreit sie aus ihrem sizilianischen „Ehekäfig" und nimmt sie mit nach Afrika.

Wie bei ihrer biblischen Namenspatronin Judith verlieren auch bei Giuditta die Männer bevorzugt den Kopf, auch wenn dafür nicht immer Blut fließen muss. Ansonsten entspricht sie ganz Nietzsches Interpretation von Bizets Carmen: „Ihre Heiterkeit ist afrikanisch; sie hat das Verhängnis über sich, ihr Glück ist kurz, ohne Pardon."[903] Und „afrikanisch" ist auch das Blut „in ihren Adern, südliches, heißes Blut." Sie selbst weiß es nur zu gut: „verflucht ist mein Blut … so wie … jeder, der mich liebt." Dazu erklingt ein chromatisches Motiv, das, dem „Schicksals-Motiv" aus *Carmen* vergleichbar, die Partitur von Anfang an bedrohlich durchzieht. Zum Ausbruch kommt es dann am Ende des dritten Bilds, als sich Octavio nach langem inneren Kampf entschlossen hat, doch nicht, wie von Giuditta erwartet, zu desertieren. Sie reagiert darauf wie Elektra bei Richard Strauss: „ihrer Sinne kaum mächtig, gleichsam in Trance, beginnt sie wie unbewußt rhythmische Tanzbewegungen zu machen, die sich bis zur Ekstase steigern."

Es ist die Schlüsselszene des Werkes und der Beginn von Giudittas erfolgreicher Nachtclub-Karriere, der noch einige Männer zum Opfer fallen werden, darunter Octavios Nachfolger Lord Barrymore, der Selbstmord begeht. Octavio aber desertiert doch noch, obwohl er kaum hoffen kann, Giuditta zurückzugewinnen. Sein Verhältnis zu ihr scheint „implizit auf eine masochistische Ausrichtung rückführbar" zu sein, wie der Regisseur Valentin Schwarz in seiner Diplomarbeit über Lehárs Operette diagnostiziert. Indem er sich nämlich Giuditta „willenlos verbunden" fühlt, wird Octavio „um die persönliche Einflussnahme auf das eigene Geschick betrogen, und damit um die wirksame Artikulation des Subjekts."[904] Schon musikalisch wird ihm das verwehrt, hat er doch im vierten und fünften Bild nur noch Reminiszenzen zu singen. Sein Scheitern ist freilich nicht nur Folge seines masochistischen Charakters, der bei Lehár durchaus kein Einzelfall ist. Octavio ist auch ein Opfer seiner Illusion, in einer von Zwängen bestimmten Gesellschaft noch als Held souverän agieren zu können. Die Dialektik der Aufklärung holt auch ihn ein: „Die Unfähigkeit zur Herrschaft über sich und andere, die seine Liebe bezeugt, ist Grund genug, ihm die Erfüllung zu verweigern. Mit der Gesellschaft reproduziert sich erweitert die Einsamkeit."[905]

Octavios prosaisches Ende als Hotelpianist ist dann von für das Genre ungewöhnlicher Konsequenz und noch überraschenderem Realismus. Nach vier Jahren trifft er Giuditta wieder, doch „sein totes Herz, es liebt nicht mehr". Das Herz, einst imaginäres Zentrum Lehár'scher Operetten, hat ausgedient: „Nun ist verklungen ... das ewige Lied von Lust und Leid". Die Operette verabschiedet sich von sich selbst, Giuditta entschwebt am Arm eines Herzogs und Octavio kann nur noch abtreten: „Er nimmt seinen Hut". Nicht einmal die Gloriole der Entsagung ist ihm vergönnt. Das anfangs so üppige Orchester klingt geradezu spärlich aus. Der zu längst verklungenen Reminiszenzen Klavier spielende Operettenheld kann in einem zum Großteil gesprochenen Finale nur noch verschwinden. Und so erreicht Lehár hier doch noch eine in ihrer Art echte und zeitgemäße Tragik, die weit über die – durch Verzicht versüßte – seiner vorherigen Lyrischen Operetten hinausgeht. Octavios Resignation lässt sich kein höherer Sinn mehr zuweisen wie noch Friederikes Liebesopfer oder Sou-Chongs kulturell bedingtem Edelmut. Seine Tragik besteht ganz im Sinne Adornos und Horkheimers im „Überstehen des eigenen Untergangs."[906]

Für Valentin Schwarz macht aber gerade das die spezifische Qualität des Werks aus: „Der letzte künstlerisch integere Versuch, das Genre gegenüber den selbstentfremdeten Bastardisierungen aus Revue, Musical, Film und Jazz neu zu positionieren, gar experimentell eine Verschmelzung der Genres Oper und Operette zu erreichen. Das Scheitern dieses Versuchs benötigt keine ästhetische Herleitung; allein die Tatsache, dass dieser Versuch in seiner Radikalität singulär blieb, spricht für sich."[907]

„Aus meinem tiefsten Innern geschöpft"

„Die Absicht, eine Oper zu schreiben? Nein, offen gestanden, diese Absicht habe ich nicht gehabt ... ich habe einfach in Noten gebracht, was ich empfand." So zog sich Lehár wenig konsequent aus der Affäre, als er die bei einer Uraufführung in der Staatsoper unumgängliche Gretchenfrage nach dem Genre beantworten musste. „Musikalische Komödie" nannten die Autoren *Giuditta* – „nicht aus Diplomatie", wie sie versicherten, „sondern im Glauben, daß sich das Werk nicht leicht in eine der eingeführten Gattungen einreihen lasse."[908] Im Textbuch hatte es noch „Spieloper" geheißen. Der Gattungsbegriff „Musikalische Komödie" war vor allem wegen des letztlich konträren Werkcharakters nur eine Verlegenheitslösung. Schon 1910 hatte ihn Hugo von Hofmannsthal als für den *Rosenkavalier* unpassend verworfen, mit dem Hinweis, es seien „immer die Herrschaften dritten Ranges, die Lehár, Oscar Straus, Wolf-Ferrari, die es lieben, sich mit diesen anspruchsvollen Bezeichnungen zu schmücken."[909]

In der Spielzeit 1933/34 standen dann ausgerechnet Lehárs „Musikalische Komödie" und die „Lyrische Komödie" *Arabella* von Richard Strauss und Hofmannsthal als einzige Novitäten auf dem Spielplan der Wiener Staatsoper. Die Ironie dieser Konstellation: *Arabella* war von Hofmannsthal in bewusster Konkurrenz zur Operette konzipiert worden, wovon er allerdings erst seinen Komponisten überzeugen musste, dem schon das Textbuch zu sehr „nach Lehár gerochen" hatte: „Wenn sich … zu einem weniger von Musik gelangen ließe, wenn die Führung, die Melodie etwas mehr in die Stimme gelegt werden und das Orchester … sich der Stimme subordinieren würde – so wäre, für ein Werk dieser Art, der Operette ihr Zauberring entwunden, mit dem sie die Seelen der Zuhörenden so voll bezwingt!"[910] Hofmannsthals Rechnung ging bekanntlich nicht auf. Trotz der Protektion des mit Strauss befreundeten Clemens Krauss gelang es *Arabella* nicht einmal auf eigenem Terrain, der Operette ihren Zauberring zu entwinden. Mit 43 gegenüber 20 Vorstellungen entschied *Giuditta* den Vergleich klar für sich.

Erstmals in der Operettengeschichte war bereits vor der Premiere eine gedruckte Orchesterpartitur erschienen. Lehár hatte sie auf eigene Kosten drucken lassen, hatte er sich doch, wie er etwas geschraubt bekannte, „bei der *Giuditta* eine besonders sorgfältige Instrumentierung, wie sie das reiche und so wundervolle Orchester der Staatsoper auch verlangt, ebenso angelegen sein lassen wie wirkungsvolle Behandlung der Singstimmen und Gewähltheit der Thematik."[911] In der für die Wiener Philharmoniker zwar aufgefächerten Orchesterpalette der *Giuditta* sind vor allem die Bläser verstärkt: drei statt zwei Flöten, davon zwei auch als Piccolo, Englischhorn, Bassklarinette, Kontrafagott, drei statt bisher zwei Trompeten und sogar Basstuba. Bei den Buffoduetten, auf die Lehár nicht einmal hier verzichten wollte, ergibt das ein gewisses Ungleichgewicht zu den nach wie vor genretypischen Tanzweisen. Aber auch das seriöse Paar hat Tanznummern. Sowohl Giudittas „Meine Lippen, sie küssen so heiß" als auch Octavios Auftrittsnummer „Freunde, das Leben ist lebenswert" enden mit einem Walzerrefrain; ihr Duett „Schön wie die blaue Sommernacht" zitiert rhythmisch zwar die berühmte Habanera aus *Carmen*, lässt sich jedoch, wie Tauber und Novotná bei der Uraufführung zeigten, ohne Weiteres auch als Tango tanzen. Nur die eigentlich dramatischen Momente der Handlung, durch leitmotivischen Gebrauch liedhafter Melodiefragmente mehr oder minder plakativ illustriert, beziehen ihren Impetus von der Oper, wenn auch der des Verismo. Wie schon das Sujet verweist auch Lehárs mosaikhafte Montagetechnik auf die Filmmelodramen Hollywoods. Deren opulenter Sound wurde zwar erst kurz danach von Erich Wolfgang Korngold vollendet, scheint aber, wie es in einer *Giuditta*-Kritik hieß, „im orchestralen Kolorit ... von Korngold dem erfahreneren Lehár abgelauscht zu sein".[912]

„Es war ein Märchen"

Nicht zufällig stammt auch das Libretto aus der Sphäre des zeitgenössischen Kinos. Allein die beinahe filmische Aufteilung in fünf Bilder geht über die übliche, dreiaktige Operettendramaturgie hinaus und bietet Gelegenheit zu üppigem Exotismus, der Wüstenfilmen wie *Morocco* in nichts nachsteht. Wie das zeitgenössische Kino ist auch Lehárs „musikalische Komödie" eine phantastische Überschreibung dessen, was sie offensichtlich verdrängt, als Zeitangabe jedoch ausdrücklich nennt: „Die Gegenwart". Und die Gegenwart des Jahres 1934 war problematisch genug. Kaum drei Wochen nach der Uraufführung von *Giuditta* ließ der österreichische Kanzler Engelbert Dollfuß den Aufstand des republikanischen Schutzbundes blutig niederschlagen. Es herrschten bürgerkriegsähnliche Zustände und das Standrecht. Am 12. Februar wurde die Sozialdemokratische Partei verboten und die neunte *Giuditta*-Vorstellung abgesagt. Wenige Monate später wurde Dollfuß selbst von Nazis erschossen. Bevor sie auch in Wien die Macht übernahmen, sollte es noch vier Jahre dauern, nämlich exakt fünf Tage nach der letzten Aufführung von *Giuditta* am 7. März 1938. Es war auch die letzte Vorstellung, die Richard Tauber in der Wiener Staatsoper sang. Immerhin ein würdiger Abgang, hatte er doch schon beim Kennenlernen des Werks versichert: „Ich habe eine so schöne Musik noch nie gehört"[913].

Auch Franz Lehár hatte *Giuditta* als sein „liebstes Kind" bezeichnet. „In sie habe ich etwas hineinlegen können, was aus meinem tiefsten Innern geschöpft worden ist ... Mit *Giuditta* habe ich mein Bestes gegeben."[914] Ihm war sehr wohl bewusst, dass danach eine Steigerung kaum möglich war, sowohl ästhetisch auf dem Weg der Hybridisierung von Oper und Operette als auch repräsentativ mit der Uraufführung an der Wiener Staatsoper. Valentin Schwarz bemüht in diesem Zusammenhang noch einmal Adorno, der zwar Lehár wohl

„niemals die Schaffung bedeutender Kunst zugesprochen" hätte, ihm aber als „Komplement der radikalen Musik"[915] zumindest dialektisch Bedeutung zugestanden hat: „Bedeutende Kunstwerke vernichten tendenziell alles aus ihrer Zeit, was ihren Standard nicht erreicht."[916] Übertragen auf *Giuditta* hieße das laut Schwarz, dass sie „alle später entstandenen Operetten marginalisierte. Gleichzeitig ist *Giuditta* auch auf vielen Ebenen gescheitert. Hier hätte sich Adorno von seinen strengen Dichotomien lösen müssen, und Lehárs Operette beides zugestehen: Bedeutung und Scheitern in einem."[917]

Dass Lehár selbst kein neues Werk mehr schrieb und mit *Giuditta* sein Schaffen eigentlich abschloss, spräche einmal mehr für sein seismographisches Gespür. Auch dass die Entstehung dieser Operette mit der Machtübernahme der Nazis zusammenfiel, war gewiss kein Zufall. Doch unabhängig von der historischen Katastrophe, in deren Schatten die „musikalische Komödie" von Anfang an stand, ist *Giuditta* selbst in vielerlei Hinsicht ein Werk des Abschieds. Es erzählt vom Abschied gescheiterter Operettenhelden, vom Abschied einer Epoche und vom Abschied der Operette von sich selbst. Denn mit Lehárs Schwanengesang verstummte bald auch das ganze Genre. War einst Operette – als Travestie der Oper bei Offenbach – entstanden aus dem schlechten Gewissen ernster Musik, travestierte in *Giuditta* Operette schließlich zur Oper: das schlechte Gewissen der leichten Musik ereilt sich selbst. Das Telos der Operette scheint ihr Verschwinden. An ihrem Ende steht, wie Lehár selbst feststellte, „die Resignation. Glücklich, der dann wie Octavio in meiner *Giuditta* all das Böse, das er erlebt, vergessen, vom Schönen und Guten aber, das ihm geschenkt wurde, Abschied nehmen kann mit dem verklärenden Schlusswort: ‚Es war ein Märchen ...'"[918]

Die Sensationspremiere

Als *Giuditta* am 20. Januar 1934 in die von *Tristan*-Klängen geweihte Stätte einzog, war das ein mediales Großereignis, von 120 Rundfunkstationen in alle Welt übertragen und von der Presse zur beispiellosen Sensation verklärt. Man sprach von Caruso-Preisen für die wenigen Schwarzmarktkarten, die noch zu haben waren, denn es war „ausverkaufter als ausverkauft ... Man kann mit Hof- und Regierungsräten bekannt oder sogar mit der Schwester der Freundin des Schneiders von Richard Tauber bekannt sein, man bekommt trotzdem, schon seit zwei Wochen, keine Karten mehr!"[919] Ganz Wien wollte Zeuge des „symbolhaften Ereignisses" werden, wenn sich die so lange verschlossenen Pforten der Oper, wenn auch widerwillig, Lehár öffneten. Er selbst trug am Pult der Philharmoniker „die unerhoffte Staatsoperngnade in aller Demut eines ebenso weltfremden wie entgegenkommend selbstbewußten Künstlers."[920] Der Abend nahm einen turbulenten Verlauf, das Publikum war im Operettenrausch, verlangte das siebente Tauberlied dreimal zur jeweils variierten Wiederholung und bejubelte den Tango, den er mit Jarmila Novotná aufs Parkett legte. „Sensation über Sensation. Staatsoper, Lehár, Tauber, Marischka – alles auf einmal! Herz, was willst du mehr!"[921] Als Tauber gar, vom Offizier zum Barpianisten heruntergekommen, klavierspielend von der mit ihrem neuen Liebhaber enteilenden Jarmila Novotná zurückgelassen wurde, blieb, wie Marcel Prawy als Augenzeuge beteuerte, kein Auge trocken. Selbst die Rechnung des nur kurz auftauchenden Clemens Krauss ging auf: „der Erfolg hat meine schlimmsten Erwartungen übertroffen."[922]

Die Kasse der Staatsoper hatte „am Premierenabend 44.000 Schilling, die höchste aller Operneinnahmen, verbucht und verdankt dies Lehárs *Giuditta*. Was nicht Mozart und Weber, Wagner, Verdi, Puccini vermochten, vermochte das neue Genre: die vulgarisierte Oper."[923] Dies schrieb Ernst Decsey, Lehárs bis dahin treu ergebener Biograph. Bernard Grun vermutete, dass er sich auf diese Weise für die Ablehnung seiner Libretti durch den Komponisten rächen wollte. Seine Kollegen von der Opernkritik, erstmals mit Lehár konfrontiert, verfuhren gnädiger, lobten melodische Einfälle hier, tadelten dort Aufbau und Durchführung. Selbst der immer die Sache seines Sohns vertretende Julius Korngold, der mit *Tatjana* dreißig Jahre zuvor hart ins Gericht gegangen war und *Giuditta* eine ähnliche Faktur bescheinigte, schloss seinen ausführlichen Artikel konziliant: „Aufrichtig gönnen wir Lehár seinen Triumph, freuen uns mit ihm. Freuen uns vielleicht nicht minder auf seine nächste Operette"[924], die es freilich nicht mehr geben sollte.

Auch die Einnahmen übertrafen alle Erwartungen und in den immer ausverkauften 43 Vorstellungen den Operndurchschnitt um 50 %. Allein die ersten 23 Vorstellungen im Frühjahr 1934 brachten der Staatsoper Einnahmen von 281.000 Schilling. Dass Ernst Kreneks *Karl V.* abgesetzt und stattdessen *Giuditta* gespielt wurde, war laut Decsey bezeichnend für die Situation der zeitgenössischen Musik. „Je mehr Unverständlichkeitsopern sie gebar, je mehr Atonalität ihrem kreißenden Schoß entstieg, desto sicherer arbeitete sie ihm in die Hände; denn er, Lehár, besitzt die betörende, süßschmeckende, nachsummbare, dreimal nach Wiederholung verlangende, häuserfüllende Lehár-Melodie."[925]

Die Komponistenkollegen waren beeindruckt. Paul Ábrahám schrieb geradezu überschwänglich an Hubert Marischka: „Nach meinem gestrigen Besuche der *Giuditta* ist es mir ein Herzensbedürfnis, Ihnen zu sagen, mit welcher Bewunderung mich die Musik Lehárs erfüllt hat. Der glanzvolle Abend, der mir immer in Erinnerung bleiben wird, wird aber erhöht durch Ihre umsichtige und

27 „Meine Lippen küssen so heiß, meine Glieder sind schmiegsam und weiß ..."
    Jarmila Novotná als Giuditta mit Tänzerinnen in der Wiener Staatsoper, 1934

28 Premierenfeier von *Giuditta* im Lehár-Saal des Hotel Ambassador-Krantz. Rechte Tischseite (von rechts nach links): Ludwig Karpath, NN, Franz Lehár, Lilian Marischka-Karczag, Sophie Lehár, Richard Tauber, Jarmila Novotná u.a.; linke Tischseite (von unten nach oben): NN, NN, Hubert Marischka (vorgebeugt), NN, Margit Bokor, Karl Alwin u.a.; in der Mitte ganz hinten: Emmerich Kálmán, 20. Januar 1934

auf die Intention des Komponisten voll und ganz eingehende Inszenierungs- und Regiearbeit, und ich danke Ihnen aus vollem Herzen für den mir hierdurch bereiteten Genuß."⁹²⁶ Und Emmerich Kálmán, der auch beim anschließenden Bankett geladen war, gratulierte im *Neuen Wiener Journal*: „Ich als der Jüngere, betrachte Franz Lehár als mein Vorbild, als meinen Meister, ich gehe mit ihm durch dick und dünn, und freue mich von ganzem Herzen mit ihm, daß … ihm gelungen ist, sein jüngstes Kind als ‚Staatsopernbaby' aus der Taufe zu heben …"⁹²⁷ Davon wollte seine Frau Vera freilich nichts bemerkt haben, als sie mit ihrem Mann und dem Librettistenpaar Brammer und Grünwald der *Giuditta*-Premiere beiwohnte. „Es war schrecklich, die drei sind zersprungen vor Neid. Alfred Grünwald sagte zu meinem Mann: ‚Machen Sie sich nichts draus, Kálmán, das nächste Mal werden Sie an der Oper aufgeführt.'"⁹²⁸

„Für die Kulturpolitik des Dritten Reiches ein strittiges Problem"

„Mussolini hat die Widmung der neuesten Lehár-Operette abgelehnt", war bereits im November 1933 in der renommierten *Zeitschrift für Musik* über *Giuditta* zu lesen; schließlich ginge „diese Operette textlich darauf aus, Führerprinzip und Autorität in jeder nur denkbaren Form lächerlich zu machen."⁹²⁹ Doch nicht nur aus diesem Grund wurde sie in Deutschland lange nicht aufgeführt. Lehár selbst galt seit der Griechenbeisl-Affäre seines Bruders als politisch unzuverlässig, seit *Giuditta* galt er auch noch als Aushängeschild der Dollfuß-Regierung. Den damals verbreiteten Gerüchten über seine Herkunft hatte er schon am 16. August 1933 den Wind aus den Segeln genommen und „der Reichsleitung des Reichsverbandes Deutsche Bühne e. V. seine eigene arische Abstammung versichert."⁹³⁰ Doch das half Lehár zunächst wenig. In den vertraulichen „Informationen des Kulturpolitischen Archivs im Amt für Kunstpflege" vom Januar 1935 wurde darauf hingewiesen, der „nicht arisch verheiratete" Komponist habe „sich ausnahmslos jüdischer Textbuchverfasser bei seinen Operetten bedient: Leo Stein, Béla Jenbach, Bodanzky, Reichert, Julius Bauer, Brammer, Grünwald, Herzer, Löhner-Beda, Marton, Willner … Lehár bewegt sich in Wien ausschliesslich in jüdischen Kreisen."⁹³¹ Was die Textbücher betraf, stand für Hans Severus Ziegler, den Organisator der Ausstellung „Entartete Musik", in seiner „Abrechnung" mit dem gleichen Titel fest, dass sich „eine ganz spezifisch jüdische Wortmelodie … bei der Komposition auch als besondere Tonmelodie widerspiegeln muß. Ein gemauschelter Text läßt sich … nicht durch die Musik ins geliebte Deutsch übertragen. Mit dem … Textdichter gleitet auch der Komponist abwärts."⁹³²

Schon am 27. November 1934 hatte das Kulturpolitische Archiv festgestellt, Franz Lehár sei „für die Kulturpolitik des Dritten Reiches ein strittiges Problem ... Der Aufbau seiner Operetten zeigt eine gewisse internationale Kitsch-Schablone. Die von Lehár laufend vertonten Texte entbehren, von Juden geliefert, jeglichen deutschen Empfindens. Lehárs Können verschwendet sich an diese Sujets in kulturpolitisch bedauerlichem Sinne ... Lehár hat einen Walzer komponiert, den er Frankreich widmete ... Seine nach langjähriger Bekanntschaft vor einigen Jahren geheiratete Ehefrau soll jüdisch sein. Lehár selbst hat ... seine arische Abstammung versichert. Trotzdem ist eine Annahme von Aufführungswerken Lehárs für die NS-Kulturgemeinde nicht tragbar ... hat Lehár sich durch seinen ständigen Umgang mit Juden, seine Freundschaft zu Richard Tauber, nicht zuletzt durch hämische Bemerkungen über den Nationalsozialismus außerhalb des Kreises der Mitarbeiter an der Kulturpolitik des Dritten Reiches gestellt, soweit von einem Werturteil über sein musikalisches Schaffen abgesehen werden kann."[933]

Doch dies war nur der reine Parteistandpunkt des Amts für Kulturpflege unter der Leitung des „Beauftragten des Führers für die gesamte geistige und weltanschauliche Erziehung der N.S.D.A.P.", Alfred Rosenberg, eines fanatischen Ideologen, dem außerdem die Besucherorganisation der NS-Kulturgemeinde unterstand. Die entsprechende staatliche Stelle, Joseph Goebbels' „Ministerium für Volksaufklärung und Propaganda" hatte hingegen keine Richtlinien erlassen. Da der ihm unterstellte Reichsdramaturg Rainer Schlösser das bisherige Operettenrepertoire noch lange stillschweigend duldete, entstand für die einzelnen Theater eine undurchschaubare Situation.

Stellvertretend für ähnliche Fälle stehen die Querelen um eine Aufführung des *Graf von Luxemburg*, die das Stadttheater Freiburg für die Spielzeit 1935/36 angekündigt hatte. Umgehend erging von Herbert Gerigk, dem Leiter des kulturpolitischen Archivs in Berlin die Weisung an den Freiburger Ortsverband der NS-Kultusgemeinde, das Werk sei „unter allen Umständen nicht tragbar, da die Textverfasser die beiden Juden Leo Stein und Dr. Willner sind", was zwar im Fall Alfred Maria Willners gar nicht zutraf, wohl aber in dem des nicht erwähnten, eigentlichen Ko-Autors Robert Bodanzky. Wenn in der Sache auch nicht ganz im Bilde, ging es Gerigk vor allem darum, „gegebenenfalls noch eine Änderung des Spielplans durchzusetzen." Als der zuständige Ortsleiter Franz Prandhofer daraufhin brav bei der Theaterleitung intervenierte, antwortete ihm in deren Namen der Oberbürgermeister und Kreisleiter der NSDAP, Franz Kerber:

„Über die grundsätzliche Richtigkeit Ihrer Anschauungen gibt es keine Debatte. Operetten, deren Text von Juden stammt, müssen von der Bühne verschwinden. Nur läßt sich das zur Zeit nicht durchführen, weil nämlich dann das deutsche Theater überhaupt ohne Operetten wäre … In den letzten Wochen wurde *Der Graf von Luxemburg* gespielt in Altona, München, Wiesbaden, Koblenz, Liegnitz, Magdeburg … So erkläre ich mir den Standpunkt des Reichsdramaturgen … Ich muß Sie bitten, zunächst einmal dafür zu sorgen, daß in den obersten Instanzen der Stellen des Staates und der Partei, die sich mit der Überwachung unserer Kultur befassen, eine einheitliche Haltung erzielt wird." Ratlos schickte daraufhin der Freiburger Ortsleiter eine Abschrift des Schreibens an das kulturpolitische Archiv nach Berlin: „Aber ein aus städtischen und zum Teil staatlichen Mitteln subventioniertes deutsches Theater sollte Gefahr laufen, ganz geschlossen zu werden zu müssen, wenn es nicht die Möglichkeit hätte, Operetten, deren Textdichter Juden sind, aufführen zu können … Armes deutsches Theater. Mich persönlich interessiert wirklich, ob derartige Zustände unseren führenden Parteigenossen Dr. Goebbels und Rudolf Hess bekannt sind und ob sie von ihnen gutgeheißen werden … sollte es dem Amt für Kulturpflege in der NSDAP nicht mehr möglich sein, zu erreichen, daß sich der Reichsdramaturg bei Genehmigung der Spielpläne nicht nur von wirtschaftlichen, sondern auch wenigstens von kulturpolitischen Erwägungen leiten läßt? Man fragt sich unwillkürlich, wer hat eigentlich die Macht in diesem Staat?"[934]

Was die Glocken läuten …

Die veränderte Spielplanpolitik des Dritten Reiches zeigte dennoch langsam Wirkung. Immer weniger wurden die Werke jüdischer Komponisten wie Eysler, Fall, Kálmán, Granichstaedten, Oscar Straus, aber auch die von Lehár aufgeführt. Alle diese Komponisten wurden zumindest zum Teil vom Karczag-Verlag vertreten. Hubert Marischka, in dessen Besitz der Verlag 1923 übergegangen war, hatte mit dessen immensen Einnahmen bisher sowohl sein luxuriöses Leben als auch den nicht minder aufwändigen Betrieb des Theaters an der Wien finanziert. Als einzige der großen Wiener Operettenbühnen hatte es die Weltwirtschaftskrise überstanden, 1929 hatte das Carl-Theater schließen müssen, 1931 das Johann-Strauß-Theater. Aber auch das Theater an der Wien hatte schon lange keine Gewinne mehr gemacht, so dass es schon 1932 Gerüchte gab, der Verlag stehe zum Verkauf. Am 6. August antwortete Marischka auf eine entsprechende Anfrage Lehárs: „Ich denke gar nicht daran, den Verlag zu verkaufen, wenn es aber jemals durch irgendwelche Umstände dazu kommen sollte, werde ich mich bezüglich Deines Werkes *Giulietta* ins Einvernehmen setzen … Dein aufrichtiger Freund H. M."[935]

Marischka bereitete damals sein letztes Erfolgsstück vor: Fritz Kreislers Singspiel *Sissy*, später Vorlage der gleichnamigen Filme mit Romy Schneider. Als Richard Taubers selbst komponierte Operette *Der singende Traum* 1934 nach drei Monaten abgesetzt werden musste, war der Verlust durch das zurückgehende Verlagsgeschäft nicht länger zu decken. Schon vorher hatte Lehár von der Notendruckerei Waldheim-Eberle zu seinem „Erstaunen erfahren, dass die Fertigstellung und Ausfolgung der Materiale deshalb verzögert werde, weil die laufenden Rechnungen vom Karczag Verlag nicht bezahlt werden." Es ging um das Orchestermaterial von *Giuditta*, das in Karlsbad benötigt wurde. Lehár war nicht nur erstaunt, sondern schrieb am 28. Juni an Marischka, der sein 1932 gegebenes Versprechen offensichtlich nicht gehalten hatte: „Du wirst einsehen, dass Du mir nicht noch größeren Schaden zufügen kannst, und teile Dir daher mit, dass ich *Giuditta* auch im Namen der Buchautoren zurückziehen muß, da uns sonst durch die Nichtlieferung des Materials wieder ein großer Verlust erwachsen würde … Ich bitte Dich um Stellungnahme innerhalb 3 Tagen, da ich dann meine Disposition in dieser Angelegenheit treffen muß. Herzlichst Dein getreuer Lehár."[936]

Lehár hatte sie allerdings bereits drei Wochen vorher getroffen. Im Juni hatte er seinem Bruder Anton den vom ihm gegründeten Chodelverlag gegen die Zusicherung abgekauft, ihm „ab 1. Juli 1934 jeden 1. des Monats 1200,-- OSch. zu überweisen." Anton war alles andere als begeistert gewesen, hatte er sich doch mit dem Verlag nach seiner Berliner Kündigung im Jahr zuvor gerade wieder eine Existenz aufgebaut. Doch er gab nach: „Ich kannte das berühmte ‚Lanzi will', die Zähigkeit mit der Franz einen einmal gefassten Entschluss durchzusetzen wusste." Außerdem wusste er, „dass Franz sonst nur sehr schwer zu einer Verleger Konzession gekommen wäre"[937], und das war der eigentliche Grund für die ganze Transaktion. Franz Lehárs Plan, einen eigenen Verlag zu betreiben, war offensichtlich ein Resultat der Krise des Karczag-Verlags. Unterstützt vor allem von seiner Frau, verfolgte er ihn konsequent weiter und war als einziger der Autoren des Verlags vorbereitet, als die Marischka-Bühnen am 1. März 1935 den Betrieb endgültig einstellten.

Schon am 21. Januar 1935 hatte Anton Lehár die Konzession als Verleger zugunsten seines Bruders zurückgelegt. Am 21. Februar 1935 wurde diesem vom Wiener Magistrat die ersehnte Urkunde ausgehändigt. Bereits zehn Tage vorher war beim Karczag-Verlag folgendes Schreiben Lehárs eingegangen: „Nachdem meine Werke am 22. Juni 1934 in meinen Besitz übergegangen sind und nach Beendigung des Provisoriums am 11. Jänner 1935 aus Ihrem Verlag vollständig ausgeschieden sind, ersuche ich Sie, dem Ueberbringer … die bei Ihnen noch anfallende Korrespondenz, ferner Bestellungen, Abrechnungen etc., welche sich auf meine Werke beziehen, auszufolgen."[938] Dass Lehár die Übernahme seiner Werke auf den 22. Juni 1934 datierte, widerspricht dem Inhalt seines sechs Tage später geschriebenen Briefs an Marischka, in dem er das nur angedroht hatte. Wann er sich mit ihm außergerichtlich einigte, wie Lehárs Anwalt Dr. Sigmund Fraenkel später behauptet hat, lässt sich – wie die ganze Chronologie des Falls – wohl erst sagen, wenn der umfangreiche Marischka-Nachlass inventarisiert und damit auswertbar ist.

Laut Fraenkel bestand Lehárs Handel mit Marischka darin, dass dieser gegen Stornierung sämtlicher entstandener Ausstände Lehár „die Rechte aller seiner Werke aus dem Karczag-Verlag, samt dem vorhandenen Lager an Musikalien und Materialien zur freien Verfügung"[939] stellte. Ihm zufolge nämlich habe Lehár etwas von den Vorgängen im Theater an der Wien läuten hören und seinem Verlag deshalb den sprechenden Namen Glockenverlag gegeben. Dass er seine Kollegen nicht informierte, wurde ihm von diesen zeitlebens vorgeworfen. Marischkas dritte Frau Gertrud sah sogar eine von langer Hand vorbereitete Verschwörung Lehárs am Werk: „Und seine Handlangerin war niemand anderer als Marischkas langjährige Verlagsleiterin, eine gewisse Frau Herz … Ihre Einflüsterungen, daß es doch viel rentabler wäre, wenn die enormen Summen, welche die Aufführungen seiner Operetten laufend einbrachten, ihm zu Gänze zufließen würden, fanden bei Lehár ein offenes Ohr … Ganz ohne vorherige Verständigung fuhr eines Tages ein großer Speditionswagen vor dem Eingang des Hauses Linke Wienzeile 6 vor, durch den Lehár sein gesamtes Noten- und Buchmaterial … einfach abtransportieren ließ … Daß daraufhin alle anderen Komponisten und Autoren nun auch ihrerseits ihre Verträge für null und nichtig erklärten … war einfach eine Kettenreaktion."[940]

Der Konkurs war für Gertrud Marischka, die damals gar nicht dabei war und somit zweifellos Hubert Marischkas Version wiedergibt, also die Folge einer Verschwörung Lehárs mit Frau Herz, die dadurch zur Leiterin des Glockenverlags aufstieg. Doch so unvorbereitet traf Hubert Marischka der Bankrott nicht. Zum einen hatte er sich ja bereits im Juni 1934 mit Lehár verständigt, zum andern wurde, wie selbst seine Frau eingesteht, im selben Jahr „im Zuge einer Buchprüfung errechnet, daß in den letzten vier Geschäftsjahren, das Defizit der Theater in jeweils einer Spielzeit, über 900.000 Schilling betrug, während in der gleichen Zeit der Verlag nur einen Gewinn von jeweils 400.000 Schilling ergab."[941] Am 12. März 1935 hat dann das Handelsgericht Wien das Ausgleichsverfahren eröffnet[942], ein knappes Jahr später wurde die Firma W. Karczag aufgelöst und selbst Franz Lehár stellte 20.000 Schilling zur Befriedigung der Gläubiger bereit. Die anderen Autoren ließen ihre Werke während der Ausgleichsverhandlungen im Verlag und kamen Marischka damit großzügig entgegen, allen voran Emmerich Kálmán, dessen Forderungen laut Alfred Grünwald „den netten Betrag von 600.000 Schilling"[943] ausmachten.

Tonfilm und Hollywood

Zwar nahm das Theater an der Wien erst unter der kurzen und glücklosen Direktion Hans Knappls, dann unter der durchaus erfolgreichen Arthur Helmers den Spielbetrieb wieder auf, doch ähnlich wie im gleichgeschalteten Berliner Metropoltheater beherrschte von nun an die Schlageroperette mit ihren vom Tonfilm beeinflussten Sujets das Repertoire. Erfolge wie Paul Abráháms *Roxy und ihr Wunderteam* spielten im Fußball-, Ralph Benatzkys *Axel an der Himmelstür* im Filmmilieu. Die Zeit der großen Operetten alten Stils war damit auch in Wien endgültig vorbei. Emmerich Kálmán und Oscar Straus brachten ihre Werke jetzt in Zürich heraus oder wandten sich Operettenfilmen zu. Auch Lehár versuchte sich Anfang der dreißiger Jahre auf diesem Gebiet, denn „der Tonfilm ist heute technisch bereits so ausgebaut, daß jede Musik, jedes Instrument klangrein reproduziert werden kann."

Originalmusik schrieb Lehár nur für zwei komplette Filme: 1933 für besagten Jeritza-Film *Großfürstin Alexandra* und 1932 für *Es war einmal ein Walzer* nach einem Drehbuch von Billie Wilder und mit der jungen, damals gerade einmal 20-jährigen ungarischen Sängerin Marta Eggerth, dem unbestrittenen Star des Operettenfilms der Zeit. Sie spielte noch in drei anderen Lehár-Verfilmungen: der von *Cloclo* unter dem Titel *Die ganze Welt dreht sich um Liebe* und – jeweils mit Hans Söhnker als Partner – in *Wo die Lerche singt* und *Der Zarewitsch*. Zwischen 1930 und 1935 wurden allein in Deutschland und Österreich fast sämtliche späten Lehár-Operetten verfilmt: *Das Land des Lächelns* mit Tauber war der Anfang gewesen, es folgten *Friederike* mit Hans Heinz Bollman, Mady Christians, Paul Hörbiger und Adele Sandrock, *Paganini* mit Iván Petrovich, Theo Lingen als Pimpinelli und wieder Sandrock, *Frasquita* mit Jarmila Novotná, Hans Moser und Heinz Rühmann, *Eva* ebenfalls mit Rühmann, Sandrock und Moser sowie Magda Schneider in der Titelrolle. Lehár selbst war an diesen Filmen kaum beteiligt und wenn Darsteller wie Marta Eggerth neue Nummern wünschten, legte er ihnen oft alte Lieder zur Auswahl vor. „Die Filme also, die meine Musik enthalten, sind Operettenfilme und keine – eigens komponierten – Filmoperetten ... wenn ich natürlich auch einige Musikstellen, auch ganze Lieder für den Film hinzukomponiere."[944]

Doch schon in den zwanziger Jahren war eine Reihe von Lehár-Operetten als Stummfilm zu sehen gewesen: *Der Graf von Luxemburg*, *Wo die Lerche singt*,

Der Zarewitsch, *Das Fürstenkind* mit Käthe Dorschs Ehemann Harry Liedtke und *Paganini* unter dem Titel *Gern hab' ich die Frau'n geküßt*. Übertroffen wurden sie alle von Erich von Stroheims *The Merry Widow* aus dem Jahr 1925 mit Mae Murray und John Gilbert in den Hauptrollen, der erfolgreichsten und besten Lehár-Verfilmung überhaupt. Stroheim hatte die Handlung stark verändert, aus Sonia die amerikanische Tänzerin Sally O'Hara gemacht und Danilo wie in Meilhacs *Attaché* einen Rivalen zur Seite gestellt: den zynischen Kronprinzen Mirko, dessen exzessive Sexorgien nicht nur die Bosse von *Metro-Goldwyn-Mayer* provozierten, sondern auch die Hauptdarstellerin Mae Murray, „the girl with the bee-stung lips" und „the epitome of early jazz-age Hollywood." Ihr gelang es, Studioboss Louis B. Mayer „gegen Stroheim aufzubringen, indem sie ihn darauf hinwies, daß Stroheim die Geschichte verfälsche und aus ihrer Figur eine Hure mache. Stroheim, darauf angesprochen, erklärte: ‚She is playing Sonia, and Sonia is a whore.' Woraufhin ihn Mayer niederschlug und fristlos entließ."[945] Doch ausgerechnet die Statisten erzwangen durch einen Streik, dass er *The Merry Widow* fertigstellen konnte, wenn auch unter der Auflage, seiner scharfen Satire ein pompöses Happy End anzuhängen und die wildesten Orgienszenen herauszuschneiden. Lehár selbst, der das große Orchester der europäischen Erstaufführung in Paris dirigierte, war vom Ergebnis angetan. „Die Amerikaner haben aus dem Libretto der Operette einen starken, großen Spielfilm gemacht ... Man hat wohl selten im Film so starke Charakterdarsteller gesehen ... Auch an Ausstattung haben die Amerikaner ... nicht gespart, und was sie in dieser Richtung hin geleistet haben, ist ungemein eindrucksvoll."[946]

Als die *Metro-Goldwyn-Mayer Studios* 1929 auch noch die Tonfilmrechte erwarben, versuchten sie, dafür Ernst Lubitsch und dessen Traumpaar Jeanette MacDonald und Maurice Chevalier von der Paramount zu verpflichten. Das gelang erst 1934, als Chevalier eigentlich schon beschlossen hatte, das Fach zu wechseln, wie er vor Beginn der Dreharbeiten kundtat: „Ich habe es satt, ewig nur den dummen, bis über die Ohren verliebten Jungen zu spielen, den Playboy von Paris, London und Hollywood. Wenn ich die *Lustige Witwe* fertig habe – fange ich von vorne an ... Den Danilo in Lehárs Meisterwerk werde ich aber noch mit allem Schmiß ausstatten, der mir zur Verfügung steht."[947] Tatsächlich endete die Hollywood-Ära des Operettenfilms mit Lubitschs *Merry Widow* auf ihrem Höhepunkt, ein doppelbödiges Spiel mit der bürgerlichen Doppelmoral, aufgelöst in eine bezwingende Choreographie, deren Krönung der schwarzweiß kostümierte Walzerreigen durch eine verspiegelte Saalflucht ist. Die auf Hauptnummern beschränkte Musik war vom eingespielten Broadway-Gespann Lorenz Hart und Richard Rodgers neu übersetzt und von Herbert Stothart neu arrangiert worden. Trotzdem hatte MGM zuvor bei Lehár selbst angefragt, ob er die musikalische Leitung der Verfilmung übernehmen wolle. Zumindest stand es so im *Neuen Wiener Journal*: „Ob ich nach Hollywood zu reisen gedenke? ... Verlocken würde mich solch ein Ausflug über den großen Teich natürlich sehr, und zwar schon deshalb, weil es mir bisher in meinem Leben noch nicht vergönnt war, eine Amerikareise anzutreten. Um eine endgültigen Entschluß zu fassen, müßte ich natürlich den Termin kennen, zu dem meine Anwesenheit in Hollywood notwendig wäre."[948]

„Haben die Amerikaner andere Ohren?"

Warum Lehár trotz zahlreicher lukrativer Angebote zeitlebens dem Lockruf Amerikas widerstand, hat verschiedene Gründe. Vor dem Ersten Weltkrieg hielt ihn die enorme Operettenkonjunktur in Europa zurück. Als danach das Geschäft einbrach, knüpfte er zwar Kontakte, schob die geplante Reise aber so lange hinaus, bis der überraschende Erfolg seines Spätwerks sie überflüssig machte. Hinzu kam, dass eben diese Operetten in Amerika erst in den dreißiger Jahren und stark bearbeitet aufgeführt wurden, so dass *Paganini* und *Das Land des Lächelns* bereits bei Probeläufen in Boston und Philadelphia durchgefallen waren und nicht einmal Geraldine Farrar *Frasquita* retten konnte. Lehár missfiel diese Praxis aufs Äußerste: „My reputation in the United States has been ruined", klagte er gegenüber *The New York Herald Tribune*: „According to Lehár, the American rights of his later works, including *The Yellow Jacket*, which he later transformed into the record-breaking *Pays du Sourire*, were sold in the midst of the economic confusion following the war for $ 500 apiece by an agent to interests that have never attempted to produce them in their original form but still exercise absolute control over them."[949] Gemeint waren die Shubert brothers, die Brüder Lee und Jacob J. Shubert, Besitzer des größten Theater-Imperiums der USA und damit das Broadway-Pendant der Rotters.

Die neue Leiterin des Glockenverlags, Frau Tauer, versuchte 1936 den von Lehár abgebrochenen Kontakt zu J. J. Shubert wieder aufzunehmen und ihn von Lehárs Standpunkt zu überzeugen: „Die letzten Werke Franz Lehár's ... sind keine richtigen Operetten mehr, sondern eigentlich Opern. Von diesem Standpunkt aus sollten Sie dieselben betrachten! Es muß doch nicht unbedingt und überall ein Happy End sein ... Der Meister ist außer sich darüber, dass Sie sein Lieblingswerk *Land des Lächelns* schon so oft umarbeiten ließen ... Ich wollte ja eben, dass wir den Meister dazu bringen, die Reise nach Amerika zu machen, dort ein oder zwei Konzerte zu dirigieren ... hieran soll eine Premiere eines seiner Werke – am besten *Land des Lächelns* in einem guten New-Yorker

Theater unter seiner Leitung – mit ihm als Dirigent stattfinden ... Sie sollen ihn nicht kränken, lieber Mr. Shubert."[950] Kurz zuvor hatte sie auch Lehár beruhigen müssen: „Er ist bestimmt ein ekelhafter Kerl mit seinem Starrkopf, aber wir müssen unbedingt in Güte zu einem Resultat kommen. Ich habe das Gefühl, dass es halt herrlich wäre, wenn sich mein verehrter Meister mit seiner lieben Gattin entschliessen würde, gelegentlich nach Amerika zu fahren. Dem von diesem Ehepaar ausstrahlenden Charme kann sich niemand auf der Welt verschliessen! ... die ganzen Geschichten und Zaghaftigkeiten seitens Shubert's wären dann auf die einfachste Art überwunden. Glauben Sie nicht, dass ich recht habe, verehrter Meister und liebe Gnädige Frau?"[951]

Die Strategie schien zu fruchten. Zwei Monate später jedenfalls verkündete Mr. Shubert, er plane einen Lehár-Zyklus in New York, eingeleitet von *Friederike* in einer Inszenierung des renommierten Broadway-Regisseurs Hassard Short, die bereits am 26. Dezember 1936 in Boston Vorpremiere hatte und am 4. Februar 1937 im New Yorker Imperial Theatre mit Dennis King als Goethe und Helen Gleason als Frederika herauskam. Doch die Sache hatte einen Haken. Nicht nur das Buch, auch die Musik war zu Lehárs Entsetzen bearbeitet worden. Verzweifelt schrieb er an Shuberts Berliner Vertreter: „Das ist ja nicht mehr zum Aushalten. Shubert schickt das Orchester Material zurück mit der Begründung, er habe es nicht benutzt, weil es nicht brauchbar ist. Er habe es selbst instrumentieren lassen. Ja, haben denn die Amerikaner andere Ohren als die übrige Welt? Jetzt will er Tantiemen-Kürzungen vornehmen etc. etc. Es ist zum Auswachsen ... Werde ich nicht gequält?? Soll ich den Tag verfluchen, an dem ich mich mit Mr. Shubert verbunden habe?"[952] Der sah umgekehrt keine Veranlassung dazu: „Lehár is the only foreigner I've ever known who doesn't care about money ... Music is everything for him."[953]

Komponistenstreik und Menageriedirektor

1937 fand auch Richard Taubers zweiter Londoner Bühnenauftritt in einer Lehár-Operette statt – als Paganini. Mittlerweile hatte er die englische Schauspielerin Diana Napier geheiratet und seinen Wohnsitz nach London verlegt. So beliebt er dort als Konzertsänger und Filmdarsteller war, so schwer tat man sich mit seiner Bühnenerscheinung: „Paganini was gaunt and about as thick as any German tenor's thigh; Herr Tauber is at once imposing and short ... and he is no more sinister than is sauerkraut ... Herr Tauber looks rather like Robert Schumann."[954] Trotzdem stand die Operette von 20. Mai bis 7. Juli auf dem Spielplan des Lyceum Theatre. Lehár hatte die Premiere dirigiert und konnte auch sonst „über flaues Geschäft" nicht klagen. Da er aber seit Jahren keine neue Operette mehr in Angriff genommen hatte, kam in Wien das Gerücht auf, er sei in den „Komponistenstreik getreten." Lehár dementierte umgehend und betonte, er „denke gar nicht daran, das Komponieren aufzugeben", habe „schon ein ganz bestimmtes Buch in Aussicht" und wolle es „einfach in Musik setzen – ohne lange zu fragen, ob das, was entsteht, eine Operette oder eine Oper ist … Es stimmt allerdings, daß mir die leidigen Plagiatsbeschuldigungen der Frau Lanik-Laval, die das Textbuch zu *Giuditta* als ihr geistiges Eigentum reklamiert, viel Zeit geraubt haben; aber ich fühlte mich um der Ehre meiner Librettisten willen verpflichtet, diesen Beschuldigungen entgegenzutreten, obwohl sie mich, den Komponisten eigentlich nicht treffen können."[955]

Der von ihm angestoßene Prozess zog sich bis zum Januar 1937 hin und nahm den Komponisten mehr mit, als er zugeben wollte. Besonders dass sich der fast achtzigjährige Kollege und *Evangelimann*-Schöpfer Wilhelm Kienzl für Lanik-Laval hergab, führte Lehár unmissverständlich vor Augen, wie viel Unmut sein Triumph an der Staatsoper in der Szene erregt hatte. Wie Lehár vor Gericht aussagte, habe er Lanik-Lavals Manuskript nie „aufgeschlagen", denn „gewöhnlich übt meine Frau eine Art Vorzensur aus."[956] Zwar gewann er den Prozess, doch führte er ihn noch lange als einen der Gründe an, warum er inzwischen nichts komponiert habe. Der andere Grund war der Glockenverlag. Anstatt neue Werke zu komponieren, ging Lehár nämlich jetzt daran, späteren Bearbeitungen durch eigene zuvorzukommen. Niemand sollte seine Instrumentation modernisieren oder fremde Nummern in die Partituren einlegen dürfen, ein Anliegen, das ihn bis zu seinem Tode beschäftigte. Leider gerieten die Fassungen aus dieser Zeit, die seitdem vom Glockenverlag geliefert werden, nicht immer zum Vorteil der Werke, wie besonders *Der Zarewitsch* und *Der Graf von Luxemburg* zeigen.

Als dritten Grund für seine schöpferische Pause führte er den Einbruch in seine Villa an, die er erst im Juni 1933 bezogen hatte: das Schikaneder-Schlössl in Nussdorf. Der spätbarocke Bau war tatsächlich vom Mitschöpfer der *Zauberflöte* erbaut worden, deren Figuren auf dem Deckenfresko des großen Salons prangen. Zwar war das Schlössl das erste Domizil, das Lehár zusammen mit Sophie bezog, doch wollte er sich auch hier sein ungestörtes Junggesellendasein erhalten und ließ die Verbindungstüren zu seinen Arbeitsräumen zumauern. Da die Ehe ohne Kinder geblieben war, legte sich das Paar jetzt eine regelrechte Menagerie zu. Hatte ihm in der Theobaldgasse noch ein melancholischer Papagei genügt, waren es nach der Hochzeit erst ein handzahmer Kanarienvogel namens Hansi, dann ein Laubfrosch, die ihm beim Komponieren Gesellschaft leisteten, während seine Frau sich mit dem Griffonhündchen Joujou begnügte.

Der Kanari erlangte als Vorpfeifer von „Immer nur lächeln" einige Berühmtheit: „Als ich diese Noten aufs Papier warf, saß mein kleiner Kanarienvogel auf meiner Schulter und pfiff mir seine schönsten Triller ins Ohr. Vielleicht habe ich ihn unbewußt plagiiert." Was Karl Kraus zu der Bemerkung veranlasste: „Ich kenne noch heute nicht den dritten Akt der *Lustigen Witwe*. Wenn man mir damals gesagt hätte, daß er vom Kanarienvogel ist, wäre ich geblieben."[957] Schon das *Tiermagazin* hatte es geahnt: „Franz Lehár beglückt nicht nur die ganze Welt mit seiner herrlichen Musik, er ist auch ein großer Freund der Tierwelt."[958]

Victor Léon widmete dem „Menagerie-Direktor Franz Lehár" 1937 sogar einen gleichnamigen Artikel im *Neuen Wiener Journal*, eine letzte Hommage an „den alten Freund". Léons Frau meinte trocken: „Er verdient gar nicht, dass man so sympathisch über ihn schreibt."[959] Der Artikel schildert ausführlich den Bestand von Lehárs Menagerie, berichtet eingehend über Kid, den Kater, Gretl, die Schildkröte, einen Tauber namens Richard und über Jeanny, den „chien à la papillon ... eine hinreißende weibliche Hundeschönheit." Sie war die Nachfolgerin jener Joujou, die dafür berühmt war, auf den Walzer aus der *Lustigen Witwe* allergisch zu reagieren. Sobald Lehár – „was er der Hetz wegen oft tat – ihn Joujou vorpfiff ... da begann Joujou laut zu gähnen ... Joujou erlag einem Unglücksfall. Das Stubenmädchen sah mit ihr aus dem Fenster und – ließ sie auf die Straße fallen ... Bittere Tränen, die Franz vergoß, die Frau Sophie weinte ... die griffonste aller femininen Griffons ... ruht in einer blumenumziehrten Marmorgruft. Ein Epitaph erinnert an sie." Mit einer Würdigung der Bewohner des Schlossteichs, Goldfischen, Fröschen und Kröten, schloss Léon seinen Artikel über den „heiligen Franziskus von Assisi in Nußdorf."[960]

Schmalz für Auge und Ohr

Standen die Werke Lehárs allen Boykottdrohungen der Nazi-Presse zum Trotz weiterhin, mit der Zeit mehr denn je, auf deutschen Spielplänen, hielten sich die Berliner Theater lange auffällig zurück. Erst zu Silvester 1935 setzte das Deutsche, vormals städtische Opernhaus eine Neuinszenierung der *Lustigen Witwe* an, obwohl das Werk, wie es im Programmheft vorsichtig hieß, „einer Epoche angehört, deren Bestreben nur zu oft dahin ging, die Ideale des Staatsbürgers zu verspotten." Der Text wurde von Hans Batteux dahingehend verändert, dass „die pontevedrinischen Staatsfiguren als in Paris lebende Pensionäre angenommen wurden. An Stelle der Anspielungen vaterländischer Art mußten familiäre Begebenheiten eingeflochten werden, die stets und immer einer lustvollen Spöttelei unterzogen werden können."[961] Ob Lehár an dieser Fassung beteiligt war, darf bezweifelt werden. Die erste verbürgte Berlin-Reise seit vier Jahren führte ihn zum 9. Komponisten- und Autorenkongress. Beim abschließenden Empfang im Hotel Kaiserhof am 3. Oktober 1936 erschien er mit reich bestückter Ordensbrust und wurde von Goebbels entsprechend hofiert. Der vertraute seinem Tagebuch an: „Ich unterhalte mich lange mit Lehár [!], Pirandello … Der Kongreß war für uns ein voller Erfolg. Alle sind begeistert."[962] Lehár scheinbar auch, denn bereits am 27. November nahm er an der 3. Jahrestagung der Reichskulturkammer in der Berliner Philharmonie teil, wo er auch Hitler kennenlernte, der nach Albert Speers Zeugnis noch „Tage danach beglückt über dieses bedeutungsvolle Zusammentreffen" war. „Für ihn war er in allem Ernst einer der größten Komponisten der Musikgeschichte. Seine *Lustige Witwe* rangierte für Hitler gleichrangig neben den schönsten Opern."[963] Drei Tage später besuchte er eine Vorstellung des *Zarewitsch*, der am 25. November im Theater am Nollendorfplatz Premiere hatte, zusammen mit dem protokollierenden Goebbels: „Der Führer ist ganz groß in Aktion. Er ist ein wahres Genie. Er versteht von allem das Wesentliche. Das ist so bewundernswert an ihm. Abends gehen wir mit ihm in den *Zarewitsch*. Lehár [!] dirigiert. Ein richtiges Schmalz für Auge und Ohr. Das Publikum ist begeistert. Das ist auch schön so. Wir haben alle viel Spaß daran, und Lehár ist ganz glücklich."[964] Das eigentlich Erstaunliche an dieser Produktion aber war der Programmzettel, auf dem die Namen der jüdischen Librettisten Bela Jenbach und Heinz Reichert standen.

Bei der von Lehár erstellten Neufassung des *Graf von Luxemburg* hingegen waren die bereits verstorbenen Librettisten nicht mehr vermerkt. Sie hatte am 4. März 1937 unter Lehárs Dirigat und mit Hans Heinz Bollmann in der Titelrolle im Theater des Volkes Premiere, dem früheren ‚Großen Schauspielhaus' und nunmehrigen „Kraft durch Freude"-Theater. Wieder besuchte Goebbels die Vorstellung, diesmal „den Arbeitern zuliebe … die Aufführung ist sehr farbig und lustig. Und dazu die wunderbaren Melodien Lehárs [!]. Das Publikum ist begeistert. Das gefällt immer."[965] Dass Joseph Goebbels die Zuschauerreaktionen immer sehr genau registrierte, besonders wenn es sich um Arbeiter handelte, zeigt anschaulich, wie die NS-Politik funktionierte. Nicht umsonst bezeichnete der Historiker Götz Aly deren Akteure als „klassische Stimmungspolitiker … Sie fragten sich fast stündlich, wie sie die allgemeine Zufriedenheit sicherstellen und verbessern könnten … Auf der Basis von Geben und Nehmen errichteten sie eine jederzeit mehrheitsfähige Zustimmungsdiktatur."[966] Aufgrund dieser pragmatischen Haltung hatte sich Goebbels auch im internen Kulturkampf des Dritten Reiches gegenüber Rosenbergs NS-Kulturgemeinde auf Dauer durchsetzen können. Damit räumte er Lehár die letzten Hindernisse seitens der Kulturbürokratie aus dem Weg und band ihn so immer enger an seine Kulturpolitik.

Zermürbt von dem Konflikt mit Shubert, dem Plagiatsprozess um *Giuditta* und Erpressungsversuchen in Wien, fand sich Lehár unvermutet als Großmeister der Operette vom Dritten Reich umworben und ließ sich diese plötzliche offizielle Anerkennung nur zu gern gefallen. Peter Herz, seit den zwanziger Jahren Liedtexter für Lehár und ihm auch privat verbunden, war – wie wohl die Mehrzahl seiner jüdischen Mitarbeiter – entsetzt. „Franz Lehár, das muß wahrheitsgemäß festgestellt werden, war ein verblendeter Bewunderer Hitlers, besonders in der ersten Zeit des Unrechtsregimes. Schon im Jahr 1925 sprach er mit seinem Lieblingslibrettisten Bela Jenbach über die ‚Bedeutung' des Naziführers, eine Einschätzung, die Jenbach als Jude natürlich nicht gelten ließ ... Lehár in seiner Naivität, ganz benommen von der Gunst des Diktators, genoß es in vollen Zügen, nunmehr auf allen staatlichen und privaten Bühnen Deutschlands als Lieblingskomponist Hitlers Persona grata zu sein."[967]

Lehár blieb somit auch während des Dritten Reiches der meistgespielte Operettenkomponist. Während Librettisten wie Fritz Löhner-Beda, Heinz Reichert und Bela Jenbach, wie es der Verlagskorrespondenz zu entnehmen ist, im Glockenverlag ein und aus gingen, hatte sich in Deutschland die „Gewohnheit eingebürgert, die Namen der jüdischen Mitverfasser auf den Programmzetteln fortzulassen."[968] Wie sich dieser Zwiespalt auf das Verhältnis der Librettisten zu Lehár auswirkte, bleibt eine offene Frage. Über Jenbach schrieb seine Geschäftsführerin Frau Tauer an Lehár, er sei „wirklich durch und durch anständig. Ich kenne ihn ja seit vielen Jahren und er liebt und ehrt sie Sie sehr."[969] Auch von Bedas Sorgen wegen einer geplanten Ägypten-Tournee Lehárs ist die Rede: „Er rät dringendst davon ab. Es würde eine viel zu grosse Strapaze für Sie sein und viel Aerger mit schlechten Orchestern."[970] Zumindest kamen Lehárs Librettisten im Gegensatz zu ihren Kollegen weiterhin in den Genuss der nicht unbeträchtlichen deutschen Tantiemen. Wenn Bernard Grun, ebenfalls ein Zeuge dieser Zeit, berichtete, dass Lehár begann, aus Misstrauen alte Freundschaften aufzugeben, mag auch sein verändertes Verhalten gegenüber Nazideutschland eine Rolle gespielt haben. Frau Tauer bemerkte im April 1937 über Löhner-Beda: „für alle Fälle scheint er sehr mit seinen Nerven fertig zu sein."[971]

Deutsches Urhebergesetz à la Richard Strauss

Ein Musterbeispiel, wie sich die Gewichte der NS-Kulturpolitik im Laufe der dreißiger Jahre verschoben, ist an den Positionen abzulesen, die Franz Lehár und Richard Strauss einnahmen. Die Beförderung des Letzteren zum Präsidenten der Reichsmusikkammer 1933 schien ihm endlich die Handhabe zu geben, langgehegte Pläne für „ein deutsches Urhebergesetz" zu realisieren, wie er sie bereits 1930 in einem Brief an seinen Vorgänger im Amt, Max von Schillings, formuliert hatte: „durch ein derartiges Gesetz müßte ein *Dreimäderlhaus* ... Verarbeitung Goethe'scher Lieder in eine Lehàr'sche [!] Schmachtoperette und all der Unfug ... auch jene Art von Potpourrie [!], wie sie besonders in Badekapellen mit Vorliebe verzapft werden ... polizeilich verboten werden können."[972] Kaum im Amt setzte er alles daran, seinen Forderungen Nachdruck zu verleihen: „Ebenso habe ich schon des öfteren beim Herrn Minister darauf gedrungen, daß aus unseren subventionierten Opernhäusern, vielleicht mit Ausnahme der *Fledermaus*, die Operette gänzlich verbannt und der Privatinitiative überlassen werde."[973]

Doch stieß Strauss damit bei Joseph Goebbels, der auf seinen Reisen durch die Provinz kaum eine Lehár-Operette versäumte, auf taube Ohren. Er konnte der von Strauss vertretenen „bildungsbürgerlichen ... Vorstellung einer hegemonialen Höhenkunst" nichts abgewinnen, sondern setzte, wie Georg Bollenbeck in seiner Untersuchung zur kulturellen Moderne in Deutschland ausführt, auf die während der Weimarer Republik entstandenen Rezeptionsmechanismen „der Unterhaltungsindustrie, die im Marktkalkül der Produzenten und in den Erfahrungen wie Erwartungen der Konsumenten gründet."[974] Doch Strauss arbeitete ganz bewusst auf den Bruch gerade solcher Kontinuitäten hin. An Stefan Zweig schreibt er hoffnungsvoll. „Endlich jetzt habe ich, glaube ich, an Staatskommissar Hinkel einen Kämpfer gefunden, der mir ... bei Dr. Goebbels meine langgehegten Reformideen zur Hebung der deutschen Opernkultur endlich durchzusetzen hilft! Diese bestehen aber nicht darin, große und schwere Kunstwerke den Bedürfnissen der kleinen Schmierendirektoren anzupassen (dafür sorgt Lehár und Puccini)."[975] Durchaus in Übereinstimmung mit Herbert Gerigk von Rosenbergs Kulturpolitischem Archiv stellte für ihn Lehárs Werk einen „Abstieg in die untersten Bezirke einer entarteten Kunstauffassung"[976] dar. Auch als er wegen seiner Zusammenarbeit mit Stefan Zweig von seinem Posten zurücktreten musste, verfolgte er seine kulturpolitische Agenda weiter. So soll er „bald grimmig, bald schalkhaft", gegenüber Hans Severus Ziegler, dem Organisator der Düsseldorfer Ausstellung „Entartete Musik" von 1938 geäußert haben, er habe „den ganzen Franz Lehár (!!) vergessen – das sei die Entartung der Operette! ... und die vier Juden in seiner *Salomé*, die rein atonal sängen!"[977]

Joseph Goebbels war solcher Humor nicht gegeben. Noch am 28. Februar 1941 zitierte er den ehemaligen Präsidenten seiner Reichsmusikkammer wegen dessen eigenmächtiger Urheberrechtsvorstellungen, in die sich „der Dr. Goebbels nicht einzumischen" hätte, in sein Ministerium nach Berlin und machte ihm die Prioritäten seiner Kulturpolitik unmissverständlich klar. Komponist Werner Egk will als unfreiwilliger Zeuge dabei gewesen sein: „Goebbels: ‚… nehmen Sie zur Kenntnis, daß Sie keine Vorstellung haben, wer Sie sind und wer ich bin!' Strauss kam nicht mehr zu Wort. Goebbels: ‚Außerdem höre ich, daß Sie Lehár als Gassenmusikanten bezeichnet haben … Ich habe die Möglichkeit, ihre Unverschämtheiten in die Weltpresse zu lancieren! Ist Ihnen klar, was dann geschieht? Lehár hat die Massen, Sie nicht! Hören Sie endlich auf mit dem Geschwätz von der Bedeutung der Ernsten Musik! Damit werden Sie sich nicht aufwerten! Die Kultur von morgen ist eine andere als die von gestern! Sie, Herr Strauss, sind von gestern!'…

Für Strauss war es eine unerträgliche persönliche Demütigung … Die Hände vor das Gesicht geschlagen, murmelte er vor sich hin: ‚Hätte ich doch meiner Frau gefolgt und wäre in Garmisch geblieben.'"[978]

Schon in seiner Rede zur Jahrestagung der Reichskulturkammer 1936, bei der Richard Strauss bereits ausgebootet war, sich hingegen Hitler und Lehár kennengelernt hatten, sprach Goebbels Lehár das Wort, denn „nicht jedermann sei musikalisch genug, etwa eine große Wagneroper zu hören und zu genießen. Sollte er deshalb überhaupt von der Musik ausgeschlossen werden? Nein, es sei gut, daß es auch andere Musik gebe, von der er etwas habe. Und auch die, die diese Musik schrieben, machten sich verdient um das Volk."[979] Und Lehár bestätigte Jahre später die vermeintliche Richtigkeit dieser Kulturpolitik, wenn er ausgerechnet dem von Strauss zum Mitkämpfer erkorenen Hinkel berichtete, wie ihm nach einem Konzert in München vor 2000 Arbeitern einer davon gestand: „Wir hören Symphonien. Wir fühlen, daß es etwas Großes sein muß, aber wir können es nicht auffassen. Heute hörten wir Musik, die unser Herz bewegte, die uns bezauberte. Mit Tränen in den Augen dankte er mir. Soll das alles bloß ‚Unterhaltungsmusik' sein?"[980]

„Wenn Lehár doch die Musik zum Rosenkavalier gemacht hätte."

„Ich kann heute mit meinen 75 Jahren über den Walzer der *Lustigen Witwe* (wie seiner Zeit Gustav Mahler) noch einen Tobsuchtsanfall kriegen … Die Gefahr, die unserem Kulturniveau von Seiten des Films, Lehárs und seiner Spießgesellen droht, und der es zum großen Teil schon erlegen ist, ist mit vornehmer Nichtbeachtung nicht mehr abzutun. Ihr offen den Kampf anzusagen, wäre eine schöne Pflicht."[981] Mit diesen Worten schwor Richard Strauss 1940 Clemens Krauss, mittlerweile Direktor der Münchner Oper, auf seine Intentionen ein, die er mit seiner letzten Oper *Capriccio* verfolgte. Krauss, der das Libretto schreiben sollte, hatte bei *Giuditta* in Wien bereits einschlägige Erfahrungen mit Lehár gemacht und stimmte auch sonst mit seinem Komponisten kulturpolitisch überein. Anders als Hugo von Hofmannsthal, der das durchaus differenzierter sah und dies Strauss in der Entstehungszeit von *Arabella* verständlich zu machen versucht hatte: „Mit einem fast barbarischen, aber aufmerksamen und doch künstlerischen Sinn horche ich in alle Musik, die mir ein Orchester, ein Klavier oder Grammophon vormacht: Ob es Beethoven ist oder Lehár ... nicht, daß ich meinte, Sie könnten schreiben ‚wie Lehár'. Darüber haben Sie einmal vor Jahren in einem Berliner Restaurant Ihrer Gattin eine ganz erschöpfende Antwort gegeben: ‚So wie der schreiben kann ich nicht, denn in ein paar Takten von mir liegt eben mehr Musik als in einer ganzen Lehárschen Operette!'"[982]

Ob Hofmannsthals heimliche Faszination für die Operette allerdings so weit ging, wie Alma Mahler-Werfel glauben machen wollte, darf bezweifelt werden, machte sie doch aus ihrer Abneigung gegenüber Strauss und ihrer Verehrung für Lehár kein Hehl. Zusammen mit Franz Werfel hatte sie sich nicht nur im Gästebuch seines Nussdorfer Schlössls verewigt, sondern auch Hugo von Hofmannsthal mit zu Lehárs *Libellentanz* genommen. „Hofmannsthal war so angetan, daß er sagte: ‚Gott, wie schön wäre es, wenn Lehár doch die Musik zum *Rosenkavalier* gemacht hätte, statt Richard Strauss!' Ich erzählte diesen Ausspruch meinem Freund Egon Friedell, und er sagte: ‚Und wenn dann noch ein anderer das Libretto geschrieben hätte – wie schön wäre die Oper erst geworden.'"[983]

Dessen Freund Alfred Polgar hatte da schon früher altösterreichische Affinitäten erahnt. Als er die Uraufführung von Hofmannsthals *Der Unbestechliche* besprach, bei der immerhin zwei Uraufführungsdarsteller des *Graf von Luxemburg*, nämlich Otto Storm und Max Pallenberg, die Hauptrollen spielten, bemerkte er bereits einen „Hang zur Rührseligkeit, der mondgetränkte Sehnsucht schafft, für die nur Lehár die erlösenden Töne fände. Und bisher war's doch Richard Strauß."[984]

Was sich an den Anschluß anschloß ...

Mit dem Einmarsch der Deutschen in Österreich am 12. März 1938 änderte sich Lehárs dubiose Doppelexistenz zwischen Berlin und Wien schlagartig. Viele seiner Freunde und Kollegen waren Freiwild geworden. Richard Tauber, der noch am 7. März *Giuditta* gesungen hatte, befand sich in Mailand. *Giuditta* verschwand ebenso vom Spielplan der Staatsoper wie *Das Land des Lächelns*. Dessen Premiere mit Tauber in seiner Paraderolle hatte erst am 30. Januar 1938 als „Festvorstellung unter dem Ehrenschutze der Bundesregierung zugunsten der Winterhilfe" stattgefunden – und war, wie Unterrichtsminister Hans Pernter Lehár bereits am 11. November 1937 anvertraut hatte, auf Wunsch von Bundeskanzler Schuschnigg zustande gekommen. Er und „Pernter haben der Staatsoperndirektion erklärt, dass sie es wünschen", protokollierte Lehár in seinen Kalender. „Er bestätigte mir, dass Bruno Walter dagegen war und die Annahme des Werks verhindern wollte ... Ich erzählte ihm auch von Berlin und zeigte ihm 2 Briefe Deutsches Opernhaus und Propagandaministerium!"[985] Ein Zeugnis großer politischer Naivität, denn kaum zwei Monate nach der Premiere saß Pernter zusammen mit Fritz Löhner-Beda, dem Librettisten des *Land des Lächelns*, im sogenannten „Prominententransport" nach Dachau.

Der Ernst der Lage war nun auch für Lehár nicht mehr zu übersehen. Seine größte Sorge galt begreiflicherweise seiner jüdischen Frau, die er vorsorglich schon vorher zur Taufe überredet hatte. Als Katholikin schien sie ihm sicherer zu sein, zumal sein Librettist Peter Herz bezeugte, Lehár habe ein Foto besessen, „auf dem Dr. Goebbels der ‚Ehrenarierin' Sophie Lehár die Hand küßt; leider ist dieses Bild verschollen."[986] Der Begriff „Ehrenarier" existierte offiziell allerdings gar nicht und war nur umgangssprachlich für privilegierte Ausnahmefälle gebräuchlich. Sophie Lehár konnte sich also keineswegs allzu sicher fühlen. Die meisten von Lehárs jüdischen Freunden und Mitarbeitern emigrierten: Ludwig Herzer in die Schweiz, Richard Tauber, Bernard Grun, Peter Herz und Paul Knepler nach England, Maria Jeritza, Martha Eggerth, Vera Schwarz, Gitta Alpár, Fritzi Massary, Jarmila Novotná, Alfred Grünwald, Heinz Reichert, Oscar Straus, Robert Stolz und Emmerich Kálmán in die USA. Dessen Sohn Charles erinnerte sich an einen Abschiedsbesuch, den sein Vater vor der Emigration bei Lehár gemacht hatte. Bei der Gelegenheit soll er Kálmán besagtes Foto gezeigt haben, auf dem nicht mehr Goebbels, sondern „Hitler in Wien (1938) Frau Lehár die Hand küßt ... und er ihm sagte, die Juden hätten ihm in seiner Karriere geschadet, weil zwei jüdische Kritiker *Luxemburg* und *Endlich allein* verrissen hatten. Mein Vater erinnerte ihn höflich daran, dass Lehárs Karriere eigentlich am meisten von Juden gefördert wurde – den meisten Schauspielern und Sängern seiner Operetten, seinen Verlegern und seinen Theaterdirektoren, sowie dem damals berühmten jüdischen Publikum. Und Vater riet ihm auch, in die Emigration zu gehen."[987]

Auch Kálmáns Librettist Alfred Grünwald war, wie er ihm 1944 schrieb, zusammen mit Ludwig Herzer „einen Tag bevor Hitler nach Wien kam" bei Lehár gewesen, um ihm ihr neues Libretto *Viviana* vorzulesen. Lehár, „dem es angeblich riesig gefiel[,] ... sagte: ‚Sie werden verstehen ... ich kann jetzt nicht mit nicht arischen Autoren arbeiten.'"[988] Dennoch setzte Grünwald noch im Pariser

Exil seine Hoffnungen auf eine Zusammenarbeit: „Lieber Meister Lehár, dass Sie mir am 12. März, als ich das letzte Mal bei Ihnen war, um den KA d. *Idealen Gattin* mit Ihnen gemeinsam durchzuschauen, bestimmtest zusagten, Sie würden das im Sommer in Ischl fertig stellen."[989] Lehár antwortet umgehend: „Lieber Herr Grünwald, freue mich von Ihnen ein Lebenszeichen erhalten zu haben ... In Zürich war die *Ideale Gattin* leider kein Erfolg"[990], weshalb Lehár sein Interesse an einer Umarbeitung bald verlor.

Die „arisch" verheirateten Bela Jenbach, Edmund Eysler und Ernst Decsey tauchten in Wien unter; der greise Victor Léon weigerte sich hingegen, seine Hietzinger Villa zu verlassen. Als er Anfang 1939 doch dazu aufgefordert wurde, wandte sich seine damalige Lebenspartnerin und spätere Universalerbin Annie Hebein-Stift, wie sie eidesstattlich erklärte, an Lehár, der versprach, „alles zu versuchen, um der bedrohten Familie zu helfen. Seine Intervention hatte auch vollen Erfolg. Viktor Léon konnte bis zu seinem Tod im Jahre 1940 und Ottilie Popper bis zu ihrem Ableben 1942 unangefochten in ihrer Villa bleiben."[991] Zu Paul Knepler und Richard Tauber hielt er auch nach deren Emigration, solange dies möglich war, regelmäßig brieflichen Kontakt. Bela Jenbach blieb Lehár, wie die Verlagskorrespondenz des Glockenverlags belegt, bis zu seinem Tod 1943 persönlich verbunden, obwohl solche Besuche in Wien damals nicht ungefährlich waren.

Im Fall eines anderen alten Mitstreiters, Louis Treumann, der sich seit Mitte der 1920er Jahre in finanziellen Schwierigkeiten befand, konnte auch die Verbindung zu Lehár die Deportation nicht verhindern. Er wohnte zuletzt im Wiener Sammellager Obere Donaustraße 111. Der Filmregisseur und Schauspieler Willi Forst wusste von einem Kollegen, der jeweils erfuhr, wann Transporte abgingen, und dies Lehár über ein verabredetes Stichwort mitteilte. „Dann pflegte sich der Meister hinzusetzen und an die Stellen zu schreiben, zu kabeln, zu telephonieren, bei denen sein Name und Ansehen sich noch Geltung zu verschaffen wußte. Zwei-, drei-, vier-, x-mal wurde der alte Treumann so gerettet. Aber schließlich wollte es ein grausames Schicksal, daß Lehár in den wenigen Tagen, ja Stunden, in denen das Leben von Menschen an einem Faden hing, nicht erreichbar, zufällig auf irgendeiner Tournee war. Als er zurückkam, war es zu spät. Louis Treumann ist nicht wiedergekommen."[992]

Er wurde am 28. Juli 1942 nach Theresienstadt deportiert, wo er laut Akten am 5. März 1943 den „Tod durch Entzehrung" erlitt. Die letzten Postkarten Treumanns, gerichtet an den Kollegen Max Brod, sind ein erschütterndes Zeugnis seiner Verzweiflung, nachdem seine Frau Stefanie zwei Monate nach der Ankunft in Theresienstadt gestorben war: „Lieber Max und alle meine Lieben! Elly! Ponny! Dora; Seppelheim, Schwarzspanier, Dr. Julius Kohl, Franz L.,

Gestl, Steininger und Frau, die 2 Grazer, Teltscher, Verwalter; meine Steffi seit 14. zu 15. September nicht mehr unter uns! Bin nun allein – wenn ich Euch meine Lieben nicht habe. An Euch denken ist mein täglich Sein. Bleibt nur treu. Bin gesund! Viele bekommen hier Post und Päckchen von auswärts. Kohl aus Cumberlandstrasse! ♥-lichst Euer Louis." Die letzte Postkarte nach Weihnachten 1942 dokumentiert nur noch den langsamen Verfall. „Meine Geliebten! Post (12. Dec) und Gabe (etwas später) freudvollst erhalten. Wonne. Himmlisch. Täglich in Händen – mein Gebet. Bitte – Bitte – seid nicht selten – Bedenkt!! Küsse Euch täglich – im Geiste – auf die Postkarte."[993]

Hitler zur Operette

Am 5. März 1945 fand ein Hauptmann der zweiten französischen Panzerdivision, im Zivilberuf Advokat am Appellationsgericht Colmar, auf dem Obersalzberg ein in rotes Maroquin-Leder gebundenes Bändchen mit einem Hakenkreuz und der Aufschrift: „Meinem lieben Führer gewidmet. Lehár." Der Hauptmann schickte eine Photographie mit Beschreibung anonym an die Basler *National-Zeitung*, die sie am 1. März 1947 veröffentlichte. „Das Innere besteht aus einer Broschüre von sechs Seiten, auf deren Titelblatt zu lesen ist: Erinnerung an die 50. Aufführung der Operette *Die Lustige Witwe* [!] am 17. Februar 1906, und die zwei Lieder enthält: ‚Es waren zwei Königskinder' und ‚Zauber der Häuslichkeit'. In die Broschüre hat Lehár im Manuskript den Walzer ‚Lippen schweigen,'s flüstern Geigen, hab mich lieb' eingelegt, gefolgt von dem Datum 20. April 1938."[994]

Das Original ist bis heute nicht aufgetaucht, dennoch hat auch Lehár die Echtheit der berüchtigten Widmung nicht bestritten und kurz nach Erscheinen des Artikels eingestanden, „Staatssekretär (später Minister) Walter Funk, der sehr musikliebend war", habe ihm erzählt, dass Hitler „als er in Wien war und kein Geld hatte, immer auf der Galerie war, um *die Lustige Witwe* [!] zu hören. Insbesondere erinnere er sich an das erste Jubiläum, an die 50. Aufführung … Wie unerfahren ich damals war, bezeugt, daß am Titel die Hauptdarsteller Mizzi Günther und Louis Treumann (ein Jude!) abgebildet waren."[995] Ob Hitler diesem Jubiläum tatsächlich beigewohnt hatte, ist freilich fragwürdig, datierte doch seine erste Wienreise laut Brigitte Hamann auf den Mai 1906, so dass Hitler höchstens die 150. Vorstellung besucht haben könnte.

Dass seine Begeisterung für *Die lustige Witwe* von der Wiener Originalproduktion mit Treumann herrührte, hat Hitler selbst des Öfteren bestätigt. Dass sie allerdings so weit ging, wie Romy Schneiders Großmutter, die Burgschauspielerin Rosa Albach-Retty von Wilhelm Karczag erfahren haben will, gehört zu den nach dem Krieg verbreiteten Hitlermythen, ist aber zu typisch, um unerwähnt zu bleiben: „Eines Tages [erschien] ein schmächtiger junger Mann zum Vorsingen ... Er wollte als Chorsänger unterkommen. ‚Sind Sie Tenor oder Bariton?' fragte Karczag. ‚Tenor!' – ‚Na, dann legen Sie los!' Der junge Mann sang Danilos Auftrittslied ‚Da geh ich zu Maxim' so gut, daß ihn Karczag aufforderte, sich unverzüglich beim Chorleiter zu melden. Kaum hatte er das gesagt, kamen ihm jedoch angesichts des fadenscheinigen, vielfach geflickten Anzugs, den der junge Mann trug, Zweifel, ob dieser auch über die nötige Abendgarderobe verfügte. ‚Haben Sie einen Frack?' fragte er ihn. ‚Leider nicht. Dazu reichen meine Mittel nicht!' kam kleinlaut und verlegen die Antwort. ‚Dann kann ich Sie leider nicht engagieren!' rief Karczag bedauernd. ‚Es ist bei uns üblich, daß die Choristen für ihre Kleidung selbst aufkommen!'"[996]

Da diese Vorliebe für die leichtgeschürzte Muse der ideologischen Parteilinie widersprach, schlug der Politiker Hitler in seinen Reden andere Töne an, so am 13. August 1920 im Hofbräuhaus in München: „Wir erleben es, daß wohl ein Friedrich Schiller für eine *Maria Stuart* 346 Taler erhalten hat, aber auch, daß man für die *Lustige Witwe* 3½ Millionen heute erhält, daß man für den größten Kitsch heute Millionen verdient."[997] – oder zum selben Thema zwei Jahre später im Thomasbräu: „Schiller und Beethoven schaffen nicht aus Geschäftsinteressen, sondern aus inwendigem, unbändigem Drang. Heute betrachtet man das Dichten vom Standpunkt der Rentabilität. Die Folge ist dann z. B. nicht eine *Maria Stuart*, sondern eine *Lustige Witwe*. Diesen idealistischen Trieb hat der Jude nie besessen."[998]

Doch der *Hitler, wie er wirklich war* und im gleichlautenden Buch „von einem Vertrauten geschildert", ließ es sich später selbst mitten im Krieg nicht nehmen, in der „Wolfsschanze" dem Produkt der Rentabilität zu lauschen: „Hatte Hitler über Tag viel Ärger gehabt, hörte er sich auf dem – ihm 1942 von Furtwängler zum Geburtstag geschenkten – Magnetophon-Standgerät Tonbänder mit Beethoven-, Bruckner-, bzw. Richard Wagner-Kompositionen an ... und Franz Lehár (*Lustige Witwe*)."[999] 1943 wollte sich Hitler, wie Albert Speer berichtete, zu seinem Geburtstag „eine besondere Freude machen und ... die *Lustige Witwe* hören. Auf die Frage seines Sekretärs, ob er die Aufnahme mit Johannes Heesters und anderen Kräften des Gärtnerplatztheaters zu hören wünsche oder die Berliner Aufführung, die Lehár selbst für ihn dirigiert habe, erging sich Hitler in Erinnerungen und Vergleichen, ehe er abschließend befand, die Münchner Aufführung sei doch, wie er wörtlich formulierte ‚zehn Prozent besser' gewesen."[1000]

Johannes Heesters, der Danilo dieser Aufführung, steuerte in seinen Memoiren eine weitere Anekdote zum Thema bei, wenn er von einem Gespräch mit Hitlers Münchener Haushälterin, Frau Winter, berichtete. Einmal also sagte sie zu ihm: „Ach, Herr Heesters, ich habe wieder mal was mitgemacht mit dem Chef.' Ich fragte: ‚Was denn?' – ‚Also neulich, nach Ihrer Vorstellung im Gärtnerplatztheater, als er noch im Frack war, da hat er sich vor den großen Spiegel gestellt, der Arme ...!' Wörtlich hat sie das gesagt: ‚... vor den großen Spiegel gestellt, der Arme, den Zylinder aufgesetzt, sich einen Schal umgeworfen, so wie Sie das machen und mich gefragt: ‚Na, Winterin, was sagen Sie? Bin ich vielleicht kein Danilo? ... Mein Gott, dachte ich mir, wenn Hitler zur Operette gegangen wäre ... nicht auszudenken."[1001]

Hitlers Lustige Witwe

Die beiden erwähnten Aufführungen der *Lustigen Witwe* hatten jeweils am Silvesterabend 1938 Premiere und sind durchaus repräsentativ für die beiden gegensätzlichen Operettenstile im Dritten Reich: revuehaft in München und opernhaft in Berlin. Die dortige Aufführung fand wieder im Deutschen Opernhaus statt, da Goebbels mit der ersten Version von 1935 in dem ihm direkt unterstellten Haus nicht zufrieden war. Schon im November 1937 besprach er mit Lehár die neue „Ausgestaltung der *Lustigen Witwe* ... Er ist begeistert davon und will gleich an die Arbeit gehen."[1002] Lehárs Kalender war da etwas ausführlicher und zitiert Goebbels wie folgt: „Wir haben großes mit ihrer *Lustigen Witwe* vor. Es ist eine Idee des Führers, der die *L. W.* als dasjenige Werk bezeichnet, dem kein anderes entgegengestellt werden kann. Wir haben die Absicht die *L. W.* so herauszubringen wie überhaupt noch kein Werk herausgebracht wurde. Es kann eine Million kosten, es kann eineinhalb Millionen Mark kosten, das ist in diesem Falle ganz gleich ... es spielt keine Rolle, weil es hereingebracht wird, wenn irgendein Maharadscha nachher eine Bestellung für 20 Millionen macht.' – Ich stimme freudig zu und sagte, dass die Aufführung im D. Opernhaus etwas verfehlt war, weil man vom Originalwerk abgegangen ist. Er bestätigte das und mein Vorschlag, die *L. W.* in die Urform zurückzubringen und dann das möglichste zu tun, um jeden Act wie nur irgend möglich zu bereichern, wurde von ihm mit Begeisterung angenommen ... Er wollte im Namen des Führers ein Ehrenhonorar anbieten, dessen Höhe ich selbst bestimmen möge. Darauf sagte ich, dass ich die Sache als eine Herzensangelegenheit betrachte und selbstverständlich nichts fordere."[1003]

Am Ende lagen die Kosten bei 490.400 RM. Für eine Normalinszenierung waren ansonsten 30.000 RM vorgesehen. Intendant Wilhelm Rode war entsetzt und monierte: „Ohne Zweifel ist die allzu späte Anlieferung des umgearbeiteten Werkes durch Herrn Lehár die Ursache dafür, dass eine Gesamtsumme von so außergewöhnlichem Ausmass entstehen musste."[1004] Goebbels bestritt die Mehrausgaben aus seinem Verfügungsfond. Hitlers Lieblingsbühnenbildner Benno von Arent, der bereits die Uraufführungen von *Paganini*, *Zarewitsch* und *Friederike* ausgestattet hatte, griff entsprechend ins Volle: hunderte von neuen Effektscheinwerfern, 869 Prachtkostüme, ein Bühnenbild mit versenkbarem Pavillon und gangbarer Wasser-Fontäne sowie eine bombastische Hochzeitstorte zur Schlussapotheose wurden aufgeboten. Die Besetzung allerdings wurde ganz unspektakulär aus dem Ensemble bestritten. Nachdem Goebbels das Ergebnis am 4. Januar 1939 begutachtet hatte, notierte er in sein Tagebuch: „Etwas kalte Pracht. Sonst sehr schön und farbenfreudig. Das, was Lehár hier komponiert hat, ist ... nicht mit der jungen *Lustigen Witwe* zu vergleichen ... Man muß noch etwas raffen" – und nach Hitlers Besuch der Vorstellung am 12. Januar unter Lehárs Dirigat – „Arents *Lustige Witwe* begegnet großer Kritik, auch beim Führer."[1005]

Das teure Prestigeprojekt einer veroperten Operette war zu Lehárs großem Bedauern gescheitert. Vergeblich versuchte er ein Jahr später und „auf allerhöchsten Wunsch", Zarah Leander für die Titelpartie „zu Silvester" zu gewinnen. „Wir wären über Zusage sehr erfreut: Franz Lehár."[1006]

Fritz Fischers „jazz-zeitige" Witwen-Revue

Ein anderer Filmstar hingegen sagte zu, in der *Lustigen Witwe* mitzuwirken, und wurde als Danilo bald zur Legende: Johannes Heesters. Die Inszenierung des Intendanten Fritz Fischer im Münchner Gärtnerplatztheater war eine Revuefassung in 33 Bildern, der ohne Lehárs Einwilligung von Peter Kreuder „ein jazz-zeitiges Gewand" verpasst wurde, wie es der *Völkische Beobachter* nannte: „Klavier und Schlagzeug, neue Instrumentation, melodramatisches Untermalen des Dialogs und Leitmotive ..."[1007] Hatte der in Berlin beschäftigte Lehár anfangs noch gedroht, das Werk vor der Generalprobe zurückzuziehen, musste er laut Kreuder klein beigeben, als er von Hitlers Begeisterung für gerade diese modernisierte Fassung erfuhr. Dass er die Münchner Revue-*Witwe* jemals gesehen hat, wie Kreuder behauptete, lässt sich nicht nachweisen und ist eher unwahrscheinlich. Denn erst als der Admiralspalast in Berlin am 22. Oktober 1940 eine ähnlich aufgemachte Inszenierung des Filmregisseurs Georg Jacoby

29 „*Da kann ich leicht vergessen, das teure Vaterland!*"
    Adolf Hitler und Franz Lehár in der Pause der *Lustigen Witwe* mit Intendant Wilhelm Rode (Mitte), Deutsche Oper Berlin, 12. Januar 1939

30 Johannes Heesters als Danilo, Gärtnerplatztheater München, Silvester 1938

herausbrachte, kam es zur Begegnung mit Heesters, der wieder den Danilo spielte und so auch in Berlin die Version der Deutschen Oper ablöste.

Seine Interpretation als eleganter „Herr im Frack" und mit Seidenschal machte Schule und Treumanns exzentrisch überzeichnete Interpretation vergessen. Geprägt hat dieses Rollenbild Regisseur Fritz Fischer, der lange in den USA gearbeitet hatte und die dort übliche Lässigkeit nun auf Heesters übertrug, wie er in seinen Memoiren behauptete: „Als er kam, hab ich ihn erst einmal zu mir ins Hotel Regina bestellt und gesagt, hören Sie, wir werden alle Szenen erst einmal bei mir im Hotel proben, vor den Kollegen mag ich nicht an Ihnen herumkritisieren. Der Trick ist der: ‚Ihr Frack kann so sitzen, der Hut so, popeln Sie in der Nase, kratzen Sie sich am Arsch, aber seien Sie ganz locker und natürlich.' Es war ein großartiges Arbeiten mit ihm ... Wie nun die erste Kostümprobe war, der Heesters war angezogen wie ich den Danilo in Amerika gespielt habe, ich sage nicht gesungen, aber davon hat auch Heesters profitiert, der hatte also einen weißen Frack, schwarzes Cachenez, schwarze Lackschuhe und einen schwarzen Stock. Vorausschicken muß ich noch, ich hatte immer einen Schwung Weiber um mich herum, die saßen hinter mir bei den Proben und zu denen sage ich: ‚Wenn er rauskommt, applaudiert ihr gleich!' Also, er kam raus mit der Sektflasche in der Hand ‚Heut geh ich ins Maxim ...' und die fangen alle an zu applaudieren. Ich sage: ‚Meine Damen, was fällt Ihnen ein, sind Sie verrückt geworden, bei meinen Proben verbitte ich mir das! Peter, entschuldige, Johannes gehen Sie bitte zurück, wir machen das noch mal.' Nun, natürlich mein Johannes dachte, Donnerwetter, ich komm raus, hab einen Riesenerfolg und die Sache war schon sehr aufgelockert."

Tatsächlich besuchte Adolf Hitler Silvester 1938 nicht die Berliner, sondern die Münchner *Witwe* und Fritz Fischer fürchtete das Schlimmste. „Ich hab das als große Revue so richtig amerikanisch aufgezogen mit viel Ballett, die ganzen Kokotten mit Strapsen und eine Nackttänzerin. Bevor nun Hitler reinkam, es war ja seine Lieblingsoperette, sagte man, wenn der das sieht, kommt Fritz Fischer nach Dachau ... Nach der Aufführung ging ich in die Führerloge. Hitler hat mich an beiden Schultern geschüttelt und zu Goebbels gesagt: ‚Sehen Sie, Doktor, so muss man Operette machen' ... Er ist noch siebenmal ins Theater gekommen."[1008] Was Fischer zu folgendem Fazit verleitete: „Das war wohl die berühmteste Inszenierung, die das Theater je gesehen hat, und wird wohl in die Theatergeschichte eingehen. Es war ein Rausch."[1009] Auch Komponist Peter Kreuder war offensichtlich euphorisiert: „Hitler erzählte mir, daß er von meiner Neubearbeitung restlos begeistert sei. Er nannte es nicht Jazz, was ich gespielt hatte. Er nannte es moderne Rhythmen. Wie gesagt, ein prächtiger Mensch, dieser Hitler, soweit es die Operette betraf."[1010]

„Ehrlich, deutsch empfunden"

Fritz Fischers Revueästhetik am Gärtnerplatztheater war keineswegs ein Einzelfall. Auch die zweite repräsentative Operettenbühne des deutschen Reichs, das Berliner Metropoltheater, hatte sich ganz der Revue-Operette verschrieben. Geleitet wurde es von jenem Heinz Hentschke, der dessen vorherige Direktoren, die Brüder Rotter, mit seinen Funkfreunden einst in den Ruin getrieben hatte. Er hatte damit aber nicht nur ihr administratives Erbe angetreten, sondern auch ihr ästhetisches, zumindest was Ausstattung und Schauwert betraf, in deren Dienst auch die Musikdramaturgie der aufgeführten Werke stand. Nun nutzte Hentschke die neue Konjunktur um Lehár und Heesters und inszenierte 1941 den *Graf von Luxemburg* als Revue in acht Bildern. Als Lehár von ihm aufgefordert wurde, für Johannes Heesters Einlagen zu schreiben, schickte er widerwillig eine Auswahl von zehn älteren Liedern, von denen Günther Schwenn drei neu textierte und dadurch vor allem im Rundfunk populär machte. Aus der Nr. 14 der *Clo-Clo* „Ich habe la Garçonne gelesen" wurde „Eine nach der andern", aus dem Tauber gewidmeten Lied „Wenn eine schöne Frau befiehlt" „Wann sagst du ja" und aus einer der letzten Löhner-Beda-Vertonungen „Ich liebe Dich!" „Jede Nacht träume ich"..

Die von Lehár neu erstellte Fassung von 1937 wurde schlicht ignoriert. Zwar lag dem Komponisten „daran, daß Heesters ein ihm passendes Lied"[1011] erhielt, doch als Hentschke seine Version auch noch an andere Theater weitergeben wollte, wandte sich Lehár direkt an Goebbels; „Ich kann das unter keinen Umständen zugeben und bitte Eure Exzellenz um ihren Schutz. Man kann doch nicht ohne meine Einwilligung ein Werk neu gestalten und gewissermassen Autorenrechte beanspruchen … Alle meine Briefe sind in herzlichstem Ton gehalten und ich dachte, dass er sein Unrecht einsehen wird. Ich habe mich aber geirrt und ich bitte Eure Exzellenz nun ein Machtwort zu sprechen, dass diese unliebsame Affäre nun ein Ende findet. Mit ‚Heil Hitler' bin ich Euer Exzellenz ergebenster Franz Lehár"[1012] Hentschke musste einlenken und schrieb an den „lieben Meister Lehár", dass er ihn wiederholt eingeladen habe, „sich die Aufführung in Berlin anzusehen, denn ich wollte gern rechtzeitig von Ihnen persönlich erfahren, was Ihnen gefällt resp. missfällt. Wenn Sie aber nun nach ca. 120 Aufführungen in einem Einschreibebrief feststellen, dass Sie nur mit einigen Änderungen gerechnet hatten, dann muss ich Ihnen sagen, dass es besser gewesen wäre, wenn Sie … die Aufführung sofort angesehen hätten."[1013]

Für Lehár selbst war dies eine geradezu paradoxe Situation. Trotz aller offizieller Anerkennung wurde ausgerechnet das, was ihm am meisten am Herzen lag: die Veredelung der Operette, im Dritten Reich nicht weitergeführt. Vielmehr erlebte vor allem sein Frühwerk eine fröhliche Renaissance – meist in revuehaften Bearbeitungen, die Lehár eigentlich ablehnte. In seiner grundlegenden Untersuchung zur *Operette im Dritten Reich* hat Matthias Kauffmann nachgewiesen, dass dies durchaus der damals üblichen Theaterpraxis entsprach, in welcher „der ideologisch intendierte ‚Soll'-Zustand mit dem alltagskulturellen ‚Ist-Zustand'"[1014] selten übereinstimmte. Bei Lehár kam erschwerend hinzu, dass sein Spätwerk substantiell mit dem ideologischen „Soll-Zustand" ohnehin nur schwer kompatibel war. Die historisch verbürgten Helden in *Paganini* und *Friederike* vielleicht ausgenommen, sind alle anderen männlichen Protagonisten Lehárs seit 1925 passive Anti-Helden, lächelnde Verweigerer der Tat, die ihr Schicksal nicht in die Hand nehmen, sondern sich ihm still ergeben wie der Deserteur Octavio in *Giuditta*. Zwar erfreuten sich *Der Zarewitsch* und *Das Land des Lächelns* auch im Dritten Reich großer Beliebtheit, doch gab es keine repräsentativen Großaufführungen mehr in Berlin und damit auch keine zumindest symbolische Bestätigung seitens des Regimes. Selbst die durch die Literatur geisternde Galaaufführung des *Land des Lächelns* an Lehárs 70. Geburtstag in der Wiener Staatsoper war nur eine Wiederaufnahme der Inszenierung von 1938 und fand ohne den laut Legende dort anwesenden Adolf Hitler statt[1015], auch ohne sonstige Parteiprominenz und vor allem – ohne Lehár.

An seinem ‚Opus summum' *Giuditta* hatte im Dritten Reich von Anfang an nur wenig Interesse bestanden, zumal nach Kriegsbeginn und Afrikafeldzug. Und so war *Giuditta* in Sachsen seit 1942 auch offiziell verboten und teilte damit das Schicksal eines anderen Sorgenkinds des Meisters, des Goethe-Singspiels *Friederike*, über das während der ganzen Naziherrschaft ein Verbot verhängt war. Da konnte Lehár noch so oft mit den falschen Worten der Machthaber betonen, es sei „das deutscheste unter meinen allen möglichen Nationen angehörenden Kindern (eines ist sogar ein Chinese geworden ...) ... Ehrlich, deutsch empfunden, in tiefster Ehrfurcht vor Goethe, mir vom Herzen geschrieben."[1016] Schon bei der Uraufführung 1928 hatten die Nazis gegen die „Verjudung" Goethes gehetzt und als Lehár 1940 zu seinem 70. Geburtstag geehrt werden sollte, entbrannte innerhalb der Kultur-Bürokratie eine heftige Debatte. Hieß es einerseits, die in Aussicht genommene „Goethe-Medaille dürfte sich im Hinblick auf Lehárs *Friederike* nicht empfehlen", würde er andererseits durch die vorgeschlagene Verleihung des „Ordens vom deutschen Adler' ... als Ausländer abgestempelt ... Franz Lehár ist ungarischer Staatsbürger deutscher Abstammung. Die Magyaren führen einen erbitterten Kampf um den Nachweis, dass Lehár Magyar sei ... Es liegt außerordentlich viel daran, zu erreichen, dass ... Franz Lehár ... dem deutschen Volk und der Welt gegenüber als Deutscher hingestellt wird ... Die Magyaren beabsichtigen ferner, Franz Lehár die Ehrenbürgerschaft der Stadt Ödenburg zu geben ... seit Jahrhunderten ein Streitobjekt zwischen Deutschen und Magyaren ... Es ist deshalb zu überlegen, ob Lehár auf geeignete Weise die Ablehnung dieser Ehrenbürgerschaft plausibel gemacht werden soll. Dazu wäre allerdings notwendig, ihm, da er für solche Ehrungen bekanntlich sehr empfänglich ist, beispielsweise die Aufführung seiner Operette *Friederike* freizugeben. Seitens des Reichsdramaturgen sind gegen die Operette eine Reihe Bedenken geäußert worden, darunter vor allem, dass Goethe in einem Singspiel auf der Bühne erschien und dass der Führer eine Aufführung abgelehnt habe. Das letzte Argument soll nach einer mir zugegangenen Schilderung nicht absolut stichhaltig sein, da keine notorische Ablehnung des Führers vorliegt, sondern lediglich eine im freundschaftlichen Sinne gehaltene Erklärung, vorerst von einer Aufführung abzusehen. Wir sind es uns und unserem Volke schuldig, einen Komponisten wie Lehár, der sich zum Deutschtum bekennt, und dessen Operetten vom Führer ausserordentlich geschätzt werden, nicht kampflos in die Hände minderwertiger Magyaren abgehen zu lassen."[1017]

So wurde Lehár zu seinem 70. Geburtstag die Goethe-Medaille verliehen, was ihn allerdings nicht hinderte, auch die Ödenburger Ehrenbürgerschaft anzunehmen. Immerhin arrangierte er für Goebbels eine „Privataufführung von … *Friederike* im Theatersaal durch das ‚Theater des Volkes'", wie dieser am 17. September 1940 seinem Tagebuch anvertraute: „Text und Vorwurf etwas kitschig. Frage, ob man Goethe so auf die Singspielbühne bringen kann. Aber musikalisch von einem unendlichen Reichtum des Einfalls und der Melodienfreudigkeit. Ich bin schwankend, ob man das Stück freigeben soll. Goethe ist nicht taktlos behandelt, aber schließlich ist er Goethe. Ich werde nochmal mit dem Führer sprechen."[1018] Obwohl Goebbels schwankend blieb, versuchte Lehár bis zuletzt *Friederike* zu rehabilitieren und an der Wiener Staatsoper unterzubringen, während, wie Alfred Grünwald aus dem New Yorker Exil schrieb, deren Librettist, „der gute Beda noch immer ist, wo er war … aber er lebt."[1019]

„Schleierlos kommt Lehár Franz"

„Durch Aufbauschung an sich harmloser Einzelheiten aus Meister Lehars Privatleben" sollte, wie sein jüdischer Anwalt Sigmund Fraenkel nach dem Krieg schrieb, der Komponist 1937 zu Schweigegeldzahlungen erpresst werden. Es ging dabei wahrscheinlich um seine Kontakte zur damals für ihre Vermittlung leichter Mädchen einschlägig bekannten Frau W., deren Papagei Coco von Peter Herz folgender Satz in den Mund gelegt wurde: „Ein Fisch, das ist der Schleierschwanz, doch schleierlos kommt Lehár Franz!"[1020] Um derartige Entschleierungen seines bis dahin so geheimen Privatlebens zu verhindern, war Lehár offenbar zu allem bereit und zahlte. Als die Erpresser rund um den Lehár aus einigen gemeinsamen Operettenproduktionen bekannten Schauspieler Arthur Guttmann danach aber noch immer keine Ruhe gaben, wandte sich Lehár an Fraenkel, der sofort Anzeige erstattete: „Die Raedelsführer wurden sofort verhaftet und die Strafuntersuchung eingeleitet … Aber selbst das schwebende

Strafverfahren brachte die Taeter nicht zum Schweigen. Sie versuchten durch Hintermaenner – einer davon war der uebel beleumundete Anwalt Dr. Eitelberg – ihr Handwerk weiter fortzusetzen, indem letzter der Gattin Meister Lehar's zu verstehen gab, bei der in Kuerze stattfindenden Hauptverhandlung wuerden die Erpresser zwar verurteilt werden, doch wuerden sie bei dieser oeffentlichen Verhandlung, Einzelheiten aus Meister Lehar's Privatleben vorbringen, die fuer sie (Frau Lehar) hoechst peinlich sein wuerden ... Obwohl ich Meister Lehar wiederholt erklaerte, dass die angedrohte Zur-Sprachebringung ... weder schimpflicher noch sonst verwerflicher Natur seien, war Lehar aber doch besorgt, dass die Sache in der Presse... breitgetreten werden wuerde, und ersuchte mich auf eine Vertagung der bereits anberaumten Hauptverhandlung hinzuwirken, was ich auch veranlasste. Dies alles spielte sich vor dem Einfalle Hitler's in Oesterreich ab."[1021]

Als der Prozess im November 1938 ohne Lehárs Wissen wieder anberaumt wurde, war Sigmund Fraenkel bereits nach London emigriert. Und so wandte sich Lehár an den Reichskulturwalter Hans Hinkel, Staatsrat und SS-Obersturmführer, zuständig für „besondere Kulturaufgaben" in der vom Propagandaministerium gesteuerten Reichskulturkammer und Lehárs Vertrauensperson in der Nazibürokratie: „Hochverehrter Herr Staatsrat! Es betrifft eine Erpressungs-Anzeige gegen den jüdischen Schauspieler Arthur Guttmann und seinen jüdischen Rechtsanwalt Dr. Samuely ... Der Vertreter dieser zwei Juden ist der jüdische Advokat Dr. Eitelberg ... der der berüchtigtste jüdische Anwalt Wiens ist ... Die Sache ruhte längere Zeit – es kam der Umbruch – es kamen die Gerichtsferien. Heut erfahre ich, daß die Verhandlung für Montag, Dienstag und Mittwoch angesetzt ist. Man will also die Sache mit einer vor mehreren Jahren stattgefunden Affaire verquicken, deren Hergang ich hier nicht schildern kann. Es genügt, wenn ich mitteile, daß ein halbes Dutzend jüdischer Anwälte gegen mich Sturm gelaufen sind. Meine ganze Arbeitskraft war gelähmt ... Es drohte ein Riesenprozeß. Diese Sache wäre unter den damaligen Verhältnissen durch die ganze jüdische Weltpresse gegangen, und wenn auch alle verurteilt worden wären – mein Name wäre in den Schmutz gezerrt worden.

Als nun die in Untersuchungshaft befindlichen Angeklagten ein Absolvierungsgesuch einreichten, befürwortete ich es, um endlich ein für allemal Ruhe zu haben. Es trat auch vollkommene Ruhe ein, bloß Guttmann tauchte von Zeit zu Zeit auf, um wieder Erpressungsversuche zu unternehmen ... Der berüchtigte Advokat Dr. Eitelberg hat nun die Sache in der Hand und daß eine 3 tägige Verhandlungsdauer angesetzt wurde, beweist, dass er seinen wahrscheinlich nahe bevorstehenden Abgang mit einem Knalleffekt erster Ordnung bewerkstelligen will. Ich bitte Sie herzlich, Herr Staatsrat, daß Sie sich die gesamten Akten kommen lassen. Sie werden daraus ersehen, wie früher anerkannte Künstler von jüdischen Advokaten und Konsorten als Freiwild betrachtet werden konnten. In Verehrung Ihr ergebener Lehár."[1022]

Ein fataler Brief, der zwar, wie gewünscht, zur Einstellung des Verfahrens führte, nach dem Krieg aber zum Politikum wurde. Während Karl Samuely, der 1914 bereits Popescu im Plagiatsprozess gegen Lehár vertreten hatte, bereits 1939 starb und Arthur Guttmann, der mit der bekannten Soubrette Mizzi Zwerenz verheiratet war, deshalb Krieg und Verfolgung überlebte, wurde Max Eitelberg am 23. November 1941 nach Kaunas in Litauen deportiert und später dort ermordet. Obwohl kein Zusammenhang zwischen seinem Ende und Lehárs Brief besteht, ist dessen antisemitischer Unterton nur als Anbiederung an das offizielle Vokabular erklärbar. Ein solches Verhalten war freilich kein Einzelfall. So versäumte es Lehár selten, sämtliche Nazigrößen per Telegramm auf von ihm dirigierte Radioübertragungen seiner Operetten aufmerksam zu machen, etwa im Fall des *Paganini* 1942 mit dem nämlichen Wortlaut: „Wäre glücklich, wenn Sie *Paganini*-Radio-Übertragung am 4. Juli 20h15 – 22 h mithören würden. Es wirken unter meiner Stabführung Staatsopernsänger mit … zu senden an: Führer – Berlin … Reichsminister Goebbels … Hermann Göring … Hinkel, Prof. Dr. Gregor, Wien … Benno von Arent … Staatsschauspielerin Käthe Dorsch", selbst an seinen erklärten Feind „Frauenfeld – Wien, Leiter des Reichspropagandaamtes."[1023] Ähnlich gründlich hielt er bis zuletzt an der Gepflogenheit fest, besagten Persönlichkeiten zu ihrem Geburtstag zu gratulieren. Begnügte er sich bei Göring noch mit „aufrichtigen Glückwünschen", waren es bei Goebbels „wirklich aufrichtige vom Herzen kommende Glückwünsche. Mögen Eurer Exzellenz, dem Förderer und Schutzgeist aller schönen Künste, der ernstlich aus innerster Berufung mit dem schaffenden Künstler denkt und fühlt, noch viele Jahre segensreicher Tätigkeit beschieden sein. Heil Hitler F. L."[1024]

Die Ehrenarierin

Geblendet durch die Duldung seiner Frau auf den Nazi-Empfängen vor der Annexion Österreichs, gab sich Lehár auch danach der Illusion hin, man werde es nicht wagen, sie zu behelligen. Als dies durch erwähnten Wiener Partei-Bonzen Alfred Frauenfeld doch geschah, wandte er sich an Berlin. Goebbels notierte am 2. Juli 1938: „Lehár hat wegen seiner Frau Schwierigkeiten mit der Partei gehabt. Ich helfe ihm" – und zwei Wochen vorher: „Ich spreche mit dem Führer … der Fall Lehár findet nun seine endgültige Erledigung."[1025] Außer

Lehár versah Goebbels mehr als 275 Künstler, die als „jüdisch versippt" oder „Mischling" galten, mit Sondergenehmigungen zur weiteren Berufsausübung, darunter Hans Moser und Theo Lingen. Eine förmliche Statusverbesserung war damit allerdings nicht verbunden, so dass die umgangssprachlich zur „Ehrenarierin" ernannte Sophie Lehár offiziell weiterhin Jüdin blieb. Allerdings soll eine Art Schutzbrief Hitlers für sie existiert haben, wie der Ischler Photograph Hugo Hofer bezeugt hat, der das Dokument im Auftrag Lehárs fotografieren musste.[1026]

Als im Juli 1938 auch Lehár den standardisierten Fragebogen der Reichskulturkammer ausfüllen musste, wurde er unter Nr. 7 nach der Abstammung seiner Frau gefragt. Damals wandte er sich zum ersten Mal an Reichskulturwalter Hinkel: „Meine Frau ist römisch katholisch und Sie werden verstehen, daß es mir peinlich ist, Angaben geben zu müssen, die nach ungarischem Gesetz nicht notwendig sind." Hinkel entband ihn daraufhin dieser Verpflichtung. Im Fall der Anmeldung jüdischen Vermögens, zu der er wegen seiner Frau ebenfalls verpflichtet war, erbat Lehár erneut die Hilfe Hinkels. Um seinem Anliegen Nachdruck zu verleihen, unterzeichnete er diesen Brief im Gegensatz zum vorherigen bereits mit „Heil Hitler!": „Warte sehnsüchtig auf die erlösenden Worte bezüglich der Vermögens-Anmeldung meiner Frau. In Wahrheit besitzt meine Frau gar nichts. Sie brachte nichts in die Ehe und der Schmuck, den sie trägt, ist ja im wahrsten Sinne des Wortes mein Eigentum. Da ich ungarischer Staatsbürger bin und meine Frau der katholischen Kirche angehört, so glaube ich, daß nichts geschehen wird."[1027] Goebbels leitete Lehárs Wusch an Wirtschaftsminister Walther Funk weiter, der ihm kurz darauf entsprach.

Zwar findet sich in den Akten über die Ehrungen zu Lehárs 70. Geburtstag der Vermerk, er habe „mitgeteilt, dass er die Absicht habe, seine Ehefrau künftig im Ausland leben zu lassen"[1028], doch kam das für Lehár tatsächlich nie in Frage. Als er im Sommer 1939 seinen Wohnsitz von Wien nach Bad Ischl verlegte, tat er das, weil es ihm dort sicherer für sie zu sein schien. Aber auch hier war Sophie Lehár vor Anfeindungen und Pöbeleien nicht geschützt, so dass sie das Haus nur ungern allein verließ, zumal auch ihr die in den folgenden Jahren beginnenden Deportationen nicht verborgen bleiben konnten. „Niemand weiß und kann nachempfinden, was diese reiche Frau auf diese Weise zu fühlen und zu leiden hatte, welche Tragik sich in ihrem Dasein immer mehr ausbreitete"[1029], spekulierte Peter Herz. Genauso wenig lässt sich freilich Lehárs Umgang mit der Situation nachvollziehen. Öffentlich hat er sich dazu nie geäußert. Nur in einem Brief nach dem Krieg erwähnt er eine Episode, die seiner Frau „fast das Leben gekostet hätte. Eines Tages klopften bei mir 2 Männer an, die sich als Gestapoleute entpuppten. Sie zeigten auf ihre Abzeichen und sagten: ‚Wir sollen Ihre

Frau abholen.' Meine Frau, die zugegen war, fiel natürlich in Ohnmacht. Ich fragte: ‚Warum denn?' Darauf kamen energisch wieder die Worte: ‚Wir sollen Ihre Frau abholen.' Ich war in einer verzweifelten Lage, da fiel mir ein, daß ich den damaligen Gauleiter Bürckel anrufen könnte. Ich erhielt die Verbindung … und in erregten Worten schilderte ich die Situation. Er sagte: ‚Einer der Männer soll zum Telephon kommen!' Dieser Mann sprach längere Zeit mit ihm, dann wendete er sich mir zu und sagte: ‚Wir sollen gehen.' Wenn ich nicht zufällig zu Hause gewesen wäre, hätte ich meine Frau nie mehr gesehen!"[1030]

Bereits im Juni 1940 hatte Lehár dem neuen Geschäftsführer des Glockenverlags Fleischer mitgeteilt: „Meine Frau kann ich derzeit nicht allein lassen."[1031] So bestand er im selben Jahr darauf, dass sie ihn zu den Salzburger Festspielen begleitete, wo er am 20. Juli 1940 ein Konzert mit den Wiener Philharmonikern dirigierte, die seine symphonisch überladene, aus diesem Anlass geschriebene Ouvertüre zur *Lustigen Witwe* spielten. Dem früheren Theatersekretär Emil Steininger waren von Lehár „2 Cerclesitze" geschenkt worden, was der am 19. Februar 1941 wiederum zum Anlass nahm, Alfred Grünwald in einem Brief nach New York Näheres über Lehár und die seitdem vergangene Zeit zu berichten: „Wir gingen in das Konzert und waren nachher mit Lehar beisammen. Wir fuhren am nächsten Morgen mit Lehar nach Ischl, wo er erkrankte … Lehars Mitarbeiter Fritz ist noch nicht in Wien … Lehár ist seit 31. Dezember in Paris mit seiner Gattin und kommt gegen Ende dieses Monats nach Wien zurück. Ich werde ihm den Inhalt Deines Briefes sofort intimieren. Er und seine Frau besuchen uns jede Woche 1–2 mal. Während meine Frau jeden Sonntag bei seiner Frau in Nussdorf ist … Der neue Direktor und Nachfolger von Frau Tauer, unser Bekannter von der AKM, Herr Doppelreiter, ist nach 2jähriger Tätigkeit aus dem Verlag ausgeschieden und befindet sich jetzt in Berlin bei Sigorski [!]. Sein Nachfolger ist Herr Fleischer, welchen Du jedenfalls vom Verlag Eschig, wo er Verlagsdirektor war, aber bei Ausbruch des Krieges aus Paris weg musste, sehr gut kennst … Richard Tauber schreibt oft an Lehar und in jedem Brief schreibt er, dass er unter Heimweh zu leiden hat … Bezüglich der kleinen Rechte Lehars läuft jetzt ein Prozess mit Shubert in Paris, das ist auch der Grund, warum Lehár seit 2 Monaten dort ist."[1032] Dass ihn seine Frau überhaupt auf Auslandsreisen begleiten durfte, war nicht selbstverständlich, sondern einer „Ausnahmegenehmigung" Hitlers zu verdanken, die er glaubte „nicht verweigern zu können, da L. ungarischer Staatsangehöriger ist", wie es in einem Schreiben seines Ministeramts hieß. Ansonsten fürchtete man, dass die bei Auslandsreisen „geäusserten Ansichten der aus dem Reich kommenden Jüdinnen … im allgemeinen nicht werbend für das Ansehen Großdeutschlands"[1033] wären.

Den folgenden Sommer verbrachte Lehár seiner Frau zuliebe in der Schweiz. Im Züricher Nobelhotel Baur Au Lac erreichte ihn am 20. Juni 1941 der Brief seines Betriebsführers im Glockenverlag, Herr Fleischer: „Mein lieber Meister! Ich bin glücklich von meiner Reise am Dienstag zurückgekehrt … Den Aufenthalt und die Abreise Ihres Herrn Schwager konnte ich, wie ich Ihnen schon telegraphierte, bzw. fernmündlich mitteilte, so angenehm wie möglich gestalten. – Es gelang mir schließlich auch die Transportfrage zu lösen, dass selbst in Stuttgart keine Schwierigkeiten mehr entstanden. Sie haben sicher unterdessen schon Nachricht von der guten Ankunft. Es war gut, dass meine Schwester mit war, damit Frau Lilly ebenfalls beschäftigt und aufgeheitert werden konnte." Bei besagtem Schwager handelt es sich um den Bruder seiner Frau, Hans Paschkis, dem es dank Lehárs Hilfe gelang, mit seiner Frau Lilly nach New York zu emigrieren, wo er in der Lexington Avenue unter dem Namen Parker lebte. Erstaunt schrieb Alfred Grünwald im Oktober 1941 an Emmerich Kálmán: „Der Bruder vom Sopherl soll ein Delikatessengeschäft aufgemacht haben und nennt sich jetzt Parker."[1034] Diese Emigration in letzter Minute hatte ihren Preis: „Gestern abend erhielt ich einen Anruf der Kanzlei Dr. Geutebrück betreffs einer zusätzlichen Überweisung durch die Deutsche Gold und Discontobank zu Gunsten des Herrn Paschkis. Es wären 25.000 Mark zu zahlen. Ich nehme an, dass ich dies ohne weiteres tun könnte."[1035]

Warum Lehár nicht wenigstens seiner Frau zuliebe selbst emigrierte, lässt sich nur schwer erklären. Bernard Grun gegenüber hatte er noch kurz vor dem „Anschluss" geäußert, die Emigration sei kein Honiglecken. Alma Mahler-Werfel, in deren Pariser Exilsalon Lehár bis 1939 oft zu sehen war, bemerkte dazu, er „könnte nicht einen Monat von seinem Verdienst leben, denn es gibt in den USA kein einziges Operettentheater und Herumreisen, Tourneen erleiden – dazu ist er viel zu alt und müde und krank. Aber Lehár wollte um jeden Preis hinaus aus Deutschland."[1036] Zwar bestätigte Robert Stolz Letzteres, wusste aber: „William Paley von der Columbia Broadcasting Corporation kam nach Paris und bot Lehár einen glänzenden Vertrag mit einer Garantie von 1000 US-Dollar die Woche. Aber Lehárs Heimweh war stärker!"[1037] Dass er in Pariser Emigrantenkreisen wegen seiner Nazikontakte nicht gerade gern gesehen war, liegt auf der Hand. Dennoch versuchte Lehár Verbindung zu Kálmán aufzunehmen, was dieser jedoch brüsk ablehnte.

Zumindest schien er damals noch mit dem Gedanken einer Emigration gespielt zu haben. Richard Tauber versuchte ihn vergeblich zu überreden. Erst ein Angebot des New Yorker Agenten Markey konnte 1939 noch einmal Lehárs Interesse wecken. Außer einer Tournee durch die USA versprach Markey nämlich auch den Ausstieg aus dem Vertrag mit den Shuberts. Lehár telegraphierte zurück: „Bitte genau spezifizieren was unter Shubert Kontrakt Neutralisierung zu verstehen ist und grosse Tournee Bedingungen genau angeben ebenso Zeitdauer dann kann ich erst entscheiden bezüglich notarieller Vollmacht." Noch vom 6. Mai 1940 datiert ein Telegramm Lehárs an Alexander Ince, New York: „Bevor ich mich entscheide Amerika zu kommen müsste ich unbedingt nähere Einzelheiten über projektierte Aufführung erhalten."[1038] Diese Absicherung im Voraus spricht kaum für ernstliche Emigrationspläne umso mehr aber für Lehárs Misstrauen gegenüber den amerikanischen Geschäftsmethoden nach den schlechten Erfahrungen mit J. J. Shubert.

Wie wenig berechtigt Lehárs Misstrauen jedoch war, zeigte die Broadway-Inszenierung der *Merry Widow* 1943. Von Robert Stolz musikalisch bearbeitet und geleitet, von George Balanchine choreographiert und mit Marta Eggerth und Jan Kiepura glamourös und prominent besetzt, wurde die Produktion zum erfolgreichsten Operettenrevival der amerikanischen Theatergeschichte. Am Broadway erzielte *The Merry Widow* eine Aufführungsserie von über einem Jahr und tourte im Anschluss doppelt so lang durch ganz Amerika. Allein mit diesem Erfolg hätte Lehár im Gegensatz zu vielen seiner Kollegen wie Kálmán, Abrahám oder Benatzky in New York Fuß fassen können. Sein Zaudern, das fatal an den *Giuditta*-Octavio erinnert, rächte sich spätestens mit dem Kriegseintritt der USA 1941. Die unbewusst immer offengehaltene Hintertür war damit zugefallen.

Dr. Fritz Löhner-Beda

Der Fall Löhner-Beda ist zweifellos das düsterste Kapitel in der sich immer mehr verdüsternden Biographie Franz Lehárs. Er war der engste Mitarbeiter seiner letzten Schaffensphase, hatte sich stets loyal verhalten und seinen „Meister" bis zuletzt voller Verehrung und zu jeder Uhrzeit beraten, so auch in der Auseinandersetzung mit J. J. Shubert. Noch am 17. April 1937 hatte Lehár in seinen Kalender notiert: „Beda telefonierte 2 h Nachts ... die *Friederike* Tonfilmrechte vollkommen frei"[1039]. Im Gegensatz zu allen anderen Librettisten Lehárs wurde er unmittelbar nach dem Anschluss verhaftet und mit dem sogenannten Prominententransport am 1. April 1938 u. a. zusammen mit Fritz Grünbaum, dem Librettisten von *Mitislaw, der Moderne*, nach Dachau deportiert. Der Grund dafür war zweifellos, dass Löhner-Beda, wie sein Freund Grünbaum als einer der wenigen Operettenlibrettisten politisch aktiv, schon früh Position gegen die Nazis bezogen hatte. Es ist kaum vorstellbar, dass er nicht auch Lehár vor allzu großer Nähe zu ihnen gewarnt hat. Denn die Nazis hatten Löhner schon lange auf ihrer schwarzen Liste stehen. So findet sich in der Lehár-Akte des Rosenberg'schen Kulturarchivs bereits 1934 der Vermerk: „Löhner-Beda gehört den Kreisen der Zionisten um Theodor Herzl an und ist Mitbegründer der jüdischen Sportklubs ‚Hakoah' und ‚Bar-Kochba'. Er ist ausgesprochener jüdischer Aktivist und verhöhnte durch satirische Gedichte seinerzeit den Nationalsozialismus."[1040] Bereits 1924 hatte er über den Hitler-Putsch geschrieben: „Ist der Hitler noch so wacker, / Ist dem Münchner heut sein Rat wurscht; / Friedlich trinkt er seinen Wacker / und genießt die zarte Bratwurscht ..."[1041] oder er hatte, wie sein Freund und Kollege Hugo Wiener erzählt, „Dummheiten gemacht. So hatte er, wie der Kabarettist Hugo Wiener berichtete, täglich beim Betreten des Café Heinrichshof dem Ober zugerufen: ‚Bringen Sie mir den Völkischen Beobachter! Ich möchte sehen, was der Tapezierer macht!'"[1042]

Berühmt geworden war er nach dem Ersten Weltkrieg vor allem durch die Schlagertexte für den Wiener Bohème-Verlag seines Freundes Otto Hein, mit denen er den typischen Nonsense-Stil der zwanziger Jahre mitbegründet hatte. Schon 1920 machte sein dadaistischer Foxtrott *Dada* den Dadaismus parodistisch für den Schlager nutzbar. Unerschöpflich in seinem schlagfertigen Witz und der ironischen Leichtigkeit seiner Verse, wurden viele seiner annähernd zweitausend Schlager populär: *O Donna Clara; Es geht die Lou lila; Benjamin, ich hab nichts anzuziehen; Ich hab' mein Herz in Heidelberg verloren; Was machst du mit dem Knie, lieber Hans; In der Bar zum Krokodil* oder seine zündenden Übersetzungen amerikanischer Originale wie *Valencia* und *Ausgerechnet Bananen*. Zudem schrieb er Kabarettsketche wie *Der Patient* für Hans Moser, dessen Karriere mit dieser Solonummer begann. Dass der gleiche Mann zur gleichen Zeit die in Poesie getauchten Verse von *Friederike* bis *Giuditta* und die frivol verdrehten für Paul Abráhám verfasste, ist genauso schwer vorstellbar, wie sein Engagement für den Zionismus.

Zu seiner Verhaftung liegen nur vage Zeugnisse vor. Warnungen von Freunden hatte er offensichtlich in den Wind geschlagen. Nach der Deportation ins KZ Dachau wurde er noch im selben Jahr nach Buchenwald überstellt, wo er mit Hermann Leopoldi, dem beliebten Wiener Klavierhumoristen und alten Bekannten, das *Buchenwaldlied* schrieb, das er, wie Leopoldi später bezeugte, für sein bestes Lied hielt. Es wurde zum Lagerlied erklärt und musste von den Häftlingen zum Appell bis zum Überdruss gesungen werden. Während Leopoldi dank seiner amerikanischen Ehefrau die Entlassung gelang, wurde Löhner-Beda im Oktober 1942 nach Auschwitz verschleppt, wo er wegen seiner guten körperlichen Verfassung in Monowitz, einem Außenlager der I.G. Farben, arbeiten musste. Der Überlebende Raymond van den Straaten gab 1947 in

Nürnberg folgende eidesstattliche Aussage ab: „Im Dezember 42, zwei Monate nach unserer Ankunft in Auschwitz, inspizierten Direktoren der I.G.-Farben das neue Lager. Einer wies auf Dr. Löhner-Beda und sagte zu seinem SS-Begleiter: ‚Diese Judensau könnte auch rascher arbeiten.' Darauf bemerkte ein anderer I.G.-Direktor: ‚Wenn die nicht mehr arbeiten können, sollen sie in der Gaskammer verrecken.' Nachdem die Inspektion vorbei war, wurde Dr. Löhner-Beda aus dem Arbeitskommando geholt, so geschlagen und mit Füßen getreten, dass er als Sterbender zu uns zurückkam."[1043] Am 4. Dezember 1942 starb Fritz Löhner-Beda in Auschwitz an den Folgen der Misshandlungen.

Seine Zuversicht, der er im *Buchenwaldlied* Ausdruck verliehen hatte – „und was auch unsere Zukunft sei, / Wir wollen trotzdem Ja zum Leben sagen, / Denn einmal kommt der Tag, dann sind wir frei!" –, hatte einen Namen: Lehár. Er konnte nicht glauben, daß ihn sein „Meister" im Stich lassen würde. Was tat Lehár? Sein jüdischer Textdichter Peter Herz meinte: „er scheute nicht die Reise nach Berlin, um persönlich beim ‚Führer' vorzusprechen und diesen zu bitten, Löhner-Beda aus dem KZ zu entlassen. Hitlers Antwort auf diese Bitte war, er werde sich den betreffenden Akt kommen lassen."[1044] Da der Akt in den Augen Hitlers kaum für den Nazihasser Löhner-Beda gesprochen haben dürfte, hätte ihn Lehárs Bitte kaum bewegen können, den berüchtigten Librettisten freizulassen. Da keine Augenzeugen für diese Fürsprache vorhanden sind, ist sie nicht weiter überprüfbar. Löhner-Bedas frühere Verlobte, Friedl Weiß, die sich selbst wegen dessen Schicksal bittere Vorwürfe machte, erzählte, dass ihr Lehár zu dieser Zeit im Café Bayer in Gegenwart seiner ersten lustigen Witwe Mizzi Günther von seinem vergeblichen Einsatz für Löhner erzählt habe.[1045] Um ihn tatsächlich zu retten, hätte Lehár zweifellos mehr riskieren müssen.

„Marsch der Kanoniere"

Dass Lehár der nationalsozialistischen Ideologie ferne stand, ist vielfach belegt. Dass er sich für sie vereinnahmen ließ, ist aber genauso offensichtlich. So kündigte er 1937 seine erst sechs Jahre vorher eingegangene Mitgliedschaft in der Paneuropa Union des Grafen Coudenhove-Kalergi[1046], die für einen Staatenbund nach Vorbild der Habsburgermonarchie eintrat, eindringlich vor Nationalsozialismus, Antisemitismus und Bolschewismus warnte und deshalb von den Nazis aufgelöst wurde. Ihr stand auch sein Bruder Anton nahe, der zumindest in seinen Erinnerungen zunehmend auf Distanz zu Franz Lehár ging: „Auch mein guter Bruder, sich stets nur an den Erfolg klammernd, war zu der Zeit ganz Feuer und Flamme für die Bewegung. Die jüdische Konkurrenz war ausgeschaltet, er verdiente mehr denn je. Hitler feierte ihn. Vergeblich hielt ich ihm einen sachlichen Vergleich der Machtfaktoren beider kämpfenden Parteien vor, der einen ‚Endsieg' Hitlers und Mussolinis ausschloss. Nahezu kniefällig bat ich ihn, sich nicht für eine bestimmt verlorene Sache so zu exponieren. Trotzdem komponierte er, der Kommandeur der französischen Ehrenlegion, den ‚Marsch der Kanoniere', der den Sieg von Calais und den Führer feierte, liess ihn auf Schallplatten aufnehmen, Soldatenchöre einstudieren, kurz, war geradezu verrückt geworden. Ich habe darunter sehr gelitten, denn mein Bruder trug mir diese, wie er meinte, ‚elende' Haltung sehr nach und liess mich ‚zappeln', weil ich kein Verständnis zeigte, mich dieser Konjunktur zu bedienen."[1047]

Besagter „Marsch der Kanoniere" war allerdings nicht von oben, sondern von den Produzenten eines Films über Oberst Bruno Gerloch bestellt worden. Der hatte für die Eroberung von Calais als Kommandant eines Panzerregiments das Ritterkreuz erhalten und sich diesen Marsch von Lehár, den er persönlich kannte, gewünscht. Der nahm den Auftrag im September 1941, wenn auch wenig begeistert, an, befand er sich doch mitten im Vorbereitungsstress seines Berliner *Graf von Luxemburg*. Der Sohn des verstorbenen Massary-Librettisten Ernst Welisch sollte den Text verfassen und Lehár gab ihm über seinen Verlagsleiter Fleischer genaue Anweisungen: „Wenn Welisch das Husarenstück vollbringt, mir postwendend einen zündenden Text zu schicken, so schreibe ich den Marsch gern ... Umgekehrt, daß ich die Melodie früher schreibe und Welisch den Text unterlegt – ist eine Sache, die viel zu lange dauert. Welisch soll zeigen, was er kann – und ich – ich, ich steh' bloß meinen Mann. Also los! ... Das ist die einzige Lösung."[1048] Innerhalb einer Woche war der *Marsch der Kanoniere* vollendet. Der zündende Text auf „die besten Geschütze der Welt" lautete: „Aus den Rohren blitzt der Feuerstrahl / und wir selbst sind hart wie aus Stahl! / Vorwärts rollt jedes Rad, / denn der Führer rief: ‚Zur Tat!'... Schießt alles in lodernden Brand! ... Sieg! Heil! Deutsches Vaterland! Sieg! Heil!"

Der Marsch blieb Lehárs einzige Komposition für die Wehrmacht. Als die am Wolgastrand stand, erhielt er 1943, kurz vor dem Fall Stalingrads, von „Oberleutnant Petzold und seinen Getreuen" folgende Feldpost: „Bei den Klängen des Liedes ‚Es steht ein Soldat am Wolgastrand', das aus der Membrane eines für die Ostfront gespendeten Grammophones tönt, erlauben wir uns, den Wunsch auszusprechen, Sie, hochverehrter Meister, zu bitten uns ein Bild von Ihnen mit Widmung zu senden. Wir werden dem Bild einen Ehrenplatz in unsrem Wolga-Bunker einräumen."[1049] Die am 11. Februar 1943 abgeschickte Fotografie dürfte kaum an der Wolga angekommen sein. Die Episode passt zu Gottfried Benns Satz: „Der Held und der Durchschnitt – ein affektives Begegnen! ‚Wo du nicht bist, kann ich nicht sein' – Lehársche Melodik und dies *Land des Lächelns* heißt Geschichte – ein Lächeln allerdings auf den Zügen von Leichen und eine Geschichte, erhellt allein vom Gold und Purpurrot geistig einfacher, gutbezahlter, moralisch undifferenzierter Generale."[1050]

Garaboncias Diák

„Ich sollte im Opernhaus die *Zigeunerliebe* zur Aufführung bringen. Ich bin hinuntergefahren, und da hat man mir den Vertrag vorgelegt", erzählte Lehár 1945 in einem Radio-Interview über sein Engagement an der Budapester Oper zwei Jahre zuvor. „Ich habe unterschrieben, und der Direktor sagte: ‚Jetzt bitte setz' dich zu mir, wir werden einmal über die Sache reden; so kann sie nicht aufgeführt werden.' – ‚Aber der Vertrag …' – ‚Mir gefällt die Musik.' – ‚Na, und das Buch?' – ‚Das gefällt mir auch.' – ‚Na, was gefällt dir nicht?' – ‚Schau: der Zigeuner. Eine ungarische Gutsbesitzerin würde mit einem Zigeuner nicht flirten. Und meine Sänger, die singen wunderschön, können aber nicht sprechen; also muss die Prosa herauskommen.' – ‚Dann kann es aber doch nicht aufgeführt werden', wende ich ein, ‚was soll geschehen?' – ‚Das wirst du in Musik auflösen. Und ein Ballett brauche ich natürlich auch, denn die Sänger können natürlich nicht tanzen …' Dann hat der Direktor auf einen Knopf gedrückt, und da ist ein fescher junger ungarischer Schriftsteller, Vincze Ernő, mit einem Buch in der Hand erschienen und sagte: ‚Lieber Herr Lehár, ich möchte Ihnen das gerne vorlesen.'

Mir hat dieses Buch sehr gefallen, es hat mich erschüttert – es spielt nämlich in der Revolutionszeit 1848, und aus dem Zigeuner wurde Garabonciás Diák, ein junger ungarischer Student, der im Zwiespalt von Vaterlandsliebe und Pflicht keinen Ausweg findet … Kurz und gut, ich fragte: ‚Wann soll denn die Premiere sein?' – ‚In sechs Wochen.' – Ja, das ist unmöglich. Das kann ich nicht machen. Ich bin hier im Hotel und habe nicht einmal ein Klavier. Ich kann hier nicht arbeiten.' – ‚Du wirst es ja doch tun', antwortete der Direktor; ‚es muss sein, wir haben es schon so angekündigt, und wir wollen *Garabonciás* doch als große Oper aufführen.' … Nun, ich habe die Aufgabe also übernommen und dann jede Nacht bis sechs Uhr morgens geschrieben … Ich habe einen glänzenden Erfolg gehabt, aber ich habe durch diese sechs Wochen meine Gesundheit geopfert."[1051]

Soweit also Franz Lehár über *Garabaonciás Diák*, jene Oper, die Norbert Linke als sein eigentlich „letztes Bühnenwerk"[1052] bezeichnet hat. Warum er dessen Entstehung rückblickend als Resultat einer Überrumpelung darstellte, hatte durchaus einen Grund: die Oper hatte offenbar seine Erwartungen nicht erfüllt. Denn am 27. Juli 1942, also sieben Monate vor der Uraufführung, hatte er seinem Bruder noch anvertraut, „daß *Garaboncias* [!] mein bestes Werk werden wird; das Libretto ist großartig."[1053] Er kannte das Libretto also nicht erst sechs Wochen vorher, was auch ganz und gar nicht seinen Gewohnheiten entsprochen hätte. Ein weiterer Beleg dafür, dass er das Werk lange vorher kannte, ist dessen Abschluss am 16. Januar 1943 mit einem „Feentanz" (Tündértánc), also fünf Woche vor der Premiere in der Budapester Oper am 20. Februar.

Wie in der *Zigeunerliebe* ist auch in *Garabociás Diák* der zweite Akt nur geträumt und auch die Gutsbesitzertochter Sárika muss am Ende ihren Józsi ziehen lassen, allerdings als Freiheitsheld in den Kampf gegen die als tumb und tyrannisch gezeichneten Österreicher. Das Werk endet daher mit einem patriotischen Hymnus und besteht zu etwa zwei Dritteln aus *Zigeunerliebe* und zu einem Drittel aus insgesamt sieben neu komponierten Stücken. Davon waren zwei Ballette und fünf Gesangsnummern, wobei das Hauptmotiv aus dem 1939 komponierten Lied „Sehnsucht, heimliches Verlangen" stammte. „Meister Lehar war mit der Umarbeitung der Operette zu einer Oper nicht zufrieden", schrieb sein damaliger Assistent, Miklos Rekai 1955 an den Glockenverlag: „Die Musik, die er für Budapest komponierte, wollte er zu einem ganz neuen Werk benuetzen und dazu sollte Innocent den Text schreiben. Dieses Werk sollte im Foevarosz Operetten-Theater im 1948 aufgeführt werden. Diesbezüglich besitze ich des Meisters brieflichen Auftrag. *Zigeunerliebe* sollte als Operette fort bestehen, die neue Musik aber unter dem Titel *Garaboncias*[!], besser Wanderstudent (genaue Uebersetzung: *Vandoriak*) gegeben werden."[1054]

Der ungarische Rundfunk hat *Vandoriak* 1987 für eine Radioversion rekonstruiert, auf die Bühne gekommen war Lehárs Musik aber schon 1958 im Pariser Théâtre de Châtelet in der sehr erfolgreichen „operette à grand spéctacle" *Rose de Noël*, posthum zusammengestellt von Miklos Rekai.

An die Bearbeitung anderer Werke dachte Lehár nach den bisher im Dritten Reich gemachten Erfahrungen offensichtlich nicht, obwohl dies vor allem wegen der jüdischen Librettisten durchaus erwünscht gewesen wäre. Ausgerechnet im Fall seiner jüdischen Operette *Der Rastelbinder* versuchte ihn die Reichsstelle für Musikbearbeitungen doch noch zu einer solchen zu bewegen. Am 6. August 1944 reiste deren Generalsekretär Hans Joachim Moser nach der Generalprobe der Strauss'schen *Danae* von Salzburg nach Ischl, um „mit Franz Lehár über die Bearbeitung des *Rastelbinder* zu verhandeln", am 30. August ist „an Herrn Dr. Rudolf Weys ... ein Betrag von RM 2000,- als 2. Rate für die Operette *Rastelbinder* gezahlt worden."[1055] Warum sich Lehár darauf eingelassen hat, verrät ein Brief, den er an den Bearbeiter schrieb: „Ich habe zugesagt den *Rastelbinder* einzurichten. Ich habe das wirklich nur getan, um Ihnen zu helfen. Ich kenne Ihre Situation genau und bin bestrebt Ihnen entgegenzukommen, soweit es in meinen Kräften steht."[1056] Er meinte damit, Weys' Ehe mit einer jüdischen Frau, die, wie Ulrike Petersen in ihrer Untersuchung des Falls nachgewiesen hat, akut gefährdet war, weil ihr - nach Vollendung des sechsten Lebensjahrs des gemeinsamen Sohns - die Trennung von der Familie und damit Schlimmeres drohte. Kurz vor Kriegsende schrieb Weys an Lehár: „Bei alledem muss ich noch froh sein, dass es persönlich nicht ärger steht, dass ich noch zuhause bei Frau und Kind sein und beide beschützen kann … Das habe ich übrigens zu einem Gutteil dem ‚*Rastelbinder*-Reichsauftrag' zu verdanken, den ich an allen amtlichen Stellen als ‚Alibi' und ‚Ausweis' vorweise."[1057]

„Politik ist schmutzig"

Nach der Premiere von *Garabonciás Diák* hatte Lehár einen schweren Zusammenbruch erlitten und wurde umgehend von Budapest über Wien nach Bad Ischl transportiert, wo er mit einer schweren Grippe und Lungenentzündung Wochen im Bett verbrachte. Sophie Lehár absolvierte einen Krankenschwesternkurs und pflegte ihren körperlich zunehmend verfallenden Mann. Im Sommer 1944 war er weitgehend wiederhergestellt, wenn auch sein Sehvermögen durch eine Glaskörpertrübung der Augen stark beeinträchtigt war. Als die Amerikaner am 6. Mai 1945 Ischl erreichten und dem „Meister" überraschend ein Ständchen brachten, war er sichtlich gerührt und mag den historischen Augenblick tatsächlich als Befreiung empfunden haben. „Composer of *Merry Widow* Is Delighted to Meet Yanks!", titelte das Soldatenblatt *Stars and Stripes*. Kurz darauf wurde er von einem Reporter derselben Zeitung besucht, der am 1. Juni 1945 darüber berichtete: „Lehár und seine Frau wirken so wunderlich altmodisch wie ihre Umgebung … Obwohl er es offensichtlich genoss, interviewt zu werden, wurde er nervös, sobald ich eine Frage stellte, die etwas mit Hitler zu tun hatte. ‚Keine Politik, bitte!' bat er. ‚Alles, was ich Ihnen sagen kann, ist, dass die letzten Jahre sehr schwierig gewesen sind für uns alle. Wir wollen gar nicht darüber sprechen. Die Politik ist schmutzig, und ich mag nicht über schmutzige Dinge sprechen.'"

Der Reporter war Klaus Mann, der zuvor seinen alten Freund Emil Jannings in St. Wolfgang besucht hatte und jetzt „gnadenlos" darauf insistierte, dass der Führer Lehárs Werke bewundert habe? „Ja, ja,' rief der grauhaarige kleine Mann äußerst erregt. ‚Meine *Lustige Witwe* war seine Lieblings-Operette! Das ist doch nicht meine Schuld, oder?' Ich stimmte ihm zu, daß man ihn nicht für

Hitlers Vorlieben verantwortlich machen könne. Jeder mochte Lehárs Musik. Wenn sie den Meister aus Berchtesgaden beeindruckte, so war sie doch zugleich auch ein Hit auf dem Broadway. Der Komponist hatte recht, wenn er meinte: ‚Ich war schließlich zu jeder Zeit populär in Deutschland wie auch in jedem anderen Land. Ich habe nichts den Nazis zu verdanken. Ich habe sie nicht um Publizität oder Protektion gebeten, ich habe nur das fortgesetzt, was ich schon immer getan habe – Musik geschrieben.'"[1058] – Nicht immer fand Lehár so verständnisvolle Journalisten.

Als seine Frau im folgenden Winter an einer schweren Angina pectoris erkrankte, siedelte er am 23. Januar 1946 nach Zürich über, wo er in seinem Stammhotel Baur Au Lac ein Appartement für über 100 Franken pro Tag anmietete und die nächsten zwei Jahre verbrachte. Ein Grund dafür war die bessere medizinische Versorgung seiner Frau, ein anderer war die Plünderung seines Wiener Schikaneder-Schlössls kurz nach Kriegsende, bei der ein Großteil der dort gelagerten Dokumente verlorengegangen war. Lehár war damit endgültig die Lust vergangen, nach Wien zurückzukehren, was man ihm dort wiederum übel nahm. In der Schweiz traf er einen Kollegen, dem es ähnlich erging: Richard Strauss. Der fühlte sich dort aber regelrecht boykottiert und konnte es sich nicht erklären, warum. „Weil ich Deutscher bin? Wagner ist auch Deutscher. Lehár ein Ungar. Die Ungarn haben auch gegen die Russen geschossen und von ihm werden zwei Operetten gespielt ... Gewiß Wagner ... ist tot, aber auch Lehár lebt – ich versteh's zwar nicht ..."[1059] In Zürich hatte er sich davon überzeugen können, als er eine *Giuditta*-Aufführung besuchte und sie vor Lehárs Augen vorzeitig verließ.[1060]

Schatten der Vergangenheit

Obwohl sich Sophies Gesundheitszustand merklich besserte, Lehárs Sehvermögen weitgehend wiederhergestellt war und er selbst zehn Kilo zunahm, holten ihn bald auch in der Schweiz die Schatten seiner Vergangenheit ein. Der erste war der J. J. Shubert, der am 5. September 1946 *Das Land des Lächelns* mit Richard Tauber am Broadway groß herausbrachte, wenn auch in einer Bearbeitung von Alfred Grünwald. Doch auch diese Fassung wurde noch geändert und spielte schließlich in Paris, so dass Tauber sein Lied, *Yours is my Heart*, das dem Werk hier den Titel gab, vor der Kulisse des Eiffelturms singen musste. Das übertraf Lehárs schlimmste – bereits vor zehn Jahren gegenüber Shubert geäußerte – Befürchtungen. Als dann auch noch Tauber nach wenigen Tagen absagte und das Publikum ausblieb, sah Lehár sich veranlasst, ein grundsätzliches *Be-*

kenntnis abzulegen: „Nun wage ich ein offenes Wort auszusprechen! Man sagte mir, daß das amerikanische Publikum anders geartet sei wie das europäische. Ich bin aber der Meinung, daß die Menschen überall gleich empfinden ... Meine Original-Librettisten Beda-Löhner und Ludwig Herzer wurden einfach totgeschwiegen, kamen auf dem Theaterzettel gar nicht vor, aus dem Grunde, weil Karl Farkas als Verfasser des Librettos genannt wurde. Sein ‚Mitautor' Alfred Grünwald wollte nicht genannt sein."[1061] Lehár schien verdrängt zu haben, dass schon im Dritten Reich die Original-Librettisten auf dem Theaterzettel nicht mehr vorkamen und im Fall Bedas nicht nur totgeschwiegen wurden. Geradezu makaber mutet an, dass die Generalprobe unter dem Originaltitel für jüdische Emigranten und zugunsten des Hakoah Relief Funds, mithin der Überlebenden des Holocaust, stattfand.

Noch bedrohlicher waren die Schatten, die dessen Opfer warfen. An sie erinnerten vor allem die Überlebenden der Konzentrationslager. Und als solcher schrieb Viktor Matejka, der künftige Wiener Kulturstadtrat, an Lehár, „er solle von den in der Hitlerzeit kassierten Millionen freiwillig einen Betrag spenden für Hinterbliebene von Kollegen, die wie Beda im KZ umgekommen waren. Lehár schickte mir 20 Fotos mit faksimilierter Unterschrift, ich solle sie verkaufen und den Erlös verwenden."[1062] Ein anderer Überlebender war Bernhard Herzmansky jun., Sohn von Lehárs langjährigem und gleichnamigem Verleger und Erbe des Doblingerverlags. Als erster Präsident der sich neu konstituierenden österreichischen Urheberrechtsgesellschaft AKM hatte er bei deren erster Sitzung am 8. August 1945 auch der Toten gedacht und von einer Begegnung mit Löhner-Beda im KZ Dachau berichtet, den er mit den Worten getröstet habe: „Du hast einflussreiche Leute, die dir helfen werden, du hast ja die letzten Werke mit Lehár geschrieben." So zumindest hatte es Lehár dem Protokoll der Sitzung entnommen, wie er an Erich Bielka, Legationsrat der österreichischen Botschaft in Bern, schrieb: „Damit beschuldigte er mich gewissermaßen, am Tod Bedas schuldtragend gewesen zu sein. Ich war Ehrenpräsident der AKM. So durfte Herzmansky nicht von mir sprechen. Ich kündigte der Gesellschaft meinen Austritt an. Die Kündigung wurde angenommen, aber die kleinen Rechte wollten sie noch 10 Jahre ausüben. Als ich mich dagegen wehrte, wollten sie mich mit allen Mitteln zwingen, nach Wien zurückzukehren und ein Redakteur namens Maag der *Basler Nationalzeitung* brachte einen Artikel in die Zeitung und ... nun wurden alle Wiener Zeitungen dazu benutzt, um mich unmöglich zu machen." Gemeint waren insgesamt zwei Artikel, die zum einen Lehárs Widmung an Hitler, zum anderen seinen Brief an Hinkel in der Erpressungssache Guttmanns publik machten. „Schmerzlich muß es mich betrüben, daß ich nach 45 Jahren, die ich in Wien verbracht habe, 30 Bühnenwerke geschrieben habe, viele hunderte Wohltätigkeitskonzerte dirigiert habe, so wütenden Zeitungsartikeln ausgesetzt bin und nicht ein Freund sich findet, der mich verteidigt."[1063]

Dieser Freund fand sich dann doch noch, nicht in Wien, sondern in London, ein „seit Jahrzehnten aktiv taetiger Zionist": Lehárs früherer Anwalt Sigmund Fraenkel. Er erklärte, „dass nichts in der Welt mich veranlassen koennte, einen Nazianhaenger, sei es auch wer immer, in Schutz zu nehmen ... Wenn ich mich also ganz spontan, weder im Auftrage und schon gar nicht als hierfuer honorierter Anwalt bemuehe, die gegen Meister Lehar in letzter Zeit ... lancierten Angriffe zu widerlegen, so tue ich das nur, weil ich aus einer vierzehnjährigen Verbindung mit Meister Lehar, als Anwalt und Freund, weiss, dass ihm schweres Unrecht geschieht." Fraenkel rollte im Folgenden den Fall Guttmann noch einmal auf, in dem er Lehár 1937 vertreten hatte, und verwahrte sich dagegen, ihn „einen Opportunisten zu nennen, weil er, der eine Juedin zur Gattin hat und allem Druck der Nazis, dies wie viele tausende andere zu aendern, ein entschiedenes ‚Nein' entgegensetzte ... Nur jemand, der die Personen und Verhältnisse so genau kennt wie ich ... kann sich, noch dazu als Jude, der mit Recht wenig dankenswerten Aufgabe unterziehen, einen der Nazisympathien Verdaechtigen zu verteidigen. Ich tue es im Interesse der Gerechtigkeit und Wahrheit, umso mehr als diese Wahrheit nicht bloß einer momentanen Aufklaerung dienen soll, sondern verhindern soll, dass das Charakterbild dieses großen Komponisten kuenftigen Generationen in entstellter Verzerrung ueberliefert wird."[1064]

„Dort und dort ein bißchen gepatzt"

Freundlichere Schatten bedrängten Lehár hingegen aus England. Richard Tauber besuchte ihn im Mai 1947 in Zürich und Lehár arrangierte voller Vorfreude das später berühmt gewordene „Abschiedskonzert" von Radio Beromünster, auf dessen Programm programmatisch die „Resignation" aus dem *Fürstenkind* stand: „Schweig, zagendes Herz!" Es war Lehárs letzte Begegnung mit Tauber, der am 8. Januar 1948 starb. Ebenfalls aus London war schon vorher Paul Knepler gekommen, außer Grünwald der letzte noch lebende Librettist. Er bot Lehár einen französischen Stoff aus der Zeit Napoleon III. an und hat dessen Reaktion überliefert: „Dann sprach er die Worte, die mir noch heute im Ohr klingen: ‚Glaub' mir', rief er aus, ‚Ich bin noch nicht ausgeschrieben, ich hab' noch so viel Musik in mir, so viel Musik!'" Es war ein letztes Aufflackern. Am 1. September 1947 starb Sophie Lehár überraschend an einem Herzschlag. Als Paul Knepler daraufhin nach Zürich eilte, fand er „einen alten kranken, gebrochenen Mann und ...

„Dort und dort ein bißchen gepatzt" 351

31 „*Ganz Ohr*"
    Lehár dirigiert, um 1940

wußte, daß die Melodien, die in ihm schlummerten, niemals mehr zum Leben erwachen werden. ‚Nein', sagte er, ‚ich will nicht mehr arbeiten.'"[1065]

Mit dem Tod seiner geliebten Frau war die ohnehin nur noch trotzig aufrechterhaltene Hoffnung auf ein neues Werk endgültig erloschen.

Als Lehár Ende Juni 1948 schwer krank nach Ischl zurückkehrte, bestellte er Maria von Peteani ans Krankenbett, um unter seiner Aufsicht die Lehár-Legende für die Nachwelt festzuhalten. Die Fama von seinem bevorstehenden Ende stimmte alle versöhnlich, selbst seine beiden größten Rivalen von einst. Oscar Straus, aus dem amerikanischen Exil ebenfalls nach Ischl zurückgekehrt, besuchte ihn und Emmerich Kálmán versöhnte sich telegraphisch von New York aus. Lehárs mittlerweile verwitwete Schwester Emilie Papházay war seit Sophies Tod nicht mehr von seiner Seite gewichen und half ihm nun, seine Hinterlassenschaften zu ordnen. Da sie als einzige der Geschwister Nachkommen hatte, setzte Franz Lehár sie als Universalerbin ein. Bruder Anton erhielt auf Lebenszeit die Mieteinnahmen des Hauses Theobaldgasse 16, eine monatliche Unterstützung und das Schikaneder-Schlössl in Nussdorf. Seine Villa in Ischl aber vermachte er samt den originalen Orchesterpartituren seiner Werke „der Stadt Bad Ischl ... in dankbarer Würdigung der mir von den Funktionären und der Bevölkerung dieser Stadt während der Zeit völlig ungerechtfertigter Angriffe gegen mich und meine Frau gehaltenen Treue" – die einzige Auflage: „Aus der Villa ist ein Franz-Lehár-Museum zu bilden ... und ... zu erhalten."[1066]

Franz Lehár starb am 24. Oktober 1948 an Bauchspeicheldrüsenkrebs „nach einem arbeitsreichen, nur der Kunst geweihten Leben", wie es in der Todesanzeige hieß, und „versehen mit den Tröstungen der Religion."[1067] Auf eigenen Wunsch wurde er zu den Klängen des Wolgalieds im Ischler Familiengrab beigesetzt. Der letzte Operettenkönig hatte ein standesgemäßes Begräbnis, auch wenn sein Reich längst schon untergegangen war. Mit ins Grab nahm er die Geheimnisse seines „nur der Kunst geweihten Lebens", dessen letzte Jahre von der Politik überschattet waren, dem „schmutzigen Geschäft".

Wie sehr ihn das mitgenommen hatte, verrät ein 50-minütiges Radio-Interview vom Herbst 1945, also lange vor den Vorwürfen wegen seines Verhaltens im Dritten Reich. Lehár, der keine Fragen beantworten wollte, erzählte aus seinem Leben und spielte dazu Klavier. Als er bemerkte, dass er seine jüdischen Librettisten vergessen hatte, holte er das nach, dann begann er zu schluchzen. Beim „leider verstorbenen Louis Treumann" versagte ihm die Stimme. Am Ende holte ihn dann die Erinnerung vollends ein: „Wenn ich ein bisschen aufgeregt war, und dort und dort ein bisschen gepatzt habe, dann müssen Sie das verstehen. Wissen Sie, wenn so ein ganzes Menschenleben vor einem ist, denkt man doch an viele Sachen ... [*Schluchzen*] Der Sprecher wird weiter für mich sprechen, ich kann nicht mehr weiter ..."

Worauf der Interviewer Andreas Reischek übernahm: „Meister Lehár ... wir können es zutiefst verstehen, dass es Sie bewegt und rührt, wenn Sie von Menschen sprechen, die ein bitteres Schicksal von uns weggenommen hat."[1068]

Als einzige Textzeile des gesamten Interviews hatte Lehár kurz zuvor noch gesungen: „Wie's da drin aussieht, geht niemand was an."

Wenige Tage nach Lehárs Tod schrieb sein großer Rivale Emmerich Kálmán an Paul Knepler: „Sonst glaube ich, dass sein Tod den Schlusspunkt der neu-klassischen Wiener Operette bedeutet und dass mit ihm ein ganz grosser Mann gegangen ist. So lange er noch am Leben war, hat man das Gefuehl gehabt, dass die Wiener Operette noch existiert. Jetzt, obwohl verschiedene Vertreter dieser einst so erfolgreichen Kunstgattung noch am Leben sind, habe ich nicht mehr dieses Gefuehl."[1069]

Anmerkungen

1. Karl Kraus, Salten, in: Ders., Die Fackel, Bd. 11, XXXII. Jahr, Wien, September 1930, Nr. 838–844, S. 52
2. Franz von Hohenegg, Operettenkönige. Ein Wiener Theaterroman, Berlin 1911, S. 4
3. Karl K. Kitchen, With the only undethroned King in Central Europe, in: The World Magazine, 15. August 1920 (WA/364)
4. Franz Lehár, Brief an Wilhelm Karczag, Wien, 29. November 1916 (ÖTM, Nachlass Hubert Marischka)
5. Siegfried Kracauer, Jacques Offenbach und das Paris seiner Zeit, München 1962, S. 9
6. Felix Salten, Franz Lehár. Bilder aus dem Konzertsaal, in: Neue Freie Presse, 15. April 1934
7. Alfred Wolf, Der Operettenmoloch, in: Die Musik, IX. Jhg., 23, Berlin/Leipzig, Sept. 1909
8. Susan Sontag, Anmerkungen zu ‚Camp', in: Dies., Kunst und Antikunst, Frankfurt a. M., S. 331 – Vgl. auch: Christoph Dompke, Zauberwort „Camp", in: Glitter and be Gay. Die authentische Operette und ihre schwulen Verehrer, hrsg. von Kevin Clarke, Hamburg 2007, S. 77 – Für ihn sind „alle späteren Lehár-Operetten … reines *Camp*, weil todernst (vonseiten des Komponisten) gemeinte Angelegenheiten."
9. Theodor W. Adorno, Arabesken zur Operette, (1932), in: Ders., Gesammelte Schriften 19 – Musikalische Schriften VI, hrsg. von Rolf Tiedemann und Klaus Schulz, Frankfurt a. M. 1984, S. 517
10. Maria von Peteani, Franz Lehár. Seine Musik – Sein Leben, Wien/London 1950, S. 7
11. Erwin Engel, An Meister Lehár, in: Weltspiegel. Illustrierte Nachrichten aus dem Weltspiegelkino, Wien Sept./Okt. 1935
12. Theodor W. Adorno/Max Horkheimer, Dialektik der Aufklärung. Philosophische Fragmente, in: Max Horkheimer, Gesammelte Schriften, hrsg. von Alfred Schmidt und Gunzelin Schmid Noerr, Bd. 5, Frankfurt a. M. 1987, S. 160
13. Franz Lehár, Meine Biographie und ich, in: Neues Wiener Journal, 20. April 1924
14. Alfred Deutsch-G., Wiener Porträts XLIX. Franz Lehár, in: Neues Wiener Journal, 26. April 1903
15. Franz Lehár, Militär-Paß (Lehár-Schlössl, Wien)
16. Alfred Deutsch-G., Wiener Porträts XLIX. Franz Lehár, in: Neues Wiener Journal, 26. April 1903
17. Ernst Decsey, Franz Lehár, Wien 1924, S. 134f.
18. Maria von Peteani, Franz Lehár, S. 9
19. Wurde dem Autor im persönlichen Gespräch u. a. von den inzwischen verstorbenen Zeitzeugen Marcel Prawy, Marta Eggerth und Charles Kalman bestätigt. Nur Richard Tauber kündigt auf einem Konzertmitschnitt von 1932 eine Nummer von Franz Le-har an. (https://www.youtube.com/watch?v=oRyDzroN3R4 – zuletzt abgerufen: 06. Januar 2020)
20. Maria von Peteani, Franz Lehár, S. 9
21. Anton Lehár, Lehár-Geschichten erzählt von – –, Band 1 der Tagebücher, Typoskript in: Österreichisches Staatsarchiv/Kriegsarchiv (Nachlässe u. Sammlungen des ÖstA B/600, Kart II. 986.800 – C. Die Kopie wurde dem Autor dankenswerterweise von Antons Biographen Georg Reichlin-Meldegg zur Verfügung gestellt.), S. 4 – Entspricht wortwörtlich dem von

356 Anmerkungen

"Prof. Otto Kühnert" 1940 in der Nordmährischen Rundschau veröffentlichten Artikel "Franz Lehárs Herkunft" (Weinberger Archiv: WA).

22 Kath. Heiratsmatrik. Schönwald (Zweigarchiv Olmütz, M 2443), zit. n. Wolfgang Huschke, Zur Herkunft Franz Lehárs. Musikgeschichte und Genealogie XXII, in: Genealogie. Deutsche Zeitschrift für Ahnenkunde, Heft 4, 19. Jhg., April 1970, S. 107

23 Wolfgang Huschke, Zur Herkunft Franz Lehárs. Musikgeschichte und Genealogie XXII, in: Genealogie. Deutsche Zeitschrift für Ahnenkunde, Heft 4, 19. Jhg., April 1970, S. 107 – Auch im Tschechischen läge die Betonung auf der ersten Silbe.

24 Anton Lehár, Lehár-Geschichten, Band 1, S. 50

25 Bernard Grun, Gold und Silber. Franz Lehár und seine Welt, München/Wien 1970, S. 13

26 Anton Lehár, Lehár-Geschichten, Band 1, S. 23f., 50

27 Franz Rieger, k. u. k. Generalmajor, *Oliosi-Sturmmarsch*, dem k. u. k. Infanterie-Regimente Friedrich Wilhelm Ludwig Großherzog von Baden Nr. 50 zum 39. Jahrestag des Sieges von Custozza gewidmet, Wiener-Neustadt 1905 – Dass sein Regiment kurz darauf zum Krieg gegen Preußen nach Böhmen verlegt wurde und dort auch bei Königgrätz zum Einsatz kam, wie die meisten Biographen berichten, verweist Anton Lehár ins Reich der Legenden (Anton Lehár, Lehár-Geschichten, Band 1, S. 25).

28 Simon Kotter, Die k. (u.) k. Militärmusik. Bindeglied zwischen Armee und Gesellschaft?, Augsburger historische Studien Band 4, Augsburg 2015, S. 70

29 Anton Lehár, Lehár-Geschichten, Band 1, S. 50f.

30 Franz Lehár, Der "Klassiker" Johann Strauß, in: Neues Wiener Journal, 25. Oktober 1925

31 Anton Lehár, Unsere Mutter, Wien 1930, S. 7

32 Anton Lehár, Unsere Mutter, S. 12f. – Sie kam angeblich "während des Bombardements durch die Österreicher auf der Zigeunerwiese bei Komorn zur Welt". (Anton Lehár, Lehár-Geschichten, Band 1, S. 88)

33 Anton Lehár, Lehár-Geschichten, Band 1, S. 73

34 Traumatrik der kath. Gemeinde Nagyimánd, Bd. 3, Bl. 12, zit. n. Wolfgang Huschke, Zur Herkunft Franz Lehárs. Musikgeschichte und Genealogie XXII, in: Genealogie. Deutsche Zeitschrift für Ahnenkunde, Heft 4, 19. Jhg., April 1970, S. 105

35 Anton Lehár, Lehár-Geschichten, Band 1, S. 77f.

36 Anton Lehár, Unsere Mutter, S. 12f.

37 Franz Lehár, Mein Werdegang. Feuilleton, in: Die Zeit, 13. Oktober 1907

38 Anton Lehár, Aufstieg –, Band 2 der Tagebücher, Typoskript in: Österreichisches Staatsarchiv/ Kriegsarchiv (Nachlässe u. Sammlungen des ÖstA B/600, Kart II. 986.800 – C), S. 9

39 Franz Lehár, Franz Lehár über die Wiener Musikwoche und die Operette, in: Der Sonntag, 29. Februar 1920

40 Besonders gern von Alfred Grünwald und Emmerich Kálmán – s. z. B. Alfred Grünwald, Brief Kálmán, Badgastein, 25. Juni 1927 (NYPL, Billy Rose Collection, Nachlass Alfred Grünwald o. Sig.)

41 Franz Lehár, zit. n. Karl Kraus, Mähä, in: Karl Kraus, Die Fackel, Bd. 6., XIII. Jahr, April 1912, Nr. 345/6, S. 47 – 1916 wird anlässlich eines Konzerts Lehárs in Prag von einem tschechischen Abgeordneten polemisiert, er "sei ebenso wie sein Vater als Militärkapellmeister ein ehrlicher Czeche gewesen und spiele sich nunmehr auf einen Deutschen heraus." (o. A., o. T., in: Neue Freie Presse, 16. April 1916 – WA)

42 Franz Lehár, Vom Schreibtisch und aus dem Atelier. Bis zur Lustigen Witwe. Autobiographisches von Franz Lehár, in: Velhagen & Klasing's Monatshefte, Bielefeld/ Leipzig 1912

43 zit. n. o. A., Franz Lehár erzählt, in: Das Deutsche Podium, Berlin, 26. April 1940 – "Mit elf

widmete er der Mutter ein Lied", heißt es hingegen im von ihm selbst mit Fakten unterfütterten Porträt Deutsch-Germans (Alfred Deutsch-G., Wiener Porträts XLIX. Franz Lehár , in: Neues Wiener Journal, 26. April 1903)

44 Franz Lehár, zit. n. Anton Lehár, „Der junge Mann wird seinen Weg machen". Lehárs Begegnung mit berühmten Zeitgenossen, in: Neues Österreich, 4. November 1951
45 Franz Lehár, Mein Werdegang. Feuilleton, in: Die Zeit, 13. Oktober 1907
46 Franz Lehár, Musik – mein Leben, in: Neues Wiener Tagblatt, 23. September 1944
47 Anton Lehár, Unsere Mutter, S. 14f.
48 Franz Lehár, Mein Werdegang. Feuilleton, in: Die Zeit, 13. Oktober 1907
49 Franz Lehár, Mein Werdegang. Feuilleton, in: Die Zeit, 13. Oktober 1907
50 Anton Lehár, Lehár-Geschichten, Band 1, S. 40
51 Franz Lehár, zit. n. Anton Lehár, Lehár-Geschichten, Band 1, S. 45 – Dazu ergänzte er: „Die mehrfach gehässig angeführte Schreibform ‚Lehař' kommt in keiner der über 200 Jahre zurückreichenden Matriken vor!"
52 Franz Lehár, Der Anfang war schwer …, Chronikbeilage der Neuen Freien Presse, 30. April 1930 – Franz Lehár, Mein Werdegang. Feuilleton, in: Die Zeit, 13. Oktober 1907
53 Franz Lehár, Die Idylle und der Anzug. Mein erstes Honorar, in: Mittags-Blatt, Hamburg, 18. Oktober 1927
54 Maria von Peteani, Franz Lehár, S. 25
55 Franz Lehár, Mein Werdegang. Feuilleton, in: Die Zeit, 13. Oktober 1907 – Vor allem die *Sonate in d-Moll* entspricht so gar nicht dem klassisch-romantischen Sonatentypus, sondern verrät eher einen musiktheatralischen Gestus. Das lyrisch fließende „*cantabile*" des 2. Themas verweist in seiner slawischen Färbung sowohl auf den typischen Personalton des späteren Lehár als auch auf seine damaligen Vorbilder Dvořák und Fibich. Der Komponist hat es nicht zufällig in seiner „Sinfonischen Dichtung für Orchester und Pianoforte" *Il Guado* 1895 noch einmal verwendet.
56 Franz Lehár, Vom Schreibtisch und aus dem Atelier (s. Anm. 42).
57 Ludwig Karpath, *Tatjana*, in: Neues Wiener Tagblatt, 11. Februar 1906
58 Franz Lehár, Mein Werdegang. Feuilleton, in: Die Zeit, 13. Oktober 1907
59 s. *Fantasie in As-Dur für Pianoforte*, gewidmet Frl. Marie Prawender, op. 7 (komp. 23. März 1888 in Prag) – Manuskript WA. 1895 erschienen die *Sonate à l' antique in G-Dur (Sonatina all' antiqua)* für Klavier als op. 27 und das Scherzo B-Dur aus der *Sonate in d-Moll* als op. 28 im Wiener Verlag Hofbauer.
60 Diplom des Prager Conservatoriums für Musik vom 15. Juni 1888, Archiv Lehár-Schlössl, Wien – Außerdem wurden ihm „in der Harmonielehre und in dem Contrapunkte vorzügliche Fortschritte" bescheinigt.
61 Franz Lehár, Vom Schreibtisch und aus dem Atelier (s. Anm. 42).
62 Otto Schneidereit, Franz Lehár. Eine Biographie in Zitaten, Berlin 1984, S. 31
63 Franz Lehár, Vom Schreibtisch und aus dem Atelier (s. Anm. 42).
64 Franz Lehár, Erinnerungen an Leo Fall, in: Neue Freie Presse, 17. September 1930 (WA/366)
65 Franz Lehár, Mein Werdegang. Feuilleton, in: Die Zeit, 13. Oktober 1907
66 zit. n. Alfred Deutsch-G., Wiener Porträts XLIX. Franz Lehár, in: Neues Wiener Journal, 26. April 1903 – Davon ist in späteren Erinnerungen Lehárs nicht mehr die Rede, doch kam es bis zu dessen Tod immer wieder zu momentanen Spannungen zwischen Vater und Sohn, vor allem, was dessen Lebenswandel betraf.
67 Franz Lehár, Mein Werdegang – In späteren Versionen auch auf die des Vaters (Franz Lehár,

Vom Schreibtisch und aus dem Atelier) oder gegen „vierzig oder fünfzig Bewerber" (Bernard Grun, Gold und Silber, S. 48).
68   Franz Lehár; Mein Werdegang. Feuilleton, in: Die Zeit, 13. Oktober 1907
69   Franz Lehár, Wie entsteht eine Melodie?, in: Neues Wiener Journal, 25. Dezember 1937
70   Franz Lehár, Mein Werdegang. Feuilleton, in: Die Zeit, 13. Oktober 1907
71   Ernst Decsey, Franz Lehár, Wien 1924, S. 45
72   Franz Lehár. Mein Werdegang. Feuilleton, in: Die Zeit, 13. Oktober 1907
73   Franz Lehár, Musik – mein Leben, in: Neues Wiener Tagblatt, Wien, 23. September 1944
74   Franz Lehár, Auf dem Titelblatt der Partitur von *Rodrigo* (WA)
75   Franz Lehár, zit. n. Karl Riebe, Interview mit Franz Lehár, Reichssender Wien, 17. April 1940 (DRA 75 2822477) – Den Preis gewann Joseph Förster mit *Die Rose von Pontevedra*, einem Titel, der zumindest für Lehár prophetisch klingt – spielt doch seine *Lustige Witwe* in Pontevedro.
76   Franz Lehár, Mein Werdegang. Feuilleton, in: Die Zeit, 13. Oktober 1907
77   Der Marsch hieß dann seiner nächsten Wirkungsstätte entsprechend *Auf hoher See*.
78   Franz Lehár, Vom Schreibtisch und aus dem Atelier (s. Anm. 42).
79   Franz Lehár, Lehár als Marinekapellmeister. Erinnerungen des Komponisten, in: Neues Wiener Tagblatt, 10. Juni 1916
80   Fürst Philipp zu Eulenburg, zit. n. Salutschießen und Lehár. Aus den Erinnerungen des Fürsten Philipp zu Eulenburg, in: Der Beobachter, Stuttgart, 12. Juli 1930
81   Franz Lehár, Lehár als Marinekapellmeister. Erinnerungen des Komponisten, in: Neues Wiener Tagblatt, 10. Juni 1916 – Die Erinnerung daran mag auch dem Publikationsdatum geschuldet sein
82   „Io mi sentii fuggir su per le reni / La voluttà come una lana diaccia ... Caddi a ginocchi, / La baciai sulla bocca e chiusi gli occhi. / Che cosa avenne poi? Vide ed intese / L'acqua del fiume cristallina e cheta." – Lorenzo Stecchetti (Olindo Guerrini), *Il Guado*, zit. n. dem Programmzettel der „Politeama Ciscutti am 5. Jänner 1895" (WA).
83   Maria von Peteani, Franz Lehár, S. 39
84   Anton Lehár, Lehár-Geschichten, Band 1, S. 109
85   Franz Lehár, Mein Werdegang. Feuilleton, in: Die Zeit, 13. Oktober 1907
86   Franz Lehár, Lehár als Marinekapellmeister. Erinnerungen des Komponisten, in: Neues Wiener Tagblatt, 10. Juni 1916 – Auf dieser Seereise lernte er auch den späteren ungarischen Reichsverweser Nikolaus von Horthy kennen, der als Fähnrich bei der Marine diente.
87   Franz Lehár, Wie ich anfing, in: Neues Wiener Journal, 25. Dezember 1929
88   Ernst Decsey, Franz Lehár. Mit 15 Text- und 18 Tafelbildern, 12 Notenbeispielen und einer Partiturbeilage, Berlin/München 1930, S. 29
89   Anton Lehár, Lehár-Geschichten, Band 1, S. 90f.
90   Brief der Mutter an Anton Lehár, Budapest 1896, in: Anton Lehár, Unsere Mutter, S. 28ff.
91   Giacomo Puccini, *Manon Lescaut*. Dramma lirico in quattro atti di M. Praga, D. Oliva, G. Ricordi e L. Illica. Ridazione per canto e pianoforte di Carlo Carignani. Nuova edizione a cara di Mario Parenti, Milano 1984, S. 288f.
92   A. Deutsch-G., Wiener Porträts.
93   o. A., Kukuška, in: Berliner Börsen-Courier, 29. November 1896
94   *Prof. Bernhard Vogel*, in: Leipziger Neueste Nachrichten, 28. November 1896
95   F. R. Pfau, Neues Theater, in: Leipziger Zeitung, 28. November 1896, zit. n. Otto Schneidereit, Franz Lehár, S. 45 – Er schloss: „Jedenfalls ist das Buch besser als die Musik", eine Meinung, die später auch Gustav Mahler teilte.

96 Richard Specht, *Tatjana*, in: Die Zeit, 11. Februar 1906
97 Ludwig Hartmann, *Kukuška*, in: Dresdner Zeitung, 29. November 1896
98 Brief Christine Lehárs an Anton Lehár, Budapest 10. Dezember 1896, in: Anton Lehár, Unsere Mutter, S. 30f.
99 Franz Lehár sen., zit. n. Ernst Decsey, Titel, S. 58f.
100 Franz Lehár, Lehár als Marinekapellmeister. Erinnerungen des Komponisten, in: Neues Wiener Tagblatt, 10. Juni 1916
101 Anton Lehár, Lehár-Geschichten, Band 1, S. 86 – Vgl. dazu Lehárs eigene Schilderung: „Noch auf dem Totenbett, als ich von Pola kam, bat mich der Vater, ihm das Vorspiel aus der *Kukuška* vorzutragen. Es war ein ergreifender Augenblick". (Franz Lehár, Mein Werdegang. Feuilleton, in: Die Zeit, 13. Oktober 1907)
102 Franz Lehár, Wie Franz Lehár berühmt wurde, in: Neues Wiener Journal, 28. Januar 1912
103 A. Deutsch-G., Wiener Porträts.
104 Franz Lehár, Brief an Dr. Karl Muck, Budapest, 6. Juni 1899 (Deutsche Musiksammlung der Staatsbibliothek zu Berlin, Nachlass Dr. Karl Mucks DMS/ 239106) – Henry Georg Pierson war damals Intendant der königlichen Bühnen Berlin.
105 Franz Lehár, Telegramm an Gustav Mahler, zit. n. Ernst Decsey, Franz Lehár, S. 62
106 Franz Lehár, Bekenntnis, Zürich 1947, S. 2
107 Franz Lehár, Mein interessantestes Reiseabenteuer, Manuskript aus dem Jahre 1930, (WA/366), gekürzt als ‚Die vergebene Chance', in: Neues Wiener Journal, 24. Mai 1931
108 Ludwig Karpath, Wie Franz Lehár wurde. Aus meinen Erinnerungen, in: Neues Wiener Journal, 24. Juni 1923
109 Julius Stern, Titel, in: Volkszeitung, Wien, 9. März 1924 (WA/363)
110 Franz Lehár, Mein Werdegang (Fortsetzung), in: Die Zeit, 25. Oktober 1907
111 Otto Römisch (Präsident der Kapellmeister-Union Österreichs), Franz Lehár, mein Kapellmeister, in: Der Führer. Fachzeitschrift des Kapellmeisters. Offizielles Organ der Kapellmeister-Union, 2. Jhg., Nr. 9, Berlin, September 1929, S. 2f.
112 Viktor Léon, Meinem Freunde Lehár. Zu seinem 60. Geburtstag am 30. April, in: Neues Wiener Journal, 27. April 1930
113 Franz Lehár, Vom Schreibtisch zum Atelier (s. Anm. 42).
114 Franz Lehár, *Die Spionin* I. Akt, 3. Scene (Manuskript im WA) – Trotzdem diente das Werk weiterhin als Steinbruch. Noch in *Endlich allein* findet sich ein Thema daraus als Vorstrophe von „Jung und frei dabei".
115 Felix Salten, Operette. Ouvertüre zum Lehár-Jubiläum, in: Neue Freie Presse, 6. Mai 1928
116 o. A., Titel, in: Neue Freie Presse, 15. November 1900 – Zehn Jahre später schrieb die gleiche Zeitung: „Vor allem ist die Tatsache zu konstatieren, daß der eigens für den Tanzsaal komponierte Tanzwalzer ganz auf den Aussterbeetat gesetzt ist und das Programm unserer Ballmusik, was Novitäten betrifft, ausschließlich Operettenwalzer enthält." (WA/363)
117 Max Schönherr, Ästhetik des Walzers, in: ÖMZ, Wien, Februar 1975, S. 81f.
118 o. A., Titel, in: Neues Wiener Tagblatt, 28. Januar 1902
119 Franz Lehár, Vom Schreibtisch zum Atelier (s. Anm. 42).
120 Victor Léon, Meinem Freunde Lehár, Zu seinem 60. Geburtstag am 30. April, in: Neues Wiener Journal, 27. April 1930
121 Victor Léon, In Memoriam … Bei Gelegenheit des 50. Geburtstags von Franz Lehár, Nachlass Victor Léon 14/1.6.104 (Wienbibliothek, Handschriftensammlung) – zit. n. Barbara Denscher, Der Operettenlibrettist Victor Léon. Eine Werkbiographie, Bielefeld 2017, S. 253

122 Barbara Denscher, Der Operettenlibrettist Victor Léon, S. 253
123 Victor Léon, Meinem Freunde Lehár, Zu seinem 60. Geburtstag am 30. April, in: Neues Wiener Journal, 27. April 1930
124 Barbara Denscher, Der Operettenlibrettist Victor Léon, S. 249 – Aber auch sie bezweifelt nicht, dass Lizzys Schwärmereien damals eine Rolle gespielt haben könnten. Entscheidend für das Narrativ jedenfalls ist der Satz: „Und was Neues wär' es!" – ging es doch letztlich um die Erneuerung der Operette.
125 Franz Lehár, Vom Schreibtisch und aus dem Atelier. Bis zur Lustigen Witwe. Autobiographisches von Franz Lehár, in: Velhagen & Klasing's Monatshefte, Bielefeld/Leipzig 1912
126 Telegramm Franz Lehárs an Victor Léon, Baden-Baden, 29. April 1930 (WA)
127 Victor Léon, in: Neue Musik-Zeitung, 32. Jhg., Stuttgart/Leipzig 1911, Heft 9: Gegen die Wiener Operette. Eine Umfrage und ihre Antworten, von Dr. Erich Eckertz, S. 191
128 Arthur Schnitzler, Tagebucheintrag vom 12. November 1895, in: Ders., Tagebücher 1893–1902, vorgelegt v. Werner Welzig, Wien 1989, S. 161
129 Karl Kraus, Die demolirte Literatur, in: Ders., Frühe Schriften 1892–1900, hrsg. v. J. J. Braakenburg, 2. Bd. 1897–1900, München 1979, S. 293 – Waldberg (Baron Heinrich von) hieß Léons damals bevorzugter Mitarbeiter.
130 o. A., Carl-Theater, in: Fremden-Blatt, 21. Dezember 1902 – Dass Léon allerdings nicht der alleinige Erfinder war, hat Barbara Denscher bei der systematischen Aufarbeitung seines umfangreichen Nachlasses herausgefunden. In einem Brief wirft der Schriftsteller Julius Wilhelm Léon nämlich vor, dem Carl-Theater gegenüber verschwiegen zu haben, „daß die Idee zum *Rastelbinder* von mir stammt und daß ich an der Ausgestaltung des Stoffes wesentlich Antheil genommen habe. Es hat also von Vorneherein die planvolle Absicht gegeben, mich tot zu schweigen." (Julius Wilhelm, Brief an Victor Léon, Wien, 17. Dezember 1902 – Nachlass Victor Léon 25/2.2.1567 – zit. n. Barbara Denscher, Titel, S. 256)
131 Moritz Csáky, Ideologie der Operette und Wiener Moderne: ein kulturhistorischer Essay zur österreichischen Identität, Wien/Köln/Weimar 1996, S. 219
132 Ludwig Karpath, Carl-Theater, in: Neues Wiener Tagblatt, 21. Dezember 1902
133 O. F. Berg, *Einer von unsere Leut'*, Posse mit Gesang in drei Akten, Wiener Theaterrepertoire, 194ste Lieferung, Wien 1868, S. 8
134 zit. n. Ernst Decsey, Jubilierende Operetten, Wie Lehar wurde, in: Tagespost, Graz, 25. März 1924
135 o. A., Carl-Theater, in: Fremden-Blatt, 21. Dezember 1902
136 Georg Wacks, Die Budapester Orpheumsgesellschaft. Ein Varieté in Wien 1889-1919, Wien 2002, S. 40
137 Heinrich Reinhardt, Der Rastelbinder, in: Die Zeit, 21. Dezember 1902
138 Franz Lehár, Mein Werdegang (Fortsetzung), in: Die Zeit, 25. Oktober 1907
139 o. A., Verleger und Komponist. Ein Rechtsstreit um den Verlag von Lehars Operetten, in: Neues Wiener Journal, 6. Dezember 1907 – Bei den Weinberger bereits zugesagten Werke, handelt es sich um *Die Juxheirat* und *Rosenstock und Edelweiß*. Der unbefristete Vertrag mit Doblinger wurde von Lehár 1906 zurückgenommen. Der Tantiemenschlüssel des *Rastelbinders* (Lehár 40 %, Léon 60 %) ist einer Weinberger-Abrechnung im Léon-Nachlass (Archivbox 27/2.1.4.29) entnommen.
140 Louis Treumann, Die Wiener Operette und Ich, in: Wiener Musik-Magazin. Monatsschrift für Theater, Konzert, Musik und Musikliteratur 1 (1928), Heft 5, S. 1f. – zit. n. Marion Linhardt, Residenzstadt und Metropole. Zu einer kulturellen Topographie des Wiener Unterhal-

tungstheaters (1858–1918), in: Theatron. Studien zur Geschichte und Theorie der dramatischen Künste, hrsg. v. Christoper Balme, Hans-Peter Bayerdörfer, Dieter Borchmeyer und Andreas Höfele, Band 50, Tübingen 2006, S. 188

141 Ludwig Karpath, Carl-Theater, in: Neues Wiener Tagblatt, 26. Oktober 1901 – Heinrich Reinhardt, geboren am 13. April 1865 in Pressburg, gestorben am 31. Januar 1922 in Wien, war Schüler Anton Bruckners, Journalist beim Neuen Wiener Journal und mit Lehár befreundet.
142 Marion Linhardt, Residenzstadt und Metropole., S. 190
143 o. A., Carl-Theater, in: Fremden-Blatt, 21. Dezember 1902
144 W. St., Carl-Theater, in: Wiener Allgemeine Zeitung, 21. Dezember 1902
145 Richard Specht, Carl-Theater, in: Die Zeit, 19. September 1903
146 Otto Keller, Die Operette in ihrer geschichtlichen Entwicklung, Leipzig 1926, S. 427
147 Ernest Herzog, Leserbrief, in: Aufbau, New York, 29. Mai 1970
148 Anton Bauer, 150 Jahre Theater an der Wien, Wien 1952, S. 224
149 Franz Lehár, Was Franz Lehár aus der Geschichte seiner Karriere erzählt, in: Die Stunde, 26. November 1927
150 Ottokar Tann-Bergler, Titel, in: Die Reichswehr, 21. Oktober 1902
151 Wiener Morgenblatt, 15. Juni 1902 – „Als Ersatz für Herrn Lehár" wurde „Herr Alexander von Zemlinsky, der bisher als erster Capellmeister am Carl-Theater tätig war", angekündigt (o. A., Titel, in: Neue Freie Presse, 15. Juni 1902). Übernommen hat die Stelle schließlich Arthur Bodanzky, der spätere Dirigent an der Metropolitan Opera New York und Bruder von Lehárs späterem Librettisten Robert Bodanzky.
152 Franz Lehár, Brief an die Mutter, Wien, 15. Juni 1902 (Lehár-Schlössl)
153 Emil Steininger, Vom unbekannten Lehár und dem durchgefallenen Leo Fall, in: Neues Wiener Journal, 16. Dezember 1928
154 Franz Lehár, Was Franz Lehár aus der Geschichte seiner Karriere erzählt, 25 Jahre Operettenkomponist, in: Die Stunde, 26. Februar 1927
155 Leopold Jacobson, Titel, in: Neues Wiener Journal, 22. November 1902
156 E., Titel, in: Neues Wiener Tagblatt, 22. November 1902
157 J. S., Theater an der Wien, in: Arbeiter-Zeitung, 22. November 1902
158 mm., Titel, in: Die Zeit, 22. November 1902
159 K. Schreder, Titel, in: Deutsches Volksblatt, 22. November 1902
160 Leopold Jacobson, Theater an der Wien, in: Neues Wiener Journal, 22. November 1902 – Der Hinweis auf Bauer findet sich bei Ernst Decsey, Franz Lehár, München/Berlin 1930, S. 40, ebenso wie die folgenden Anekdote auf S. 84f.
161 Ernst Decsey, Franz Lehár, München/Berlin 1930, S. 84f.
162 o. A., Theater an der Wien, in: Neue Freie Presse, 22. November 1902
163 W. St., Titel, in: Wiener Allgemeine Zeitung, 21. Dezember 1902
164 Oscar Straus, Die Operette als Kunstgenre, in: Neues Wiener Journal, 23. März 1906
165 Alexander Girardi, zit. n. Rudolf Holzer, Die Wiener Vorstadtbühnen. Alexander Girardi und das Theater an der Wien, Wien 1951, S. 404
166 o. A. [Leopold Jacobson], Titel, in: Neues Wiener Journal, 15. November 1902
167 Victor Léon, Meinem Freunde Lehár, Zu seinem 60. Geburtstag am 30. April, in: Neues Wiener Journal, 27. April 1930
168 Franz Lehár, Mein Werdegang (Fortsetzung), in: Die Zeit, 25. Oktober 1907
169 Maria von Peteani, Titel, S. 69 – Laut Marie-Theres Arnbom wohnte sie Grazerstraße 35 (Die Villen von Bad Ischl, S. 72).
170 Alle Daten der Familie Meth/Paschkis sind den Matrikeln der IKG Wien entnommen, zu-

sammengestellt von Wolf-Erich Eckstein am 16. Oktober 2008 – Dort auch die Schreibweise „Sofie".
171 Bernard Grun, Titel, S. 161
172 o. A., Die andere Frau in Franz Lehárs Leben. AUS 7 TAGE-ÖSTERREICH enthüllt exklusiv alles über die große Liebe, die der Operettenkönig verschweigen mußte, in: AUS 7 TAGE-ÖSTERREICH, Nr. 23–27, 30. Mai – 27. Juni 1979
173 Otto Schneidereit, Titel, S. 81f. – Selbst Norbert Linke nimmt diese von Schneidereit nicht weiter belegte Geschichte zum Anlass, darin „den immer wieder komponierten Konflikt von Lehárs großen Liebesszenen" angelegt zu sehen (Norbert Linke, Franz Lehár, S. 37).
174 Victor Léon, Leo Stein, *Der Göttergatte*. Zensur-Textbuch, (NÖ Landesarchiv, St- Pölten, Theater TB K268/17, Vorspiel, S. 7 - Hier noch „Mänandros", später im Soufflierbuch „Maenandros" geschrieben.
175 Richard Specht, Carl-Theater, in: Die Zeit, 21. Januar 1904
176 Julius Bauer, Carl-Theater, in: Illustriertes Wiener Extrablatt, 21. Januar 1904
177 Richard Specht, Carl-Theater, in: Die Zeit, 21. Januar 1904
178 Leopold Jacobson, Carl-Theater, in: Neues Wiener Journal, 21. Januar 1904
179 Karl Schreder, Carl-Theater, in: Deutsches Volksblatt, 21. Januar 1904
180 Leopold Jacobson, Carl-Theater, in: Neues Wiener Journal, 21. Januar 1904
181 Richard Specht, Carl-Theater, in: Die Zeit, 21. Januar 1904
182 Franz Lehár, Vom Schreibtisch zum Atelier (s. Anm.42)
183 St-g., *Die Juxheirat*, in: Neue Freie Presse, 23. Dezember 1904
184 Ludwig Karpath, Theater an der Wien, in: Neues Wiener Tagblatt, 23. Dezember 1904
185 Theodor Antropp, Die Wiener Operette, in: Die Zeit, 11. Februar 1905
186 St-g., *Der Mann mit den drei Frauen*, in: Neue Freie Presse, 22. Januar 1908
187 Karl Kraus, Die Sensationspremiere, in: Die Fackel: Nr. 244, 17. Februar 1908, 9. Jg., S. 5f. – Als Probe genüge der Ausspruch eines Glatzkopfs: „Mir stehen die Berge zu Tal."
188 Karl Schreder, Theater an der Wien, in: Deutsches Volksblatt, 23. Dezember 1904
189 Leopold Jacobson, Theater an der Wien, in: Neues Wiener Journal, 23. Dezember 1904
190 Richard Specht, *Die Juxheirat*, in: Die Zeit, 23. Dezember 1904
191 Karl Kraus, Grimassen über Kultur und Bühne, in: Ders., Die Fackel, Bd. 5, X. Jahr, Nr. 275–71, (Wien) 19. Januar 1909, S. 5
192 Rudolf Holzer, Die Wiener Vorstadtbühnen. Alexander Girardi und das Theater an der Wien, Wien 1951, S. 404
193 Gustav Mahler, zit. n. Alfred Roller, Mahler und die Inszenierung, in: Musikblätter des Anbruch 2 (1920), S. 273
194 Ludwig Karpath, Theater an der Wien, in: Neues Wiener Tagblatt, 11. Februar 1905
195 o. A., Theater an der Wien, in: Neue Freie Presse, 15. Oktober 1905
196 Victor Léon, Brief an Louis Treumann, Unterach, 20. September 1905 (Sammlung Thomas Schulz, Wien) – Und weiter: „Vertrau mir! Und sei überzeugt, daß ich es hier nicht auf Tantiemen abgesehen habe."
197 o. A., Theater und Kunst, in: Neues Wiener Journal, 3. Juni 1905
198 Leo Stein, Wie eine Operette entsteht. Eine Rundfrage, in: Neues Wiener Journal, 11. Juni 1905
199 Leo Fall, Brief an Hubert Marischka, „Caffee Payr", o. D. (ÖTM, Nachlass Hubert Marischka AM 35694 Mar)
200 Fritz Stein, 50 Jahre *Lustige Witwe*, Wien 1955, S. 15
201 U. a. mit Adolf von Sonnenthal und der kaiserlichen Geliebten Katharina Schratt. Zu den

Aufführungszahlen vgl. Barbara Denscher, Der Operettenlibrettist Victor Léon, S. 293.

202 Ein Motiv, das Erich von Stroheim samt fiesem Widersacher in seiner grandiosen Verfilmung der *Lustigen Witwe* wieder aufgriff.

203 Barbara Denscher, Der Operettenlibrettist Victor Léon, S. 304 – Prax ist die Schreibweise im französischen Original, das ihn als „débauché" (Wüstling) beschreibt.

204 Moritz Csáky, Ideologie der Operette und Wiener Moderne: ein kulturhistorischer Essay zur österreichischen Identität, Wien/Köln/Weimar 1996, S. 90ff.

205 NÖ Landesarchiv, NÖ Reg. Präs. Theater ZA 1905/3098 K 45

206 David Bach, Theater an der Wien, in: Arbeiter-Zeitung, 31. Dezember 1905

207 Leo Stein, Brief an Victor Léon, Bad Vöslau, 7. Juli 1910 (Sammlung Schulz-Hohenstein) – Ein Prozess war vorher nicht möglich, da Österreich die 1886 beschlossene „Berner Übereinkunft zum Schutz von Werken der Literatur und Kunst" erst 1920 ratifiziert hat. Die Hintergründe hat Barbara Denscher in ihrer Léon-Biographie erstmals recherchiert und in der Zeitschrift *Le Droit d'Auteur* eine ausführliche Schilderung des Prozesses gefunden, in dem nicht die Autoren, sondern die Übersetzer Gaston Arman de Caillavet und Robert de Flers sowie der Verleger Max Eschig angeklagt waren. Ob sie vom späteren französischen Präsidenten Raymond Poincaré vertreten wurden, wie Lehár später behauptete (u. a. in: o. A., Was Franz Lehár aus seiner Karriere erzählt, in: Die Stunde, 26. November 1927), konnte allerdings auch sie nicht herausfinden (s. Barbara Denscher, Der Operettenlibrettist Victor Léon, S. 294).

208 Franz Lehár, Militärkapellmeister und *Lustige Witwe*, in: Neues Wiener Tagblatt, 24. Dezember 1911

209 Victor Léon, Biographie Heuberger, S. 11f. (Nachlass Victor Léon 19/1.8), zit. n. Barbara Denscher, Der Operettenlibrettist Victor Léon, S. 286f.

210 Louis Treumann, Entstehungsgeschichte eines Welterfolges, in: Neue Freie Presse, 30. Dezember 1936

211 Franz Lehár, zit. n. o. A., Was Franz Lehár aus seiner Karriere erzählt, in: Die Stunde, 26. November 1927

212 Richard Heuberger, Brief an Victor Léon, Wien, 26. Mai 1905 (Nachlass Victor Léon 24/2.1.2.49), zit. n. Barbara Denscher, Der Operettenlibrettist Victor Léon, S. 288

213 Victor Léon, Biographie Heuberger, S. 14f. (Nachlass Victor Léon 19/1.8)

214 Eine Kopie davon befindet sich auch im Lehár-Schlössl. Denscher spekuliert, man habe „den Beginn der Zusammenarbeit mit Lehár [vordatiert], um eventuelle rechtliche Ansprüche von Heuberger zu umgehen." (Barbara Denscher, Der Operettenlibrettist Victor Léon, S. 289)

215 Franz Lehár, Brief an Julius Bauer, Wien, 29. April 1905 (ÖNB Handschriftensammlung 580/49-1)

216 Franz Lehár, Brief an Anton Lehár, o. O., o. D. [Mai 1905] (Lehár-Schlössl)

217 Franz Lehár, Aus der Geschichte meiner Karriere, in: Die Stunde, 27. April 1930 – Die Komposition durchs Telefon blieb für Lehár die bevorzugte Methode in der Zusammenarbeit mit seinen Librettisten, die er zu diesem Zweck gern tief in der Nacht anrief.

218 Theodor W. Adorno, Frankfurter Opern- und Konzertkritiken. Januar 1934, in: Ders., Gesammelte Schriften 19, Ort Jahr, S. 249

219 Emmerich Kálmán, zit. n. Rudolf Österreicher, Emmerich Kálmán, Wien/München 1988, S. 116

220 Victor Léon, Brief an Franz Lehár, Unterach, 21. Juli 1905, zit. n. Franz Lehár, Militärkapellmeister und *Lustige Witwe*, in: Neues Wiener Tagblatt, 24. Dezember 1911

221 Alle Daten dem Skizzenbuch 1905–1908 entnommen (Lehár-Schlössl)

222 Viktor Léon, „Das is ka Musik ...", Die wahre Wahrheit über *Die Lustige Witwe*, in: Neues Wiener Journal, 6. Januar 1931
223 Karl Wallner, Die Wahrheit über Lehárs „Lustige Witwe", in: Neues Wiener Journal, 1. Januar 1931
224 Felix Salten, Ouvertüre zum Lehár-Jubiläum, in: Neue Freie Presse, 6. Mai 1928
225 Viktor Léon, „Das is ka Musik ...", Die wahre Wahrheit über *Die Lustige Witwe*, in: Neues Wiener Journal, 6. Januar 1931
226 Vertrag, Abschrift Berlin 30. November 1905 (Lehár-Schlössl) – Darin ist folgender Tantiemenschlüssel festgelegt: 50 % Lehár, 30 % Léon, 20 % Stein.
227 Louis Treumann, Entstehungsgeschichte eines Welterfolgs, in: Neue Freie Presse, 30. Dezember 1936 – Treumann schreibt von der „Generalprobe", was sowohl Léons Bericht als auch den Theatergepflogenheiten widerspricht, die vor der Generalprobe zumindest eine Komplett- oder Hauptprobe vorsieht. Außerdem waren auf der wirklichen Generalprobe nachweislich einige Kritiker (z. B. Ludwig Karpath) anwesend.
228 o. A., *Der Rebell abgesetzt*, in: Neues Wiener Journal, 3. Dezember 1905
229 Leo Fall, Offener Brief an die Direktion des Theaters an der Wien, zit. n. o. A., *Der Rebell abgesetzt*, in: Neues Wiener Journal, 3. Dezember 1905
230 Victor Léon, „Das is ka Musik ...", Die wahre Wahrheit über *Die Lustige Witwe*, in: Neues Wiener Journal, 6. Januar 1931
231 Ludwig Karpath, Theater an der Wien, in: Neues Wiener Tagblatt, 31. Dezember 1905
232 Alexander Landsberg, Die Lustige Witwe, in: Österreichische Volkszeitung, 31. Dezember 1905
233 Zensurakt, NÖ Landesarchiv, NÖ Reg. Präs. Theater ZA 1905/3098 K. 45 – „Die Aufführung fand bei vollem Hause statt und währte von 7 bis nach 1/4 11 Uhr abends."
234 Karl Wallner, Die Wahrheit über Lehárs „Lustige Witwe", in: Neues Wiener Journal, 1. Januar 1931 – Ein ausverkauftes Haus brachte circa 5000 Kronen.
235 Leo Stein, zit. n. Karl Kraus, Zwei Meister, in: Ders., Die Fackel, Bd. 6, XIII. Jahr, 23. November 1911, Nr. 336–337, S. 26 – Schönberg erwähnte gar einen Mann, der *„Die Lustige Witwe* mehr als hundert Mal gehört habe". (Arnold Schönberg, Gesammelte Schriften 1. Stil und Gedanke. Aufsätze zur Musik, Frankfurt a. M. Jahr, S. 365)
236 o. A., Theater, Kunst und Literatur, in: Neues Wiener Tagblatt, 8. April 1906
237 Louis Treumann, Entstehungsgeschichte eines Welterfolges, in: Neue Freie Presse, 30. Dezember 1936
238 Ludwig Karpath, *Tatjana,* in: Neues Wiener Tagblatt, 11. Februar 1906
239 Julius Korngold, Die romantische Oper der Gegenwart. Kritische Aufsätze, Wien/Leipzig 1922, S. 214
240 Franz Lehár, zit. n. Wiener Porträts. Direktor Franz Lehár, in: Neues Wiener Journal, 8. Dezember 1907
241 Anton Lehár, Unsere Mutter, S. 50f.
242 Anton Lehár, Lehár-Geschichten, Band 1, S. 88/92 – In *Unsere Mutter* war es noch am 6. August (S. 52)
243 M. S., Theater und Musik. Im Berliner Theater, in: Berliner Lokalanzeiger, 2. Mai 1906
244 o. A., *Die lustige Witwe*, in: Berliner Börsen-Courier, 2. Mai 1906.
245 Felix Günther, Operettendämmerung, in: Die Schaubühne – Vollständiger Nachdruck der Jahrgänge 1905–1918, Königstein/Ts. 1980, 9. Jhg., 4. September 1913, S. 839
246 Paul Bekker, *Die Lustige Witwe* und ihre Familie, in: Allgemeine Musik-Zeitung, 34. Jhg., Ber-

lin, 20. September 1907, Nr. 38, S. 614f. Beziehungsreich schließt der Artikel: „Uns bleibt das Haupt des Jochanaan."
247 Theodor W. Adorno, Frankfurter Opern- und Konzertkritiken. Januar 1934, in: Ders., Gesammelte Schriften 19, S. 249
248 Franz Lehár, Militärkapellmeister und *Lustige Witwe*, in: Neues Wiener Tagblatt, 24. Dezember 1911
249 Ernst Decsey, Franz Lehár, München/Berlin 1930, S. 48f.
250 Felix Salten, Die neue Operette, in: Die Zeit, 8. Dezember 1906
251 Joseph Stolzing, Deutsche Tonkünstler der Gegenwart (Schluss), in: Die Propyläen, IX. Jhg., Nr. 19, München, 9. Februar 1912
252 bgr., Theater an der Wien, in: Die Zeit, 22. Januar 1908
253 Walter Turszinsky, Lehar in Hamburg, in: Schaubühne, VI. Jhg., 2. Bd., Nr. 44, Berlin, 3. November 1910, S. 1139
254 Ferdinand Scherber, Franz Lehár Feuilleton, in: Österreichische Rundschau, Bd. LXIII, Wien/München, April/Juni 1920, S. 90
255 Ludwig Karpath, Theater an der Wien, in: Neues Wiener Tagblatt, 31. Dezember 1905
256 David Bach, Theater an der Wien, in: Arbeiter-Zeitung, 31. Dezember 1905
257 Leopold Jacobson, Theater an der Wien, in: Neues Wiener Journal, 31. Dezember 1905
258 Theodor W. Adorno, Versuch über Wagner, Frankfurt a. M. 1974, S. 45
259 Gottfried Benn, Kunst und Drittes Reich, in: Ders., Das Hauptwerk, hrsg. von Marguerite Schlüter, Bd. 2, Essays. Reden. Vorträge, Wiesbaden/München 1980, S. 183
260 Felix Salten, Die neue Operette, in: Die Zeit, 8. Dezember 1906
261 Theodor W. Adorno, Frankfurter Opern- und Konzertkritiken. Januar 1934, in: Ders., Gesammelte Schriften 19, S. 249
262 Felix Salten, Die neue Operette, in: Die Zeit, 8. Dezember 1906
263 Walter MacQueen-Pope/David Leslie Murray, Fortune's Favourite. The Life and Times of Franz Lehár, London 1953, S. 107f.
264 Mizzi Günther und Gerda Walde, zit. n. o. A., Das veränderte Männerideal. Eine Umfrage, in: NWJ, 23. März 1913 – Mizzi Günther fuhr fort: „Um Gottes willen, hören Sie mir auf mit einem Mann! 2000 Kronen gebe ich demjenigen, der mir einen Mann vorstellt, der diese Eigenschaften nicht hätte, das Geld bliebe in meiner Tasche!"
265 o. A., Theater an der Wien, in: Neue Freie Presse, 31. Dezember 1905
266 Fritz Wittels, Die Feministen, in: Karl Kraus, Die Fackel, Nr. 248, 24. März 1908, 9. Jg., S. 10f.
267 Karl Kraus, Grimassen über Kultur und Bühne, S. 4ff.
268 Theodor W. Adorno, Arabesken zur Operette (1932), in: Ders., Gesammelte Schriften 19 – Musikalische Schriften VI, S. 518
269 Theodor W. Adorno, Arabesken zur Operette (1932), S. 517
270 Ludwig Hirschfeld, Wiedersehen mit einer Witwe. Ein Rückblick im Operettenformat, in: Neue Freie Presse, 23. September 1923
271 Carl Dahlhaus, Zur musikalischen Dramaturgie der *Lustigen Witwe*, in: Österreichische Musikzeitung, 40. Jhg., Wien 1985, Hft. 12, S. 662
272 Alma Mahler-Werfel, Erinnerungen an Gustav Mahler, hrsg. von Donald Mitchell, Frankfurt a. M./Berlin/Wien 1978, S. 148
273 Alexander Landsberg, *Die Lustige Witwe*, in: Oesterreichische Volks-Zeitung, 31. Dezember 1905
274 Skizzenbuch 1905–1908 (Lehár-Schlössl)

275 Alle Zitate in: Zensur-Textbuch *Die lustige Witwe,* (NÖ Landesarchiv St. Pölten, NÄ Reg. Präs. Theater TB K 338/27)- Auf den Grammophonaufnahmen, die Treumann und Günther 1906 aufnahmen, ist die Szene wenigstens noch teilweise erhalten (auf CD bei Truesound Transfer TT-2111).
276 Sch., Theater an der Wien, in: Illustriertes Wiener Extrablatt, 31. Dezember 1905
277 Felix Salten, Die neue Operette, in: Die Zeit, 8. Dezember 1906
278 Franz Lehár, Wie entsteht eine Lehár-Operette?, in: 8 Uhr Blatt, 22. Dezember 1916
279 Franz Lehár, Wie entsteht eine Operette? Eine Rundfrage, in: Neues Wiener Journal, 11. Juni 1905
280 Franz Lehár, Brief an Louis Treumann, Wien, 28. Mai 1913 (MA 52/1 – OP60, Sammlung Schulz, Wien)
281 Franz Lehár, zit. n. René Kraus, Der Klassiker unserer Operette. Lehár, der Sechziger erzählt, in: Neue Freie Presse, 15. April 1930
282 Louis Treumann, Entstehungsgeschichte eines Welterfolges. (Aus einem Gespräch), in: Neue Freie Presse, 30. Dezember 1936
283 Felix Salten, Die neue Operette, in: Die Zeit, 8. Dezember 1906
284 Karl Kraus, Grimassen über Kultur und Bühne, S. 2ff.
285 o. A., Die Primadonna, in: Fremden-Blatt, 1. Februar 1901 – zit. n. Marion Linhardt, Residenzstadt und Metropole, S. 189
286 Felix Salten, Die neue Operette, in: Die Zeit, 8. Dezember 1906
287 Ludwig Hirschfeld, Wiedersehen mit einer Witwe. Ein Rückblick im Operettenformat, in: Neue Freie Presse, 23. September 1923
288 Felix Salten, Die neue Operette, in: Die Zeit, 8. Dezember 1906
289 o. A., Ein Theaterfex, Plaudereien im Zwischenakt, in: Wiener Sonn- und Montagszeitung, 7. Januar 1907 – Die Nummer ist wie sämtliche anderen Originalaufnahmen mit der Uraufführungsbesetzung auf der CD Truesound Transfer TT-2111 erschienen, die auf Basis der Schellacks aus Lehárs persönlichem Besitz von Christian Zwarg in erstaunlicher Qualität digitalisiert wurden.
290 Karl Kraus, Grimassen über Kultur und Bühne, S. 5
291 Victor Léon, zit. n. Karl Kraus, Grimassen über Kultur und Bühne, S. 5
292 Klaus Pringsheim, Operette, in: Süddeutsche Monatshefte: unter Mitwirkung von Josef Hofmiller, Friedrich Neumann, Hans Pfitzner, Hans Thoma, Karl Voll, hrsg. von Paul Nikolaus Cossmann, 9. Jhg., München 1912, Bd. 2, S. 185
293 Emil Steininger, Vom unbekannten Lehár und dem durchgefallenen Leo Fall. Aus den Erinnerungen des Direktor –, in: Neues Wiener Journal, 16. Dezember 1928
294 o. A., Zum vierhundertstenmale *Die lustige Witwe*. Ein Aufführungsrekord, in: Neues Wiener Journal, 25. April 1907
295 o. A., Die 400. Aufführung der *Lustigen Witwe*, in: Neue Freie Presse, 25. April 1907 – „Zasche hatte das in Goldlettern prangende Personenverzeichnis der Operette mit flotten Zeichnungen umrahmt."
296 o. A., Zum vierhundertstenmale *Die lustige Witwe*. Ein Aufführungsrekord, in: Neues Wiener Journal, 25. April 1907
297 Klaus Pringsheim, Operette, in: Süddeutsche Monatshefte: unter Mitwirkung von Josef Hofmiller, Friedrich Neumann, Hans Pfitzner, Hans Thoma, Karl Voll, hrsg. von Paul Nikolaus Cossmann, 9. Jhg., München 1912, Bd. 2, S. 185
298 Ludwig Karpath, Die 400. Aufführung der *Lustigen Witwe*, in: Neues Wiener Tagblatt, 25. April 1907

299 o. A., Zum vierhundertstenmale *Die lustige Witwe*. Ein Aufführungsrekord, in: Neues Wiener Journal, 25. April 1907 – Mauer-Oehling war eine damals auch für Wien zuständige psychiatrische Heil- und Pflegeanstalt in Niederösterreich.

300 Klaus Pringsheim, Operette, in: Süddeutsche Monatshefte: unter Mitwirkung von Josef Hofmiller, Friedrich Neumann, Hans Pfitzner, Hans Thoma, Karl Voll, hrsg. von Paul Nikolaus Cossmann, 9. Jhg., München 1912, Bd. 2, S. 185

301 Paul Abel, United Kingdom: Copyright in *The Merry Widow*, in: American Journal of Comparative Law 8.1, Winter 1959, S. 88, https://doi.org/10.2307/837167 (zuletzt abgerufen: 06. Januar 2020) – Das hieß im Vereinigten Königreich, einschließlich der britischen Kolonien, Irland, der USA und Kanada.

302 Basil Hood, *The Count of Luxembourg*. A Letter to ‚My Dear Mr. Findon' [d. i. B. W. Findon, der Herausgeber des *Play Pictorial*], Play Pictorial 18/108, Februar 1911, S. 50f.

303 Victor Léon, „Das is ka Musik ...". Die wahre Wahrheit über die *Die Lustige Witwe*, in: Neues Wiener Journal, 6. Januar 1931

304 Eine Polka aus dem gleichzeitig entstandenen *Mann mit den drei Frauen* (Nr. 11 „Schillernder Falter", bzw. Nr. 6 „Scheiden sich lassen ist heut' sehr in Mode").

305 Derek Scott, German Operetta in the West End and on Broadway, in: Popular Muiscal Theatre in London and Berlin, hrsg. von Len Platt, Tobias Becker and David Linton, Cambridge 2014, S. 65 – Die Technik jedenfalls stammt aus dem Melodram, einem Genre, das damals auch im Konzert eine regelrechte Blüte erlebte und dem die Operette Marion Linhardt zufolge neue Facetten abgewann, „die in Zusammenhang mit der Psychologisierung der Handlung sehr wohl als innovativ gelten können." (Marion Linhardt, Residenzstadt und Metropole, S. 214)

306 o. A., *The Merry Widow*, in: The Times, 9. Juni 1907

307 Walter MacQueen-Pope/D. L. Murray, Fortune's Favourite. The Life and Times of Franz Lehár, London 1953, S. 98

308 Marlis Schweitzer, „Darn That Merry Widow Hat". The On- and Offstage Life Of A Theatrical Commodity, Circa 1907–1908, in: Theatre Survey 50, 2009, S. 197

309 Lady Duff Gordon (Lucile), Discretions and Indiscretions, New York 1932, S. 108

310 Louise Heilgers, Delightful Dresses at Daly's, in: Play Pictorial 10/61, Juni 1907, S. 106f.

311 Marlis Schweitzer, „Darn That Merry Widow Hat", S. 197

312 Walter MacQueen-Pope/Vorname Murray, Fortune's Favourite, S. 114

313 Theodor W. Adorno, Zur gesellschaftlichen Lage der Musik, S. 772

314 Franz Lehár, zit. n. o. A., Ein Besuch bei Franz Lehár, in: Pester Lloyd, Oktober 1913 (WA/363)

315 o. A., Die *Lustige Witwe* am Zambesi, in: Berliner Tageblatt, 22. Februar 1910

316 John Hollingshead, „Theatres", in: London in the Nineteenth Century, hrsg. von Walter Besant, London 1909, S. 205

317 New York Dramatic Mirror, zit. n. Gerald Bordman, American Operetta. From „H.M.S. Pinafore" to „Sweeney Todd", Oxford 1981, S. 75

318 o. A., *The Merry Widow* proves captivating, in: The New York Times, 22. Oktober 1907

319 o. A., Pranks of ‚The Merry Widow'. Franz Lehar's Operetta at the New Amsterdam, in: New York Telegram, 22. Oktober 1907

320 Frederic Edward McKay, „Merry Widow" Wins an Instant Success, in: The Evening Mail, New York, 22. Oktober 1907

321 Franz Lehár: Das moderne Mädchen und die Musik, in: Die Bühne, Wien 1929 (Weinberger-Archiv Wien/File 365)

322 Ludwig Hirschfeld, Wiedersehen mit einer Witwe. Ein Rückblick im Operettenformat, in: Neue Freie Presse, 23. September 1923

323 E. C. Ranck, The Merry Widow, in: The Lexington Dispatch, 15. April 1906, (https://chroniclingamerica.loc.gov/lccn/sn84026907/1908-04-15/ed-1/seq-6/) – siehe auch Barbara Denscher, Der Operettenlibrettist Victor Léon, S. 315f.
324 o. A., Women Riot Over Free Hats, in: The New York Sun, 14. Juni 1908
325 o. A., Hot Skirmish Over *Merry Widow* Hats, in: The New York Times, 14. Juni 1908 – Es fanden bis zum 17. Oktober 1908 noch weitere 136 Vorstellungen der *Merry Widow* im New Amsterdam Theatre statt.
326 Marlis Schweitzer, „Darn That Merry Widow Hat", S. 202
327 Gus A. Benkhart/Bobby Heath, Under My Merry Widow Hat, Philadelphia, 1908 – zit. n. Marlis Schweitzer, „Darn That Merry Widow Hat", 2009, S. 208
328 Len Platt, Musical Comedy on the West End Stage, 1890–1939, Basingstoke/New York 2004, S. 22
329 Kristin L. Hoganson, „The Fashionable World. Imagined Communities of Dress", in: After the Imperial Turn. Thinking with and through the Nation, hrsg. von Antoinette M. Burton, Durham, NC 2003, S. 261
330 zit. n. C. de Vidal Hunt, 1000 Merry Widows. „Shahzada of the Operetta" Calls a Congress, Ort 1925 (WA/365)
331 o. A., o. T., in: Die Post, Berlin, 4. Mai 1910 (WA/363)
332 Leonard Bernstein, Das amerikanische Musical. Fernsehsendung vom 7. Oktober 1956, in: Ders., Freude an der Musik, München 1963, S. 156
333 o. A., ‚The Merry Widow' Making a Million, in: New York Times, 22. Dezember 1907
334 Ernst Klein, Aus der Wiener Operetten-Werkstatt, in: Berliner Lokal-Anzeiger, 29. April 1912
335 Rudolf Bernauer, Das Theater meines Lebens. Erinnerungen, Berlin 1955, S. 210
336 Joseph Stolzing, Deutsche Tonkünstler der Gegenwart, S. 294
337 Karl Kraus, Grimassen über Kultur und Bühne, S. 2
338 Karl Kraus, Glossen, Notizen, Aphorismen, in: Die Fackel, Bd. 5, X. Jahr, 27. Februar 1909, Nr. 274, S. 18
339 o. A., ‚A Chinese Dinner', in: Penny Illustrated Paper, London, 9. Dezember 1911, S. 749 – Bei Kraus: „Endlich etwas Nationales hoffte er. Aber was bekam er zu hören? Den Walzer aus der *Lustigen Witwe*!" – zit. n. ders., Sturz aus allen himmlischen Reichen, in: Die Fackel, Bd. 6, XII. Jahr, 23. November 1911, Nr. 336–337, S. 12
340 Franz Lehár, zit. n. o. A., Lehár als Satiriker, in: Neuigkeits-Weltblatt, 9. Januar 1912 (WA/363)
341 Franz Lehár, zit. n. Franz Lehár über die Zukunft der Operette, in: Neues Wiener Journal, 29. Dezember 1911
342 Franz Lehár, Vom Schreibtisch und aus dem Atelier, Bielefeld/Leipzig 1912 (WA/363)
343 Franz Lehár, zit. n. King of the Viennese Operette Domain. Franz Lehár. An Interview with the famous composer, from our own Correspondent, in: Music Magazine, Boston, 22. Februar 1913
344 Felix Salten, Die neue Operette. Feuilleton, in: Die Zeit, 8. Dezember 1906
345 Joseph Stolzing, Deutsche Tonkünstler der Gegenwart, S. 295
346 Ernst Klein, Aus der Wiener Operettenwerkstatt, in: Berliner Lokal-Anzeiger, 29. April 1912
347 Oscar Straus, zit. n. Robert und Einzi Stolz, Servus Du. Robert Stolz und sein Jahrhundert, München 1980, S. 180
348 Franz Lehár, zit. n. o. A., King of the Viennese Operette Domain, 22. Februar 1913
349 Jean Gilbert, Das Libretto ist schuld!, in: Die Scene, 19. Jhg., Berlin, Februar 1929, Heft 2: Die Krisis der Operette, S. 33
350 Ludwig Hirschfeld, *Die Zirkusprinzessin*, in: Neue Freie Presse, 27. Februar 1926

351 Karl Kraus, Eine Musik- und Theaterausstellung, in: Ders., Die Fackel, Bd. 4, IX. Jahr, 31. Dezember 1907, Nr. 239–40, S. 40
352 Paul Marsop, Titel, in: Neue Musik-Zeitung. 32. Jhg., Stuttgart/ Leipzig 1911, Hft. 9: Gegen die Wiener Operette – Eine Umfrage, S. 191
353 Klaus Pringsheim, Operette, S. 186
354 Franz Lehár, Wie entsteht eine Lehár-Operette?, in: 8 Uhr Blatt, 22. Dezember 1916
355 Franz Lehár, Mein Werdegang, in: Die Zeit, 25. Oktober 1907
356 George Edwardes, zit. n. o. A., Lehár mehrfacher Millionär, in: New Yorker Zeitung, 19. Dezember 1911 – Das entspräche 2020 ca. 54 Millionen Euro.
357 A. Deutsch-G., Wiener Porträts. Direktor Franz Lehár, in: Neues Wiener Journal, 8. Dezember 1907
358 o. A., Verleger und Komponist. Ein Rechtsstreit um den Verlag von Lehars Operetten, in: Neues Wiener Journal, 6. Dezember 1907 – Diese Erfahrung lehrte den Komponisten bei Vertragsabschlüssen vorsichtig zu sein, was ihm im Gegensatz zu Leo Fall, der sich hoffnungslos in derartige Verlagszwistigkeiten verstrickte, eine relative Unabhängigkeit sicherte. Die meisten seiner künftigen Operetten kamen bei Karczag heraus. Die drei Doblinger versprochenen Werke waren *Der Mann mit den drei Frauen, Das Fürstenkind* und *Eva*.
359 o. b., Theater an der Wien, in: Die Zeit, 2. Dezember 1906
360 o. A., Eine neue Operette von Lehár, in: Neues Wiener Tagblatt, 8. Januar 1907
361 zit. n. Ankündigung, in: Neues Wiener Tagblatt, 28. März 1907 und zit. n. Inserat der Hölle: „100. Vorstellung – mit Orchester", in: Neues Wiener Journal, 31. März 1907
362 Ernst Klein, Aus der Wiener Operettenwerkstatt, in: Berliner Lokal-Anzeiger, 29. April 1912
363 o. A., Hölle, in: Neue Freie Presse, 9. Oktober 1906
364 Fritz Grünbaum, Was das Publikum will und was es nicht will. Grübeleien eines Bühnenschriftstellers, in: Neues Wiener Journal, 12. April 1914
365 Posthum erschien der von der Witwe und seinem Mitstreiter Pierre Rasmus (Rudolf Grossmann) herausgegebene Band: Robert Bodanzky, Revolutionäre Dichtungen und Politische Essays, Wien 1925. Im dort veröffentlichten Nachruf hieß es: „Was Shelley und Büchner für ihre Zeit waren, ist Robert Bodanzky der Freiheitsbewegung unserer Zeit gewesen, der er unter dem Namen Danton gedient hat. Glühende Freiheitsempfindung in hemmungsloser Ausströmung, einen durch keinerlei Kompromissinteresse der Kleinlichkeit zu beirrenden Scharfblick und ein unbedingtes Sichstellen auf die Seite der Rebellion gegen alle Herrschaftsknechtung."
366 Franz Lehár, Brief an Julius Bauer, Wien, 29. Oktober 1905 (ÖNB Handschriften, Korrespondenz Julius Bauer 580/49-1)
367 Victor Léon, Brief an Louis Treumann, Lugano, 5. September 1907, (Wienbibliothek, Handschriftensammlung, Nachlass Louis Treumann ZPH 958/1) – Der Brief beginnt prophetisch: „Eines vor Allem: Dir gehört nicht nur die Gegenwart, die Du ja schon glänzend besitzest, Dir ist auch die Zukunft sicher!"
368 o. A., o. T., in: Neues Wiener Journal, 12. Januar 1908
369 David Bach, Theater an der Wien. *Der Mann mit den drei Frauen*, in: Arbeiter-Zeitung, 22. Januar 1908
370 Im KA mit unterlegtem Text auf S. 59. Es gibt allerdings zwei unterschiedliche Klavierauszüge (einen mit Gesangsstimme und einen mit unterlegtem Text), beide mit Copyrightvermerk 1907, deren erste Akte sich gegen Ende grundlegend unterscheiden. Im KA mit Gesangsstimme taucht besagte Melodie als Schlussgesang noch einmal auf, diesmal mit dem Text „Ihr Männer im Paradiese" (S. 140).

371 bgr., Theater an der Wien, in: Die Zeit, 22. Januar 1908
372 Karl Kraus, Die Sensationspremiere, in: Die Fackel, Nr. 244, 17. Februar 1908, 9. Jhg., S. 5f.
373 Karl Schreder, *Der Mann mit den drei Frauen*, in: Das Deutsche Volksblatt, 22. Januar 1908 – Christians veröffentlichte in der Neuen Freien Presse vom 24. Januar folgenden Brief an die Direktoren des Theaters an der Wien: „Geehrte Herren! Auf Ihren Wunsch habe ich die Hauptrolle ... bereitwillig übernommen. Bei diesem Seitensprung versagte mir Frau Musika ihre Gunst. Aus *Hamlet* konnte eine Oper werden, aber aus dem Darsteller des Dänenprinzen kein Operettentenor. Singen hätte ich nicht sollen. Trotzdem bitte ich Sie, mir Gehör zu schenken und die Rolle des Reisemarschalls anderweitig zu besetzen." Für Christians übernahm Ludwig Herold.
374 Franz Lehár, Brief an Dr. Hugo Wollmann, Wien, 8. April 1918 (Wienbibliothek, Handschriftensammlung, IN 65416)
375 Franz Lehár, Das Geheimnis meines Erfolges. Das Bündnis von Libretto und Musik, in: Neue Freie Presse, 19. Juli 1928
376 Hermann Broch, Hofmannsthal und seine Zeit. Eine Studie. Mit einem Nachwort von Hannah Arendt, München 1964, S. 16
377 Franz Lehár, zit. n. Josef Sebastian, Bei Franz Lehár, in: BZ am Abend, 31. Dezember 1922
378 Franz Lehár, Bekenntnis, Zürich 1947, S. 3
379 Oscar Bie, *Der Fürst der Berge*, in: Berliner Börsen-Courier, 23. September 1932
380 Franz Lehár, Brief an Victor Léon, Bad Ischl, 22. August 1908 (WA/Mappe Spieluhr)
381 Victor Léon, in: Neue Musik-Zeitung, 32. Jhg., Stuttgart/Leipzig 1911, Heft 9: Gegen die Wiener Operette. Eine Umfrage und ihre Antworten, von Dr. Erich Eckertz, S. 191
382 Franz Lehár, Brief an Victor Léon, Bad Ischl, 22. August 1908 (WA/Mappe Spieluhr)
383 Franz Lehár, Brief an Victor Léon, Meran, 6. Januar 1909 (ÖTM, Nachlass Hubert Marischka)
384 Victor Léon, Brief an Louis Treumann, Venedig, 15. September 1907 (Wienbibliothek, Handschriftensammlung H.I.N. 233973) – Die meisten Skizzen entstanden im April und Mai 1907, s. Skizzenbuch 1905–1908 (Lehár-Schlössl)
385 Hans Wurst, Der Star (Zum Fall Treumann), in: Der Floh, Wien, 10. Januar 1909
386 St.-g., Operettenverträge, in: Neue Freie Presse, 17. Januar 1909 – Vgl.: „Die Direktion des Theaters an der Wien hat für das Rollenfach des Herrn Louis T r e u m a n n, der für die nächste Saison sich dem Theaterverlage Sliwinski verpflichtet hat, den jugendlichen Gesangskomiker Otto Storm engagiert." (o. A., Der Nachfolger Treumanns am Theater an der Wien, in: Deutsches Volksblatt, 22. Januar 1908).
387 Franz Lehár, Brief an Wilhelm Karczag, Wien, 29. November 1916 (ÖTM, Nachlass Hubert Marischka A 36047 MarM)
388 Adolf Sliwinski, Brief an Louis Treumann, Marienbad, 20. Juli 1908 (Wienbibliothek, Handschriftensammlung, Nachlass Louis Treumann ZPH 9058/1)
389 o. A., Treumann in Arrest, in: Neue Freie Presse, 15. Januar 1909
390 o. A., Die Berufung des Schauspielers Treumann, in: Neue Freie Presse, 17. November 1908
391 Karl Kraus, Grimassen über Kultur und Bühne, S. 17
392 o. A., Eine versuchte Verhaftung des Schauspielers Treumann im Café Museum, in: Neue Freie Presse, 10. Januar 1909
393 Karl Kraus, Grimassen über Kultur und Bühne, S. 16
394 o. A., Treumann in Arrest, in: Neue Freie Presse, 15. Januar 1909
395 St.-g., Operettenverträge, in: Neue Freie Presse, 17. Januar 1909

396 o. A., Theaterscherze, in: Die Bombe, 17. Oktober 1909 – Abschließend hieß es: „Der Lehár ist Balkankomponist. / Ein musikalischer Panslavist; / Doch raten ihm sehr verständige Kreise: / ‚Verlasse das slavische Geläuse [!].'"
397 David Bach, Johann Strauß-Theater, in: Arbeiter-Zeitung, 8. Oktober 1909
398 Ernst Decsey, Lehars *Fürstenkind*, in: Grazer Tagespost, November 1909 (WA/MY 3140 I, S. 5)
399 Leopold Jacobson, Johann-Strauß-Theater, in: Neues Wiener Journal, 8. Oktober 1909
400 Zeitungsausschnitt ohne weitere Angaben (WA)
401 Fritz Jacobsohn, *Das Fürstenkind*, in: Schaubühne, IX. Jg., 1. Bd., Nr. 1, 2. Januar 1913, S. 31
402 Walter Turszinsky, Lehar in Hamburg, in: Schaubühne, VI. Jg., 2. Bd., Nr. 44, 3. November 1910, S. 1139
403 Franz Lehár, Was ich gerne komponiere?, in: Neues Wiener Tagblatt, 31. März 1919
404 Victor Léon/Leo Feld, Der grosse [!] Name. Lustspiel in drei Akten, Berlin 1909, S. 55f. – Der Aufführungsbericht im Zensurakt berichtet, dass diese Äußerungen bei der Uraufführung „lebhaften Beifall entfesselten." (NÖ Landesarchiv, NÖ Reg. Präs. Theater ZA 2662/1909 K 50) – zit. n. Barbara Denscher, Der Operettenlibrettist Victor Léon, S. 361
405 Alfred Polgar, Wiener Premieren, in: Die Schaubühne, V. Jhg., Nr. 44, 28. Oktober 1909, Bd. 2, S. 462
406 o. A., Theatersaison 1908–1909, in: Neues Wiener Journal, 7. Juni 1908
407 Emil Steininger, Bevor der Vorhang aufgeht … Einiges über die Geburt der Operetten. Aus den Erinnerungen Direktor Emil Steiningers, in: Neues Wiener Journal, 6. Januar 1929
408 bgr., *Zigeunerliebe*, in: Die Zeit, 9. Januar 1910
409 Sigmund Freud, Die Traumdeutung, in: Studienausgabe, Frankfurt 1982, Bd. II, S. 137
410 bgr., *Zigeunerliebe*, in: Die Zeit, 9. Januar 1910
411 Franz Lehár, Notizen auf dem Programmheft der Premiere von *Autumn Manœuvers*, London, 25. Mai 1912 (ÖTM, Nachlass Hubert Marischka A 36019 MarM)
412 Franz Lehár, zit. n. o. A., Die Wiener Operette im Ausland, in: Neue Freie Presse, 18. Juni 1912 – *Gipsy Love* wurde im Daly's-Theatre 299 mal gespielt und ging 1913 in verschiedenen Produktionen als „the international Comic Opera Success, America's and England's most notable Production" (o. A., Lehár's *Gipsy Love* Charms Big Audience, in: San Francisco Chronicle, 11. Februar 1913) auf Welttournee. Die Broadway-Produktion (Globe Theatre, 17. Oktober 1911) brachte es nur auf 31 Vorstellungen, da die als Star vorgesehene Carmen-Darstellerin Marguerite Sylva bei den Tryouts in Philadelphia die Stimme verlor: „On the opening night, she had to resort to speaking rather than singing her lines." (o-A., „Mme. Sylva Sings Tonight', in: New York Times, 25. Oktober 1911, zit. n. Derek B. Scott, German Operetta on Broadway and in the West End, 1900–1940, Cambridge/New York 2019, S. 147) Ursprünglich war sogar eine Erstaufführung an der Metropolitan Opera geplant gewesen, deren neuer Administrationsdirektor Andreas Dippel *Zigeunerliebe* für „Franz Lehár's best work" hielt und die amerikanischen Rechte bereits im September 1909 erworben hatte. (o. A., Dippel praises Sylva, in: Philadelphia Star, 3. Oktober 1912 – *Gypsy Love*. First Production to Be at the Metropolitan, in: New York World, 9. September 1909)
413 Franz Lehár, zit. n. Karl Kraus, Ernst ist das Leben, heiter war die Operette, in: Ders., Die Fackel, Bd. 5, XII. Jahr, 31. Dezember 1910, Nr. 313/14, S. 16
414 Oscar Straus, Die Operette als Kunstgenre, in: Neues Wiener Journal, 25. März 1906
415 Alfred Wolf, Der Operettenmoloch, in: Die Musik, 9. Jhg., Berlin/Leipzig, September 1909, Bd. 20, Heft 23, S. 259/263

416 Theodor W. Adorno, Zur gesellschaftlichen Lage der Musik, S. 771
417 Dr. Erich Urban, Die Wiedergeburt der Operette , in: Die Musik, Bd. 9, 3. Jhg., Berlin/Leipzig, November 1903, Heft 3, S. 183
418 Alfred Wolf, Der Operettenmoloch, in: Die Musik, 9. Jhg., Berlin/Leipzig, September 1909, Bd. 20, Heft 23, S. 259
419 Joseph Stolzing, Deutsche Tonkünstler der Gegenwart, S. 295
420 Franz Lehár, zit. n. Ilka Horovitz-Barnay, Bei Franz Lehár, in: Neues Wiener Journal, 14. November 1909
421 Franz Lehár, Militärkapellmeister und *Lustige Witwe*, in: Neues Wiener Tagblatt, 24. Dezember 1911
422 Max Schönherr, Die Instrumentation bei Lehár, Referat zum Kongreß Franz Lehár (Bad Ischl 14.–16. Juli 1978), Baden bei Wien 1978, S. 10
423 Franz Lehár, zit. n. o. A., , in: Pester Lloyd, 26. September 1913 (WA/363)
424 Ferdinand Scherber, Franz Lehár Feuilleton, in: Österreichische Rundschau, Bd. LXIII, Wien/München, April/Juni 1920, S. 90
425 Karl Kraus, Ernst ist das Leben, heiter war die Operette, in: Ders., Die Fackel, Bd. 5, XII. Jahr, 31. Dezember 1910, Nr. 313/14, S. 13
426 Karl Kraus, Grimassen über Kultur und Bühne, S. 13
427 Alfred Grünwald, Ein Wort für Emmerich Kalman, in: Wiener Allgemeine Zeitung, 19. August 1928
428 Franz Lehár, zit. n. Ilka Horovitz-Barnay, Bei Franz Lehár, in: Neues Wiener Journal, 14. November 1909
429 Franz Lehár, zit. n. Emil Steininger, Bevor der Vorhang aufgeht, 6. Januar 1929
430 Franz Lehár, Brief an Karczag und Wallner, Bad Ischl, 27. Mai 1909 (ÖTM, Nachlass Hubert Marischka o. In.) – Die vorangegangene ungarische Operette war *Ein Herbstmanöver* von Emmerich Kálmán.
431 Kurt Tucholsky, Operetten (1914), in: Ders., Gesammelte Werke, hrsg. von Mary Gerold-Tucholsky und F. J. Raddatz, Reinbek 1972, Bd. 1, S. 143
432 Emil Steininger, Bevor der Vorhang aufgeht, 6. Januar 1929
433 Franz Lehár, Telegramm an Karl Wallner (Hotel Mailand, Karlsbad), Ischl, 26. Juni 1909 (ÖTM, Nachlass Hubert Marischka o. I.)
434 Franz Lehár, zit. n. Karl Kraus, Mähä, in: Karl Kraus, Die Fackel, Bd. 6., XIII. Jahr, April 1912, Nr. 345/6, S. 46f.
435 W. Kellerbauer, Die Operette als Kunstform, in: Gegen die Wiener Operette, S. 192
436 o. A., Copy London Halls at Palace Theatre, in: New York Times, 25. März 1913 – zit. n. Derek B. Scott, German Operetta on Broadway and in the West End, S. 191
437 Artur Ernst, Besuch bei … Franz Lehár, in: Neues Wiener Tagblatt, 13. Mai 198
438 Carl Dahlhaus, Zur musikalischen Dramaturgie der ‚Lustigen Witwe', S. 660
439 Theodor W. Adorno, Schlageranalysen (1932), in: Ders., Gesammelte Schriften 18, S. 781
440 Volker Klotz, Operette. Porträt und Handbuch einer unerhörten Kunst, München 1991, S. 447
441 Carl Dahlhaus, Zur musikalischen Dramaturgie der ‚Lustigen Witwe', S. 663
442 Hanns Eisler, Die Kunst zu erben, in: Ders., Gesammelte Werke, Schriften 1924–48, Ausgew. v. Günther Mayer, Leipzig 1983, Serie III, Bd. 1, S. 408 – „Andererseits aber sind gewisse Kunstmittel Beethovens, wie z. B. der verminderte Septimakkord, die neapolitanische Sext durch Abnützung gesellschaftlich dermaßen verbraucht, daß sie heute nur noch in der leichten Unterhaltungsmusik auftauchen." (Ebd.)

443 Klaus Pringsheim, Operette, S. 186
444 zit. n. o. A., Lehár rehabilitiert den *Graf von Luxemburg*. Das Ende einer Stammtischlegende, in: Neues Wiener Journal, 22. September 1929
445 Julius Stern, Die Lehár-Premiere im Theater an der Wien, in: Fremden-Blatt, 13. November 1909
446 o. A., Franz Lehárs Operette *Der Graf von Luxemburg*, in: Neue Freie Presse, 13. November 1909
447 Julius Stern, Die Lehár-Premiere im Theater an der Wien, in: Fremden-Blatt, 13. November 1909
448 o. A., *Der Graf von Luxemburg*, in: Deutsches Volksblatt, 13. November 1909
449 bgr., *Zigeunerliebe*, in: Die Zeit, 9. Januar 1910
450 A. W., Neues Operettentheater, in: Berliner Börsen-Courier, 24. Dezember 1909
451 Alfred Döblin, *Der Graf von Luxemburg* (Januar 1910), in: Ders., Kleine Schriften, Bd. 1, hrsg. v. Anthony W. Riley, Olten 1985, S. 76
452 Guido Ruberti, Il conte di Lussemburgo, in: Il Giornale d'Italia, 7. Oktober 1910
453 o. A., The New Play at Daly's. Brillant Success. A Wonderful Waltz, in: The Observer, 21. Mai 1911
454 E. B., The King at a First Night. His Majesty & Herr Lehár, in: The Daily Mail, 21. Mai 1911
455 Walter MacQueen-Pope and D. L. Murray, Fortune's Favourite. The Life and Times of Franz Lehár, London 1953, S. 131
456 E. B., The King at a First Night. His Majesty & Herr Lehár, in: The Daily Mail, 21. Mai 1911
457 Karl Kraus, Wiener Musik im Ausland, in: Ders., Die Fackel, Bd. 11, XXXIV. Jahr, Mitte Oktober 1932, Nr. 876–84, S. 124
458 Bernard Grun, Gold und Silber, S. 162f. – Maria von Peteani, Franz Lehár, S. 119f.
459 Notizen vom 23. April, 20. Mai, 26., 27. und 29. Juni 1911 – Daily Reminder 1911, in grünes Maroquinleder gebunden und mit dem Farbdruck eines Indianerkopfes auf jeder Seite. Derzeit (Januar 2020) zum Verkauf angeboten vom Antiquariat Löcker, Wien (und von Eduard Löcker dankenswerterweise zur Verfügung gestellt). Die Identität von Beatrice von Brunner liegt noch im Dunkeln, nur ein Eintrag im Adressbuch am Ende des Kalenders gibt Aufschluss über den eventuellen familiären Hintergrund: „Grace von Brunner, Imre, Sarah, 51 Avenue D'Antin, Paris". Die Fotoserie von Bassano wurde 1996 von John Culme der Londoner National Portrait Gallery geschenkt und von dieser ins Netz gestellt: https://www.npg.org.uk/collections/search/portrait/mw73290/Beatrice-von-Brunner?LinkID=mp66594&role=sit&rNo=5 (zuletzt abgerufen: 03. Januar 2020)
460 Franz Lehár, Das moderne junge Mädchen und die Musik, in: Die Bühne, 1927 (WA)
461 Franz Lehár, Wie entsteht eine Lehár-Operette ?, in: 8 Uhr Blatt, 22. Dezember 1916
462 zit. n. Artur Ernst, Besuch bei … Franz Lehár, in: Neues Wiener Tagblatt, 18. Mai 1928
463 zit. n. o. A.?, Wie eine Operette entsteht? Eine Rundfrage, in: Neues Wiener Journal, 11. Juni 1905
464 Norbert Linke, Franz Lehár, Reinbek 2001, S. 87
465 Karl Kraus, Die Welt der Bühne, in: Ders., Die Fackel, Bd. 9, XXVII. Jahr, Oktober 1925, Nr. 697, S. 141
466 Heinrich von Waldberg, zit. n. Otto Schneidereit, Operettenbuch, Berlin 1961, S. 276
467 Klaus Pringsheim, Operette, S. 181
468 Franz Lehár, *Die Ideale Gattin*, Operette in drei Akten von Julius Brammer und Alfred Grünwald, Musik von Franz Lehár, Klavierauszug mit Text, Leipzig/Paris/Bukarest o. J., S. 96

469 Theodor W. Adorno, Schlageranalysen (1932), in: Ders., Gesammelte Schriften 18, S. 782
470 Franz Lehár, *Die Ideale Gattin*, Operette in drei Akten von Julius Brammer und Alfred Grünwald, Musik von Franz Lehár, Klavierauszug mit Text, Leipzig/Paris/Bukarest o. J., S. 88
471 Karl Kraus, Der gelehrte Musikgelehrte, in: Ders., Die Fackel, Bd. 6, XIV. Jahr, März 1913, Nr. 370–71, S. 19
472 Max Schönherr, Franz Lehár, Thematischer Index, London 1985, S. 148
473 David Bach, Theater an der Wien, in: Arbeiter-Zeitung, 25. November 1911
474 Marion Linhardt, Residenzstadt und Metropole, S. 223
475 Notiz vom 8. April 1911 – Daily Reminder 1911 (Antiquariat Löcker, Wien) – „3 Szenen sind wunderbar. Das Überreichen der Rose, das Walzerfinale und das Terzett im 3. Akt."
476 David Bach, Theater an der Wien, in: Arbeiter-Zeitung, 25. November 1911
477 o. A., Franz Lehars neue Operette *Eva*, in: Neue Freie Presse, 25. November 1911
478 o. A., Lehar-Premiere im Theater an der Wien, in: Fremden-Blatt, 25. November 1911
479 Wilhelm Karczag, Operette und musikalische Komödie, in: Neues Wiener Journal, 12. April 1914
480 Franz Lehár, Mein Freund Karczag, in: Illustriertes Wiener Extrablatt, 1. April 1923
481 Aufführungsbericht im Zensurakt, (NÖ Landesarchiv, NÖ Reg. Präs. Theater ZA 1911/3590)
482 Ludwig Karpath, *Eva*, in: Neues Wiener Tagblatt, 25. November 1911
483 Victor Léon, zit. n. Protokoll des „Gesprächs geführt am 26. Oktober 1910 in der Direktionskanzlei des Theaters an der Wien" (Wienbibliothek, Nachlass Louis Treumann ZPH 1519/3.1.1.)
484 Franz Lehár, Brief an Wilhelm Karczag, Bad Ischl, 20. August 1911 (ÖTM, Nachlass Hubert Marischka)
485 Ludwig Karpath, *Eva*, in: Neues Wiener Tagblatt, 25. November 1911
486 Karl Schreder, *Eva*, in: Deutsches Volksblatt, 25. November 1911
487 o. A., Lehar in Tripolis, in: Neue Freie Presse, 11. März 1913
488 Karl Kraus, Die europäische Kultur hält ihren Einzug, in: Die Fackel, Nr. 372–373, 15. Jhg., 1. April 1913, S. 50f.
489 Franz Rajna, Von der Ischler Operettenbörse, in: Pester Lloyd, 28. August 1927
490 Franz Lehár, zit. n. King of Viennese Operette Domain Franz Lehár, in: Music Magazine, Boston 1913
491 Notiz vom 25. Juli 1911 – Daily Reminder 1911 (Antiquariat Löcker, Wien) – Frau Charlé war die Frau des Schauspielers und Theaterdirektors Gustav Charlé, den Lehár gut kannte und der damals am Neuen Operettentheater Berlin engagiert war und 1924 schließlich *Cloclo* inszenierte.
492 Notizen vom 17., 18. Februar, 24. November, 27. Oktober 1911 – Daily Reminder 1911 (Antiquariat Löcker, Wien)
493 Franz Lehár, Brief an Anton Lehár, Wien, 24. November 1912 (Sammlung Norbert Linke, Borken)
494 Wilhelm Karczag, zit. n. Ein Brief Direktor Karczags, in: Neues Wiener Journal, 27. November 1912
495 Louis Treumann, Brief an Wilhelm Karczag vom 19. Oktober 1912 (ÖTM, Nachlass Hubert Marischka A 35158 MarM)
496 Franz Lehár, Brief an Louis Treumann, Wien, 28. Mai 1913 (Sammlung Thomas Schulz, Wien)
497 Vgl. Georg Wacks, Das Theater und Kabarett „Die Hölle", in: Georg Wacks und Marie-Theres Arnbom, Das Theater und Kabarett „Die Hölle", Wien 2010, S. 85ff.

498 Franz Lehár, Brief an Anton Lehár, Wien, 2. Dezember 1912 (Sammlung Norbert Linke)
499 Franz Lehár, *Die Ideale Gattin*, Operette in drei Akten von Julius Brammer und Alfred Grünwald, Regiebuch, Leipzig 1913, S. 169
500 J. H., Franz Lehár über Tango und Walzer, in: Neues Wiener Tagblatt, 3. Oktober 1913
501 o. A., o. T., in: Neues Wiener Journal, 10. Oktober 1913
502 o. A., Ein Besuch bei Franz Lehár, in: Pester Lloyd, 26. September 1913
503 o. A., Franz Lehárs Operette *Die ideale Gattin*, in: Neue Freie Presse, 12. Oktober 1913
504 Franz Lehár, Brief an Julie Kopacsy-Karczag, Wien, 15. Oktober 1913 (ÖTM, Nachlass Hubert Marischka)
505 o. A., Aus der Theaterwelt, in: Fremden-Blatt, 19. Oktober 1913
506 Geza Herczeg, Puccini, in: Neues Wiener Journal, 13. Mai 1923
507 Giacomo Puccini, Brief an Angelo Franz Eisner-Eisenhoff, Torre del Lago, 14. Dezember 1913, zit. n. Mosco Carner, Puccini. Biographie, Frankfurt a. M./Leipzig 1996, S. 360
508 o. A., Hinter den Kulissen, in: Neues Wiener Journal, 21. März 1914
509 o. A., Aus der Theaterwelt, in: Fremden-Blatt, 19. Oktober 1913 – Und das obwohl der italienische Übersetzer der *Lustigen Witwe* Ferdinando Fontana war, der Librettist von Puccinis erster Oper *Le Villi*.
510 Franz Lehár, Was ich gerne komponiere?, in: Neues Wiener Tagblatt, 31. März 1919
511 Theodor W. Adorno/Max Horkheimer, Dialektik der Aufklärung, Ort Jahr, S. 165ff.
512 Marion Linhardt, Residenzstadt und Metropole, S. 223
513 o. A., Lehárs Musik. Musikalische Analyse mit Notenbeispielen, in: Programmheftbeilage zu *Schön ist die Welt!*, Metropoltheater, Berlin 1930, o. S.
514 Vermerk vom 6. Dezember 1913 im Zensurakt, (NÖ Landesarchiv, NÖ Reg. Präs. Theater ZA 3798/1913)
515 Alfred Einstein, *Schön ist die Welt*, in: Berliner Tageblatt, 4. Dezember 1930
516 o. A., Lehárs Musik. Musikalische Analyse, in: Programmheftbeilage zu *Schön ist die Welt!*, Metropoltheater, Berlin 1930, o. S.
517 Ilka Horovitz-Barnay, Bei Franz Lehár, in: Neues Wiener Journal, 14. November 1909
518 Franz Lehár, Brief an Franz Schreker, Wien, 17. März 1914 (Wienbibliothek, Musiksammlung)
519 Wilhelm Karczag, Operette und musikalische Komödie, in: Neues Wiener Journal, 12. April 1914
520 Franz Lehár, Meine Erfahrungen mit dem Film, in: Die Kinowoche. Zeitschrift für das gesamte Kinowesen, II. Jhg., Nr. 2, Zweites Jännerheft 1920
521 Wilhelm Karczag, Operette und musikalische Komödie, in: Neues Wiener Journal, 12. April 1914
522 Franz Lehár, zit. n. C. de Vidal Hunt, 1000 Merry Widows. „Shahzada of the Operetta" Calls a Congress, 1925 (WA/365).
523 Franz Lehár, Brief an Anton Lehár, Wien, 24. November 1912 (Sammlung Norbert Linke, Borken) – Gemeint war die tschechische Schule in der Schützengasse 31, die 1911 auf Veranlassung des christlichsozialen Bürgermeisters Josef Neumayer geschlossen worden war.
524 Karl Kraus, Die letzten Tage der Menschheit. Tragödie in fünf Akten mit Vorspiel und Epilog, Frankfurt 1986, S. 9
525 Franz Lehár, Brief an Anton Lehár, Wien, 17. August 1914 (Sammlung Norbert Linke, Borken)
526 Franz Lehár, zit. n. o. A., In memoriam Dr. Hugo Zuckermann, in: Jüdische Front. Offizielles Organ des Bundes Jüdischer Frontsoldaten Österreichs, 2. Jhg., Nr. 2, Wien, 27. Februar 1933
527 Seine Witwe Ida hat „das Grab ihres Mannes auf dem Friedhofe in Eger mit Blumen ge-

schmückt und sich dann nächst demselben durch einen Revolverschuß den Tod gegeben", berichteten die Innsbrucker Nachrichten am 17. Mai 1915.
528   Anton Lehár, Lehár-Geschichten erzählt von – – , Band 3 der Tagebücher, Typoskript, S. 130 (Österreichisches Staatsarchiv/Kriegsarchiv – Nachlässe u. Sammlungen B/600, Kart II. 986.800-C/Kopie Georg Reichlin-Meldegg)
529   Georg Reichlin-Meldegg, General und Parzival? GM Anton von Lehár, der Bruder des Komponisten, Graz 2012, S. 38f.
530   zit. n. Karl Marilaun, Franz Lehár über Oberst Lehár. Aus einem Gespräch mit dem Komponisten, in: Neues Wiener Journal, 12. November 1919
531   Anton Lehár, Lehár-Geschichten erzählt von – –, Band 1 der Erinnerungen, Typoskript, S. 109 (Österreichisches Staatsarchiv/Kriegsarchiv – Nachlässe u. Sammlungen B/600, Kart II. 986.800-C/Kopie Georg Reichlin-Meldegg)
532   Ernst Decsey, Franz Lehár, Wien 1924, S. 117/119
533   Beda, Der Jour, in: Wie man sich trefft im Ampezzotal, Wien 1916 – zit. n. Hans Veigl (Hrsg.), Luftmenschen spielen Theater. Jüdisches Kabarett in Wien 1890–1938, Wien 1992, S. 173
534   Franz Lehár, Telegramm an Fritz Löhner, Bad Ischl, 27. September 1915 und Löhners Antwort an Lehár o. D. (WA)
535   Franz Lehár, Memorandum für Emil Steininger, Wien, 14. November 1915 (Lehár-Schlössl)
536   Julius Stern, Die neue Lehár-Operette, in: FremdenBlatt, Wien, 15. Jänner 1916
537   a., Theater in der Josefstadt, in: Die Zeit, 15. Januar 1916
538   Fritz Löhner, Brief an Louis Treumann, Wien, o. D. (WA)
539   Franz Lehár, Brief an Wilhelm Karczag, Wien, 1. Dezember 1916 (ÖTM, Nachlass Hubert Marischka A 36047 MarM E 1057)
540   Alfred Polgar, Der Sterngucker, in: Die Schaubühne, XII. Jhg., Nr. 6, 10. Februar 1916, Bd. 1, S. 140
541   o. A., Im Theater in der Josefstadt, in: Wiener Leben, 1. Februar 1916
542   **, Theater in der Josefstadt, in: Neues Wiener Journal, 15. Januar 1916
543   Alfred Polgar, Der Sterngucker, in: Die Schaubühne, XII. Jhg., Nr. 6, 10. Februar 1916, Bd. 1, S. 140
544   Franz Lehár, Brief an Wilhelm Karczag, Wien, 29. November 1916 (ÖTM, Nachlass Hubert Marischka A 36047 MarM E 1057)
545   Franz Lehár, Brief an Wilhelm Karczag, Wien, 1. Dezember 1916 (ÖTM, Nachlass Hubert Marischka A 36048 MarM E 1057)
546   o. A., Im Theater in der Josefstadt, in: Wiener Leben, 1. Februar 1916
547   Emmerich Kálmán, zit. n. Neues Pester Journal, 12. Januar 1909
548   Vera Kálmán, zit. n. Georg Markus, Dabei wär'n selbst die größten Komponisten von Gott verlassen ohne Librettisten, in: Henry Grunwald, Ein Walzer muss es sein, Wien 1991, S. 114f.
549   Alban Berg, Brief an Helene Berg, 31. Dezember 1914, in: Alban Berg, Briefe an seine Frau, München/Wien 1965, S. 281
550   Karl Kraus, Lehar spricht, in: Die Fackel, Nr. 431–436, 2. August 1916, 18. Jhg., S. 92f.
551   Karl Kraus, Wie die Franzosen vor Neid zersprangen, in: Die Fackel, Nr. 431–436, 2. August 1916, 18. Jhg., S. 91f.
552   Karl Kraus, Und der Herrgott lacht, in: Die Fackel, Nr. 462–471, 9. Oktober 1917, 19. Jhg., S. 100
553   Karl Kraus, Die Neutralen geben sich besiegt, in: Die Fackel, Nr. 462–471, 9. Oktober 1917, 19. Jhg., S. 103
554   Karl Kraus, Ritter Sonett und Ritter Tonreich, in: Die Fackel, Nr. 343, 29. Februar 1912, S. 8

555 Weriand, Ein Gespräch mit Franz Lehár, in: Neues Wiener Journal, 31. Dezember 1917
556 Franz Lehár, Wie entsteht eine Lehár-Operette?, in: 8 Uhr Blatt, 22. Dezember 1916
557 Franz Lehár, Brief an Wilhelm Karczag, Ischl, 5. Oktober 1917 (ÖTM, Nachlass Hubert Marischka)
558 Leopold Jacobson, Theater an der Wien, in: Neues Wiener Journal, 28. März 1918
559 Ludwig Hirschfeld, *Wo die Lerche singt*, in: Neue Wiener Presse, 28. März 1918
560 o. A., Theater an der Wien, in: Die Zeit, Wien, 28. März 1918
561 Franz Lehár, zit. n. Weriand, Ein Gespräch mit Franz Lehár, in: Neues Wiener Journal, 31. Dezember 1917
562 E. St-i., Königstheater, in: Pester Lloyd, 2. Februar 1918
563 Leopold Jacobson, Theater an der Wien, in: Neues Wiener Journal, 28. März 1918
564 Ludwig Karpath, *Wo die Lerche singt*, in: Neues Wiener Tagblatt, 28. März 1918
565 o. A., Reminiszenzen aus Wo die Lerche singt …, in: Die Theater- und Kino-Woche, Wien o. D. [1918] (WA)
566 Weriand, Ein Gespräch mit Franz Lehár, in: Neues Wiener Journal, 31. Dezember 1917
567 Franz Lehár, zit. n. Claire Patek, Franz Lehár. Zu seinem fünfzigsten Geburtstag am 30. April, in: Illustrierte Zeitung, Leipzig/Berlin/Wien/Budapest, 29. April 1920
568 Franz Lehár, Brief an Leo Stein, Wien, 24. Juni 1918 (Wienbibliothek, Handschriftenabteilung, IN 129.554)
569 Leo Stein, Brief an Béla Jenbach, Bad Vöslau, 26. Juni 1918 (Sammlung Gaby Wolf, Wien)
570 Victor Léon, Schreiben an das Bezirksgericht Hietzing, o. D. (Nachlass Victor Léon 30/2.2.3), zit. n. Barbara Denscher, Der Operettenlibrettist Victor Léon, S. 409
571 Sukong, Brief an Ottilie Léon, Krems, 1. Mai 1914, zit. n. Franz Zwetschi Marischka, Immer nur lächeln. Geschichten und Anekdoten von Theater und Film, Wien 2001, S. 79 – Barbara Denscher hat dessen Existenz anhand von Zeitungsnotizen nachweisen können, z. B.: im Fremden-Blatt vom 19. Oktober 1913.
572 Anton Lehár, Erinnerungen, Bd. 4, Gegenrevolution und Restaurationsversuche in Ungarn, S. 53, zit. n. Georg Reichlin-Meldegg, General und Parzival? GM Anton von Lehár, der Bruder des Komponisten, S. 78
573 Anton Lehár, Lehár-Geschichten erzählt von – – , Band 4 der Tagebücher, Typoskript, S. 59 (Österreichisches Staatsarchiv/Kriegsarchiv – Nachlässe u. Sammlungen B/600, Kart II. 986.800-C/Kopie Georg Reichlin-Meldegg)
574 Franz Lehár, zit. n. Weriand, Ein Gespräch mit Franz Lehár, in: Neues Wiener Journal, 31. Dezember 1917
575 o. A., Besuch bei Franz Lehár, in: Ungarische Zeitung, Wien, 1. November 1919
576 zit. n. Puccini und Wien. Ein Brief Puccinis an Franz Lehár, in: Neues Wiener Journal, 18. November 1919 – Otto Eisenschitz war ein auch mit Lehár befreundeter Schriftsteller und Direktor der „Internationalen Theaterverlagsgesellschaft Wien", die auch Puccini vertrat. Er wurde 1942 in Theresienstadt ermordet.
577 Giacomo Puccini, Brief an Sybil Seligman, Monte Carlo, 1. April 1917, zit. n. Mosco Carner, Puccini. Biographie, Frankfurt a. M./Leipzig 1996, S. 366
578 Franz Lehár, Notiz 12/2 919, in: Skizzenbuch 1918 (Lehár-Schlössl)
579 Franz Lehár, Meine Erfahrungen mit dem Film, in: Die Kinowoche. Zeitschrift für das gesamte Kinowesen, II. Jhg., Nr. 2, Zweites Jännerheft 1920 – Der Film ist leider verschollen.
580 Karl K. Kitchen, With the only undethroned King in Central Europe, in: The World Magazine, 15. August 1920 (WA/364)

581 o. A., King of the Viennese Operette Domain Franz Lehár. An Interview with the Famous Composer. From our own correspondent, in: Music Magazine, Boston, 22. Februar 1913 (WA/363)
582 o. A., Bei Franz Lehár. Der Komponist über seine neueste Operette, in: Komödie. Wochenrevue für Bühne und Film, Jg. 1, Nr. 11, Wien, 18. Dezember 1920
583 Karl Marilaun, Bei Lehár, Neues Wiener Journal, 15. April 1917
584 zit. n. o. A., Ein Besuch bei Franz Lehár, in: Pester Lloyd, 26. September 1913
585 René Kraus, Der Klassiker unserer Operette. Lehár, der Sechziger, erzählt, in: Neue Freie Presse, 25. April 1930
586 Emil Steininger, Bevor der Vorhang aufgeht ... Einiges über die Geburt der Operetten. Aus den Erinnerungen Direktor -- , in: Neues Wiener Journal, 6. Januar 1929
587 o. A., Bei Franz Lehár. Der Komponist über seine neuste Operette, in: Komödie. Wochenrevue für Bühne und Film, Jg. 1, Nr. 11, Wien, 18. Dezember 1920
588 Ernst Decsey, Die neue Lehár-Operette, in: Tagespost, Graz, 1. Juni 1920
589 Elsa Bienenfeld, Theater an der Wien, in: Neues Wiener Journal, 29. Mai 1920 – Elsa Bienenfeld, promovierte Musikwissenschaftlerin und Privatschülerin von Arnold Schönberg, war eine der ersten weiblichen Musikkritikerinnen (1942 im KZ Maly Trostinez ermordet).
590 Ludwig Hirschfeld, Festaufführungen Wiener Musik. Franz Lehárs Operette *Die blaue Mazur*, in: Neue Freie Presse, 29. Mai 1920.
591 Elsa Bienenfeld, Theater an der Wien, in: Neues Wiener Journal, 29. Mai 1920
592 Ernst Decsey, Die neue Lehár-Operette, in: Tagespost, Graz, 1. Juni 1920
593 Ludwig Hirschfeld, Festaufführungen Wiener Musik, in: Neue Freie Presse, 29. Mai 1920
594 Franz Lehár, zit. n. o. A., Ein Besuch bei Franz Lehár, in: Pester Lloyd, 26. September 1913
595 K., *Die Blaue Mazur*. Lehár-Premiere im Metropoltheater, in: BZ am Mittag, 29. März 1921
596 David Bach, o. T., in: Arbeiter-Zeitung, 29. Mai 1920
597 Elsa Bienenfeld, Theater an der Wien, in: Neues Wiener Journal, 29. Mai 1920
598 Gertrud Marischka, o. T. – Biographie Hubert Marischka, Wien o. J., S. 44 (Unveröffentlichtes Typoskript von ca. 1970/Archiv des Raimund-Theaters)
599 Franz Lehár, Brief an Tausky, Wien, 27. Mai 1925 (Korrespondenzbuch 1924–1926/Museum der Stadt Ischl)
600 o. A., Puccini in Wien, in: Neues 8 Uhr-Blatt, Wien, 14. Oktober 1920
601 Elsa Bienenfeld, Volksoper: Puccinis *La Rondine*, in: Neues Wiener Journal, 10. Oktober 1920
602 Giacomo Puccini, Brief an Sybil Seligman, Mailand, 20. Januar 1921, zit. n. Mosco Carner, Puccini. Biographie, Frankfurt a. M./Leipzig 1996, S. 382
603 Lotte Lehmann, zit. n. Berndt W. Wessling, Lotte Lehmann. „Sie sang, daß es Sterne rührte", Köln 1995, S. 117
604 Anton Lehár, o. T., in: Neue Züricher Zeitung, 20. Mai 1951, zit. n. Otto Schneidereit, Franz Lehár, S. 181
605 Giacomo Puccini, Brief an Franz Lehár, Torre del Lago, 11. November 1920, zit. n. Puccinis letzte Grüße an Wien. Briefe an Franz Lehár, in: Neues Wiener Journal, 7. Dezember 1924 – Die dort angegebene Datierung 11. Januar ist ein Irrtum. Ernst Decsey datierte den Brief in der 2. Auflage seiner Lehár-Biographie von 1930 auf den 11. Januar 1921 (S. 89).
606 Franz Lehár, Widmung auf seinem Porträtfoto in der Villa Puccini, Torre del Lago
607 Arnold Schönberg, zit. n. Alma Mahler-Werfel, Mein Leben, Frankfurt a. M. 1981, S. 65
608 Franz Lehár, Brief an Anton Lehár, 17. November 1920 (Sammlung Norbert Linke, Borken)
609 Leo Stein, Briefe an Béla Jenbach, Bad Vöslau, 9. und 16. August 1920 (Sammlung Gaby Wolf-Kocsy, Wien)

610 Franz Lehár, Operettendämmerung, in: Neues Wiener Journal, 25. Dezember 1920
611 -r-, Die neue Operette von Lehár, in: Neues Wiener Tagblatt, 11. September 1921
612 Ethel Matala de Mazza, Der populäre Pakt. Verhandlungen der Moderne zwischen Operette und Feuilleton, Frankfurt a. M. 2018, S. 307 - Im Schlusskapitel findet sich auch Näheres zum Verhältnis Wiener Operette, Erster Weltkrieg und Karl Kraus.
613 o. A., Lehár in der Hölle, in: Neues Wiener Tagblatt, 24. Januar 1922
614 o. A., Frühling, in: Wiener Allgemeine Zeitung, 24. Januar 1922
615 Franz Lehár, Brief an Arthur Maria Willner und Heinz Reichert, Wien, 4. März 1922 (ÖNB Handschriften 518)
616 o. A., Theater- und Kunstnachrichten, in: Neue Freie Presse, 13. März 1922
617 Heinz Reichert, Brief an Franz Lehár, Wien, 17. Mai 1933 (Lehár-Schlössl)
618 Alexander Engel, Theater an der Wien, in: Neues Wiener Journal, 13. Mai 1922
619 Ludwig Hirschfeld, Die neue Lehár-Operette *Frasquita*, in: Neue Freie Presse, 13. Mai 1922
620 Giacomo Puccini, Brief an Giulio Ricordi, Torre del Lago, 11. April 1907, zit. n. Mosco Carner, Puccini. Biographie, Frankfurt a. M./Leipzig 1996, S. 283
621 Ludwig Hirschfeld, Die neue Lehár-Operette *Frasquita*, in: Neue Freie Presse, 13. Mai 1922
622 Ernst Decsey, Der neue Lehár, in: Tagespost, Graz, 14. Mai 1922
623 -tt-, Die Vierstunden-Operette, in: Neues 8 Uhr-Blatt, Wien, 13. Mai 1922
624 Norbert Linke, Franz Lehár, Reinbek 2001, S. 76
625 Ludwig Hirschfeld, Die neue Lehár-Operette *Frasquita*, in: Neue Freie Presse, 13. Mai 1922
626 Ernst Decsey, Der neue Lehár, in: Tagespost, Graz, 14. Mai 1922
627 Alexander Engel, Theater an der Wien, in: Neues Wiener Journal, 13. Mai 1922
628 Ernst Decsey, Franz Lehár, 1924, S. 52
629 Julius Stern, Die neue Operette Lehars, in: Volks-Zeitung, Wien, 13. Mai 1922
630 Ernst Decsey, Der neue Lehár, in: Tagespost, Graz, 14. Mai 1922
631 S. H., Die verfunkte Operette, Zeitungsausschnitt vom 20. Januar 1920 (WA)
632 Franz Lehár, Brief an J. Fenston, Wien, 27. Mai 1925 (Korrespondenzbuch 1924–1929, Lehár-Villa Bad Ischl)
633 H., Theater an der Wien, in: Reichspost, 12. Juli 1922
634 Vgl. Arnold Schönberg, Brief an Bruno Granichstaedten, Wien 16. Januar 1911, zit. n. Nuria Nono-Schoenberg (Hrsg.), Arnold Schönberg 1874–1951. Lebensgeschichte in Begegnungen, Klagenfurt 1992, S. 32
635 Übereinkommen zwischen Herrn Bendiner, bevollmächtigter Vertreter Lombardos und Franz Lehár, 23. April 1921 (Lehár-Schlössl) – Am Ende wird sogar eine Weiterarbeit „betreffs seines Werkes *Der Mann mit den drei Frauen*" in Aussicht genommen.
636 Victor Léon, Brief an Franz Lehár, 5. Oktober 1929 (Sammlung Thomas Schulz, Wien)
637 Ludwig Hirschfeld, Franz Lehárs Operette *Libellentanz*, in: Neue Freie Presse, 1. April 1923
638 Franz Lehár, Brief an Carlo Lombardo, Wien, 12. Juli 1924 (Lehár-Villa Bad Ischl)
639 William F. McDermott, Franz Lehár, Famous Viennese Composer, Says Kind Word for Jazz, in: Cleveland Plain Dealer. Amusement and Feature Section, 12. August 1923
640 Franz Lehár, Einfluß von Jazz und Negerrhythmen auf unsere Musik, in: Neue Freie Presse, 25. Dezember 1925
641 Franz Lehár, Brief an Victor Léon, Bad Ischl, 25. Juni 1918 (ÖTM, Nachlass Hubert Marischka A 37092 MarM)
642 Barbara Denscher, Der Operettenlibrettist Victor Léon, S. 413 – Ihre Deutung von Ludwig Herzers und Fritz Löhner-Bedas Bearbeitung als Resultat der zionistischen Haltung des Letzteren lässt hingegen das ganz anders geartete ästhetische Konzept außer Acht.

643 Tobias Becker, Inszenierte Moderne. Populäres Theater in Berlin und London, 1880–1930, München 2014, S. 191
644 Franz Lehár, zit. n. Franz Lehar über seine beiden Neuen Operetten, in: Neue Freie Presse, 21. September 1930
645 Josef Sebastian, Bei Franz Lehár, in: BZ am Abend, 31. Dezember 1922
646 o. A., Aufführung eines chinesischen Schauspiels im Berliner Deutschen Theater, in: Neue Freie Presse, 1. April 1914
647 Julius Stern, Wiener Theaterwoche, in: Volks-Zeitung, Wien, 5. November 1922
648 a. o., Theater an der Wien, in: Neues Wiener Journal, 10. Februar 1923
649 Franz Marischka, Immer nur lächeln, S. 78
650 a. o., Theater an der Wien, in: Neues Wiener Journal, 10. Februar 1923
651 Ludwig Hirschfeld, Die neue Lehároperette *Die gelbe Jacke*, in: Neue Freie Presse, Wien, 10. Februar 1923
652 a. o., Theater an der Wien, in: Neues Wiener Journal, 10. Februar 1923
653 Max Graf, Der neue Lehár, in: Der Tag, Wien, 10. Februar 1923
654 a. o., Theater an der Wien, in: Neues Wiener Journal, 10. Februar 1923
655 Max Graf, Der neue Lehár, in: Der Tag, Wien, 10. Februar 1923
656 Ludwig Hirschfeld, Franz Lehárs Operette *Libellentanz*, in: Neue Freie Presse, 1. April 1923
657 Ludwig Hirschfeld, Die neue Lehároperette *Die gelbe Jacke*, in: Neue Freie Presse, 10. Februar 1923
658 Desiderius Papp, Bei Giacomo Puccini, in: Neues Wiener Journal, 11. Mai 1923
659 Géza Herczeg, Am Klavier: Puccini …, in: Wiener Allgemeine Zeitung, 2. Dezember 1924
660 Antonio Puccini, Brief an Franz Lehár, Brüssel, 29. November 1924, zit. n. Autor, Puccinis letzte Grüße an Wien. Briefe an Franz Lehár, in: Neues Wiener Journal, 7. Dezember 1924
661 Antonio Puccinis Widmung auf dem KA *Turandot* zu deren Premiere am 25. April 1926 (WA)
662 Franz Lehár, Puccinis Turandot, in: Pester Lloyd, 13. Mai 1926 – Die Meldung über Lehárs Tränen stammt aus einem e. p. gezeichneten Artikel des *Corriere della Sera*, der unter dem Titel *Spaziergänge mit Lehár* in der *Wiener Allgemeinen Zeitung* vom 5. Mai 1926 veröffentlicht wurde.
663 Franz Lehár, zit. n. Karl Riebe, Gespräch mit dem Komponisten Franz Lehár, 17. April 1940 (Deutsches Rundfunkarchiv Frankfurt a. M., DRA-Archivnummer: 2822477)
664 Giacomo Puccini zit. n. c. m., Als Puccini zum letzten Mal in Wien war. Das „Wiener Testament" des Maestro, in: Neues Wiener Journal, 22. Dezember 1933
665 Richard Specht, Giacomo Puccini. Das Leben, der Mensch, das Werk, Mit 28 Bildern, Berlin-Schöneberg 1931, S. 23
666 Richard Tauber, Gruss an Lehár, in: Berliner Tageblatt, 3. Dezember 1930
667 Franz Lehár, Skizzenbuch 1922/23 (Lehár-Schlössl)
668 Franz Lehár, Die Operette, wie ich sie mir vorstelle, in: Berliner Tageblatt, 4. Februar 1926
669 Franz Lehár, Mein *Paganini*, in: Die Bühne, Wien, 29. Oktober 1925
670 Ernst Decsey, *Paganini*, in: Neues Wiener Tagblatt, 31. Oktober 1925
671 Gertrud Marischka, o. T. Biographie Hubert Marischka, Wien o. J., S. 50/59
672 Franz Lehár, Brief an Wilhelm Karczag, Wien, 14. November 1921 (ÖTM, Nachlass Hubert Marischka A 37005 MarK)
673 Franz Lehár, Brief an Hubert Marischka, Bad Ischl, 11. Oktober 1923 (Wienbibliothek, Handschriftensammlung IN 155.562)
674 Laut Lilly Marischka sei dies der letzte Wille ihres Vaters gewesen, s. Brief Dr. Adolf Altmann und Dr. Ludwig Altmann an das Handelsgericht, Wien, 5. April 1924 (Wiener Stadt- und

Landesarchiv. HRA 10.992) – Als Erbin von Karczags Vermögen hingegen wurde seine Tochter eingesetzt (Beschluss des Handelsgerichts Wien am 12. Dezember 1923, ebd.)
675   -ri-, Kalmans Gräfin Maritza. Der größte Erfolg dieser Saison, in: Die Stunde, Wien, 1. März 1924
676   Louise Kartousch, Brief an Hubert Marischka, Wien o. D. (ÖTM, Nachlass Hubert Marischka A 35948Th AMarM)
677   Vertrag *Cloclo* mit dem Dreimasken-Verlag, Berlin, 30. November 1923 (Lehár-Schlössl)
678   Franz Lehár, zit. n. Karl Marilaun, Bei Franz Lehar, in: Neues Wiener Journal, 28. Februar 1924
679   Franz Lehár, zit. n. Karl Marilaun, Bei Franz Lehar, in: Neues Wiener Journal, 28. Februar 1924
680   Franz Lehár, zit. n. o. A.?, *Clo-Clo* ist noch nicht fertig – Freitag ist Premiere, in: Die Stunde, Wien, 6. März 1924
681   Friedrich Torberg, Gisela Werbezirk oder Frau Breier aus Gaya in Hollywood, in: Friedrich Torberg, Tante Jolesch (und) Die Erben der Tante Jolesch, München 2008, S. 638ff.
682   Julius Bistron, Bürgertheater, in: Neues Wiener Journal, 9. März 1924, S. 22
683   Franz Lehár, Das Geheimnis meines Erfolges. Das Bündnis von Libretto und Musik, in: Neue Freie Presse, 19. Juli 1928
684   Franz Lehár, zit. n. o. A.?, *Clo-Clo* ist noch nicht fertig – Freitag ist Premiere, in: Die Stunde, Wien, 6. März 1924
685   Ernst Decsey, *Clo-Clo*, die neue Lehar-Operette, in: Neues Wiener Tagblatt, 9. März 1924
686   Beda, Die neue Lehár-Operette, in: Die Stunde, 9. März 1924
687   Ernst Decsey, *Clo-Clo*, die neue Lehar-Operette, in: Neues Wiener Tagblatt, 9. März 1924
688   Julius Bistron, Bürgertheater, in: Neues Wiener Journal, 9. März 1924, S. 22
689   Ernst Decsey, *Clo-Clo*, die neue Lehar-Operette, in: Neues Wiener Tagblatt, 9. März 1924
690   Franz Lehár, Gleichlautender Brief an Manfred Neumann, Ferdinand Bonn und Hubert Marischka, Wien, 30. Mai 1924 (Korrespondenzbuch 1924–1926, Lehár-Villa, Bad Ischl)
691   Franz Lehár, Brief an Ernest Mayer, Bad Ischl, 12. Oktober 1924 (Korrespondenzbuch 1924-1926, Lehár-Villa, Bad Ischl)
692   Franz Lehár, Brief an J. Fenston, Bad Ischl, 25. Juli.1925 (Korrespondenzbuch 1924-1926, Lehár-Museum, Bad Ischl)
693   Franz Lehár, Brief an Ernest Mayer, Bad Ischl, 12. Oktober 1924 (Korrespondenzbuch 1924-1926, Lehár-Museum, Bad Ischl)
694   Ernst Decsey, *Clo-Clo*, in: Neues Wiener Tagblatt, 6. September 1925
695   zit. n. c. m., Als Puccini zum letzten Mal in Wien war. Das „Wiener Testament" des Maestro, in: Neues Wiener Journal, 22. Dezember 1933 – Er soll sie sogar für die „geistreichste Instrumentation während der letzten zehn Jahre" gehalten haben (o. A., Wer schreibt die Berliner Operettenmusik?, in: Bremer Nachrichten, 29. Juli 1926 – WA)
696   o. A., Franz Lehár bei Mussolini, in: Der Abend, Wien, 27. März 1924
697   Franz Lehár, zit. n. o. A., Lehár ricevuto da Mussolini, in: Il Nuovo Paese, 26. März 1924 – „Ich bin begeistert von Benito Mussolini, der mir versprochen hat, meine neuen Operettenaufführungen zu unterstützen. Er hat mich höflich gefragt, ob es Neuigkeiten über meine Arbeiten gebe, und er hat mein Vorhaben begrüßt, nach dem *Paganini* – der eine heitere und künstlerische Handlung aus dem Leben des größten Geigers behandeln wird – eine andere Operette mit italienischem Ambiente und Charakter zu schreiben."
698   Franz Lehár, Brief an Carlo Lombardo, Wien, 12. Juli 1924 (Lehár-Museum, Bad Ischl)
699   Franz Lehár, Brief an Carlo Lombardo, Bad Ischl, 25. August 1924 (Korrespondenzbuch 1924-1926, Lehár-Museum, Bad Ischl)

700 Sophie Lehár, zit. n. o. A., Sophie Lehár, in: Neues Wiener Journal, 24. Mai 1931
701 Richard Tauber, Wie Schlager entstehen, in: Breslauer Neueste Nachrichten, 11. Februar 1928 (WA/365)
702 Richard Tauber, zit. n. Karl Marilaun, Gespräch mit Kammersänger Richard Tauber, in: Neues Wiener Journal, 12. Oktober 1922
703 Louis Treumann zit. n. Franz Lehár, Brief an Louis Treumann, Bad Ischl, 28. August 1911 (Sammlung Thomas Schulz, Wien)
704 Richard Tauber, zit. n. o. A., „Hallo ... ist dort Richard Tauber?" Peter Sachse interviewt den Kammersänger, ohne weitere Angaben (WA/365)
705 Richard Tauber, Eintrag in Lehárs Gästebuch, zit. n. Peter Hell, Bei Lehár auf dem Franz-Lehár-Kai. Besuch in seiner Ischler Villa, in: Neue Freie Presse, o. D. [Sommer 1930] (WA/366)
706 Richard Tauber, zit. n. Hasta., Gespräch mit Tauber und Lehár, in: Breslauer Neueste Nachrichten, 26. Mai 1930
707 Franz Schreker, Ich bin böse, in: Richard Tauber, hrsg. v. Heinz Ludwig, Gesicht und Maske, Bd. 1, Berlin 1928, S. 70
708 Lotte Lehmann, Aber ..., zit. n. Richard Tauber, hrsg. v. Heinz Ludwig, Gesicht und Maske, Bd. 1, Berlin 1928, S. 72
709 B., Bei Franz Lehar in Ischl, in: Neues Wiener Tagblatt, 1. November 1924
710 Franz Lehar, Brief an Carlo Lombardo, Wien, 15. Oktober 1926 (Korrespondenzbuch 1924-1926, Lehár-Villa, Bad Ischl)
711 Heinz Saltenburg, Brief an Franz Lehár, Berlin, 13. Juni 1925 - Zuvor: Franz Lehár, Telegramm an Heinz Saltenburg, Wien, 30. Mai 1925 (Korrespondenzbuch 1924–1926, Lehár-Villa, Bad Ischl)
712 Franz Lehár, Brief an Richard Tauber, Ischl, 24. Juli 1925 - Zuvor: Richard Tauber, Postkarte an Franz Lehár, Sils-Maria, Poststempel: 22. Juli 1925 (Korrespondenzbuch 1924–1926, Lehár-Villa, Bad Ischl) – Carlotta Vanconti und Tauber heirateten erst am 18. März 1926.
713 Franz Lehár, Brief an Richard Tauber, Ernst Engel, Crescendo-Verlag, Ischl, 26. August 1925 (Korrespondenzbuch 1924–1926, Lehár-Villa Bad Ischl) – Clewing war eine schillernde Persönlichkeit und Hitlers erster Bayreuther Parsifal gewesen, obwohl seine Frau „Knalljüdin" war, wie Winifred Wagner am 6. Mai 1923 an Helena Boy schrieb (Brigitte Hamann, Winifred Wagner und Hitlers Bayreuth, München 2002, S. 60). Vor dem Ersten Weltkrieg war er Königlicher Hofschauspieler in Berlin, danach Heldentenor ebenda. Im *Paganini*-Jahr komponierte er das Lied „Alle Tage ist kein Sonntag", das auch Richard Tauber aufgenommen hat. 1928 wurde er in Wien Professor für Gesang und Stimmbildung, kehrte aber 1931 nach Berlin zurück. 1933 trat er in die NSDAP ein, war „eine Zeit lang Dirigent der SS-Kapelle der Leibstandarte Adolf Hitler", bis er „aus der SS ausgeschlossen" wurde, u. a. wegen seiner Frau. Außerdem hieß es, „daß er homosexuellen Kreisen nahe gestanden habe." (Hauptstelle Kulturpolitisches Archiv an die Geheime Staatspolizei, Berlin, 12. Januar 1939/BA – NS 15/69, S. 146f.)
714 Franz Lehár, Brief an Richard Tauber, Wien, 21. September 1925 (Korrespondenzbuch 1924–1926, Lehár-Villa, Bad Ischl)
715 Franz Lehár, *Paganini*. Autographe Partitur in Bleistift (Lehár-Schlössl) – Darin findet sich auch ein später nicht in den Klavierauszug aufgenommenes Lied der Anna-Elisa mit Damenchor „So ein kleines Geheimnis." Im ersten Klavierauszug von *Paganini* befinden sich auch zwei Nummern, die in Wien gespielt, aber in Berlin gestrichen wurden: Ein Buffoduett des

Fürsten Felice mit Bella „Geh sei lieb zu mir" (Nr. 2) und ein Couplet Bartuccis „Jugend denkt von heute nicht auf morgen" (Nr. 14 ½). Beide Nummern sind in späteren Ausgaben des Klavierauszugs nicht mehr enthalten.

716 Paul Frank, *Paganini*, in: Illustriertes Wiener Extrablatt, 31. Oktober 1925
717 Bernard Grun, Gold und Silber, München/Wien 1970, S. 229, 233 – Er ließ sich dabei von Carl Zuckmayer inspirieren, der mit Saltenburg beim *Fröhlichen Weinberg* ähnliche Erfahrungen gemacht hatte (Carl Zuckmayer, Als wär's ein Stück von mir, Wien 1966, S. 403ff.)
718 Ludwig Hirschfeld, Die neue Lehar-Operette, in: Neue Freie Presse, 31. Oktober 1925
719 Paul Frank, *Paganini*, in: Illustriertes Wiener Extrablatt, 31. Oktober 1925
720 Ernst Decsey, Franz Lehár, Berlin/München 1930 S. 71 - „Textschimmel" nannte man den ersten improvisierten Textentwurf zu einer Melodie.
721 Ludwig Ullmann, Lehar-Premiere, in: Wiener Allgemeine Zeitung, 1. November 1925
722 Ernst Decsey, Paganini, in: Neues Wiener Tagblatt, 31. Oktober 1925
723 Franz Lehár, zit. n. Franz Lehár über sich selbst, in: Neues Wiener Tagblatt, 27. Februar 1930
724 Franz Lehár, zit. n. Julius Stern, Wiener Theaterwoche, in: Volks-Zeitung, 9. März 1924 (WA/363)
725 Julius Bistron, Johann-Strauß-Theater, in: Neues Wiener Journal, 31. Oktober 1925
726 Bernard Grun, Gold und Silber, S. 235
727 o. A., *Paganini*, in: Corriere della Sera, 8. November 1925
728 Erich Urban, *Paganini* in Berlin, in: BZ am Mittag, Berlin, 31. Januar 1926
729 Ernst Petersen, Deutsches Künstlertheater, in: Berliner Lokalanzeiger, 1. Februar 1926
730 -ak., *Paganini*, in: Der Tag, Berlin, 2. Februar 1926
731 Franz Lehár, Brief an Anton Lehár, Berlin, 2. April 1926 (Sammlung Norbert Linke, Borken)
732 Franz Lehár, Brief an Fritz Paul Jentz, Wien, 17. Mai 1926 (Korrespondenzbuch 1924–1926, Lehár-Villa, Bad Ischl)
733 Franz Lehár, Brief an Anton Lehár, Wien, 1. Juli 1926 (Sammlung Norbert Linke, Borken)
734 Alfred Polgar, Wiener Theater, in: Die Schaubühne, XIII. Jhg., 27. September 1917, Bd. 2, Nr. 39, S. 302
735 Vereinbarung mit Herrn Maestro Pietro Mascagni (Wien, Grand Hotel), o. D. (Lehár-Schlössl)
736 Franz Lehár, Brief an Hubert Marischka, Bad Ischl, 6. August 1926 (Korrespondenzbuch 1924–1926, Lehár-Villa Bad Ischl)
737 Hubert Marischka, zit. n. Gertrud Marischka, o. T. Biographie Hubert Marischka, S. 75
738 Eduard Künneke, Maschinschriftliche Übereinkunft mit „Herrn Bela Jenbach, Schriftsteller [!], z. Z. Berlin, Pragerstrasse 33", 16. Juli 1926 (Lehár-Schlössl) – Zu einer Zusammenarbeit von Jenbach und Künneke kam es dann erst bei der 1933 in Zürich uraufgeführten *Fahrt in die Jugend* (Ko-Autor: Ludwig Hirschfeld).
739 Eigenhändiger Klavierauszug, Bad Ischl, 16. Juli – 9. Oktober 1926 (Lehár-Schlössl) – Der erst am 17. November vom Drei-Masken-Verlag aufgesetzte Vertrag sah neben 50 % für Lehár folgenden Tantiemenschlüssel vor: Jenbach und sein Ko-Autor Heiz Reichert jeweils 20 %, 10 % „die Zapolka'schen Erben", für die ihr Verleger Otto Eirich unterzeichnete (Lehár-Schlössl).
740 zit. n. Franz Lehár über sich selbst, in: Neues Wiener Tagblatt, 27. Februar 1930
741 Franz Lehár, Die Operette, wie ich sie mir vorstelle, in: Die Deutsche Bühne 18 (1926), Heft 3, S. 42 – Für Adorno hingegen waren das Werte „einer Zeit, die just eben das Inwendige verlor, aber im Schein doch noch halten möchte." (Theodor W. Adorno, Schlageranalysen, S. 781)
742 Gabryela Zapolska, Der Zarewitsch. Drama in drei Aufzügen, für die deutsche Bühne bearbei-

tet von Bernard Scharlitt, Wien 1917, S. 87 – In der Operette bleibt davon nur der erste Satz übrig.
743 Alfred Polgar, Wiener Theater, in: Die Schaubühne, XIII. Jhg., 27. September 1917, Bd. 2, Nr. 39, S. 302
744 Franz Lehár, Richard Tauber and I, in: The Music Lover, London, 14. November 1931 – Die Vorstellungen dieses Künstlers beeinflussen die Wahl meiner Libretti, die melodische Linie und die Klangfarbe des Orchesters.
745 Richard Tauber, Wie Schlager entstehen, in: Breslauer Neueste Nachrichten, 11. Februar 1928
746 Richard Tauber, Wie Schlager entstehen, in: Breslauer Neueste Nachrichten, 11. Februar 1928
747 Moritz Loebe, *Der Zarewitsch*, in: Berliner Allgemeine Zeitung, 19. Februar 1927
748 Felix Joachimson, Der Zarewitsch, in: Berliner Börsencourier, 17. Februar 1927
749 Rita Georg, Brief an Hubert Marischka, Wien, 22. Juni 1926 (ÖTM, Nachlass Hubert Marischka A 36958 Th)
750 Karl Kraus, Mer lächelt, in: Die Fackel, Nr. 820–26, Wien, Ende Oktober 1929, S. 52
751 Ludwig Hirschfeld, Franz Lehars *Zarewitsch*, in: Neue Freie Presse, 19. Mai 1928
752 Hubert Marischka, Brief an Emmerich Kálmán, Wien, Oktober 1929 (ÖTM, Nachlass Hubert Marischka o. Sig.)
753 Ernst Decsey, zit. n. o. A., Warum Marischka das Theater an der Wien weitergibt, in: Die Stunde, Wien, 9. August 1928
754 Franz Lehár, o. T., in: Neues Wiener Journal, 11. August 1928
755 Ernst Decsey, An einer Ecke der Theatergeschichte. Zum ‚Standpunkt' Direktor Marischkas, in: Neues Wiener Tagblatt, 15. August 1928
756 Emmerich Kálmán, Der Roman eines Operettentheaters, in: Pester Lloyd, 12. August 1928
757 Alfred Grünwald, Ein Wort für Emmerich Kálmán, in: Wiener Allgemeine Zeitung, 19. August 1928
758 Alfred Grünwald, Brief an Emmerich Kálmán, Badgastein, 25. Juni 1927 (NYPL, Billy Rose Collection, Nachlass Alfred Grünwald)
759 Alfred Grünwald, Brief an Emmerich Kálmán, New York, 28. Juni 1944 (NYPL, Billy Rose Collection, Nachlass Alfred Grünwald)
760 Franz Lehár, Brief an Anton Lehár, Ischl, 28. Juli 1928 (Sammlung Norbert Linke, Borken)
761 Franz Lehár, Goethe in der Operette, in: Heute zum 100. Mal. Eine Rundfrage des Berliner Lokal-Anzeigers, 25. Dezember 1928
762 Kurt Tucholsky, Lehár am Klavier (1931), in: Ders., Gesammelte Werke, hrsg. v. Mary Gerold-Tucholsky und F. J.Raddatz, Reinbek 1972, Bd. 3, S. 923
763 Dr. Ludwig Herzer, Wie *Friederike* entstand, in: Die Bühne, 6. Jhg., Heft Nr. 224, Wien, 21. Februar 1929
764 o. A., in: Friederike. 25 Jahre Lehár. 1903/1928, Nebst Einführungen in Lehárs *Friederike* mit Noten von des Meisters Hand, in: Programmheftbeilage des Metropoltheaters, Berlin 1928, S. 23f.
765 Franz Lehár, zit. n. nn, Mit Franz Lehár am Flügel, in: Der Tag, 28. September 1928
766 Franz Rajna, Von der Ischler Operettenbörse, in: Pester Lloyd, 28. August 1927
767 Theodor W. Adorno, Frankfurter Opern- und Konzertkritiken. November 1930, in: Ders., Gesammelte Schriften 19, S. 191
768 Franz Lehár, zit. n. nn, Mit Franz Lehár am Flügel, in: Der Tag, Berlin, 28. September 1928
769 Theodor W. Adorno, Zur gesellschaftlichen Lage der Musik (1932), in: Ders., Gesammelte Schriften 18, Musikalische Schriften VI, Frankfurt a. M. 1984, S. 768

770 Franz Lehár, zit. n. o. A., Lehár, Wien und ‚Joujou'. Gespräch mit dem Meister, in: Neues Wiener Journal, 7. Dezember 1929
771 Ludwig Hirschfeld, Franz Lehars *Zarewitsch*, in: Neue Freie Presse, Wien, 19. Mai 1928
772 Franz Lehár, zit. n. o. A., Was Franz Lehár aus der Geschichte seiner Karriere erzählt, in: Die Stunde, 26. November 1927
773 Arthur Kahane, Die moderne Operette. Eine geisteswissenschaftliche Untersuchung, in: Die Scene, 19. Jg., Berlin März 1929, Heft 3, S. 73
774 Franz Lehár, zit. n. Kurt Tucholsky, Lehár am Klavier, S. 923
775 Ethel Matala de Mazza, Der populäre Pakt, S. 9
776 Mizzi Neumann, Aus der Zeit der Romantik. Zu Lehárs Singspiel *Friederike*, in: Neues Wiener Journal, 17. Februar 1929
777 Walter Benjamin, Das Kunstwerk im Zeitalter seiner technischen Reproduzierbarkeit. Drei Studien zur Kunstsoziologie, Frankfurt a. M. 1977, S. 15
778 Theodor W. Adorno, Arabesken zur Operette, S. 519
779 Dr. Erich Urban, Lehárs *Friederike*. Im erneuerten Metropoltheater, in: BZ am Mittag, 5. Oktober 1928
780 Hans Heinz Bollmann, zit. n. Karl Kraus, Was es jetzt gibt, in: Die Fackel, Nr. 806–809, Anfang Mai 1929, S. 24
781 Stefan Großmann, Die Brüder Rotter. Feuilleton, in: Freie Presse. Morgenblatt, 28. Januar 1933
782 Viktor Zuckerkandl, Goethe als Operettentenor. Lehárs *Friederike* im Metropoltheater, in: Tempo, 5. Oktober 1928
783 Karl Westermeyer, Lehár: „Friederike". Metropol-Theater, in: Berliner Tagblatt, 5. Oktober 1928
784 Moritz Loeb, Lehárs „Friederike". Die Wiedereröffnung des Metropoltheaters, in: Berliner Morgenpost, 6. Oktober 1928
785 Karl Kraus, Der Offenbach-Biograph schreibt, in: Die Fackel, Nr. 811–819, Anfang August 1929, S. 74
786 o. A., Germans and Operetta. Signs That Berlin Is Now Leading Vienna In This Little Matter, in: New York Times, 8. Dezember 1929
787 Karl Kraus, Was tut sich in Ischl ?, in: Ders., Die Fackel, Nr. 820–26, Ende Oktober 1929, , S. 50
788 Ernst Bloch, Lehár – Mozart, in: Ders., Zur Philosophie der Musik, Frankfurt a. M. 1974, S. 192ff. – Mit Karlheinz war der Studenten-Prinz aus *Alt-Heidelberg* gemeint.
789 Emil Faktor, Die Lustige Witwe. Metropoltheater, in: Berliner Börsen-Courier, 3. Januar 1929
790 Max Hansen, Spielen Sie mit der Massary?, in: Programmheft *Die lustige Witwe*, Metropoltheater 1928/29
791 Franz Lehár, An die Lustige Witwe, in: Programmheft *Die lustige Witwe*, Metropoltheater 1928/29
792 Ernst Bloch, Lehár – Mozart, S. 193
793 Franz Lehár, Der neue Weg der Operette, in: Neues Wiener Journal, 19. Oktober 1929
794 Theodor W. Adorno, Schlageranalysen, S. 786
795 Franz Lehár, zit. n. o. A., Franz Lehár, in: Hamburger 8 Uhr-Abendblatt, 4. August 1926
796 Karl Kraus, Lehár und die Sozialdemokratie, in: Nr. 838–844, September 1930, S. 53
797 Walter Benjamin, Das Kunstwerk im Zeitalter seiner technischen Reproduzierbarkeit., S. 33
798 Franz Lehár, o. T., in: Der Tag, Wien, 11. März 1924
799 Ernst Krenek, Zur Sprache gebracht. Essays über Musik, München 1958, S. 49
800 Beda, Antwort an Krenek, in: Neues Wiener Journal, 25. März 1929

801 Ferdinand Scherber, Lehárs *Giuditta*, besprochen von Prof. Ferdinand Scherber, in: Signale für die musikalische Welt, 92. Jhg., Berlin, 31. Januar 1934, Nr. 5, S. 66
802 Paul Knepler, Erinnerungen an Franz Lehár, Ort Jahr, o. S.
803 Theodor W. Adorno, Arabesken zur Operette, S. 517
804 Theodor W. Adorno, Frankfurter Opern- und Konzertkritiken. November 1930, S. 190
805 Franz Lehár, zit. n. Karl Kraus, Ernst ist das Leben, heiter war die Operette, in: Die Fackel, Nr. 313/14, 31. Dezember 1910, S. 16
806 nk., „Paganini". Die Lehár-Premiere im Künstlertheater, in: Der Tag, 2. Februar 1926
807 zit. n. o. A., Kammersänger Richard Tauber widmet sein Bild den Lesern der „Wiener Allgemeinen Zeitung", in: Wiener Allgemeine Zeitung, 8. Februar 1928
808 Paul Dessau, zit. n. Otto Schneidereit, Richard Tauber. Ein Leben – eine Stimme, Berlin 1988, S. 146
809 Werbetexte siehe: Martin Sollfrank, Richard Tauber. Weltstar des 20. Jahrhunderts, Dresden/Sargans 2014: Odeon-Werbung von 1927, S. 493, Odol-Werbung, S. 501, Das hohe C, S. 509, Mercedes-Benz-Werbung, S. 504ff.
810 Hans F. Redlich, Zur Typologie der Operette, in: Der Anbruch, 11. Jhg., März 1929, Heft 3, S. 98
811 Karl Kraus, Mer lächelt, in: Die Fackel, Nr. 820–26, Ende Oktober 1929, S. 52
812 Ernst Bloch, Brief vom 4. November 1928, in: Ders., Briefe 1903–1975, hrsg. von Karola Bloch u. a., Gesamtredaktion Uwe Opalka, Frankfurt a. M. 1985, Bd. 2, S. 412
813 Friedrich Holländer, Die Ballade vom weltfremden Richard (Erfolgsschlager der Nelsonrevue), in: Berliner Morgenpost, 13. Januar 1929
814 Emil Steininger, Wie Ischl von der Operette annektiert wurde, in: Neues Wiener Journal, 9. Juni 1929
815 Karl Kraus, Was tut sich in Ischl, in: Die Fackel, Nr. 820–826, Oktober 1929, S. 47f.
816 Franz Lehár, zit. n. n. r., Gespräch mit Franz Lehár, in: Wiener Allgemeine Zeitung, 29. Mai 1930
817 Richard Tauber, zit. n. o. A., Richard Tauber bei Franz Lehár, in: Neues Wiener Journal, 16. Juni 1929
818 Franz Lehár, Der neue Weg der Operette, in: Neues Wiener Journal, 19. Oktober 1929
819 Franz Lehár, zit. r., Gespräch mit Franz Lehár, in: Wiener Allgemeine Zeitung, 29. Mai 1930
820 Victor Léon, Erklärung, Wien, 10. Juli 1925 (Lehár-Schlössl)
821 Ludwig Herzer/Fritz Löhner-Beda, Brief an Franz Lehár, Ischl, 2. August 1929 (Lehár-Schlössl)
822 Herbert Ihering, Die Rotterwelt, in: Ders., Der Kampf ums Theater und andere Streitschriften 1918 bis 1933, Berlin 1974, S. 356f.
823 Erich Urban, Die Lehár-Premiere, in: BZ am Mittag, 11. Oktober 1929
824 Oscar Bie, Das Land des Lächelns, in: Berliner Börsen-Courier, 11. Oktober 1929
825 Ernst Bloch, Lehár – Mozart, S. 194
826 Theodor W. Adorno, Frankfurter Opern- und Konzertkritiken, S. 44
827 Richard Tauber, Bekenntnis zum Tonfilm, in: Neue Freie Presse, 3. Mai 1930
828 Richard Tauber, zit. n. Hasta., Gespräch mit Tauber und Lehár, in: Breslauer Neueste Nachrichten, 26. März 1930
829 Herbert Ihering, Der neue Tauberfilm, in: Börsencourier, 18. November 1930
830 o. A., Lehar kehrt ins Theater an der Wien zurück, in: Neues Wiener Journal, 1. Oktober 1929 – Vorhergegangen war ein Zerwürfnis mit Kálmán, der Grünwald und Marischka ihre Zusammenarbeit mit Oskar Straus bei *Marietta* übel genommen hatte.

831 Ludwig Hirschfeld, Jeritza-Gastspiel im Theater an der Wien, in: Neue Freie Presse, 20. September 1929
832 r., Lehar-Festkonzert, in: Neue Freie Presse, 25. September 1930
833 Franz Lehár, Telegramm an Arnold Schönberg, Baden-Baden, 20. Mai 1930, zit. n. Hans Heinz Stuckenschmidt, Schönberg. Leben. Umwelt. Werk, mit 42 Abbildungen, München 1989, S. 306
834 Theodor W. Adorno, Arabesken zur Operette, S. 516
835 Richard Tauber, zit. n. o. A., Richard Tauber ist bei schönstem Tenor und läßt die Wiener grüßen. Ein Telephonanruf des Künstlers aus dem Londoner Hyde-Park-Hotel, in: Der Morgen, 26. Mai 1931
836 Harold Conway, Can the £1,500-A-Week-Tenor Fill Drury Lane, in: Daily Mail, 29. April 1931 – Umrechnung s. Derek Scott, German operetta on Broadway and in the West End, 1900–1940, Cambridge/New York 2019, S. 146
837 o. A., Drury Lane. The Land of Smiles, in: The Times, 9. Mai 1930
838 George Grossmith Jr., G. G., London 1933, S. 278, zit. n. Derek Scott, German operetta on Broadway and in the West End, , 2019, S. 146 – „Ein indifferenter Schauspieler ohne jeden Anspruch, gut aussehen zu wollen, der einen seltenen Bühnenmagnetismus ausstrahlte."
839 o. A., Titel, in: Everbody's Weekly, London, 6. Juni 1932
840 Walter J. MacQueen-Pope and David Leslie Murray, Fortune's Favourite, S. 202
841 D. C. F., The Land of Smiles, in: Theatre World, Juli 1932, S. 13. zit. n. Derek Scott, German operetta on Broadway and in the West End, 2019, S. 148 – „Herr Tauber mit der goldenen Stimme und dem launischen Kehlkopf."
842 Richard Tauber, Ich werde wieder Oper singen. Aus einem Gespräch, in: Neues Wiener Journal, 23. Juni 1932
843 Moritz Loeb, Schön ist die Welt, in: Berliner Allgemeine Zeitung, 4. Oktober 1930
844 Alfred Einstein, Schön ist die Welt, in: Berliner Tageblatt, 4. Dezember 1930
845 Franz Lehár, Brief an Fritz Paul Jentz, Wien, 17. Mai 1926 (Korrespondenzbuch 1924–1926, Lehár-Villa, Bad Ischl)
846 Klaus Pringsheim, Schön ist die Welt, in: Vorwärts, 4. Dezember 1930
847 Alfred Einstein, Schön ist die Welt, in: Berliner Tageblatt, 4. Dezember 1930
848 Oscar Bie, Schön ist die Welt, in: Börsencourier, 4. Dezember 1930
849 o. A., Hinter den Kulissen, in: Neues Wiener Journal, 25. Dezember 1931
850 Nico Dostal, An's Ende deiner Träume kommst du nie. Berichte. Bekenntnisse. Betrachtungen, Innsbruck 1982, S. 123
851 Franz Lehár, Wie es zum „Krach" kam, in: Neues Wiener Journal, 28. Dezember 1930 - Ausführlich in: Peter Kamber, Fritz und Alfred Rotter. Ein Leben zwischen Theaterglanz und Tod im Exil, Leipzig 2020, S. 170ff.
852 Fritz Rotter, zit. n. o. A., Direktoren, die Stars sind. Gespräch mit Direktor Fritz Rotter und Friedmann-Fredrichs, in: Neues Wiener Journal, 14. Januar 1931
853 Franz Lehár, zit. n. Karl Kraus, Woran sie arbeiten, in: Die Fackel, Nr. 838–844, September 1930, S. 58
854 Franz Lehár, Wie es zum „Krach" kam, in: Neues Wiener Journal, 28. Dezember 1930
855 Otto Howorka, Plauderstunde mit Franz Lehar, in: Reichspost, 21. September 1930
856 Franz Lehar, Brief an Bela Jenbach, Wien, 9. März 1931 (Sammlung Wolf-Kocsy, Wien)
857 Franz Lehár, zit. n. o. A., Franz Lehár und Richard Tauber aus London zurück, in: Wiener Allgemeine Zeitung, 29. Juli 1931

858 Richard Tauber, zit. n. o. A., Kammersänger Richard Tauber, Mein Seitensprung nach sechsjähriger Lehár-Ehe, in: Neues Wiener Journal, 6. Januar 1932
859 Fritz Löhner-Beda, Brief an Victor Léon, 13. Januar 1931 (Nachlass Victor Léon 25/2.1.2.81), zit. n. Barbara Denscher, Der Operettenlibrettist Victor Léon, S. 375
860 Genossenschaft dramatischer Schriftsteller und Komponisten, Brief an Victor Léon, 23. Januar 1931 (Nachlass Victor Léon 28/2.1.8.), zit. n. Barbara Denscher, Der Operettenlibrettist Victor Léon, S. 376
861 Fritz Löhner-Beda, Brief an Victor Léon, 13. Januar 1931 (Nachlass Victor Léon 25/2.1.2.81), zit. n. Barbara Denscher, Der Operettenlibrettist Victor Léon, S. 375
862 Victor Léon, Brief an Alfred Grünwald, 13. Juli 1931 (Nachlass Victor Léon 30/2.2.3), zit. n. Barbara Denscher, Der Operettenlibrettist Victor Léon, S. 377
863 Alfred Grünwald, Brief an Victor Léon, 29. Juli 1931 (Nachlass Victor Léon 24/2.1.2.40), zit. n. Barbara Denscher, Der Operettenlibrettist Victor Léon, S. 377
864 Alfred Grünwald, Brief an Victor Léon, 15. September 1931 (Nachlass Victor Léon 24/12.1.2.40), zit. n. Barbara Denscher, Der Operettenlibrettist Victor Léon, S. 378
865 Richard Tauber, zit. n. o. A., Kammersänger Richard Tauber, Mein Seitensprung nach sechsjähriger Lehár-Ehe, in: Neues Wiener Journal, 6. Januar 1932 - Immerhin schuldeten ihm die Rotters „für *Schön ist die Welt* noch 12.000 Mark". Tauber wiederum hatte im August 1931 den Rotters mit 80.000 Reichsmark aus der finanziellen Patsche geholfen - „für das Herausstellen einer kleinen Freundin im *Lessing-Theater*" [wahrscheinlich Mary Losseff], wie Ludwig Apel, der Schwager von Alfred Rotters Frau, zu Protokoll gab (Peter Kamber, Fritz *und* Alfred Rotter, S. 281/227).
866 Richard Tauber, zit. n. o. A., *Schön ist die Welt*. Gespräch mit Richard Tauber, in: Neues Wiener Journal, 11. Oktober 1931
867 Franz Lehár, zit. n. km, Franz Lehár über seine Jeritza-Operette, in: Wiener Allgemeine Zeitung, 9. September 1931
868 Dr. Fritz Löhner-Beda, Lehár nimmt Stellung. Zu seinem 60. Geburtstag, in: Neues Wiener Journal, 30. April 1930
869 Erwin Engel, An Meister Lehár, in: Weltspiegel. Illustrierte Nachrichten aus dem Weltspiegelkino, Wien Sept./Okt. 1935
870 Ralph Benatzky, Tagebucheintrag 6. April 1933, in: Ders., Benatzky-Tagebücher, Bd. VI (Mikrofiche-Kopie, Akademie der Künste, Berlin)
871 Hermann Göring, zit. n. Fritz Rotter, zit. n. Paul Erich Marcus (PEM), Und der Himmel hängt voller Geigen. Glanz und Zauber der Operette, Berlin 1955, S. 157 - Als Quelle dafür wiederum gibt PEM den Staatssekretär Otto Meißner an.
872 Peter Kamber, E-Mail an den Autor, 14. Januar 2020
873 Franz Röckle, Verhör, 6. April 1933 (Untersuchungsakten zum Überfall auf die Rotters am 5. April 1933, Liechtensteinisches Landesarchiv, Vaduz), zit. n. Peter Kamber, Fritz *und* Alfred Rotter, S. 351 - Dort auch der ausführliche Bericht der Aktion.
874 Anton Lehár, Brief an den Vorstand der GEMA, 8. Mai 1933 (BA – R55/1138, S. 197)
875 Franz Lehár, Brief an Joseph Goebbels, Wien, 11. Mai 1933 (BA – R55/1138, S. 191)
876 Franz Lehár, In eigener Sache! Meine Werke sollen in Deutschland boykottiert werden, in: Neues Wiener Journal, 7. Juli 1933 – Am selben Tag unter dem Titel „Eine Erklärung Franz Lehárs" wörtlich auch in der Neuen Freie Presse und im Neuen Wiener Tagblatt erschienen.
877 o. A., Es geht auch ohne Lehár!, in: Der Berliner Herold, 23. Juli 1933
878 Franz Lehár, Meine *Frasquita*-Premiere in Paris, in: Neues Wiener Journal, 10. Mai 1933

879 Die schwarze Liste, in: KFM-Kulturkorrespondenz für Musik, Nr. 5, 16. Mai 1933 (BA – R 55/1138, S. 24)
880 Martin Sollfrank, Musik war sein Leben. Richard Tauber. Weltstar des 20. Jahrhunderts, S. 160 – „Dank seinem Chauffeur Emil Bischoff und den Stiefbrüdern [Robert und Otto Hasé-Tauber] konnte Schlimmeres verhindert werden."
881 Richard Tauber, Erklärung an den preussischen Theaterausschuß im Kultusministerium, Den Haag, 25. Mai 1933 (BA – RK 2200/Richard Tauber, BDC)
882 Erich Mauch, Brief an Hans Hinkel, Berlin, 6. Juni 1933 (BA – RK 2200/Richard Tauber, BDC)
883 Hans Hinkel (M. d. R.), Brief an Erich Mauch, Berlin, 12. Juni 1933 (BA – RK 2200/Richard Tauber, BDC)
884 Ralph Benatzky, Tagebucheintrag vom 1. Januar 1928, in: Ralph Benatzky, Tagebücher, Bd. II (Mikrofiche-Kopie, Akademie der Künste, Berlin)
885 Joseph Goebbels, Tagebucheintrag vom 12. Juli 1938, in: Die Tagebücher von Joseph Goebbels. Sämtliche Fragmente, hrsg. v. Elke Fröhlich im Auftrag des Instituts für Zeitgeschichte und in Verbindung mit dem Bundesarchiv, Teil I – Aufzeichnungen 1924–1941, Band 5: Dezember 1937 – Juli 1938, bearb. von Elke Fröhlich, München 2000, S. 377
886 A. F. K., Lehár, Tauber, Klabund und *Kreidekreis*, in: Die Wahrheit, Berlin, 3. Februar 1934
887 Clemens Krauss, zit. n. Clemens Höslinger, „Leichtes Genre" in schweren Zeiten. Franz Lehárs *Giuditta* und das Wiener Opernmilieu im Krisenjahr 1934, in: Bekenntnis zur österreichischen Musik in Lehre und Forschung. Festschrift für Eberhard Würzl zum achtzigsten Geburtstag am 1. November 1995, hrsg. von Walter Pass, Wien 1996, S. 105
888 Clemens Krauss, zit. n. Dr. Walter Nagelstock, Schwerer Konflikt zwischen Franz Lehár und der Oper, in: Neues Wiener Journal, 18. Juni 1933
889 Edmund Eysler, Brief an Hubert Marischka, Wien, 2. Februar 1933 (ÖTM, Nachlass Hubert Marischka A35902 MarM E105) – Bezieht sich auf einen allerdings erst am 3. Februar erschienenen Artikel.
890 Gertrud Marischka, Biographie Hubert Marischka, S. 132 – Sie war damals nicht dabei, sondern gibt die Version ihres Mannes wieder.
891 Ernst Decsey, Reizung ungereizter Nerven. Ausgrabung der Mumie, in: Neues Wiener Tagblatt, 11. Februar 1933
892 Clemens Krauss, Ich möchte Lehárs *Giuditta* während der Festwochen bringen. Eine Aufführung im Herbst unmöglich, in: Neues Wiener Journal, 14. März 1933
893 Carl Marilaun, Die Jeritza hört Franz Lehárs *Giuditta*. Kleine Uraufführung von Lehárs neuem Werk im Hause des Meisters, in: Neues Wiener Journal, 28. April 1933
894 Ludwig Hirschfeld, Der erste Jeritza-Film, in: Neue Freie Presse, 14. Oktober 1933
895 Franz Lehár, Über seine Giuditta, in: Neues Wiener Tagblatt, 17. Jänner 1934
896 Franz Lehár, Brief an Paul Knepler, Wien, 15. Juni 1932 (Korrespondenz Paul Knepler, Wienbibliothek, Handschriftenabteilung, I.N. 190.070)
897 Paul Knepler und Fritz Löhner-Beda, „Plein pouvoir" für Lehár, Wien, 23. Oktober 1931 (Lehár-Schlössl)
898 Franz Lehár, zit. n. Autor?, Franz Lehár und die Staatsoper. Ein Gespräch über sein neuestes Werk, in: Wiener Allgemeine Zeitung, 13. Juli 1932
899 Franz Lehár, zit. n. o. A., Franz Lehár bei Max Reinhardt in Salzburg, in: Neues Wiener Journal, 14. August 1932
900 Brief Herrn Eckmanns von der Bundestheaterverwaltung an Hubert Marischka vom Juni 1933

(Bthv 1933:1015/1), zit. n. Susanne Rode-Breymann, Die Wiener Staatsoper in den Zwischenkriegsjahren. Ihr Beitrag zum zeitgenössischen Musiktheater, Tutzing 1994, S. 172f.
901 Hubert Marischka, Auf *Giudittas* Spuren in Sizilien und Tripolis, in: Neues Wiener Journal, 14. Mai 1933
902 Bernard Grun, Gold und Silber, S. 270
903 Friedrich Nietzsche, Der Fall Wagner, Stuttgart 1973, S. 91
904 Valentin Schwarz, Die entsubjektivierte Chimäre. Paarkomplikationen und Gattungsprobleme in Franz Lehárs Musikalischer Komödie *Giuditta*. Diplomarbeit, Universität für Musik und darstellende Kunst Wien, 2011, S. 122
905 Theodor W. Adorno/Max Horkheimer, Dialektik der Aufklärung, S. 96f.
906 Theodor W. Adorno/Max Horkheimer, Dialektik der Aufklärung, S. 181
907 Valentin Schwarz, Die entsubjektivierte Chimäre, S. 122
908 Franz Lehár, zit. n. o. A., Lehárs *Giuditta*. Gespräch mit dem Komponisten, in: Wiener Zeitung, 4. Juni 1933
909 Hugo von Hofmannsthal, Brief an Richard Strauss, 10. September 1910, in: Richard Strauss – Hugo von Hofmannsthal Briefwechsel. Gesamtausgabe, im Auftrag von Franz und Alice Strauss hrsg. von Willi Schuh, Zürich 1964, S. 103
910 Hugo von Hofmannsthal, Brief an Richard Strauss, 26. Juli 1928, in: Richard Strauss – Hugo von Hofmannsthal Briefwechsel, S. 650f.
911 Franz Lehár, zit. n. PP, Franz Lehár über seine *Giuditta*, Neues Wiener Tagblatt, 17. Jänner 1934
912 Victor Junk, Wiener Musik, in: Zeitschrift für Musik, 101. Jhg., März 1934, Heft 3, S. 301
913 Richard Tauber, zit. n. K. M., Ein Gastspiel Richard Taubers an der Wiener Staatsoper, Wiener Allgemeine Zeitung, 9. Juli 1932
914 Franz Lehár, zit. n. Erich Müller, Da geh ich ins Maxim, in: Große Österreichische Illustrierte, 9. Januar 1955
915 Theodor W. Adorno, Die Geschichte der deutschen Musik von 1908–1933, in: Ders., Gesammelte Schriften 19, S. 623
916 Theodor W. Adorno, Ästhetische Theorie, in: Ders., Gesammelte Schriften 7, hrsg. von Rolf Tiedemann unter Mitwirkung von Gretel Adorno, Susan Buck-Morss und Klaus Schultz, Frankfurt a. M. 1970, S. 58
917 Valentin Schwarz, Die entsubjektivierte Chimäre, S. 125
918 Franz Lehár, Giuditta zum Geleite, in: Programmheft des Stadttheaters Nürnberg, Spielzeit 1939/40, S. 107
919 o. A., Giuditta bei Tag, in: Illustrierte Kronen-Zeitung, 19. Januar 1934
920 Ludwig Ullmann, Die große Lehár-Sensation, in: Wiener Allgemeine Zeitung, 15. Januar 1934
921 Jarosch, Giuditta, Lehár-Premiere in der Staatsoper, in: Wiener Neueste Nachrichten, 21. Jänner 1934
922 zit. n. Marcel Prawy (im Gespräch mit dem Autor im Oktober 1999)
923 Ernst Decsey, Der Esel Aristoteles. Graue Gedanken im glänzenden Haus, in: Neues Wiener Tagblatt, 27. Jänner 1934
924 Julius Korngold, Staatsoper, in: Neue Freie Presse, Wien, 21. Januar 1934
925 Ernst Decsey, Der Esel Aristoteles, in: Neues Wiener Tagblatt, 27. Jänner 1934
926 Paul Abrahám, Brief an Hubert Marischka, Wien, 22. März 1934 (ÖTM, Nachlass Hubert Marischka? AMarM A36470 E1057).
927 Emmerich Kálmán über Franz Lehár. Randbemerkungen zur *Giuditta*-Premiere, in: Neues Wiener Journal, 23. Januar 1923

928 Vera Kálmán, zit. n. Georg Markus, Dabei wär'n selbst die größten Komponisten von Gott verlassen ohne Librettisten, in: Henry Grunwald, Ein Walzer muss es sein, Wien 1991, S. 114f.
929 o. A., Titel, in: Zeitschrift für Musik. Monatsschrift für die geistige Erneuerung der deutschen Musik, gegr. 1834 von Robert Schumann, hrsg. von Gustav Bosse, 100. Jhg., Berlin/Köln/Leipzig/Regensburg/Wien, November 1933, Heft 11, S. 1184ff.
930 Kulturpolitisches Archiv der Dienststelle Rosenberg, Brief an den Ortsverband Halle der NS-Kulturgemeinde 27. November 1934, Akt CXLV-604, zit. n. Joseph Wulf, Musik im Dritten Reich. Eine Dokumentation, Frankfurt a. M./Berlin/Wien 1983, S. 322
931 Informationen des Kulturpolitischen Archivs im ‚Amt für Kunstpflege' beim Beauftragten des Führers für die gesamte geistige und weltanschauliche Erziehung der N.S.D.A.P. – Vertraulich!, Berlin 9. Januar 1935 (BA – NS 15/187, Erste Folge, S. 1)
932 Staatsrat Dr. Hans Severus Ziegler, Entartete Musik. Eine Abrechnung, Düsseldorf 1938, S. 26, zit. n. Entartete Musik. Dokumentation und Kommentar, hrsg. v. Albrecht Dümling und Peter Girth, Düsseldorf 1993, S. 187
933 Kulturpolitisches Archiv der Dienststelle Rosenberg, Brief an den Ortsverband Halle der NS-Kulturgemeinde 27. November 1934, Akt CXLV-604, zit. n. Joseph Wulf, Musik im Dritten Reich, S. 322
934 Dr. Herbert Gerigk, Kulturpolitisches Archiv Berlin, Brief an die NS-Kulturgemeinde, Ortsverband Freiburg, Berlin, 3. August 1935 – Dr. Franz Kerber, Oberbürgermeister der Stadt Freiburg, Brief an die NS-Kulturgemeinde, Ortsverband Freiburg, Freiburg, 4. September 1935 – Franz Prandhofer, Leiter der NS-Kulturgemeinde Freiburg, Brief an das NS-Kulturpolitische Archiv, Freiburg, 8. September 1935 (BA – NS 15/97, Bl. 64, 67, 68, 70)
935 Hubert Marischka, Brief an Franz Lehár, Wien, 6. August 1932 (WA – Verlagskorrespondenz 1929–1942)
936 Franz Lehár, Brief an Hubert Marischka, Wien, 28. Juni 1934 (WA – Verlagskorrespondenz 1929–1942)
937 Franz Lehár, Brief an Anton Lehár, zit. n. Anton Lehár, Erinnerungen, Bergauf – bergab. Erneut bergauf! Musikverleger, S. 33f.
938 Franz Lehár, Brief an den Bühnenvertrieb und Musikverlag W. Karczag, Wien, 11. Februar 1935 (ÖTM, Nachlass Hubert Marischka, o. Inr.)
939 Offizielle Erklärung Dr. Fraenkels, abgegeben am 16. August 1950, zit. n. Bernard Grun, Gold und Silber, S. 275
940 Gertrud Marischka, o. T. – Biographie Hubert Marischka, S. 129ff.
941 Gertrud Marischka, Biographie Hubert Marischka, S. 138
942 Wiener Stadt- und Landesarchiv. HRA 10.992, Handelsgericht Wien am 12. März 1935
943 Alfred Grünwald, Brief an Emmerich Kálmán, New York, 14. Juli 1949 (NYPL, Billy Rose Collection, Nachlass Alfred Grünwald)
944 Franz Lehár, zit. n. Musik im Film muß sein! Eine Rundfrage an die Komponisten, in: Mein Film, 1933, Nr. 374, S. 3 (WA/367)
945 Samuel Marx, zit. n. Richard Koszarski, The man You Loved to hate, Oxford 1983, S. 151, zit. n. Erich von Stroheim, hrsg. v. Wolfgang Jacobsen, Helga Belach und Nobert Grob, Berlin 1994, S. 115 – MGM hatte die Rechte 1923 von Henry W. Savage erworben, der sie wiederum Lehárs Pariser Agenten Hermann Tausky abgekauft hatte, wofür $ 6.000 an Lehár gegangen waren.
946 Franz Lehár, zit. n. Franz Lehár über die Verfilmung der *Lustigen Witwe*, in: o. A., Mein Film, (WA/Film)
947 Maurice Chevalier, zit. n. Egon Michael Salzer, Maurice Chevalier verfilmt die *Lustige Witwe*.

Gespräch mit dem berühmten Tonfilmstar, in: Neues Wiener Journal, 29. November 1933
948 Franz Lehár, zit. n. o. A., Fahren Sie nach Hollywood, Meister Lehár? Franz Lehárs Antwort, in: Neues Wiener Journal, 11. Januar 1934
949 B. J. Kospoth, Lehár Says His Reputation in U. S. Was Ruined by Counterfeit Music, in: New York Herald Tribune, Paris, 3. November 1935
950 Fr. Tauer [Der Vorname erscheint, wie schon bei ihrer Vorgängerin Frau Herz, auf keinem Dokument und ist auch der jetzigen Leitung des Glocken-Verlags nicht bekannt.], Brief an J. J. Shubert, Wien, 30. September 1936 (WA/Verlagskorrespondenz 1929–1942)
951 Fr. Tauer, Brief an Franz Lehár, Wien, 25. September 1936 (WA/Verlagskorrespondenz 1929–1942)
952 Franz Lehár, Brief an RA Dr. Klein, Berlin, 1. März 1937 (WA/Verlagskorrespondenz 1929–1942) – Die Produktion (Text: Edward Eliscu, Musikalische Bearbeitung: Hilding Anderson und William Challis) kam nur auf 95 Aufführungen.
953 J. J. Shubert, zit. n. Robert Coleman, Shuberts Will Present Lehár Cycle in New York, Merry Widow's Genius Likes The Plan, in: Daily Mirror, New York, 9. Dezember 1936
954 Alan Dent, Thick and Thin. The Tauber-Paganini Variations, in: Sunday Times, 23. Mai 1937
955 Franz Lehár, Ich bin noch zu jung, um nicht zu komponieren, in: Neues Wiener Journal, 26. Juli 1936
956 Franz Lehár, zit. n. Franz Lehár sagt aus, in: Zeitungsausschnitt aus Konvolut Giuditta (ÖNB Handschriftensammlung)
957 Karl Kraus, Und dann kommt plötzlich ein Tag, in: Die Fackel, Nr. 876–884, Mitte Oktober 1932, S. 121
958 o. A., o. T., in: Das Tiermagazin. Offizielles Organ des österreichischen Tierschutzvereins, 32. Jhg. Nr. 2, 1932
959 Ottilie Léon, Brief an Victor Léon, 25. Juli 1937 (Wienbibliothek, Nachlass Victor Léon 23/2.1.1.8.), zit. n. Barbara Denscher, Der Operettenlibrettist Victor Léon, S. 468
960 Victor Léon, Menagerie-Direktor Franz Lehár. Wahrheitsgetreue Reportage, in: Neues Wiener Journal, 25. Juli 1937
961 Der Vorhang. Blätter des Deutschen Opernhauses Berlin, Heft 13, 1. Juni 1936, zit. n. Ingrid Grünberg, „Wer sich die Welt mit einem Donnerschlag erobern will …". Zur Situation und Funktion der deutschsprachigen Operette in den Jahren 1933 bis 1945, in: Musik und Musikpolitik im Faschistischen Deutschland, hrsg. v. Hanns-Werner Heister und Hans-Günther Klein, Frankfurt a. M. 1984, S. 230f.
962 Joseph Goebbels, Tagebucheintrag vom 3. Oktober 1936, in: Die Tagebücher von Joseph Goebbels, Bd. 2, S. 692
963 Albert Speer, Spandauer Tagebücher, Frankfurt a. M./Berlin/Wien 1975, S. 157
964 Joseph Goebbels, Tagebucheintrag vom 30. November 1936, in: Die Tagebücher von Joseph Goebbels, Bd. 2, S. 741
965 Joseph Goebbels, Tagebucheintrag vom 1. Mai 1937, in: Die Tagebücher von Joseph Goebbels, Bd. 3, S. 130
966 Götz Aly, Hitlers Volksstaat. Raub, Rassenkrieg und nationaler Sozialismus, Frankfurt a. M. 2005, S. 36, zit. n. Matthias Kauffmann, Operette im ‚Dritten Reich'. Musikalisches Unterhaltungstheater zwischen 1933 und 1945, Musik im ‚Dritten Reich' und im Exil – Band 18, Neumünster 2017, S. 154
967 Peter Herz, Der Fall Lehár. Eine authentische Darlegung von --, in: Die Gemeinde, Wien, 24. April 1968

968   Herbert Gerigk, Die leichte Musik und der Rassegedanke, in: Nationalsozialistische Monatshefte, Januar 1936, zit. n. Joseph Wulf, Musik im Dritten Reich, S. 360
969   Fr. Tauer, Brief an Franz Lehár, Wien, 22. September 1936 (WA/Verlagskorrespondenz 1929–1942)
970   Fr. Tauer, Brief an Franz Lehár, Wien, 30. Mai 1936 (WA/Verlagskorrespondenz 1929–1942) – Er machte sie zusammen mit Tauber im Januar, Februar 1937 dann doch mit.
971   Fr. Tauer, Brief an Franz Lehár, Wien, 14. April 1937 (WA/Verlagskorrespondenz 1929–1942)
972   Richard Strauss, Brief an Max von Schillings, Garmisch, 29. November 1930, in: Roswitha Schlötter, Richard Strauss – Max von Schillings. Ein Briefwechsel, Pfaffenhofen 1987, S. 228
973   Richard Strauss, Brief an Otto Laubinger, Garmisch, 12. Dezember 1934, in: Der Strom der Töne trug mich fort. Die Welt um Richard Strauss in Briefen, in Zusammenarbeit mit Franz und Alice Strauss hrsg. v. Franz Grasberger, Tutzing 1967, S. 357
974   Georg Bollenbeck, Tradition, Avantgarde, Reaktion. Deutsche Kontroversen um die kulturelle Moderne 1880–1945, Frankfurt a. M. 1999, S. 332f., zit. n. Matthias Kauffmann, Operette im ‚Dritten Reich', S. 158
975   Richard Strauss, Brief an Stefan Zweig, Garmisch 28. Juni 1935, in: Richard Strauss – Stefan Zweig. Briefwechsel, Frankfurt a. M. 1957, S. 144
976   Herbert Gerick, Die leichte Musik und der Rassegedanke, in: Nationalsozialistische Monatshefte, Nr. 70, Januar 1936, zit. n. Joseph Wulf, Musik im Dritten Reich, S. 360
977   Hans Severus Ziegler, Brief an Fred K. Prieberg, 18. Januar 1965, zit. n. Fred K. Prieberg, Musik im NS-Staat, Frankfurt a. M. 1989, S. 212
978   Werner Egk, Die Zeit wartet nicht, Percha/Kempfenhausen 1973, S. 342f.
979   Joseph Goebbels, zit. n. Völkischer Beobachter, Berlin, 28. November 1936
980   Franz Lehár, Brief an Hans Hinkel, Bad Ischl, 1. September 1943 (BA – RKK 2300/BDC)
981   Richard Strauss, Brief an Clemens Krauss, 24. Januar 1940, in: Richard Strauss – Clemens Krauss Briefwechsel, ausg. und hrsg. von Götz Klaus Kende und Willi Schuh, München 1964, S. 108
982   Hugo von Hofmannsthal, Brief an Richard Strauss, Rodaun, 26. Juli 1928, in: Richard Strauss – Hugo von Hofmannsthal Briefwechsel, S. 650f.
983   Alma Mahler-Werfel, Mein Leben, Frankfurt a. M. 1981, S. 299
984   Alfred Polgar, Der Unbestechliche, in: Prager Zeitung, 20. März 1923
985   Franz Lehár, Eintrag vom 11. November, in: Kalender 1937 (ÖNB Handschriftensammlung Cod. Ser. n. 14385)
986   Peter Herz, Gestern war ein schöner Tag. Liebeserklärung eines Librettisten an die Vergangenheit, Wien 1985, S. 179
987   Charles Kálmán, Brief an den Autor, München, Januar 1998
988   Alfred Grünwald, Brief an Emmerich Kálmán, New York, 17. Juni 1944 (NYPL, Billy Rose Collection, Nachlass Alfred Grünwald)
989   Alfred Grünwald, Brief an Franz Lehar, Paris, 15. September 1938 (Lehár-Schlössl)
990   Franz Lehár, Brief an Alfred Grünwald, Wien, 22. September 1938 (Lehár-Schlössl)
991   Anna Hebein-Stift, Eidesstattliche Erklärung, 7. Februar 1972 (Archiv Francis P. Lehár, Manchester, Mass. / Vgl. Léon-Nachlass 32/2.3.2.5.1.)
992   Willi Forst, zit. n. Robert Dachs, Willi Forst. Eine Biographie, Wien 1986, S. 113
993   Louis Treumann, Die letzten zwei Postkarten an Max Brod aus dem KZ, Theresienstadt, 15. November und Ende Dezember 1942 (Sammlung Thomas Schulz, Wien)
994   o. A. [Maag], Kulturspiegel, in: Basler National-Zeitung, 1./2. März 1947

995 Franz Lehár, Brief an Dr. Erich Bielka, Zürich, 14. März 1947 (ÖNB Handschriftensammlung, 1261/12-3)
996 Rosa Albach-Retty, So kurz sind hundert Jahre. Erinnerungen, aufgezeichnet von Gertrud Svoboda-Srncik, München/Berlin 1978, S. 238
997 Aus einer Rede der NSDAP-Versammlung im Hofbräuhaus, München, 13. August 1920: Warum sind wir Antisemiten?, zit. n. Hitler. Sämtliche Aufzeichnungen 1905–1924, hrsg. von Eberhard Jäckel zusammen mit Axel Kuhn, in: Quellen und Darstellungen zur Zeitgeschichte, Bd. 21, Stuttgart 1980, S. 197
998 Aus einer Rede der NSDAP-Versammlung im Thomasbräu, München, 2. November 1922: Positiver Antisemitismus der Bayerischen Volkspartei, zit. n. Der Völkische Beobachter, 4. November 1922, in: Hitler. Sämtliche Aufzeichnungen 1905–1924, S. 718
999 Dr. Henry Picker, Hitlers Tischgespräche im Führerhauptquartier. Hitler wie er wirklich war, Vollständig überarbeitete und erweiterte Neuausgabe mit bisher unbekannten Selbstzeugnissen Adolf Hitlers, Abbildungen, Augenzeugenberichten und Erläuterungen des Autors, Stuttgart 1976, S. 252 – Furtwängler debütierte am 8. Februar 1907 in Zürich mit der *Lustigen Witwe*.
1000 Albert Speer, Spandauer Tagebücher, S. 101
1001 Johannes Heesters, Es kommt auf die Sekunde an, München 1978, S. 127
1002 Joseph Goebbels, Tagebucheintrag vom 20. November 1937, in: Die Tagebücher des Joseph Goebbels, Bd. 3, S. 341
1003 Franz Lehár, Eintrag vom 18. November, in: Kalender 1937 (ÖNB Handschriftensammlung Cod. Ser. n. 14385)
1004 Wilhelm Rode, Generalintendant des Deutschen Opernhauses Berlin, Schreiben an den Reichsminister für Volksaufklärung und Propaganda, Berlin, 23. Februar 1939 (BA – R55/989, S. 159)
1005 Joseph Goebbels, Tagebucheintrag vom 4. und 19. Januar 1939, in: Tagebücher des Joseph Goebbels, Bd. 3, S. 553, 556
1006 Franz Lehár, Telegramm an Zarah Leander, 30. Juli 1939, in: Kalender 1939 (Lehár-Villa, Bad Ischl)
1007 Völkischer Beobachter, München, 1./2. Januar 1939, zit. n. Klaus Kieser, Das Gärtnerplatztheater in München 1932–1944. Zur Operette im Nationalsozialismus, Frankfurt a. M./Bern/New York/Paris 1991, S. 92
1008 Fritz Fischer, zit. nach Berichte, die Fritz Fischer in seinem Leben gegeben hat vom 8. August bis 19. August 1970 in Oberstdorf, S. 57ff. (Privatarchiv des Autors)
1009 Berichte, die Fritz Fischer in seinem Leben gegeben hat, S. 62.
1010 Völkischer Beobachter (München), 1./2. Januar 1939, zit. nach Klaus Kieser, Das Gärtnerplatztheater in München 1932–1944, S. 92.
1011 Franz Lehár, Brief an Herrn Fleischer (Glocken-Verlag) [Auch bei ihm erscheint der Vorname auf keinem Dokument und ist der jetzigen Leitung des Glocken-Verlags nicht bekannt.], Bad Ischl, 21. September 1941 (WA/Verlagskorrespondenz 1929–1942)
1012 Franz Lehár, Brief an Joseph Goebbels, Wien, 5. April 1942 (Lehár-Schlössl)
1013 Heinz Hentschke, Brief an Franz Lehár, Berlin, 10. April 1942 (Lehár-Schlössl)
1014 Matthias Kauffmann, Operette im ,Dritten Reich', S. 14
1015 Vgl. Günther Schwarberg, Dein ist mein ganzes Herz. Die Geschichte von Fritz Löhner-Beda, der die schönsten Lieder der Welt schrieb, und warum Hitler ihn ermorden ließ, Göttingen 2000, S. 157 – Lehár feierte stattdessen in Budapest.
1016 Karl Riebe, Interview mit Franz Lehár, Reichssender Wien, 17. April 1940 (DRA 2822477 01/004/FFM)

1017 Abteilung T. des Propagandaministeriums an Herrn Minister, Berlin, 5. April 1940, und Abteilungsleiter Propaganda an den Herrn Minister, Berlin, 11. April 1940 (BA – R55/1136, S. 301–303)
1018 Joseph Goebbels, Tagebucheintrag vom 17. September 1940, in: Die Tagebücher des Joseph Goebbels, Bd. 4, S. 328
1019 Alfred Grünwald, Brief an Emmerich Kálmán, New York, 20. Juli 1941 (NYPL, Billy Rose Collection, Nachlass Alfred Grünwald)
1020 Coco, zit. n. Peter Herz, Gestern war ein schöner Tag, S. 156
1021 Dr. Sigmund Fraenkel, Brief an Dr. Veit Wyler (Rechtsanwalt in Zürich), London, 5. April 1947 (ÖNB Handschriftensammlung o. Inr.)
1022 Franz Lehár, Brief an Hans Hinkel, 3. November 1938 (BA – RKK 2300/Personalakte Lehár, Franz, 30.4.70, Berlin Document Center)
1023 Franz Lehar, Telegramm mit Adressatenliste, Juli 1942 (Lehár-Villa, Bad Ischl/F.L. 523)
1024 Franz Lehár, Telegrammentwürfe vom 12. Januar und 28. Oktober 1940, in: Notizbuch Franz Lehárs 1939–1941 (Lehár-Villa, Bad Ischl)
1025 Joseph Goebbels, Tagebucheintrag 2. Juli und 17. Juni 1938, in: Die Tagebücher des Joseph Goebbels, Bd. 3, S. 470, 458
1026 Hugo Hofer im Gespräch mit dem Autor im September 1997
1027 Franz Lehár, Briefe an Hans Hinkel, Wien, 27. Juli und 19. August 1938 (BA – RKK 2300, BDC)
1028 Vorschlag für die Verleihung des Titels „Professor", Propagandaministerium, Berlin, 20. April 1940 (BA – R55/1136, S. 316)
1029 Peter Herz, Die Ehrenarierin. Die Tragik im Leben der jüdischen Gattin Franz Lehárs, in: Die Gemeinde, Wien, 10. April 1973
1030 Franz Lehár, Brief an Dr. Erich Bielka, Zürich, 14. März 1947 (ÖNB Handschriftensammlung, 1261/12-3)
1031 Franz Lehár, Telegramm an den Glockenverlag, 26. Juni 1940, in: Kalender 1940 (Lehár-Villa, Bad Ischl)
1032 Emil Steininger, Brief an Alfred Grünwald, Wien, 19. Februar 1941 (NYPL, Billy Rose Collection, Nachlass Alfred Grünwald)
1033 ORR Hamel, Ministeramt, Brief an Drewes, 17./4. Juni 1943 (BA, R55/20.609, Blatt 227/222)
1034 Alfred Grünwald, Brief an Emmerich Kálmán, New York, Oktober 1941 (NYPL, Billy Rose Collection, Nachlass Alfred Grünwald)
1035 Betriebsleiter Fleischer, Brief an Franz Lehár, Wien, 20. Juni 1941 (WA/Verlagskorrespondenz 1929–1942) – Fleischer wurde kurz darauf aufgrund einer gegen Lehár gerichteten Denunziation eingezogen und kehrte 1946 aus französischer Kriegsgefangenschaft heim.
1036 Alma Mahler-Werfel, Mein Leben, S. 248, 277
1037 Robert Stolz, Servus Du, Robert Stolz und sein Jahrhundert, München 1980, S. 334
1038 Franz Lehár, Telegrammentwürfe, in: Kalender 1940 (Lehár-Villa, Bad Ischl)
1039 Franz Lehár, Eintrag vom 17. April, in: Kalender 1937 (ÖNB Handschriftensammlung Cod. Ser. n. 14385)
1040 Brief des Kulturpolitischen Archivs der Dienststelle Rosenberg an den Ortsverband Halle der NS-Kulturgemeinde vom 27. November 1934, Akt CXLV-604, zit. n. Joseph Wulf, Musik im Dritten Reich, S. 322
1041 Fritz Löhner-Beda, zit. n. Barbara Denscher, Kein Land des Lächelns, Salzburg/Wien/Frankfurt a. M. 2002, S. 180

1042 Hugo Wiener, Zeitensprünge. Erinnerungen eines alten Jünglings, Wien 1991, S. 140
1043 Raymond van den Straaten, Eidesstattliche Aussage, Nürnberg 18. Juli 1947, zit. n. Barbara Denscher/Helmut Peschina, Kein Land des Lächelns, Fritz Löhner-Beda 1883-1942, Salzburg/ Wien/Frankfurt a. M. 2002, S. 194f.
1044 Peter Herz, Der Fall Franz Lehár., Wien, 24. April 1968
1045 Friedl Weiß, Brief an Ernst Stankovski, Klosterneuburg, Januar 1998 – von diesem freundlicherweise dem Autor zur Verfügung gestellt.
1046 Karteikarte Franz Lehár (BA R58 9642)
1047 Anton Lehár, Erinnerungen, Im zweiten Weltkrieg, S. 42f. - Dass diese Erinnerungen nach dem für ihn enttäuschenden Testament des Bruders geschrieben wurden, ist dieser Darstellung durchaus anzumerken.
1048 Franz Lehár, Brief an Herrn Fleischer, Bad Ischl, 20. September 1941 (WA/Verlagskorrespondenz)
1049 C. Petzold, Oblt. und seine Getreuen, Feldpost Nr. 08919 an Franz Lehár, An der Wolga, 30. Januar 1943 (Lehár-Villa, Bad Ischl / F.L. 514)
1050 Gottfried Benn, Zum Thema Geschichte, in: Ders., Das Hauptwerk, Bd. 2. Essays. Reden. Vorträge, hrsg. von Marguerite Schlüter, Wiesbaden/München 1980, S. 233
1051 Andreas Reischek, Interview mit Franz Lehár, Bad Ischl 1945, Rundfunksender Rot-Weiß-Rot, Studio Salzburg (ORF / DO 10 157) ab 45:25 – https://www.youtube.com/watch?v=TBeQomsABbw (zuletzt abgerufen: 06. Januar 2020)
1052 Norbert Linke, Franz Lehár, S. 123
1053 Franz Lehár, Brief an Anton Lehár, 27. Juli 1942 (Lehár-Villa, Bad Ischl)
1054 Prof. Miklos Rekai, Brief an Dr. Otto Blau, Budapest, 1. Januar 1955 (WA) - *Rose de Noel* enthält außerdem den Walzer „Wilde Rosen", das Klavierstück „Humeurs d'automne", das Lied „Im Boudoir" und den Piave-Marsch.
1055 Honorarzahlungen Rechnungsjahr 1944 (April 1944 – März 1945) der Reichsstelle für Musikbearbeitungen (BA – R55/20581, Titel 150 und 154)
1056 Franz Lehár, Brief an Rudolf Weys, 1.Oktober 1944 (Wienbibliothek, Handschriftensammlung, Nachlass Rudolf Weys, ZPH 1011), zit. n. Ulrike Petersen, Operetta after the Habsburg Empire, Berkeley 2013, S. 114
1057 Rudolf Weys, Brief an Franz Lehár, 26. März 1945 (Wienbibliothek, Handschriftensammlung, Nachlass Rudolf Weys, ZPH 1011), zit. n., Ulrike Petersen, Operetta after the Habsburg Empire, S. 118
1058 Klaus Mann, Jannings, Lehár Hark Back to Old Triumphes, in: *Stars and Stripes*, 1. Juni 1945. Die hier verwendete deutsche Übersetzung ist überarbeitet und zitiert nach: Klaus Mann, drei Deutsche Meister, in: Auf verlorenem Posten, Reinbek 1994, S. 312f.
1059 Richard Strauss, Brief an Willi Schuh, 4. September 1946, zit. n. Richard Strauss, Briefwechsel mit Willi Schuh, Zürich 1969, S. 102
1060 Augenzeuge Otto Blau, der spätere Geschäftsführer des Glockenverlags, in einem Brief an Evelyn Weber, Gentilino, 21. März 1973 (Archiv Francis P. Lehár, Manchester, Mass.)
1061 Franz Lehár, Bekenntnis, Zürich 1947, S. 5f.
1062 Victor Matejka, Widerstand ist alles. Notizen eines Unorthodoxen, Wien 1983, S. 88
1063 Franz Lehár, Brief an Dr. Erich Bielka, Zürich, 14. März 1947 (ÖNB Handschriftensammlung, 1261/12-3)
1064 Sigmund Fraenkel, Brief an Rechtsanwalt Dr. Veit Wyler, Zürich, 5. April 1947 (ÖNB Handschriftensammlung, 1261/12-3)

1065 Paul Knepler, Festrede anlässlich der Denkmal-Enthüllung am 6. Juli 1958 in Bad Ischl (WA/367)
1066 Franz Lehár, Testament, zit. n. Otto Schneidereit, Franz Lehár, S. 324 - Anton Lehár hat das Testament immer als ungerecht empfunden und in seinen Erinnerungen gegen die daran Beteiligten polemisiert.
1067 Todesanzeige Franz Lehár (Lehár-Villa, Bad Ischl)
1068 Andreas Reischek, Interview mit Franz Lehár, Bad Ischl 1945, Rundfunksender Rot-Weiß-Rot, Studio Salzburg (ORF / DO 10 157) ab 34:03, 37: 28, 54:37 – https://www.youtube.com/watch?v=TBeQomsABbw (zuletzt abgerufen: 06. Januar 2020)
1069 Emmerich Kálmán, Brief an Paul Knepler, New York, 5. November 1948 (Wienbibliothek, Handschriftensammlung, Korrespondenz Paul Knepler I.N. 190.012)

Literaturverzeichnis

Archive

Akademie der Künste, Berlin
Antiquariat Löcker, Wien
Archiv Francis P. Lehár, Manchester, Mass.
Archiv Norbert Linke, Borken
Archiv Raimund-Theater, Wien
Bundesarchiv, Berlin
Collection Luis de la Vega, Miami
Deutsches Rundfunkarchiv, Frankfurt a. M. und Potsdam
Israelitische Kultusgemeinde Wien
Lehár-Schlössl Nussdorf (Skizzen- und Korrespondenzbücher), Wien
Lehár-Villa (& Archivtresor im Rathaus), Bad Ischl
LexM (Lexikon verfolgter Musiker und Musikerinnen der NS-Zeit/Online-Archiv),
    Universität Hamburg
Niederösterreichisches Landesarchiv (Theater-Zensurakten), St. Pölten
New York Public Library (NYPL), Billy Rose Collection, New York
Operetta Archives Michael Miller, Los Angeles
Operetta Research Center, Amsterdam
Österreichische National Bibliothek (ÖNB - Musik- und Handschriftensammlung/On-
    line-Zeitungsarchiv ANNO), Wien
Österreichisches Staatsarchiv/Kriegsarchiv (Nachlässe und Sammlungen), Wien
Österreichisches Theatermuseum (Fotosammlung, Nachlass Hubert Marischka), Wien
Sammlung Thomas Schulz, Wien
Sammlung Gaby Wolf-Kocsy, Wien
Weinberger-Archiv (Verlagsarchiv), Wien
Wienbibliothek (Handschriftensammlung, Musiksammlung, Nachlässe), Wien
Wiener Stadt- und Landesarchiv (MA 8), Wien

Literatur

Theodor W. Adorno, Gesammelte Schriften 18, 19 – Musikalische Schriften V, VI; hrsg.
    von Rolf Tiedemann und Klaus Schulz, Frankfurt a. M. 1984
Theodor W. Adorno, Ästhetische Theorie, in: Ders., Gesammelte Schriften 7, hrsg. von

Rolf Tiedemann unter Mitwirkung von Gretel Adorno, Susan Buck-Morss und Klaus Schultz, Frankfurt a. M. 1970

Theodor W. Adorno, Einleitung in die Musiksoziologie, Frankfurt a. M. 1962

Theodor W. Adorno/Max Horkheimer, Dialektik der Aufklärung. Philosophische Fragmente, in: Max Horkheimer, Gesammelte Schriften, hrsg. von Alfred Schmidt und Gunzelin Schmidt-Noerr, Bd. 5, Frankfurt a. M. 1987

Rosa Albach-Retty, So kurz sind hundert Jahre. Erinnerungen, aufgezeichnet von Gertrud Svoboda-Srncik, München/Berlin 1978

Götz Aly, Hitlers Volksstaat. Raub, Rassenkrieg und nationaler Sozialismus, Frankfurt a. M. 2005

Marie-Theres Arnbom, Christoph Wagner-Trenkwitz: „Grüß mich Gott!" Fritz Grünbaum – Eine Biographie, 1880–1941, Wien 2005

Marie-Theres Arnbom, Kevin Clarke und Thomas Trabitsch (Hg.), *Die Welt der Operette*. Glamour, Stars und Showbusiness, Wien 2011

Marie-Theres Arnbom, Die Villen von Bad Ischl. Wenn Häuser Geschichten erzählen, Wien 2017

Micaela Baranello, *Die lustige Witwe* and the Birth of Silver Age Operetta, in: Cambridge Opera Journal, 26:3/2014

Anton Bauer, 150 Jahre Theater an der Wien, Wien 1952

Anton Bauer, Opern und Operetten in Wien. Verzeichnis ihrer Erstaufführungen in der Zeit von 1629 bis zur Gegenwart. In: Wiener Musikwissenschaftl. Beiträge, Hrsg. Erich Schenk, Bd. 2, Graz-Köln 1955

Martin Baumeister, Kriegstheater: Großstadt, Front und Massenkultur 1914–1918, Essen 2005

Tobias Becker, Anna Littmann und Johanna Niedbalski (Hg.), Die Tausend Freuden der Metropole: Vergnügungskultur um 1900, Bielefeld 2011

Tobias Becker, Inszenierte Moderne. Populäres Theater in Berlin und London, 1880–1930, München 2014

Anastasia Belina und Derek B. Scott (Hg.), The Cambridge Companion to Operetta, Cambridge 2019

Ralph Benatzky: Triumph und Tristesse. Aus den Tagebüchern von 1919 bis 1946, hrsg. v. Inge Jens und Christine Niklew, Berlin 2002

Walter Benjamin, Das Kunstwerk im Zeitalter seiner technischen Reproduzierbarkeit. Drei Studien zur Kunstsoziologie, Frankfurt a. M. 1977

Rudolf Bernauer, Das Theater meines Lebens. Erinnerungen, Berlin 1955

Ernst Bloch, Zur Philosophie der Musik, Frankfurt a. M. 1974

Ernst Bloch, Briefe 1903–1975, hrsg. von Karola Bloch u.a., Gesamtredaktion Uwe Opalka, Frankfurt a. M. 1985

Georg Bollenbeck, Tradition, Avantgarde, Reaktion. Deutsche Kontroversen um die kulturelle Moderne 1880–1945, Frankfurt a. M. 1999

Gerald Bordman: American Operetta. From H.M.S. Pinafore to Sweeney Todd, New York/Oxford 1981

Bettina Brandl-Risi, Clemens Risi und Rainer Simon, Kunst der Oberfläche: Operette zwischen Bravour und Banalität, Leipzig 2015
Hermann Broch, Hofmannsthal und seine Zeit. Eine Studie. Mit einem Nachwort von Hannah Arendt, München 1964
Mosco Carner, Puccini. Biographie, Frankfurt a. M./Leipzig 1996
Kevin Clarke (Hg.), Glitter and Be Gay. Die authentische Operette und ihre schwulen Verehrer, Hamburg 2007
Moritz Csáky, Ideologie der Operette und Wiener Moderne: ein kulturhistorischer Essay zur österreichischen Identität, Wien/Köln/Weimar 1996
Stan Czech, Franz Lehár. Sein Leben und sein Werk, Berlin 1940
Stan Czech, Franz Lehár. Sein Weg und sein Werk, Wien 1948
Stan Czech, Schön ist die Welt. Franz Lehárs Leben und Werk, Berlin 1957
Felix Czeike, Historisches Lexikon Wien, 5 Bde. + Erg. Bd., Wien 1992–2004
Robert Dachs, Willi Forst. Eine Biographie, Wien 1986
Robert Dachs, Sag beim Abschied..., Wiener Publikumslieblinge in Bild & Ton, Wien 1997
Carl Dahlhaus, Zur musikalischen Dramaturgie der *Lustigen Witwe*, in: Österreichische Musikzeitung, 40. Jhg., Hft. 12, Wien 1985
Ernst Decsey, Franz Lehár, Wien 1924
Ernst Decsey, Franz Lehár. Mit 15 Text- und 18 Tafelbildern, 12 Notenbeispielen und einer Partiturbeilage, Berlin/München 1930
Barbara Denscher/Helmut Peschina, Kein Land des Lächelns, Fritz Löhner-Beda 1883–1942, Salzburg/Wien/Frankfurt a. M. 2002
Barbara Denscher, Der Operettenlibrettist Victor Léon. Eine Werkbiographie, Bielefeld 2017
Alfred Döblin, Kleine Schriften, Bd. 1, hrsg. v. Anthony W. Riley, Olten 1985
Christoph Dompke, Zauberwort „Camp", in: Kevin Clarke (Hg.), Glitter and Be Gay, Hamburg 2007
Nico Dostal, An's Ende deiner Träume kommst du nie. Berichte. Bekenntnisse. Betrachtungen, Innsbruck 1982
Lucy Duff-Gordon, Discretions and Indiscretions, London 1932
Albrecht Dümling und Peter Girth (Hg.), Entartete Musik. Dokumentation und Kommentar, Düsseldorf 1993
Hanns Eisler, Gesammelte Werke, Schriften 1924–48, Ausgew. v. Günther Mayer, Leipzig 1983
Werner Egk, Die Zeit wartet nicht, Percha/Kempfenhausen 1973
Max Epstein, Das Theater als Geschäft, in: Berliner Texte. Neue Folge, Band 13 (Nachdruck der Originalausgabe von 1911), Berlin 1996
Sigmund Freud, Die Traumdeutung, in: Studienausgabe, Frankfurt 1982
Sigmund Freud, Drei Abhandlungen zur Sexualtheorie, Leipzig/Wien 1905
Stefan Frey, Franz Lehár oder das schlechte Gewissen der leichten Musik, in: Theatron.

Studien zur Geschichte und Theorie der dramatischen Künste, hrsg. v. Hans-Peter Bayerdörfer, Dieter Borchmeyer und Andreas Höfele, Band 12, Tübingen 1995

Stefan Frey, „Was sagt ihr zu diesem Erfolg?". Franz Lehár und die Unterhaltungsmusik des 20. Jahrhunderts, Leipzig/Frankfurt a. M. 1999

Stefan Frey, „Unter Tränen lachen". Emerich Kálmán. Eine Operettenbiographie, Berlin 2003 – Laughter under Tears. Emmerich Kálmán – An Operetta Biography, Englische Übersetzung: Alexander Butziger, Los Angeles 2014

Stefan Frey (in Zusammenarbeit mit Christine Stemprok und Wolfgang Dosch), Leo Fall. Spöttischer Rebell der Operette, Wien 2010

Stefan Frey, How a Sweet Viennese Girl Became a Fair International Lady: Transfer, Performance, Modernity – Acts in the Making of a Cosmopolitan Culture, in: Platt, Becker und Linton (Hg.), Popular Musical Theatre in London and Berlin, Cambridge 2014

Stefan Frey, „Eine Sünde wert". Operette als künstlerischer Seitensprung. Käthe Dorsch, Richard Tauber und andere Genre-Grenzgänger, in: Bettina Brandl-Risi, Clemens Risi und Rainer Simon, Kunst der Oberfläche: Operette zwischen Bravour und Banalität, Leipzig 2015

Stefan Frey und Deutsches Theatermuseum München (Hg.), „Dem Volk zur Lust und zum Gedeihen". 150 Jahre Gärtnerplatztheater, Leipzig 2015

Stefan Frey, Going Global: The International Spread of Viennese Silver-Age Operetta, in: Belina/Scott, The Cambridge Companion to Operetta, Cambridge 2019

Albert Gier, Poetik und Dramaturgie der komischen Operette, Bamberg 2014

Joseph Goebbels, Die Tagebücher. Sämtliche Fragmente, hrsg. v. Elke Fröhlich im Auftrag des Instituts für Zeitgeschichte und in Verbindung mit dem Bundesarchiv, Teil I – Aufzeichnungen 1924–1941, bearb. von Elke Fröhlich, München 2000ff.

Edward Michael Gold, On the Significance of Franz Lehár's Operettas: A Musical-Analytical Study, New York/Ann Arbor 1993

Edward Michael Gold, By Franz Lehár – The Complete Cosmopolitan: A Reflection, London 1995

Kurt Gänzl, The Encyclopedia of the musical Theatre, New York 1994

Franz Grasberger (Hg.), Der Strom der Töne trug mich fort. Die Welt um Richard Strauss in Briefen, in Zusammenarbeit mit Franz und Alice Strauss, Tutzing 1967

Bernard Grun, Gold und Silber. Franz Lehár und seine Welt, München/Wien 1970

Bernard Grun, Kulturgeschichte der Operette, Berlin 1967

Ingrid Grünberg, „Wer sich die Welt mit einem Donnerschlag erobern will ...". Zur Situation und Funktion der deutschsprachigen Operette in den Jahren 1933 bis 1945, in: Musik und Musikpolitik im Faschistischen Deutschland, hrsg. v. Hanns-Werner Heister und Hans-Günther Klein, Frankfurt a. M. 1984

Franz Hadamowsky und Heinz Otte, Die Wiener Operette: Ihre Theater- und Wirkungsgeschichte, Wien 1947

Johannes Heesters, Es kommt auf die Sekunde an, München 1978

Robert Hanzlik, Max Schönherr – Ein Leben für die Musik. Biographie, Hamburg 2004

Peter Herz, Gestern war ein schöner Tag. Liebeserklärung eines Librettisten an die Vergangenheit, Wien 1985

Kristin L. Hoganson, „The Fashionable World. Imagined Communities of Dress", in: After the Imperial Turn. Thinking with and through the Nation, hrsg. von Antoinette M. Burton, Durham, NC 2003

Franz von Hohenegg, Operettenkönige. Ein Wiener Theaterroman, Berlin 1911

John Hollingshead, „Theatres", in: London in the Nineteenth Century, hrsg. von Walter Besant, London 1909

Rudolf Holzer, Die Wiener Vorstadtbühnen. Alexander Girardi und das Theater an der Wien, Wien 1951

Clemens Höslinger, „Leichtes Genre" in schweren Zeiten. Franz Lehárs *Giuditta* und das Wiener Opernmilieu im Krisenjahr 1934, in: Bekenntnis zur österreichischen Musik in Lehre und Forschung. Festschrift für Eberhard Würzl zum achtzigsten Geburtstag am 1. November 1995, hrsg. von Walter Pass, Wien 1996

Eberhard Jäckel zusammen mit Axel Kuhn (Hg.), Hitler. Sämtliche Aufzeichnungen 1905–1924, in: Quellen und Darstellungen zur Zeitgeschichte, Bd. 21, Stuttgart 1980

Siegfried Jacobsohn (Hg.), Die Schaubühne – Vollständiger Nachdruck der Jahrgänge 1905–1918, Königstein/Ts. 1980

Peter Kamber, Fritz *und* Alfred Rotter. Ein Leben zwischen Theaterglanz und Tod im Exil, Leipzig 2020

Matthias Kauffmann, Operette im ‚Dritten Reich'. Musikalisches Unterhaltungstheater zwischen 1933 und 1945, in: Musik im ‚Dritten Reich' und im Exil – Band 18, Neumünster 2017

Otto Keller, Die Operette in ihrer geschichtlichen Entwicklung. Musik. Libretto. Darstellung. Mit 54 Tafeln, Leipzig/Wien/New York 1926

Klaus Kieser, Das Gärtnerplatztheater in München 1932–1944. Zur Operette im Nationalsozialismus, Frankfurt a. M./Bern/New York/Paris 1991

Volker Klotz, Operette. Porträt und Handbuch einer unerhörten Kunst. Darin: 106 Werke ausführlich dargestellt, München 1991 (Neuauflage: Kassel 2004)

Michael Klügl, Erfolgsnummern. Modelle einer Dramaturgie der Operette, Laaber 1992

Gaston Knosp, Franz Lehár. Une vie d' artiste, Bruxelles 1935

Siegfried Kracauer, Jacques Offenbach und das Paris seiner Zeit, München 1962

Karl Kraus, Die Fackel, hrsg. von – – , [Wien] 1899–1936 (Nachdruck, München 1976)

Karl Kraus, Frühe Schriften 1892–1900, hrsg. v. J. J. Braakenburg, München 1979

Karl Kraus, Die letzten Tage der Menschheit. Tragödie in fünf Akten mit Vorspiel und Epilog, Frankfurt 1986

Julius Korngold, Die romantische Oper der Gegenwart. Kritische Aufsätze, Wien/Leipzig 1922

Simon Kotter, Die k. (u.) k. Militärmusik. Bindeglied zwischen Armee und Gesellschaft?, Augsburger historische Studien Band 4, Augsburg 2015

Andrew Lamb, Light Music from Austria: Writings and Reminiscences of Max Schönherr, New York 1992

Robert Laroche, Les Veuves au cinéma, in: L'Avant Scène. Opéra/Operette/Musique, Nr. 45, La Veuve Joyeuse, Paris Novembre 1982

Anton Lehár, Unsere Mutter, Wien 1930

Anton Lehár, Erinnerungen, Typoskript in: Österreichisches Staatsarchiv/Kriegsarchiv (Nachlässe und Sammlungen des ÖstA B/600, Kart II. 986.800 – C)

Franz Lehár, Bekenntnis, Zürich 1947

Martin Lichtfuss, Operette im Ausverkauf. Studien zum Libretto des musikalischen Unterhaltungstheaters im Österreich der Zwischenkriegszeit, Wien/Köln/Weimar 1989

Norbert Linke, Franz Lehár, Reinbek 2001

Marion Linhardt, Warum es der Operette so schlecht geht: Ideologische Debatten um das musikalische Unterhaltungstheater (1880–1916), Wien 2001

Marion Linhardt, Residenzstadt und Metropole. Zu einer kulturellen Topographie des Wiener Unterhaltungstheaters (1858–1918), in: Theatron. Studien zur Geschichte und Theorie der dramatischen Künste, hrsg. v. Christopher Balme, Hans-Peter Bayerdörfer, Dieter Borchmeyer und Andreas Höfele, Band 50, Tübingen 2006

Marion Linhardt (Hg.), Stimmen zur Unterhaltung: Operette und Revue in der publizistischen Debatte (1906–1933), Wien 2009

Heinz Ludwig (Hg.), Richard Tauber. Gesicht und Maske, Bd. 1, Berlin 1928

Walter MacQueen-Pope, Carriages at Eleven: The Story of the Edwardian Theatre, London 1947

Walter MacQueen-Pope/David Leslie Murray, Fortune's Favourite. The Life and Times of Franz Lehár, London 1953

Alma Mahler-Werfel, Erinnerungen an Gustav Mahler, hrsg. von Donald Mitchell, Frankfurt a. M./Berlin/Wien 1978

Alma Mahler-Werfel, Mein Leben, Frankfurt a. M. 1981

Klaus Mann, Auf verlorenem Posten, Reinbek 1994

Paul Erich Marcus (PEM), Und der Himmel hängt voller Geigen. Glanz und Zauber der Operette, Berlin 1955

Franz Zwetschi Marischka, Immer nur lächeln. Geschichten und Anekdoten von Theater und Film, Wien 2001

Georg Markus, Dabei wär'n selbst die größten Komponisten von Gott verlassen ohne Librettisten, in: Henry Grunwald, Ein Walzer muss es sein, Wien 1991

Christian Marten, Die Operette als Spiegel der Gesellschaft – Franz Lehárs *Die Lustige Witwe*: Versuch einer Theorie der Operette, in: Europäische Hochschulschriften: Reihe 36, Musikwissenschaft; Bd. 34, Frankfurt a. M./Bern/New York/Paris 1988

Ethel Matala de Mazza, Der populäre Pakt. Verhandlungen der Moderne zwischen Operette und Feuilleton, Frankfurt a. M. 2018

Victor Matejka, Widerstand ist alles. Notizen eines Unorthodoxen, Wien 1983

Anton Mayer, Franz Lehár – Die lustige Witwe: Der Ernst der leichten Muse, Wien 2005

Arthur Neisser, Vom Wesen und Wert der Operette. Mit 26 Bildnissen, Szenen-Bildern

und Handschrift-Nachbildungen, in: Die Musik, begr. von Richard Strauss, Leipzig 1923
Ernest Oppicelli, La vedova allegra e tutte le operette di Franz Lehar, Genova 1999
Marlin Otte, Jewish Identities in German Popular Entertainment, 1890–1933, Cambridge 2006
Maria von Peteani, Franz Lehár. Seine Musik – Sein Leben, Wien/London 1950
Ulrike Petersen, Operetta after the Habsburg Empire, Berkeley 2013
Pipers Enzyklopädie des Musiktheaters. Oper. Operette. Musical. Ballett. Hrsg. von Carl Dahlhaus und dem Forschungsinstitut für Musiktheater der Universität Bayreuth unter der Leitung von Sieghart Döring, Bd. 2, München 1987
Len Platt, Musical Comedy on the West End Stage, 1890–1939, Basingstoke 2004
Len Platt, Tobias Becker and David Linton (Hg.), Popular Musical Theatre in London and Berlin *1890 to 1939*, Cambridge 2014
Robert Pourvenyeur, Rêve et parodie, in: L' Avant Scène. Opéra/Operette/Musique, Nr. 45, La Veuve Joyeuse, Paris Novembre 1982
Fred K. Prieberg, Musik im NS-Staat, Frankfurt a. M. 1989
Heike Quissek, Das deutschsprachige Operettenlibretto: Figuren, Stoffe, Dramaturgie, Stuttgart 2012
Arthur Maria Rabenalt, Operette als Aufgabe, Berlin/Mainz/Rastatt 1948
Arthur Maria Rabenalt, Der Operettenbildband. Bühne. Film. Fernsehen, Hildesheim/New York 1980
Erica D. Rappaport, Shopping for Pleasure: Women in the Making of London's West End, Princeton, NJ 2000
Georg Reichlin-Meldegg, General und Parzival? GM Anton von Lehár, der Bruder des Komponisten, Graz 2012
Susanne Rode-Breymann, Die Wiener Staatsoper in den Zwischenkriegsjahren. Ihr Beitrag zum zeitgenössischen Musiktheater, Tutzing 1994
Wolfgang Schaller (Hg.), Operette unterm Hakenkreuz, Berlin 2007
Otto Schneidereit, Operettenbuch, Berlin 1961
Otto Schneidereit, Fritzi Massary. Versuch eines Portraits, Berlin 1970
Otto Schneidereit, Eduard Künneke: Der Komponist aus Dingsda, Berlin 1978
Otto Schneidereit, Franz Lehár. Eine Biographie in Zitaten, Berlin 1984
Otto Schneidereit, Richard Tauber. Ein Leben – Eine Stimme, Berlin 1988
Carola Stern: Die Sache, die man Liebe nennt. Das Leben der Fritzi Massary, Berlin 1998
Arthur Schnitzler, Tagebücher 1893–1902, vorgelegt v. Werner Welzig, Wien 1989
Nuria Nono-Schoenberg (Hg.), Arnold Schönberg 1874–1951. Lebensgeschichte in Begegnungen, Klagenfurt 1992
Max Schönherr, Franz Lehár. Bibliographie zu Leben und Werk. Beiträge zu einer Lehár-Biographie, Wien 1970
Max Schönherr, Franz Lehár, Thematischer Index, London 1985
Günther Schwarberg, Dein ist mein ganzes Herz. Die Geschichte von Fritz Löh-

ner-Beda, der die schönsten Lieder der Welt schrieb, und warum Hitler ihn ermorden ließ, Göttingen 2000

Valentin Schwarz, Die entsubjektivierte Chimäre. Paarkomplikationen und Gattungsprobleme in Franz Lehárs Musikalischer Komödie *Giuditta*. Diplomarbeit, Universität für Musik und darstellende Kunst Wien, 2011

Marlis Schweitzer, „Darn That Merry Widow Hat". The On- and Offstage Life Of A Theatrical Commodity, Circa 1907–1908, in: Theatre Survey 50, 2009

Marlis Schweitzer, When Broadway Was the Runway: Theater, Fashion, and American Culture, Philadelphia 2009

Marlis Schweitzer, Transatlantic Broadway: The Infrastructural Politics of Global Performance, Basingstoke 2015

Derek B. Scott, Sounds of the Metropolis: The 19th-Century Popular Music Revolution in London, New York, Paris, and Vienna, New York 2008

Derek B. Scott, German Operetta in the West End and on Broadway, in: Popular Musical Theatre in London and Berlin, hrsg. von Len Platt, Tobias Becker and David Linton, Cambridge 2014

Derek B. Scott, Cosmopolitan Musicology, in: Elaine Kelly, Markus Mantere und Derek B. Scott (Hg.), Confronting the National in the Musical Past, Abingdon 2018

Derek B. Scott, German Operetta on Broadway and in the West End, 1900–1940, Cambridge/New York 2019

Martin Sollfrank, Richard Tauber. Weltstar des 20. Jahrhunderts, Dresden/Sargans 2014

Albert Speer, Spandauer Tagebücher, Frankfurt a. M./Berlin/Wien 1975

Richard Specht, Giacomo Puccini. Das Leben, der Mensch, das Werk. Mit 28 Bildern, Berlin-Schöneberg 1931

Carolin Stahrenberg und Nils Grosch, 'The Transculturality of Stage, Song and Other Media: Intermediality in Popular Musical Theatre' in Platt, Becker und Linton, Popular Musical Theatre in London and Berlin, Cambridge 2014

Fritz Stein, 50 Jahre *Lustige Witwe*, Wien 1955

Robert und Einzi Stolz, Servus Du. Robert Stolz und sein Jahrhundert, München 1980

Richard Strauss – Hugo von Hofmannsthal Briefwechsel. Gesamtausgabe, im Auftrag von Franz und Alice Strauss hrsg. von Willi Schuh, Zürich 1964

Richard Strauss – Clemens Krauss Briefwechsel, ausg. und hrsg. von Götz Klaus Kende und Willi Schuh, München 1964

Hilde Stockinger und Kai-Uwe Garrels, Tauber, mein Tauber. 24 Annäherungen an den weltberühmten Linzer Tenor Richard Tauber, Weitra 2017

Hans Heinz Stuckenschmidt, Schönberg. Leben. Umwelt. Werk, mit 42 Abbildungen, München 1989

Friedrich Torberg, Tante Jolesch (und) Die Erben der Tante Jolesch, München 2008

Richard Traubner: Operetta. A Theatratical History, Garden City/New York 1983

Kurt Tucholsky, Gesammelte Werke, hrsg. von Mary Gerold-Tucholsky und F. J. Raddatz, Reinbek 1972

Hans Veigl (Hrsg.), Luftmenschen spielen Theater. Jüdisches Kabarett in Wien 1890–1938, Wien 1992

Georg Wacks, Die Budapester Orpheum(s)gesellschaft. Ein Varieté in Wien 1889–1919, Wien 2002

Georg Wacks, Das Theater und Kabarett „Die Hölle", in: Georg Wacks und Marie-Theres Arnbom (Hg.), Das Theater und Kabarett „Die Hölle", Wien 2010

Berndt W. Wessling, Lotte Lehmann. „Sie sang, daß es Sterne rührte", Köln 1995

Christoph Winzeler, Franz Lehár – ein „Fanatiker der Kunst"?, in: Schweizerische Musikzeitung, 121. Jhg., Nr. 4, Zürich April 1981

Karl Westermeyer, Die Operette im Wandel des Zeitgeistes von Offenbach bis zur Gegenwart, München 1931

Hugo Wiener, Zeitensprünge. Erinnerungen eines alten Jünglings, Wien 1991

Joseph Wulf, Musik im Dritten Reich. Eine Dokumentation, Frankfurt a. M./Berlin/Wien 1983

Dieter Zimmerschied, Operette. Phänomen und Entwicklung, in: Materialien zur Didaktik und Methodik des Musikunterrichts, Bd. 15, Wiesbaden 1988

Carl Zuckmayer, Als wär's ein Stück von mir, Wien 1966

Werkverzeichnis

Bühnenwerke

Rodrigo. Oper in 1 Vorspiel und 1 Akt/Text: Rudolf Mlčoch
Unaufgeführt (Partiturmanuskript und Orchestermaterial vorhanden/1893/WA)

Kukuška. Lyrisches Drama in 3 Aufzügen/Text: Felix Falzari
[nach George Kennans Reisebericht *Sibirien*]
UA: Vereinigte Stadttheater, Leipzig (Direktion: Max Staegemann) – 27. November 1896 – D: Karl Panzner, R: Albert Goldberg, B: Robert Kautsky; mit Richard Merkel (Alexis), Paula Doenges (Anuška), Hans Schütz (Saša) u. a.

Wiener Frauen. Operette in 3 Akten/Text: Ottokar Tann-Bergler und Emil Norini [nach dem französischen Schwank *Der Schlüssel des Paradieses*]
UA: Theater an der Wien, Wien (Wilhelm Karczag/Karl Wallner) – 21. November 1902 – D: Franz Lehár, R: Karl Wallner; mit Alexander Girardi (Willibald Brandl), Lina Abarbanell (Clara Rosner), Karl Meister (Philipp Rosner), Oskar Sachs (Johann Nepomuk Nechledil) u. a.

Der Rastelbinder. Operette in 1 Vorspiel und 2 Akten/Text: Victor Léon
UA: Carl-Theater, Wien (Andreas Aman/Leopold Müller) – 20. Dezember 1902 – D: Alexander von Zemlinsky, R: Victor Léon; mit Louis Treumann (Wolf Bär Pfefferkorn), Mizzi Günther (Souza Voitech), Karl Streitmann (Milosch Blacek), Therese Biedermann (Mizzi Glöppler), Karl Blasel (Glöppler), Willy Bauer (Janku) u. a.

Der Göttergatte. Operette in 1 Vorspiel und 2 Akten/Text: Victor Léon und Leo Stein
UA: Carl-Theater, Wien (Aman/Müller) – 20. Januar 1904 – D: Franz Lehár, R: Victor Léon, B: Radlmesser; mit Willy Bauer (Jupiter), Karl Streitmann (Amphitryon), Mizzi Günther (Juno/Alkmene), Friedrich Becker (Merkur), Louis Treumann (Sosias), Therese Biedermann (Charis), Karl Blasel (Maenandros) u. a.

Die Juxheirat. Operette in 3 Akten/Text: Julius Bauer
UA: Theater an der Wien, Wien (Karczag/Wallner) – 22. Dezember 1904 – D: Franz Lehár, R: Siegmund Natzler; mit Alexander Girardi (Philly Kaps), Phila Wolf (Selma Brockwiller), Gerda Walde (Phoebe), Karl Meister, Franz Glawatsch, Anni Wünsch u. a.

Die Lustige Witwe. Operette in 3 Akten (teilweise nach einer fremden Grundidee)/Text: Victor Léon und Leo Stein [nach Henri Meilhacs *L'Attaché d'ambassade*]
UA: Theater an der Wien, Wien (Karczag/Wallner) – 30. Dezember 1905 – D: Franz Lehár, R: Victor Léon; mit Mizzi Günther (Hanna Glawari), Louis Treumann (Danilo), Karl Meister (Camille de Rosillon), Annie Wünsch (Valencienne), Siegmund Natzler (Zeta), Oskar Sachs (Njegus) u. a.

Peter und Paul reisen ins Schlaraffenland. Operette für Kinder in 1 Vorspiel und 5 Bildern (Zaubermärchen)/Text: Robert Bodanzky und Fritz Grünbaum
UA: Theater an der Wien, Wien (Karczag/Wallner) – 1. Dezember 1906 – D: Franz Lehár; mit Carlo Böhm (Peter), Heinrich Pirk (Paul), Gusti Macha (Laborosa), Franz Glawatsch (Schlampamprius), Fritz Albin (Schlendrianus) u. a.

Mitislaw der Moderne. Operette in 1 Akt/Text: Fritz Grünbaum und Robert Bodanzky
UA: Hölle, Kabarett im Theater an der Wien, Wien (Siegmund Natzler) – 5. Januar 1907 – D: Béla Laszky, R: Siegmund Natzler; mit Emil Richter-Roland (Mitislaw), Mela Mars (Amaranthe), Siegmund Natzler (Minister) u. a.

Der Mann mit den drei Frauen. Operette in 3 Akten/Text: Julius Bauer [nach Bissons Schwank *Der Schlafwagenkontrolleur*]
UA: Theater an der Wien, Wien (Karczag/Wallner) – 21. Januar 1908 – D: Franz Lehár, R: Franz Glawatsch, B: Robert Kautsky & Rottonara; mit Rudolf Christians (Hans Zipser), Mizzi Günther (Lori), Louise Kartousch (Coralie), Mizzi Schütz (Olivia), Poldi Deutsch (Baron Hühneberg) u. a.

Das Fürstenkind. Operette in 1 Vorspiel und 2 Akten (teilweise nach einer Erzählung About's) [Edmond About *Le Roi des Montagnes*]/Text: Victor Léon
UA: Johann Strauß-Theater, Wien (Erich Müller) – 7. Oktober 1909 – D: Franz Lehár, R: Victor Léon; mit Mizzi Günther (Photini), Louis Treumann (Hadschi Stavros), Erich Deutsch-Haupt (Harris), Gabriele Freund (Mary-Ann), Oskar Sachs (Barley) u. a.

Der Graf von Luxemburg. Operette in 3 Akten/Text: Alfred Maria Willner und Robert Bodanzky [nach dem Libretto der *Göttin der Vernunft* von Johann Strauß (1897)/Text: A. M. Willner und Bernhard Buchbinder]
UA: Theater an der Wien, Wien (Karczag/Wallner) – 12. November 1909 – D: Franz Lehár, R: Karl Wallner, C: Louis Gundlach; mit Otto Storm (René), Annie von Ligety (Angèle Didier), Max Pallenberg (Basil Basilowitsch), Louise Kartousch (Juliette Vermont), Bernhard Bötel (Armand Brissart) u. a.

Zigeunerliebe. Romantische Operette in 3 Bildern/Text: Alfred Maria Willner und Robert Bodanzky [nach dem Operneinakter *Viljia, das Waldmägdelein*]

UA: Carl-Theater, Wien (Eibenschütz & Kadelburg) – 8. Januar 1910 – D: Franz Lehár, R: Heinrich Kadelburg; mit Grete Holm (Zorika), Willy Strehl (Jószi), Max Rohr (Jonel), Mizzi Zwerenz (Ilona), Karl Blasel (Dragotin), Littl Koppel (Jolán), Hubert Marischka (Kajetan), Richard Waldemar (Mihály) u. a.

Eva. Operette in 3 Akten/Text: Dr. Alfred Maria Willner, Robert Bodanzky [nach Ernst von Wildenbruchs *Die Haubenlerche*]
UA: Theater an der Wien, Wien (Karczag) – 24. November 1911 – D: Franz Lehár, R: Paul Guttmann (auch: Prunelles); mit Mizzi Günther (Eva), Louis Treumann (Octave Flaubert), Louise Kartousch (Pipsi), Ernst Tautenhayn (Dagobert), Fritz Albin (Larousse) u. a.

Rosenstock und Edelweiß. Singspiel in 1 Akt/Text: Julius Bauer
UA: Hölle, Kabarett im Theater an der Wien, Wien (Natzler) – 1. Dezember 1912 – mit Mizzi Zwerenz (Everl Edelweiß) und Josef König (Isidor Rosenstock)

Die ideale Gattin. Operette in 3 Akten (Mit Benützung einiger Motive aus *Göttergatte*) [Neufassung: *Die Tangokönigin* 1921]/Text: Julius Brammer und Alfred Grünwald [nach Ludwig Fuldas *Die Zwillingsschwester*]
UA: Theater an der Wien, Wien (Karczag) – 11. Oktober 1913 – D: Franz Lehár, R: Paul Guttmann; mit Mizzi Günther (Elvira/Carola), Hubert Marischka (Visconte Pablo de Cavaletti), Louise Kartousch (Carmen), Ernst Tautenhayn (Don Gil Tenorio de Sevilla), Otto Storm (Sartrewski) u. a.

Endlich allein. Operette in 3 Akten/Text: Alfred Maria Willner und Robert Bodanzky
UA: Theater an der Wien, Wien (Karczag) – 30. Januar 1914 – D: Franz Lehár, R: Paul Guttmann (auch: Graf Maximilian); mit Mizzi Günther (Dolly Doverland), Hubert Marischka (Baron Frank Hansen), Mizzi Schütz (Gräfin Dachau), Louise Kartousch (Tilly), Ernst Tautenhayn (Graf Willibald) u. a.

Der Sterngucker. Operette in 3 Akten/Text: Dr. Fritz Löhner
UA: Theater in der Josefstadt, Wien (Josef Jarno) – 14. Januar 1916 – D: Franz Lehár, R: Josef Jarno; mit Louis Treumann (Franz Höfer), Elly Clerron (Kitty), Louise Kartousch (Lilly), Alfred Ludwig (Paul), Karl Ettlinger (Diener) u. a.

Wo die Lerche singt. Operette in 4 Bildern/Text: (nach einem Entwurf des Dr. Franz Martos) Alfred Maria Willner und Heinz Reichert [nach Charlotte Birch-Pfeiffers *Dorf und Stadt*]
UA: *A Pacsirta.* (Martos Ferenc) – Király Színház, Budapest (Beöthy László) – 1. Februar 1918 – D: Franz Lehár, R: Czakó; mit Kosáry Emmi (Margitka), Király Ernö (Sandor), Dömötör Ilona (Vilma), Gyárfás Deszö (Török Pál), Nádor Jenö (Pista), Latabár Kálmán (Baron Arpád) u. a.

Die Blaue Mazur. Operette in 2 Akten und 1 Zwischenspiel/Text: Leo Stein und Béla Jenbach
UA: Theater an der Wien, Wien (Karczag) – 28. Mai 1920 – D: Franz Lehár, R: Emil Guttmann (auch: Freiherr von Reiger); mit Betty Fischer (Blanka), Hubert Marischka (Julian Olinski), Louise Kartousch (Gretl Aigner), Ernst Tautenhayn (Adolar von Sprintz) u. a.

Frühling. Singspiel in 1 Akt (3 Bildern)/Text: Dr. Rudolf Eger
UA: Hölle, Kabarett im Theater an der Wien, Wien (Soyka) – 20. Januar 1922 – R: Soyka; mit Rosy Werginz (Hedwig), Viktor Norbert (Komponist), Viktor Flemming (Dichter), Lisl Frühwirt (Toni) u. a.

Frasquita. Operette in 3 Akten/Text: Alfred Maria Willner und Heinz Reichert [nach Pierre Louÿs' Roman *La femme et le pantin* (Bühnenadaption: Pierre Frondaie)]
UA; Theater an der Wien, Wien (Karczag) – 12. Mai 1922 – D: Franz Lehár, R: Emil Guttmann (auch: Aristide Girot); mit Betty Fischer (Frasquita), Hubert Marischka (Armand), Henny Hilmar (Dolly), Hans Thimig (Hippolyt) u. a.

Libellentanz. Operette in 3 Akten/Text: Carlo Lombardo (der deutschen Fassung: Dr. Alfred Maria Willner) [Neufassung des *Sterngucker*]
UA: *La danza delle Libellule*. Operetta in 3 atti di Carlo Lombardo – Teatro Lirico, Milano (Carlo Lombardo) – 27. September 1922 – D: Carlo Lombardo, R: Giuseppe Lauri, K: Caramba; mit Pietro Zacchetti (Duca di Nancy), Amelia Sanipoli (Vedova Cliquot), Mary Garuffi (Carlotta Pommery), Gisela Pozzi (Tutù), Ricardo Masucci (Bouquet) u. a.

Die Gelbe Jacke. Operette in 3 Akten/Text: Victor Léon
UA: Theater an der Wien, Wien (Wilhelm Karczag & Hubert Marischka) – 9. Februar 1923 – D: Franz Lehár, R: Victor Léon & Emil Guttmann; mit Hubert Marischka (Sou-Chong), Betty Fischer (Lea von Limburger), Karl Tuschl (Kommerzienrat von Limburger), Louise Kartousch (Mi), Joseph König (Claudius von Wimpach), Otto Langer (Oberpriester) u. a.

Clo-clo. Operette in 3 Akten/Text: Béla Jenbach [nach dem Schwank von Julius Horst und Alexander Engel *Der Schrei nach dem Kinde*]
UA: Bürgertheater, Wien (Siegfried Geyer & Oscar Fronz) – 8. März 1924 – D: Franz Lehár, R: Gustav Charlé; mit Louise Kartousch (Clo-clo), Ernst Tautenhayn (Severin Cornichon), Gisela Werbezirk (Melousine), Robert Nästlberger (Maxime), Gustav Wilfan (Chablis, Klavierlehrer) u. a.

Paganini. Operette in 3 Akten/Text: Paul Knepler und Béla Jenbach
UA: Johann Strauß-Theater, Wien (Erich Müller) – 30. Oktober 1925 – D: Franz Lehár, R: Otmar Lang, C: Gertrud Bodenwieser; mit Carl Clewing (Paganini), Emmy Kosáry

(Anna Elisa), Peter Hoenselaers (Felice), Max Brod (Bartucci), Fritz Imhoff (Pimpinelli), Gisela Kolbe (Bella) u. a.

Der Zarewitsch. Operette in 3 Akten/Text: Heinz Reichert und Béla Jenbach (Frei nach Zapolska-Scharlitt) [nach Gabryela Zapolskas Schauspiel *A Cárevics* in der Übersetzung Bernard Scharlitts]
UA: Deutsches Künstlertheater, Berlin (Heinz Saltenburg) – 16. Februar 1927 – D: Ernst Hauke, R: Dr. Reinhard Bruck, B: Benno von Arent, C: Heinz Lingen; mit Richard Tauber (Aljoscha), Rita Georg (Sonja), Otto Storm (Großfürst), Paul Heidemann (Iwan), Charlotte Ander (Mascha), Fritz Kampers (Bardolo) u. a.

Friederike. Singspiel in 3 Akten/Text: Ludwig Herzer und Fritz Löhner
UA: Metropol-Theater, Berlin (Alfred & Fritz Rotter) – 4. Oktober 1928 – D: Franz Lehár, R: Fritz Friedmann-Frederich, B: Benno von Arent; mit Käthe Dorsch (Friederike), Richard Tauber (Goethe), Eugen Rex (Weyland), Curt Vespermann (Lenz), Hilde Wörner (Salomea) u. a.

Das Land des Lächelns. Romantische Operette in drei Akten/Text: Ludwig Herzer und Fritz Löhner nach Victor Léon [Neufassung der *Gelben Jacke*]
UA: Metropol-Theater, Berlin (Alfred & Fritz Rotter) – 10. Oktober 1929 – D: Franz Lehár, R: Fritz Friedmann-Frederich, B: Walter Bornemann & Oskar Schott, K: Anton Rado, C: Mesina & Bruno Arno; mit Richard Tauber (Sou-Chong), Vera Schwarz (Lisa), Fritz Spira (Fürst Lichtenfels), Willi Stettner (Gustav von Pottenstein), Adolf Edgar Licho (Tschang), Hella Kürthy (Mi), Ferry Sikla (Haushofmeister) u. a.

Schön ist die Welt. Operette in 3 Akten/Text: Ludwig Herzer und Fritz Löhner [nach Willner & Bodanzky – Neufassung von *Endlich allein*]
UA: Metropol-Theater, Berlin (Alfred & Fritz Rotter) – 3. Dezember 1930 – D: Franz Lehár, R: Fritz Friedmann-Frederich, K: Max Becker; mit Richard Tauber (Kronprinz Georg), Gitta Alpar (Elisabeth Prinzessin von und zu Lichtenberg), Hansi Arnstädt (Herzogin), Leo Schützendorf (König), Kurt Vespermann (Graf Karlowitsch), Lizzy Waldmüller (Mercedes del Rossa), Hermann Böttcher (Hoteldirektor) u. a.

Giuditta. Musikalische Komödie in 5 Bildern/Text: Paul Knepler und Fritz Löhner
UA: Staatsoper, Wien (Clemens Krauss) – 20. Januar 1934 – D: Franz Lehár, R: Hubert Marischka, B: Robert Kautsky & Alfred Kunz, K: Alfred Kunz, C: Margarete Wallmann; mit Jarmila Novotna (Giuditta), Richard Tauber (Octavio), Josef Knapp (Antonio), Hermann Wiedemann (Manuele), Erich Zimmermann (Pierrino), Margit Bokor (Anita), Nikolaus Zec (Martini), Robert Valberg (Barrymore) u. a.

Garabonciás diák. Romantikus Daljátékából (Romantisches Singspiel) [Bearbeitung von *Zigeunerliebe*]/Text: Ernő Innocent-Vincze

P: Magyar Király Operaház, Budapest – 20. Februar 1943 – D: Franz Lehár & Rubanyi Vilmos, R: Nádasdy Koloman; mit Orosz Júlia (Sarika), Udvardy Tibor (Diák), Hámory Imre (Gutsherr) u. a.

Rose de Noël. Opérette à grand spectacle en 2 Actes/Text: Raymond Vincy (Musik: Franz Lehár, adaptiert von Paul Bonneau & Miklos Rekaï) [nach *Garabonciás diák* u.a.]
UA: Théâtre de Châtelet, Paris (Maurice Lehmann) – 20. Dezember 1958 – mit André Dassary (Comte Michel Andrássy), Nicole Broisson (Vilma), Henri Chananon (Sándor), Rosine Brédy (Totsi), Henri Bédex (Popelka) u. a.

Walzer

Liebeszauber. Salonwalzer; Cranz, Leipzig 1892 (komp. 1890 in Wien)
Elfentanz. Konzert-Walzer; Schmidl, Triest – Hofbauer, Wien 1892
Wiener Lebenslust. Walzer (op. 11); Röder, Leipzig 1892/später: Glocken Verlag [*Le croix blanc.* Walzer; Manuskript]/verwendet in: *Rund um die Liebe.* Altwiener Liebeswalzer; Doblinger, Wien 1911/1919 erschienen als: *Aus der guten alten Zeit*; Doblinger, Wien
Jugendideale. (Ideale di giovinezza). Walzer (op. 16); Ricordi, Milano – Röder, Leipzig 1898 (Komp. 17. Oktober 1893/Losoncz)
La belle Polesane. (Klänge aus Pola). Walzer (op. 24); Reinhardt, Fiume – Schmidl, Triest 1895/später: *Adria Walzer*; Ricordi, Milano
Palmkätzchen. Walzer (op. 29); Schmidl, Triest 1895
Paulinen-Walzer (op. 70 – gewidmet der Fürstin Pauline Metternich-Sándor); Schmidl, Triest – Hofbauer, Leipzig 1901 (komp. 19. Januar 1901)
Concordia-Walzer (op. 71); Doblinger, Wien – Hofbauer, Leipzig 1901/auch im Zyklus: *Neues Wiener Walzer Album*
Angelika-Walzer. Doblinger, Wien 1901
Stadtpark-Schönheiten. Walzer (op. 72); Hofbauer, Leipzig 1901/auch im Zyklus: *Neues Wiener Walzer Album* (komp. 12. Januar 1901)
Asklepios. Walzer (op. 73); Hofbauer, Leipzig 1901/1908 umbenannt: *Pikanterien*; Doblinger, Wien 1908/auch im Zyklus: *Neues Wiener Walzer Album*
Das Leben ein Traum! Walzer für Klavier; Manuskriptskizze WA [1901]; Hauptthema für *Gold und Silber-Walzer* verwendet
Mädchenträume. Walzer; Hofbauer, Leipzig 1902/später: Doblinger
Ohne Tanz kein Leben. Walzer; Hofbauer, Leipzig 1902
Gold und Silber. Walzer (op. 79); Chmel, Wien – Bosworth, Leipzig 1902
Liebesfrühling. Walzer („Herrn und Frau Löwenstein gewidmet"); Manuskript WA (komp. Februar 1906); als *Printemps d'amours* im Album *12 compositions pour piano de Franz Lehár* bei Harris, New York 1909 erschienen

New York-American-Walzer. Manuskript WA; als *Valse Americaine* im Album *12 compositions pour piano de Franz Lehár* bei Harris, New York 1909 erschienen

Schwärmerei. Walzer; Karczag, Wien 1909

Wiener Lebensbilder. Walzer; Manuskript 1909

Friedl-Walzer („Frau Friedl Sonne in Verehrung"); Manuskript für Klavier (WA) 1910/ Instrumentation: Oskar Stalla

Paradies-Walzer. Manuskript 1910

Pierrot und Pierette. Faschingswalzer; Siegel, Leipzig 1912

Im Zeichen des Frühlings. (Primavera). Walzer; Sperling, Wien 1920 (komp. 1. Februar 1920)/verwendet als Walzerlied *Signs of Spring/*T: Sigmund Spaeth; Jos. W. Stern, New York 1920

An der grauen Donau. (Donaulegenden). Konzertwalzer; Benjamin Rahter – Berliner Bohème-Verlag, 1921 (Partitur vollendet 30. Mai 1921/Wien)

Wilde Rosen. (Chrysanthemum Waltz). Valse Boston; Berliner Bohème-Verlag – Pierrot-Verlag, Wien 1921 (komp. 17. Januar 1921)

Beatrice Valse/Bessy Valse/Valse du rêve (Traumwalzer)/Angéla. Valse Boston; Smyth, Paris o. D.

Grützner-Walzer. („Herrn Prof. Eduard Grützner in herzlichster Verehrung"); Partitur-Manuskript WA, o. D.

Märsche

Rex Gambrinus. Marsch/T: Eduard Merkt; Rörich, Wien – Bosworth, Leipzig 1890

Persischer Marsch; Krenn, Wien 1890;/später: *Orientalischer*, bzw. *Türkischer Marsch*; Krenn, Wien 1916

Wiener Zugvögel. (Viennesi vaganti). Marsch (op. 4); Schmidl, Triest – Röder, Leipzig 1892

Kaiserhusaren-Marsch. (op. 5); Ricordi, Mailand 1892

Schneidig voran. Marsch des 25. Infanterie-Regiments Freiherr von Purcker (op. 10); Röder, Leipzig 1892

Lyuk, Lyuk, Lyuk. Ungarischer Marsch (op. 13); Röder, Leipzig 1893

Vásárhely induló. Marsch (op. 14); Röder, Leipzig 1893

Losonczi induló. (Grüße an Losoncz). Marsch (op. 20); Hoffmanns Witwe, Prag 1894

Szegedi induló. Marsch; Manuskript 1894

Oberst-Baron-Fries-Marsch. (Abschrift WA) 1894/1896 umbenannt: *Auf hoher See*

Hochzeitsmarsch. Fest-Marsch (74); Manuskript 1894

Sangue Triestin! Marsch (op. 56); Schmidl, Triest 1897

Auf nach Kreta. Marsch (op. 55); Hofbauer, Wien 1897

Triumph-Marsch. Zipser & König, Budapest 1898/später: *Kaiserjubiläums-Marsch*

Jetzt geht's los! Humoristischer Marsch/ T: Alfred Schik von Markenau (op. 17); Ricordi; Milano – Schmidl, Triest 1898 (Komp. 1894 in Sarajevo)
102er Regiments-Marsch. Cranz, Leipzig 1898
Michael, Großfürst von Rußland. Marsch des 26. Infanterie-Regiments; Manuskript 1899
Auf nach China! Kriegsliedermarsch der Verbündeten (op. 64); Schmidl, Triest – Ricordi, Milano 1900
Wiener Humor. Marsch; Manuskript 1902/Das Trio im Lied „*Wien, du bist das Herz der Welt*" verwendet
Wiener Mädel. Marsch; Weinberger, Wien 1902
Münchner-Marsch. Karczag & Wallner, Wien 1910 (komp. 9. Juni 1910)/Später in 2. Fassung *Der Graf von Luxemburg* 1937
Vater Radetzky ruft. Marsch; Karczag, Wien 1913/auf den Text von Ignaz Schnitzer & Harsány Zsolt 1914 erschienen als: *Karpathenwacht*; Karczag; Wien
China-Batterie. Marsch; Manuskript (*Chinesischer Marsch*, komp. 30. August 1916)
Wiener Landsturm. Marsch; Manuskript 1917/nach Motiven aus der Operette *Der Sterngucker*
Chodel-Marsch des 13. Landsturmregiments. Manuskript 1917
Piave-Marsch des 106. Regiments, Baron Lehár/T: Szabó Gyula; Manuskript 1917/auch: *Lehár fiuk induló. (Lehár Söhne)*
Boroevic-Marsch. Rószavölgyi és Társa; Budapest 1917
Horthy-Marsch. (Nemzeti induló)./T: Szabó Gyula; Krenn, Wien 1918 (komp. 6. Oktober 1907)
Jubelfest-Marsch. Weiner-Verlag o. D.
Marsch der Kanoniere./T: Vymetal; Manuskript o. D.

Tänze

Korallenlippen. (Labbra coraline). Polka-Mazurka (op. 7); Röder, Leipzig 1892
Sylphiden-Gavotte. (op. 15); Schmidl, Triest 1893
Backfischchens erstes Herzklopfen. (Primo palpito d'amore). Polka française (op. 18); Schmidl, Triest – Röder, Leipzig – Ricordi, Milano 1894
Liebespfand. Polka française (op. 32); Manuskript WA (1895)
Herzensgruß. Polka française; Manuskript 1895
Vergiß mein nicht. Polka française; Manuskript 1896
Liebe und Wein. Polka française; Haslinger o. D.
Helenen-Gavotte. (op. 59); Schmidl, Triest – Hofbauer, Wien 1899/erschienen 1912 als: *Fata Morgana.* Schmidl, Triest 1912
Schlummernde Gluthen. Mazurka (op. 68); erschienen in „Musikblätter" 1904; Bosworth, Leipzig
La Plata. Tango; Krenn, Wien 1914

Orchesterwerke

Capriccio. As-Dur; Manuskript 1888

Violinkonzert h-moll für Klavier und Violine; 1 Satz – Manuskript WA (1887/88 – Prag)/1956 von Max Schönherr instrumentiert: *Concertino für Violine und Orchester;* Glocken Verlag

Magyar dalok. Potpourri über die besten ungarischen Zigeunerlieder) für Violine und Orchester (op. 8); Ricordi, Milano – Röder, Leipzig 1893 (jetzt: Glocken Verlag)

Magyar noták. (Ungarische Klänge) für Violine und Orchester; Schmidl, Triest 1893

Magyar egyvelek. (Ungarische Liedfolge) für Violine und Orchester; Schmidl, Triest 1893

Il Guado. (Die Furt). Symphonische Dichtung (Frei nach Stecchettis gleichnamigem Gedicht) für Pianoforte mit Orchesterbegleitung; Manuskript (WA), komp. 1904

Eine Vision. (Meine Jugend). Symphonische Fantasie für Großes Orchester (Huldigungsouvertüre); Doblinger 1907 (jetzt: Glocken Verlag), komp. 1906

Fieber. Tondichtung für Tenor und Großes Orchester/T: Erwin Weill; Krenn 1915 (jetzt: Glocken Verlag) – Nr. 5 des Zyklus *Aus Eiserner Zeit*, komp. 1915

Sechs Orchester-Kompositionen. Orchestersuite; Glocken–Verlag 1936; [*Fata Morgana.* Gavotte (s. *Helenen-Gavotte* – 1899), *Marche exotique* (op. 5), *Märchen aus 1001 Nacht.* Scène fantastique für Großes Orchester (op. 3 – 1897), *Russische Tänze* (s. *Kukuška* – 1899), *Spiegellied* (Karczag & Wallner, Wien 1913), *Zigeunerfest.* Ballettszene (op. 46 – Karczag & Wallner, Wien 1912)]

Chinesische Ballet-Suite. (1000 Takte Chinesisch); Glocken Verlag, Wien 1938

Musikalische Memoiren. (Potpourri) für Großes Orchester; Glocken Verlag, Wien 1937

Suite de danse. (Farbenrausch). Ballett-Suite; Glocken Verlag, Wien 1942 (komp. 1941 als Ballett-Einlage für *Der Graf von Luxemburg* im Metropoltheater Berlin)

Burleske. Polka (Balletteinlage in *Giuditta*); Glocken Verlag, Wien o. D.

Buntes aus der Tonwelt für Großes Orchester (Potpourri); Manuskript WA o. D.

Kammermusik

Sonate G-Dur für Klavier (op. 3); Manuskript o. D. (Aus der Prager Zeit 1886-88)

Scherzo D-Dur für Klavier; Manuskript o. D. (Aus der Prager Zeit 1886-88)

Sonate in F-Dur für Pianoforte; Manuskript WA (komp. 30. April 1887/Prag)

Scherzo in E-Dur für Pianoforte; Manuskript (1887/88 – Prag); Glocken Verlag

Sonate à l' antique in G-Dur (Sonatina all' antiqua) für Klavier (op. 27 – komp. 1887/Prag); Hofbauer, Wien 1895 (jetzt: Glocken Verlag)

Sonate in d-moll für Pianoforte [Nr. 1] (op. 29); Manuskript WA 1887/Prag; das Scherzo B-Dur als op. 28 bei Hofbauer, Wien 1895 erschienen

Fantasie in As-Dur für Pianoforte (gewidmet Frl. Marie Prawender - op. 7 – komp. 23. März 1888/Prag); Manuskript WA

Sérénade Romantique für Violine und Streichquintett [Mittelteil identisch mit Mittelteil der Walzerszene in *Eva*]; Manuskript WA 1889

Magyar ábránd (Ungarische Phantasie) für Violine mit Streichquintett (op. 45); Hofbauer, Wien – Schmidl, Triest 1897 (jetzt: Glocken Verlag)

Romanze D-Dur für Violine und Klavier; Cranz, Leipzig 1907/mit Text von Ruthner: Cranz, Leipzig 1925 (jetzt: Glocken Verlag)

12 compositions pour piano de Franz Lehár. Klavierstücke; Ungarische Verlagsanstalt, Budapest - Harris, New York 1909/später: Glocken Verlag (*Caprice. Valse, Danse exotique, Humeurs d' automne.* Walzer, *Ländler B-Dur, Mazurka A-Dur, Menuett D-Dur, Plaisanterie.* Polonaise, *Polonaise Royale, Printemps d' amour* [*Liebesfrühling.* Walzer; Manuskript o. D.], *Sons ? d'Ischl, Valse americaine, Valse des fleurs*)

Fritz-Kreisler-Serenade A-Dur für Violine und Klavier; Manuskript WA (12. Januar 1924); Bote & Bock 1925 (jetzt: Glocken Verlag)

Liederzyklen

Karst-Lieder. Worte von Felix Falzari (komp. 1894); Ersterscheinung als *Weidmannsliebe.* Ein Liederzyklus für eine Singstimme mit Pianoforte (op. 26) – Jungmann & Lerch, Wien 1894

Die Liebe zog vorüber ... Ein Liederzyklus/Worte von Otto Eisenschitz; Doblinger, Wien 1906 (jetzt: Glocken Verlag)

Aus eiserner Zeit. Ein Liederzyklus („Seiner Majestät dem Deutschen Kaiser Wilhelm II. König von Preußen in tiefster Ehrfurcht zugeeignet"); Krenn, Wien 1915

Amours. Poésie de Marcel Dunan; Pierrot-Verlag, Wien 1923

Les Compagnons d'Ulisse. Les numéros musicaux du roman de Pierre Benoit (Benoit-Lieder). Paroles de André Mauprey & H. Geiringer; Choudens, Paris 1937

Lieder

Vorüber! T: Emanuel Geibel („Baronesse Vilma Fries gewidmet"); Schmidl, Triest – Hofbauer, Wien 1890/Ital: *Passa e non dura.*/T: Nelia Fabretto; Schmidl, Triest 1898

Aus längst vergangener Zeit./T: Baronesse Vilma Fries; Hofbauer, Wien – Röder, Leipzig 1891

Die du mein alles bist./T: Komtesse Rosa Cebrian; Hofbauer, Wien 1891

Ruhe./T: Komtesse Rosa Cebrian; Hofbauer, Wien 1891

Möcht's jubelnd in die Welt verkünden. Walzerlied./T: Komtesse Rosa Cebrian; Röder, Leipzig 1892

O schwöre nicht!/T: Baronesse Vilma Fries; Röder, Leipzig 1893 (Orchesterpartitur: 20. September 1891 in Losoncz)
Liebchen traut. Walzerlied (op. 52)./T: Anton Lehár; Manuskript WA (komp. 28. Mai 1899)
Der Thräne Silberthau! (op. 63)./T: Eduard Merkt; Hans Burzer; Leipzig – Wien 1899
Die treulose Anna. Humoreske./T: Ludwig Bruckner; Manuskript 1901
Der windige Schneider./T: Ritter Sonett (Rudolf Hans Bartsch); Manuskript 1901
Sujéton. (Verführt)./T: André Barde; Bard & Bruder, Wien 1903 (komp. 12. April 1903)
Ich will nicht vernünftig sein./T: Graf Adalbert Sternberg; Manuskript 1904
Die Näherin. Walzerlied./T: Carl Lindau; Bosworth, Leipzig 1905
Liebesglück. Walzerlied./T: S. Lehr; Bard & Bruder, Wien 1905
Das gold'ne Ringlein./T: Ludwig Bruckner; Manuskript WA, 1905
Geträumt./T: Ervin von Egéd; Bard & Bruder, Wien 1905 [Einlage in *Wiener Frauen*]
Im Boudoir. (op. 67)./T: Eduard Merkt; Bard & Bruder, Wien 1906 [Einlage in *Wiener Frauen*]
Am Klavier. Gavotte-Polka (op. 65)./T: Eduard Merkt; Hofbauer, Wien/Leipzig 1907 (komp. 2. November 1900)
Nachtlichter-Marsch. (Marche du cabaret)./T: unbekannt (Op. 55); Chmel, Wien 1907
Messze a nagy erdö. Lied und Csardas./T: Gábor Andor; Manuskript 1908
Mondd mamácskám./T: Pasztor Arpád; Manuskript 1908
Kriegslied. Den verbündeten Armeen! „Steht auf zum Kampf, ihr Braven"./T: Ignaz Schnitzer; Doblinger, Wien 1914
Mariska. („Hör ich Cymbalklänge") Lied und Csardas./T: Robert Bodanzky; Rondo-Verlag, Berlin 1915
Sibirische Nacht. T: Eduard Meier-Halm (Zugunsten der „Sibirienhilfe" für unsere Kriegsgefangenen in Rußland); Verlag der „Mitteilungen der Staatskommission für Kriegsgefangenen- und Zivilinternierten-Angelegenheiten", Wien 1915
Salve Sancta Barbara. Lied der Artillerie./T: Hermann A. Funke; Krenn, Wien 1916 (komp. 17. November 1915)
Bukowiner Helden-Marsch./T: Dr. Anton Norst; Krenn, Wien 1916
Gendarmenlied./T: Dr. Anton Norst; Krenn, Wien 1916
Nimm mich mit, o Herbst... ./T: Fritz Karpfen; Krenn, Wien 1917
Das Vöglein in der Ferne. Koloraturwalzer./T: Dr. Fritz Löhner; Pierrot-Verlag, Wien 1921 (komp. 2. Februar 1921) [*Das lockende Lied* 1936]
Do-Re-La. Walzer-Romanze./T: Beda; Bote & Bock, Berlin 1921 (komp. für den Film *Dorela* von Victor Léon und Hubert Marischka/in der Rolle der Dorela Perosi: Lilly Marischka
Ein Wiener Mädel./T: unbekannt; Manuskript WA (komp. 17. Januar 1921)
Um acht beginnt die Nacht. Bummelstep./T: Artur Rebner – Einlage in die Berliner Aufführung der *Blauen Mazur* (Metropoltheater); Drei Masken-Verlag, Berlin 1921 (Orchesterpartitur vollendet am 11. März 1921 in Berlin)/Für die Neufassung der *Idealen*

Gattin als *Tangokönigin* verwendet – T: Julius Brammer & Alfred Grünwald: *Hallo! Da ist Dodo.* Tabarin-Step; Drei Masken-Verlag, Berlin 1921

Eine kleine Freundin. Foxtrott./T: Artur Rebner – Einlage in die Berliner Aufführung der *Blauen Mazur* (Metropoltheater); Drei Masken-Verlag, Berlin 1921 (komp. am 10. März 1921 in Berlin)/Für die Neufassung der *Idealen Gattin* als *Tangokönigin* verwendet – T: Julius Brammer & Alfred Grünwald: *Schatz, wir woll'n ins Kino gehen!* Foxtrott; Drei Masken-Verlag, Berlin 1921

Das macht doch der Liebe kein Kind! Lied und One-Step./T: Artur Rebner; Wiener Bohême-Verlag 1922 (Repertoir: Jaques Rotter)/als *Gigolette-Foxtrott* in *La danza delle libellule* (1922/T: Carlo Lombardo) verwendet – deutsche Version: Dr. A. M. Willner (*Libellentanz*/1923); Wiener Bohême-Verlag 1923/1928 als Einlage in *Die Lustige Witwe* von Eric Charell im Metropoltheater Berlin für Fritzi Massary von Rudolf Schanzer und Ernst Welisch umgetextet: *Ich hol' dir vom Himmel das Blau.* Lied und Slow Fox; Wiener Bohême-Verlag 1929

Morgen vielleicht! Walzerlied/T: A. M. Willner; Gabor Steiner, New York-Wien 1923 (Orchesterpartitur vollendet am 8. Dezember 1926)

Erste Liebe. „Wenn die Abendglocken leise tönen..." Valse Boston/T: Beda; Wiener Bohême-Verlag 1923

Sári. Tanzlied-Onestep./T: Kurt Robitschek; Gabor Steiner, New York 1924

Man sagt uns schönen Frauen nach..../T: Alexander Max Vallas; Fischer & Singer, Wien 1924

*Wenn eine schöne Frau befiehlt..../*T: Kurt Robitschek; Drei Masken-Verlag, Berlin 1924 („Meinem lieben Freunde Richard Tauber herzinnigst gewidmet" – Orchesterpartitur vollendet am 25. August 1925)

Kondja. Tango-Foxtrott./T: Arthur Rebner & Peter Herz; Edition Rebner & Wergo, Berlin 1925 (Creiert von Max Hansen anläßlich der Festvorstellung der *Tannhäuser-Parodie* im Metropoltheater, Berlin, am 21. Februar 1925)

Komm zu mir zum Tee! Paso doble./T: Peter Herz; Weinberger, Wien 1925

Wo mag mein Johnny wohnen? Hawaian Song./T: Peter Herz; Weinberger, Wien 1925

Kiss me, my darling. Foxtrott-Chanson./T: Alexander Max Vallas; Weinberger, Wien 1925

Komm, die Nacht gehört der Sünde! Foxtrott (mysterieuse)./T: Peter Herz; Drei Masken-Verlag, Berlin 1925 (komp. 6. August 1925 in Bad Ischl)

*Eine schöne Stunde, die man nie vergessen kann!./*T: Peter Herz; Weinberger, Wien 1926

*Frauenherz – du bist ein kleiner Schmetterling!./*T: Peter Herz; Wiener Musik-Verlag 1927 (komp. am 12. Oktober 1925 – ½ 5 Uhr Früh in Wien)

Troppo bello per esser vero. (Es ist zu schön, um wahr zu sein). Canzone./T: Peter Herz; Orfeo, Milano 1928 (komp. 27. August 1928 in Bad Ischl)

Vindobona. Schlaraffenlied./T: Karl Hotschewer (komp. 20. Dezember 1927/Partitur 19. Januar 1928); Manuskript WA 1928

*Halt' still!./*T: Rudolf Schanzer & Ernst Welisch; Drei Masken-Verlag; Berlin 1929 (Einlage in *Die Lustige Witwe* von Eric Charell im Metropoltheater Berlin 1928)

Dir sing ich mein Lied. English Waltz./T: Peter Herz; Drei Masken-Verlag; Berlin 1932 (Komp. am 7. März 1930, 3 Uhr Früh)
Ging da nicht eben das Glück vorbei? Ein volkstümliches Lied./T: Peter Herz; Alrobi, Berlin 1933
Ich liebe dich!./T: Dr. Fritz Löhner; Glocken Verlag, Wien 1936
Rotary-Hymne./T: Fritz Löhner; Glocken Verlag 1937
Sehnsucht, heimliches Verlangen... Romanze./T: Ernst A. Welisch; Glocken Verlag, Wien 1939
An Saar und Rhein. Walzerlied T: Ernst Welisch; Glocken Verlag, Wien 1939
Die Welt bekränzt sich mit Rosen... Tango./T: Wolfram Krupka; Glocken Verlag, Wien 1941
Schillernder Falter. Koloraturpolka./T: M. C. Krüger; Glocken Verlag, Wien 1942
Wien – du bist das Herz der Welt! Wienerlied./T: Ernst A. Welisch; Glocken Verlag, Wien 1942

Bildnachweise

S/W-Abbildungen

1. Bundesarchiv, Koblenz
2. Österreichisches Theatermuseum, Wien
3. Glocken Verlag, Wien
4./5. Sammlung Thomas Schulz, Wien
6. Operetta Archives Michael Miller, Los Angeles
7. Lehár-Villa, Bad Ischl
8. Collection Robert Sedman, Ross-on-Wye
9. Wienbibliothek, Wien
10./11. Collection Marlis Schweitzer, Toronto
12.–14. Operetta Archives Michael Miller, Los Angeles
15.–17. Lehár-Villa, Bad Ischl
18./19. Operetta Archives Michael Miller, Los Angeles
20. Lehár-Villa, Bad Ischl
21. Collection Luis de Vega, Miami
22. Lehár-Villa, Bad Ischl
23. Collection Luis de Vega, Miami
24. Privatarchiv des Autors, München
25. Operetta Archives Michael Miller, Los Angeles
26. Privatarchiv des Autors, München
27./28. Österreichisches Theatermuseum, Wien
29. Lehár-Villa, Bad Ischl
30. Monacensia, Literaturarchiv München
31. Lehár-Villa, Bad Ischl

Farbtafeln

1. Privatarchiv des Autors, München
2. Lehár-Villa, Bad Ischl
3. Operetta Archives Michael Miller, Los Angeles
4. Glocken Verlag, Wien
5. Collection Luis de la Vega, Miami
6./7. Glocken Verlag, Wien
8. Musikverlag Doblinger, Wien
9. Collection Luis de la Vega, Miami

10./11. Glocken Verlag, Wien
12. Lehár-Villa, Bad Ischl
13. Glocken Verlag, Wien
14. Collection Luis de la Vega, Miami
15. Glocken Verlag, Wien
16. Sammlung Thomas Schulz, Wien

Mein Dank ...

... gilt vor allem Maria Sams, Leiterin des Museums der Stadt Bad Ischl, für ihre großzügige Zurverfügungstellung des Archivmaterials der Lehár-Villa und Hermine Kreuzer für den freien Zugang zu den Dokumenten und Skizzenbüchern im Lehár-Schlössl, Nussdorf;

... den privaten Sammlern Thomas Schulz und Gaby Wolf-Kocsy in Wien, Michael Miller in Los Angeles, Luis de la Vega in Miami, Marlis Schweitzer in Toronto, Rob Sedman in Ross-on-Wye , Norbert Linke, Borken und Erhard Löcker vom Wiener Antiquariat Löcker (Daily Reminder 1911);

... außerdem Petra Kraus vom Deutschen Theatermuseum München, Dr. Lydia Gröbl, Dr. Christiane Mühlegger-Henhapel (Handschriften), Haris Balic, Claudia Mayerhofer (Fotografien) vom Österreichischen Theatermuseum Wien, Dr. Gabriele Mauthe von der Handschriftensammlung der Österreichischen Nationalbibliothek, Marianne Da Ros von der Handschriftensammlung der Wienbibliothek, Irma Wulz (Matriken/Jewish Records Office Vienna) von der Israelitischen Kultusgemeinde Wien, Renate Publig vom Musikverlag Doblinger in Wien, Boris Priebe vom Verlag Felix Bloch Erben in Berlin, Jan Rolf Müller von den Josef Weinberger Musikverlagen in Frankfurt, Berthold Orovics für die Recherche im Archiv des Glockenverlags in Wien und Christian Kobel für die Abdruckgenehmigung durch den Glockenverlag;

... schließlich Dr. Regine Friedrich für die großzügige Beherbergung, Barbara Denscher und Peter Kamber für schnelle und hilfreiche Antworten auf meine Fragen, Wolfgang Dosch für Rat und Tat, Dr. Alexander F. Lehar für sein Einverständnis, Samantha Seymour für ihre Mithilfe bei der Erstellung des Registers, Christine Stemprok für ihr Adlerauge auf den Anhang, meiner Kollegin Franziska Stürz für terminliche und redaktionelle Rückendeckung, meiner Familie für das Ertragen meiner geistigen Abwesenheit, Katharina Krones für ihr schnelles und genaues Korrektorat, Johannes van Ooyen und Waltraud Moritz vom Böhlau Verlag für ihre entscheidungsfreudige Spontanität sowie Viktoria von Wickede für die engagierte Betreuung und schließlich meinem „BiG" Burkhard Schmilgun für die großzügige Unterstützung.

Personenregister

Abarbanell, Lina 61
Abraham, Paul 286, 297, 307, 341
Adami, Giuseppe 157, 188
Adorno, Theodor Wiesengrund 14, 82, 88, 91, 93, 105, 139, 166, 264, 266f., 272, 274, 281, 283, 305f.,
Albach-Retty, Rosa 328
Alpár, Gitta 274, 286f., 325,
Altmann, Adolf 132
Aly, Götz 320
Antropp, Theodor 72
Arent, Benno von 330, 337
Ascher, Leo 76, 297
Astaire, Fred 98, 194

Bach, David 133, 154, 194, 214,
Balanchine, George 341
Bardot, Brigitte 201
Bartsch, Rudolf Hans 45
Batteux, Hans 319
Bauer, Julius 46, 62, 69, 72, 81, 121, 123ff.
Bauer, Willi 70
Becker Tobias 210
Beethoven, Ludwig van 127, 145, 264, 324, 328,
Bekker, Paul 87
Benatzky, Ralph 175, 268, 293, 296f., 341
Benjamin, Walter 267, 273
Benn, Gottfried 344
Bennewitz, Anton 26
Berg, Alban 178
Berg, Ottokar Franz (eigentlich: Ebersberg) 54
Bergmann, Adolf 55
Bernauer, Rudolf 155
Bernhard, Thomas 131
Bernstein, Leonard 115

Berry, William Henry 103,138
Berté, Emil 83, 165
Bie, Oscar 128, 281, 287
Bielka, Erich 349
Bißky, Zachar 16f.
Bistron, Julius 239f., 251
Bizet, Georges 302
Bloch, Ernst 268f., 272, 275, 281
Bodanzky, Robert 121,ff., 136, 139, 142, 309f.
Bollenbeck, Georg 322
Bohnen, Michael 274, 290
Bollmann, Hans Heinz 268, 274, 320
Boosey, William 102
Brahm, Otto 268
Brahms, Johannes 27, 36, 51, 86, 193
Brammer, Julius 162, 198, 309
Brecht, Bertolt 127, 269
Brian, Donald 106, 109
Broch, Hermann 126
Brod, Max 242, 326
Bruch, Max 27f.
Bruckner, Anton 193, 275, 328
Brullard, Renee 283
Bürckel, Josef 339
Buñuel, Luis 201

Caillavet, Gaston Arman de 108
Caruso, Enrico 109, 244, 306
Cebrian, Rosa 32
Charell, Erik 271, 301
Charlé, Gustav 159
Chevalier, Maurice 315
Chmel, Julius 47
Chopin, Frederic 275
Christians, Rudolf 125f.
Christians, Mady 314

Clewing, Carl 249f.
CoburgGotha, Herzog Alfred von 32
Coudenhove-Kalergi, Richard Nikolaus 343
Coyne, Joseph 104ff.
Csáky, Moritz 78

Darewski, Max 241
Dahlhaus, Carl 94, 144f.
Debussy, Claude 193
Decsey, Ernst 17f., 32, 55, 62, 85, 88, 133, 173, 190, 192, 202ff., 235, 240, 242, 261f., 298, 307, 326
Defreyn, Henry 108, 149
Denscher, Barbara 49f., 78, 208
Dessau, Paul 274
Deutsch-German, Alfred 17, 28
Dietrich Marlene 201, 300
Döblin, Alfred 147
Dollfuß, Engelbert 298, 305, 309
Dorsch, Käthe 268ff., 337
Dostal, Nico 287
Drever, Constance 108
Dreyfus, Louis 241
Duff Gordon, Lady Lucy Christiana (=Lucile) 105
Dunan, Marcel 194
Duvivier, Julien 201
Dvořák, Antonin 26f., 36

Edward VII., König von England 147
Edwardes, George 102, 104, 107, 115, 119, 138, 147
Eggerth, Marta 274, 314, 325, 341
Egk, Werner 323
Eibenschütz, Siegmund 137, 165
Einstein, Albert 268
Einstein, Alfred 168, 284, 286f.
Eisler, Hanns 145
Eisner-Eisenhof, Angelo Franz 165,
Eitelberg, Max 336f.
Elsie, Lily 104ff., 138, 148

Engel, Alexander 201, 203, 236,
Engel, Ernst 249
Erlanger, Abraham Lincoln 108, 115
Erwin, Ralph 296
Eysler, Edmund 60, 76, 174, 178, 237, 296, 298, 311, 326

Fahrbach, Philipp 20
Fall, Leo 28, 52, 76f., 118, 123, 130, 141, 162, 178f., 197, 237, 296
Fall, Richard 296
Falzari, Felix 35, 38
Farkas, Karl 123, 349
Farrar, Geraldine 316
Fedak, Sári 150
Feld, Leo 135
Felix, Hugo 102
Fenston, J. 241
Fibich, Zdenko 26f.
Fischer, Betty 183, 186, 194, 203,
Fischer, Fritz 330ff.
Fleischer (Geschäftsführer des Glocken Verlags) 339f., 344
Flers, Robert de 108, 206
Forst, Willi 326
Förster, Josef 26
Forzano, Giovacchino 246
Fraenkel, Sigmund 313, 335f., 350
Franz Joseph I., Kaiser von Österreich, König von Ungarn 41, 161, 172f.
Frauenfeld, Eduard 337
Freud, Sigmund 92, 99, 136
Friedell, Egon 324
Fries, Oberst Baron von 29, 34
Fries, Vilma 29, 31
Fulda, Ludwig 162
Funk, Walter 327f.
Furber, Douglas 241,
Furtwängler, Wilhelm 328

Geibel, Emanuel 29
Georg, Rita 259f.

George V., König von England 147, 194, 283
Gerigk, Herbert 310, 322
Gerloch, Bruno 344
Gettke, Ernst 28
Geutebrück (Rechtsanwalt) 340
Gilbert, Jean 119, 162, 213, 297
Gilbert, John 219, 315
Gilbert, William Schwenk 102
Girardi, Alexander 60f., 64, 71, 75ff., 84, 118, 124, 159
Gleason, Helen 317
Goebbels, Joseph 294, 297, 310f., 320, 322f., 325, 329f., 332f., 335, 337f.
Goethe, Johann Wolfgang 126, 262-270, 275, 277, 317, 334f.
Goldschmied, Malva 123
Göring, Hermann 293, 337
Graham, Harry 241
Granichstaedten, Bruno 131, 159, 205, 244, 296, 311, 205
Graf, Max 212,
Graves, George 103f., 194
Gregor, Hans 137, 337
Grillparzer, Franz 28
Grun, Bernard 67, 150, 250, 252, 301, 307, 321, 325, 340
Grünbaum, Fritz 121, 123, 341
Grünwald, Alfred 141, 162, 164, 198, 262, 268, 290, 309, 314, 325f., 339f., 348f., 350
Günther, Mizzi 58, 70, 76, 84, 91, 94, 96-102, 125, 133, 146, 150, 156f., 160, 163, 327, 343
Guttmann, Arthur 335ff., 350

Hamann, Brigitte 327
Hansen, Max 271f.
Harrison, Rex 104
Hass-Heyes, Otto 212
Haßreiter, Josef 43
Hebein-Stift, Anna 326
Heesters, Johannes 328-333

Hein, Otto 341
Helmer, Arthur 314
Hennequin, Maurice 207
Hentschke, Heinz 293, 332ff.
Herczeg, Geza 165, 213, 301
Herder, Johann Gottfried 263
Herz (Geschäftsführerin des Karczag-Verlags) 313
Herz, Peter 229, 280, 321, 325, 335, 338, 343
Herzer, Ludwig 262, 277, 279f., 309, 325, 349
Herzl, Theodor 342
Herzmansky, Bernhard sen. 56, 81, 83, 120, 349
Herzmansky, Bernhard jun. 349
Hess, Rudolf 311
Heuberger, Richard 51, 79ff.
Hinkel, Hans 296, 322f., 336ff., 349
Hitler, Adolf 295, 320f., 323, 325, 327ff., 331ff., 338f., 342f., 347, 349
Hofbauer, Carl 29, 36f., 41
Hofmannsthal, Hugo von 58, 93, 192, 304, 324
Hohenegg, Franz von 11, 85
Holländer, Friedrich 275
Hood, Basil 138, 148
Hörbiger, Paul 314,
Horkheimer, Max 166,
Horthy, Nikolaus von 198
Hugenberg, Alfred 268
Huschke, Wolfgang 18f.

Ihering, Herbert 280, 282
Ince, Alexander 342

Jackson, Ethel 109f.
Jacobson, Leopold 62, 64, 70, 72, 90, 133f., 181
Jacoby, Georg 330
Jankuhn, Walter 271
Jarno, Georg 256
Jarno, Josef 175f

Jenbach, Bela 183f., 196, 236ff., 249f., 253ff., 259, 289, 309, 320f., 326
Jentz, Fritz Paul 253, 268
Jerger, Alfred 274
Jeritza, Maria 274, 283, 291, 299, 314, 325
Jessel, Leon 181, 296
Joachimson, Felix 259
Jókay, Mór 21,
Jones, Sidney 56, 84, 210

Kalbeck, Max 86,
Kaldy, Julius 37, 41
Kalman, Charles 325
Kálmán, Emmerich 27, 118, 159, 162, 177f., 217, 236f., 251, 255, 260ff., 268, 274, 276, 289, 296, 309, 311, 314, 325, 340f., 352f.
Kalnoky von Köröspatak, Graf Alexander von 158
Kamber, Peter 293
Karczag, Wilhelm 12, 59f., 82f., 84, 86, 129, 136, 138, 141f., 150, 155f., 160, 164, 169, 175ff., 179f., 182, 206, 211f., 235f., 251, 276, 328
Karl Stephan, österreichischer Erzherzog (Admiral) 35
Karpath, Ludwig 43, 54, 58, 72, 76, 85f., 101, 156,f., 183, 308
Kartousch, Luise 125, 183, 169, 176, 182, 186, 199, 236f., 239
Kauffmann, Matthias 333
Kautsky, Robert 301,
Keglevich, István 41
Kennan, George 35
Kerber, Franz 310
Kienzl, Wilhelm 168, 318
Kiepura, Jan 274, 341
King, Dennis 317
Kitchen, Karl K. 12, 189
Klaw, Marc 108, 115
Klotz, Volker 12, 145
Knappl, Hans 314
Knepler, Paul 233, 238, 249, 273, 299f., 325f., 350, 353
Koessler, Hans 27
Kohl, Julius 326
Kohn, Ernestine 66
Kopacsi-Karczak, Juliska 59
Korngold, Erich Wolfgang 154, 192, 289, 305
Korngold, Julius 86, 307
Kosáry, Emmy 182, 250
Kotter, Simon 20
Kracauer, Siegfried 13
Kramer, József 59
Kramer-Glöckner, Pepi 242
Kraus, Karl 23, 51, 72, 75, 88, 92, 98f., 115, 119, 126, 131f., 141, 143, 149, 152f., 158, 171, 178,ff., 183, 217, 260, 268f., 272, 275f., 289, 319
Krauss, Clemens 297f., 304, 307, 323f.
Krausz, Michael 296
Krenek, Ernst 273
Kreuder, Peter 137, 330, 332
Kühnert, Otto 18
Künneke, Eduard 27, 252, 254f.

Lanik-Laval 318
Leander, Zarah 330
Lehar, Anton, senior 25
Lehár, Anton (von) 18ff., 22-26, 35, 37, 86f., 159, 171ff., 185, 195, 198, 253, 294, 298, 312, 343, 352
Lehár, Christine (geb. Goger) 22
Lehár, Christine (geb. Neubrandt) 21f., 24ff., 37, 39, 41, 60, 65, 86, 185
Lehár, Emmy 37, 87, 182, 352
Lehár, Franz, sen. 19-24, 27f., 37f., 40f.
Lehar, Johannes 18
Lehar, Josef 19
Lehár, Maria Anna (Marischka) 24, 37
Lehár, Sophie (geb. Paschkis; gesch. Meth) 65, 67, 121, 159, 190, 195, 242, 249, 253, 308, 318f., 325, 336ff., 340, 347f., 350, 352

Lehmann, Lotte 195, 213, 245
Leon, Lizzy (= Felicitas) 44, 49ff., 184f., 211
Léon, Ottilie 184, 319, 326
Leon, Victor 11, 44f., 49-56, 59, 65f., 68ff., 75ff., 79-83, 85, 99, 103, 124, 127ff., 133, 135, 141, 184, 207, 211f., 277, 280, 290, 319, 326
Leopoldi, Hermann 342
Liedtke, Harry 315
Ligety, Annie von 148
Lingen, Theo 314, 338
Linhardt, Marion 58, 98, 154, 166
Linke, Norbert 152, 345
Liszt, Franz 24, 44, 173, 193
Loeb, Moritz 259
Löhner-Beda, Fritz 174ff., 239f., 262, 264, 273, 277, 279f., 287, 290f., 299f., 309, 321, 325, 333, 335, 341ff., 349
Lombardo, Carlo 205ff., 242, 245f.
Loos, Adolf 75
Lortzing, Albert 193
Louÿs, Pierre 201f.
Lubitsch, Ernst 315
Lueger, Karl 54

MacDonald, Jeanette 315
MacQueen-Pope, Walter 91, 104f., 148, 284
Mader, Raoul 41
Mahler, Gustav 42f., 46, 54, 69, 75, 94, 193, 323
Mahler-Werfel, Alma 94, 196, 324, 340
Mandyczewski, Eusebius 27
Mann, Klaus 347
Margueritte, Victor 238
Marietti, Jean 206
Marischka, Franz („Zwetschi") 184
Marischka, Gertrud 298, 313
Marischka, Hubert 130, 137, 163, 168, 179, 183, 194, 203f., 211f., 225, 235f., 239, 241, 248, 254, 260,ff., 282, 298, 301, 307, 308,

311ff.
Marischka-Karczak, Lilian 236, 308
Markey (Agent, Hollywood) 340
Mars, Mela 122
Martos, Ferenc 180, 182
Mary, Königin von England 147, 283
Mascagni, Pietro 32f., 205, 254,
Massary, Fritzi 164, 200, 245, 248f., 271f., 281, 325, 344
Matala de Mazza, Ethel 198, 267
Matejka, Victor 349
Matzner, Gustav 87
Mauch, Erich 296
Mayer, Louis B. 315
Mayer-Förster, Wilhelm 256
Meilhac, Henri 77, 108
Meth, Heinrich 65
Metternich-Sandor, Pauline von 46
Meyerbeer, Giacomo 82, 133
Millöcker, Carl 63, 75,117
Mlčoch, Rudolf 32
Molnar, Franz 277
Montenegro, Conchita 201
Monti, Max 87
Moser, Hans 314, 338, 342
Moser, Hans Joachim 346
Moser, Kolo 46
Mozart, Wolfgang Amadeus 204, 244, 249, 269, 281, 284, 302, 307
Muck, Karl 42
Müller, Erich 200, 248
Müller, Leopold 130
Murray, Mae 315
Mussolini, Benito 242, 298, 301, 309

Nagelstock, Walter 297
Napier, Diana 317
Napoleon III., Kaiser von Frankreich 350
Neubrandt, Franz 22
Neubrandt, Georg 22
Neubrandt, Christine (geb. Goger) 22
Neubrandt, Christine (s. Christine Le-

har)
Neumann, Mizzi 267
Niese, Hansi 46, 126
Nietzsche, Friedrich 71, 99, 302
Norini, Emil 60
Novotna, Jarrnila 274, 301, 305, 307f., 314, 325

Offenbach, Jacques 13, 69ff., 77, 108, 117, 127, 301, 306
Ottmann, Marie 87

Paganini, Niccolò 234, 242, 252, 317
Paley, William 340
Pallenberg, Max 146, 324
Paschkis, Ernestine (geb. Kohn) 65, 159
Paschkis, Hans (später: Parker) 340
Paschkis, Lilly, Frau von Hans 340
Paschkis, Sigmund 65
Pernter, Hans 298, 325
Peteani, Maria von 14, 17f., 24, 35, 65, 150, 352
Petersen, Ernst 252
Petersen, Ulrike 347
Petrovich, Ivan 314
Petzold (Oberleutnant) 344
Pierson (Operndirektor) 42
Pirandello, Luigi 320
Polgar, Alfred 135, 176f., 254, 256, 324
Polach, Anna 19
Popescu del Fiori, Romulus 168, 337
Popper, Ottilie 326
Porten, Henny 58, 198, 268
Prandhofer, Franz 310
Prawy, Marcel 307
Prihoda, Vása 252
Pringsheim, Klaus 100f., 119, 152, 286
Puccini, Antonio 214
Puccini, Giacomo 33, 38, 47, 133, 144, 146, 151, 165f., 168, 188f., 193ff., 201f., 213ff., 242, 245f., 273, 307, 322

Rasimi, Bénédicte 206
Ravel, Maurice 193
Rebner, Artur 206
Reichert, Heinz 181, 200, 202, 259, 309, 320f., 325
Reichlin Meldegg, Georg 173
Reichmann, Max 282
Reinhardt, Heinrich 58
Reinhardt, Max 211, 261, 301
Reischek, Andreas 353
Rekai, Miklos 346
Ricordi, Tito 188
Rintelen, Anton 298
Robitschek, Kurt 125
Rode, Wilhelm 330, 331
Roller, Alfred 301
Romberg, Sigmund 256
Rosenberg, Alfred 310, 320, 322, 342
Rosenthal, Harry 241
Rosenthal, Moritz 193
Rotter, Alfred 268f., 277, 286ff., 291, 293f., 316, 332
Rotter, Fritz 268f., 277, 286, 288f., 291, 293f., 316, 332
Rotter, Gertrud 294
Rotter, Jaques 205
Rühmann, Heinz 314
Ruthner, Gustav 32, 185

Sacher, Anna 67, 101
Sachs, Oskar 61
Sabran-Ponteves, Herzogin von 158
Salten, Felix 13, 45, 83, 88, 99
Saltenburg, Heinz 248ff., 252, 253, 259, 268, 290
Samuely, Karl 336f.
Sandrock, Adele 314
Sardou, Victorien 206
Savage, Henry Wilson 108, 110f., 115, 149
Schalk, Franz 194, 196, 291, 297
Schanzer, Rudolph 271, 272
Schikaneder, Emmanuel 318

Schiller, Friedrich 190, 262, 328
Schillings, Max von 322
Schlösser, Rainer 310
Schmidt, Gustav 45
Schneider, Hortense 204
Schmidt, Joseph 296
Schneider Magda 314
Schneider, Romy 312, 327
Schneidereit, Otto 67
Schnitzer, Ignaz 171, 172
Schnitzler, Arthur 51, 58, 200
Schönberg, Arnold 75, 123, 159, 178, 193, 196, 205, 283
Schönherr, Max 47, 140
Schratt, Katharina 171f.
Schreker, Franz 168, 192, 245, 253
Schubert, Franz 21, 45, 257, 269, 275
Schumann, Robert 45, 193, 317
Schützendorf, Leo 274, 286
Schwaiger, Karl 20
Schwarz, Valentin 302f., 305f.
Schwarz, Vera 249, 252f., 274, 282, 325
Schweitzer, Marlis 105, 113
Schwenn, Günther 333
Scott, Derek B. 104
Scriabin, Alexander 193
Shakespeare, William 204
Short, Hassard 317
Shubert, J.J. 316, 317, 321, 339, 340, 341, 348
Shubert, Lee 316, 340
Simon, Josef 59
Sliwinski, Adolf 83, 102, 108, 114, 120, 129, 130
Smareglia, Antonio 35
Smetana, Bedrich 27, 49
Söhnker, Hans 314
Sollfrank, Martin 295
Sontag, Susan 14
Specht, Richard 39, 69, 70, 73, 75, 215
Speer, Albert 320, 328
Staegemann, Max 36
Stecchetti, Lorenzo 35

Stein, Charlotte von 264
Stein, Leo 51, 68f., 77ff., 81, 85, 129, 183f., 196f., 236, 309f.
Steininger, Emil 59, 61, 80, 85, 100, 136, 141ff., 190, 197, 200, 276, 327, 339
Stern, Julius 175, 203, 211, 251
Stollberg, Ferdinand (= Felix Salten) 142
Stolz, Robert 125, 199, 296, 297, 325, 340, 341
Stolzing, Joseph 88, 115, 118
Storm, Otto 146, 148, 324
Straus, Oscar 27, 64, 70f., 118, 139, 178, 197, 245, 248, 276, 296, 304, 311, 314, 325, 352
Strauß, Johann (Vater) 46
Strauß, Johann (Sohn) 21, 46, 51f., 60, 63, 75f., 93, 117, 129, 142, 188, 205, 289
Strauß, Johann jun. 46
Strauss, Richard 121, 141, 155, 188f., 195, 204, 302, 304, 321ff., 346, 348
Strawinsky, Igor 193
Strindberg, August 268
Stroheim, Erich von 15, 125, 219, 315
Stuckenschmidt, Hans Heinz 283
Suppè, Franz von 19, 51, 58, 117

Tann-Bergler, Ottokar 60, 62
Tasso, Torquato 234, 263
Tauber, Max 281
Tauber, Richard 203f., 211, 230, 243-250, 252f. 258, 260ff., 268ff., 274ff., 281-287, 289ff., 295ff., 299f., 305ff., 310, 314, 317, 319, 324ff, 333, 339, 340, 348, 350
Tauer (Leiterin des GlockenVerlags) 316, 321, 339
Tautenhayn, Ernst 163, 169, 176, 183, 186, 194, 236, 239, 242
Thielscher, Guido 193
Tomka, István 25
Torberg, Friedrich 196, 239
Toscanini, Arturo 214
Treumann, Louis 55ff., 70, 75f., 80, 83f., 94, 96-104, 124f., 128-134, 146, 156ff.,

160, 168, 174, 176, 199, 235, 244, 326f., 331, 352
Treumann, Stefanie
Trummer, Hans 67
Tschaikowsky, Peter 49, 193
Tucholsky, Kurt 142, 263

Ullmann, Ludwig 250

Vanconti, Carlotta 248, 250, 259
Verdi, Giuseppe 193, 307
Vigny, Benno 300
Vincze, Ernő 345
Vogel, Bernhard 39

Wagner, Richard 27f., 46, 63, 71, 90, 145, 147, 167f., 193, 307, 348
Wallis, Bertram 148
Wallner, Karl 59, 75, 82f., 85, 136, 142f.
Weber, Carl Maria von 193, 307
Wedekind, Frank 45
Weinberger, Jaromir 295
Weinberger, Josef 56, 120, 121, 129, 132
Weiß, Friedl 343
Weißberger, Ferdinande Alexandrine 67
Welleminsky, Ignaz Michael 249
Welisch, Ernst A. 271f., 344
Werau, Artur Marcell 174
Werbezirk, Gisela 228, 238f., 242
Werfel, Franz 324
Werner, Fritz 146, 171, 172
Weys, Rudolf 346, 347
Wiener, Hugo 342
Wildenbruch, Ernst von 153
Wilder, Billie (= Billy) 314
Wilhelm II., deutscher Kaiser 173
Wilhelm von Preußen, Kronprinz 268
Willner, Alfred Maria 123, 135f., 142, 159, 165, 177, 181f., 200, 202, 309f.
Winter (Hitlers Haushälterin) 329
Wirth, Mizzi 146
Wittels, Fritz 92

Wögerer, Viktor 233, 249
Wolf, Alfred 13, 139
Wolf, Hugo 35
Wolf-Ferrari, Ermanno 304

Zandonai, Riccardo 201
Zasche, Theodor 218
Zapolska, Gabryela 253-256
Zeller, Carl 60
Zemlinsky, Alexander von 58
Ziegler, Hans Severus 309, 322
Ziehrer, Carl Michael 60, 162
Zweig, Stefan 322

Die große Lehár-

cpo 999 762-2

cpo 777 038-2

cpo 777 029-2

cpo 555 049-2

cpo 777 680-2

cpo 777 788-2

Edition auf cpo

cpo 999 842-2

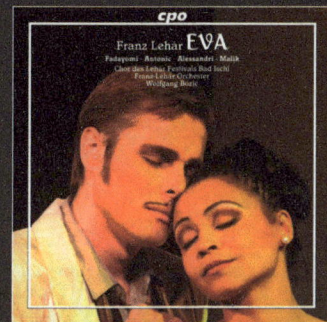

cpo 777 148-2

cpo 777 055-2

cpo 999 872-2

cpo 777 816-2

cpo 777 331-2

www.cpo.de

Die große Lehár-

cpo 999 727-2

cpo 777 592-2

cpo 777 708-2

cpo 777 699-2

cpo 777 523-2

cpo 777 330-2

Edition auf cpo

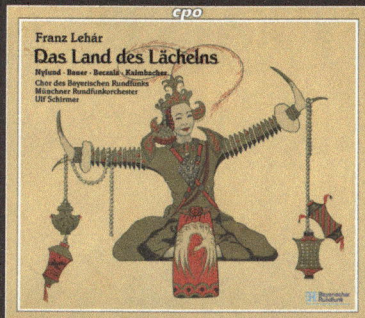

cpo 777 303-2

cpo 777 749-2

cpo 999 891-2

cpo 999 761-2

cpo 999 423-2

cpo 777 639-2

www.cpo.de